[redacted]

Deutsches Flusswanderbuch

25. Auflage
200

DKV-Wirtschafts- und Verlags GmbH
Postfach 10 03 15, 47003 Duisburg

Bearbeiter:

Günter Eck, Vor der Schanze 7c, 37213 Witzenhausen

ISBN 3-924580-95-2

Flusskarten: Jübermann-Kartographie-Verlag
Titelfoto: Michael Hennemann/Treene
Herstellung: neusser, rga., 42853 Remscheid

Vorwort

Gerade noch rechtzeitig zur Saison erscheint die 25. Auflage des Deutschen Flusswanderbuches, der „Bibel“ des Wasserwanderers. Seit mehr als 75 Jahren informiert nun unser Verband über deutsche Gewässer unter dem Aspekt des Kanusports. Ich bin Günter Eck außerordentlich dankbar, dass er diese Bearbeitung in der Nachfolge des unvergessenen Dr. Karl Schoderer redaktionell bearbeitet hat und so eine aktuelle Auflage vorgelegt werden kann.

Ich danke allen, die mit ihren Hinweisen und Beschreibungen zur weiteren Vervollkommnung dieses Gesamtwerkes beigetragen haben. Seitens unseres Verlages haben wir, wie erstmals bereits beim Gewässerführer für Ostdeutschland praktiziert, durch eine farbige Titelgestaltung sowie durch die Einbeziehung von 31 Detailkarten von Erhard Jübermann den Führer farbiger und inhaltlich attraktiver gemacht. Ich bin nach wie vor der festen Überzeugung, dass das vorliegende Deutsche Flusswanderbuch gerade aufgrund der Tatsache, dass umfassend über alle ganzjährig befahrbaren Gewässer in Deutschland berichtet wird, eine unverzichtbare Information für den aktiven Kanuten darstellt und sich durch die Komplettheit und Fülle der Sachinformationen von den vielen mittlerweile vorhandenen Kanubüchern, die nur einige wenige Flüsse beschreiben, abhebt.

Ich wünsche Ihnen allen viel Spaß bei der kommenden Fahrtenplanung und viel Freude beim Befahren der beschriebenen Gewässer.

DEUTSCHER KANU-VERBAND E.V.

Feldhoff
Präsident

Inhaltsverzeichnis

Zeichen und Abkürzungen

	Deutsch	Englisch	Französisch
DKV	Deutscher Kanu-Verband	German Canoe Federation	Fédération Allemande de Canoë-Kayak
VKC, DRC, TFK	Eigennamen von Vereinen	proper name of clubs	nom propre de clubs nautique
≋	fahrbar	navigable	navigable
X	unfahrbar	impassable	infranchissable
NW	Niedrigwasser	low water	eaux basses
MW	Mittelwasser	average water	leveleaux moyennes
HW	Hochwasser	high water flood	crue
?	Auskunft	information	renseignements
■	Wehr	weir, dam	barrage
□	Schleuse	sluice, lock	écluse
≏	umtragen	portage	portage
S 1	leicht	easy	facile
S 2	schwer	difficult	difficile
S 3	sehr schwer	very difficult	très difficile
⌶	Brücke	bridge	pont

⬇	Einsetzstelle	starting point	embarquement
⬆	Aussetzstelle	pull-out point	débarquement
!	Achtung (allgem. Gefahr)	caution (danger in general)	attention (danger en général)
↓	Mündung	flow	embouchure
↱	anlanden rechts	landing right	aborder droit
↰	anlanden links	landing left	aborder gauche
← →	Abzweigung, Einfahrt	deviation, branch	embranchement
AW	Altwasser, toter Arm	bywater, dead branch of a river	eaux mortes, bras mort
WW	Wildwasser	rough water, white water	courant rapide, eaux vives
▲	Zeltplatz	camping (free)	terrain de camping (non aménagé)
▲ C	Öffentl. Campingplatz	recognized camp-site	camping public
	Bootshaus	boathouse	garage à bateau
	Jugendherberge	youth-hostel	auberge de jeunesse
	Restaurant, Gasthaus	restaurant, inn	restaurant, auberge
☎	Telefon	telephone	téléphone
	Verpflegung	provisions	ravitaillement

🚉	Bahnhof	station	gare, station
EB	Eisenbahn	railway	chemin de fer
★	Sehenswürdigkeit	sights	curiosité
↯	Kraftwerk	power plant	usine électrique
l	links	left	à gauche
r	rechts	right	à droite
s.	siehe	see	voir
AB	ausführliche Beschreibung	detailed description	description en détail
SW	Südwest-Deutschland		
NRW	Nordrhein-Westfalen		
NW	Nordwest-Deutschland		
NSG	Naturschutzgebiet		

Einführung

Nun ist die 25. Auflage des Deutschen Flusswanderbuches fertiggestellt. Dringend notwendig, weil die 24. Auflage vergriffen war. Der Gedanke, dass ja nur ein paar Änderungen einzutragen sind, erwies sich wieder als Trugschluss. Eine Vielzahl von Zuschriften wurde eingearbeitet. Da auch viele Abstimmungen und Nachfragen erforderlich waren und außerdem die Bearbeitung auf dem PC eingerichtet wurde, erwies sich die Bearbeitungszeit als sehr knapp bemessen.

Am Prinzip der zu beschreibenden Flüsse hat sich gegenüber der vorausgehenden Auflage nichts geändert. Es werden nur Flüsse oder Abschnitte von Flüssen beschrieben, die ganzjährig auf mindestens 15 km befahrbar sind. So bedeutet dies, dass nahezu sämtliche Kleinflüsse, sowie die Oberläufe auch der größeren Gewässer nicht im Flusswanderbuch enthalten sind. Sie befinden sich alle in den verschiedenen Regionalführern. Das Deutsche Flusswanderbuch ist eben kein Buch für Kanuspezialisten, sondern es will die breite Masse der Kanufreunde ansprechen; sie finden in diesem Buch ein breites Betätigungsfeld.

Soweit bekannt, finden sich im Text Hinweise auf die Wasserqualität. Sie sind dem „Gewässergüteatlas der Bundesrepublik Deutschland 2000“ entnommen. Diese Angaben dienen nur zur orientierenden Information. Gegebenenfalls sind Informationen bei den zuständigen Stellen einzuholen.

Dieser Gewässerführer beruht auf Informationen zahlreicher ehrenamtlicher Mitarbeiter. Der Herausgeber und die Redaktion haben die zugesandten Unterlagen nach bestem Wissen zusammengestellt. Eine Gewähr für die Vollständigkeit kann aber nicht übernommen werden. Dies gilt insbesondere für die Situation an den Gewässern, da sich durch Baumaßnahmen laufend neue Veränderungen ergeben können. Daher zunächst die grundsätzliche Bitte: Verlassen Sie sich nicht ausschließlich auf die im Text gemachten Angaben, sondern rechnen Sie stets damit, dass sich Änderungen ergeben haben können.

Der Herausgeber und die Redaktion haften daher nicht für Schäden, die aufgrund der in diesem Gewässerführer enthaltenen Informationen entstehen können. Daraus folgt aber auch eine zweite Bitte: Notieren Sie sich bitte alles, was Ihnen an Unstimmigkeiten auffällt, und melden Sie es an die Geschäftsstelle des DKV (Anschrift siehe Seite 19) oder direkt an die Redaktion. Nur so kann sichergestellt werden, dass Fehler in den Beschreibungen bei der nächsten Auflage berichtigt werden können.

Der Deutsche Kanu-Verband als Interessenvertreter des Kanusports

Der Deutsche Kanu-Verband ist mit seinen 19 Landes-Kanu-Verbänden, den dort organisierten über 1.300 Kanuvereinen und fast 114 000 Mitgliedern der mitgliederstärkste Kanuverband der Welt. Er und die Landes-Kanu-Verbände vertreten als Spitzenfachverband im Deutschen Sportbund bzw. gegenüber den Landessportbünden alle Belange des Kanusports. Der Deutsche Kanu-Verband kümmert sich in erster Linie ehrenamtlich um den Erhalt der naturnahen Gewässer, ohne die Kanufahren nicht möglich ist. Der DKV bemüht sich um Verhinderung oder Entschärfung gefährlicher und ökologisch bedenklicher Wasserbaumaßnahmen. Er setzt sich ein für den Bau von Wehrüberwindungsanlagen für Kanufahrer und die Wahrung ökologischer Belange.

DKV und Leistungssport

Der DKV ist im Bereich des Leistungssports der erfolgreichste olympische Verband Deutschlands.16 Goldmedaillen, 5 Silbermedaillen und6 Bronzemedaillen wurden insgesamt bei den Olympischen Spielen 1992 in Barcelona, 1996 in Atlanta und 2000 in Sydney in den Disziplinen Kanu-Rennsport und Kanu-Slalom errungen. Zahlreiche Weltmeister und Europameistertitel kommen hinzu. Neben den olympischen Disziplinen gibt es noch die Wettkampfsportarten Kanu-Marathon, Wildwasserrennsport, Kanu-Segeln, Kanu-Polo, Kanu-Rodeo, Kanu-Mehrkampf und Kanu-Drachenboot. Wettkämpfe werden in diesen Disziplinen in allen Altersklassen durchgeführt und ermöglichen es somit, dass sich Sportler unabhängig von ihrem Alter hier in einem sportlichen Wettkampf messen können.

DKV und Wandersport

Die überwiegende Mehrzahl der Mitglieder des DKV betreibt reinen Kanu-Wandersport. Es ist daher fast zwangsläufig, dass der DKV auf diesem Gebiet besonders viele Aktivitäten entfaltet. So bietet der DKV ein umfangreiches Veranstaltungsprogramm im gesamten Bundesgebiet. Im jährlich neu erscheinenden DKV-Sportprogramm sind mittlerweile weit über 600 Veranstaltungen aus dem Bereich des Breitensports aufgeführt.

Der DKV gibt Tipps und Hinweise für ungewöhnliche Touren, Kontaktadressen zu Ausrüstern und Fachhändlern. Diese und die vielen weiteren Angebote des Deutschen Kanu-Verbandes, seiner Landesverbände und Vereine, stehen für Freude am Kanusport.

Im Rahmen des Kanu-Wandersports sind die folgenden Leistungen des DKV nicht nur für seine Mitglieder sondern auch für den breiten Kreis der nicht organisierten Kanuten von besonderem Interesse.

DKV und seine Flussführer

Der DKV verfügt über ein weltweit einmaliges Flussführersystem. So können wir mit Stolz darauf hinweisen, dass nahezu alle kanusportlich nutzbaren Gewässer in Deutschland und im europäischen Ausland ausführlich beschrieben werden. Alle Flussführer sind wie das vorliegende Buch aufgebaut und enthalten alle wesentlichen sicherheits-, umwelt- und fahrtentechnischen Hinweise für den Kanusportler. Bisher sind folgende Flussführer erschienen: Für Gesamtdeutschland sowie für sechs Regionen innerhalb Deutschlands (Südwestdeutschland, Württemberg, Ostdeutschland, Bayern, Nordrhein-Westfalen, Nordwestdeutschland). Außerdem sind acht Auslandsführer erschienen für die Bereiche Österreich, Schweiz (Band 1), Italien, Spanien, Portugal (Band 2), Südfrankreich und Korsika (Band 3), Skandinavien (Band 4), Südosteuropa (Band 5), Nordfrankreich, Benelux (Band 6), Nordosteuropa (Band 7) und Großbritannien, Irland (Band 8).

DKV und seine Zeitschrift KANU-SPORT

Kein aktiver Kanusportler kommt um die Zeitschrift KANU-SPORT herum. Diese Zeitschrift wird monatlich vom Deutschen Kanu-Verband herausgegeben und kann von jedermann - also auch Nichtmitgliedern - abonniert werden. Die Zeitschrift deckt die ganze Vielfalt des Kanusports ab. Den Schwerpunkt bilden illustrierte Fahrtenberichte und , Tourenvorschläge für Kanufahrten in Deutschland, Europa und der ganzen Welt mit hilfreichen Informationen. Außerdem bringt der KANU-SPORT Marktneuheiten, Veranstaltungshinweise sowie Artikel zu Themen wie Sicherheit, Umwelt und Gewässer oder Wettkampfsport. In seinem Service-Teil gibt es regelmäßig Informationen über neue Befahrungsregelungen oder etwa kurzfristig verhängte Sperrungen aus technischen Gründen. Die Zeitschrift KANU-SPORT ist über die Geschäftsstelle (Anschrift siehe Seite 19) des Deutschen Kanu-Verbandes zu beziehen. Interessenten können dort auch ein kostenloses Probeheft anfordern. Weitere Informationen gibt es unter www.kanu-sport.com.

DKV und seine Leistungsabzeichen

Ähnlich dem Deutschen Sportabzeichen, werden auch im DKV Abzeichen für besonders aktive Kanuwanderer verliehen. So gibt es das Wanderfahrerabzeichen für erwachsene Mitglieder, das in den Stufen Bronze, Silber und Gold vergeben wird. Für Vielfahrer, die 40 000 Fahrtenkilometer zurückgelegt haben, wurde das Globusabzeichen geschaffen. Auch im Bereich der Schüler und Jugendlichen gibt es ein Wanderfahrerabzeichen in den Stufen Bronze, Silber und Gold. Viele Landesverbände bieten darüber hinaus weitere zusätzliche Möglichkeiten der Auszeichnungen an. Ausführliche Informationen sind in der DKV-Wandersportordnung aufgeführt, die über die DKV-Wirtschafts- und Verlags GmbH zu bestellen ist.

Der DKV im Internet: http://www.kanu.de/

Unter der einprägsamen Adresse „http://www.kanu.de/" ist der DKV im Internet vertreten. Der DKV bietet auf dieser Seite umfassende Informationen rund um den Kanusport.

Im Bereich „DKV" gibt es allgemeine Informationen über die Tätigkeitsfelder des DKV und der Landes-Kanu-Verbände, darüber hinaus zahlreiche Adressen und Ansprechpartner sowie nützliche Downloads. Eine leistungsstarke Vereinssuche ermöglicht es jedem Besucher der Seite, einen passenden Verein in seiner Nähe zu finden.

Unter „Allgemeines" gibt es Informationen zur DKV-Mitgliedschaft, Ausbildung, Sicherheit, Umwelt sowie aktuelle Presseinformationen.

Unter „Freizeitsport" gibt es zahlreiche aktuelle und grundlegende Informationen über Kanuwandern, Wildwasser, Küstenpaddeln und die neuen Kanu-Trendsportdisziplinen.

Im Leistungssportbereich finden sich Termine, Ergebnisse, Wettkampfbestimmungen der DKV-Wettkampfsportarten.

Besonders umfangreich ist der Bereich „Info&Service". Für den Einsteiger werden hier die wichtigsten Fragen für den Start in den Kanusport beantwortet; unter „Gewässer" gibt es eine Gewässerdatenbank , eine Übersicht über für Paddler interessante Pegeldienste, eine Übersicht über bestehende Befahrungsregelungen und aktuelle Meldungen zu Gewässern. Unter „Termine" befindet sich eines der Highlights der Seite: Über eine Termindatenbank lassen sich alle rund 1500 Freizeit-, Leistungssport- und Bildungsveranstaltungen anhand von selbst gewählten Suchkriterien abfragen.

Unter „Interaktiv“ kann man über die Kontaktbörse Mitpaddler für die nächste Tour finden, im Forum Erfahrungen austauschen oder im Flohmarkt Paddel-Zubehör kaufen und verkaufen. Hier befindet sich auch eine umfangreiche Linksammlung zu allen Bereichen des Kanusports.

DKV und seine Pegeldienste

Immer eine Handbreit Wasser unter dem Kiel ist für einen Kanusportler eine wichtige Größenordnung. Wer will schon feuchte Waldwege fahren oder Hunderte von Autokilometern umsonst unterwegs sein? Pegelinformationsdienste sind deshalb ein wichtiges Informations- und Steuerungssystem im Kanusport. Besonders hilfreich ist die Koppelung der aktuellen Pegelhöhe nur mit einer Richtgröße, im günstigsten Fall ein Mindestpegel und eine Flussstrecke, auf die sich die Pegelhöhe und damit die Befahrbarkeit bezieht. Diese Voraussetzungen erfüllen derzeit nur die Dienste der Landes-Kanu-Verbände Nordrhein-Westfalen und Bayern. Mindestpegelmarken sind in der Regel nach sportlich-fahrtechnischen Gesichtspunkten ausgelegt, so dienen die Pegelinformationen nicht nur der Natur sondern auch dem eigenen Fahrspaß. Pegeldienste werden von den folgenden Landes Kanu-Verbänden betrieben:

Bayerischer Kanu-Verband, Kanu-Verband Nordrhein-Westfalen, Hessischer Kanu-Verband, Kanu-Verband Rheinland, Saarländischer Kanu-Bund und Landes-Kanu-Verband Sachsen-Anhalt.
Ausführliche Informationen erhalten Sie bei diesen Landes-Kanu-Verbänden oder im Internet unter www.kanu.de/pegel/ .

DKV und sein Verlag

Uber die DKV-Wirtschafts- und Verlags GmbH erhalten Sie eine Fülle interessanter Fachliteratur, Gewässerkarten, die jährlich herausgegebenen Kanu-Kalender sowie natürlich die Flussführer. Außerdem wird über die DKV-Wirtschafts- und Verlags GmbH die Monatszeitschrift des Deutschen Kanu-Verbandes, der „KANU-SPORT“, herausgegeben. Neben interessanten Flussbeschreibungen werden hier aktuelle Informationen zu Befahrungsregelungen, Umweltthemen, Neuheiten auf dem Boots- und Zubehörmarkt, Termine von Fahrten und Veranstaltungen u.v.a.m. behandelt. Die Flussführer und viele andere Verlagsartikel können DKV-Mitglieder zu ermäßigten Preisen bei der DKV-Wirtschafts- und Verlags GmbH bestellen. Fordern Sie den Verlagsprospekt an:

DKV-Wirtschafts- und Verlags GmbH
Postfach 10 03 15, 47003 Duisburg
☎ 0203/99759-0/-53, Fax: 0203/99759-61
E-Mail: verlag@kanu.de

Bestellungen sind auch im Internet über den Online-Shop unter www.kanu-verlag.de möglich.

DKV-Kanustationen, -Zeltplätze und -Ferienheime

Der Deutsche Kanu-Verband hat eine alte Tradition wieder aufleben lassen. Viele Vereine, die dem DKV angeschlossen sind, besitzen an ihren Bootshäusern Zeltmöglichkeiten. Soweit es die Platzverhältnisse zulassen, gewähren sie DKV-Mitgliedern Gastrecht und preiswerte Unterkunft. Darüber hinaus wurden zahlreiche Vereine mit dem Schild „DKV-Kanustation“ ausgezeichnet. Sie erfüllen Kriterien wie etwa gute Anlandmöglichkeiten, ausreichend Platz für Kleinzelte, erreichbare sanitäre Einrichtungen wie Toiletten, Waschmöglichkeiten, Dusche und Trinkwasser sowie weitere Serviceleistungen.

DKV-Mitgliedern werden hier besonders günstige Übernachtungspreise angeboten. Es empfiehlt sich bei den Fahrtenplanungen vorher rechtzeitig mit den Kanustationen Kontakt aufzunehmen. Ein vollständiges Verzeichnis der DKV-Kanustationen ist über die Geschäftsstelle des Deutschen Kanu-Verbandes (Anschrift siehe Seite) erhältlich.

Im laufenden Text der Flussbeschreibungen sind die Kanustationen durch das Zeichen *DKV-Kanustation* kenntlich gemacht (Stand Januar 2004).

Der DKV und die Landes-Kanu-Verbände betreiben an verschiedenen Orten des Bundesgebietes Heime und Zeltplätze speziell für Kanusportler.
Auf allen DKV-Campingplätzen besteht mittlerweile die Möglichkeit, Kajaks und Canadier zu leihen. In Waakhausen können außerdem Fahrräder gemietet werden.
Interessenten an Dauerstellplätzen empfehlen wir, Kontakt mit den jeweiligen Obleuten aufzunehmen. DKV-Mitglieder, erhalten bei Dauerstellplätzen einen Rabatt von bis zu 25 Prozent.

Der **DKV-Campingplatz Edersee** ist in schöner Lage an der Edertalsperre gelegen. Die Einrichtung existiert seit den 30er Jahren und ist ständig ausgebaut und modernisiert worden. Neben den Dauerplätzen sind stets ausreichend Stellplätze für Zelte und Wohnwagen und Übernachtungsplätze im Heim vorhanden. Zur Versorgung des Platzes dient die „Fürstental-Klause“, die alle notwendigen Lebensmittel und Getränke sowie Verpflegung einschließlich Mittagstisch anbietet.

Diese (größte) DKV-Einrichtung ist erreichbar über die A 44, Abfahrt Diemelstadt, danach über die B 252 - Diemelstadt Meringershausen - Höringshausen - Sachsenhausen - Oberwerbe - Basdorf. Aus Richtung Marburg B 254 - über Frankenberg - Westhausen - Vöhl - Basdorf.

Verwalter des Heimes und des Zeltplatzes sind Herr Weilepp und Frau Malz, DKV-Campingplatz Edersee, 34516 Vöhl-Basdorf.
☎ und Fax: 05635/202.

Der **DKV-Campingplatz Waakhausen** liegt nordöstlich von Bremen neben dem alten Künstlerdorf Worpswede in Waakhausen. Der mit alten Bäumen und Buschwerk bestandene Platz bietet Stellmöglichkeiten für Zelte und Wohnwagen. Auf eigenem Kiel ist die Anfahrt aus der Hamme bei km 16,7 über die Semkenfahrt und den Treidelgraben bis unmittelbar vor das Heim möglich.

Der Platz ist nicht nur für Kanuten, sondern auch für Wanderer und Radfahrer sehr gut geeignet. Anmeldung, insbesondere wenn Übernachtung im soeben renovierten, idyllischen, reedgedeckten DKV Heim gewünscht wird, an: Karl-Heinz Haffki, 27726 Waakhausen, ☎ und Fax 04792/2106.

Der neue **DKV-Campingplatz am Bodensee** wurde 1995 in Betrieb genommen. Da er in der Hauptsaison immer sehr gut belegt ist, sollte unter Umständen das Angebot der Kanuvereine im näheren Einzugsbereich geprüft werden. In der Vor- und Nachsaison ist sein Besuch allen Kanuten sehr zu empfehlen. Der Platz ist geöffnet von Mai bis September (s. AB Bodensee, km 140,5). Bewirtschaftung durch Frau Karina Droste, Zum Hussenstein 3, 78462 Konstanz, ☎ 07531/43061.

Nahe bei Hamburg liegt das **Wander- und Ferienheim Barum** des Hamburger Kanu-Verbandes. Das Heim bietet ca. 12 Schlafplätze mit Tagesraum und kleiner Küche, auf dem Gelände können zahlreiche Zelte aufgestellt werden. Der Platz ist mit Pkw erreichbar über die Strecke Hamburg - Winsen - Lüneburg (B 4) bis zum Abzweig bei Wittorf. Weiter über St. Dionys bis Barum. Oder über Bergedorf - Geesthacht - Elbbrücke - Tespe - Bütlingen. Die örtliche Aufsicht über das Heim sowie den Schlüssel hat Herr Hans Beug in 21357 Barum, Heimweg 11.

Bei mehr als dreitägigem Aufenthalt und Unterkunftswünschen im Heim ist rechtzeitige Voranmeldung beim Heimobmann Hans Beug, Heimweg 11, 21357 Barum, ☎ 04133/8905 (privat) oder 040/293161 (dienstlich), erforderlich. Postanschrift: Kanu-Wanderheim Barum, Heimweg 13, 21357 Barum, Seestraße 2.

Wanderheim Mardorf
Das Wanderheim Mardorf des Landes-Kanu-Verbandes Niedersachsen liegt in Mardorf am Steinhuder Meer. Es ist eine Ferienanlage, eine Landeslehrstätte und Kanusegel-Stützpunkt. Das „Walter-Künne-Heim" verfügt über 25 Betten in Zimmern mit oder ohne Dusche und WC. Das Haus ist ganzjährig geöffnet und bewirtschaftet. Für Tagungen und Lehrgänge sind alle notwendigen technischen Geräte vorhanden. Das Gelände bietet außerdem Platz für Wohnwagen und Zelte. Für Jugendgruppen bietet sich das „rustikale Holzhaus" mit Schlafkojen, Matratzenlager auf dem Dachboden und Selbstverpflegungsmöglichkeiten an.

Die LKV-Anlage Mardorf ist zu erreichen über die A 2 Dortmund-Berlin, Abfahrt (Hannover)-Neustadt, weiter über die B 6 nach Neustadt, dann über die Moorstraße-Meerstraße nach Mardorf, nach ca. 10 km Hinweisschild *DKV-Kanustation*. Mit der Bundesbahn erreichbar bis Neustadt-Rbg., von dort mit dem Bus nach Mardorf, Haltestelle „Lüttgen Mardorf". Die Postanschrift lautet:
Landes-Kanu-Verband, Sport und Jugendheim, DKV-Weg 17-19, 31535 Neustadt, OT Mardorf, ☎ 05036/474.

Otto-Vorberg-Haus
Sportschule des Kanu-Verbandes Nordrhein-Westfalen
Der Kanu-Verband Nordrhein-Westfalen unterhält bei Wesel seine Sportschule. Das Haus ist nach Otto Vorberg benannt, der viele Jahre Vorsitzender und Ehrenvorsitzender des Kanu-Verbandes Nordrhein-Westfalen war und der nach 1945 die Wiedergründung des DKV einleitete und dann den DKV auch lange Zeit als Vorsitzender führte.

Im Haus stehen 26 Betten in 4 Zwei- und 6 Dreibettzimmern zur Verfügung. Auf dem Zeltplatz können 75 Zelte untergebracht werden. Eine große Terrasse mit offenem Kamin ergänzt den Aufenthaltsbereich im Haus.

Die Sportschule liegt direkt an der Lippe. Unmittelbar benachbart befindet sich ein schönes Waldgebiet von ca. 15 km Ausdehnung, ein Mischwald mit Moor und Heide, in dem die letzten Wacholderbäume am Niederrhein zu sehen sind. Mitten durch das Gebiet führt die am Haus beginnende Wanderstrecke 1. Das Stadtzentrum von Wesel liegt etwa 1,5 km vom Heim entfernt. Trotz der Nähe der Stadt liegen Sportschule und Zeltplatz fernab jeden Verkehrslärms.

Zu erreichen ist die Sportschule über die Autobahn A 3 Oberhausen-Arnheim, Abfahrt Wesel/Schermbeck (Nr. 6). Von hier aus auf der B 58 in Richtung Wesel fahren bis zum Krankenhaus (2. Ampel). Hier links abbiegen in den Aaper Weg, 1. Straße rechts Kick in den Busch, 2. Straße links In der Luft, am Ende rechts in die Brunnenstraße, dann 1. Straße links Am Lippehafen. Eine ausführliche Anreisebeschreibung und weitere Infos bekommt man auf der Homepage des Kanu-Verbandes NRW unter www.kanu-nrw.de .

Postanschrift: Sportschule, Am Lippehafen 16, 46485 Wesel, ☎ 0281/5981. Fax: 0281/2067936 Hausverwaltung: Herr Lewandowski.

Anmeldungen bitte über die Geschäftsstelle des Kanu-Verbandes Nordrhein-Westfalen, Duisburg, ☎ 0203/7381-653, Fax: 0203/7381650 oder per E-Mail an info@kanusportschule-wesel.de.

Der **Zeltplatz des LKV Berlin**, nur mit Boot und Zeltgepäck zu erreichen, befindet sich auf der Insel Seddinwall im Seddinsee, im Südosten Berlins. Volle Selbstversorgung ist erforderlich, Trinkwasserpumpe vorhanden

Der Zeltplatz ist erreichbar über Köpenick-Müggelheim, Gosener Landstraße, Abfahrt Winterweg bis zum Jagen 147. Ab dort zur Insel paddeln.

Zeltplatzleiter: Fredy Stahr, Waldstr. 24, 12527 Berlin, ☎: 030/8262905 Handy: 0175/6055300. Insel-Telefon: 0174 /7759047. Gruppen ab 6 Personen bitte 2 Wochen vorher anmelden.

Mitgliedschaft im DKV

Eine wirkungsvolle Interessenvertretung für den Kanusport setzt voraus, dass möglichst viele Kanusportler Mitglied im DKV werden. Hierzu gibt es mittlerweile eine Vielzahl von Möglichkeiten. Die nach wie vor einfachste Art der Mitgliedschaft ist die, einem Verein beizutreten. Bei 1.300 Kanuvereinen in Deutschland ist auch in Ihrer Nähe ein für Sie geeigneter Verein. Über die Geschäftsstelle des Deutschen Kanu-Verbandes (Anschrift siehe Seite) vermitteln wir Ihnen gerne Adressen von für Sie geeigneten Kanuvereinen.

In den Vereinen treffen Sie am ehesten gleichgesinnte Kanusportler, mit denen Sie gemeinsame Fahrten planen und durchführen können. Oftmals verfügen Kanuvereine über ein reichhaltiges Sortiment vereinseigener Boote, so dass Sie unterschiedliche Bootstypen für unterschiedliche Gewässer ausprobieren können, ohne sich sofort ein neues Boot anschaffen zu müssen. Mit den Vereinsfahrtenprogrammen können Sie am schnellsten unter fachkundiger Anleitung die Gewässer in Ihrer näheren Umgebung oder ganz Deutschland kennenlernen. Gerade in den Vereinen wird das logistische Problem (Hin- und Rücktransport von Booten) gemeinsam am leichtesten und schnellsten gelöst. Darüber hinaus bieten die meisten Vereine die Möglichkeit, private Boote in den Bootshäusern zu lagern. Hervorzuheben ist auch, dass neben der Ausübung des Kanusports vielfach Ausgleichssportarten angeboten werden. Aber auch das gesellige Beisammensein wird nicht zu kurz geschrieben.

Eine Alternative zur Vereinsmitgliedschaft bildet die von jedem Landes-Kanu-Verband angebotene Einzelmitgliedschaft. Hier besteht die Möglichkeit, ohne Vereinsanbindung die Vorteile einer Mitgliedschaft in Anspruch zu nehmen.

Als Mitglied im Deutschen Kanu-Verband erhalten Sie Flussführer, Karten und Lehrbücher des Deutschen Kanu-Verbandes zu besonders günstigen Mitgliedspreisen. Mit ca. 800 Bootshäusern, davon ca. 200 DKV-Kanustationen, besteht die Möglichkeit, bei Kanuwanderungen zu günstigen Mitgliedspreisen zu übernachten. Darüber hinaus besitzen der DKV und seine Landes-Kanu-Verbände zahlreiche Heime und Zeltplätze, die sich für einen Urlaubsaufenthalt anbieten.

Der Deutsche Kanu-Verband bietet seinen Mitgliedern ein umfangreiches Veranstaltungsprogramm im gesamten Bundesgebiet. Der Deutsche Kanu-Verband hat für seine Mitglieder die Voraussetzungen für besonders günstige Bootsversicherungen oder Zusatzunfallversicherungen geschaffen.

Diese individuellen Vorzüge sind Grund genug , für einen relativ geringen Beitrag im Kanuverein oder als Einzelmitglied den Deutschen Kanu-Verband zu unterstützen. Wenn Sie Interesse haben, wenden sie sich doch einfach an die Geschäftsstelle des Deutschen Kanu-Verbandes (Anschrift siehe Seite), von wo Sie entsprechendes Informationsmaterial erhalten.

Anschriften des Deutschen Kanu-Verbandes und seiner Landesverbände

Deutscher Kanu-Verband
Bertaallee 8, 47055 Duisburg
☎ 0203/99759-0, Fax: 0203/99759-60
Internet: www.kanu.de, e-mail: service@kanu.de

Badischer Kanu-Verband e.V.
Hans-Joachim Popken
Rosenstr.11, 67112 Mutterstadt
☎ 06234/2387, Fax: 06234/928604
Internet: www.kanu-baden.de,
e-mail: praesident@kanu-baden.de

Bayerischer Kanu-Verband e.V.
Georg-Brauchle-Ring 93, 80992 München
☎ 089/15702-418, Fax: 089/15702-449
Internet: www.kanu-bayern.org, e-mail: BKV@kanu-bayern.de

Landes-Kanu-Verband Berlin e. V.
Landesleistungszentrum Kanu
Eisenhammerweg 22a, 13507 Borlin
☎ 030/439807-0, Fax: 030/439807-30
Internet: www.kanu-berlin.com,
e-mail: Kanuverband@t-online.de

Landes-Kanu-Verband Brandenburg e. V.
Am Luftschiffhafen 2, 14471 Potsdam
☎ 0331/901181, Fax: 0331/901186
Internet: www.lkv-brdbg.de, e-mail: lkv-brdbg@t-online.de

Landes-Kanu-Verband Bremen e.V.
Postfach 10 37 32, 28037 Bremen
☎ 0421/705608, Fax: 0421/700105
Internet: www.lkv-bremen.de,
e-mail: praesident@lkv-bremen.de

Hamburger Kanu-Verband e.V.
Leistungszentrum Rudern-Kanu
Allermöher Deich 36, 21037 Hamburg
☎ 040//7375560, Fax: 040/7375560
Internet: www.hamburger-kanu-verband.de

Hessischer Kanu-Verband e.V.
Carmen Jung (Geschäftsstelle)
Otto-Fleck-Schneise 4, 60528 Frankfurt/Main
☎ 069/673093, Fax: 069/675518
Internet: www.kanu-hessen.de,
e-mail: hessischerkanuverband@t-online.de

Landes-Kanu-Verband Mecklenburg-Vorpommern e. V.
Schillerstr. 6, 17033 Neubrandenburg
☎ 0395/5443231, Fax: 0395/ 5826083
Internet: www.lkvm-v.de, e-mail: lkv@infokom.de

Landes-Kanu-Verband Niedersachsen e.V.
Stockhardtweg, 3, 30453 Hannover
☎ 0511/2101199, Fax: 0511/4584349
Internet: www.lkv-nds.de, e-mail: info@lkv-nds.de

Kanu Verband Nordrhein-Westfalen e.V.
Haus der Verbände
Friedrich-Alfred-Str. 25, 47055 Duisburg
☎ 0203/7381653, Fax: 0203/7381650
Internet: www.kanu-nrw.de, e-mail: info@kanu-nrw.de

Pfälzischer Kanu-Verband e.V.
Jörn von zur Mühlen
Karl-Peters-Str. 60, 67657 Kaiserslautern
☎ 0631/44484, Fax: 0631/3403787
Internet: www.kanupfalz.de, e-mail: kanupfalz@web.de

Kanu-Verband Rheinhessen e.V.
Herr Klaus Anderweit
Sachsenring 24, 67583 Guntersblum
☎ 06249/7625

Kanuverband Rheinland e.V.
Brigitte Gattinger
Bahnhofstr. 7a, 65626 Fachingen
☎ 06432/81040, Fax: 06432/988303
Internet: www.kanu-verband-rheinland.de

Saarländischer Kanu-Bund
Hermann-Neuberger-Sportschule/Gebäude 54, 66123 Saarbrücken
☎ 0681/3879-222/223, Fax: 0681/3879-221
e-mail: kesternich@lsvs.de

Sächsischer Kanu-Verband e.V.
Goyastraße 2 d, 04105 Leipzig
☎ 0341/9839121, Fax: 0341/9839279
Internet: www.kanu-sachsen.de, e-mail: info@kanu-sachsen.de

Landes-Kanu-Verband Sachsen-Anhalt e. V.
Ebendorfer Chaussee 70, 39128 Magdeburg
☎ 0391/2422480, Fax: 0391/2422481
Internet: www.kanu-sachsen-anhalt.de,
e-mail: info@kanu-sachsen-anhalt.de

Landes-Kanu-Verband Schleswig-Holstein e. V.
G. Schöning Prinz-Heinrich-Str. 1, 24106 Kiel
☎ 0431/336407, Fax: 0431/336726
Internet: www.kanu-sh.de, e-mail: 1.vorsitzender@kanu-sh.de

Thüringer Kanu-Verband e. V.
Volker Reichel
Naumburger Str. 34, 07743 Jena
☎ 03641/421907, Fax: 03641/350739
Internet: www.kanu-thueringen.de,
e-mail: volker.reichel@jetzweb.de

Kanu-Verband Württemberg e.V.
Adelheid Speck (Geschäftsstelle)
Ziegelhütte 6, 74196 Neuenstadt a.K.
☎ 07139/931221, Fax: 07139/932859
Internet: www.kanu-wuerttemberg.de

Ein aktuelles Verzeichnis aller Landes Kanu-Verbände finden Sie im Internet unter www.kanu.de. Sie können die Adressen auch über die DKV-Geschäftsstelle erfragen.

Tipps und Hinweise für Einsteiger

Kanufahren ist leicht zu erlernen. Um sein Boot richtig zu beherrschen, braucht es aber einige Übung. Natürlich kann man versuchen, sich das Paddeln selbst beizubringen; dies ist aber die mühseligste Variante. Am besten ist das Kanufahren in der Gruppe im Verein zu erlernen. Viele Vereine bieten Kanukurse für Anfänger an, die auch von Nichtmitgliedern besucht werden können. Termine und Adressen sind der Internetseite des Deutschen Kanu-Verbandes (DKV) unter www.kanu.de/einsteiger/ und dem DKV-Bildungsprogramm zu entnehmen, das gegen eine geringe Schutzgebühr bei der DKV-Geschäftsstelle (Anschrift siehe Seite 19) erhältlich ist Daneben gibt es auch gewerbliche Kanuschulen oder Kanuanbieter mit entsprechenden Kursangeboten.

Welches Boot brauche ich?

Die Entscheidung für den Bootstyp richtet sich danach, für welchen Zweck das Boot eingesetzt werden soll. Grundsätzlich gibt es Kajaks und Canadier.
Canadier stammen aus Nordamerika und wurden von den dortigen Indianern zum Transport, zur Jagd und zum Fischfang genutzt. Canadier werden sitzend oder kniend mit einem Stechpaddel gefahren. Die heutigen Wandercanadier eignen sich hervorragend für längere Touren auf Seen oder ruhigeren Flüssen, mit Gepäck und mit mehreren Personen. Deshalb werden sie gerne von Familien genutzt.
Kajaks haben ihren Ursprung bei den Eskimos. Es sind geschlossene Boote mit einer Sitzluke. Kajak-Fahrer sitzen in ihrem Boot und bewegen es mit einem Doppelpaddel vorwärts. Das Kajak ist der „Allround-Bootstyp“ im Kanusport und wird in allen Bereichen verwendet - vom Seekajak für Großgewässer bis hin zum Wildwasserkajak.

Zu unterscheiden sind auch noch verschiedene Materialien. Die wichtigsten sind: **Polyethylen** (PE), ein robustes, relativ weiches Material, das vor allem bei Wildwasserbooten eingesetzt wird, und **glasfaserverstärkter Kunststoff** (GfK), ein Material, das leicht, hart, aber relativ empfindlich ist, und besonders bei Touren- und Seekajaks zum Einsatz kommt. Es gibt aber auch Holzboote und zusammenlegbare Faltboote mit einer Gummihaut.
Für die meisten Einsteiger kommen vorrangig Touren- und Allround-Wildwasserboote in Frage, da sie einen breiten Einsatzbereich abdecken. Auf dem Markt sind über 1000 verschiedene Modelle erhältlich, konkrete Empfehlungen können an dieser Stelle daher seriöserweise nicht gegeben werden. Für eine umfassende Beratung sind die anerkannten DKV-Kanufachberater zu empfehlen. Die Adressen

sind über die DKV-Internetseite www.kanu.de und die DKV-Geschäftsstelle erhältlich. Rat gibt es auch bei anderen Kanuten in einem Verein in Ihrer Nähe. Oft kann man hier auch Boote vor einem Kauf ausprobieren, so dass man sicherer sein kann, das richtige Boot anzuschaffen.

Sind Kanus teuer?

Die Preise für Kanus richten sich wie bei allen Gebrauchsgegenständen am Material und der Qualität aus. Deshalb sind für ähnliche Bootstypen unterschiedliche Preise zu zahlen. Zur groben Orientierung: Wildwasserkajaks gibt es ab ca. € 700, Tourencanadier ab ca. € 1 000.

Preiswerte Boote sind bei den zahlreichen Gebrauchtbootmärkten zu erwerben, deren Termine beim DKV zu erfahren sind. Vom Kauf unbesehener Boote (z.B. bei Internet-Auktionen) ist eher abzuraten, da Alter und Zustand bei Gebrauchtbooten eine wichtige Rolle spielen. Wer mit dem Paddeln anfängt, muss sich aber nicht gleich ein Boot kaufen: Vielerorts kann man Boote mieten, und wer das Paddeln in einem Kanukurs erlernt, bekommt dabei das Boot meistens gestellt.

Welche Ausrüstung benötige ich?

Wer Kanusport regelmäßig ausüben will, braucht eine gewisse Grundausrüstung. Hierzu zählen - neben **Paddel** und passender **Schwimmweste** - z.B. Spritzdecke und Paddeljacke, um vor Spritzwasser geschützt zu sein, außerdem Kälteschutzkleidung sowie wasserdichte Behälter für den Transport von Ersatzkleidung im Boot. Besonders im Wildwasser zählen zur Ausrüstung auch Schutzholm, Wurfsack und ein Erste-Hilfe-Päckchen. Für spezielle Reviere ist eine besondere Ausrüstung erforderlich ist. Der Fachhandel berät gerne, was jeweils geeignet ist

Wo darf ich paddeln?

Grundsätzlich ist das Paddeln auf allen Fließgewässern in Deutschland erlaubt. Ausnahmen gelten auf Talsperren oder Wasserflächen in Parkanlagen bzw. in Erholungsgebieten. Zu beachten ist aber auch, dass es zahlreiche **Befahrungsregelungen aus Naturschutzgründen** gibt, die unbedingt zu beachten sind. Eine Liste der Befahrungsregelungen ist im DKV-Sportprogramm oder im Internet unter www.kanu.de/gewaesser veröffentlicht. Auf großen Gewässern mit Schiffsverkehr gelten besondere Verkehrsvorschriften. Infos dazu gibt es unter www.elwis.de. Vor Fahrtenbeginn ist eine genaue Information über die jeweils geltenden Vorschriften unerlässlich.

Ist Kanufahren gefährlich?

Gefährlich sind Natursportarten meist nur, wenn man sie nicht beherrscht oder eine Situation falsch einschätzt. Eine qualifizierte Ausbildung ist daher der beste Schritt für die eigene Sicherheit! Anfänger sollten die vorhandenen Gefahren im Wassersport nicht auf die leichte Schulter nehmen. Besonders bei **Hochwasser** können Gewässer, die sonst unproblematisch sind, besondere Gefahrenstellen aufweisen. Im Zweifelsfall sollte lieber auf eine Befahrung verzichtet werden, bevor man Gesundheit oder Leben aufs Spiel setzt.
An **Wehren** oder **Schleusen** ist besondere Vorsicht geboten. Auch das Wetter sollte man im Auge behalten: Im Sommer können die Sonneneinstrahlung und die damit verbundene Ozonbelastung Probleme verursachen - und **Sturm** oder **Gewitter** haben schon mancher Fahrt ein plötzliches Ende bereitet. Und vor allem: **Nichtschwimmer gehören nicht in ein Kanu.**

Naturbewusst Paddeln

Kanusport ist Natursport - kaum eine andere Sportart bietet die Möglichkeit, so vielfältige und unmittelbare Eindrücke der Natur zu gewinnen. Im Gegenzug sind wir Kanuten der Natur gegenüber aber auch zu besonderer Rücksichtnahme und Schonung verpflichtet.
Der Deutsche Kanu-Verband hat daher einige Ratschläge zusammengestellt, um unbeabsichtigte Störungen des empfindlichen Naturhaushaltes zu vermeiden.

Auf dem Gebiet der Bundesrepublik Deutschland sind weniger als 10 Prozent der Gewässer einigermaßen naturbelassen. In diesen schönen und scheinbar unberührten Landstrichen sind wir aber keineswegs allein. Viele andere Freizeitnutzer suchen diese Naturräume ebenso gerne auf.
Wir alle müssen die Freiräume in der Natur pflegen und schützen. Es darf nicht sein, dass wir durch unser Freizeitvergnügen Schäden in der Natur anrichten.
Wir Kanusportler sollten alles daran setzen, dass von unserem Sport keine zusätzliche Belastung für die Natur ausgeht.

Vor der Fahrt ...
... informieren Sie sich bitte über das Gewässer, das Sie befahren wollen. Alle notwendigen Informationen dafür erhalten Sie aus den Flussführern des Deutschen Kanu-Verbandes sowie aus dem aktuellen DKV-Sportprogramm. Informationen über aktuelle Pegelstände und Sperrungen sind über die DKV-Internetseite www.kanu.de abrufbar.

Wenn Sie bereits am Start erkennen, dass das Gewässer hoffnungslos übernutzt ist, sollten Sie auf die Befahrung dieses Gewässers verzichten. Eigenes Fehlverhalten kann nicht damit entschuldigt werden, dass andere die Natur noch stärker belasten.

Kleine Gewässer verlangen eine besonders gute Fahrtechnik.
- Kleinflüsse dürfen nur in kleinen Gruppen mit kleinen Booten befahren werden. Als Faustregel gilt: Alle Boote müssen ohne Grundberührung und Uferkontakt auf der Stelle wenden können.
- Überprüfen Sie vor Ort am Gewässer, ob der Wasserstand für Ihre Paddeltour wirklich ausreicht. Bei zu geringem Wasserstand können Tiere und Pflanzen im Flussbett unbemerkt geschädigt werden. Insbesondere der Fischlaich kann ersticken.
- Nach regenarmen Zeiten sind viele Gewässer nicht mehr befahrbar. Weichen Sie in einem solchen Fall auf eine größeren Fluss in der Nähe aus.
- Stellen Sie Ihren PKW bitte auf öffentlichen Parkplätzen und nicht auf Privat- oder Forstwegen oder sogar Gaststättenparkplätzen ab. Ist letzteres unumgänglich, fragen Sie bitte um Erlaubnis.

Auf dem Wasser ...
- Starten Sie Ihre Paddeltour nur von Ufern, an denen keine Schäden verursacht werden können.
- Alle Flachwasser- und Schilfzonen bitte weiträumig umfahren. Sie stehen unter besonderem Schutz. Es sind wertvolle Laich- und Brutgebiete für Fische und Vögel sowie Standorte für seltene Wasserpflanzen.
- Genießen Sie Stille und Einsamkeit. Stören Sie nicht andere Leute, die wie Sie die Ruhe suchen. Vermeiden Sie Lärm und lautes Rufen.
- Rasten und Lagern zur kurzen Erholung ist nur an Plätzen möglich, an denen das Ufer nicht beschädigt werden kann.
- Das wilde Zelten in der Landschaft ist in der Bundesrepublik Deutschland fast nirgendwo mehr gestattet. Besonders gekennzeichnete Rast- und Lagerplätze für Wasserwanderer sind davon ausgenommen. In den DKV-Flussführern sind die besten Übernachtungsmöglichkeiten beschrieben.
- Müll, der nicht schon im Vorfeld verhindert werden kann, wird nicht vor Ort gelassen, sondern über die Hausabfallsammlungen entsorgt.
- Besondere Vorsicht und Rücksichtnahme sind beim Umtragen an Stauanlagen erforderlich. Es ist nicht immer erlaubt. Mancherorts wird es nur stillschweigend geduldet. Notfalls müssen Sie das Boot und die Ausrüstung über eine längere Strecke tragen. Eine wertvolle Hilfe dabei ist ein zusammenlegbarer Bootswagen. Der pflegliche Umgang mit Uferbefestigungen und Zäunen ist natürlich selbstverständlich.

Besonders zu beachten

Alle Feuchtgebiete sind von besonderer Bedeutung für das ökologische Gleichgewicht der Natur. Flachwasserbereiche, Uferzonen sowie angrenzendes Umland sind Brut- und Aufzuchtsgebiete für viele Tierarten und insbesondere für Wasservögel, deren Brutzeit sich von April bis Juli erstreckt. Vermeiden Sie bitte alles, was Tiere stören oder auch nur beunruhigen könnte.
Halten Sie möglichst großen Abstand von Nestern und Nachwuchs führenden Wasservögeln. Sind Sie mit mehreren Booten unterwegs und müssen Sie ein Nest oder eine Vogelfamilie passieren, fahren Sie bitte weiträumig und zügig vorbei. Halten Sie die Boote eng zusammen, um die Störung möglichst kurz zu halten.

Schutzgebiete beachten!
In vielen Bereichen unseres Landes sind Schutzgebiete ausgewiesen. Hier gelten besondere Bestimmungen zum Schutz der Tier- und Pflanzenwelt. In manchen Schutzgebieten ist das Befahren der Gewässer verboten. Die Beschilderung der Schutzgebiete ist vom Wasser aus nicht immer zu sehen. Informieren Sie sich bitte vor Beginn einer Fahrt, ob Ihr Weg durch ein Schutzgebiet führt. Schuldhafte Verstöße gegen Fahr- und Betretungsverbote hat der Gesetzgeber mit erheblichen Bußgeldern belegt.

Umweltverschmutzungen melden!
Achten Sie besonders auf stinkende Schmutzwassereinleitungen, Ölfilme und wilde Müllkippen an und in der Nähe von Gewässern. Rechtzeitige Anzeige bei den örtlichen Polizei- und Umweltbehörden kann ein Gewässer vor schweren Schäden retten.

Der DKV veröffentlicht jährlich im DKV-Sportprogramm eine aktuelle Liste der Gewässer mit den Befahrungsregelungen aus Naturschutzgründen. Es enthält darüber hinaus die Telefonnummern von Pegeldiensten für viele interessante Paddelgewässer. Sie erfahren damit den aktuellen Wasserstand vor der Abfahrt. Das Sportprogramm erhalten Sie gegen eine geringe Schutzgebühr über die Geschäftsstelle des DKV in Duisburg.

Aktuelle Informationen über Befahrungsregelungen und Pegel sind auch auf der DKV-Internetseite www.kanu.de im Bereich „Info & Service“ abzurufen.
Außerdem sind alle für Kanuwanderer reizvollen Flüsse und Seen im In- und Ausland mit ihren Naturschutzbezügen in den Flussführern des DKV beschrieben. DKV-Mitglieder können die Flussführer und weitere Kanuliteratur direkt beim DKV zum Vorzugspreis bestellen.

Kanu VERLAG

DKV-Auslandsführer
Stand: 3/04

Band 1 **Zentraleuropa** (Österreich, Schweiz)
5. Auflage 2000, 425 Seiten

Band 2 **Südwesteuropa** (Italien, Portugal, Spanien)
4. Auflage 1997, 412 Seiten

Band 3 **Südfrankreich**/Korsika
7. Auflage 1999, 430 Seiten

Band 4 **Skandinavien** (IDänemark, Finnland, Island, Norwegen, Schweden)
4. Auflage 2001, 419 Seiten

Band 5 **Südosteuropa** (Bulgarien, Griechenland, Jugoslawien, Moldawien, Rumänien, Türkei, Ukraine)
3. Auflage 1995, 328 Seiten

Band 6 **Nordfrankreich/Benelux** (Nordfrankreich, Belgien, Luxemburg, Niederlande)
Neuauflage in Vorbereitung

Band 7 **Nordosteuropa** (Estland, Lettland, Litauen, Polen, Rußland, Slowakei, Tschechien, Ungarn, Weißrußland)
1. Auflage 1996, 297 Seiten

Band 8 **Großbritannien/Irland** (England, Schottland, Wales und Irland)
1. Auflage 1997, 465 Seiten

Die Auslandsführer sind im Buchhandel (Vertrieb Geocenter), Fachgeschäften oder dirket bei der DKV GmbH zum Preis für € 20,35 erhältlich. DKV-Mitglieder erhalten bei der DKV-GmbH einen Sonderrabatt.

DKV-Wirtschafts- und Verlags GmbH
Postfach 100315, 47003 Duisburg
Telefon 02 03/9 97 59-53, Fax 02 03/9 97 59-61
eMail: Verlag@kanu.de
Intrnet: http://www.kanu-verlag.de

Kennzeichnung der Kanus

Seit dem 01.03.1995 gilt die Verordnung für die Kennzeichnung von Kleinfahrzeugen auf Binnenschifffahrtsstraßen. Nach dieser Verordnung sind Kanus von der Führung eines **amtlichen** Kennzeichens befreit. Dennoch besteht auf allen Binnenschifffahrtsstraßen die Verpflichtung, Boote zu kennzeichnen.

Dazu müssen Bootsname und Heimatort deutlich lesbar sein, zusätzlich sind Name und Anschrift des Eigentümers an einer erkennbaren Stelle fest im Bootsinneren anzubringen.

Unabhängig von dieser Regelung empfiehlt der Deutsche Kanu-Verband, alle Kanus - auch bei der Befahrung von kleineren Gewässern - in der o. a. Art und Weise zu kennzeichnen. Zusätzlich sollten die Boote der DKV-Mitglieder einen DKV-Stander in der Mindestgröße 30 mal 20 cm führen oder aber mit einem Abziehbild des DKV-Standers ausgerüstet sein.

Fahrten auf Binnen- und Seeschifffahrtsstraßen

Auf Wasserstraßen, die von großen Güter- und Fahrgastschiffen befahren werden, bestehen besondere Gefahren für die Sportschifffahrt. Für alle Gewässer, die für die gewerbliche Schifffahrt zugelassen sind, sind besondere Ordnungen erlassen worden (bes. Binnenschifffahrtsstraßenordnung, Seeschifffahrtsstraßenordnung).

Sie regeln ähnlich der Straßenverkehrsordnung den Verkehr auf den schiffbaren Gewässern der Bundesrepublik Deutschland. Sie enthalten detaillierte Bestimmungen zur Gewährleistung der Sicherheit und Leichtigkeit des Schifffahrtsverkehrs.

Auch Kanuwanderer müssen sich über die wichtigsten allgemeinen Verhaltensregeln informieren. Kanufahrer sind, bezogen auf die Verhältnisse im Straßenverkehr, auf den Schifffahrtswegen ebenso gefährdet wie dort die Fußgänger als schwächste Verkehrsteilnehmer. Es würde den hier zur Verfügung stehenden Raum übersteigen, um alle wichtigen Regeln aufzuführen. Die Wasser- und Schifffahrtsdirektion des Bundes hat auf einer sehr informativen Homepage alle wesentlichen Verhaltensregeln für Wassersportler aufgeführt. Wir empfehlen daher, dass sich Kanufahrer unter der Adresse www.elwis.de (dort unter Freizeitschifffahrt) ausführlich informieren. Gute Informationen enthält auch die Broschüre „Sicherheit auf dem Wasser“ die vom Bundesverkehrsministerium herausgegeben wird und dort bezogen werden kann.

Fahrten auf Großgewässern

Touren im Küstenbereich der Meere und über große Seen sind wie das Wildwasserfahren ein besonders attraktiver Spezialbereich des Kanuwanderns. Besondere kanusportliche Fertigkeiten, vor allem im Ausdauerbereich und eine optimale Ausrüstung sowie Revierkenntnis sind zwingend notwendig. Rauhes Wasser mit Wind und Wellen muss an Nord- und Ostsee sicher beherrscht werden. Eine Kenterung ohne 100-prozentige Fähigkeit zum Wiedereinstieg wäre fatal. An der Nordsee kommt der Einfluss von Ebbe und Flut hinzu. Die gesamte deutsche Nordseeküste ist als Nationalpark ausgewiesen, mit besonderen Regelungen für den Wassersport (Betretungsverbote etc.). Auch an der Ostsee gibt es (vor allem an der Küste Mecklenburg-Vorpommerns) Nationalpark- und Naturschutzregelungen, mit Auswirkungen auf den Kanusport. Grundsätzlich empfehlen wir, Küstenkanuwanderungen nur in Gemeinschaft mit ortskundigen Vereinspaddlern durchzuführen, die über die aktuellen Gewässer- und Naturschutzanforderungen informiert sind.

Fahrten auf Wildwasser

In diesem Flussführer sind nur einzelne Wildbäche beschrieben. Daher soll hier nur kurz auf das Wildwasserfahren eingegangen werden. Wildwasserfahren übt einen besonderen Reiz aus, erfordert andererseits aber sehr gute kanusportliche Fertigkeiten. Wildflüsse sind nach ihrer Schwierigkeit bewertet. Die nachfolgend abgedruckte Schwierigkeitstabelle ist von einer Kommission der Internationalen Canu Föderation (ICF) 1979 erarbeitet worden und ist weltweit gültig.

Besondere Hinweise zur Ausrüstung und der Befahrung von Wildwasser entnehmen Sie bitten den Regional- und Auslandsführern, in denen eine Fülle von interessanten Wildflüssen beschrieben sind.

	I unschwierig	II mäßig schwierig	III schwierig	IV sehr schwierig	V äußerst schwierig	VI Grenze der Befahrbarkeit
Sicht		freie Durchfahrten	übersichtliche Durchfahrten	Durchfahrten nicht ohne weiteres erkennbar, Erkundung meist nötig	Erkundung unerlässlich	im allgemeinen unmöglich, bei bestimmten Wasserabständen eventuell befahrbar, hohes Risiko!
Wasser	regelmäßiger Stromzug, regelmäßige Wellen, kleine Schwälle	unregelmäßiger Stromzug, unregelmäßige Wellen, mittlere Schwälle, schwache Walzen, Wirbel und Presswasser	hohe, unregel-mäßige Wellen, größere Schwälle, Walzen, Wirbel und Presswasser	hohe andau-ernde Schwälle, kräftige Walzen, Wirbel und Presswasser	extreme Schwälle, extreme Walzen, Wirbel und Presswasser	
Flussbett	einfache Hindernisse	einfache Hindernisse im Stromzug, kleinere Stufen	einzelne Blöcke, Stufen andere Hinder-nisse im Stromzug	Blöcke versetzt im Stromzug, höhere Stufen mit Rücksog	enge Verblockungen, hohe Gefällstufen mit schwierigen Ein- oder Ausfahrten	
Beispiele	AMMER (Rottenbuch – Peißenberg bei Pegel 90 in Weilheim) Isar (Bad Tölz-Wolf-ratshausen bei Pegel 65 in Bad Tölz)	Ammer (ab Naturwehr – Rottenbuch bei Pegel 90 in Weilheim) Obere Isar (Hinterauthal bei Pegel 180 in Scharnitz)	Ammer (Scheibum und Naturwehr bei Pegel 90 in Weilheim) Inn (Imster-Schlucht bei Pegel 200 in Haiming)	Loisach (Dom und Treppenhaus bei Pegel 120 Gschwandsteg) Ötztaler Ache (Waldschlucht bei Pegel 120 in Tumpen)	Inn (Brail-Schlucht bei Pegel 110 in Tarasp) Senna (Scharfes Eck ab Pegel 160 in Landeck)	Enns (Gesäuse-eingang, NW) Ruetzbach-katarakt (Pegel Medraz 120) Ötz (Längenfeld – Umhausen, Pegel Tumpen 120)

Stromgebiet der Donau

1 Donau

Wanderfluss
Mündung in Schwarzes Meer

Die Donau ist, nach der Wolga, mit einer Gesamtlänge von 2850 km der zweitgrößte Strom Europas. Sie ist ein ohne besondere Schwierigkeiten zu befahrender Wanderfluss von allerdings sehr unterschiedlichen Merkmalen.

Die Donau durchbricht zunächst in ihrem landschaftlich schönsten Teil zwischen Geisingen und Sigmaringen die Schwäbisch Alb, anschließend verläuft sie, landschaftlich immer noch sehr ansprechend, an deren Südrand.

In diesem Bereich finden sich viele Wehre, die, je nach Wasserstand z. T. fahrbar oder meist gut zu umtragen sind. Vorsicht ist jedoch geboten, bei höherem Wasserstand können auch die als „fahrbar" angegebenen Wehre lebensgefährlich werden; bereits mehrere Todesfälle. Besichtigung ist auf jeden Fall unerlässlich.

Der anschließende Abschnitt, von Ulm bis Vohburg, ist landschaftlich weniger reizvoll, Aulandcharakter. Er ist verbaut durch große Stauanlagen, deren Rückstau meist kurz nachdem vorhergehenden Wehr beginnt. Immerhin wirddas Passieren der Wehre durch elektrohydraulisch betriebene Selbstbedienungs-Kahnschleusen erleichtert.

Sehr empfehlenswert ist eine Befahrung der Strecke Ingolstadt - Kehlheim mit dem bekannten Donaudurchbruch von Weltenburg; in diesem Abschnitt bisher noch keine Verbauungen.

Ab Kehlheim ist die Donau Bundeswasserstraße. Hier mündet der Main-Donau-Kanal. Es folgen Staustufen und Schleusen für die Großschifffahrt. Landschaftlich ist diese Strecke am Südrand des Bayrischen Waldes wieder recht reizvoll. Es gelten die Vorschriften der Donau-Schifffahrts-Polizeiverordnungen. Kennzeichnung der Brückendurchfahrten: Ein auf der Spitze stehendes gelbes Quadrat bedeutet, dass dieses Joch von Berg- und Talfahrt benutzt wird, bei 2 gelben Quadraten ist die Durchfahrt für den Gegenverkehr gesperrt. Boote sollten stets hoch an das Ufer gezogen werden, der Wellenschlag der Schiffe kann sehr weit reichen. Von Straubing bis Vilshofen verläuft das, allerdings durch Ausbaupläne bedrohte, letzte größere

Stück frei fließender Donau in Deutschland, eine sehr lohnende Paddelstrecke.

Befahrbarkeit: Beuron - Thiergarten - Gutenstein bei NW im Sommer vielfach nicht befahrbar, siehe Pegel (Wasserableitungen und starke Verkrautung). Weitere Strecke ganzjährig.

Befahrungsregeln: 2734,4 - 2716,4, Mühlheim - Beuron, ganzjährige Sperrung.

2716,4 - 2694,2, Beuron - Gutenstein, Zeitraum der Regelung: 15.02. - 30.09. ⬇/⬆ nur noch Straßen-Ⅱ Beuron rechtsufrig, Nepomuk-Ⅱ Hausen i.T. rechtsufrig, Tiergarten Kälberwiese rechtsufrig, Gutenstein Straßen-Ⅱ linksufrig. Kontingentierung für die drei Gruppen DKV, gewerbliche Anbieter und Privatbootfahrer. Für den DKV gilt: In Beuron max. 10 Boote, in Thiergarten max. 20 Boote, in Hausen und Gutenstein jeweils max. 40 Boote. Die Gesamtzahl der Boote darf 40 Boote nicht überschreiten. Einsatzzeit: nur zwischen 9 und 14 Uhr, Fahrtende spätestens um 18.00 Uhr. Anmeldung für DKV-Mitglieder werktags bis 16 Uhr beim Naturschutzzentrum Beuron, ☎ 07466/92800, Fax 07466/928023, E-Mail (Angaben: Verein, Anzahl der Boote, Einsatzort, Fahrttag, Fahrtenleiter bei Gruppenfahrten). Die Boote müssen durch Vereinswimpel, Aufschrift o. ä. als Vereinsboot gekennzeichnet sein. Die Anmeldebestätigung ist mitzuführen. Mindest-Pegelstand (ganzjährig gültig) ist 35 cm am Pegel Beuron (☎ 07466/19700). Betreten der Ufer und Kiesbänke außerhalb geschlossener Ortslagen ist nicht gestattet, außer Wehrumtragestellen und Notsituationen. Nicht im DKV organisierte Paddler wenden sich an die Bootsverleiher vor Ort.

2667,4 - 2667,0, Blochinger Sandwinkel, Befahrung nur im linken Außenarm gestattet.

2650,6 - 2639,7, Riedlingen - Zweifaltendorf, gesperrt vom 01.04. - 31.08. an Wochenenden und Feiertagen.

2604,0 - 2600,0, LSG Oberdirschingen, Erlaubnisvorbehalt durch Landratsamt Alb-Donau, ☎ 07311/851468.

Weitere siehe Kilometrierung.

Überschreitet die Wasserführung der Donau den höchsten Schifffahrtswasserstand (HSW), müssen alle Fahrzeuge (also auch Kanufahrer!) ihre Fahrt einstellen. Der HSW beträgt für die Strecken:

Kelheim - Regensburg am Pegel Oberndorf	480 cm
Regensburg - Geisling am Pegel R-Schwabelweis	520 cm
Geisling - Straubing am Pegel Straubing	505 cm
Straubing - Deggendorf am Pegel Pfelling	620 cm
Deggendorf - Schalding am Pegel Hofkirchen	480 cm
Schalding - Jochenstein am Pegel Passau-Donau	780 cm

Pegel: Donau-Wasserstände telefonisch abrufbar:

Beuron	☎ 07466/19700
Oberndorf (Bad Abbach)	☎ 09405/19429
Regensburg-Eiserne Brücke	☎ 0941/19429
Regensburg-Schwabelweis	☎ 0941/19429
Pfatter	☎ 09481/19429
Straubing	☎ 09421/19429
Pfelling	☎ 09422/19429
Deggendorf	☎ 0991/19429
Hofkirchen	☎ 08445/19429
Passau-Donau	☎ 0851/19429
Passau-Ilzstadt	☎ 0851/19429
Vilshofen-Donau	☎ 08541/19429

Gewässergüte: Im allgemeinen II (mäßig belastet). Folgende Teilstrecken entsprechen der Gewässergüte II-III (kritisch belastet): ↓ Brigach bis unterhalb Blochingen, unterhalb der Kläranlage Ulm und die Staustufe Straubing.

2779,8 Zusammenfluss von Breg und Brigach, Beginn der Donau. Die Folgestrecke bis Beuron ist beschrieben im „DKV-Kanuführer für Südwestdeutschland".

2716,4 EB-Ⅱ. Ende der Sperrstrecke, (siehe Befahrungsregeln)

2715,6 r **Beuron**,★: Benediktinerabtei mit Barockkirche, Zwischen überdachter Holz-Ⅱ und Straßen-Ⅱ übliche ⬇ mit Parkplatz (siehe Befahrungsregeln).

2714,7 Mess-▬ (Spitz-▬), ⌓, trotz niedriger Fallhöhe lebensgefährlich, r ⌓.

2714,4 Fußgänger-Ⅱ.

2712,5 EB-Ⅱ, davor Radweg-Ⅱ.

2712,2 ▬ St. Maurus, X, Umtragsteg r zerfallen, ⌓ l durch den Klostergarten wird bisher geduldet. r oben Burg Wildenstein, ♜.

2709,2 ▬ **Talhof**,X, r ⌓.

2708,2 l **Langenbrunn**,darüber Schloss Werenwag (772 m) der Fürsten zu Fürstenberg. Keine Besichtigung.

2705,3 , Ⅱ, ⬇/⬆. Unter Ⅱ kleine Stufe, 2. Joch von l fahren. Danach flach. l **Hausen im Tal**,▲ C mit ⬇/⬆.

2703,0 Ⅱ, l **Neidingen**, voraus mächtige Felswand „Schaufelsen“, Aufstieg über ✕ „Mühle“ ca. 1 Stunde. r in 250 m Rastplatz mit Grillstelle und kleiner Quelle.
2700,6 **Neumühle**, Ⅱ, ■, r ≏. ✕, Parkplatz. Auf 1,5 km Felsbrocken im Fluss.
2698,6 EB-Ⅱ
2698,3 l **Thiergarten**, Ⅱ, ⬇/⬆, Parkplatz.
2697,0 Radweg-Ⅱ, r ✕.
2696,1 EB-Ⅱ.
2695,0 Holz-Ⅱ.
2694,9 EB-Ⅱ.
2694,6 ■ Gutenstein, evtl. ≋ oder über ■-Krone überheben oder l ≏.
2694,2 Ⅱ **Gutenstein**, darunter l ⬇/⬆.
2693,4 l und km 2693,0 l Jugendzeltplatz, evtl. ▲-Möglichkeit, ☎ 07570/951176.
2692,9 r auf 400 m Jugend-▲, ☎ 07570/487.
2692,4 hölzerne Radweg-Ⅱ.
2692,1 EB-Ⅱ.
2691,9 ■ **Dietfurt**, l oder vom Kanalbeginn aus r ≏ oder überheben, am ■-Fuß Steine. l Jugend-▲, eine Übernachtung wird im allgemeinen geduldet.
2691,5 Ⅱ, r Rastplatz und ✕.
2690,5 l Rastplatz, danach l ↓ Schmeie (Schmicha) (s. „DKV-Kanuführer für Südwest-Deutschland“), l oben Ruine „Gebrochen Gutenstein“.
2688,3 Ⅱ, r fahren, im Schwall Steine, l **Inzigkofen**, 🚉.
2687,4 Felsbarre auf der l Flussseite, r fahren.
2687,0 Amalienfelsen.
2685,6 Ⅱ **Laiz**, l davor gute ⬇/⬆ mit Parkplatz.
2685,4 Klappen-■ Laiz, r Bootsgasse zwischen ϟ und Fischtreppe. Vor Befahren vergewissern, ob Gasse und Auslauf frei sind.
2684,6 Ⅱ B 313, Beginn von **Sigmaringen**, ★: Hohenzollernschloss mit Museum, danach r ▲ C und Freibad, ⬆ am ▲ C nur für Camper.
2683,6 Ⅱ Sigmaringen - Laiz.
2683,2 Ⅱ Burgstraße.
2683,1 l Treppe, ⬆, Parkplätze, 🏠 700 m.
2683,0 Klappen-■ Sigmaringen, ϟ, Tosbecken, **X**, Lebensgefahr!! ↱ unterhalb des Schlosses und unterhalb EB-Ⅱ ⬇. Zum 🚉 5 Min.
2682,9 EB-Ⅱ mit Fußgängersteg.
2682,5 2 Ⅱ.
2681,8 EB-Ⅱ.
2679,7 EB-Ⅱ, danach Fußgängersteg.

2676,6 Sohlschwelle mit Kanurinne, nach Ansehen ≋, l Treppen zum ⌓.
2676,5 **Sigmaringendorf**,][, l ↓ Lauchert (s. „DKV-Kanuführer für Südwest-Deutschland").
2673,3 1. ■ Scheer, eventuell nach Wehrinsel ≋, bei NW hier überheben und treideln. Oder gleich l ⌓ ca. 200 m.
2671,9 **Scheer**,][B 32, danach 2. ■, ganz l evtl. ≋, sonst l ⌓ und nach ca. 150 m über private „Hühnerleiter" einsetzen. Wasserentzug auf ca. 250 m.
2669,6 ■, **X**, ϟ Jakobstal, ganz l unter Durchfahröffnung im Schütz (falls Höhe ausreichend) in Kanal einfahren und am Kanalende beim ϟ nach r ins Flussbett ⌓. Wenn Durchfahrhöhe nicht ausreicht, r ⌓, mühsames Treideln auf ca. 1,5 km. Einsetzen in Kanal nur von der Flussseite aus möglich. Im Flussbett einige Felsstufen.
2668,1 l ↓ ϟ-Kanal.
2666,5 Flussgabelung, im r Arm ganzjähriges Befahrungsverbot (NSG), l Arm durch Steinwurfschwelle abgesperrt, nach ansehen ≋ oder l über Treppe ⌓.
2666,1 „Flusskreuzung": l Arm fahren oder den Steinwurf im r Arm hinunterrutschen.
2664,7 Beurener][, Schwall. Beste Durchfahrt nahe am r Pfeiler.
2662,5 1. Hundersinger Sohlrampe, Kanurinne, nach Ansehen ≋ oder r ⌓.
2662,2][, darunter 2. Hundersingener Sohlrampe. Kanurinne genau in][-Mitte, für geübte ≋, jedoch ansehen ! Sonst r unter][hindurch ⌓, ca. 50 m. **Hundersingen**, mehrere ✗. ⋆: Keltenmuseum 1 km, Heuneburg (Wehrmauer-Rekonstruktion) 3 km, keltische Grabhügel.
2662,0 r ↓ Ostrach.2658,0 **Binzwangen**,v][mit Nepomuk-Figur.
2657,5 der ehemals „große" Schwall wurde entschärft. Jetzt halb links gut ≋. nach 100 m eine weitere, glatte Stufe.
2656,5 Spundwandschwelle. Es folgen weitere, alle gut ≋.
2655,7][Radwanderweg.
2652,8 Geradeaus fahren über künstliche Stufe aus Betonabbruch, gut ≋, aber bei NW Grundberührung. Davor zweigt nach r Umflutkanal ab über **X** Steinwurf, Kanal gesperrt.
2650,6 **Riedlingen**, r vor][an Treppe bei Sport-✗ aussetzen. Letzte Aussetzmöglichkeit vor **X** ■, das in 300 m folgt. Links Altstadt Riedlingen, ⋆. Zur Weiterfahrt am besten nach ca. 100 m r der Straße in kleinen Kanal wieder einsetzen. Die Folgestrecke bis km 2639,7 (Zwiefaltendorf) ist in der Zeit vom 01.04.-31.08. an Wochenenden und Feiertagen gesperrt.
2649,8][B 312, kurz vorher bei NW Kiesbankschwall.

2649,1 r ↓ Schwarzach (s. „DKV-Kanuführer für Südwest-Deutschland“).
2646,8 Ⅱ, l **Daugendorf**, r Wanderung zum Bussen, 767 m hoch, mit herrlicher Fernsicht, 6 km.
2646,3 r ↓ Kanzach (s. „DKV-Kanuführer für Südwest-Deutschland“).
2643,8 Ⅱ, r **Zell**, l 500 m **Bechingen** mit 🍴.
2641,7 EB-Ⅱ.
2639,9 EB-Ⅱ
2639,7 Ⅱ, Ende der Sperrstrecke, r ⬇, Parkplätze, l **Zwiefaltendorf**.
2639,6 l ↓ Zwiefalter Ach (s. „DKV-Kanuführer für Südwest-Deutschland“).
2634,6 l ↓ Braunsel.
2634,0 ▬ **Rechtenstein**,r ⌂.
2633,9Ⅱ, EB-Ⅱ.
2632,0 ▬ Obermarchtal nach Betonsteg, evtl. ≋, aber Steine im Unterwasser oder l ⌂. r **Obermarchtal**, ehem. Prämonstratenserabtei.Bei NW auf ca. 400 m gelegentliches Treideln!
2630,6 l ↓ Große Lauter (s. „DKV-Kanuführer für Südwest-Deutschland“).
2628,6 Viadukt der B 311.
2628,1 Ⅱ, r **Untermarchtal**.
2624,0 **Munderkingen**,Ⅱ, ▬, X, r fahren, Sog l l über Wiese ⌂.Hübsche Altstadt, 🚆 ca. 15 Min.
2622,6 Ⅱ, ca. 200 m zum 🚆.
2622,3 Ⅱ.
2618,4 **Rottenacker**, unter Beton-Ⅱ ▬, X, r uber Treppen ⌂. Im Unterwasser nach Fußgängersteg Querströmung von l beachten.
2617,8 EB-Ⅱ.
2615,5 Ⅱ, l **Herbertshofen**.
2613,8 Ⅱ, l **Dettingen**.
2613,0 Ⅱ, r **Berg**, l 2 km zum 🚆 Ehingen.
2612,9 kleine Sohlschwelle, r fahren.
2611,9 l ↓ Schmiech (≋ bei HW ab Hütten, stark verbaut).
2610,2 Ⅱ, **Nasgenstadt**.
2608,3 Ⅱ, **Gamerschwang**.
2607,0 Ⅱ mit Schützen-▬ Öpfingen, l Kanal zum Stausee, r altes Donaubett, meist trocken. In Kanal einfahren! Stausee Vogelschutzgebiet (siehe Befahrungsregeln), verschlammt. Fahrwasser am r Ufer.
2604,2 ϟ Oberdischingen am Schlammsee-Ende, r über Treppe ⌂.
2603,4 r ↓ Rißkanal (s. „DKV-Kanuführer für Südwest-Deutschland“).
2604,0 Steg.
2603,8 r ↓ des alten Donaubetts.
2603,4 r ↓ Risskanal.

2602,6 Ⅱ Oberdirschingen - Ersingen.
2600,8 Walzen-#, ⌓, altes Flussbett dahinter meist trocken. Davor r ein Schützen-▬, eine Falle meist offen, üblicher Weg für Weiterfahrt. Vorsicht, Schrägströmung, auch zu den geschlossenen Schützen hin. Bei HW Sog zum Walzen-▬, Lebensgefahr! Dann und bei geschlossenen Schützen r ⌓. wieder beginnt ein Stausee, teilweise verschlammt. Hinweisschilder betreffs Fahrtroute (Vogelschutz) beachten. Es folgen mehrere Ⅱ, dann:
2598,3 EB-Ⅱ, sehr niedrige Durchfahrt, evtl. r ⌓ durch EB-Unterführung; auf keinen Fall über die Gleise!
2598,1 r ↓ Westernach-Rottum (s. „DKV-Kanuführer für Südwest-Deutschland").
2597,4 r ↓ Württembergische Rot (s. „DKV-Kanuführer für Südwest-Deutschland"), Ⅱ.
2595,8 ϟ Donaustetten, ▬, X, l über Treppen 100 m ⌓. Danach Ende der Kanalstrecke, altes Flussbett mündet von links.
2595,4 Ⅱ **Donaustetten**.
2593,6 Ⅱ **Gögglingen**.
2591,3 Steg.
2590,8 Ⅱ.
2590,3 ▬ ϟ Wiblingen, X l ⌓.
2588,0 r ↓ Iller (s. AB).
2586,9 r ↓ Iller-Kanal.
2586,7 Ⅱ, danach Steg, l **Ulm**, ehem. Königspfalz, ab 13. Jh. Reichsstadt. ★: Ulmer Münster (1377 begonnen. Turm 162 m hoch, erst 1890 vollendet), Rathaus, Brotmuseum, Ulmer Museum.
2586,4 r Treppe, ⌂ Ulmer Paddler, Bootshausstr. 5, Neu-Ulm.
2586,2 EB-Ⅱ mit Fußgängerübergang, l 1200 m 🚉.
2586,1 r ⌂ und ▲ der Ulmer Kanufahrer, Jahnufer 50, Neu-Ulm, ☎ 0731/81328, Touristenunterkünfte.
2585,8 l ↓ Blau (s. „Kanuwanderführer für Bayern").
2585,6 Donauinsel in r Flusshälfte, im l Hauptarm fahren, r Arm verwachsen und Vogelbrutgebiet.
2585,5 Ⅱ (Herd-Ⅱ).
2584,9 Ⅱ (Gänstor-Ⅱ).
2583,5 Fußgänger-Ⅱ.
2581,6 ▬ Böfinger Halde (6,5 m), X, ϟ, r Kahn-☐, über Sprechanlage Freigabe der ☐ durch Schleusenaufsicht anfordern. Überwachung durch TV-Kamera. Schleusung nur an Werktagen (☎ 0731/161-2444). Selbstbedienung verboten. Evtl. r ⌓.
2580,0 r Naherholungsgebiet Pfuhler See, im Sommer sanitäre Anlagen, DLRG.
2579,0 Ⅱ, l **Thalfingen**. Danach bis zur nächsten Ⅱ für Motorboote und Wasserski freigegeben.

2576,2 Ⅱ r **Leibi**, l **Elchingen**.
2575,0 ■ **Oberelchingen**, ϟ, X, l □ mit Selbstbedienung, Hubhöhe 5,75 m, oder l ⩊.
2574,9 Autobahn-Ⅱ A 7.
2571,5 r ↓ Roth (s. „Kanuwanderführer für Bayern“).
2569,9 r ↓ Biber (s. „Kanuwanderführer für Bayern“).
2568,4 ■ Leipheim, ϟ, X, r Selbstbedienungs-□ oder r ⩊, Hubhöhe 5,85 m.
2567,5 Autobahn-Ⅱ A 8, Ⅱ-Reste bei NW.
2566,7 Ⅱ. r **Leipheim**, alter Markt, Schloss. r ✕ Post, r 🚆.
2562,7 ■ Günzburg, ϟ, X, r □ mit Selbstbedienung, Hubhöhe 5,40 m, oder r ⩊.
2562,2 Ⅱ, r **Günzburg**, nettes, altes Städtchen, Renaissance-Schloss, Rokoko-Kirche.
2562,1 r ⌂ und ▲ des VfL Günzburg, Kanuabteilung.
2561,9 r ↓ Günz (s. „Kanuwanderführer für Bayern“). r 1500 m 🚆.
2561,8 l ↓ Nau (s. „Kanuwanderführer für Bayern“).
2561,0 Ⅱ, kurz danach Pionier-Übungsgelände (! bei Ⅱ-Bauten evtl. ↱).
2560,4 l ⌂ und ▲ des Günzburger KC.
2559,8 Ⅱ, Mitte fahren, r **Reisensburg**, r Burg auf Anhöhe.
2556,4 ■ Offingen, ϟ, X, l Selbstbedienungs-□, Hubhöhe 4,55 m, oder l ⩊.
2555,2 EB-Ⅱ.
2554,3 Ⅱ, r **Offingen**.1 km im Ort ✕ „Krone“.
2551,9 ■ Gundelfingen, ϟ, X, r Selbstbedienungs-□, Hubhöhe 4,55 m, oder r ⩊.
2551,8 r ↓ Mindel (s. „Kanuwanderführer für Bayern“).
2551,6 r ↓ Kühlwasserkanal des Kernkraftwerks Gundremmingen.
2547,5 l ⬇/⬆, l 3 km **Gundelfingen**, l 800 m Stadion-✕ und Badesee.Es besteht die Möglichkeit, bei der Slip-Anlage des schwäbischen Segelklubs am l Ufer in den Sickergraben umzusetzen. ↓ in Brenz bei km 1,7, 2 kleine ■, ≋, nur für Einer. Man umgeht damit das ■ Faimingen.
2545,6 ■ Faimingen, ϟ, X, r □ mit Selbstbedienung, Hubhöhe 5,60 m, oder r ⩊.
2544,9 l ↓ Brenz (s. „DKV-Kanuführer für Südwest-Deutschland“).
2543,4 Ⅱ, l **Lauingen**, altes Städtchen, Hofturm aus der Schwedenzeit, Geburtsort von Albertus Magnus. Beginn des Rückstau des ■ Dillingen.
2539,0 ■ Dillingen, ϟ, X, r □ mit Selbstbedienung, Hubhöhe 4,65 m, oder r ⩊.
2538,1 l ⌂ Dillinger KC, ▲, ✕, ☎ 09071/3725.
2538,0 Ⅱ.

2537,9 Ⅱ, l **Dillingen**, ehem. fürstbischöfl. Residenz und Universität, Stadtpfarrkirche, Studienkirche, Schloss ★.
2533,5 Ⅱ, l **Steinheim**.
2532,4 l ⏏-Möglichkeit in die Egau. Man umgeht damit das ▬ Höchstädt. ! bei ↓ in die Donau unterhalb des ϟ, Gefällstrecke, ≋ nur für Einer.
2530,8 ▬ Höchtstädt, ϟ, X, r □ mit Selbstbedienung, Hubhöhe 7 m, oder r ⏏.
2530,6 l ↓ Egau (s. „DKV-Kanuführer für Südwest-Deutschland").
2530,3 Straßen-Ⅱ, l **Höchstädt**, Schloss (1704).
2526,8 Straßen-Ⅱ, l in 2 km **Blindheim**.
2524,8 Ⅱ, l **Gremheim**, l Rastplatz, l ✕ Rose.
2522,4 ▬ **Schwenningen**, ϟ, X, r Boots-□ mit Selbstbedienung, Hubhöhe 6 m, oder r ⏏.
2517,0 Ⅱ, l **Donaumünster**.
2511,8 ▬ Donauwörth, ϟ, r Boots-□ mit Selbstbedienung oder r ⏏.
2511,3 Ⅱ der Südumgehung Donauwörth.
2511,1 l ↓ Kessel (s. „Kanuwanderführer für Bayern").
2510,4 EB-Ⅱ.
2509,8 l Wörnitz (s. AB), 1,7 km flussaufwärts ⌂ des KC Donauwörth, ▲, ☎ 0906/22605.
2509,7 Ⅱ, l **Donauwörth**, alte Reichsstadt, teilweise Stadtmauern, Kreuzkirche, Stadtpfarrkirche, Cassianeum, ★.
2508,9 r ↓ Zusam (s. „Kanuwanderführer für Bayern").
2508,3 r ↓ Schmutter (s. „Kanuwanderführer für Bayern").
2508,1 Ⅱ B 2.
2506,0 r ↓ Egelseebach.
2504,6 Ⅱ, r **Lehenhof**.
2498,8 l **Lechsend**.
2496,4 r ↓ Lech (s. AB).
2496,1 Ⅱ, l **Marxheim**. danach Landschaftsschutzgebiet „Donautal westlich von Neuburg a.d.D." (Landkreis Neuburg-Schrobenhausen, Verordnung vom 01.06.1989, betrifft den Stausee von Bertoldsheim und die anschließende Flussstrecke bis Neuburg): Zelten, Feuermachen usw. ist verboten, ganzjährig ist das Anlegen an und das Betreten der Vogelinseln im Stausee verboten, darüber hinaus ist in der Zeit vom 15.11. bis 15.03. das Befahren des Stausees mit Ausnahme der Fahrrinne der Donau mit Wasserfahrzeugen aller Art verboten.
2490,2 Staustufe Bertholdsheim, ▬, X, r Selbstbedienungs-□, sonst über Treppe ⏏, Str-Ⅱ.
2487,2 r ↓ Kleine Paar und ↓ Friedberger Ach (beide s. „Kanuwanderführer für Bayern").

2486,0 l **Steppberg**, l ↓ der Ussel; (s. „Kanuwanderführer für Bayern“), ✕ Kimmerling, sehr paddlerfreundlich. Ab hier bewaldete Höhenzüge.

2485,8 l Antoniberg.

2480,2 ϟ Staustufe Bittenbrunn, ■, X, r Selbstbedienungs-□, sonst über Treppe ⌓.

2478,0 Flussgabelung (Insel), r fahren, ! l bei höherem Wasserstand unter der Ⅱ gefährliche Strudel- und Wellenbildung.

2477,2 Ⅱ (Elisenbrücke), r **Neuburg**; alte Residenzstadt, ★: historische Altstadt und Schloss.

2477,0 *DKV-Kanustation*, ⌂ und ▲ C (öffentlich) des Donau-Ruder-Clubs (DRC) Neuburg e.V., Oskar-Wittann-Str. 5, 86633 Neuburg/Donau, ☎ 08431/9474.

2474,0 l **Joshofen**

2469,9 Ⅱ, ϟ Staustufe Bergheim, ■, X, r Selbstbedienungs-□, sonst über Treppe r ⌓.

2549,2 ϟ Staustufe Ingolstadt, ■, X, r Selbstbedienungs-□, sonst über Treppe ⌓. ! r fahren, starker Segelbootbetrieb!

2458,5 Ⅱ.

2457,5 Str-Ⅱ, l **Ingolstadt**,alte Festungsstadt, ★: Dom, Maria de Viktoria-Kirche von Asam; aufstrebende Industriestadt.

2457,3 r Donaulände.

2456,7 ED-Ⅱ München - Nürnberg, beide Joche ≋, Schwall.

2456,5 Ⅱ, beide Joche ≋, Schwall.

2455,3 r Anlegestelle des Faltbootclub Ingolstadt, ⌂ und ▲, Voranmeldung ☎ 0841/69230.

2455,2 Autobahn-Ⅱ München - Nürnberg, A 9. Von hier aus bis km 2448 Wasserübungsplatz der NATO, Spannseile und Schwimmbrücken!! Zeitweilige Durchfahrtsverbote unbedingt beachten! Lebensgefahr! Das rechte Ufer ist militärisches Gebiet. Anlanden verboten.

2449,2 l **Großmehring**.Str-Ⅱ, mittleres Joch ≋.

2444,1 ϟ Staustufe Vohburg, ■, X. r Boots-□ und ⌓-Rampen.

2443,8 r Durchfahrt von der Paar.

2443,0 r ↓ Paar (s. „Kanuwanderführer für Bayern“).

2442,6 Ⅱ (Agnes-Bernauer-Ⅱ), r **Vohburg**: sehr hübsches altes Städtchen. Nach der Ⅱ r ⬇/⬆.

2441,2 Neue Ⅱ.

2438,4 l **Wackerstein**.✕ zum Schloss, Beginn des Wasserübungsplatzes Wackstein-Münchsmünster der Bundeswehr, ! Spannseile und Schwimmbrücken! Kurzzeitige Durchfahrtsverbote unbedingt beachten! Lebensgefahr! r und l Ufer sind militärisches Sperrgebiet, Landen verboten.

2436,8 Ende des Wasserübungsplatzes.

2436,6 Ⅱ, l **Pförring**.

2432,3 Ⅱ B 299, r **Neustadt**, l **Marching**.
2432,0 r ▲, Rastplatz, ✕ in 10 Min.
2427,0 r ↓ Abens (s. „Kanuwanderführer für Bayern“).
2426,9 Seilfähre, l **Hienheim**, Überreste des vor 2000 Jahren erbauten Limes. Auf der Höhe am Waldrand Hadrianssäule mit der Inschrift: „Hier am linken Donauufer beginnt der von den römischen Kaisern Trajan, Hadrian und Probus in den Jahren 117 bis 282 n. Chr. gegen die Teutschen angelegte Wall, auch Teufelsmauer genannt“. r **Eining**, r Rastplatz und Imbiss beim Fährhaus. Auf der Höhe bedeutende Reste des römischen Castells „Abusina“, 69 - 79 v. Chr. durch Kaiser Vespasian gegründet. Eindrucksvolles Bild römischen Kriegs- und Wohnwesens.
2422,6 l **Haderfleck**. Bei Haderfleck treten die Berge des Juras an den Fluss heran und drängen diesen nach Südosten.
2420,6 r „Gänsanger“ der Gemeinde Weltenburg, l **Stausacker**, ✕.
2419,5 r Kloster Weltenburg, altes Benediktinerkloster, der Überlieferung gemäß vom hl. Eustachius um 620 gegründet. ★: Barocke Klosterkirche, erbaut von den Gebr. Asam, Klosterwirtschaft mit Brauerei. Gleich nach dem Kloster beginnt der Donaudurchbruch. ! auf Motorschifffahrt ! Zelten im Durchbruch verboten! Naturschutzgebiet!
2416,3 l **Klösterl**, ⌂ Kelheimer KC.
2415,0 l auf dem Michelsberg steht die von König Ludwig I. in den Jahren 1842 - 1863 erbaute Befreiungshalle. Andenken an die Befreiungskriege 1813 - 1815.
2414,6 l ↓ des Ludwig-Donau-Main-Kanals, für Schiffe und Sportboote aufgelassen, l ⬇/⬆.
2414,2 Ⅱ, r großer Parkplatz und oberhalb Bus-Haltestelle, **Kelheim**, Kleinstadt mit vielen sehenswerten Bauten und Denkmälern. Ab hier Bundeswasserstraße! Ab hier bis km 2402 Wasserskistrecke.
2412,7 Europa-Ⅱ.
2411,6 l ↓ des Main-Donau-Kanals (Fortsetzung der Altmühl, s. AB).
2410,8 l **Kelheimwinzer**.
2410,0 Straßen-Ⅱ.
2408,5 l **Herrnsaal**, r **Saal**.
2408,2 r alter Fähranleger (Rampe) an Str.-Ⅱ B 16, gute ⬇/⬆, ca. 15 Min. zum Bahnhof.
2403,7 l **Kapfelberg**, l Motorboothafen.
2402,0 EB-Ⅱ, Durchfahrt l, die beiden mittleren Joche sind gesperrt! Nach der Ⅱ l Einfahrt in den Kanal zur Sportboot- und Großschifffahrts-□, r Durchfahrt zur Bootsgasse und ⏏-Stelle.
2401,8 ϟ und Staustufe Abbach, ▬, **X**, r Bootsgasse und □, ⏏-Stelle, Str.-Ⅱ, l **Poikam**.

2399,7 r **Bad Abbach**, ehem. römische Militärstation, dann Bajuwarenbefestigung, heute bekanntes Schwefelbad.

2399,2 Fußgänger-𝕀.

2397,5 r **Oberndorf**, sehenswerte Kirche Maria Himmelfahrt, gute ✕ Berghammer, l ↓ des Armes der Sportboot-□.

2397,0 Wasserskistrecke bis km 2387.

2396,4 l ↓ des Armes der Großschifffahrts-□.

2395,2 l **Lohstadt**,✕ Perzl.

2393,1 r **Matting**, ! Seilfähre!, r ✕ Fänderl.

2390,6 r ✕ zur Walba, r **Unteririading**, r ↓ Irading-Bach.

2388,2 l **Sinzig**.

2387,9 l ↓ der Schwarzen Laaber (s. „Kanuwanderführer für Bayern").

2387,6 Autobahn-𝕀 A 3 Nürnberg - Regensburg, l Motorboothafen-Ausfahrt!

2386,8 EB-𝕀 Regensburg - Ingolstadt, Mitte ≋.

2386,7 Fähre!

2385,7 EB-𝕀 Regensburg - Nürnberg.

2385,3 l ↓ Naab (s. AB), l **Mariaort**, l ✕.

2383,0 r ⌂ der Regensburger Rudervereine, daneben ▲ C der Stadt Regensburg.

2382,5 l **Niederwinzer**, die Donau erreicht hier ihren nördlichsten Punkt.

2381,7 r ⌂ des Regensburger Kanuclubs und der Kanuabt. des Freien Turn- und Sportvereins Regensburg.

2381,5 𝕀 A 93, r Durchfahrt zur Bootsgasse und Sportboot-□, nach der 𝕀 l Einfahrt zur Großschifffahrts-□, r Durchfahrt zur Bootsgasse und Sportboot-□.

2381,3 ϟ und Staustufe Regensburg, ▬ r mit Bootsgasse, Sportboot-□ und ⏏-Stelle, 𝕀.

2380,5 l FA Regensburger Turnerschaft, letzte ▲-Möglichkeit in Regensburg, keine sanitären Anlagen! Anlegen lebensgefährlich (Drahtseile)!

2380,1 Fußgänger-𝕀.

2379,6 Steinerne 𝕀, erbaut 1138 - 1146. Durchfahrt im 2. Joch von rechts! Das 1. Joch ist nur für Bergfahrer!! Immer auf Schifffahrtszeichen achten! **Regensburg**: Kelten- und Römersiedlung, alte Reichsstadt mit ★ alten Gebäuden (Porta Prätoria, Emmeramskirche, Alte Kapelle, Herzoghof mit Römerturm, altes Rathaus mit Reichstagssitzungssaal, St. Peter-Dom, Fürstl. Schloss Thurn und Taxis). r 1500 m 🚌.

2379,2 𝕀, 2. Joch von rechts fahren! Ab hier Kaianlagen und Schiffsländen bis zum Hafen. Schifffahrtsbestimmungen beachten.

2378,5 Straßen-𝕀.

2377,7 l ↓ Regen (s. AB) und ↓ des Armes der Großschifffahrts-□.

2376,8 EB-Ⅱ Regensburg - Hof.
2376,3 Hafeneinfahrt für Großschifffahrt. Vorsicht, ausfahrende Schiffe!
2376,2 Ⅱ.
2376,1 l **Schabelweis**.
2373,0 r Regensburger Osthafen, ausfahrende Schiffe! Beginn des Rückstaus der Staustufe Geisling.
2369,6 Ⅱ, Mitte ≋, l **Donaustauf**, Ruine der Burg der Fürsten Thurn und Taxis.
2368,7 l Walhalla, erbaut 1830/42 von König Ludwig I. Deutsche Ruhmeshalle nach dem Muster eines griechischen Tempels. Bei Besichtigung Boote wegen Schiffswellen hoch ans Ufer ziehen. ⬇/⬆ nach der Ⅱ.
2367,8 l **Sulzbach**, auf den Höhen noch Weinbau.
2365,0 l **Demling**, Beginn der Kornkammer Bayerns.
2364,0 r **Friesheim**.
2361,0 l **Frengkofen**.
2358,0 Autobahn-Ⅱ A 3 Regensburg - Passau.
2354,0 ϟ und Staustufe Geisling, ■, **X**, ⌓.
2353,0 Ⅱ.
2350,5 r **Pfatter**, l abseits **Wörth** mit Schloss Wörth.
2347,0 **Gmünd**, r ✗ Schinäri, ▲-Möglichkeit, ☎ 09481/256.
2346,0 r **Irling**, r ⬇/⬆ (Treppen).
2344,2 l **Niederachdorf**, Rokoko-Rundkirche, ★; Beginn des Rückstaus der Staustufe Straubing.
2342,0 l **Pondorf**.
2335,0 r **Niedermotzing**, die Obermotzinger Donauschleife wurde beim Donauausbau abgeschnitten.
2333,0 Beginn des 900 m langen Durchstichs (l Öberauer Schleife abgetrennt); l NSG Öberauer Donauschleife bis km 2325,6.
2332,5 Laaber-Ⅱ, r Infotafel, r ⌓-Möglichkeit in die Laber. Die Laber mündet nach mehreren fahrbaren Grundstufen nach etwa 3,5 km unterhalb der Staustufe Straubing in die Donau. Das Mündungswehr ist bei Pegel Straubing 280 cm überflutet (☎ 09421/19429), ansonsten ⌓ über Treppen. Von dort ca. 2 km zum Straubinger Kanu-Club (= Umfahrung der Staustufe Straubing). Mit voll beladenen Booten ist dies jedoch nicht lohnenswert, da bei der Staustufe Straubing die Bootsgasse benutzt werden kann.
2330,5 l Einfahrt zur ☐ für die Großschifffahrt, nicht für Kanufahrer, sondern weiterfahren bis zur Staustufe.
2329,8 ■ Straubing (5,41 m), ϟ, **X**, l Bootsgasse, leichte Bedienung, mündet in die Stadtschleife (zum ⌂ Straubinger Kanu-Club), oder ⌓ (150 m, Bootswagen vorhanden).
2329,6 l ↓ Laaber (s. „Kanuwanderführer für Bayern“).

2329,1 Insel, Vogelschutzgebiet, Betreten verboten, r Arm fahren.

2327,5 ⌂ Straubinger Kanu-Club, Vereinsheim mit neuen sanitären Anlagen, ⛺, ✕, *DKV-Kanustation*, sehr gastliche Aufnahme, ☎ 09421/12522, 400 m zum Stadtzentrum.

2327,1 Ⅱ, (Schloss-Ⅱ), r **Straubing**, alte Agnes-Bernauer-Stadt mit Stadtturm (Römerfunde), r Herzogsschloss (1356) mit Agnes-Bernauer-Turm, Ursulinenkirche von Asam (1740).

2326,0 r Sportzentrum Sicht auf die beiden Türme der St. Peterskirche,.

2325,0 l ↓ der Alten Donau (Schifffahrtskanal). Kilometerdifferenz beachten! - 5,762 km Differenz wegen Schleifenabschnitt (Obermotzinger Kurve). Die Kilometrierung wurde so geändert, dass bei der Mündung der Alten Donau der Kilometersprung auftritt: km 2324,500 (alt) = km 2318,738 (neu).

2316,9 Ⅱ B 20 Straubing - Cham.

2315,5 l **Reibersdorf**; von weitem der Bogenberg mit Marienwallfahrtskirche in Sicht.

2314,0 r ↓ Aiterach über ein Wehr. ADAC-Motorboothafen.

2313,3 l ↓ alte Kinsach (s. „Kanu-Wanderführer für Bayern").

2312,2 r **Sand**, r Hafen Straubing-Sand, l **Oberaltaich**. Fährbetrieb nur noch für die Landwirtschaft.

2311,1 EB-Ⅱ: 2. Joch r ≋. l Bogener Insel (Betreten verboten, milit. Gelände).

2310,0 l Bogenberg mit Marienwallfahrtskirche.

2309,0 r **Hermannsdorf**. Nach Bogen l im Altwasser (Pionierübungsgelände) ca. 2 km aufwärts fahren. Dort l ↓ Kinsach und ↓ Bogenbach.

2308,4 Ⅱ.

2306,0 l **Pfelling**; l ✕ Donauufer, ☎ 09422/2306.

2301,5 r **Irlbach**.

2299,5 r **Wischlburg**.

2297,3 l **Mariaposching**, über dem Damm ✕; r 500 m **Stephanposching**, Fährbetrieb zwischen beiden Orten.

2295,3 r **Steinkirchen**.

2295,0 2293,0 l NSG „Vogelfreistätte Graureiherkolonie bei Kleinschwarzach".

2293,5 ← Altarm: nicht einfahren (NSG)!! Befahrung des Altarms verboten!!

2292,4 l **Kleinschwarzach**, ⛺ C, Übernachtungsmöglichkeit, Imbiss, ☎ 09906/879.

2291,6 l **Zeitldorf**.

2291,2 - 2284,0 Wasserskistrecke.

2291,0 r Natternberg, eine sagenumwobene Erhebung mitten in der Donauebene.

2290,1 Autobahn-Ⅱ A 3 Regensburg - Passau.

2290,1 - 2289,4 Donauinsel bei Metten; NSG, Betreten verboten! l fahren!

2288,8 l vom Damm verdeckt: **Metten** mit Kloster; ca. 1 km entfernt; einmalige Bibliothek; gute ⬆ an der Rampe.

2288,6 l ↓ Mettenbach.

2286,8 - 2285,7 Insel, l fahren.

2285,9 EB-Ⲓ, l sehr gute ⬇/⬆ (2 km 🚐); l ✕ Donaustrandhaus mit ⛺ C, ☎ 0991/5930.

2285,5 Autobahn-Ⲓ A 92 München - Deggendorf.

2285,3 l ↓ Kollbach.

2285,0 l Deggendorfer Ruderclub, ⛺-/Übernachtungsmöglichkeit nach Anfrage. Beginn der Deggendorfer Schiffswerft.

2284,6 Ⲓ B 11 Landshut - Deggendorf - Regen, danach Werftgelände. l **Deggendorf**: alte Stadt mit teilweise gut erhaltener Stadtmauer und Türmen. Eingangspforte in den Bayerischen Wald.

2284,0 l Schiffswerft, Ende der Wasserskistrecke.

2283,9 l Hafeneinfahrt, Wasserschutzpolizei.

2283,7 - 2282,4 l Deggendorfer (Frei-)Hafen.

2282,5 Autobahn-Ⲓ A 3 Regensburg - Passau.

2281,7 r ↓ Isar (s. AB).

2278,0 - 2277,0 r NSG „Donaualtwasser Staatshaufen" (Befahren verboten).

2277,0 r ↓ des Plattlinger Mühlbaches (Befahren verboten!).

2276,0 l **Niederalteich**, berühmtes Kloster mit guter Wirtschaft; ⬆ bei der Fährbucht.

2275,6 r **Thundorf**.

2271,5 r **Aicha**.

2270,3 r **Mühlham**, Kanustation mit ⛺-Möglichkeit, TID-⛺, ✕.

2269,2 - 2267,2 Wasserskistrecke.

2266,2 Ⲓ Winzer/Hengersberg - Osterhofen.

2266,0 - 2264,2 l NSG „Donaualtwasser Winzerer Letten".

2264,2 l **Winzer**. l ↓ Hengersbacher Ohe über alte Donau: Nicht in den Altarm einfahren!!! (NSG). Befahrung verboten!!

2263,2 l und r Rampe der ehem. Fähre, sehr gute ⬇/⬆. Bis km 2260,2 Übungsstrecke für Wassermotorräder.

2257,0 l **Hofkirchen** mit Pegelstandanzeiger, weit hinter dem Ort ⛺, mehrere ✕.

2255,0 r **Pleinting**, Kanustation vom Damm verdeckt.

2253,0 l auf der Höhe Burgruine Hilgartsberg, schöner Blick ins Donautal.

2249,2 Ⲓ, r **Vilshofen**: hübsche Stadt.

2249,1 l Ruderclub Vilshofen, ⛺-Möglichkeit auf Anfrage, sehr gute ⬇/⬆, Parkplätze.

2248,5 r ↓ Vils (s. „Kanuwanderführer für Bayern“). Beste ⬆ in der Vils gleich l, von da nur 5 Min. zum 🚌. Beginn des Rückstau der Staustufe Kachlet (km 2230,7).

2248,0 Insel, l fahren.

2247,6 Insel, l fahren.

2246,1 l **Windorf**.

2245,4 r Parkplatz an der B 8.

2242,0 r **Sandbach**, Flussenge, Fähre, auf Schifffahrtssignale achten!!

2238,6 Große Überlandleitung quert den Fluss.

2237,8 ✕ „Fischerstüberl“.

2234,3 Autobahn-Ⅱ A 3.

2233,8 l gegenüber dem großen Lagerhaus ↓ der Gaißa (s. „Kanu-Wanderführer für Bayern“). Durch neue Stein-Ⅱ Einfahrt in die Gaißa, Badeplatz.

2230,7 ϟ Kachlet, ▬, X, l Einfahrt zur □. Umsetzanlage r vor der □. Es stehen moderne, luftbereifte Bootswagen zur Verfügung. Auf Schiffe, die aus den Schleusen ausfahren, achten!

2230,3 EB-Ⅱ.

2230,1 Ⅱ (F.-J. Strauß-Ⅱ).

2229,0 r Winterhafen Passau (Regensburger Straße), ⬇/⬆, Parkplatz.

2227,8 l Anleger (schräge Ebene) zu einer ✕.

2227,4 r ⬇/⬆ beim Radlerhotel „Rotel Inn - Der Ruhende“ (☎ 0851/95160), 2 Minuten zum 🚌, 10 Minuten zur Fußgängerzone.

2227,0 Ⅱ (Schanzl-Ⅱ), r ⬇/⬆, 🚌 in 300 m, Anlegestelle für Donaukreuzfahrt- und Ausflugsschiffe.

2226,0 r **Passau**: 50 000 Einwohner, alte Kelten- und Römersiedlung. ★: Dom mit größter Kirchenorgel der Welt und modernem, umstrittenem Altar.

2225,7 Hänge-Ⅱ (Luitpold-Ⅱ), danach l oben ★: Veste Oberhaus, herrlicher Blick auf die Stadt, Zusammenfluss von Inn, Donau und Ilz, Bayrischer Wald, Fernsicht in die österreichischen und bayerischen Alpen.

2225,4 l ↓ der Ilz (s. „Kanuwanderführer für Bayern“), bei NW Felsen in der ↓. Ilz-aufwärts nach 1 km Kanuabteilung des TV Passau 1862. Halser Str. 34, 8390 Passau, ☎ 0851/41457. ⌂ und ▲ mit WC, Waschanlage und Warmwasserduschen. Pkw können auf dem Parkplatz nur während des Aufenthalts auf dem ▲ abgestellt werden. Die Unterbringung von Wohnwagen und Wohnmobilen ist nicht möglich.

2225,3 r ↓ Inn (s. AB), Beginn des Rückstaus der Staustufe Jochenstein (km 2203,3).

2225,1 r Kiesbank.

2224,7 r Lüftenegger Insel.

2223,3 EB-Ⅱ (Kreutelsteiner Ⅱ), l Bushaltestelle.
2223,2 - 2206,0 Wasserskistrecke.
2223,2 r **Achleiten**. Ab hier bis zum km 2201,8 Grenze zwischen der BRD (l Ufer) und Österreich (r Ufer), keine Einschränkungen für das Anlanden auf österreichischen Ufer. Pass oder Personalausweis muss aber mitgeführt werden.
2222,6 r Insel Soldatenau.
2221,7 l ↓ Satzbach.
2218,0 r ↓ Kößlbach.
2215,8 l **Erlau**, Bus nach Passau, ✗.
2215,7 l ▲ der TID auf dem Sportplatz des TSV Erlau, Rampe am Ende des Sportplatzes.
2215,2 l ↓ Erlau (s. „Kanu-Wanderführer für Bayern").
2215,0 r Burg Krämpelstein, 14. Jh., genannt Schneiderschlößl. Früher Mautschloss der Passauer Bischöfe, später Raubsitz der bischöflichen Ritter. Die Burg ist heute eine Fremdenpension.
2212,8 r **Pyrawang**, erster österreichischer Ort, ✗.
2212,7 r ▲ C (über Straße).
2211,5 l Motorboothafen Obernzell, ⌂ des KC Obernzell, Bus nach Passau.
2209,8 l **Obernzell**, sehenswerte alte Häuser mit Inntaler Flachdach und Laube, Schloss des Passauer Bischofs Leonhard von Laimingen, erbaut 1426 - 1598. Pkw-Fähre. r **Felsenhütt**, Pkw-Fähre. Signalanlage für die Sportboot-Umsetzanlage in Jochenstein.
2208,5 l ↓ Hanzingbach.
2208,3 r Motorboothafen Kasten.
2208,2 r ↓ Rudelbach.
2208,0 r **Kasten**, ▲ C.
2207,4 l ↓ Kohlbach, l ▲ C, Pension und ✗ „Kohlbachmühle", ☎ 08591/320.
2207,0 r Burg Vichtenstein im Sauwald am Fuße des Haugsteines. Bergfried und Burgkapelle 14. Jh., Hauptbau 16. Jh.
2205,0 r **Roning**.
2203,3 ϟ Jochenstein, ▬, X, l Schifffahrts-□, Umsetzanlagen r. Befahren des Wassers oberhalb der Überfallschützen verboten, bei Verstößen Geldstrafe! Sportboote ohne Motor müssen die Umsetzanlage am r Ufer benutzen. Gute Bootswagen, auch für vollbeladene Boote, stehen zur Verfügung. Eine Sperrung der Umsetzanlage wird in Felsenhütt (km 2209,8) durch ein Signal - zwei rote Lichter übereinander am r Ufer - angezeigt. Dann müssen auch Sportboote ohne Motor die Schleusen benutzen.

2201,8 I ↓ des Dantlbaches, Grenze zwischen Bundesrepublik Deutschland und Österreich. Die weitere Beschreibung der Donau findet sich in den DKV-Auslandsführern Band 1, 7 und 5.

1.1 Inn

Wildfluss - Wanderfluss
Mündung in Donau (r Nebenfluss)

Der Inn, mit Ursprung im Engadin, ist in seinem langen Lauf durch die Schweiz und Österreich ein Wildfluss mit stark wechselnden Schwierigkeiten. Diese Strecken sind ausführlich beschrieben in den DKV-Auslandsführern Bd. 1 und 2.

Die nachfolgende Beschreibung beschränkt sich auf die Strecke von Kufstein bis Passau. Der Inn ist hier durch mehrere große Stauanlagen weitgehend verbaut, die dazwischen liegenden Fließstrecken sind kurz und ohne Schwierigkeiten zu befahren. Alle Umtragestellen an den Wehren sind vorbildlich gekennzeichnet und überwiegend mit Anlegerampen und Treppen versehen. Mitführen von Bootswagen wird empfohlen.

Befahrungsregeln: km 73,0 - 61,1: NSG Vogelfreistätte Salzachmündung, ganzjährig Befahrung im freien Flusslauf gestattet. Betreten der Ufer und Anfahren von Vorländern und Anlandungsbereichen verboten. km 56,0 - 35,3: NSG Unterer Inn, 01.05. - 31.08., Befahrung im freien Flusslauf gestattet. Betreten der Ufer und Anfahren von Vorländern und Anlandungsbereichen verboten.

Pegel: Mindestpegel 100 für die Befahrung der Strecke Jettenbach (km 128,0) - Töging (km 96,6)
(BKV Pegel-☎ 089/15702-443)

Befahrbarkeit: ganzjährig.

Gewässergüte: II (mäßig belastet).

220,0 Ⅱ, **Kufstein**, Alte Feste, Heldenorgel, I 🚉, r Wilder Kaiser, Schwallstrecke.
219,8 Ⅱ A 93 (E 86).
217,5 Der Inn ist bis km 204 Grenzfluss, Pass oder Personalausweis mitführen.
216,2 Ⅱ A 93 (E 86).

215,6 l ↓ Thierseer Ache (s. „Kanuwanderführer für Bayern"), l **Kiefersfelden,** 🚉 1,2 km, r Zahmer Kaiser.

211,6 r ↓ Jennbach.

211,4 ▬ und ↯ Oberaudorf/Ebbs, **X**, ⌓.

210,9 l Seeausbuchtung, #⬇.

210,5 Ⅱ, l **Oberaudorf**, r **Niederndorf**, ✕.

208,9 l ↓ Auerbach.

208,7 Holz-Ⅱ, l **Reisach**, Schwall.

208,0 Beginn des Rückstaus der Staustufe Nußdorf.

204,0 l ▲ C Einöden 200 m (auf der anderen Seite der A 93), beide Ufer deutsches Staatsgebiet.

204,4 r **Windhausen**.

202,0 - 200,5 Pionierübungsgelände.

199,2 Ⅱ, l **Degerndorf**, r **Nußdorf**.

198,7 ▬ und ↯ Nußdorf, **X** l ⌓ ins Altwasser (150 m), Hinweistafeln und Rampen.

198,3 Rampen für Pionierbrücken, ! bei Übungen.

195,5 r der Anhöhe, **Neubeuern**.

194,5 Ⅱ, l **Kirchdorf**, r **Altenmarkt**, Beginn des Rückstaus der Staustufe Thansau.

193,5 l ↓ Kirchbach, l Raubling.

191,6 Ⅱ A 8.

187,6 ▬ und ↯ Thansau, ▬ (8 m), **X**, r ⌓ über Rampen.

186,6 Ⅱ Umgehungsstraße Rosenheim.

185,8 EB-Ⅱ, davor l KC Rosenheim, danach Stufe evtl. ≋.

185,3 Ⅱ, l **Rosenheim**, 🚉 in 2 km.

184,7 l ↓ Mangfall (s. „Kanuwanderführer für Bayern").

173,1 Staustufe Feldkirchen, ↯, ▬ (8 m), **X**, r anlegen bei km 173,5 (Hinweisschilder), r ⌓ in Altwasserarm bei km 173,3, dieser ↓ bei km 173,0 in den Inn.

171,2 r ↓ Murn über ein Altwasser (s. „Kanuwanderführer für Bayern").

168,8 Ⅱ, r **Griesstädt**, Beginn des Rückstaus der Staustufe Wasserburg.

166,8 l ↓ Katzbach.

165,5 l ↓ Attel (s. „Kanuwanderführer für Bayern"). l **Attel** auf der Anhöhe.

165,0 - 160,0 NSG.

164,2 r ↓ Laimb.

159,9 Staustufe Wasserburg, ↯, ▬ (6 m), **X**, r ⌓.

159,6 Flussinsel.

158,7 Ⅱ, l **Wasserburg**, herrliche Altstadt auf einer schmalen Landzunge, ★: Schloss, gotische Pfarrkirche, Herrenhaus, Kernhaus, Frauenkirche.

157,0 l 🚉 (Wasserburg).

155,9 Ⅱ B 304.
152,1 r ↓ Babenshamer Bach.
147,2 Staustufe Teufelsbruck, ϟ, ▬ (7 m), **X**, l ⌓ (300 m).
145,9 Fußgänger-Ⅱ.
144,9 EB-Ⅱ.
140,8 Ⅱ, l **Gars**, Kloster mit Kirche.
138,7 r 🚉.
137,5 Staustufe Gars, ϟ, ▬ (7 m), **X**, l ⌓ (300 m).
133,3 l **Au**, Augustinerkloster.
132,8 l Schloss Stampfl.
128,3 EB-Ⅱ.
128,0 Ⅱ, Staustufe Jettenbach, ϟ, ▬ (8 m), **X**, r ⌓ (600 m). ⬇ unterhalb der Ⅱ (km 127,5).← Werkkanal, Einfahrt verboten. Ab hier fließt der Inn bis Neuötting frei, diese Strecke ist auch als Tagesfahrt sehr zu empfehlen. Bei NW evtl. **X** durch Wasserentzug. Wassermenge im freifließenden Inn bei der Innwerke AG erfragen, ☎ 08683/72552; bei 500 m³/s sehr guter Wasserstand, alle Sohlschwellen wurden zurückgebaut und die Flussstrecke renaturiert. Auskunft über die Befahrbarkeit der Strecke Jettenbach (km 128,0) bis Töging (km 96,6) gibt auch das BKV Pegel-☎ 089/15702-443 (Mindestpegel 100).
127,5 Ⅱ, ⬇ in den freien Inn.
127,1 r **Jettenbach**.
123,4 l Sankt Erasmus.
122,4 r ▲.
122,0 Str.-Ⅱ, l **Niederndorf**, r **Kralburg**, altes Städtchen, Marktplatz, Burgruine, ✗ Brückenwirt.
121,9 Buhnen (Quermauern)
121,4 Ⅱ.
117,0 r **Guttenburg**.
111,4 r **Gweng**.
110,0 Schwelle (Gasleitung), bei MW ≋.
109,2 l Kloster Ecksberg.
108,0 Sohlschwelle, Mitte ≋, je nach Wasserstand hohe Wellen.
107,0 r nach Stein-/Felshaufen ⬆ zum ✗ in Starkheim, l ca. 500 m durch den Wald.
105,6 Fähre!
104,6 Sauloch in einer langgezogenen r-Kurve, #↓ Hammerbach, **X**.
104,1 Ⅱ B 12, mittleres Joch ≋, l **Mühldorf**, altes Städtchen, prächtige Bürgerhäuser am Marktplatz, St. Nikolauskirche.
103,4 Sohlschwelle, Mitte ≋, je nach Wasserstand hohe Wellen.
101,8 EB-Ⅱ.
101,5 r ↓ Grünbach, (s. „Kanuwanderführer für Bayern"), r **Ehring**, Zufahrt zur B 12, ⬆-Möglichkeit vor Beginn der Staustrecke.

100,5 Sohlschwelle, Mitte ≋, je nach Wasserstand hohe Wellen.
98,6 r ↓ Pollinger Bach (s. „Kanuwanderführer für Bayern“).
96,6 l ↓ Werkkanal.
93,3 Ⅱ, r gute ⬆, Radweg nach Mühldorf (km 104,1) über die Ⅱ.
92,5 l ↓ Isen (s. „Kanuwanderführer für Bayern“).
91,7 Ⅱ, r **Neuötting** und **Altötting**, bedeutendster Wallfahrtsort Bayerns, Gnadenkapelle, Stiftskirche, Schatzkammer.
91,1 Staustufe Aubach, ϟ, ▬ (7 m), **X**, r ⌂.
90,5 r ↓ Möhrenbach (s. „Kanuwanderführer für Bayern“).
88,8 l ↓ Reischachbach.
82,9 Staustufe Perach, ϟ, ▬ (6 m), **X**, r ⌂ (200 m) in Altwasserarm.
81,9 r ↓ Mittlinger Bach.
80,5 r ↓ Alz (s. AB).
78,3 Flussinsel.
77,6 Ⅱ, l **Marktl**.
75,4 Staustufe Stammham, ϟ, ▬ (6 m), **X**, l ⌂.
73,9 Ⅱ B 12.
73,0 l ↓ Türkenbach, l Beginn des NSG „Vogelfreistätte Salzachmündung“, Befahrung im Stromstrich gestattet, Betreten der Inseln und Kiesbänke sowie Befahren der Altarme verboten (bis km 61,1).
68,5 r ↓ Salzach (s. AB).
68,4 l **Bergham**, Sportboothafen. Bis Passau ist der Inn Grenzfluss, r Österreich.
61,1 Staustufe Simbach, ϟ, ▬ (12 m), **X**, r oder l ⌂, Ende des NSG (siehe km 73,0).
60,5 Ⅱ B 340.
58,3 Ⅱ, l **Simbach**, r **Braunau**, r ↓ Enknach, r ▲ beim ⌂ des Faltboot-Club Braunau.
57,9 EB-Ⅱ, danach l ↓ Simbach.
56,0 r ↓ Mattig (s. DKV-Auslandsführer Bd. 1); Beginn des NSG „Unterer Inn“. Die folgenden Beschränkungen gelten nur für die bayrische Seite des Stromes: Befahrungsverbot vom 01.05. - 31.08., Betreten der Ufer, Inseln und Kiesbänke ist verboten. Diese Verordnung gilt nicht für das österreichische Hoheitsgebiet. Die Flussmitte ist die Staatsgrenze zu Österreich.
47,9 Staustufe Ering, ϟ, ▬ (9 m), ≋, r ⌂ (350 m).
44,5 r ↓ Ach.
35,3 Staustufe Egglfing, ϟ, ▬ (10 m), **X**, r ⌂ (500 m). Ende des NSG „Unterer Inn“ (siehe km 56,0).
34,5 Ⅱ, l **Egglfing**, r **Obernberg**.
26,5 r ↓ Antiesen (s. „DKV Auslandführer Band 1“).
21,8 Ⅱ A 3.
21,3 r ↓ Etzelshofer Bach, r **Suben**.

18,7 Staustufe Schärding, ϟ, ▬ (11 m), r neue Rampe mit Bootswagen, 900 m umkarren, ⬆ bei km 19,2, ⬇ bei km 18,5.
18,2 l ↓ Kößlarner Bach.
16,6 l ↓ Rott (s. „Kanuwanderführer für Bayern").
16,3 Ɪ, l **Neuhaus**, Zufahrt zum ▲ des FC Neuhaus durch das 1. Joch l, r **Schärding**.
15,8 l Schloss Neuhaus.
15,3 Ɪ B 512.
14,9 r ↓ Pram (s. DKV-Auslandsführer Band 1), l Flussinsel.
12,8 Flussinsel, l Schloss und Kloster Vornbach, Beginn der Innenge.
10,4 l auf der Höhe das 1000-jährige **Neuburg**, r Ort und Ruine **Wernstein**, 🚂.
5,6 r **Pyret**, ✕, 🚂.
4,6 l ⌂ des Passauer Rudervereins, anschl. Treppen und Parkplatz.
4,2 Staustufe Ingling, ϟ, ▬ (10 m), **X**, r ⏏, Bootswagen.
2,6 Beide Ufer deutsch.
2,0 EB-Ɪ.
1,6 Fünferlsteg, **Passau**.
1,1 Ɪ (Marien-Ɪ).
0,0 ↓ in die Donau bei km 2225,0. Im Mündungsgebiet liegen meist Bagger, deshalb an der Ortsspitze ganz l fahren. Auf Schiffsverkehr in der Donau und auf den Inn aufwärts fahrende Passagierschiffe achten!

1.1.1 Salzach

Wildfluss - Wanderfluss
Mündung in Inn (r Nebenfluss)

Die Salzach ist in Österreich ein sehr eindrucksvoller Wildfluss unterschiedlicher Schwierigkeiten. Sie ist ausführlich beschrieben im „DKV-Auslandsführer Bd. 1". Unterhalb Salzburg stellt sie die Grenze zwischen Deutschland und Österreich dar. Sie ist hier ein ohne Schwierigkeiten zu befahrender schnell fließender Wanderfluss. Mitführen von Ausweispapieren!

Befahrungsregeln: km 5,5 - 0,0: NSG Vogelfreistätte Salzachmündung, ganzjährig Befahrung im freien Flusslauf gestattet. Betreten der Ufer und Anfahren von Vorländern und Anlandungsbereichen verboten.

Gewässergüte: II-III (kritisch belastet).

60,0 r ↓ Fischach (s. „DKV-Auslandsführer Bd. 1“).

59,5 l ↓ Saalach (s. „DKV-Auslandsführer Bd. 1“) ab hier ist die Salzach Grenzfluss. Gute ⬇ für Fahrten auf der Salzach ist die Saalach-Ⅱ 2,4 km vor der ↓. Von der Saalach-↓ bis Tittmoning fließt die Salzach einsam durch Auenlandschaften, um sich zwischen Tittmoning und Burghausen in reizvoller Landschaft zwischen Höhenzügen hindurchzuwinden. Flotte Strömung durch häufig auftretende Kiesbänke.

52,5 l ↓ Sur (s. „Kanuwanderführer für Bayern“).

49,0 r ↓ Oichten (s. DKV-Auslandsführer Band 1).

48,7 l ↓ Mühlbach.

48,6 Ⅱ, r **Oberndorf,** l **Laufen**, alte in der Römerzeit entstandene Siedlung, ★ Wehrkirche Maria Himmelfahrt, Eisen-Ⅱ über die Salzach, alte Bürgerhäuser.

41,4 l ↓ Abfluss des Höfener Stausees.

34,7 r ↓ Moosach, freigegebene außeramtliche Landestelle.

27,8 l ↓ Götzinger Achen (Ausfluss aus dem Waginger See).

27,1 Ⅱ, l ⬇/⬆, l **Tittmoning**, ★ Burg mit Schützenscheibenmuseum, Marktplatz, römische Ausgrabungen, ▲ C am Leitgeringer See.

22,7 l ↓ Bach.

21,9 r ↓ Bach.

18,9 l **Pritzl**.

17,5 r **Werfenau**.

16,8 l auf der Höhe **Raitenhaslach**, Kloster mit Barockkirche.

15,3 l auf der Höhe Wallfahrtskirche **Marienberg**, Rokokobau.

14,8 l **Tiefenau**, ✕.

12,6 Ⅱ, r **Wanghausen**, ⬇/⬆, ▲ auf den abgemähten Wiesen, herrlicher Blick auf Burghausen. Beim Wiesenbesitzer Eier, Milch und Most erhältlich.

11,5 Ⅱ, r Ach, l **Burghausen** mit Deutschlands größter Burganlage (Burgbesichtigung) l Rampe, ⬇/⬆, gut mit Auto zu erreichen.

10,3 l Kreuzfelsen, dahinter Wirbel, letzter Durchbruch der Salzach beginnt.

8,5 Insel.

6,4 l ↓ Alzkanal, l ⬆ nach der ↓ (Zufahrt über Neuhofen).

5,5 Bis zur ↓ NSG, Durchfahrt im Hauptstrom gestattet. Betreten der Ufer und Inseln verboten.

2,5 l **Haiming**.

0,0 ↓ in Inn bei km 68,5.

Wanderfluss
Mündung in den Inn (l Nebenfluss)

Die Alz ist der Ausfluss des Chiemsees bei Seebruck. Bis Altenmarkt durchfließt sie eine reizvolle offene Landschaft mit Wiesen und Hügeln. Nach Truchtlaching begleiten Mischwälder ihren Lauf. Wegen ihres hohen Gefälles wird ihr nach Altenmarkt mehrfach das Wasser zur Energiegewinnung entzogen. Die Restwasserstrecken sind nur bei ausreichendem Wasserstand befahrbar. Durch unterschiedliche Wasserführung in den einzelnen Flussabschnitten ist eine durchgehende Befahrung kaum möglich. Es ist daher sinnvoll die Alz in einzelne Streckenabschnitte einzuteilen.

Befahrungsregeln: km 63 - 46,4 vom 01.01. bis 30.06. Befahrungsverbot vom Chiemseeausfluss bis Altenmarkt ganzjähriges Betretungsverbot der Schilfinseln und Befahrungsverbot des linken Alzarmes (km 58,3 - 57,3; Ischler Schlinge).

Befahrbarkeit: bis Hirten fast ganzjährig mit Einern und Zweiern.

Schwierigkeiten: WW II-III, Wehre, Wasserfälle.

Gefälle: 4 ‰

Pegel: In Seebruck (km 62,8): 30 cm NW, 75 cm MW, 125 cm HW in Burgkirchen (km 15,4) 0,5 m ≋ bis ↓

Gewässergüte: II (mäßig belastet).

63,0	Chiemseeausfluss, ⬇ beim Parkplatz.
62,8	Ⲓ, l **Seebruck**, Pegel.
62,7	l ⬇, Parkplatz hinter Hotel.
62,4	r ⬇.
60,5	l **Pullach**.
58,5	l ↓ Ischler Ache (s. „Kanuwanderführer für Bayern"). l **Ischl**.
58,3	← Nebenarm, Ischler Schlinge, ganzjähriges Befahrungsverbot, Schilder beachten.
57,9	l ↓ Nebenarm.
57,2	l **Döging**.
56,3	Ⲓ, r **Truchtlaching**, Barockkirche.
55,9	l Badeplatz, r ✕, Postbushaltestelle.
55,8	▬ (1,5 m), **X**, l ⌓ (25 m), r ϟ.

54,0 Insel, r fahren.

52,8 ▬ Höllthal, bei gutem Wasserstand evtl. r ≋ oder ⌓. Achtung! Das ▬ liegt in einer unübersichtlichen Kurve; daher rechtzeitig ↱; bei höherem Wasserstand starker Sog zum ▬.

52,5 l **Höllthal**, l ✕ Hofmann.

46,6 ▬ Laufenau (1,2 m), r ≋ bzw. r ⌓ (50 m), oder r ⌓ bis km 45,1. Damit umgeht man 2 ▬ und Naturwasserfälle. R Badeplatz, 1000 m zum Kloster Baumburg.

46,4 Fußgänger-Ⅱ, danach l aussetzen und ⌓ bis km 45,1 (Umgehung Altenmarkt und Alzfälle). In Altenmarkt und Trostberg wird der Alz Wasser entzogen. Eine Befahrung wird nur bei höherem Wasserstand empfohlen. Pegel Seebruck: 125 cm = HW.

46,2 ▬ Altenmarkt (2,5 m), **X**, r ⌓ (50 m) S 3. Ende der Strecke mit zeitlich begrenztem Befahrungsverbot.

45,3 Ⅱ B 304, r **Altenmarkt**.

45,2 Altenmarkter Wasserfälle (3 m), l oder r vor Ⅱ ⬆, ! Lebensgefahr !, je nach Wasserstand ≋, bei HW WW V, vorher ansehen, l 1. Wasserableitung.

45,1 Ⅱ B 299, ⬇.

44,7 r ↓ Traun (s. „Kanuwanderführer für Bayern“).

43,3 ▬ Trostberg, **X**, l ⌓ (200 m), Fußgänger-Ⅱ, l 2. Wasserableitung.

42,1 Fußgänger-Ⅱ.

41,6 Ⅱ, r **Trostberg**.

41,2 Ⅱ.

41,1 EB-Ⅱ.

38,3 Fußgänger-Ⅱ.

35,1 l ↓ Werkkanal.

34,4 Ⅱ, l **Tachtering**.

34,2 ▬ Tachtering, **X**, r ⌓ (100 m), l 3. Wasserableitung.

33,5 Felsen und Felsbarrieren, WW II - III, ≋, ansehen.

32,8 Felsen und Felsbarrieren, WW II - III, ≋, ansehen.

31,7 Ⅱ, l **Wiesmühl**.

29,8 EB-Ⅱ.

29,7 Fußgänger-Ⅱ.

29,3 ▬ bei Garching (1,5 m), **X**, lebensgefährlicher Rücklauf, rechtzeitig r ⌓ (200 m), starker Stromzug zum ▬.

27,5 Ⅱ, l **Garching**.

27,2 ▬ Wald (2 m), **X**, starker Rücksog, r ⌓ (200 m).

24,9 Fußgänger-Ⅱ.

24,3 Ⅱ.

23,9 Fußgänger-Ⅱ.

21,8 Ⅱ, r **Hirten**, l ↓ Werkkanal, r ⬆.

21,2 ■ Hirten, **X**, r ≙ (500 m). r 4. Wasserableitung, nur noch 3,5 m³/s Wasser in der Alz, Weiterfahrt in den Inn lohnend, aber nur bei HW möglich (siehe Pegel in Burgkirchen, mindestens 0,5 m).

15,7 r ↓ Halsbach (s. „Kanuwanderführer für Bayern“). EB-Ⅱ.

15,4 Ⅱ, l **Gendorf**, r **Burgkirchen**, Pegel.

15,0 ■ Burgkirchen (1 m), Wasserrechen nicht funktionstüchtig, gefährlicher Rücksog, rechtzeitig anlegen, kein Kehrwasser, nach Besichtigung evtl. r ≋, r ≙ möglich.

11,2 Ⅱ.

10,9 Ⅱ, r **Öd**, l **Emmerting**, Beginn des NSG Untere Alz (Bade-, Feuer- und Zeltverbot).

3,2 Ⅱ B 12.

0,0 ↓ in Inn bei km 80,5. Nächste ⬆ r bei der Inn-Ⅱ in Marktl (km 78).

1.1.2.1 **Kössener Ache** (Tirol)

Wildfluss - Wanderfluss (Gebirgsfluss)
Mündung in Chiemsee

Die Kössener Ache entspringt am Pass Thurn in 1800 m Höhe. Die Benennung der Kössener Ache ist recht unterschiedlich. In ihrem Oberlauf heißt sie zumeist Jochberger Ache oder Kitzbüheler Ache, ab St. Johann sind neben der Bezeichnung Kössener Ache auch noch üblich Tiroler Ache und Große Ache. Die Kössener Ache ist landschaftlich hervorragend schön. Sie fließt zunächst in einem verhältnismäßig breiten Tal zwischen dem Wilden Kaiser und den Loferer Steinbergen. Unterhalb Kössen bricht sie in der wildromantischen Entenlochklamm durch die Chiemgauer Berge in die breite, dem Chiemsee vorgelagerte Ebene durch.
In ihrem Oberlauf, oberhalb St. Johann, ist die Kössener Ache ein mäßig schweres Wildwasser, ab St. Johann bietet sie keine wesentlichen Schwierigkeiten mehr, so dass ihre Befahrung als Wanderfluss auch für Wildwasseranfänger und F 2 empfohlen werden kann.

Befahrungsregeln: Das Befahren der Kössener Ache von der Einmündung des Loferbachs (km 29,8) bis zur Einmündung des Talbachs (km 27,6) ist ganzjährig verboten (Laichschonstätte). Ausnahme: Vom 1.06. bis 14.09. ist das Befahren des Hauptstromstriches erlaubt. Das Befahren der Kössener Ache im Mündungsbereich zum Chiemsee von der Str-Ⅱ bei km 5,1 bis zur Mündung ist ganzjährig verboten.

Befahrbarkeit: ab Hütte (km 66,3) im Frühjahr und nach Regenfällen, ab St. Johann (km 48,8) ganzjährig, über die Möglichkeit einer Befahrung der Klamm bei Jochberg bestehen keine gesicherten Unterlagen

Schwierigkeiten: km 66,3 - km 48,8 WW II-III, km 48,8 - km 14,0 WW I-II, km, 14,0 - km 5,1 WW I

Gefälle: km 66,3 - km 48,8 10,5 ‰, km 48,8 - 2,9 ‰

Gewässergüte: II (mäßig belastet).

Ursprung in der Nähe des Pass Thurn in 2000 m Höhe. Über die Möglichkeit einer Befahrung der Klamm bei Jochberg bestehen keine gesicherten Unterlagen.

66,3 Stein-Ⅱ bei **Hütte**, etwa 3 km oberhalb Aurach, ⬇ für die Befahrung der WW-Strecke der Ache. Schnelle Strömung, gutes Gefälle, leichte Verblockung, WW II+.

66,0 Ⅱ B161.

64,9 Ⅱ, r **Wiesenegg**.

62,8 Ⅱ, r **Aurach**.

61,4 Ⅱ.

60,8 ■ vor Kitzbühel, 2 m hoch, **X**, gefährlicher Rücklauf. Schon vor dem Beginn der Uferverbauung ↱. Am besten wird Kitzbühel mit Pkw umfahren. Es folgt noch ein weiteres ■, **X**.

59,1 Kitzbühel, l ⛺ in 700 m.

58,6 Ⅱ B 161 am Ortsende Kitzbühel, r ⬇ zur Weiterfahrt, WW II.

58,2 Ⅱ.

57,5 Wege-Ⅱ.

56,9 Wege-Ⅱ.

56,7 Ⅱ B 161.

56,0 Ⅱ B 161.

54,6 Wege-Ⅱ.

54,4 EB-Ⅱ.

53,1 Gefällebremse, **X**, r oder l ⌓.

53,0 Gefällebremse, **X**, r oder l ⌓.

52,8 Ⅱ, l Oberndorf, r ⛺.

51,6 Ⅱ.

49,9 l ↓ Reither Ache (s. „DKV Auslandsführer Bd. 1").

49,5 ■, ⌓ zweckmäßig.

48,8 Ⅱ, **St Johann**, großer Parkplatz r nach der Ⅱ, empfohlene ⬇ für die Befahrung der Kössener Ache als Wanderfluss. Bis Übersee keine nennenswerten Schwierigkeiten, jedoch Achtung auf Pfahlreihen, Kurvenschwälle, Brückendurchfahrten usw.

48,0 r ↓ Pillersee Ache (s. „DKV-Auslandsführer Bd. 1").

47,9 Ⅱ B 312.

44,8 l ↓ Lugambach.
44,4 Ɪ, l **Kirchdorf**, l ⬇/⬆.
41,4 l ↓ Werkkanal.
41,0 Ɪ, r **Erpfendorf**.
40,6 r ↓ Werkkanal.
39,4 l ↓ Taxa-Bach.
39,0 Wege-Ɪ, l **Pfeifer**.
36,6 l ↓ Werkkanal.
36,5 Hager-Ɪ, l ⬇/⬆.
34,8 r ↓ Kreuzangergraben.
33,5 Wege-Ɪ.
29,8 r ↓ Loferbach (s. „DKV-Auslandsführer Bd. 1“), danach Ɪ. Beginn der Sperrstrecke: Das Befahren der Kössener Ache von der Einmündung des Loferbachs (km 29,8) bis zur Einmündung des Talbachs (km 27,6) ist ganzjährig verboten (Laichschonstätte). Ausnahme: Vom 1.06. bis 14.09. ist das Befahren des Hauptstromstriches erlaubt.).
28,8 Ɪ, darunter Stufe, Mitte ≋, r **Kössen**, l **Niederachen**.
28,2 l ↓ Kohlenbach (ganzjährig gesperrt).
27,7 Ɪ, l **Kössen**, r **Staffen**.
27,6 l ↓ Talbach, Ende der Sperrstrecke. r ⬇ für die Befahrung der Entenlochklamm, 15.09. bis 31.05., siehe Befahrungsregeln. Zufahrt frei für Anlieger, Pkw außerhalb der Schranke parken.
26,7 r Sandbank, Anlegestelle.
25,6 r Wallfahrtskirche Klobenstein, ★. Bei einem Eisensteg r Aufstieg zu einer ✕, „Brotzeitstelle“! Beginn der Entenlochklamm, bei NW WW I+, bei kann die Durchfahrt schwierig werden.
25,4 Grenze, Ausweis mitführen!
23,1 Ende der Entenlochklamm.
22,6 Ɪ, gute ⬆ zur Beendigung der Fahrt.
20,4 l ↓ Mühlbach.
19,0 Insel.
17,2 Ɪ B 307, r **Unterwössen**, l **Unken**.
16,7 in einer S-Kurve Pfähle, bei NW!
15,3 r ↓ Wössener Bach. (s. „Kanuwanderführer für Bayern“).
14,0 ■ vor Marquartstein, X. Die Befahrung der Kössener Ache wird zumeist r vor dem ■ beendet. Zufahrt mit Pkw abgehend von der Straße nach Unterwössen, etwas schwierig zu finden. Falls eine Weiterfahrt geplant ist, vor dem ■ in der starken Kurve ↰. Bei günstigem Wasserstand kann sofort nach dem ■ wieder eingesetzt werden, andernfalls muss 400 m weit bis zu einer Steintreppe ⏏ werden. Ab Marquardstein ist die Kössener Ache reguliert, keine Schwierigkeiten.
13,3 Ɪ, **Marquartstein**, l 🚉.

10,5 Ⅱ, l **Grassau**, r **Staudach**.
6,5 Ⅱ.
6,1 Wege-Ⅱ, r **Almfischer**.
5,1 Ⅱ, l Übersee, l 🚂, ⬆, Befahrungsverbot beachten! Das Befahren der Kössener Ache im Mündungsbereich zum Chiemsee von der Str-Ⅱ bei km 5,1 bis zur Mündung ist ganzjährig verboten.
4,8 EB-Ⅱ.
3,5 AB-Ⅱ.
0,0 ↓ in Chiemsee.

1.2 Isar

Wildfluss - Wanderfluss
Mündung in Donau (r Nebenfluss)

Die Isar entspringt an der Hallerangeralm am Fuß der Speckkarspitze im Herzen des Karwendelgebirges. Bis zur Mündung des Birkkarbachs heißt die junge Isar auch Lafatscherbach. Die Isar ist vielfach aufgestaut und reguliert. Über lange Strecken wird ihr Wasser bis auf geringe Restwassermengen entzogen. Durch fehlendes Geschiebe aus dem Gebirge hat sie sich enorm eingetieft. Einige Flussstrecken werden nun naturnah umgebaut, um die Nachteile früherer Verbauung auszugleichen. Restwassererhöhungen und Geschiebezugaben verbessern die Situation der Flussmorphologie.

Befahrungsregeln: oberhalb km 276,0 (Bustaxiendstation) Befahrungsverbot, km 251,2 - 250,8 Befahrungsverbot, km 249,6 - 235,3 vom 01.11. - 31.03. freiwillige Selbstbeschränkung außer bei HW. km 187,2 - 175 Betreten der gekennzeichneten Vogelschutzinseln verboten, Hauptstromstrich ist zu befahren. km 164,8 - 162,0 vom 15.03. - 01.09. Betretungsverbot der Kiesinseln (Vogelschutzbereiche), Hauptstromstrich ist zu befahren. km 152 - 140 Befahrungsverbot (Stadtbereich München). km 89,4 - 81,2 Uferbetretungsverbot im NSG Vogelfreistätte Mittlere Isarstauseen. km 75,4 - 71 Befahrungsverbot (Stadtbereich Landshut). km 70 - 63,1 am linken Ufer fahren, vor Staustufe nach r wechseln. km 9,0 Stützstufe (Rodeowelle), Verpflichtung zwischen BKV und Fischereivereinen: Befahren von 9 - 17 Uhr beidseitig, von 17 - 21 Uhr nur linksseitig, von 21 - 9 Uhr Befahrungsverbot. km 9,0 - ↓ ganzjährig anlanden verboten, Hauptstromstrich ist zu befahren, für Schlauchboote verboten.

Befahrbarkeit: km 276,0 - km 251,2 bei gutem Wasserstand, km 271,0 - km 251,2 ganzjährig (am besten Mai bis Aug.), km 250,8 - km 230,8 April bis Oktober oder bei HW, km 224,0 - km 152,4 ganzjährig auch mit Zweier, km 142,8 - km 120,4 nahezu unfahrbar, km 120,4 - km 113,5 nur bei HW ausreichend Wasser, km 113,5 - ↓ ganzjährig auch mit Zweier.
Schwierigkeiten: km 276,5 - km 266,3 WW II bis III, km 266,3 - km 264,5 WW I bis II, km 264,5 - km 251,2 WW I, km 250,8 - km 230,8 WW I, km 224,0 - km 201,5 WW I bis II (1 Stelle III), km 199,0 - km 152,4 WW I, km 142,8 - km 113,5 Zahmwasser (ohne Bewertung der Stufen), km 113,5 - ↓ Zahmwasser (Stellen mit WW I-II)

Gefälle: km 271,0 - km 264,5 15 ‰, km 250,8 - km 152,4 3,6 ‰, km 142,8 - ↓ 1,3 ‰

Pegel: bei km 265,2 - günstig ca. 180 cm (entspricht 7 m^3/s), bei km 224,0 - günstig über 250 cm (dann ist ▬ Fleck ≋), BKV-Pegel-☎ 089/15702-443

Gewässergüte: II (mäßig belastet).

283,0 Ursprung am Fuß der Speckkarspitze in etwa 2000 m Höhe. Bis km 224,0 siehe „Kanuwanderführer für Bayern".
224,0 Ⅱ unterhalb Sylvensteinspeicher, empfohlene ⬇. Hinter der Ⅱ 3 Überfälle, knapp überronnen, der 3. bei HW mit schwerer Walze. Unbedingt sofort nach dem 2. Überfall ↱ und ansehen! 3. Überfall ganz r ≋, danach freie Fahrt.
221,2 r „Wandl" (2003 keine Prallwand mehr).
220,5 r Parkplatz an der B 13, Pestsäule.
218,5 r ↓ Almgraben, l **Rauchenberg**.
216,5 ▬, **Fleck**, X, bei HW gefährlich! l ⌓ oder über Wehrkrone ⌓. Das ▬ erscheint plötzlich in einer Linkskurve, l fahren, sobald die Hinweisschilder erkennbar werden. › Fabrikkanal, evtl. Wasserentzug bis km 214,8.
215,5 l ↓ Jachen (s. „Kanuwanderführer für Bayern").
214,8 r ↓ Fabrikkanal, kräftiger Schwall.
214,0 Ⅱ.
211,5 r Parkplatz, ⬇ und ⬆.
211,0 Ⅱ, r **Lenggries**, beliebte ⬇ für Tagesfahrten nach München. r ⬇ 100 m unterhalb der Ⅱ, r 500 m ⛺.
210,9 r Pegel.
209,8 r ↓ Steinbach.
209,5 Felsbarriere WW III, l ≋ (für Geübte, Sturzhelm!) oder l ⌓. Bei viel Wasser kann die Felsbarriere l umfahren werden (1 m Abfall).

207,8 l ↓ Arzbach, l Arzbach, l 1 km ▲ C und ✕, ☎ 08042/8408.
207,7 Fußgänger-Ⅱ.
206,8 l ↓ Steinbach.
204,0 ! Pfahlreihe in einem Sandbanküberlauf !
203,9 Kleine Stufe, ganz l leicht ≋.
202,3 Ⅱ B 472. Kein Zugang zum Fluss.
202,0 **Bad Tölz**. Eines der schönsten oberbayerischen Stadtbilder. 20 Min. Aufstieg zum Kalvarienberg mit lohnender Aussicht.
201,7 Ⅱ
201,5 l gute ⬇/⬆ mit Parkplatz. Beginn des Rückstaus des ϟ Tölz.
199,0 l ⬇ mit Parkplatz, danach ▬, ϟ, X, l ⌂ auf Rollenbahn.
198,5 r Pegel, r ⬇ unterhalb des ▬, Zufahrt beim Gewerbegebiet Farchet und Friedhof zum Klärwerk. An der ⬇ nur Abladen gestattet. Die Autos müssen 700 m zum Gewerbegebiet zurückgebracht werden. Hinweisschilder für Flussbefahrung beachten, NSG „Isarauen“, siehe Befahrungsregeln.
188,5 r **Einöd**, ✕, ▲ C.
187,2 Ⅱ, l Parkplatz. Danach Beginn der Ascholdinger Au, siehe Befahrungsregeln.
182,0 r ↓ Moosbach (s. „Kanuwanderführer für Bayern“), danach auf 3 km mehrere kräftige Schwälle.
179,0 l ↓ Loisachkanal, Presswasser, r fahren.
178,0 Ⅱ, l **Wolfratshausen**, nach der Ⅱ r ⬇/⬆, 200 m zum Parkplatz und 2 ✕ mit Biergarten. l Aufbauplatz der Isarfloßfahrt. l 2 km nach Wolfratshausen und 🚆.
177,0 unregulierter breiter Flusslauf, mehrere Fahrrinnen, danach Beginn der Pupplinger Au.
175,0 l ↓ Loisach (s. AB).
174,0 ▬ Icking, l ⌂, Befahren der Floßgasse verboten ! beim Einsetzen, bei HW gefährlicher Sog zum ▬ möglich. → ϟ-Kanal (9 km lang) nicht empfehlenswert, da ⌂ am ϟ Mühltal, S 3.
169,4 Ⅱ **Schäftlarn**. l vor der Ⅱ ⬇/⬆ mit Parkplatz. Ende des NSG Isarauen. l 1 km zum Kloster Schäftlarn. Benediktinerabtei mit sehenswerter Kirche und Klosterbräustübel. r ✕ Brückenfischer.
164,8 r ↓ Werkkanal, die folgenden Inseln bis zum ▬ Baierbrunn (km 162,0) dürfen vom 15.03. bis 01.09. nicht betreten werden.
163,2 Georgenstein (Felsen im Fluss), l vorbeifahren.
162,0 ▬ Baierbrunn, X, bei HW r ⌂, ! beim ⬇, bei HW manchmal gefährlicher Sog zu den Schützen, sonst ← in Kanal einfahren.

Kanalstrecke bis München:

161,5 ■ ϟ Hollriegelkreuth, X. r ⏏. Bootswagen wieder an Standort zurückbringen.
160,0][, r **Grünwald**, l **Pullach**.
158,8 ■ ϟ Pullach, X. r ⏏. Ein auf Schienen laufender Wagen ist vorhanden.
156,0 ■ Großhesselohe, Sperrschützanlage, l Schütz immer offen und ≋.
155,7 Hoch über dem Fluss Großhesseloher EB-][.
154,6][, danach ← in Floßgassenkanal einfahren, Floßgassen und Stufen sind Übungsplätze der Münchener Kanuten, ! Kollisionsgefahr !
153,5 Floßlände, l ▲ C der Stadt München, zur Weiterfahrt r ⏏ in Werkkanal.
152,4 **München**, Thalkirchner][. Nach 50 m Weiterfahrt verboten (siehe Befahrungsregeln). Zu den ⌂ ⌂ der Münchner Kanu-Vereine ← stromauf in Seitenkanal.

Freie Isar bis München:
(Meist zu wenig Wasser)

160,2][, r Grünwald, l Pullach.
159,0 Felsen im Fluss, durch Hangrutsch vom Untergrund hochgeschoben.
158,8 Grundschwelle, l ≋.
156,0 ■ Großhesselohe, X, 50 m oberhalb r ⏏ oder l in Werkkanal ⏏.
155,5 EB][(hoch), es folgen teilweise renaturierte ≋ Grundschwellen, bei extremen HW sollten die Stufen im HW umfahren werden.
153,5 Fußgängersteg (Stahlkonstruktion), danach ■ Marienklause, r Floßgasse, bei extremen HW l umfahren.
152,4 **München**, Thalkirchner][. Nach 50 m Weiterfahrt verboten (siehe Befahrungsregeln). Zu den ⌂ ⌂ der Münchner Kanu-Vereine ← stromauf in Seitenkanal. Westlich der][U-🚃 zur Stadtmitte. Im Stadtgebiet München ist eine Befahrung aus Sicherheitsgründen verboten. Ab dem Oberföhringer ■ wird bis auf 5 m³/s alles Wasser abgeleitet. Bis km 121,0 siehe „Kanuwanderführer für Bayern“.
121,0][, l **Achering**, mögliche ⬇ für die Befahrung einer weiteren reizvollen Teilstrecke. Die Fahrt geht durch eine Auenlandschaft mit vielen Kiesbänken, teilweise NSG.
120,4 ■ (Stufenwehr), X, l ⏏ S 3.
115,8][, Verbindung B 11 - **Lerchenfeld**.

113,5 Ⅱ, **Freising**, alte Domstadt, roman. Dom (1160), Fachhochschule Weihenstephan (Landwirtschaft und Brauerei), kath.-phil.-theol. Hochschule; sehr gute ⬇ für Tagesfahrt nach Moosburg/Landshut, 🚉 mit S-Bahn 400 m, Parkplätze in Ufernähe.

113,4 Ⅱ, (Zubringer zur A 92), danach bei NW r Pfahlreihe; ebenfalls sehr gute ⬇ mit Parkplatz.

111,5 Ⅱ B 11.

110,2 Ⅱ, l **Marzling**, alte Brückenreste im Flussbett!

104,5 ⌂-Stelle von der Moosach (s. „Kanuwanderführer für Bayern“).

103,4 r ↓ Goldach (s. „Kanuwanderführer für Bayern“).

103,0 Ⅱ, l **Oberhummel**, sehr gute ⬇ für Tagesfahrt nach Landshut. l ↓ Moosach (s. „Kanuwanderführer für Bayern“).

100,0 r ↓ Dorfen (s. „Kanuwanderführer für Bayern“).

95,5 l ↓ Amperüberführungskanal.

95,2 Ⅱ B 11 Landshut - München; l **Moosburg**, roman. Münster (12. Jh.), ✕, 🚉.

94,1 → Werkkanal.

94,0 ▬, **X**, l ⌂ über Ufermauer oder in alte trockene Floßgasse (2. Joch von links), Vorsicht beim ⌂ des ▬ über das l Ufer. Abhängig vom Wasserstand reicht ein starker Rücklauf bis weit unterhalb des ▬. Beim Wiedereinsetzen besonders auf ausreichenden Abstand achten.

91,6 kleine „Sieben Rippen“, ca. 100 m felsendurchsetzter Flusslauf, r immer ≋.

90,9 Ⅱ, l Volkmannsdorf, danach l ↓ Amper (s. AB), Seitenströmung von l möglich.

89,4 Beginn NSG „Vogelfreistätte Mittlere Isarstauseen“, bis km 81,2 zügige Durchfahrt ohne anzulanden gestattet.

87,6 r ↓ Werkkanal.

87,5 „Sieben Rippen“, Nagelfluhbänke (Felsen) im Flusslauf, ca. 150 m, ≋, je nach Wasserstand in der Mitte oder bei NW von r nach l. Üben wegen NSG nicht gestattet!

86,8 Autobahn-Ⅱ A 92 München - Deggendorf.

86,0 r ✕ Fischerhans mit Biergarten (von der Isar aus nicht zu sehen), paddlerfreundlich.

82,8 r Kirche von **Eching**.

81,3 Auslassbauwerk Hofham, Seitenströmung von r möglich.

81,2 Ende NSG „Vogelfreistätte Mittlere Isarstauseen“.

78,5 ▬ (Sohlstützschwelle), **X**, r ⌂ ! l starke Sogwirkung durch Ausleitung des Hammerbachs - Lebensgefahr !

78,3 r ↓ Isarkanal (Befahren verboten). Seitenströmung von r.

76,2 EB-Ⅱ (Landshut - Salzburg).

76,1 l ⌂ ETSV 09 Landshut, ⬆, ⛺-Möglichkeit (san. Anlagen), vorherige Anmeldung wegen Zugang, ☎ 0871/71416; 1 km in die Stadt, 2 km zum 🚉.

76,0 r ↓ Roßbach.

75,9 Ⅱ, l Eisstadion.

75,4 l Rampe, sehr gute ⬆ für Fahrtbeendigung.

75,3 l ⌂ Faltbootclub Landshut.

75,2 l letzte ⬆-Möglichkeit in einem Altwasser, Weiterfahrt durch das Stadtgebiet von **Landshut** verboten.

75,1 Ⅱ (Luitpold-Ⅱ). r Beginn der historischen Landshuter Innenstadt, Burg Trausnitz, got. St. Martins-Kirche (15. Jh.) von Hans Stethaimer mit 133 m hohem Backsteinturm. 1475 Landshuter Hochzeit. Eine Weiterfahrt unterhalb von Landshut ist möglich, infolge mehrerer großer Staustufen jedoch recht mühsam und wenig lohnend, auf eine Beschreibung wird daher verzichtet.

0,0 ↓ in die Donau bei km 2281,7.

Unterlagen: alle im vorstehenden Text nicht beschriebenen Teilstrecken der Isar finden sich ausführlich im „Kanuwanderführer für Bayern“.

1.2.1 Amper

Wanderfluss
Mündung in die Isar (l Nebenfluss)

Die Amper ist der Ausfluss des Ammersees und somit die Fortsetzung der Ammer. Sie fließt mit ruhiger Strömung in nordöstlicher Richtung durch das bayrische Alpenvorland. An mehreren Stellen wird das Wasser durch Werkkanäle zu Elektrizitätswerken abgeleitet. Bei ausreichendem Wasserstand sollte man stets versuchen, im alten Flussbett zu fahren, leider ist dies vielfach nicht möglich, so dass man dann in die Kanäle einfahren und am Elektrizitätswerk umtragen muss.

Befahrungsregeln: km 105,8 - km 99,2 vom 1.3. bis 15.7. gesperrt (Naturschutz), km 94,0 - km 88,7 vom 1.3. bis 15.7. gesperrt (Naturschutz)

Befahrbarkeit: ganzjährig; wegen der erwähnten Wasserableitungen ist jedoch eine Befahrung bei höherem Wasserstand günstiger

Schwierigkeiten: keine. Die meisten Stufen sind je nach Wasserstand und Können nach Ansehen ≋. ⌂-Möglichkeiten sind immer vorhanden und zum Teil auch ausgeschildert.
Gefälle: km 105,8 - km 99,2 0,5 ‰, km 99,2 - ↓ 1,2 ‰

Pegel: Stegen (Mindestpegel 100 cm für die Ausleitstrecke ab Olching) (BKV Pegel-☎ 089/15702-443) Str-Ⅱ Inkofen (km 12,0)

Gewässergüte: II (mäßig belastet).

105,8 Ursprung der Amper als Ausfluss des Ammersees, r **Stegen**. ⬇, Pegel. Einfahrt in die Amper l von der Werft. Befahrungsregeln beachten! Das Befahren der Amper von Stegen bis Grafrath (km 99,2) ist vom 01.03. bis 15.07. verboten.
105,7 Ⅱ, mittleres Joch fahren.
105,6 Ⅱ.
105,5 Gefällestufe, ≋ oder l ⌂, bis Grafrath mooriges Gelände.
105,3 l ↓ Windach (s. „Kanuwanderführer für Bayern“).
99,2 Ⅱ B 471, Ende der Sperrstrecke mit zeitweisem Befahrungsverbot, **Grafrath**, l 🚌 (1 km, S-Bahn), ⬇ vor der Str.-Ⅱ l.
98,8 Holzsteg.
98,2 l **Wildenroth**, bei der alten Mühle in den r Arm einfahren.
98,0 Ⅱ Wildenroth.
94,3 ← Werkskanal, in Werkkanal fahren bis zum ϟ.
94,1 ▬ ϟ Schöngeising, r etwa 50 m ⌂.
94,0 Ⅱ, l Schöngeising, Befahrungsregeln beachten! Das Befahren der Amper von Schöngeising bis Fürstenfeldbruck (km 88,7) ist vom 01.03. bis 15.07. verboten.
93,6 Ⅱ.
93,0 Sohlschwelle, mittig ≋ oder l ⌂.
88,7 EB-Ⅱ, l fahren, Ende der Strecke mit zeitweisem Befahrungsverbot.
88,1 Ⅱ, r ehem. Kloster Fürstenfeld.
87,8 Ⅱ, danach l Schwimmbad.
87,6 Fußgänger-Steg.
87,5 ▬, → Werkkanal dis zum ϟ fahren.
87,3 ϟ, ↱ und über Treppe nach r in den Nebenbach ⌂ (Hinweise).
87,0 l ↓ der Amper.
86,9 Ⅱ.
86,7 Ⅱ B 2, **Fürstenfeldbruck**.
86,3 Fußgänger-Steg. In den nachfolgenden Seitenarmen sind häufig querliegende Baumhindernisse. Der Hauptarm ist in der Regel immer frei.
85,6 ← ≋ Seitenarm oder im Hauptarm weiterfahren.
85,5 ← ≋ Seitenarm oder im Hauptarm weiterfahren.

85,4 ← ≋ Seitenarm oder im Hauptarm weiterfahren. Es folgen im Hauptarm in kurzem Abstand 2 ≋ Schwälle, evtl. r ⏏.
84,8 Ⅱ, r **Emmering**.
84,7 l ↓ Seitenarm, Fußgänger-Ⅱ.
82,8 l FKK-▲ Freie Sportgemeinschaft Amperland e.V.
82,7 Sohlschwelle, bei NW nicht ≋, dann ← Altarm durch das FKK-Gelände fahren (kein Verbot, Privatgelände, Rücksicht nehmen).
82,6 l ↓ Altarm.
82,3 Flussteilung, Inseln.
81,2 Ⅱ.
80,9 Ⅱ, l **Esting**, r **Olching**.
80,4 ▬ Esting, bis Pegel +100 cm l ⏏, bei NW r in den Werk-Kanal fahren. Die Kanalspange ist 3,1 km lang mit 2 ↯, beide l ⏏.
79,9 Fußgänger-Steg.
78,5 EB-Ⅱ, mittleres Joch fahren, Gefällestufe ≋.
77,8 Ⅱ, l **Neuesting**.
76,4 r ↓ Werkkanal.
75,6 Ⅱ, **Geiselbullach**, r nach der Ⅱ ⬆.
74,8 Gefällestufe, ≋ oder l ⏏.
74,6 Autobahn-Ⅱ A 8 München - Stuttgart.
74,0 Gefällestufe, ≋ oder l ⏏.
73,5 Gefällestufe (z.Zt. im Umbau), ≋ oder r ⏏, Rücklauf !
73,0 Gefällestufe, ≋ oder l ⏏.
72,3 Ⅱ (hoch), l **Feldgeding**.
72,0 Ⅱ B 471.
70,4 **Himmelreich**, ▬, je nach Wasserstand entweder r ⏏ in die freie Amper oder l in den Kanal fahren. Im Kanal nach 1 km beim ↯ ↱ und beim Naturfreundehaus wieder in die Amper ⬇.
70,3 Ⅱ.
69,5 Kleine Gefällestufe, ≋.
69,4 l Naturfreundehaus, ⬇/⬆.
69,3 l ↓ des Kanals.
68,3 l ↓ Maisach (s. „Kanuwanderführer für Bayern“).
68,1 Ⅱ, **Mitterndorf**, ! Schwäne.
67,5 Ⅱ, r Schwimmbad, Ortsanfang von Dachau.
67,2 ▬ Dachau, ↯, **X**, r ⏏, (S 3, Abhang, schwieriges ⬇).
66,5 Str-Ⅱ, **Dachau**.
66,0 Ⅱ, r ⛺ in 800 m.
65,7 EB-Ⅱ; ! Kehrwasser !
65,0 Ⅱ.
62,8 Str-Ⅱ, l **Prittlbach**.
61,5 ▬, ↯ Herbertshausen, **X**, r bis zum ▬ fahren, ca. 200 m ⏏.
61,4 r ↓ Würm (s. „Kanuwanderführer für Bayern“).
60,8 Ⅱ, **Deutenhofen** (Torstraße), Parkplatz und ⬇ nach Ⅱ r.

59,4 Ⅱ, l **Ampermoching**.
58,4 r ↓ Kaltenbach (s. „Kanuwanderführer für Bayern“).
58,0 Gefällestufe, r ⌓.
56,0 r ↓ Schwebelbach (s. „Kanuwanderführer für Bayern“).
55,0 **Ottershausen**, ■, **X**, l anlegen und entweder bis kurz nach der Ⅱ ⌓ oder in Werkkanal einfahren und nach l in den Seitenarm ⌓.
54,2 l ↓ Lotzbach.
53,8 l ↓ Laffbach.
52,7 Ⅱ, r **Haimhausen**, l **Amperpettenbach**.
49,8 **Fahrenzhausen**, ■, **X**, → Werkkanal, ↱ und je nach Wasserstand entweder geradeaus in die freie Amper oder nach r in den Kanal ⌓. Im 2,5 km langen Kanal 2 niedrige Ⅱ, bei HW **X**, nach 2,2 km beim ϟ l ⌓.
49,3 Ⅱ, l **Fahrenzhausen/Unterbruck**.
46,3 ↓ des Kanals, r **Weng**.
45,0 ■ Appercha, **X**, ← Werkkanal, ↰ und je nach Wasserstand entweder geradeaus in die freie Amper oder nach l in den Kanal ⌓. Die Kanalspange ist 5,5 km lang und weist 8 niedrige Ⅱ auf, die bei HW meist **X** sind, sowie nach 4,9 km das ϟ Kranzberg auf. Die erste, besonders niedrige Ⅱ erscheint ca. 1 km nach Kanalbeginn. Kurz danach verengt sich der Kanal zu einem betonierten Gefällestück mit schneller Strömung. Beim ϟ Kranzberg r ⌓ ca. 250 m. Schwieriges ⬇ durch sehr steile Ufer.
43,3 Kleine Gefällestufe, ≋, Steine!.
42,9 Ⅱ, l **Thurnsberg**.
42,6 Autobahn-Ⅱ A 6 (Nürnberg - München).
42,3 kleine Gefällestufe, ≋.
40,0 Ⅱ, r **Kranzberg**.
37,9 l ↓ des Kanals.
37,3 hohe Gefällestufe, l ⌓.
36,6 Ⅱ, l **Allershausen**, ⬆.
36,4 l ↓ Glonn (s. „Kanuwanderführer für Bayern“).
34,4 Ⅱ, r **Tünzhausen**.
33,2 hohe Gefällestufe, l ⌓.
31,4 Ⅱ, l **Kirchdorf**.
28,5 hohe Gefällestufe, l ⌓.
27,1 Ⅱ, l **Palzing**.
23,6 ϟ Oberzolling, ■, **X**, ← Werkkanal, nicht am gelben Landeschild, sondern in der Mitte landen, bei HW !!, je nach Wasserstand entweder nach r in die freie Amper oder nach l in den Kanal ⌓. Die Kanalspange ist 8,8 km lang und weist nach 6,7 km das ϟ Haag auf. 200 m r ⌓ bis zur Str.-Ⅱ. Nach weiteren 100 m EB-Ⅱ mit Schwall, r Joch ≋.

22,2 Ⅱ, l **Zolling**. Gefällestufen bei km 21,3; 19,2; 16,4 und 14,5, ≏.
13,4 Ⅱ.
12,4 kleine Gefällestufe, ≋ oder wegen vieler Steine besser r ≏.
12,2 l ↓ des Kanals.
12,0 Ⅱ, danach r ⬆-Möglichkeit am Pegel, l **Inkofen**.
7,4 ■ Unterreit, l ≏.
6,5 Ⅱ, r **Weiglschweig**, r nach Moosburg 1 km, günstige ⬆.
5,1 Ⅱ.
4,0 ■ Wittibsmühle/Pillhofen, Neubau, Situation nicht bekannt.
3,1 Ⅱ.
1,6 EB-Ⅱ.
1,2 r ↓ Mühlbach (s. „Kanuwanderführer für Bayern").
0,0 l **Volkmannsdorf**, Ⅱ über Amper und Isar. Unmittelbar danach ■ und ↓ in die Isar bei km 90,9. Etwa 50 m vor der Ⅱ ↱. Hier entweder r in die Isar ≏ oder bei Fahrtende über eine Treppe zur Straße. Parkmöglichkeit am r Isarufer 100 flussaufwärts.

1.2.1.1 Ammer - Ammersee

Wildfluss - Gebirgsfluss
Mündung in Ammersee

Die Ammer entspringt in einem NSG südlich von Oberammergau und westlich von Ettal und mündet nach ca. 50 km bei Fischen in den Ammersee. Den 15 km langen Ammersee verlässt sie bei Stegen als Amper und mündet nach weiteren 100 km bei Moosburg in die Isar. Die Strecke Ammerquelle bis Kammerl kann nicht empfohlen werden. Dieses Stück ist z.T. reguliert und durch Abwässer sehr verschmutzt. Außerdem sind bei Oberammergau, Altenau und ein paar km nach Altenau drei unfahrbare Wehre. Beim dritten Wehr wird fast das ganze Wasser in einen nicht fahrbaren Kanal geleitet, der beim Bundesbahn-Kraftwerk Kammerl erst wieder in die Ammer mündet. Es müssen dabei 2 km mühsam umtragen werden.

Als günstiger Einsatzort wird daher Kammerl empfohlen (EB-Station Saulgrub der Linie Murnau - Oberammergau). Die folgenden 26 km bis zur Böbinger Brücke bei Peißenberg zählen zu den schönsten Wildwasserstrecken Deutschlands. Die Ammer durchfließt hier eine unberührte Tertiärschlucht mit stellenweise sehr hartem Konglomeratgestein, das die Ursache zu zahlreichen Kataraktbildungen ist. Von der Böbinger Ⅱ bis zur Mündung in den Ammersee ist der Flusslauf korrigiert. In der Regel ist die Ammer ganzjährig fahrbar, ausgenommen sehr trockene Sommer. Bei HW ist die Befahrung jedoch gefährlich. Das Ammertal ist überwiegend Natur- und Landschaftsschutzgebiet.

Befahrungsregeln: vom ↯ Kammerl (km 169,1) bis Böbinger Ⅱ (km 143,0) gilt: vom 16.10.-30.04. Befahren verboten, vom 01.05.-15.10. Befahren ohne anzulanden bei max. 2 Pers./Boot und über Pegelstand Peißenberg 68 cm erlaubt. Dabei ⬇/⬆ nur an Ⅱ Kammerl, Ⅱ Rottenbuch, ▬ Peiting und Böbinger Ⅱ. Einsetzen nur bis 16 Uhr. Einfahren in Kehrwasser ist zu vermeiden, in Stufen und Walzen darf nicht geübt werden, Inseln und Kiesbänke sind zügig im Hauptstrom zu passieren. Gewerbliche Fahrten, Schulungsfahrten und Gruppenfahrten (mehr als 5 Boote) sind verboten. Der Mündungsbereich in den Ammersee (km 118,5 - 116,8) ist ganzjährig gesperrt.

Schwierigkeiten: km 169,1 - km 157,2 WW II (III), km 157,2 - km 143,0 WW II-I, km 143,0 - km 129,0 WW I (II), km 129,0 - km 116,8 WW I

Gefälle: km 169,1 - km 157,2 9 ‰, km 157,2 - km 143,0 6 ‰, km 143,0 - km 129,0 3 ‰, km 129,0 - km 116,8 2 ‰

Pegel: Peißenberg Mindestpegel 68 cm (BKV Pegel-☎ 089/15702-443)

Zeltmöglichkeit: ▲ Naturfreundehaus Saulgrub mit Übernachtungsmöglichkeit, ☎ 08845/1810, ▲ C Rottenbuch an der B 23,▲ C Peissenberg beim Schwimmbad (km 139,5).

Gewässergüte: II (mäßig belastet), Oberlauf I (gering belastet).

169,1 Ⅱ, ↯ Kammerl, Beginn der Befahrungsregelung, r ⬇. Zufahrt mit Pkw von Saulgrub über Acheleschweig. Rot-Grün-Pegel; Rot = Fahrverbot. Bei Erstbefahrung wird empfohlen, die folgenden 400 m zu besichtigen, da die Scheibum vom Boot aus unübersichtlich ist. R Fußweg zur Sandbank unterhalb der Scheibum.

168,5 Scheibum, schwerste Stelle der Ammer, WW III.

168,2 Natur-▬, ca. 1 m hoch, ≋ Mitte oder l, evtl. besichtigen, l möglich, Mitte starker Walze, bei viel Wasser r ≋.

167,0 Schleierfälle l mit kleinen Tropfsteinhöhlen.

165,3 Soiermühle, Holz-Ⅱ.

162,0 Reste der alten Echelsbacher Ⅱ, es folgen 5 Blockstellen.

161,4 kleines Natur-▬, 60 cm hoch. Durchfahrt im r Drittel, davor kann man ↰ und die folgende Strecke besichtigen.

161,1 Echelsbacher Ⅱ (130 m lang, 76 m hoch, erbaut 1929). Nach der Ⅱ geht l ein Fußsteig nach oben zum Brückenkiosk.

157,7 alte Holz-Ⅱ Rottenbuch, Zufahrt Privatstraße für Kfz verboten. 30 m nach der Ⅱ ▬, ca. 8 m vom l Ufer entfernt spät erkennbare Bootsrutsche, gut ≋ oder r ⏏, ! im l Drittel auf Saugwirbel am ϟ-Einlauf achten !

157,2 Ⅱ, l **Rottenbuch**, ▲ C in Rottenbuch an der B 23, r ⬇/⬆ (Kiesbank, Weg zur Straße) oder l ⬇/⬆ (steile Treppe zur Straße), l an der Straße Parkplatz.

153,0 Ammerschleife, NSG.

151,5 Überdachter Holzsteg bei **Peiting**, Ammerknie. Es folgen 600 m regulierter Lauf wegen der Berghalde des nahen Kohlenbergwerkes.

150,7 Peitinger ▬. Vor Befahrung ansehen! im l Drittel Bootsgasse! l ⏏ möglich. ⬇/⬆.

149,2 Kleiner Holzsteg.

143,7 l ↓ Eierbach, Ende der Befahrungsregelung.

143,0 Böbinger Ⅱ, ⬇/⬆ r direkt unterhalb der Ⅱ, nur wenige Parkplätze, 1,3 km zum 🚆 **Peißenberg**.

142,2 Pegel Peißenberg.

141,8 Peißenberger ▬, 1 m hoch, bei HW **X**, gefährlicher Rücklauf, dann r ⏏, ansehen.

141,2 Ⅱ, l **Wörth**.

139,5 l Peißenberger Schwimmbad mit ▲ C, vom Fluss aus nicht zu sehen.

137,5 r ↓ der Uffinger Ache, Abfluss aus dem Staffelsee. (s. „Kanuwanderführer für Bayern").

136,2 Ammerdurchbruch beim Berghof, die Ammer durchbricht den letzten Höhenzug, spitze Steine, l fahren !

135,2 Ⅱ B 472, l **Roßlaich**, l ⬆.

132,5 Ⅱ, l **Oderding**.

131,5 Stufen-▬, r Gasse, evtl. l ⏏, Trainingsmöglichkeit.

130,9 Stufe mit schmaler Rutsche Mitte-rechts, zeitweise gefährlicher Rücklauf neben der Rutsche !

130,3 EB-Ⅱ.

130,0 Stufe ähnlich km 130,9, jedoch Mitte-links.

129,4 ▬ mit Gasse, bei NW gut ≋, danach Fußgängersteg.

129,0 Ⅱ, r **Weilheim**, danach Ⅱ, 2 kleine ≋ Stufen.

127,2 Stufen-▬, in der Mitte Gasse, gute Trainingsmöglichkeit.

126,6 Ⅱ, r **Unterhausen**.

126,5 ▬, **X**, Blockverhau, Pfähle.

125,5 ▬, zweistufig mit gefährlichem Tosbecken, r Gasse.

124,4 Ⅱ, r **Wielenbach**.

123,8 EB-Ⅱ.

121,2 Ⅱ, r **Pähl**, l **Raisting**.

118,9 ehem. Sohlschwelle, mittig ≋, bei MW für Anfänger-Training geeignet.

118,5 Ⅱ, r **Vorderfischen**, r ⬆, r Parkplatz mit Schatten. ⬆. Ganzjährig Weiterfahrt zum Ammersee verboten, NSG.

116,8 ↓ in den Ammersee. Der Ammersee ist einer der schönen bayerischen Voralpenseen, nicht so überlaufen wie der Starnberger See. Länge 16 km, Breite zwischen 1,5 und 5,5 km, Rundfahrt etwa 43 km, mehrere ▲ C. Naturschutzgebiet bei Kloster Andechs (s. „Kanuwanderführer für Bayern").

105,8 Ausfluss aus dem See; der Fluss heißt jetzt „Amper" (s. AB).

1.2.2 Loisach

Wildfluss - Wanderfluss
Mündung in Isar (l Nebenfluss)

Die Loisach entspringt am Fuß des Grubig unweit der Fernpassstraße oberhalb Lärchenheim in Tirol. Von Ehrwald bis Garmisch-Partenkirchen ist sie meist schwieriges Wildwasser. Besonders die stark verblockte Loisachschlucht zwischen Griesen und Garmisch mit dem nach der Straßenbrücke liegenden „Treppenhaus" ist eine der schönsten Wildwasserstrecken Bayerns. Erstklassige Bootsbeherrschung und gute Ausrüstung (Schwimmweste und Helm) sind Grundvoraussetzung für eine Befahrung.

Für die WM-Strecke vom Start am Gschwandsteg (km 95,0) bis zum Ziel oberhalb des ▲ C Zugspitze findet man eine exakte Beschreibung im KANU SPORT 5/1998, S. 207, DKV-Wirtschafts- und Verlags GmbH, Duisburg

Befahrungsregeln: von der Landesgrenze (km 100,3) bis zum Gschwandtsteg (km 95,0) Durchfahrt frei, anlanden jedoch verboten, **!** Keine Niedrigwasserfahrten **!** Grundsätzlich sollte die Loisach erst ab dem Gschwandsteg befahren werden. - Freiwillige Selbstbeschränkung. km 41,3 - 39 vom 16.07. - 19.03. Betreten des Wiesenbrütergebietes (Uferbereich) verboten.

Befahrbarkeit: ab Biberwier (km 112,0) im Frühjahr und nach Regenfällen ab Pegel 120 cm (nur mit Kunststoff-Einer), Griesen-Schlucht (km 104,0 - km 95,0) ganzjährig (nur mit Kunststoff-Einer), Garmisch-Partenkirchen bis ↓ ganzjährig auch mit Zweier.

Schwierigkeiten: km 112,0 - km 104,0 WW III (IV+), km 104,0 - km 95,0 WW III-I abnehmend, km 95,0 - km 90,5 WW III+-IV, km 90,5 - ↓ WW I-Zahmwasser

Gefälle: km 112,0 - km 104,0 17 ‰, km 95,0 - km 90,5 12 ‰

Pegel: Gschwand-Steg (km 95), für eine Befahrung ab Biberwier sind etwa 120 cm erforderlich. 120 cm ca. 10 m^3/sec = gutes MW für die Griesenschlucht (BKV Pegel-☎ 089/15702-443)

Zeltmöglichkeit: ▲ C Zugspitze in Garmisch (km 89,4), ▲ C in Altjoch am Kochelsee l an der ↓ in den Kochelsee, ▲ C am Staffelsee (s. AB D91), ▲ C in Wolfratshausen (km 3,4)

Gewässergüte: II (mäßig belastet)

115,0 Ursprung oberhalb Lärchenheim in etwa 1600 m Höhe.

110,0 **Bieberwiehr**, mögliche ⬇ nur bei sehr gutem Wasserstand. Die folgende, auf österreichischem Boden verlaufende Strecke ist ausführlich beschrieben im „DKV-Auslandsführer Bd. 1“ sowie im „Kanuführer für Bayern“.

95,0 Geschwandtsteg, Pegel, übliche ⬇ für die Befahrung der folgenden „Griesenschlucht“. Im Flussbett, das ein sehr starkes Gefälle aufweist, bremsen große Felsblöcke die Strömung und versperren dem Kajakfahrer die Sicht. Naturslalom. Bis zur Straßen-Ⅱ durchweg WW III+ - WW IV.

93,0 Straßen-Ⅱ. Im Bereich der Ⅱ WW II - III. Wenige 100 m danach das „Treppenhaus“, auf 50 m WW IV, danach einige tückische Stellen bis zum „Straßen-S“ (von der Straße einzusehende S-Kurve), neuer Parkplatz! Von hier bis zur EB-Ⅱ leichtere Fahrt.

91,0 EB-Ⅱ. Letzte IIIer Stellen, dann unschwer bis ▲ C.

89,6 r übliche ⬆ beim Zielhaus.

89,4 r ▲ C Garmisch an der B 24, ⬆ am Ende des Platzes nur für ▲ C-Benutzer (große Hinweistafel), keine allgemeine ⬇/⬆. Es folgt eine durchaus lohnende, teilweise renaturierte Flussstrecke.

88,5 1. Str-Ⅱ Garmisch.

88,1 ▬ Garmisch (Edeka-▬), X, l ≏.

87,5 extrem raue Rampe (als X beschildert), bei gutem Wasserstand im Hauptstrom leicht ≋, bei NW ≏ (S 1).

87,2 Fußgänger-Steg.

86,6 2. Str-Ⅱ Garmisch.

86,0 r ⬇ an der Alleestraße, dann 3. Str-Ⅱ Garmisch, davor renaturierte Strecke mittels versetzter Wasserbausteine, danach r weitere ⬇, Parkplatz. Ortsmitte **Garmisch-Partenkirchen**, ★ Pfarrkirche, Werdenfelser Heimatmuseum, Burgruine, Zugspitze (2963 m), Partnachklamm.

85,3 r ↓ Partnach (s. „Kanuwanderführer für Bayern“).

85,1 Fußgängersteg.

83,0 l **Burgrain**.

82,5 EB-Ⅱ, danach Str-Ⅱ B 2/23.

82,0 ■, X, l ⩡.

81,0 ■ Mühldörfl, X, l ⩡, → Mühlkanal, bei NW im Flussbett ca. 250 m bis zur Str-Ⅱ treideln, ab Pegel 120 cm ≋.

80,7 Ⅱ, l **Farchant**, r **Mühldörfl**, l unterhalb Str.-Ⅱ Parkplatz, l ⬇ für ganzjährige Befahrung, danach r ↓ Mühlkanal.

80,4 Ⅱ.

79,8 leichter Schwall, auf der folgenden Strecke bis Obernau r und l Kiesbänke und Auwaldufer.

77,0 Ⅱ, l **Obernau**, davor Schrägströmung nach l, bei NW seicht.

76,8 l gute ⬇, nach 200 m links ⛟.

70,9 Ⅱ, **Eschenlohe**, l ⬇/⬆, ✕, r Estergebirge, l Ammergauer Berge.

70,0 EB-Ⅱ.

66,7 Ⅱ, r 2 km **Ohlstadt**.

66,6 Autobahn-Ⅱ A 95.

64,6 am l Ufer Schützentafel für die Wasserregulierung im Murnauer Moor, zeitweise Sog !, r fahren.

64,5 Wege-Ⅱ.

63,5 EB-Ⅱ, l **Hechendorf**.

61,7 Ⅱ, l **Mühlhagen**, l 2 km nach **Murnau** und 4 km zum Staffelsee (s. „Kanuwanderführer für Bayern").

60,8 l ↓ Ramsach (ganzjährig gesperrt), ab hier bis zur Autobahn-Ⅱ bei Kleinweil schöne, ursprüngliche, streckenweise bewaldete Uferpartien, größtenteils unbefestigt, umgestürzte Bäume und Schwemmgut !

55,0 Autobahn-Ⅱ A 95.

54,9 ■ Kleinweil, l ⩡, in der Mitte des ■ eine evtl. ≋ Gasse, unbedingt vorher ansehen, an der ■-Krone Schrägströmung nach r, am Ende der Gasse ca. 1 m hohe Schwallwelle, l ⬇/⬆.

54,4 Ⅱ, r **Großweil**, l **Kleinweil**, l Flößerdenkmal.

54,0 Stufe, ≋.

53,7 Baustelle 1999, ehemaliges ■.

52,0 Wege-Ⅱ, r **Unterau**.

50,9 Ⅱ, r **Schlehdorf**, kurz vor der ↓ in den Kochelsee, werktags Kiesbaggerarbeiten am r Ufer, bei Beendigung der Fahrt bequeme ⬆ und Parkplatz in der Nähe der ✕ „Klosterbräu".

50,0 Der **Kochelsee** wird von der Loisach durchflossen. Er ist 4 km lang, 2 km breit und 66 m tief. Hauptort ist **Kochel am See** (bekannt durch den Schmied von Kochel). An der Südspitze bei Altjoch am Fuß des Kesselbergs ist das Walchensee-ϟ, das mit Wasser aus dem Walchensee betrieben wird und damit Wasser aus der Isar und dem Rißbach in den Kochelsee abgibt. L guter ▲ C.

46,1 Ausfluss der Loisach aus dem Kochelsee. Es folgen 2 Abfälle, meist ≋, nach dem 1. Abfall Holzpfosten, nach dem 2. Abfall Steine im Fluss.

45,6 II, ! Schrägströmung !, r **Kochel am See**.

45,4 r ↓ Werkkanal.Nach eisernem Steg 0,5 m hoher Abfall, evtl. r ≋, ansehen!

42,3 Wege-II (Beton), darunter 0,5 m hoher Abfall, r ≏ oder ≋, ansehen.

41,8 l ↓ Triftkanal.

41,3 - 39,0 Wiesenbrütergebiet - Betretungsverbot 16.07. - 19.03.

39,0 l ↓ Triftkanal.

38,0 II B 472, **Bischl**, **Sindelsdorf**.

34,6 EB-II.

34,1 **Schönmühl**, nach EB-II l bleiben und bei der blauen Tafel ausbooten, ≏ über den Berg, den blauen Schildern zur ⬇ folgen. Vorsicht beim Überqueren der Bundesstraße. Die beiden durch den Berg führenden Kanäle sind **X** und lebensgefährlich. ⬇ nach dem ϟ l (durch blaue Tafel gekennzeichnet). Im freien Flussbett ist meist genügend Wasser, um mit einem robusten Kunststoffboot weiterfahren zu können. Hierfür nach r ≏. Am Ende der sog. Haarnadelkurve ist ein **X** ■. Kurz danach folgt ein großes **X** ■ mit gekennzeichneter Umtragestelle.

29,0 Zusammenfluss mit dem vom Kraftwerk kommenden Kanal.

26,4 Fußgänger-II, l **Maxkron**.

24,2 II, l Nantesbruch.

23,2 Flussgabelung, Insel, l fahren.

19,8 II, r **Boschhof**.

18,0 II, l **Beuerberg**, r **Königsdorf**.

16,7 ■ Beuerberg, **X**, auf der Insel ≏, bei HW r über Kanal-II ≏, → Loisach-Isar-Kanal.

16,2 II, l **Beuerberg**, r **Oberherrenhausen**.

13,9 ■ Eurasburg, r alte Floßgasse mit starkem Rücklauf, **X**, r ≏ (Warnschild sehr spät erkennbar!), ← Mühlkanal. Auf 200 m folgen einige Schwelle.

13,1 II, l **Eurasburg**, r **Baierlach**.

12,8 l ↓ Mühlkanal.

12,7 schrägabfallende Sohlstützschwelle (0,6 - 0,8 m), es ist ratsam vor dem Hinweis ↱, ansehen ! evtl. ≋ oder r ≏ (S 2).

7,8 Flussgabelung, große Insel, linken Arm ≋, ! siehe km 6,0.

6,8 im l Arm Wege-II, l **Achmühle,** l unterhalb gute ⬇/⬆.

6,0 Am Ende der Insel l niedrige Stufe mit Schwall, die bei NW und MW leicht ≋ ist. Im r Arm hohe Steinbarriere, **X**.

4,9 Fußgänger-II, r **Gelting**.

4,6 II (Autobahnzubringer Wolfratshausen).

4,0 l Ortsanfang Wolfratshausen.
3,2 am km-Schild ↰, ca. 300 m zum ▲ C (Badstraße).
2,8 Ⅱ, **Wolfratshausen**.
2,5 Ⅱ.
2,5 Ⅱ.
2,1 Kastenmühl-▬, X, ← Werkkanal (Einfahrt verboten), r ≏ entlang der Floßgasse, zwischen l ▬-Feld und Kanal ⩰ Fischpass (nur für geübte mit WW-Booten bei NW), Pegel an beiden Ufern, ! Wasserwucht bei +5 an einem der Pegel oder bei nur einem geöffneten Schütz in l ▬-Feld ! Ansehen (Treibholzgefahr).
1,7 Ⅱ, Ortsende Wolfratshausen.
1,5 EB-Ⅱ.
0,0 ↓ in die Isar bei km 175, starke Strömung von r !

1.3 Regen

Wildfluss - Wanderfluss
Mündung in Donau (l Nebenfluss)

Der Regen entspringt aus mehreren Quellbächen in Zelezna Ruda (Böhmisch Eisenstein). Nach 3 km erreicht er in Bayerisch Eisenstein die deutsche Grenze.
Der Regen hat in seinem Lauf unterschiedliche Namen. Von Bayerisch Eisenstein bis zur Mündung des Kleinen Regens in Zwiesel heißt er Großer Regen. Nach dem Zusammenfluss von Großem und Kleinem Regen fließt er als Schwarzer Regen bis zur Mündung des Weißen Regens bei Kötzing, und erst jetzt wird er bis zur Mündung in die Donau nur noch Regen genannt.

Der Regen, der größte Fluss der Oberpfalz, ist durch seinen landschaftlich abwechslungsreichen Lauf durch den Oberen Bayerischen Wald auch der schönste Wanderfluss dieser Region. Stille Wälder säumen den Fluss; viele Kilometer weit ist oft keine Ansiedlung zu sehen; leichtes Wildwasser, ruhige stille Stauseen und gemächlich fließende Wanderstrecken wechseln sich ab.

Inseln im Fluss Regen (und eigentlich generell) schonen, nicht anfahren, nicht betreten, nicht lagern, zelten oder campieren! Fischotter und andere Wildtiere finden hier sicheren Unterschlupf, und werden durch richtiges Verhalten nicht unnötig gestört! Zugleich wird damit das Artenhilfsprogramm Fischotter (Regierung von Niederbayern und Bayerisches Staatsministerium für Landesentwicklung und Umweltfragen, 1987) unterstützt. Durch Respektierung aller Inseln keine Beunruhigung der nachtaktiven Wildtiere!

Vom Blaibacher See bei Kötzting bis zur Mündung in Regensburg ist der Regen seit 1988 auf 107 km Länge zum Wasserwanderweg ausgebaut. Hinweistafeln, Umtragestellen mit Treppen, Rast- und Zeltplätze erleichtern eine Wanderfahrt mit Gepäck. Der Regen führt sauberes Wasser mit vielen Bademöglichkeiten.

Befahrungsregeln: km 85,0 - km 70,0 freiwillige Selbstbeschränkungsmaßnahme: vom 20.03.-20.06. Anlanden verboten (außer an gekennzeichneten Stellen), Befahrung nur in Flussmitte, Kiesbänke nicht betreten, Lärm vermeiden

Befahrbarkeit: km 182,0 - km 170,2 nur bei Schneeschmelze oder nach starken Regenfällen, km 167,5 - km 156,0 wegen Wasserableitungen nur bei gutem Wasserstand, ab Regen (km 156,0) meist ganzjährig, ab Schnitzmühle (km 123,0) ganzjährig mit Zweiern

Schwierigkeiten: km 182,0 - km 170,2 WW II, km 167,5 - km 156,0 WW I, km 156,0 - ↓ WW I, Zahmwasser

Gefälle: km 182,0 - km 170,2 9,0 ‰, km 167,5 - km 156,0 4,0 ‰, km 156,0 - km 121,0 3,5 ‰, km 107,5 - ↓ 5 ‰

Pegel: über BKV Pegel-☎ 089/15702-443 abrufbar: km 156,0 - km 135,5 ab Pegel 55 ≋ (ohne Anlanden), km 135,5 - km 121,0 ab Pegel 72 ≋.

Zeltmöglichkeit: Ausnahmslos auf offiziellen Zeltplätzen! Wildes Zelten, Feuer machen usw. ist verboten und wird von den zuständigen Forstverwaltungen überwacht. Für den Autoverkehr gesperrte (Forst) Straßen dürfen keinesfalls befahren werden! Im Bereich Bärenloch - Teisnach hat es diesbezüglich leider zu viele Übertretungen gegeben, die bereits für viel Verärgerung oder gar Ablehnung gegenüber Kanuten gesorgt haben. Behutsames und vorbildliches Verhalten ist insbesondere hier, aber natürlich auch sonst überall, angesagt! Zwischen Zwiesel und Schnitzmühle keine Zeltmöglichkeiten (Zelten verboten!), ▲ C in Regenhütte (km 177,0), ▲ C in Zwiesel, ▲ C in Schnitzmühle (km 123,0), ▲ C in Pirka am Höllsteinsee (km 116,0), ▲ in Cham (km 86,2), ▲ Esper in Roding (km 63,0), ▲ in Reichenbach (km 46,9), ▲ C in Nittenau (mit Schwimmbad, km 39,5), ▲ in Ramspau (km 20,8)

Gewässergüte: II (mäßig belastet), im Schwarzen Regen teilweise II-III (kritisch belastet).

185,0 **Zelezna Ruda** (Böhmisch Eisenstein).
183,0 **Bayerisch Eisenstein**, deutsch-tschechische Grenze. Ⅱ B 11. Beginn des Nationalparks Bayerischer Wald, l Ufer betreten verboten.
182,0 Ⅱ, ϟ, günstige ⬇ neben der „Mühle 4“, Abfahrt von B 11 am Ortseingang von Bayerisch Eisenstein Richtung Hotel Sonnenhof.
181,1 Ⅱ, Weg zur Arberhütte.
178,6 Wege-Ⅱ, r Seebachschleife.
178,5 r ↓ Geigenbach bzw. Arberseebach.
177,0 Ⅱ, r Regenhütte, r ▲ C.
175,0 Wege-Ⅱ.
174,6 l ↓ Große Deffernik.
173,7 l Sportplatz Ludwigsthal, r NSG.
173,0 l ↓ Kolbersbach.
171,7 Holz-Ⅱ, Mitteljoch ≋, Schrägströmung ! r Fällenrechen, ab hier verblockte Strecke.
171,4 EB-Ⅱ, davor „Eisenbahnerschwall“ (WW III).
171,2 l Parkplatz an der B 11, Ende der sportlichen Strecke, ⬆.
170,4 Ⅱ.
170,2 ▬ Theresienthal, **X**, r ⏏.
169,5 Fußgänger-Ⅱ, l **Theresienthal**, wenig Wasser bis ↓ Mühlkanal, dann flotte Fahrt mit leichten Schwällen bis Zwiesel.
168,6 Ⅱ, ▬ Ortseingang Zwiesel, nach Besichtigung evtl. ≋, sonst r ⏏.
167,5 ▬ Ortsmitte **Zwiesel**, ⏏ S 1 oder evtl. ≋, Stadtbesichtigung, Waldmuseum, ★.
167,4 l ↓ Kleiner Regen. Ab hier Schwarzer Regen, Befahrung bis Regen wegen vieler ▬ mit Wasserableitungen nur bei gutem Wasserstand ratsam, keine besonderen Schwierigkeiten (WW I).
166,8 EB-Ⅱ.
166,2 EB-Ⅱ.
166,0 ▬ und ϟ, **X**, r ⏏, 300 m weit; r → Werkskanal, **X**, ⬇ im Unterwasser.
164,0 ▬, **X**, l ⏏; (wegen Wasserableitung ca. 200 m). Anschließend schöne Schwallstrecke im Wald.
161,0 ▬ Bettmannsäge, evtl. überheben oder l ⏏ (ca. 150 m), ⬇ in Kanal; ca. 200 m vor dem Wehr → kleiner Kanal, auf dem das ▬ bei genügend Wasser umfahren werden kann.
159,3 EB-Ⅱ. 500 m danach Beginn des Rückstaus der Staustufe Regen.
158,0 l ↓ Rinchnacher Ohe (s. „Kanuwanderführer für Bayern“).
157,0 ▬, ϟ, **X**, r ⏏.

156,8 EB-II, 2 Str-II, ⌂ KC Regen, keine Zeltmöglichkeit.
156,4 Wege-II.
156,0 **Regen**, ★ Stadtplatz mit Bürgerhäusern, Burgruine Weißenstein.1. ■, r ≏, evtl. l ≋. 2. ■, X, l ≏, ⬇ für die Befahrung des Bärenlochs (Zufahrt von B 85 Richtung Freibad), Parkplatz an der Bayerwald-Tierzuchthalle.
154,7 II, l ↓ Schlossauer Ohe (s. „Kanuwanderführer für Bayern").
154,0 ■ Oleummühle, r ≏ (50 m) oder über Wehrkrone heben, evtl. r ≋. Es folgt eine einsame Waldschlucht mit dem Bärenloch, sehr schnelle Strömung mit Felsen im Flussbett (WW I - II).
154,0 - 135,0 Umweltverträgliches und anliegerrespektierendes Kanufahren ist Grundvoraussetzung: keine NW-Fahrten, keine Großveranstaltungen, keine Verstöße gegen geltende Gesetze (Kein Zelten, kein Feuermachen, kein Befahren gesperrter Forstwege, kein Betreten von Privatgrund, keine Naturverschmutzung, Abfälle auch nicht in Anliegermülltonnen werfen).
141,0 Bärenloch.
137,5 r ↓ Rothbach (s. „Kanuwanderführer für Bayern").
137,0 ■, die Befahrung des l abzweigenden Kanals zur Papierfabrik Teisnach ist verboten, Lebensgefahr! Es gibt verschiedene Möglichkeiten: 1. Bei ausreichendem Wasserstand (nur selten) ■ ≋ (ansehen) oder r ≏ und Weiterfahrt im alten Flussbett bis zur Papierfabrik (500 m, WW II). 2. l ≏ (600 m) auf ausgeschildertem, befestigtem Weg. ⬇ vor dem Fabrikgelände, Zufahrt mit Autos verboten.
135,5 II, l **Teisnach**.
135,4 l ↓ Teisnach (s. „Kanuwanderführer für Bayern").
135,0 ■, X, r ≏, zunächst r 300 durch den Wald, dann durch das trockene Flussbett und auf der Mauer ≏, ⬇ in den l vom Regen fließenden Werkkanal.
133,0 Beginn des Rückstaus der Staustufe Gumpenried.
130,0 ■, ⚡, ↰, ≏ auf gutem Weg bis zur Straße, dann über die Brücke ans rechte Ufer, über Treppe ins Unterwasser, l ⬇. Beginn der Schwallstrecke Altriegel, kurzes Stück WW I - II.
129,8 ↓ Arzbach.
125,0 **Gstad**, r Pegel.
123,0 Schnitzmühle bei Viechtach, *DKV-Kanustation*, ☎ 09942/1877, gute ⬇. Auf der Insel ▲ C Schnitzmühle, guter Ausgangsplatz für Fahrten auf dem Schwarzen Regen und seinen Nebenflüssen Rothbach, Teisnach, Rinchnacher- und Schlossauer Ohe.
121,0 im r Flussarm ■, X, in l Arm einfahren, hier l halten, da bei Holzsteg r bei HW gefährlicher Überlauf, vor der alten II ↱ und über die Insel 30 m weit zum Hauptarm ≏. **Viechtach**, ★:

Rokokokirche, restaurierte Kaufmannshäuser. 3 km entfernt befindet sich der bekannte „Pfahl“, ein 180 km langer wild zerklüfteter Quarzriegel.

118,0 Ⅱ, danach ▬ Rugenmühle, X, nach der Ⅱ ↱, über die Straße 500 m ≏ und nach ↯ hinter dem Bauernhof in Kanal ⬇ oder in Kanal einfahren, vor ↯ ↱, auf Wirtschaftsweg ≏ (100 m) und hinter Bauernhof in Kanal ⬇.

117,0 r ↓ Werkkanal, danach Beginn des Höllsteinstausees.

116,0 r ▲ C Pirka.

112,0 Staumauer, ↯, X, l ≏ (ca. 300 m), unmittelbar daran anschließend Beginn des Blaibacher Stausees.

107,5 Staumauer, ↯, X, beim Bootsverleih ↰ und l ≏ bis zum Rastplatz unterhalb der Staumauer. Beginn des Wasserwanderweges, Hinweisschilder und Informationstafeln beachten.

107,0 r ↓ Weißer Regen.

106,0 EB-Ⅱ.

105,0 Ⅱ, mittleres Joch ≋, r **Blaibach**, l Rastplatz.

102,0 l **Miltach**, l Rastplatz, EB-Ⅱ l Joch fahren, Str-Ⅱ.

99,0 Durchbrochener Felsriegel, r ≋, Blockstrecke, starke Strömung.

98,0 Schwallstrecke bei Urleiten (ca. 200 m), !Faltboote!

95,7 ▬ Chamerau, Floßgasse immer ≋ oder l ≏ (300 m) oder r über Wehrkrone heben.

95,6 Ⅱ, r **Chamerau**, danach l Rastplatz. Ab hier windungsreicher Flussverlauf.

94,8 Ⅱ.

89,7 Ⅱ B 20.

88,5 l **Chammünster**, ★ Münsterkirche, Burgruine Ödenturm, l Rastplatz.

87,4 Fußgänger-Ⅱ.

86,7 ▬ Altenstadt, l ≋ (ansehen) oder r ≏. Unmittelbar l vor dem Wehr Abzweigung des Quadfeldmühlbaches, der nach 11 km bei Michelsdorf wieder in den Regen mündet, streckenweise starker Uferbewuchs.

86,6 r ↓ Chamb (s. „Kanu-Wanderführer für Bayern“).

86,2 Ⅱ B 22, r ⌂ KC Graf Luckner, Badstr. 31, 93413 Cham, ▲ und Rastplatz, ⬇/⬆..

85,0 Ⅱ, r **Cham**, Geburtsort von Graf Luckner, ★ alte Gebäude und Tore, vor Ⅱ r Floßhafen, ⬇. Befahrungsregeln beachten (freiwillige Selbstbeschränkungsmaßnahme): Von Cham bis zur Ⅱ Pösing (Km 70) besteht in der Zeit vom 20.03. - 20.06. ein Anlandeverbot (außer an gekennzeichneten Stellen). Befahrung nur in Flussmitte, Kiesbänke nicht betreten, Lärm vermeiden.

84,3 ■ Cham-Grabenmühle, Bootsrutsche meist **X**, r ≏ (70 m) oder l durch Mühle ≏ in l Flussarm.
84,2 Ⅱ, l Parkplatz, davor ⬇ in l Flussarm.
83,8 l ↓ Mühlkanal.
82,4 Ⅱ, davor l ↓ Quadfeldmühlbach, l **Michelsdorf**.
80,5 r **Loibling**.
75,0 l Vogelschutzgebiet Rötelsee.
74,8 l **Laichstätt**, l Schloss Thierlstein (1 km).
73,3 l **Untertraubenbach**, r Rastplatz am Flussschwimmbad.
73,2 Ⅱ.
72,5 l **Wulfing**.
70,0 Ⅱ, l **Wetterfeld**, r **Pösing**.Unter Ⅱ kleiner Abfall, Schrägströmung, 2. Joch von r fahren. Ende der Strecke mit der zeitweisen Befahrungsregelung.
63,8 Ⅱ B 85.
63,2 l ⬇/⬆, l Rast- und ▲ „Esper", Kontaktaufnahme bei der Stadtverwaltung oder beim KC „Rodinger Reib'm Paddler", ⌂ mit WC etwa 200 m entfernt.
63,0 Ⅱ, l Joch fahren, **Roding**, hübsche Kleinstadt, ★, Karner und Josefikapelle.
62,9 ■ Petermühle (verfallen), ausgeschilderte Durchfahrt für Geübte ≋, S-förmiger Stromzug mit starker Wellenbildung und Kehrwassern, sonst ≏.
61,3 Fußgänger-Ⅱ, r Wallfahrtskirche Heilbrünnl mit ✕.
59,4 l **Regenpeilstein** mit Burg.
58,4 ■ Wiesing-Regenmühle, r bei MW ≋ oder r ≏, Treppen, l Mühle mit altem Wasserrad.
58,0 l verlässt B 16 den Fluss, Beginn eines schönen Tales.
56,7 l Rastplatz beim ✕ Imhof, Insel unter Naturschutz, nicht anlanden.
55,7 ■ Dilchering, l ≏ (20 m) S 1, bei MW ≋ für Kunststoffeiner.
51,5 r **Kirchenrohrbach**, r Rastplatz.
50,9 Flussinsel.
49,5 Ⅱ, r **Walderbach** mit romanischer Klosterkirche (12. Jh.), l Rastplatz.
49,4 ■ Haselmühle, bei stillgelegter Floßgasse überheben oder l ≏ (150 m).
46,9 l sehr schöner Rast- und ▲-Platz, Grillplatz, Duschen, WC. Schlüssel bei der Gemeindeverwaltung Reichenbach.
46,8 Ⅱ, l **Reichenbach**, rom. Klosterkirche (12. Jh.) mit barocker Innenausstattung, r Kienleiten.
46,6 ■ Regenmühle, umheben über Wehrkrone bei NW, bei MW evtl. ≋, sonst Einfahrt l in Mühlkanal und r ≏ bei der stillgelegten Floßgasse, Floßgasse **X**, ! Lebensgefahr durch lose Holzbohlen) !

44,9	▬, ϟ Tiefenbach, **X**, ↱, r ⏏ (100 m). Ab hier wenig Strömung durch Beginn der Nittenauer Senke.
42,8	⌶.
40,1	▬ **Nittenau**, **X**, 300 m vorher l in Kanal einfahren und am ϟ l ⏏ (150 m), l Rastplatz, WC, ⬇/⬆.
39,5	r ▲ C mit Schwimmbad.
34,7	l **Hof** am Regen.
33,1	▬, ϟ Stefling, **X**, am Schrägwehr r ⏏ (300 m) oder l bis zum ϟ fahren und r neben dem Betriebsgelände ⏏, l auf dem Berg Burganlage ★.
32,5	⌶, r **Überfuhr**.
30,0	l **Marienthal**, Rastplatz, WC, ▲ beim ✕, r Ruine Stockenfels (Geisterschloss der Bierpanscher), es folgen 4 km leicht verblockte Strecke mit Schwällen.
26,8	l **Hinterberg**.
26,0	Wege-⌶, r **Hirschling**.
24,4	l **Heilinghausen**, l Rastplatz.
23,5	r **Anglhof**.
21,0	⌶, r **Ramspau**, Barockschlösschen mit Zwiebeltürmchen.
20,8	Flussbadeplatz, Rastplatz, ▲, ⬇/⬆.
20,6	⌶, r **Ramspau**, l **Kleinramspau**.
20,4	▬ Ramspau, an der Floßgasse überheben oder r ⏏ (100 m).
17,0	l Flussschwimmbad Regenstauf, Rastplatz und WC auf der Halbinsel. l gute ⬆.
16,2	▬ Regenstauf, Floßgasse gesperrt, Lebensgefahr, l ⏏ (200 m).
16,1	⌶, l **Regenstauf**, r **Diesenbach**.
15,7	EB-⌶.
15,1	Fußgänger-⌶.
13,8	⌶.
13,0	r **Edlhausen**.
11,5	l **Laub**, Rastplatz, WC.
10,5	⌶, r **Regendorf**.
10,0	▬ Regendorf, **X**, r ⏏ (20 m), ! Lebensgefahr bei HW !
7,5	l **Zeitlarn**, Badeplatz.
4,9	▬ Pielmühle, Bootsgasse ≋ (unbedingt zuvor ansehen) oder r ⏏, Badebetrieb.
2,7	⌶ B 16.
0,8	⌶ im Stadtbereich Regensburg.
0,6	⌶ im Stadtbereich Regensburg.
0,4	r ↓ Schleusenkanals, ab hier Großschifffahrtsstraße! Stadtgebiet von **Regensburg**.
0,0	r ⬆ bei DLRG-Station (zentrumsnah), ↓ in den l Nebenarm der Donau bei km 2378,6.
+1,1	↓ des Nebenarms der Donau in die Donau bei km 2378.

Wanderfluss
Mündung in Donau (l Nebenfluss)

Die Waldnaab entspringt im Oberpfälzer Wald in der Nähe der Silberhütte, dem Entenbühl, und am Kreuzbrunnen. Sie fließt zunächst nach Tschechien und kehrt bei Bärnau nach Bayern zurück. Sie durchfließt als Tirschenreuther Waldnaab ein Weihergebiet und bietet von Falkenberg bis Windischeschenbach ein wildromantisches Tal, das Waldnaabtal.

Das Waldnaabtal ist ein ideales Wandergebiet, und kann auch mit dem Mountainbike und im Winter mit Langlaufskiern erkundet werden. Es steht unter Naturschutz (nicht zelten, kein Feuer machen, Tiere und Pflanzen schützen, Wege nicht verlassen, Brut- und Nistplätze meiden!).

Ab der Mündung der Haidenaab (km 98) heißt der Fluss dann nur noch Naab. Sie verläuft als ruhiger Wanderfluss durch die landschaftlich reizvolle Oberpfalz.

Befahrungsregeln: km 150,5 - 134 (Waldnaabtal) nur in Kleingruppen

Befahrbarkeit: mit Einern ab Falkenberg (km 150,5) bei Pegel 90 cm, mit Zwelern ab Windischeschenbach (km 134,0), am günstigsten im Frühjahr und nach längeren Regenfällen

Schwierigkeiten: km 146,8 - km 135,4 WW I-II (III), km 135,4 - ↓ WW I und Zahmwasser.

Gefälle: km 150,5 - km 134 3 ‰

Pegel: Mindestpegel (km 133,4): 90 cm (BKV Pegel-☎ 089/15702-443)

Gewässergüte: II (mäßig belastet), Teilstrecken II-III (kritisch belastet).

98,5 **Unterwildenau**, ⌶, Zusammenfluss von Heidenaab und Waldnaab (diese beiden Flüsse mit ihren Nebenflüssen sind beschrieben im „Kanuwanderführer für Bayern"); ab hier Name des Flusses „Naab".

97,7 ⌶, r **Oberwildenau**, ✕, ⛟, empfohlene ⬇ für Gepäckfahrt.

96,0 Autobahn-⌶ A 93.

95,3 ▬ Forstühle, ≋.
95,0 ⌶, l **Luhe** (Markt), l ↓ Luhe (s. „Kanuwanderführer für Bayern“), r 🚉.
94,0 ▬ Naabmühle und folgende Furt, r ⌓ (200 m).
90,5 l Rastplatz.
88,5 ⌶, l **Oberköblitz**, 🍴, ▲ möglich.
87,5 ▬ Unterköblitz, bei Betonmauer l ⌓.
87,2 ⌶ B 14, r **Unterköblitz**, l **Wernberg**, r 🚉.
83,6 ⌶ A 93
81,9 l ↓ Pfreimd (s. „Kanuwanderführer für Bayern“).
81,5 ⌶, l **Pfreimd**, r **Iffelsdorf**.
80,6 ▬ Untersteinbach, **X**, l ⌓, bei HW Lebensgefahr!
80,1 ⌶, r **Untersteinbach**, r 🚉.
77,7 l **Perschen**, ★ Oberpfälzer Bauernmuseum, Freilandmuseum in Neusath.
76,4 ▬ Wiesmühle, bei NW ≋, bei HW l ⌓ beim ⌂ und ▲ Paddelclub Nabburg, ☎ 09433/421.
76,1 Wege-⌶.
75,7 ⌶ B 15, mittleres Joch ≋, bei NW steinig, r **Nabburg**, mittelalterliches Städtchen, ★.
70,8 EB-⌶.
69,8 ⌶, r **Brensdorf**, l **Wölsendorf**.
66,8 l ↓ Schwarzach (s. „Kanuwanderführer für Bayern“).
66,5 r hohes ▬, l ⌓; besser l Arm fahren und bei km 66,0 ⌓.
66,0 ⌶, r Schwarzenfeld, danach ▬ (1,8 m), **X**, r ⌓, ! bei HW starker Sog.
62,0 r Deiselkühn, große Insel mit ▲, bei NW r ≋.
59,8 Insel (Privatbesitz), r Arm fahren.
58,4 r kleines ▬, geradeaus weiterfahren.
58,0 ⌶ B 85.
57,5 ▬ Fronberg, r 2 kurze Bootsgassen, gut ≋, l **Fronberg**, Schloss, ★.
56,5 ▬, **X**, r oder l ⌓.
55,2 ⌶, danach l Arm etwa 100 m aufwärts fahren zum ⌂ und ▲ KC Schwandorf, ☎ 09431/41619, l **Schwandorf** ★.
54,7 EB-⌶.
53,0 ⌶, l **Ettmannsdorf**, romanische Kirche, Schloss, ★, vor dem 2. r liegenden ▬, r ⌓.
51,0 l **Dachelhofen**.
50,4 Insel.
49,3 ▬, **X**, r ⌓, l Dampfkraftwerk der Bayernwerk AG.
48,5 ⌶, r **Naabeck**, Schloss, Brauerei.
47,2 l **Büchelkühn**.
45,7 ⌶.
44,4 ▬ **Stegen**, r über Wiese ⌓, ← Werkskanal.

42,2 l ↓ des Werkskanals.

41,0 l **Katzdorf**.

38,3 r Rastplatz.

38,0 ▬, l ⏢. r Münchshofen, Schloss.

37,3][, r **Münchshofen**, l **Teublitz**.

36,3][, r **Premberg**, ★ Filialkirche.

35,2 l **Teublitz-Saltendorf**, ⌂ und ▲ KC Städtedreieck, Anmeldung bei Josef Ehmann, Teublitz, ☎ 09471/90234 oder Rita Schwarz, ☎ 09471/6951.

34,2 r **Köblitz**.

32,5 EB-][.

32,3][, l **Burglengenfeld**, mittelalterliche Stadt, ★.

32,2 ▬, X, vor der][r ⏢, bei NW am ▬ l ⏢.

30,6][.

29,6 große Insel.

29,0 große Insel, r **Mossendorf**, l **Greindorf**.

26,9 Wiesen-▬ (teilweise verfallen), mehrere ≋ Durchlässe (ansehen) oder notfalls r über Wiese ⏢.

25,0 r **Eich**.

23,0 r ▲ C „Zaar“. Ideales Standquartier für Fahrten auf der Naab und Nebenflüssen. Für Gruppenfahrten besonders geeignet. Anmeldung unter ☎ 09473/1466.

22,5][, l **Kallmünz**, Perle des Naabtals, ★, danach ▬, r ⏢.

22,3 r ↓ Vils (s. AB), Insel.

21,0 r **Gessendorf**, l **Krachenhausen**.

18,4][, **Grain am Berg**; danach ▬ Heitzenhofen, keinesfalls l in den Werkkanal einfahren, sondern in den r Kanal fahren (durch Büsche verdeckt) und dort an der alten □ nach l in das Unterwasser ⏢ (S 1).

16,3][, r **Duggendorf**.

11,5 ▬ Pielenhofen, am ▬ l vorbeifahren, dann l ⏢.

11,3][, r **Pielenhofen**, Kloster (12. Jahrh.).

9,8 l ▲ C Distelhausen.

8,0 r Penk, Kirche (12. Jahrh.), ✕. Beginn des Rückstaus der Staustufe Regensburg (Donau-km 2381,4).

7,2 l **Deckelstein**.

6,0 l **Ebenwies**, l vor der Insel flach, bei NW r halten.

4,4][.

4,0][B 8, r **Etterzhausen**, nach][bei NW l halten wegen Steinbarre.

1,7 r **Waltenhofen**.

0,3 Fußgänger-][, r Wallfahrtskirche, l **Maria Ort**.

0,0 ↓ in Donau bei km 2385.

Wanderfluss
Mündung in Naab (r Nebenfluss)

Die Vils entspringt in Kleinschönbrunn ca. 15 km nördlich von Amberg. Die obere Vils durchfließt von Vilseck bis Amberg das weite Hahnbacher Becken und ist nur zwischen Schlicht und Schönlind eingeengt und hier als Landschaftsschutzgebiet ausgewiesen. Im Zuge der Landesgartenschau 1996 in Amberg wurden einige Flussabschnitte renaturiert und neue Altwasser geschaffen, die aus Naturschutzgründen nicht befahren werden sollen. Nach der Amberger Senke, die sich bis vor Theuern hinzieht, wird das Tal eng und die Berge mit ihrem Mischwald lassen die Kalkfelsen des Jura nahe an den Fluss herantreten. Die abwechslungsreichen Landschaftsbilder sind teilweise romantisch und reizvoll.

Die Vils wird seit 1998 zwischen Vilseck und Hahnbach der Natur überlassen. Infolgedessen ist in diesem Abschnitt zunehmend mit starker Behinderung durch umgefallene Bäume zu rechnen. Weitere Renaturierungsmaßnahmen sind geplant.

Insbesondere an Wochenenden und an Feiertagen muss in Amberg mit Plättenverkehr zwischen der Martinskirche und dem Drahthammerwehr gerechnet werden. Die Plätten sind schwierig zu manövrieren. Aus Sicherheitsgründen sollte ihnen rechtzeitig und eindeutig ausgewichen werden.

Die Befahrung von Vilseck bis Kallmünz erfordert 3 Tage.

Befahrbarkeit: bei Pegel 45-55 ab Gressenwöhr (⌶ bei km 74,8) mit Einern ≋, ganzjährig ab Vilseck auch mit Zweiern ≋.

Schwierigkeiten: viele ▬, die aber leicht ⩯ werden können, Baumhindernisse.

Gefälle: 0,8 ‰

Pegel: Vilseck (km 69,9), Amberg (km 40,9), Schmidmühlen (km 14,5), Dietldorf (km 6,2).

Gewässergüte: II-III (kritisch belastet), Unterlauf II (mäßig belastet).

74,8 Ⅱ, Pegel, 300 m l **Triebweg**, ⬇ für Befahrung mit Einern. Es folgt ein sehr schmales, begradigtes Bachbett.

73,7 Ⅱ, l **Gressenwöhr**, ⬇.

73,4 tunnelartige Durchfahrt durch dichten Fichtenwald.

72,4 r ↓ Auerbach, l **Frauenbrunnen**, Vils wird breiter.

72,2 r ↓ Schmalnohebach.

71,7 Ⅱ, l **Axtheid-Berg**.

70,5 Fußgängersteg, l Vilseck mit Burg Dagestein.

70,0 Ⅱ, l **Vilseck**, gute ⬇ für ganzjährige Befahrung auch mit Zweiern.

69,9 Pegel Vilseck (günstig 80 - 100).

69,0 Ⅱ, l **Schlicht.**

68,7 Ⅱ.

68,5 Wege-Ⅱ.

67,2 EB-Ⅱ, Bahnlinie Nürnberg - Weiden.

66,8 Sehr niedriger, auf Tonnen schwimmender Steg, l **Kagerhof**.

66,4 EB-Ⅱ und Ⅱ, danach Biberrevier.

66,1 r ↓ Altwasser.

65,8 ▬ Bruckmühle, X, l ⌓ oder → in Mühlkanal und dann l ⌓ (S 1).

64,8 Ⅱ, l **Gumpenhof**, davor 2 kleine ≋ Stufen.

64,1 Eisen-Steg mit Treibholz und Baumhindernissen.

62,8 Ⅱ, l **Heroldsmühle**, davor 3 kleine ≋ Stufen.

62,7 r ↓ Altwasser, danach Strauchhindernis

61,9 ▬ Schönlind, l ⌓.

60,4 5 kleine ≋ Stufen auf 100 m.

60,2 Ⅱ, l **Irlbach**.

58,4 2 kleine ≋ Stufen.

58,0 Ⅱ, l **Süß**, danach versetzte Steinwurfbuhnen (Renaturierungsmaßnahme).

57,0 l ausgedehnter Schilfbereich.

55,5 dreistufiger Sohlabsturz, nach Besichtigung evtl. ≋ oder l ⌓.

54,8 Ⅱ B 14, l **Hahnbach**, r Reitsportanlagen.

54,0 Fußgänger-Ⅱ.

51,3 ▬ Kümmersbuch, X, r vor der Fischtreppe ⌓.

51,2 Wege-Ⅱ, l **Kümmersbuch**.

50,2 ▬ Kötzersricht (verfallen), bei NW l ≋, bei HW r ≋.

49,9 Wege-Ⅱ.

48,3 Wege-Ⅱ, r **Laubhof**.

47,7 Insel, Schilfgebiet.

47,4 ▬ Laubmühle, X, r ⌓, Wege-Ⅱ, l und r Privatgrund (Weidezaun, Hunde), evtl. in Laubhof aussetzen und mit Bootswagen auf Teerstraße bis hinter das ▬ Laubmühle umkarren.

47,0 r ↓ Rosenbach, danach breites, begradigtes Flussbett, ⬇/⬆ und Parkplatz.

46,8 Ⅱ, r **Altmannshof**, l **Speckshof**.
45,5 Ⅱ, r **Traßlberg**.
44,7 Wege-Ⅱ.
44,0 versetzte Steinwurfbuhnen (Renaturierungsmaßnahme).
43,4 Ⅱ, l **Neumühle**.
42,4 EB-Ⅱ, darunter kleiner Schwall.
42,0 Ⅱ B 299 (E 50), ⬇/⬆, Parkplatz unter Ⅱ.
41,7 Ⅱ.
40,9 Ⅱ, Pegel, Beginn der Altstadt von **Amberg** ★, alte Herzogstadt, Kirchen, altes Stadtbild, Stadtmauern mit Graben, Toren und Wehrtürmen.
40,8 Fußgängersteg.
40,7 überdachter Holzsteg, davor ⬇/⬆.
40,6 Fußgängersteg, danach Ⅱ.
40,5 l Basilika St. Martin ★, danach Steg, l mehrere ⬇/⬆, Plättenverkehr!
40,4 überdachter Holz-Steg.
40,3 Durchfahrt durch die berühmte Stadtbrille.
40,2 ! niedriger Fußgängersteg !, bei HW r ⌓, danach Ⅱ, l Hallenbad.
40,0 Fußgängersteg, danach l günstige ⬇/⬆, Großparkplatz. Beginn des Geländes der Landesgartenschau 1996.
39,7 Steg, r ↓ Ammerbach.
39,5 Steg, l ↓ Altwasser.
39,0 Insel, r ↓ Altwasser.
38,9 Ⅱ, danach neu gestaltete Flussschleife.
38,7 Steg, l ⌓ (150 m), → Umgehungsbach, **X**, Abenteuerspielplatz.
38,6 ▬ Drahthammer.
38,5 EB-Ⅱ, stillgelegt.
36,9 Steg.
36,7 ▬ Haselmühl, **X**, l ⌓.
36,6 Ⅱ, l **Kümmersbruck**, r **Haselmühl**.
36,3 Drahtseil über dem Fluss, bei HW!
35,9 Holz-Steg.
34,4 Ⅱ, l **Lengenfeld.**
32,8 Autobahn-Ⅱ A 6 (E 50) Nürnberg - Amberg.
32,5 Holzsteg, l **Theuern**, r Bergbaumuseum (Eisenhammer, Spiegelglasschleife und Getreidemühle).
32,1 ▬ Theuern, **X**, l ⌓ bis zur nächsten Ⅱ oder r über die Insel.
31,9 Ⅱ, r gute ⬇/⬆, ★ barockes Hammerherrenschloss mit Bergbau- und Industriemuseum.
28,6 Ⅱ, ▬ **Wolfsbach**, Holzrutsche an der Wehrkrone, **X**, bei NW am Schnittpunkt Ⅱ/▬ anlegen, bei überströmten ▬ l am Steg anlegen und über Ⅱ ⌓.

28,0 ← in neu angelegte Flussschleife, r Altwasser **X**.
27,8 Insel, danach mehrere **X** Altwasserarme (Renaturierungsmaßnahmen).
26,8 ▬ **Leidersdorf**, r ⏏ an ⬇/⬆, nicht in ▬-Kanal einfahren.
26,7 Wege-Ⅱ, l Kunstmühle (erbaut 1910, stillgelegt, aber funktionsfähig).
25,7 Insel, l neu angelegte Altwasserschleife.
25,2 Ⅱ.
25,1 ▬ Ensdorf, ← in Mühlkanal und nach 100 m vor dem Schütz über die Insel ⏏, im Unterwasser oft flach.
24,8 Wege-Ⅱ, r davor günstige ⬇/⬆, l **Ensdorf**, ★: Kirche des Benediktinerklosters, Umweltstation Ensdorf.
24,7 Ⅱ.
23,2 ▬ Rieden, l ⏏, bei NW über die ▬-Krone heben oder über die Mühleninsel.
23,0 Ⅱ, r **Rieden**, r gute ⬇/⬆, vorher r Anleger Bootsverleih.
22,3 r Stichkanal, bei NW **X**, ▲ C, Schwimmbad, Parkplätze.
22,2 kleine Stufe, mittig ≋.
22,0 Ⅱ Rieden l fahren.
20,1 Ⅱ, neu angelegte Flussschleife (Renaturierungsmaßnahme).
19,3 Ⅱ, **Vilshofen**.
18,8 ▬ Vilsworth, **X**, ⬆ an Brettern unter der Weide, danach Privatgelände, Hunde! r ⏏, ⬇ direkt hinter ▬, Unterwasser bei NW sehr lange seicht.
18,2 Wege-Ⅱ, r Kalksteinbruch.
17,4 Wege-Ⅱ, l Ettsdorf.
16,0 ▬ Harschhof, **X**, r 200⏏, Bausstelle ab 09/2003.
15,8 Wege-Ⅱ, danach r ⬇, Parkplatz.
15,3 kurze Schwallstrecke.
15,0 Sohlschwelle, mittig ≋.
14,8 Sohlschwelle, mittig r ≋.
14,7 Ⅱ, r **Schmidmühlen**, behäbiger Marktflecken, barockes Hammerschloss (um 1700).
14,6 r ⬇/⬆ Schmidmühlen, an Wochenenden gute Parkmöglichkeit.
14,5 Ⅱ, l Pegel, danach r ↓ Lauterach (s. „Kanuwanderführer für Bayern").
11,0 ▬ Emhof, r ⏏ über Wiesenstreifen, r **Emhof** mit romanischer Pfarrkirche.
10,8 Ⅱ, r günstige ⬇, danach 1 km flotte Strömung.
9,3 Wege-Ⅱ, l **Pettenhof**.
7,0 ▬ Dietldorf, **X**, l ⏏.
6,7 Ⅱ, r **Dietldorf**, Renaissanceschloss (um 1700).
6,2 Eisen-Steg l mit Pegel (80-100 günstig).
4,7 Sohlschwelle, Mitte ≋.

4,2 r ↓ Forellenbach, danach Ⅱ, r **Rohrbach**, Hammerherrenschloss (1586).

2,6 ■ Traidendorf, **X**, l ↰ und Fahrt beenden oder l ca. 300 m durch den Ort ⌓, Unterwasser lange seicht, r Hammerschloss.

2,3 Wege-Ⅱ, r **Traidendorf**, l Kirche St. Leonhard (17. Jhd.), r ⬇, Bootsverleih.

0,8 Ⅱ.

0,5 ■ Kallmünz, **X**, l ⌓ oder über ■-Krone heben, davor l Anleger nur für Biergarten, r Privatgelände! r nach der Ⅱ günstige ⬇/⬆, l **Kallmünz**, Perle des Naabtals ★.

0,3 kurze Schwallstrecke.

0,1 Balken (Ballsperre des Fußballvereins) r oder l umfahren.

0,0 ↓ in die Naab bei km 21,8.

1.5 Altmühl

Wanderfluss
Mündung in die Donau (l Nebenfluss)

Die Altmühl entspringt am Hornauer Weiher bei Rothenburg ob der Tauber. Sie ist in ihrem Oberlauf (bis Treuchtlingen) ein in einem breiten Tal gemächlich fließender Wiesenfluss, dem man nachsagt, er wäre der langsamst fließende Fluss Bayerns. Unterhalb Treuchtlingen verläuft die Altmühl im Bereich des Fränkischen Jura in einem schmalen Tal mit malerischen Felsformationen und romantischer Schönheit. Die Strömung ist in diesem Bereich gut. Mehrere Wehre können gut umtragen werden. Insgesamt gesehen ist die Altmühl ein empfehlenswerter Fluss für eine gemächliche Wanderfahrt. Man sollte sich dabei Zeit für die Besichtigung der zahlreichen Sehenswürdigkeiten nehmen.

Im Oberlauf der Altmühl wurde oberhalb von Gunzenhausen der Altmühlsee als Ausgleichsbecken und Erholungsgebiet angelegt (Wasserfläche 444 ha, Inselfläche 120 ha, Stauraum 13,5 Mio m^3, Wassertiefe 1,5 - 3,5 m). Freizeiteinrichtungen sind in Schlungenhof, Muhr am See, Wald, Streudorf, Unterwurmbach, Ornbau und Mörsach. Die Flachwasserzone und die Inselzone im Altmühlsee dürfen nicht befahren werden (Schutzzone I). Die Durchfahrt im Altmühlverlauf in Ufernähe ist gestattet.

Im Unterlauf zwischen Dietfurt und der Mündung in die Donau verlaufen die Altmühl und der Main-Donau-Kanal in einem gemeinsamen

Flussbett (s. AB Main-Donau-Kanal und „Kanuwanderführer für Bayern").

Befahrungsregeln: km 160,6 - km 159 (Altmühlsee), Befahren der Flachwasser- und Inselzone (Schutzzone 1) ist ganzjährig verboten. Durchfahrt in Nähe des westliches Ufers gestattet. Befahrung aller Altmühl-Nebenbäche im Bereich des Naturparks Altmühltal ist ganzjährig verboten.

Befahrbarkeit: ganzjährig mit Zweiern, im Sommer streckenweise verkrautet, frühestens ab Herrieden (km 183,1), km 154,4 - km 129,8 wegen begradigter Strecken weniger zu empfehlen

Schwierigkeiten: keine

Gefälle: 0,4 ‰

Zeltmöglichkeit: Die Altmühl durchfließt das Landschaftsschutzgebiet Naturpark Altmühltal, einige Teile sind als Naturschutzgebiet ausgewiesen. Das Zelten ist grundsätzlich nur an den dafür ausgewiesenen Stellen gestattet. Die ▲ sind an manchen Wochenenden stark belastet. ▲ C in Pappenheim (km 122,5), ▲ C in Dollnstein (km 102,2), ▲ C in Breitenfurt (km 98,9), ▲ C Azur in Kipfenberg (km 59,0), ▲ C in Pfraundorf (km 46,3), ▲ C in Boilngries (km 42,8), ▲ am Altmühlsee (km 159,4), ▲-Möglichkeit in Zimmern (km 118,8), ▲-Möglichkeit in Solnhofen (km 114,0), ▲-Möglichkeit in Hammermühle (km 108,4), ▲ in Wasserzell (km 91,0), ▲-Möglichkeit in Inching (km 77,0), ▲ in Gungolding (km 67,0).

Kilometrierung: Die letzten 32 km der Altmühl sind im Main-Donau-Kanal aufgegangen. Die Altmühl mündet somit nach der Stützstufe Töging bei km 32,8 in den Main-Donau-Kanal. Vom WWA Ingolstadt wurde inzwischen der Nullpunkt neu festgelegt. In nächster Zeit muss daher mit der Umschreibung der km-Tafeln gerechnet werden (km 32,8 alt = km 0 neu).

Gewässergüte: II-III (kritisch belastet), zwischen Dietfurt und Eichstätt II (mäßig belastet).

192,0 ⌶ B 14, l **Neunstetten**, mögliche ⬇.
190,0 ⌶ A 6.
188,0 Mühlen-⌶ (Mühlbruck), r ⌂.
187,0 ⌶, r **Stegbruck**.
185,3 → Flussarm.

185,1 Ⅱ, l **Herrieden**, ⋆ St. Veit. Park- und ⬇ am Sportplatz r nach Ⅱ.

184,6 ↓ Flussarm. Ab hier ruhige Fahrt durch ein breites Tal.

181,7 Ⅱ.

179,7 Ⅱ, r **Thann**.

177,7 → Flussarm.

176,3 ↓ Flussarm.

175,8 Ⅱ, r **Großenried**, l **Kleinried**, 1600 m nördlich das romantische Wasserschloss Sommersdorf.

170,9 Ⅱ, r **Mörlach**, l **Haag**.

169,7 Ⅱ, l **Oberndorf**.

167,4 r ↓ Wieseth.

167,3 Ⅱ vor Ornbau.

167,1 ▬, ← Altmühl, → Stichkanal zum Altmühlsee. In der Praxis wird von Ornbau nach Gunzenhausen kaum noch das alte Flussbett der Altmühl befahren, da sehr viele ≏-Stellen zu überwinden sind. Die Beschreibung verläuft deshalb über den Stichkanal.

166,9 und 166,5 Insel.

166,1 Ⅱ, l **Gern**.

163,6 Ⅱ, r **Mörsach**.

162,5 Klappen-▬, wenn geschlossen r ≏.

162,4 Ⅱ, r **Streudorf**.

161,8 Beginn des Altmühlstausees (NSG). Befahren der Flachwasser- und Inselzone (Schutzzone 1) ist ganzjährig verboten. Durchfahrt in Nähe des westliches Ufers gestattet.

160,4 r **Wald**.

159,8 r **Schweina**.

159,4 r ⛺.

157,8 Staumauer, ≏.

157,6 Ⅱ B 466., r Parkplatz, ⬇.

157,3 =155,2

155,2 ↓ Ausfluss des Altmühlsees.

154,7 EB-Ⅱ.

154,4 Ⅱ, l **Gunzenhausen**, ⋆, Klappen-▬ (halbautomatisch), r ≏ über Treppen, S 1, ⬇ am Volksfestplatz r unterhalb des ▬.

153,8 Ⅱ.

152,8 Ⅱ, r **Aha**.

152,5 Wege-Ⅱ.

149,6 Wege-Ⅱ, l **Unterasbach**, l am Hang Kirche St. Michael.

149,0 Ⅱ (Unterasbach-Windsfeld).

147,4 Wege-Ⅱ, r **Windsfeld**.

146,6 Beginn des Naturparks Altmühltal. Die Altmühl fließt ab hier bis nach Kehlheim innerhalb des Naturparks Altmühltal. Alle

Nebenflüsse der Altmühl im Naturpark Altmühltal dürfen ganzjährig nicht befahren werden.

144,6 Ⅱ, l **Gundelsheim**.

143,1 Ⅱ, r **Ehlheim**.

141,0 Ⅱ Römerstraße.

139,8 Ⅱ, l **Trommetsheim**.

138,2 Wege-Ⅱ.

137,2 l **Lengenfeld**.

134,9 Ⅱ, l **Bubenheim**.

133,2 Wege-Ⅱ.

132,2 EB-Ⅱ.

132,1 Ⅱ, 1200 m l **Graben** mit Karlsgraben (Fossa Karolina) erbaut 793.

131,8 l Blick auf Nagelberg mit Heldenfriedhof, dahinter Naturlehrpfad und Freizeitgelände.

130,7 Wiesen-■, immer ≋.

130,3 1. Ⅱ, r **Treuchtlingen**, Parkplatz, r 500 m 🚂.

130,2 l Thermal- und Wellenbad Treuchtlingen.

130,1 ■, **X**, r ⌂.

130,0 2. Ⅱ Treuchtlingen.

129,8 Gefällestufe, besichtigen, evtl. ≋, sonst r ⌂, Holz-Ⅱ, r unterhalb boote ⬇ in Treuchtlingen (Parkplatz Volksfestplatz an der Stadthalle), kein ▲.

129,2 r ↓ Möhrenbach (ganzjähriges Befahrungsverbot).

127,9 l ↓ Schambach (ganzjähriges Befahrungsverbot).

127,7 Ⅱ B 2, r **Dietfurt**, r ⬇/⬆ mit Treppe und Parkplatz.

126,6 EB-Ⅱ.

125,2 EB-Ⅱ.

123,4 Fußgänger-Ⅱ.

122,5 l ▲ C, anschließend ■, **X**, l ⌂ durch altes Flussbad. Bootsrastplatz, danach r ↓ Werkkanal, Schusswasser vom ϟ !

122,1 Ⅱ **Pappenheim**, Luftkurort, ★ Burgruine des Grafen von Pappenheim.

121,3 Fußgänger-Ⅱ.

120,6 Ⅱ.

118,8 ■ **Zimmern**, r ⌂, evtl. ≋, r Rastplatz, l ✕ „Röttler“, sehr paddlerfreundlich, ▲-Möglichkeit für 1 Nacht nach Anfrage in ✕.

118,2 EB-Ⅱ.

116,5 EB-Ⅱ.

115,0 Fußgänger-Ⅱ.

114,6 Ⅱ, **Solnhofen**, bekannt durch seine Jurasteinbrüche (Kalkschieferplatten), Solahöhle, Museum (Fossilien), ★, 1865 Fundort des Urvogels. l 400 m 🚂, l vor der Ⅱ ✕.

114,0 ▬ Solnhofer Mühle, X, l ≏, ▲-Möglichkeit auf der Wiese der Familie Hefel (Mühlenbetreiber), dazu r 150 m in Mühlkanal einfahren, ⛱, ✕.
113,0 l Felspartie „12 Apostel".
112,0 Ⅱ, l **Eßlingen**.
110,9 EB-Ⅱ.
108,9 Ⅱ, **Altendorf**, davor r ↓ Geilach.
108,4 ▬ Hammermühle, Bootsgasse im r Drittel, ≋, l ≏, l ▲-Möglichkeit.
104,7 ▬ Hagenacker, l ≏ oder Bootsgasse Mitte ≋ (Heck schlägt auf !).
104,5 Ⅱ **Eisenhammer**.
102,7 EB-Ⅱ.
102,3 Ⅱ, **Dollnstein**, mittelalterlicher Mauerring, davor l ⬆, r 600 m ⛟.
102,2 ▲ C.
99,7 ▬ Bubenrother Mühle, X, l ≏.
98,9 Ⅱ, r **Breitenfurt**, danach ▲ C nur für Zelte und kleine Wohnmobile, ☎ 08422/567, ✕.
97,5 Fußgänger-Ⅱ, l Attenbrunnmühle.
96,4 Ⅱ.
94,2 Fußgänger-Ⅱ, l **Obereichstätt**.
93,7 Ⅱ.
91,0 Ⅱ, r **Wasserzell**, r davor ▲ vorher bei ✕ „Hirsch" fragen. 800 m zum ⛟.
89,6 ▬ Rebdorf, X, r ≏ (100 m). r Blick auf Willibaldsburg.
89,4 Ⅱ, l **Eichstätt-Rebdorf**.
88,6 Ⅱ, r ⛟ Hofmühle.
87,6 Ⅱ.
86,8 Ⅱ, danach ▬, X, r ≏, dahinter r Parkplatz.
86,5 Fußgänger-Ⅱ.
86,0 Fußgänger-Ⅱ.
85,8 Alte Stein-Ⅱ, **Eichstätt**, alte Bischofsstadt, Universität, kultureller Mittelpunkt des Tals. Herrlicher Blick von „Schönblick" aus über Eichstätt und das Altmühltal. ★ Dom, Willibaldsburg.
85,2 Fußgänger-Ⅱ, → Mühlkanal, nicht einfahren.
84,9 ▬ Aumühle, X, l ≏, l ⬇/⬆.
84,8 Ⅱ.
84,2 l Rastplatz und ▲, gute ⬇/⬆ (Parkplatz Volksfestplatz).
84,1 Ⅱ.
81,0 Ⅱ, r **Plietenfeld**, l **Landershofen**.
78,6 Ⅱ, r Pfünz, l Rastplatz, ★ Römerkastell auf dem Kirchberg.
78,4 Ⅱ (mittelalterliche Stein-Ⅱ), r **Pfünz**, l Rastplatz ★ Römerkastell auf dem Kirchberg, Sommerschloss der Fürstbischöfe.

77,7	Almosmühle mit Karstquelle.
77,0	Ⅱ, l **Inching**, ✕ „Fischerwirt“, ▲-Möglichkeit, Barockschlösschen.
75,7	l Brunnmühle.
74,3	■ Walting, X, l ≏.
74,1	Ⅱ, l **Walting**.
71,4	Ⅱ, l **Rieshofen**, Turmruine aus dem 13. Jahrh.
69,8	Ⅱ, r **Pfalzpaint**, danach l NSG Gungoldinger Heide.
67,3	Ⅱ, l **Gungolding**, Blick auf Ruine Arnsberg, Felspartien.
67,0	l am Ortsende ▲ (1 Nacht).
66,0	l Burgstall Rauenwörth.
65,5	r ↓ Schambach (ganzjähriges Befahrungsverbot), Wanderwege ins Schambachtal.
64,8	Ⅱ, r **Arnsberg**, Burgruine aus dem 11. Jh., danach r NSG Ebnet.
62,1	Ⅱ, l **Regelmannsbrunn**.
61,2	r Römerkastell (Reste).
60,6	Ⅱ, r **Böhming**, ✕ „Römer-Castell“.
59,0	r ▲ C Azur.
58,6	Ⅱ, **Kipfenberg**, Burg, r unter Ⅱ gute ⬇/⬆, r davor großer Parkplatz.
57,8	EB-Ⅱ (stillgelegt).
57,0	Ⅱ, l **Größdorf**, r ✕ „Zum blauen Hecht“.
54,4	Ⅱ, l **Ilbling**.
53,2	Ⅱ A 9.
52,3	l **Kinding**, l ↓ Schwarzach (ganzjähriges Befahrungsverbot).
52,1	Ⅱ, l ▲ (1 Nacht), ⬇ unter der Ⅱ.
48,3	Ⅱ, r **Unteremmendorf**, ✕.
46,3	Ⅱ, ■ Kratzmühle, X, l ≏, r ▲ C, l **Pfraundorf** mit Freizeitsee.
44,6	Ⅱ, l **Badanhausen**, r **Kirchanhausen**.
42,8	l ▲ C Beilngries.
42,4	Ⅱ, l davor ⬆, l **Beilngries**, ★ romantische Altstadt, Stadtmauer mit Türmen.
42,1	l ehemalige ↓ der Sulz.
40,5	Ⅱ, l **Leisung**.
38,7	Ⅱ, **Kottingworth**, ★ Wehrkirche St. Vitus.
37,7	■ Köttingwörther Mühle, X, l ≏.
36,0	Ⅱ, r **Grögling**.
33,8	Ⅱ, l **Töging**.
33,4	Stützstufe, X, r ⬆, r ≏ in Main-Donau-Kanal. Bootswagen vorhanden.
32,8	Beginn der Großschifffahrtsstraße Main-Donau-Kanal. Weiterfahrt empfehlenswert, schönste Etappe des Altmühltales, beidseitig Radwege, Bootswagen mitnehmen.
32,0	= 136,6 des Main-Donau-Kanals.

136,6 ↓ in Main-Donau-Kanal.
171,4 **Kelheim**, ↓ in Donau bei km 2411,6.

1.6.1 **Ilm** (Abens)

Kleinfluss
Mündung in Abens (l Nebenfluss)

Die Ilm fließt in ihrem Oberlauf (bis Geisenfeld) zwischen Hügeln und Wäldern durch das Hopfenanbaugebiet der Hallertau, anschließend durch Wiesen, Felder, Moorgebiete und schließlich durch die Donau-Auen. Zahlreiche Umtragestellen machen eine Befahrung der Ilm recht mühsam.

Befahrbarkeit: ab Pfaffenhofen nur im Frühjahr und nach stärkeren Regenfällen, ab ↓ Wolnzach, km 35, ganzjährig. Die schönste anschließend ausführlich beschriebene Teilstrecke beginnt ab Geisenfeld.

Gewässergüte: II-III (kritisch belastet).

51,5 **Pfaffenhofen**. Die Folgestrecke ist beschrieben im „Kanu-Wanderführer für Bayern“.
29,0 **Geisenfeld**, ✕, ⌶, empfehlenswerte ⬇.
28,0 ⌶ B 300, Schwall.
27,5 Kasten-▬, 1 m hoch, gefährlicher Rücklauf, **X**, l ⌓, l Pegel.
26,0 Mühlen-▬, **X**, Absperrung nach Straßen-⌶, r 50 m weit in Flutkanal ⌓. Es folgt eine sehr windungsreiche, reizvolle Strecke, l **Nötting**.
25,0 Es folgen auf 2 km mehrere Schräg-Rampen, ≋.
21,8 ▬, 40 cm hoch, ≋, evtl. l oder r ⌓. r Sportheim, danach ⌶ in **Ilmendorf**, ✕.
21,1 ⌶ B 16, Ingolstadt - Regensburg.
21,0 ▬, Absperrung Höfahrtsmühle, **X**, r 50 m weit in Flutkanal ⌓, evtl. treideln.
20,8 Steg, Bissspuren der hier wieder heimisch gewordenen Biber sind zu sehen.
20,3 EB-⌶. ⌂ Vohburg 15 Min. Es folgen 3 kleine Stufen, ≋.
18,7 ▬ Absperrung, **X**, r 50 m weit bis zur Wege-⌶ ⌓. Die beiden l abzweigenden Abflüsse zur Donau bzw. zur Neumühle sind nur bei HW ≋. **Vohburg**.
18,0 l **Hartacker-Vohburg**. Weitere Biberspuren.
17,8 Mühlen-▬, **X**, r 30 m durch Garten ⌓.

17,7	Ⅱ.
16,0	r Pegel, Ⅱ, l **Oberwöhr**.
13,2	Niedrige Wege-Ⅱ, r ✕ Ilmstüberl.
12,2	■, Dirnberger Mühle, Sägewerk, r am Überlauf ⏏, kein Treideln möglich.
12,0	Ⅱ, r **Münchsmünster** mit schöner Kirche, l ✕ Ilmklause.
10,5	■ Niedermühle, **X**, l 120 m ⏏. Danach Ⅱ.
9,0	l **Auhof** mit Wildgehege.
7,6	Ⅱ, r **Auhausen**.
6,0	r **Gaden**, Straßen-Ⅱ. Die Ilm verläuft jetzt parallel zur Donau; hier und bei der Donau-Ⅱ in Neustadt ⏏-Möglichkeit zur Donau.
3,0	Ⅱ B 299, r 15 Min. nach Neustadt.
0,0	↓ in Abens; (s. „Kanu-Wanderführer für Bayern“). Auf dieser Weiterfahrt 3 km bis zur ↓ in die Donau bei km 2427. Auf der Anhöhe r das Römerkastell Abusina, darunter der Ort **Eining** mit Donaufähre nach Hienheim.

1.7 Lech

Wildfluss - Stauseen
Mündung in Donau (r Nebenfluss)

Der Lech ist in seinem Oberlauf, auf österreichischem Gebiet, zunächst im Bereich der Lechschluchten ein extrem schwerer, ab Steg ein nur mäßig schwerer Wildfluss. Dieser Abschnitt wird sehr viel befahren, auch von WW-Anfängern. Der Oberlauf des Lechs, einschließlich seiner Nebenflüsse, ist ausführlich beschrieben im DKV-Auslandsführer, Bd. 1.

Zwischen Füssen und Augsburg finden sich insgesamt 24 Staustufen mit davor gelagerten mehr oder minder großen Staustrecken. In diesem Bereich mehrere örtlich und zeitlich begrenzte Befahrungsregeln. Das erforderliche Umtragen führt zumeist über etwa 300 m. Eine Befahrung dieser Strecke ist daher nur bedingt möglich, jedoch recht mühsam. Im Unterlauf, unterhalb Augsburg, wird dem Lech periodisch Wasser entzogen und zugeführt, sodass diese Strecke nur mit kundigem Führer befahren werden sollte. Außerdem ist kurz vor der Mündung der Feldheimer Stausee auf einer Strecke von etwa 3 km als NSG total gesperrt.

Aus all diesen Gründen wird auf eine Beschreibung des Lechs verzichtet.

In Augsburg befindet sich das Bundesleistungszentrum für Kanuslalom an der ehemaligen Olympia-Strecke. Auskunft über die Befahrbarkeit des Eiskanals ☎ 0821/3242937. Eine ausführliche Beschreibung des gesamten Lechs und seiner Nebenflüsse befindet sich im „Kanuwanderführer für Bayern".

1.8 Wörnitz

Wanderfluss
Mündung in Donau (I Nebenfluss)

Die Wörnitz fließt durch die landschaftlich sehr reizvolle Landschaft zwischen der Schwäbischen Alb und dem Fränkischen Jura am Ostrand des Ries, einer wahrscheinlich durch den Einschlag eines riesigen Meteors entstandenen schüsselförmigen Senke. Sie berührt mehrere sehenswerte Städte und Ortschaften sowie Burgen und Schlösser, zu deren Besichtigung man sich unbedingt Zeit nehmen sollte. Die Freude an der Befahrung der Wörnitz wird allerdings gemindert durch zahlreiche Wehre, die fast durchweg unfahrbar sind; mäßige Strömung, Zahmwasser.

Befahrbarkeit: ab Dinkelsbühl bis Frühsommer, ab Öttingen ganzjährig. Wegen sommerlicher starker Verkrautung ist allerdings eine Befahrung im Frühjahr vorzuziehen. Bei HW ist von einer Befahrung der Wörnitz dringend abzuraten. Die meisten Wehre sind dann lebensgefährlich, ein rechtzeitiges Anlanden und Umtragen ist dann vielfach nicht mehr möglich. Es hat schon mehrere tödliche Unfälle gegeben.

Pegel: Steg km 73,8; 110 cm entspricht einem normalen MW im Frühjahr.

Gefälle: 0,4 ‰.

Zeltmöglichkeit: ▲ C der Stadt Dinkelsbühl, auf Anfrage bei KC Donauwörth.

Gewässergüte: II-III (kritisch belastet).

97,0 Ⅱ, **Dinkelsbühl**, mittelalterliche Kleinstadt, bekannt· durch seine „Kinderzeche", ★: Altstadtkern, Deutsches Haus, Spitalkirche, Rathaus, Ringmauer mit Toren.

96,9 Steg, l ⌂ Kanuabteilung TVdN, 2 große Parkplätze, Zufahrt von B 25, ⬇ bei gutem Wasserstand im Frühjahr.

96,4 Ɪ, ■, ⬇ unterhalb des ■ oder an der Stadtmühle.
94,8 Wege-Ɪ.
92,4 ■ Walkmühle, X, r ⏏. Die folgenden 3 km sind auch bei MW seicht und steinig.
88,5 Ɪ B 25.
87,9 r ↓ Rotach.
87,8 Ɪ, ■ Wilburgstetten, X, l ⏏, ⬇ bei NW, r **Wilburgstetten**.
87,7 EB-Ɪ.
83,7 ■ Neumühle, r ⏏.
81,2 ■ Schlossmühle, X, l ⏏.
81,1 Ɪ, r **Weiltingen**, 🍴.
78,9 ■ Ruffenhofen, l ⏏, für Geübte mit Einern nach Besichtigung ≋.
78,8 Ɪ, r **Ruffenhofen**.
77,4 ■ Wittelshofen, r ⏏, für Geübte nach Besichtigung ≋.
77,2 Ɪ, l **Wittelshofen**, danach l ↓ Sulzach.
75,8 Überlauf-■ Aufkirchen, X, in Unterwasser ⏏ oder in → Mühlkanal einfahren und bei km 75,3 ⏏.
75,3 ■ Aufkirchen, l 200 m weit ⏏.
75,2 r ↓ Mühlkanal, Ɪ, r **Aufkirchen**, l **Gerolfingen**, l Hesselberg mit schönem Ausblick (689 m), Keltenfestung.
74,6 Ɪ.
73,8 Steg, l Pegelhäuschen, 110 cm = MW im Frühjahr.
70,7 l Überlauf-■, ⏏ in Unterwasser, oder in → Mühlkanal einfahren und bei km 69,4 ⏏.
69,4 ■ Schmalzmühle, r ⏏.
69,3 r ↓ Mühlgraben, Insel mit Rastplatz. Danach Ɪ.
68,4 r Überlauf-■, evtl. ≋ oder l ⏏. Weiterfahrt im Mühlgraben nicht ratsam, da das folgende ■ nur sehr mühsam zu ⏏ ist.
68,1 ■ Gugelmühle. X, r ⏏, S 2.
67,7 Fußgänger-Ɪ, danach l ↓ Mühlkanal.
65,0 r Flussbad, danach r Überlauf-■; im Hauptstrom weiterfahren.
64,4 ■ Wasertrüdingen, X, r ⏏ 50 m weit. Steg.
64,1 Wege-Ɪ, gute ⬇, l **Wassertrüdingen**, Marktgrafenschloss, ★.
63,9 Ɪ.
61,2 l Überlauf-■, ⏏ ins Unterwasser oder Weiterfahrt bis obere Aumühle.
60,8 ■ obere Aumühle, X, l ⏏, Wege-Ɪ.
60,6 r ↓ Mühlkanal.
59,4 l ↓ Grundbach.
57,4 Ɪ, ■ Auhausen, evtl. ≋ oder r ⏏, l **Auhausen**, Benediktinerkloster mit romanischer Basilika, ★.
55,8 Ɪ, r **Lochenbach**.
54,2 Ɪ, r Lehmingen.

52,2 ■ Aumühle, r ≏, für Geübte nach Besichtigung ≋.
49,7 l Parkplatz, l Überlauf-■, bei gutem Wasserstand im Frühjahr ≋, ansehen, im Sommer ist ein Steg über das ■ gebaut, dann im Mühlkanal weiterfahren und ca. 30 m vor der Mühle l über Insel ≏.
49,5 Ɪ, r **Oettingen**, ★ Residenz mit Schlosspark und Orangerie, Pestsäule, Marktplatz, Pfarr- und Stadtkirche, Storchennest.
49,2 EB-Ɪ, ⬇ bei NW.
47,4 ■ Fürfällmühle, l ≏, S 3.
46,2 l Überlauf-■, in UW ≏ oder Weiterfahrt bis km 45,7.
45,7 ■ Ziegelmühle, l ≏.
44,4 Ɪ, r **Munningen**.
43,4 l Überlauf-■, in UW ≏ oder Weiterfahrt bis km 43,2.
43,2 ■ Faulenmühle, l ≏.
40,5 Ɪ, r **Wechingen**.
38,3 Ɪ, r **Holzkirchen**, am Sportplatz Landesteg und Rastplatz, im Ort ✕ Krone.
37,4 EB-Ɪ.
37,0 Ɪ, l Parkplatz, r **Fessenheim**, Fahrt nach Nördlingen empfehlenswert, mittelalterlicher Stadtkern, gut erhaltene Stadtmauer, Georgskirche (Daniel).
35,0 Wege-Ɪ.
33,6 ■, ↯, Wennenmühle, **X**, l ≏.
33,4 Ɪ.
32,0 Ɪ, r **Wörnitzostheim**.
29,0 r **Schrattenhofen**.
27,1 Ɪ, l **Heroldingen**.
26,5 r ↓ Eger (s. „Kanu-Wanderführer für Bayern“).
25,7 Ɪ, l **Heroldingen**.
24,5 Fußgänger-Ɪ (niedrig), ≏, r **Hoppingen**.
23,8 EB-Ɪ.
21,3 Fußgänger-Ɪ, l **Ronheim**.
21,0 EB-Ɪ.
20,1 EB-Ɪ.
19,8 Schiffswiese Harburg (Insel), in l Arm einfahren.
19,7 Ɪ (alt), ■ Harburg, l ≏, erst am Ende des Parkplatzes wieder ⬇, da nach Ɪ sehr seicht. **Harburg,** ★ Burganlage, Museum, alte Steinbrücke.
19,4 Ɪ (neu).
18,6 EB-Ɪ.
17,0 Fußgänger-Ɪ, l **Brünnsee**.
15,3 l **Brünnsee**.
13,2 Ɪ B 25.
12,9 Ɪ (Steinbrücke) sehr seicht, r **Ebermergen**.
9,4 ■ (Überfallwehr), r ≏.

8,9 𝕀 (Steinbrücke), sehr seicht, **Wörnitzstein**, ✗.
6,1 l **Felsheim**.
5,1 EB-𝕀.
1,9 𝕀 Westspange Donauwörth.
1,8 ▬, r ⌂.
1,7 r ⌂ und ▲ des KC Donauwörth, ☎ 0906/22605.
0,5 𝕀, **Donauwörth**, alte Reichsstadt, ★ Pfarrkirche mit der schwersten Glocke Schwabens (Pummerin), Rathaus, Tanzhaus, Marktplatz, Färbertörl.
0,2 𝕀, ⬆ l oder r, danach l ↓ Kalbach.
0,0 ↓ in die Donau bei km 2509,9.

1.9 Iller

Wildfluss (Gebirgsfluss)
Mündung in Donau (r Nebenfluss)

Die Quellflüsse der Iller kommen aus den Allgäuer Alpen. Die Iller selbst ist jedoch ein Fluss des Alpenvorlandes. Sie ist landschaftlich recht reizvoll, wassertechnisch ein leichter Wildfluss, auch mit Zweiern zu befahren. Eine durchgehende Befahrung ist allerdings kaum zu empfehlen, im Bereich Kempten unmöglich.

Unterhalb Illertissen wurden umfangreiche Renaturierungsmaßnahmen durchgeführt. Dadurch ist eine Befahrung ab km 23,4 wieder lohnend.

Befahrungsregeln: keine, Hinweistafeln über Vogelschutzgebiete an Breitach und Iller beachten

Befahrbarkeit: von km 135,2 bis km 53,0 ganzjährig mit Einern und Zweiern (siehe Pegel), von km 53,0 bis km 17,6 bei mindestens 8 m^3/s Restwasserabgabe; von km 17,6 bis ↓ ganzjährig.

Schwierigkeiten: km 6,5 - km 0 / 147,1 WW II, km 147,1 - km 108,8 WW I, km 108,8 - km 100,5 **X**, km 100,5 - km 89,0 WW I, km 89,0 - km 53,0 Stauseen, km 53,0 - km 15,1 gefährliche Sohlstufen, km 15,1 - ↓ WW I.
Gefälle: im Oberlauf 2,2 ‰

Pegel: Str-𝕀 Sonthofen-Bihlerdorf (km 135,2): Pegel 1,60 m (NW): Befahrung nur ab km 135,2 möglich, Pegel 1,70 m (min.): Befahrung ab km 143,2 möglich, Pegel 1,75 m (min.): Befahrung ab km - 6,5 möglich, BKV-Pegel-☎ 089/15702-443

Zeltmöglichkeit: ▲ C in Sonthofen (km 137,4), ▲ C in Buxheim (km 48,6), ▲ C in Kirchberg (km 32,0), ▲ C in Dietenheim (km 22,7)

Zugang: Vorschlag für umweltschonendes Rückholen: Ein nicht geteerter Radweg zwischen Kempten-Hegge und Oberstdorf ermöglicht eine kombinierte Rad-/Bootstour in 2 Etappen. Ausgangspunkt ist der Parkplatz der Breitachklamm (km -6,5), Ende der 1. Etappe ist der Steg in Sonthofen (km 136,8), Ausgangspunkt der 2. Etappe ist die Str-][Sonthofen-Bihlerdorf (km 135,2), Ende der 2. Etappe ist an der Str-][A98 (km 108,8).

Gewässergüte: bis Kempten I (gering belastet), unterhalb II (mäßig belastet).

-6,5	Ende der Breitach-Klamm, Parkplatz, mögliche ⬇ in die Breitach. Starke Strömung, Schwälle und mäßige Verblockung, WW II. ▬ nach der Engstelle, Achtung! r ≋ nur bei NW, bei MW und HW lebensgefährlicher Rücklauf! r ⌓.
-0,5	][B 19 vor Oberstdorf (Walser-][), Parkplatz.
-0,3	EB-][, darunter Steinwurf-▬, 0,5 m hoch, nach Besichtigung ≋, es folgen 2 weitere Steinwurf-▬ mit fahrbarer Rinne, Hinweistafel Vogelschutzgebiet an Breitach und Iller beachten !
147,1	Ursprung der Iller durch Zusammenfluss ihrer Quellflüsse Breitach, Stillach und Trettach (s. „Kanuwanderführer für Bayern"). Steinwurf-▬ (unmittelbar nach dem Zusammenfluss der 3 Quellflüsse), unbedingt ansehen, l ⌓, evtl. im linken Drittel ≋, ! ab hier weitere Steinwurf-▬, alle ≋ !
146,2	Steg Langenwang-Rubi.
145,5	l **Langenwang**, r Felswand mit Prallwasser, unregelmäßige Wirbel (WW II+), l Kiesbank, schöner Blick auf Allgäuer Berge.
143,2	][, l **Fischen**, r gute ⬇ mit Parkplatz, die Grundschwelle unter der][ist teilweise zugekiest und nicht mehr gefährlich, 50 m nach der][Steinwurf-▬, mittig ≋.
142,4	EB-][, darunter Stufe, 1 m hoch, ≋.
141,7	l ↓ Mühlbach und Bolgenach.
140,2	][l **Tiefenberg**, r **Altstädten**, Pfähle vor und nach der][, l fahren.
137,4	][, davor r ▲ C.
137,3	][, B 19.
136,8	][**Sonthofen**, l **Westerhofen**, r ⬇, Parkplatz bei der Schwimmhalle, hier Streckenunterbrechung bis km 135,2, um die beiden folgenden schwer ≋ Natur-▬ zu umgehen.

136,2 Natur-▬, wegen Wasserableitung nach l ins ϟ bei NW kaum ≋, r ⌂.

135,2 Ⅱ (Marien-Ⅱ), danach Natur-▬, r ≋ !ansehen! oder l ⌂, Pegel, gute ⬇ an der Kiesbank, l Parkplatz an der Straße, Entlademöglichkeit bei der ⬇.

134,3 EB-Ⅱ, r ↓ Ostrach-Kanal.

134,2 r ↓ Ostrach (s. „Kanuwanderführer für Bayern“), Wirbel, Kentergefahr.

133,8 kleine, schräg nach r verlaufende Naturschwelle, r von Mitte 2 Fahrgassen, auch bei NW gut ≋.

133,6 l ↓ Gunzesrieder Ache (= Schwarzenbach).

133,4 von r ins Flussbett ragende kleine Naturschwelle, r Kiesbank, l kleiner Schwall, bei NW gut ≋.

133,0 Ⅱ, l **Blaichach**, Pfähle von alter Ⅱ im Unterwasser, l ⬇/⬆, l ✕.

129,5 Ⅱ, l **Immenstadt**, Pfähle im Unterwasser bei MW überspült, Wellen.

128,2 l ↓ Konstanzer Ach.

127,8 Ⅱ (Unterzoll-Ⅱ), l Burgruine Laubenberg.

127,2 Ⅱ (Schnellstraße).

126,6 Sohlschwelle.

124,0 Ⅱ, l **Seifen**, davor langer Schwall

121,5 l verfallenes Kieswerk. Hier beginnt die landschaftlich reizvolle „Illerschleife“, eine schluchtartige Strecke.

121,0 Die Iller durchfließt eine S-förmige Schleife, l großes Kehrwasser („Illerquirl“), bei l IW Kentergefahr, r große Kiesbank (Pausenplatz), danach Hinweistafel über Vogelschutzgebiete.

119,3 r ↓ Rottach (s. „Kanuwanderführer für Bayern“). l Burgruine Langenegg.

119,0 Ende der Illerschleife, nur noch geringe Strömung.

117,8 Martinszeller-▬, ϟ, **X**, bei HW starker Rücklauf, Hinweisschilder Lebensgefahr!, r ⌂ und weit genug unterhalb ⬇.

117,3 Ⅱ, l Martinszell, r ✕ „Illerbrücke“. l ⬆, 1000 m zur B 19 oder 1500 m zum 🚉

116,0 Natur-▬, Mitte gut ≋, ansehen!

111,8 l Kirche von Rauns (Zufahrt über Waltenhofen), Parkplatz an der Kirche, ⬆.

109,6 l ↓ Waltenhofer Bach.

108,8 Ⅱ A 980, darunter r ⬆, danach ▬ ϟ Au bei Hegge, **X**. Die nächsten 8 km sind **X**. Umfahren bis Stadtmitte Kempten km 100,5.

103,5 **Kempten** (römisches „Cambodunum“, bedeutendste Stadt im Allgäu).

101,7 Ⅱ.

101,3 Betonschwelle, nur bei NW ≋, bei MW und HW lebensgefährlicher Rücklauf.

101,1 l ⌂ des KC Allgäu (Zufahrt über „Am Floßerhäusle), l ⬇.
100,5 l ⬇ (Zufahrt über Unterwang).
95,7 Ⅱ, davon r ↓ Leubas (s. „Kanuwanderführer für Bayern“), danach l ⬇/⬆, Parkplatz am Denkmal des Illerunglücks von1957.
90,3 Ⅱ, r Joch ≋, r ⬇/⬆ mit Zufahrt über Bauernhof.Die Befahrung der Iller wird zumeist hier beendet. Die folgenden 6 Stauseen bis Aitrach werden wenig befahren, sind aber wegen ihrer landschaftlichen Schönheit doch zu empfehlen. Die durchschnittlich 8 m hohen Unterwasser-ϟ sind bei HW lebensgefährlich, rechtzeitig anlanden! Das ⏏ der ▬ ist mitunter mühsam. Beschreibung siehe „Kanuwanderführer für Bayern“.
17,6 r ↓ Illerkanal, ab hier ist die Iller wieder ganzjährig bis Ulm ≋.
17,0 Sohlstützschwelle (3 m).
15,1 Ⅱ, ⬇, r ⬇, r **Vöhringen**, l **Illerrieden**.
11,7 r ↓ Werkkanal.
9,2 ▬ Oberkirchberg, l ⏏, X, da starker Rücklauf. l davor schönes Altwasser auf 500 m befahrbar.
8,5 Ⅱ, Mitte fahren, r **Ay**, l **Oberkirchberg**.
7,6 r ↓ Werkkanal.
2,6 Ⅱ B 30 (neu).
2,2 Ⅱ B 30 (alt), rechtes Joch Mitte fahren, auf Pfosten nach Durchfahrt achten.
0,0 ↓ in Donau bei km 2588.

Die bayerischen Seen

Die bayerischen Seen sind landschaftlich hervorragend schön, am Nordrand der bayrischen Voralpenberge; sie sind allerdings touristisch stark überlaufen, freie Zeltplätze sind nur schwer zu finden. Man wird zumeist die offiziellen Campingplätze in Anspruch nehmen müssen. Einzelne der Seen liegen in Naturschutzgebieten. Auf dem Starnberger See ist das Befahren mit Motorbooten grundsätzlich verboten. Das gilt auch für Faltboote und andere Kleinfahrzeuge mit Hilfsmotor. Ausnahmegenehmigungen werden nur aus beruflichen Gründen (Fischerei!) erteilt.

Chiemsee

Größter und wassersportlich interessantester See Bayerns, am Alpenrand gelegen. 85 qkm Fläche, 75 km Ufer, 14 km größte Breite, 18 km größte Länge, mittlere Tiefe 25 m, größte Tiefe 75 m. Bergkette im Süden als majestätischer Hintergrund in wenigen km Entfernung, markanteste Gipfel: Hochfelln 1670 m, Hochgern 1744 m, Kampenwand 1669 m. Wilder Kaiser. Bergwanderungen, Tiroler Grenze nahe.

Seegrund an den Ufern teils kiesig, teils sandig. Südost-Ufer meist flacher Grund, schöner Badestrand allenthalben. Mückenplage nur bei absinkendem HW. Chiemsee bei Gewittersturm besonders gefährlich, bei Gewitterneigung daher im Uferschutz bleiben, offenen See und weite Buchten meiden. Eine Leuchtwarnanlage, rund um den See installiert, warnt bei Unwettergefahr. 3 Inseln: die große Herreninsel mit dem prunkvollen Königsschloss, die Fraueninsel mit dem Kloster und die kleine Krautinsel (unbewohnt).

Zeltmöglichkeit: Das „Paul-Walter-Heim" bei Prien besteht nicht mehr, freies Zelten grundsätzlich verboten. ⛺ C bei Felden, Prien, Arlaching, Chieming, Unterhochstätt und Feldwies. In den Chiemsee münden die Kössener Ache (Tiroler Ache) (s. AB) und die Prien (s. „Kanuwanderführer für Bayern").

Kochelsee

Der Kochelsee wird bei der Befahrung der Loisach von Garmisch nach München durchquert. Zeltmöglichkeiten bestehen bei der Einmündung der Loisach in den See, außerdem nordseitig am Seeufer, nur mit Boot erreichbar.

⛺ C in der Nähe des Walchenseewerkes und der Kesselbergstraße.

Walchensee

Naturschutzgebiet, Zelten nur gestattet am ⛺ C 200 südlich Ende der Ortschaft Walchensee. Landschaftlich sehr schön gelegen.

Königsee

Die Befahrung dieses eindrucksvollsten der bayerischen Seen ist grundsätzlich verboten; Ausnahmen nur für die Berufsschifffahrt und den Kahnverleih.

Langenbürgener See

Der Langenbürgener See ist Bestandteil einer hervorragend schönen, einsamen Seengruppe, der Eggstätt-Hemhofer Seenplatte, nördlich des Chiemsees. Das gesamte Gebiet ist Naturschutzgebiet. Auf dem Langenbürgener See ist das Kanufahren erlaubt, es gelten jedoch die üblichen Beschränkungen eines Naturschutzgebietes (verboten sind

das Befahren des Schilfgürtels und der Seerosenfelder, das Entnehmen von Pflanzen, das Stören oder Beschädigen der Brut- und Niststätten).
Auf den übrigen Seen dieses Gebiets ist jeglicher Wassersport verboten (Thaltersee - Schlosssee - Einbessee, Kautsee, Blassee, Kesselsee und Stettnersee und in den Lemberger Gumpen).

Schliersee

Befahren erlaubt, ▲ am Nordwestufer neben dem Bad. Die Insel in der Mitte des Sees ist Privatbesitz, ▲ verboten. Abfluss Schlierach, wegen der vielen ■ nicht zu empfehlen.

Staffelsee

🚆 Murnau an der Strecke München - Weilheim - Murnau - Garmisch. Zufahrt zum See nach Seehausen. Der Staffelsee hat einen Flächeninhalt von 7,65 km^2, größte Tiefe 35 m. Er wird durch die Aach gespeist. Die moor- und mineralhaltigen Stoffe dieses Zuflusses geben dem Staffelsee seine besondere Eigenfarbe. Die größte der sieben Inseln ist die Insel Wörth (mit altem Kirchlein mit historischen Fresken von Bechmann), weiter die Inseln Große Birke, Kleine Birke, Buchau usw.

Insel Buchau: 10 Paddelminuten nördl. von Seehausen, schöner ▲ C der Gemeinde Seehausen.

Große Birke: DKV-▲ für ca. 40 Zelte. Zelten nur nach Voranmeldung: Raimund Rasch, ☎ 0 73 31/4 11 03. Quellwasser vorhanden. 2,4 km ab Seehausen in westlicher Richtung erreichbar. Anfahrt ab Seehausen auch mit Motorboot der Gemeinde Seehausen möglich. Benützung nur für Mitglieder des DKV und von diesen eingeführten Gästen. Die weiteren Inseln im Staffelsee sind Privatbesitz. ▲ ist dort nicht erlaubt. Der West-Teil dieses Sees ist NSG, befahren verboten.

Abfluss: Uffinger Ache (s. „Kanuwanderführer für Bayern“).

Starnberger See (Würmsee)

Der langgestreckte Starnberger See ist touristisch stark überlaufen. Er ist zum Zelten wenig geeignet. Das Westufer ist bis auf wenige schmale Stellen durchweg in Privatbesitz und verbaut, auf dem Ostufer führt die Straße unmittelbar am Ufer entlang und gibt je nach Wasserstand einen schmalen Streifen zum Zelten frei. ▲ C befinden sich bei Tutzing und bei St. Heinrich (ganz im Süden des Sees).

Rundfahrt 47,3 km. Ausführliche Beschreibung des Sees sowie seines Abflusses Würm s. „Kanuwanderführer für Bayern“.

Tegernsee

Er gehört zu den schönsten oberbayerischen Seen. 6,5 km, 2,5 km breit, Rundfahrt ca. 20 km lang. Mäßig warmes Wasser. Beste ⬇ unterhalb der Straßen-Ⅱ in Gmünd bei einem Holzsteg in die Mangfall. Am Nordufer vorbei, dann Westufer mit einem herrlichen Blick auf den Wallberg. Bad Wiessee, dann Rottach-Egern. Zurück Tegernsee und dann an kilometerlangem Schilf vorbei nach Gmünd.

Einziger ▲ C am Wasser befindet sich im südwestlichen Zipfel am westlichen Ende von Egern, r der Weissach-↓. Freies ▲ nirgends möglich. Das Ufer ist fast überall Privatbesitz.

Simssee

Liegt östlich von Rosenheim. Länge 7 km, Breite 1 km, Rundfahrt ca. 16 km. Warmes Wasser, Seerosen und Schilf.

Die beste ⬇ bei Yachtclub in Baierbach bei Stephanskirchen. ▲ C in Moos und Beuerberg. Einige schöne Lager- und ▲ im nördlichen Teil des Ostufers. Den Abfluss des Sees Simsbach kann man stromab- und aufwärts ca. 1 km befahren.

Ammersee

Siehe Beschreibung der „Ammer“.

Eine ausführliche Schilderung der bayerischen Seen findet sich im „Kanuwanderführer für Bayern“.

Stromgebiet der Maas

2.1 Niers

Kleinfluss - Wanderfluss
Mündung in Maas (r Nebenfluss)

Die Niers ist ein landschaftlich reizvoller Wiesenfluss mit Laub- und Nadelbaumbeständen, großer Vogelreichtum. Mäßige Strömung, keine Schwierigkeiten. Teilstrecken des Oberlaufs sind mit hohen, schrägen Böschungen geradlinig ausgebaut.

Befahrbarkeit: ganzjährig, ab km 55,7 auch für Zweier. Eine Befahrung des niederländischen Teils der Niers ist vom 1. 4. bis 30. 9. eines jeden Jahres mit gebührenpflichtiger Genehmigung gestattet. Es werden täglich 50 Genehmigungen ausgegeben, 40 an 2 Bootsverleiher und 10 beim Verkehrsamt VVV Maas en Niers, Markt 1a, 6591 BZ Genep, ☎ 0485/517676.

Gewässergüte: II-III (kritisch belastet), oberhalb Nette-↓ III (stark verschmutzt).

92,0 ⌶ B 7 Viersen-Willich, mögliche ⬇.
87,0 ⌶ Süchteln-Tönisvorst, ca. 50 m oberhalb r ⬇/⬆, bis Grefrath teilweise begradigt.
82,0 ⌶ Hagenbroich-Oedt, hinter der ⌶ r ⬇/⬆ mit Steg.
81,7 r 300 landeinwärts ⌂ KWC Grefrath.
80,0 ⌶ B 509, **Grefrath**.
78,0 Krautfanganlage mit stählernem Schwimmbalken, l ≏ beschwerlich.
75,0 ⌶ **Vorst**.
72,5 AB-⌶ A 40.
70,2 **Wachtendonk**, r Steg und großer Parkplatz (am Friedhof).
70,0 ⌶ B 60.
69,4 l ↓ der Nette (s. „Gewässerführer für NRW“).
68,6 Krautfanganlage mit stählernem Schwimmbalken, schmale versetzte Durchfahrt, auch für Zweier.
67,8 Niers teilt sich, l Niers, r Kleine Niers. Die ⌶ bei km 64 und km 60 überquert beide Arme. Für die Kleine Niers gilt von hier aus bis zur ⌶ bei km 60 vom 15.03. bis 30.06. ein Befahrungsverbot aus Naturschutzgründen. Im Lauf der Niers unmittelbar nach der Teilung altes ▬, ♒, bis Wetten folgen weitere ▬ dieser Art.
64,0 ⌶ Straelen-Nieukerk.

60,0 Ⅱ **Pont**, bis Geldern folgen 3 Steilstufen bis 0,6 m Höhe, ≋, evtl. Grundberührung möglich.
58,4 Zusammenfluss Niers und Kleine Niers.
55,7 Ⅱ B 9, **Geldern**; nach 200 m r Steg.
53,0 Ⅱ Geldern-Kapellen.
52,7 r ↓ der Geldernschen Fleuth (s. „Gewässerführer für NRW").
52,0 Ⅱ, 200 m danach Krautfanganlage, **X**, r ⌓ und ▬, ≋, vorher ansehen.
50,0 Ⅱ **Wetten**, vorher r Steg.
47,2 r ↓ der Issumer Fleuth (s. „Gewässerführer für NRW").
45,0 **Kevelaer**, Ⅱ, ⬇.
40,0 Schloss Wissen, Wasserburg, Steil-▬, **X**, r ⌓, gute ⬇, Parkmöglichkeit.
36,0 **Weeze**, r Wasserburg, Schloss Hertefeld.
34,0 r ↓ der Sonsbecker Mühlenfleuth.
31,5 Autobahn-Ⅱ, A 57.
29,0 l Fährhaus, 🍴.
24,0 **Goch**. Niers teilt sich in zwei Arme, beide ≋, im l Arm nach ca. 100 m Holz-Ⅱ, r Steg, l großer Parkplatz, gute ⬆.
20,0 Aspermühle, ab hier r der Reichswald.
18,0 l **Gräfenthal**, ehemaliges Zisterzienserkloster.
15,0 l **Kessel**, Ⅱ B 504, 250 m davor l ⬆. An der Kirche großer Parkplatz.
13,0 ▬, Villersche Mühle.
11,0 Ab hier r Ufer niederländisch.
8,0 l **Böntum**, unterhalb Hof letzte Möglichkeit zur Beendigung der Fahrt auf deutschem Gebiet.
7,5 l ↓ des Kendelbachs, ab hier auch l Ufer niederländisch. Ab hier ist für die Befahrung des niederländischen Teils der Niers eine Genehmigung erforderlich.
4,5 Ⅱ bei **Ottersum**.
2,5 Ⅱ in **Gennep**, gute ⬇⬆- und Parkmöglichkeiten.
1,5 Autobahn-Ⅱ.
0,5 Gute ⬆, Parkmöglichkeit, am Anleger Bootsverleih.
0,2 Krautfanganlage, l ⌓.
0,0 ↓ in die Maas bei km 157.

Wildfluss - Wanderfluss
Mündung in Maas (r Nebenfluss)

Die Rur ist einer der landschaftlich schönsten und sportlich interessantesten Flüsse Westdeutschlands. Sie entspringt im Wallonischen Venn bei Sourbrodt (Belgien), verläuft auf weiten Strecken durch die Bundesrepublik und mündet bei Roermond (Holland) in die Maas.

Die Rur ist in ihrem Oberlauf leichtes bis stellenweise mittelschweres Wildwasser, der nachfolgend ausschließlich beschriebene Unterlauf ist bei guter Strömung ohne besondere Schwierigkeiten zu befahren.

Befahrungsregeln: km 112,8 - 93,1 vom 01.03. - 14.07. gesperrt. In der übrigen Zeit besonderes Anmeldeverfahren. Die erforderliche Genehmigung sollte spätestens eine Woche vor der Befahrung schriftlich beim KV NRW beantragt werden; man erhält dann eine Bestätigung, die an der Einsetzstelle vorzuweisen ist. Spontanpaddler können auch noch beim KV NRW anrufen (☎ 0202/7381325), ob für den betr. Tag noch ein Platz frei ist. Bezahlung jeweils an der Einsetzstelle. Genaue Informationen stehen in einem Faltblatt „Eifel-Ruhr“, das gegen Rückporto beim KV NRW, Friedrich Alfredstr. 25, 47055 Duisburg, angefordert werden kann. km 138 - 132,1 Stausee Schwammenauel (Obersee), Befahrung verboten. km 132,1 - 117,1 Untersee, Befahrung gebührenpflichtig, 5,00 €/Fahrer.

Befahrbarkeit: Oberlauf nur bei HW. Empfohlene Fahrtstrecken: km 112,8-93,1, km 74,2-39,2 und km 26,8-0.

Zeltmöglichkeit: mehrere ▲ C.

Gewässergüte: Oberlauf I-II (gering belastet), Mittel- und Unterlauf II (mäßig belastet).

132,1 **Rurberg**, Staudamm des Obersees. Beginn des Untersees. Befahrung gebührenpflichtig. Zwischen Rurberg und Woffelsbach mehrere ▲ C, meist stark durch Dauercamper belegt.

127,5 **Woffelsbach**.

126,0 l Sportstätte Wildenhof. ⌂ und ▲ des Aachener Boots-Clubs, durchgehend ✕, ☎ 02474/190. Anschließend Ruderhaus des RWTH Aachen und ⌂ und ▲ der Wasser-Sportfreunde Aachen, ☎ 02474/298.

123,0 l **Eschauel**, ⌂ und ▲ des Dürener KC.

122,0 l ⌂ und ▲ KA Dürener TV 1847.

117,1 Staudamm Schwammenauel, l „Seehof“, ✕. l über Treppe ≏, S 2, anschließend Regulierstau Heimbach. Es ist jedoch ratsam, die Folgestrecke bis Heimbach mit Pkw zu umfahren.

113,3 Staudamm Heimbach. Die für eine Weiterfahrt erforderliche Mindestwassermenge von 7 m³/s läuft stets an Wochentagen.

112,8 **Heimbach**, alte steinerne Bogen-Ⅱ. Am l Ufer Parkplatz mit guter ⬇ über eine Rampe. Bitte nicht durch die Grünanlagen einsetzen. Fußweg vom 🚉 Heimbach 5 Min. ★: Burg Hengebach, eine Ringburganlage aus dem 11.-12. Jahrhundert, und Pfarrkirche St. Klemens.

112,7 Holz-Ⅱ, Pegel, gute ⬇, Zufahrt über Ⅱ bei km 112,8, Parkplatz, 🚉 Heimbach 5 Minuten. Der Abschnitt von Heimbach bis Obermaubach ist als Tagesstrecke sehr beliebt (s. „Befahrbarkeit“).

112,4 Ⅱ, r 🚉 Heimbach.

111,5 r Privat-▲ C Gut Wittscheidt, für mehrtägigen Aufenthalt geeignet.

108,5 Ⅱ, r **Hausen**.

107,9 S-Kurve, r Felsen von Blens.

106,0 Ⅱ **Blens**, durch r Ⅱ-Joch ≋, ⬆.

104,3 EB-Ⅱ.

103,4 Ⅱ **Abenden**, ✕.

100,2 Ⅱ, l Nideggen-Brück.

98,9 EB-Ⅱ, danach r und besonders l gute ⬇/⬆, l Parkplatz, r Haltepunkt Zerkall, unmittelbar am Ufer gelegen, wenn l ausgesetzt wird. Zugang über Ⅱ bei km 98,7.

98,7 l ↓ Kall (s. „Gewässerführer für NRW“), danach Straßen-Ⅱ, l **Zerkall**.

97,5 r Gut Kallerbend, ✕. Etwa 1 km weiter Stauwurzel des Staubeckens Obermaubach.

93,1 Staudamm Obermaubach, l **Obermaubach**, r Haltepunkt Obermaubach direkt am Staudamm, daneben ✕. Wenn die Fahrt hier beendet wird, r an der Treppe oder l vor der Staumauer ⬆, l großer Parkplatz. Bei Weiterfahrt r an der Treppe ⬆ und beim ⌂ des Eschweiler KC oder linksufrig ⬇ (kleine Treppe). Eine Befahrung der Folgestrecke bis km 74,2 ist infolge von mehreren ▬, **X**, mit mühsamem ≏ und Wasserableitungen sehr beschwerlich, auf eine ausführliche Beschreibung wird daher verzichtet (s. „Gewässerführer für NRW“).

93,0 r ⌂ und ▲ Eschweiler KC, *DKV-Kanustation*, ☎ 02403/20810, für mehrtägigen Aufenthalt geeignet.

74,2 Straßen-Ⅱ Merken - Stammeln/Huchem bei Köttenich, 200 m weiter Steil-■, X, ⏏. Ab hier bis Jülich und weiter bis Hilfarth empfehlenswerte Strecke, da auf der Strecke bis Jülich 5 früher unbefahrbare Steil-■ in ≋ Sohlgleiten umgebaut wurden, die jeweils etwa 1 km voneinander entfernt sind. Nach der letzten Sohlgleite folgt auf ca. 2 km Länge eine unregulierte, dicht bewachsene und reizvolle Strecke mit Inselbildungen; Vorsicht vor Hindernissen!

65,3 Blockwurf-■ ≋, !.

65,0 l ↓ der Inde (s. „Gewässerführer für NRW"), jeweils 400 m vor und nach der ↓ EB-Ⅱ.

63,4 Schräg-■, teilweise zerfallen, l ≋.

63,0 Ⅱ B 1 **Jülich**, ab hier immer ausreichender Wasserstand.

61,0 Schräg-■, ≋, !, scharfkantige Steine.

60,8 Autobahn-Ⅱ A 44, es folgt eine längere, reizvolle Auen- und Waldlandschaft ohne besondere Schwierigkeiten.

58,5 Fußgänger-Ⅱ.

55,3 50 m lange Sohlgleite, leicht ≋.

54,5 Ⅱ bei **Floßdorf**, kurz darauf kleines Schräg-■, ≋.

53,5 Steil-■, Fischtreppe am l Ufer ≋, jedoch vorher ansehen, ob Durchfahrt frei; evtl. l ⏏, l **Linnich**.

52,5 Ⅱ B 57 bei Linnich, gute ⬇/⬆, Parkplatz, unmittelbar danach Schräg-■ ≋; auf der folgenden Strecke bis Hilfarth gibt es 4 weitere ≋ Sohlgleiten; bis zur Grenze reguliert.

45,5 EB-Ⅱ Erkelenz-Geilenkirchen, kurz darauf Sohlgleite ≋.

41,0 Straßen-Ⅱ **Hilfarth**, l ⬇/⬆, Parkmöglichkeit.

36,8 Steil-■, X, gefährlich, beidseitig ⏏.

36,1 Autobahn-Ⅱ A 46.

35,9 Ⅱ **Ratheim**.

35,4 Steil-■, X, l ⏏.

32,5 Schräg-■, ≋.

31,0 Ⅱ, r **Orsbeck**.

30,8 Steil-■, X und gefährlich, l ⏏.

30,0 Schräg-■, ≋.

28,8 Höhenverstellbares Klappensteil-■, X, l ⏏; 200 m weiter l ↓ der Wurm (s. „Gewässerführer für NRW"), 100 m weiter Straßen-Ⅱ, l **Kempen**.

27,2 Doppelstufiges Steil-■, X, beidseitig ⏏.

24,0 Bundesgrenze, Ende der regulierten Strecke. Für die Befahrung des niederländischen Teils der Rur ist eine Genehmigung erforderlich (s. Niers). In den Niederlanden verläuft die Roer bis Roermond noch in ihrem ursprünglichen Flussbett, sie ist landschaftlich reizvoll, teilweise windungsreich und hat durchweg gute Strömung, bis Roermond keine ■, auch für geübte Zweier ≋.

22,5 **Vlodrop**, gute ⬆ am l Ufer unterhalb der ⌶, Parkmöglichkeit.
11,0 ⌶ N 274, Heinsberg-Roermond, l St. Odilienberg, interessantes Regional-Museum.
1,0 EB- und Straßen-⌶, kurz vorher l Fischtreppe in die Hambeek fahren, dadurch wird das ⏏ am ▬ „Groot Hellegat" in Roermond vermieden, ⬆ gegenüber der Tankstelle. Bei Weiterfahrt in die Maas der Hambeek folgen, da der letzte Teil der Roer durch Fabrikgelände verläuft und **X** ist, das davor liegende ▬ ist schwierig zu ⏏.
0,0 ↓ in die Maas in **Roermond**.

Stromgebiet des Rheins

3 **Rhein**

Wildfluss - Wanderfluss
Mündung in Nordsee

Der Rhein, der größte zur Nordsee ziehende Strom, hat mehrere, landschaftlich und wassertechnisch deutlich unterschiedene Abschnitte.
1 Alpenrhein
2. Bodensee, als vom Rhein durchströmter See
3. Hochrhein
4. Oberrhein
5. Mittelrhein
6. Niederrhein.

1. Alpenrhein

Als Alpenrhein wird die 90,7 km lange, vorwiegend auf Schweizer Gebiet verlaufende Strecke des Rheins bezeichnet.
Der Alpenrhein sowie seine Quell- und Nebenflüsse sind ausführlich beschrieben in den DKV-Auslandsführern Band 1 und 2.

2. Bodensee

Geographische Verhältnisse

Der Bodensee ist mit 539 km^2 der größte und tiefste deutsche See. Die größten Ausmaße: Länge 63 km, Breite 14,5 km, Tiefe 252 m; die Uferlänge beträgt 259 km.
Der Hauptteil des Sees wird „Obersee" genannt. Er teilt sich im Westen in den „Überlinger See" mit der Insel Mainau und den „Untersee"

mit der Insel Reichenau. Ober- und Untersee sind in Konstanz durch den Seerhein verbunden.

Das gesamte Südufer des Bodensees, mit Ausnahme des Stadtgebietes von Konstanz, ist Schweizer Hoheitsgebiet, im Südosten gehört eine kurze Uferstrecke zu Österreich, alle übrigen Ufer sind deutsches Staatsgebiet. Die deutsche Zollgrenze verläuft auf dem Obersee von Laiblach-Mündung zwischen Lindau und Bregenz in südwestlicher Richtung bis zur Mitte der Bregenzer Bucht, von da in nordwestlicher Richtung in Seemitte bis zur südlichen Stadtgrenze von Konstanz.

Der Bodensee ist ältestes deutsches Kulturgebiet mit zahlreichen Städten und Ortschaften, die viele sehenswerte Baudenkmäler aufweisen. Man sollte sich für ihre Besichtigung Zeit nehmen.

Bei gutem Wetter hat man vom Bodensee aus das herrliche Panorama der im Süden bzw. Südosten allerdings etwas entfernt liegenden Schweizer und österreichischen Alpen vor Augen. Das Klima ist am Bodensee mild, mit Anbau von Obst, Frühgemüse und Wein. Die Insel Mainau hat fast subtropische Vegetation. Eine Fischspezialität des Sees sind die Bodensee-Felchen, eine Salmoniden-Art, die mit tief hängenden Stellnetzen gefangen werden.

Kanufahren auf dem Bodensee

Der Bodensee ist hervorragend geeignet als Familien-Ferien-Boots-Urlaubsziel. Als Standquartier kommt in Frage insbesondere der „DKV-Campingplatz Bodensee“, *DKV-Kanustation*. Er liegt zwischen dem Fährhafen Konstanz-Staad und Konstanzer Hörnle; der Platz ist vom See her ausgeschildert, Bootswagen empfehlenswert. Straßenzufahrt auf der B 33. Zwischen Fährhafen Konstanz-Staad und Konstanz ausgeschildert mit Verkehrsschild (Vorwegweiser Campingplatz).

Fast alle Kanuvereine am Bodensee haben einen kleinen Zeltplatz für Kanuwanderer (kein Dauercamping). Außerdem gibt es zahlreiche öffentliche Campingplätze.

Bei Bootsfahrten auf dem See ist die Tatsache zu berücksichtigen, dass plötzlich auftretende Stürme sehr gefährlich werden können. Es ist daher ratsam, sich nicht allzu weit vom Ufer zu entfernen, vor größeren Überquerungen wird gewarnt. Die bestehende Vorschrift der amtlichen Kennzeichnung sämtlicher Wasserfahrzeuge ist inzwischen für Sportboote aufgehoben worden. Sie müssen jedoch außen mit

Namen, Verein und Herkunftsort, innen mit Namen und Anschrift des Eigners gekennzeichnet sein.

Im Prinzip müssen alle Wasserfahrzeuge bei jedem An- und Ablegen zollamtlich und passrechtlich abgefertigt werden, was nur an den vorgeschriebenen Zolllandungsplätzen möglich ist; dies ist für Sportboote praktisch unmöglich. Über mehrere Jahrzehnte war es daher erforderlich, eine „Grenzpolizeiliche Erlaubnis" zu beantragen und mit sich zu führen. Nur damit war es gestattet, an beliebigen Stellen von Bodensee und Hochrhein anzulegen. Diese Erlaubnis ist jetzt nicht mehr erforderlich. Mit gültigen Personalpapieren kann jetzt unbehindert sowohl auf deutscher wie auf Schweizer Seite angelegt werden.

Anweisungen der Wasserschutzpolizei ist unbedingt Folge zu leisten. Die Fahrt der Kursschiffe darf nicht behindert werden; sie haben grundsätzlich Vorfahrts- und Wegerecht. Der Aufenthalt vor Hafen-Ein- und -Ausfahrten sowie vor Schiffsanlegestellen ist nicht gestattet, Strandbäder und gekennzeichnete Badeplätze dürfen nicht befahren werden.

Sturmwarndienst

Es gibt auf dem See einen offiziellen Sturmwarndienst. Dazu sind rings um den See 42 elektrische Blinkfeuer angebracht, die orangefarbene Lichtblitze aussenden. „Starkwindwarnung" = 40 Lichtzeichen pro Minute: Gefahr von Windböen mit Geschwindigkeiten ab 6 bis 8 Beaufort. „Sturmwarnung" = 90 Lichtzeichen pro Minute: Gefahr von Windböen mit Geschwindigkeiten ab 8 Beaufort. Beide Warnungen werden möglichst eine Stunde vor Eintreffen der ersten Böen angezeigt. Sportboote sollten sofort den nächsten Hafen oder das nächste Ufer anlaufen.

Bodensee-Kanu-Ring e.V. und Bodensee-Wanderwimpel

Der Bodensee-Kanu-Ring e.V. ist der Dachverband der Kanufahrer rund um den See. Derzeit sind in dieser Vereinigung 22 Kanu-Vereine mit 3 300 Mitgliedern zusammengefasst.

Fast alle Vereine haben beim Bootshaus einen kleinen Zeltplatz (kein Dauercamping) für Kanuwanderer. Diese Plätze können beim Erwerb des Bodensee-Wanderwimpels benutzt werden.

Der beliebte Wanderwimpel kann durch eine Umrundung des Bodensees oder durch Erfüllung vorgeschriebener Pflichtfahrten erworben werden. Eine Informationsbroschüre über den Erwerb des Wimpels kann angefordert werden unter www.bodensee-kanu-ring.de.

An diese Adresse ist nach Erfüllung der Bedingungen das Fahrtenbuch zur Prüfung einzureichen.

Weitere Informationen über das Paddlerparadies Bodensee erhält man gegen frankierten umschlag vom Präsidenten des BKR: Manfred Schweizer, Allgäuer Straße 10, 88045 Friedrichshafen, ☎ 07541/26174, oder vom BKR-Wandersportwart: Roland Widmer, Zürcherstr. 303, CH-8500 Frauenfeld, ☎ 0041(0)52/7219814 bzw. unter www.bodensee-kanu-ring.de.

Naturschutz

Die Natur- und Fischschutzgebiete mit den teilweise vorgelagerten Flachwasserzonen sind unbedingt zu beachten. Betreten, Anlegen mit dem Boot, Baden und Zelten sind dort verboten. Sie sind größtenteils durch die bekannten Tafeln gekennzeichnet (dreieckig, weißer Grund, grün umrandet mit fliegendem, schwarzen Adler und der Aufschrift „Naturschutzgebiet“). Der Natur- und Landschaftsschutz ist um die Erhaltung der noch unverbauten Ufer sehr bemüht; wir sollten ihn daher unterstützen. Naturschutzgebiete sind u. a. das Rheindelta (Österreich), Eriskircher Ried, die Mündungsgebiete von Seefelder, Stockacher und Radolfszeller Aach, das Wollmatinger Ried sowie nahezu das gesamte deutsche Ufer des Bodensees.

Empfehlenswert ist das Bodensee-Handbuch von Otto Mallaun, das neben den für die Schifffahrt wichtigen Gesetzen und Vorschriften auch Angaben über die Naturkunde des Bodensees und sehr gutes Kartenmaterial enthält.

Nachfolgend werden die wichtigsten Merkmale einer Bodenseeumrundung geschildert, beginnend in Konstanz, alte Rheinbrücke, weiter im Gegensinn des Uhrzeigers entlang dem Süd-, Ost- und Nordufer des Obersees, den Ufern des Überlinger- und des Untersees zurück nach Konstanz.

Obersee, Südufer

0,0 **Konstanz**, keltische Fischersiedlung; 300 n. Chr. römisches Kastell Constantia, viele historische Bauwerke im Stadtkern, ★ (Münster, Altes Rathaus, Wessenberghaus). ⌂ : Kanu-Club und KA der Naturfreunde KN-Wollmatingen, beide am See-Rhein gelegen. Alte Rhein-Ⅱ, Konstanz.

1,0 Schweizer Landesgrenze.

1,5 **Kreuzlingen**, Hafen, Schweizer Zoll.

3,0 ⌂ PC Kreuzlingen.

4,0 **Bottighofen** (Schlößli).

6,0 **Münsterlingen**, altes Benediktinerkloster.

9,0 **Altnau**, ▲ C.

11,0 **Güttingen**.

15,0 **Uttwil**.

18,0 ⌂ des KC Romanshorn, vor Badeanstalt, kleiner ▲.

19,0 **Romanshorn**, größter Schweizer Hafen am See, Fähre nach Friedrichshafen, günstige Verbindung nach St. Gallen.

25,0 ▲ C Arbon.

26,0 **Arbon**; Schloss und Turm aus der Merowingerzeit. 5 km entfernt Burg Mammertshofen.

32,0 **Rorschach**, viele Sehenswürdigkeiten aus dem 15. Jahrh.

35,0 Altenrhein, großes NSG, Vogelparadies.

38,0 Unterer Rheinspitz, ↓ des „Alten Rhein". Durch Verlängerung des Leitdammes westl. der Rheinmündung bis zum Seezeichen 84 hat sich die Fahrtstrecke der Bodenseeumrundung verlängert, evtl. lässt sich der Damm überheben. 3,5 km aufwärts ⌂ des PC Rheineck.

45,0 Rohrspitz, vorspringende Halbinsel, ▲ C.

47,0 ↓ des Rhein-Kanals.

48,0 ↓ Bregenzer Ache (s. „DKV-Auslandsführer, Bd. 1").

52,0 **Bregenz**, Hauptstadt Vorarlbergs, das römische Brigantium, viele Sehenswürdigkeiten aus dem Mittelalter. Vom 1 064 m hohen Pfänder herrliche Sicht auf den See und die Alpen. Einzigartige Seebühne.

55,0 ↓ Laiblach, deutsch-österreichische Grenze.

Obersee, Nordufer

59,0 **Lindau**, hübscher Hafen mit altem und neuem Leuchtturm, bekannt: Bayerischer Löwe als Wahrzeichen, Römerschanze, in der Stadt Diebsturm, Peterskirche mit Holbeinfresken und

Rathaus aus dem 15. Jahrh. KC Lindau ⌂. ▲ auf Festlandseite am Bahndamm.

64,0 **Wasserburg**. Halbinsel mit sehr schöner Georgskirche um 1500 und Museum, ✕ direkt am See, Anlegesteg.

66,0 **Nonnenhorn**.

67,0 **Kreßbronn**.

69,0 ▲ C Gohren.

70,0 ↓ Argen (s. DKV-Kanuführer für Südwest-Deutschland).

72,0 **Langenargen**, Schloss Montfort.

74,0 ↓ Schussen (s. DKV-Kanuführer für Südwest-Deutschland). Bis zur ↓ der Rotach, km 78,5 folgt das Naturschutzgebiet „Eriskircher Ried". In diesem Bereich ist eine bis zu 1000 m breite Seezone ganzjährig für eine Befahrung gesperrt.

78,5 ↓ Rotach, Ende des Naturschutzgebietes.

79,0 **Friedrichshafen**, vor dem Krieg Zentrum der Luftschifffahrt, bekannte Schlosskirche, Schulmuseum mit Klassenzimmern aus den Jahren 1830, 1880 und 1930, 100 m landeinwärts, anlanden westl. vom Yachthafen, Zeppelinmuseum im Hafenbahnhof, im Herbst große Bootsmesse.

82,5 ⌂ KC Welfen, Ravensburg.

83,0 Seemoser Horn, ⌂ und ▲ des Kanusport im VfB Friedrichshafen.

84,0 ⌂ TSV Fischbach, Kanuabteilung, vor Badeanstalt.

85,0 **Fischbach**, ⌂ bewirtschaftet und ▲ des Wassersportvereins Fischbach.

86,0 ↓ Lipbach, Naturschutzgebiet „Lipbachmündung", ganzjähriges Befahrungsverbot der vorgelagerten Seezone.

87,0 **Immenstaad**, ▲ C.

92,0 **Hagenau**, ▲ C.

96,0 **Meersburg**, älteste deutsche Burg (628), Droste-Museum, Unterstadtkapelle (1390).

96,5 Meersburg, Autofährhafen, Fähre nach Konstanz. Seeüberquerung in Richtung Fährbetrieb, 7 km zum „DKV-Campingplatz Bodensee", etwa 1 km nach l vom Fährehafen.

Überlinger See

101,0 **Unteruhldingen**, rekonstruierte Pfahlbaudörfer der Steinzeit und der Bronzezeit, Freilichtmuseum.

101,5 **Seefelden**, ▲ C.

102,0 ↓ Deggenhauser Aach (s. DKV-Kanuführer für Südwest-Deutschland).

103,5 **Maurach**, 2 ▲ C, Kloster Birnau mit berühmter Barockkirche.

105,0 **Nußdorf**, 2 ▲ C.

107,0 🏠 des PC Überlingen hinter Strandbad Ost, für DKV-Mitglieder ▲ bis 3 Tage.
108,0 **Überlingen**, ehem. freie Reichsstadt, St. Nikolaus-Münster, Rathaus, botan. Stadtgarten.
110,0 Überlingen-West, städt. ▲ C. 🚌 500 m, Heidenhöhlen.
111,0 Seepumpwerk der Wasserversorgungsanlagen für den Stuttgarter Raum.
114,0 **Sipplingen**, Landestelle.
118,0 **Ludwigshafen**, nach 500 m ▲ C.
120,0 ↓ Stockacher Aach (s. DKV-Kanuführer für Südwest-Deutschland); Naturschutzgebiet, ganzjährige Sperrung der Wasserflächen zwischen den Buchten beiderseits der Aach und der ↓ selbst.
121,0 **Bodmann**, im 8. Jahrh. Königshof der Merowinger, Schloss Frauenberg, schöne Aussicht über den See, Bisongehege.
126,0 Marienschlucht, Kiosk, Aufstieg zur Ruine Kargegg.
130,0 **Wallhausen**.
131,0 **Klaushorn**, ▲ C, Kiosk, Rastplatz.
132,0 **Dingelsdorf**, spätgotische Pfarrkirche.
133,0 **Fließhorn**.
135,0 **Litzelstetten**, ▲ C.
136,0 Das Durchfahren des Naturschutzgebietes ist in der Zeit vom 01.04 - 30.09. auf kürzestem Weg entlang der Insel Mainau gestattet, Mindestabstand von Wasserpflanzen wie z. B. Seerosen usw. 25 m jedoch nicht mehr als 30 m unbedingt einhalten, sonst Widerruf der vorläufigen Erlaubnis zu erwarten.
136,5 Insel Mainau, Deutschordensschloss, exotische Baumbestände, botanisches Paradies.
140,0 **Konstanz-Staad**, Fährhafen, Autofähre nach Meersburg.
140,5 „DKV-Campingplatz Bodensee“, *DKV-Kanustation*, Ferienplatz und Ausgangspunkt für Touren im Landschaftsschutzgebiet, Kiosk, Warmduschen, auch mit Pkw erreichbar, bei Anfahrt vom See mit Gepäck Bootswagen empfohlen.
141,0 Wasserwerk der Stadt Konstanz.
142,0 Hinteres Eichhorn, Nebel- und Sturmwarnanlage, Freibad Horn.
145,0 **Konstanz**, alte Rhein-Ⅱ.

Untersee

146,2 l 🏠 mit kleinem ▲ des KC Konstanz.
146,3 Neue Rhein-Ⅱ.

146,8 r ⌂ mit ▲ und Übernachtungsmöglichkeiten des TV „Naturfreunde“ KN-Wollmatingen nach vorheriger tel. Anfrage, ☎ 07531/53850.

147,0 r Beginn des Naturschutzgebietes „Wollmatinger Ried“, erstreckt sich bis km 154 (Hegne). Die rot-weiß-roten Bojen von Einfahrt in den Untersee zum Bruckgraben und von dort bis Hegne immer r liegen lassen! Diese Wasserfläche gehört zum Naturschutzgebiet und wird überwacht.

148,0 l **Gottlieben**, Schweizer Zoll. Schloss 1250 als Wasserburg erbaut, Gefängnis von J. Hus.

149,0 Einfahrt in den Untersee.

152,0 Bruckgraben (≋ ab Pegel 3,00 Konstanz), ✕, Statue des hl. Pirmin, der 724 die Benediktiner-Abtei Reichenau gründete. Beginn der anschließend gesondert beschriebenen Umrundung der Insel Reichenau.

154,0 ▲ Hegne, Kloster.

156,0 **Allensbach**.

159,0 Schlafbacher Horn.

161,0 ⌂ TV „Naturfreunde“ Markelfingen, große ▲-Anlage, bewirtschaftet, auf Anfrage Übernachtungsmöglichkeit, Speisen und Getränke werden verabfolgt. ☎ 07732/10430.

162,0 ▲ C Markelfingen.

163,5 ▲ C Radolfzell im „Markelfinger Winkel“, ab hier die gesamte Halbinsel Mettnau NSG, die Wasserflächen der Mettnau-Buchten sind ganzjährig gesperrt.

164,0 ⌂ Naturfreunde Radolfzell, ☎ 07732/1730, Übernachtungsmöglichkeit auf Anfrage.

166,5 Mettnauspitze.

167,0 Liebeinsel, anlanden erlaubt.

168,0 Landestelle Mettnau.

170,0 **Radolfzell**, Hafenmole, Münster, Rathaus, Scheffel-Museum, ★.

170,7 ⌂ und ▲ des KC Radolfzell, *DKV-Kanustation*, ☎ 07732/2876 in unmittelbarer Nähe 🚆.

172,3 ↓ Singener (Radolfzeller) Aach (s. DKV-Kanuführer für Südwest-Deutschland); das Mündungsgebiet der Aach ist NSG, befahren verboten.

175,0 **Iznang**, ⌂ und kleiner ▲ des KC Singen.

180,0 ▲ Hornstaad.

182,0 r **Gaienhofen**.

187,0 **Wangen**, ▲ C.

190,0 **Öhningen** (Oberstaad), letzte deutsche Ortschaft, ehem. Augustiner-Chorherren-Kloster, Pfarrkirche mit Barock-Plastiken.

192,2 **Stein am Rhein**, Ⅱ, mittelalterliche Altstadt, Kleinod der Schweiz, über der Stadt Burg Hohenklingen, Schweizer Zoll. Westlichster Punkt des Bodensees, Ausfluss des Hochrheins aus dem See (s. AB).

196,5 **Mammern**, Schweizer Zoll, vorher ▲ C.

199,5 **Glarisegg**.

202,0 **Steckborn**, Schweizer Zoll, 6-türmige Burg am See.

205,0 **Berlingen**.

207,0 **Mannenbach**, gegenüber der Reichenau, Napoleonmuseum, Schloss Arenenberg.

210,0 **Ermatingen**, prächtige Fachwerksbauten.

214,0 **Gottlieben**.

215,0 r Grenze Schweiz-Deutschland.

215,7 Konstanz, neue Rhein-Ⅱ.

217,0 **Konstanz**, alte Rhein-Ⅱ, Ende bzw. Ausgangspunkt der Umrundung des Bodensees.

Umrundung der Insel Reichenau

Die Garten- und Gemüseinsel Reichenau liegt zwischen Gnaden-, Zeller- und Untersee; sie ist durch einen Damm (Bruckgraben) mit dem Festland verbunden. Mit 4 km² größte Insel im Bodensee. Die Reichenau zählt zu den ältesten Siedlungsgebieten des Bodenseeraumes und war um das Jahr 1000 ein Zentrum der abendländischen Kultur. Ab 2003 UNESCO-Weltkulturerbe.

0,0	⬇ am Bruckgraben, schattiger Parkplatz (s. Bodensee, km 152).
0,5	I Stiftskirche St. Georg (Oberzell), Säulen-Basilika (890-898). Hochaltarmensa um 1000.
2,0	Yachthafen, Münster St. Maria und Markus, dreischiffige romanische Basilika (816), ✕.
3,0	Strandbad.
4,5	**Niederzell**, Pfarrkirche St. Peter und Paul, 2 Türme, romanischer Bau aus dem 11. Jahrh., Fresken.
5,0	**Bürgleshorn**, nach Radolfzell bis Mettnauspitze 2,3 km.
6,0	**Gänslehorn**, ✕.
6,6	▲ C Reichenau.
7,0	Melcherleshorn, nach Hornstaad 3 km.
8,0	**Reichenau**, Landestelle, deutscher Zoll.
10,0	Fehrerhorn, nach Ermatingen 1 km.
11,0	Bruckgraben. Die Ruine Schopflen liegt im NSG und darf nicht angefahren werden.

3. Hochrhein

Als Hochrhein wird die 170 km lange Strecke von Konstanz (alte Rheinbrücke) bis Basel bezeichnet. Er verläuft zunächst auf 24,8 km durch den Untersee, einen Teil des Bodensees (s. auch dort) und wird auch flusspunktmäßig zu diesem gerechnet. Die echte Stromstrecke beginnt in Stein/Rhein. Abgesehen vom Stadtbereich Konstanz ist das gesamte linke Ufer Schweizer Hoheitsgebiet, an mehreren Stellen greift das Schweizer Gebiet auch auf das rechte Ufer über.

Mit gültigen Personalpapieren kann unbehindert auf beiden Seiten des Rheins angelegt werden.

Landschaftlich ist der Hochrhein sehr reizvoll, zwischen dem Schwarzwald bzw. den Ausläufern der Schwäbischen Alb im Norden und dem Schweizer Jura im Süden, mit welligen Hügeln, die z. T. bis ins Tal bewaldet sind, in einem meist engen Tal, vorbei an sehenswerten Ortschaften. Höhepunkt des Hochrheins ist der Rheinfall von Schaffhausen, der mit 150 m Breite und 21 m Höhe größte Wasserfall Europas, entstanden durch ein Riff aus Jurakalk als Rest einer frühen Verbindung zwischen Schweizer Jura und Schwäbischer Alb.

Wassertechnisch ist der Hochrhein ein meist schnell fließendes Gewässer, das nur stellenweise geringe Schwierigkeiten durch Stromschnellen, Wellen und Kehrwasser aufweist, WW I. Die Befahrung des Hochrheins wird erschwert durch mehrere Staustufen, jeweils mit Rückstau. Umsetzanlagen unterschiedlicher Bauweisen sind überall vorhanden. Für Alleinfahrer kann allerdings das Umsetzen bei einigen dieser Anlagen recht mühsam werden, Mitführen einer langen Bootsleine ist dringend anzuraten.

Gewässergüte: Bodensee - Wutach-↓ I-II (gering belastet), danach II (mäßig belastet).

Abkürzungen für die Beschreibung des Hochrheins:

D = Deutschland	DZ = Deutscher Zoll
CH = Schweiz	SZ = Schweizer Zoll
F = Frankreich	Lst = Landestelle
Z = Zoll	

0,0 **Konstanz**, alte Rhein-Ⅱ.
0,9 Neue Fußgänger-Ⅱ mit Pfeiler in Strom-Mitte.
1,2 l ⌂ (Steg) des KC Konstanz, ▲.
1,3 Neue Rhein-Ⅱ.
1,8 r ⌂ der Kanu-Abt. des TV Naturfreunde Konstanz-Wollmatingen.
1,9 l Grenze Deutschland-Schweiz.
2,0 r Beginn des Naturschutzgebietes „Wollmatinger Ried“ bis Bodensee - km 154 (Hegne).
3,0 l **Gottlieben**, Lst. SZ.
7,0 l **Ermatingen**, Lst. SZ. Überquerung zum Fehrenhorn (Insel Reichenau) 1 km.
10,0 l **Mannenbach**.
12,0 l **Behringen**.
15,0 l **Steckborn**, Lst. SZ, Überquerung nach Hemmenhofen. D, 1 km.
17,0 **Zielerhorn**, Schloss Garisegg.
24,8 r **Stein/Rhein**, Ⅱ, r Joch fahren, Lst. SZ (Eingangsabfertigung).
25,8 l **Wagenhausen**, Sporthafen mit städt. ▲ C.

27,3 Ⅱ und EB-Ⅱ.

27,8 r **Hemmishofen**, CH.

30,0 l **Rheinklingen**, CH.

30,3 r **Bibermühle**, CH. Von km 30,6 - 36,2 l CH und r D.

32,4 l **Schupfen**, ✕, ▲.

34,4 l **Dießenhofen**, CH, schöne Altstadt mit alter überdachter Holz-Ⅱ, alle Joche ≋, Vorsicht bei Annäherung von Kursschiffen. Nach 100 m l Lst. SZ, r **Gailingen**, D, DZ.

35,0 l Kloster St. Katharinental (heute Altenheim). Von km 36,2 - 37 l und r CH. Von km 37 - 41,7 r D (Exklave Büsingen).

37,2 r „Auf der Rheinwiese", D, ▲ FC Schaffhausen, sehr schön und ruhig.

39,5 r **Büsingen**, D (deutsche Exklave im Schweizer Zollgebiet). von km 41,7 bis 50 l und r CH.

41,8 l Kloster Paradies, CH, ✕.

43,0 l städt. ▲ C von Schaffhausen im Freibad; er darf nur betreten werden, wenn dort übernachtet wird.

44,0 r **Schaffhausen**, CH, Stadt mit vielen Sehenswürdigkeiten, Burgfestung Munot, ⛫. Die Durchfahrt durch die Ⅱ ist wegen des nachfolgenden Rheinfalles verboten: Das ⬆ nach der Ⅱ ist nicht mehr möglich. Zum Überwinden des Wasserfalles gibt es mehrere Möglichkeiten: 1. anlanden am l Ufer etwas oberhalb der Ⅱ. Hier führt ein enger und kurviger Spazierweg zur Straße nach Flurlingen. Diese Straße kann man gleich wieder verlassen und einem Fußweg folgen. In Flurlingen über die Ⅱ zum r Ufer und dann entlang der Uferpromenade zum Unterwasser des Rheinfalls. Hier bequemes ⬇ über eine Rampe. Einige Ausweichplätze an der Uferpromenade ermöglichen das Abstellen der Boote und eine Besichtigung des Rheinfalls. Für größere Gruppen ist diese Strecke wegen der Belästigung der Fußgänger kaum geeignet. 2. r ⬆ beim ⌂ des FC Schaffhausen, hier keine ▲-Möglichkeit. Parkplatz hinter Anlegestelle. Umkarren der Boote über Neuhausen bis unterhalb Rheinfall (Schlösschen Wörth), etwa 1 1/4 Stunden. Dieser Weg ist weiter als das Umkarren am l Ufer. 3. Am besten geht das Überwinden des Rheinfalls mit eigenem Pkw. Die Benutzung eines Taxis ist sehr teuer.

47,6 Rheinfall von Schaffhausen, CH, einmalige Naturschönheit, mit Schloss Laufen, unbedingt besichtigen!

48,0 r Schlösschen Wörth, Kiosk, ✕.

48,7 r ⬇ zur Weiterfahrt (unterhalb des Fachwerkhauses), keine Parkmöglichkeit für Dauerparker.

50,0 Beginn des Rückstaus des ↯ Rheinau, sehr schöne Rheinschleife.

54,5 l ϟ Rheinau mit Stau-■, 8 m hoch, X, r vor der Schienenrampe (Treppe) ⬆, über Werks-☎ (unter der Treppe) Nr. 12 melden. Lautsprecherdurchsage beachten. Boote auf fernbedienten Gleiswagen fahren und festhalten. Nach Eintauchen in das Unterwasser Handzeichen geben, wenn startklar, zügig wegpaddeln. Umsetzen mit werkseigenem Bootswagen 120 m weit möglich.
55,3 Insel mit Kloster (heute Altenheim) mit Barockkirche Rheinau, ★. 🛒 im Dorf. Rheinau l.
57,0 r **Altenburg**, D.
57,4 2. Stau-■ Rheinau, X, l ⬆ zum ⏏. Umsetzverhältnisse wie bei km 54,5.
57,8 Überdachte Holz-Ⅱ, l **Rheinau**, SZ, r **Altenburg**, DZ. Nach 50 m l ⛺-Möglichkeit, Erlaubnis bei SZ einholen, keine sanitären Anlagen.
58,7 3. Stau-■ Rheinau. l ⬆ zum ⏏. Umsetzverhältnisse wie bei km 57,4.
59,2 l ↓ des ϟ-Stollens, Querströmung!
59,7 r **Lottstetten**, D.
63,0 l **Ellikon**, CH, Seilfähre, 🍴 „Zum Schiff" mit schöner Terrasse. Bis km 76,8 l und r CH.
64,3 l guter ⛺ C.
64,5 l ↓ Thur (s. „DKV-Auslandsführer, Bd. 1").
67,0 l ⛺ C.
67,3 Ⅱ, l **Rüdlingen**, CH.
70,4 l ↓ Töß (s. „DKV-Auslandsführer, Bd. 1,"); ⛺, 🍴.
74,4 Ⅱ, r **Eglisau**, idyllisches Städtchen, l **Seglingen**, CH, 🍴.
75,3 EB-Ⅱ. Von km 78,8 – 162,8 (bei Grenzach) r D.
78,6 l ϟ Eglisau mit Stau-■, X. Fußgänger-Ⅱ. l SZ r DZ. r ⬆ zum ⏏, elektrischer Aufzug, anschließend auf werkseigenem Bootswagen über schiefe, recht steile Ebene zur Einsetzrampe. Den Bootswagen nach Gebrauch zum Aufzug zurückbringen! Ausfahrt je nach ■-Überlauf schwierig, bei l HW evtl. 800 m weit bis Baggerloch ⏏ und an der Ufertreppe ⬇. Schleusung nach Voranmeldung über Werks-☎ 11 (am Schleusenpfeiler) möglich, (nur Sonntags, lange Wartezeiten), bei HW ist die □ gesperrt.
78,8 l ↓ Glatt (durch einen Stollen) (s. „DKV-Auslandsführer, Bd. 1").
81,5 r **Hohentengen**, D, schöner ⛺, Schwimmbad.
83,0 Ⅱ, l **Kaiserstuhl**, CH, schöne Altstadt, nach 50 m l Lst. r **Hohentengen**, DZ. r Schloss Rötteln.
87,0 l **Rümikon**, CH, r **Lienheim**, D, ⛺, Badeplatz.
90,2 r ϟ Reckingen mit Stau-■, X, Fußgänger-Ⅱ, l SZ, r DZ. l ⬆ zum ⏏. Boote auf werkseigenem Bootswagen (Juli 2000

defekt) am Pfandautomat 300 m weit zur HW-geschützten Einsetzrampe fahren, Wagen nach Gebrauch zum Schuppen zurückbringen. Bei mehreren Großbooten bedient das ϟ-Personal nach Anmeldung über Werk-☎ 10 oder 23 den elektr. Gleiswagen. Hinweisschild mit Flussverlauf und Fahrtlinie oberhalb der Stromschnelle „Koblenzer Laufen“ beachten!

91,0 l **Reckingen**, CH, r **Reckingen**, D.

93,5 Ⅱ, l **Zurzach**, r **Reinheim**, DZ. Nach 50 m l ⌂ KC Zurzach.

92,0 In l Flusshälfte Schwälle durch einen unter Wasser liegenden Auslaufstollen, r fahren.

94,0 l **Zurzach**, sehr schönes Thermalbad.

94,3 Insel, Naturschutzgebiet, keine ▲, beide Arme ≋.

96,0 r **Kadelburg**, D, mit städt. ▲ C, schön und ruhig, guter Standplatz für Fahrten auf Hochrhein und Nebenflüssen.

96,7 Seilfähre.

97,5 Hinweisschild und Lst zur Besichtigung der Stromschnelle „Koblenzer Laufen“, evtl. r ⌓.

98,6 bis km 99,2 „Koblenzer Laufen“, je nach Wasserstand bis WW II, r fahren.

100,2 r ↓ Wutach (s. DKV-Kanuführer für Südwest-Deutschland).

101,0 Große Insel, r Arm fahren, Schwälle, l Arm **X**.

101,7 EB-Ⅱ.

101,8 Ⅱ, l **Koblenz**, SZ, r **Waldshut**, DZ, wichtiger Grenzübergang, r guter ▲ C.

102,5 l ↓ Aare mit starker Wasserzufuhr (s. „DKV-Auslandsführer, Bd. 1“).

103,0 r städt. ▲ C, ⛲. Danach r Freibad.

104,2 r **Waldshut**, D.

105,2 r ⌂ WSV Waldshut, kein ▲.

106,3 r Auslauf des Schluchsee-ϟ, 50 m Abstand halten!

106,6 r Lst vom Motorbootclub Hochrhein.

107,7 l Atom-ϟ Leibstadt, CH.

109,4 ϟ Albbruck-Dogern, r Kanal, **X**, l Stau-■, **X**, Fußgänger-Ⅱ, l **Leibstadt**, SZ, r **Dogern**, DZ. l ⬆ zum ⌓, schiefe Ebene mit Rollen, werkseigener Bootswagen vorhanden, nach Gebrauch zurückbringen. Bei NW Fahrt auf etwa 1 km behindert. Für mehrere Großboote lässt das ϟ nach tel. Voranmeldung (vom ⌂ WSV Waldshut möglich) evtl. zusätzlich Wasser über das ■ laufen.

112,4 Fußgänger-Ⅱ, l **Schwaderloch**, SZ, r **Albbruck**, DZ.

113,1 r ↓ des Kanals vom ϟ Albbruck-Dogern, Querströmungen.

113,4 r ↓ Alb-Süd (s. DKV-Kanuführer für Südwest-Deutschland).

115,0 r **Hauenstein**, Schlossberg mit Burgruine, ✕, schöne Aussicht.

120,8 Ⅱ, r Joch fahren. l **Laufenburg**, SZ, r **Laufenburg**, DZ, beides mittelalterliche Städtchen, Lst 300 m vor Ⅱ r.

121,0 In r-Kurve starke Wellen.

122,1 ↯ Laufenburg, r □, l ■, X. □-Ausfahrt bei Wasserüberlauf des ■ gefährlich, bei HW gesperrt. Schleusen ab 10 Booten möglich. l ⏏ mit werkseigenem Bootswagen, 700 m, ⬇ mit elektrischem Schrägaufzug mit Selbstbedienung. Aufzug und Bootswagen nach Gebrauch zurückbringen.

124,3 r **Murg**, r ↓ Murg-Süd (s. DKV-Kanuführer für Südwest-Deutschland).

127,0 l **Sisseln**, CH.

128,5 r **Obersäckingen**, D.

129,5 ↯ Säckingen, r Stau-■, X, l ⏏ mit Gleiswagen. Neuer Bootslift mit computerunterstützter Handbedienung, kompliziert!

130,0 r **Bad Säckingen**, Fridolinmünster, Trompeterschloss, ★.

130,3 Überdachte Holz-Ⅱ, nur für Fußgänger. Durchfahrt 1. Joch r, Schwallstrecke je nach Wasserstand, l Stein SZ, r DZ.

130,4 Fridolininsel, Vogelschutzgebiet, betreten verboten.

130,9 Ⅱ, l **Stein**, r **Bad Säckingen**.

131,5 r ⌂ Ruderclub Säckingen, beschränkte ▲-Möglichkeit.

133,0 Seilfähre, l **Nieder-Mumpf**, SZ, r DZ.

135,0 l **Wallbach**, CH.

136,0 r **Wallbach**, D, Lst, ✕.

137,3 r **Brennet**.

137,5 r ↓ Wehra (s. DKV Kanuführer für Südwest-Deutschland). ▲ vom Motorbootsclub Säckingen.

140,5 r **Nieder-Schwörstadt**, D.

140,6 r *DKV-Kanustation* WSV Rheinstrom Schwörstadt, Anschrift: Werner Käsinger, Hauptstr. 128, 79739 Schwörstadt, ☎ 07762/8525, ⌂-☎ 07762/1523 ab 18.30 Uhr, ▲, Wohnwagen, großes gepflegtes Gelände.

143,5 ↯ Ryburg-Schwörstadt, Stau-■ r, ⬆ zum ⏏ l. Schiefe Ebene mit Rollen, schwergängig und steil, werkseigener Bootswagen vorhanden. ⬇ je nach Wasserstand etwa 300 m nach ↯. Hinweisschild an der ⬇ über die Durchfahrt am Grobrechen des ↯ Rheinfelden beachten.

145,0 r Schloss Beuggen, erbaut 1246 - 1268, Deutscher Ritter-Orden, mit vom Rhein abgeleiteten Wassergraben im Halbkreis um die Burganlage. Heute Tagungsstätte der evang. Kirche.

146,8 Das ↯ Rheinfelden ist z. Zt. Großbaustelle (2004). Es wird empfohlen bis zur Beendigung der Baumaßnahmen die Baustelle großräumig zu umgehen. Gepäckfahrern können beim WSV Rheinstrom Schwörstadt (km 140,6) Rast einlegen. Bei rechtzeitiger Kontaktaufnahme sind die Sportkameraden vom WSV bereit zu helfen. Wer sich nicht helfen lassen will Der Grobrechen mit Einfahrt in den Werkkanal existiert nich mehr. Landemöglichkeit: Ab Schloss Beuggen nah am r Ufe weiterfahren. 1.) Nach ca. 500 m Schild rot-weiß-rot (Durchfahrt verboten) mit Zusatzvermerk: Ausgenommen Boote zum Übersetzen. Daneben blau-weißes Schild 600 m zum abgebauten Grobrechen am Wehr. Flache Uferzone, Wildwuchs, Brombeergestrüpp, schmale Treppe, schnelle Strömung. 2.) Wenig unterhalb von km 146 blauer Hebekran au dem Steilufer. Dahinter gelboranges Verwaltungsgebäude 502 einer Fabrikanlage. Je nach Wasserstand starke Strömung. Landemöglichkeit unmittelbar nach dem Hebekran ar Stahlrost mit Holzbeplankung. Beim Anlanden Vorsicht, Boo kann mit starker Strömung weggerissen werden, eventuel anleinen. Danach ca. 1,5 km umtragen.

149,2 Ⅱ, Durchfahrt 1. Joch von r. l **Rheinfelden**, malerisches Städtchen, Lst am Ende der Ⅱ-Insel. Beginn der Großschifffahrt.

154,4 l **Kaiseraugst** (Römergründung: Augusta raurica, röm Amphitheater, ★), Fähre.

154,8 l ▲ C Augst.

155,4 l ↓ Egolz (s. „DKV-Auslandsführer, Bd. 1“). r ▲ C.

155,8 ϟ August-Whylen, Anlanden vor der ▭-Einfahrt. Links in die Ergolz-↓ fahren, vor Ⅱ r ↱, Schild: Transportwagen für Kleinboote beim Kraftwerk, eigener Bootswagen ist vorteilhafter Bootstransport r der Uferstraße auf asphaltiertem Gehweg Einstieg gekennzeichnet, Achtung Kehrwasser.

157,8 l **Schweizerhall**, ✕.

159,4 bis 162,7 l Hafen und Industriegebiet **Birsfelden**.

162,0 r **Grenzach**, D.

162,8 bis 168,4 l und r CH (Kanton Basel).

162,8 ϟ-Insel Birsfelden, r ▬, **X**, und ϟ Mitte. Nach telefonische Voranmeldung (☎ mit Gegensprechanlage am Inselanfang evtl. Einfahrt in ▭-Kanal. Sonst r Zufahrt zur Anlegepritsche vom ⌂ des Ruderclubs Blau-Weiß Basel und mit werkseigenem Bootswagen (unter ▭-Ⅱ) über die Insel bis unterhalb Turbinenhaus oder besser 180 m weiter ⏏.

163,5 l **Birs**.

164,5 l ↓ Birs (s. „DKV-Auslandsführer, Bd. 1“). Rheinbad, Anlegemöglichkeit zum Besuch von **Basel**.

164,7 EB-Ⅱ und Ⅱ, darunter r Bootshalle Rennpaddler Basel.

165,6 Seilfähre.

166,0 Ⅱ.

166,2 Seilfähre.

166,6 Ⅱ.

166,9 Seilfähre.

167,2 𝕀.
167,5 bis 169 l Schiffsliegestelle.
168,4 𝕀.
168,9 l Grenze Schweiz-Frankreich.
169,2 r ↓ Wiese (s. DKV-Kanuführer für Südwest-Deutschland).
169,6 l ← Hüninger Kanal, → gesperrt.
169,9 r → zum Baseler Rheinhafen, SZ.

4. Oberrhein

Als Oberrhein wird die Rheinstrecke von Basel bis Mainz bezeichnet. Der Rhein verläuft hier in der breiten oberrheinischen Tiefebene, im Westen begrenzt von den Vogesen, im Osten von Schwarzwald und Odenwald; diese Mittelgebirge liegen allerdings in einiger Entfernung vom Strom, die Landschaft des Oberrheins ist daher nur mäßig reizvoll. Die Landschaft um Ober- und Mittelrhein stellt den ältesten Kulturboden Deutschlands dar. Mehrere Städte künden nicht nur mit ihrem Namen, sondern auch mit mehr oder minder erhaltenen Bauresten von ihrer Gründung durch die Römer. Nach dem Sturm der Völkerwanderung erbauten hier die deutschen Kaiser ihre ersten Kaiserpfalzen. Die Mehrzahl der größten sakralen deutschen Bauten des Mittelalters sind hier angesiedelt, vom Straßburger Münster über die Dome von Speyer, Worms und Mainz bis hin zum Schlusspunkt dieser Perlenkette deutscher Baukunst, dem Kölner Dom. Das daneben eine Serie profaner Bauten mit Burgen, Burgruinen, Schlössern und Kastellen als stumme Zeugen einer wechselvollen deutschen Geschichte am Rhein und dessen Uferhöhen steht, versteht sich fast von selbst; nicht zu vergessen die großen Städte des Rheintales, die auch in ihrer heutigen, modernen Form noch viel erkennen lassen von den hohen Herren, die hier gehaust und geherrscht haben, von dem Bürgerstolz ihrer Einwohner, von ihrer geschichtlichen Bedeutung. In das Gepäck einer sinnvollen Rhein-Wanderfahrt gehört nicht nur der Flussführer, sondern auch ein Führer durch Landschaft und Geschichte - und die Zeit und die Bereitschaft, das, was im Führer steht, an Ort und Stelle nachzuerleben.

Auf der gesamten Oberrheinstrecke gibt es auf beiden Seiten des Stromes zahlreiche sehr schöne Seitenarme, sie werden im Rheinverlauf kurz erwähnt.

Der Oberrhein - altes Flussbett - bildet zwischen Basel und Lauterburg die Grenze zwischen Deutschland und Frankreich; es gelten hier dieselben zoll- und passrechtlichen Bestimmungen, wie sie beim Bodensee geschildert wurden. Der Rhein ist unterhalb von Basel internationale Schifffahrtsstraße, mit sehr starkem, nach abwärts zunehmendem Schiffsverkehr vieler Nationen. Neben Frachtschiffen verkehren auch große Passagierschiffe. Der Schiffsverkehr kann, insbesondere auf den Kanalstrecken, den Kleinbooten gefährlich werden, besondere Vorsicht ist daher stets geboten. Es gilt auf dem Rhein die Rheinschiffart-Polizeiverordnung vom 06.08.70.

Als Folge des Versailler Vertrages wurde der Oberrhein von Basel bis Straßburg als französische Energie- und Wasserstraße ausgebaut.

a) Strecke Basel-Breisach.

Hier wurde ein auf französischem Gebiet verlaufender Rheinseitenkanal mit vier Staustufen gebaut. Eine Befahrung des Kanals mit Sportbooten ist möglich, sie werden jedoch nicht mit der Großschifffahrt mitgeschleust. Die schnell fahrenden Frachtschiffe verursachen erheblichen Wellengang. Im Falle einer Kenterung ist es bei den steilen, veralgten Kanalwänden fast unmöglich, schnell an Land zu kommen. Unterhalb der Staustufe Kembs sind daher alle 500 m wechselseitig Treppen eingebaut. Aus all diesen Gründen ist von einer Befahrung des Rhein-Seitenkanals abzuraten. Wer es eilig hat, sollte daher ab Basel sein Boot auf ein Frachtschiff verladen. Als geruhsame Wanderfahrt empfiehlt sich jedoch, beim Stauwehr Märkt in das alte Rheinbett umzutragen. An diesem Wehr wird immer eine Pflichtmenge von 15 m^3/s abgegeben, die für eine ganzjährige Befahrung ausreicht, bei HW läuft das gesamte Überschusswasser im Rhein, bei NW mit kleinen Stromschnellen. Vorsicht und evtl. Umtragen erfordern lediglich die Idsteiner Stromschnellen, je nach Wasserstand WW II-III.

b) Strecke Breisach-Rheinau.

Auch in diesem Bereich finden sich vier Staustufen mit Elektrizitätswerken und Schleusen für die Schifffahrt, jedoch im Gegensatz zum oberen Abschnitt kein durchgehender Seitenkanal. Vielmehr wird lediglich jeweils im Bereich der Staustufen der Schiffsverkehr durch einen kürzeren Kanal geführt, während der alte Flusslauf durch Wehre versperrt ist. Zwar wird auch hier jeweils eine Mindestmenge von 15 m^3/s abgegeben, doch müssen bei einer evtl. Befahrung des alten Flusslaufes nicht nur die vier Wehre mühsam umtragen werden, sondern es finden sich im Flusslauf noch weitere unfahrbare Klappenwehre, die ebenfalls zu umtragen sind. Von einer Befahrung des alten Flusslaufes auf dieser Strecke ist abzuraten, man wird daher hier besser in die Schifffahrtskanäle einfahren.

c) Reststrecke unterhalb Rheinau.

Hier finden sich keine künstlichen Hindernisse mehr, die Schifffahrt benutzt ohne Seitenkanäle das Bett des Rheins.

Gewässergüte: II (mäßig belastet).

170,0 l **Huningue** (Hüningen) Frankreich, r **Basel**, Schweiz und Bundesrepublik (Dreiländereck).
170,2 l ⛺ des Touring Club de France. Hier befindet sich der „Parc des Eaux vives“, eine künstliche Wildwasserstrecke, vergleichbar mit dem Augsburger Eiskanal. Sie ist sehr gut geeignet zum Einfahren für alle, die auf dem Weg in die Schweiz oder Südfrankreich zu schwierigem WW sind. Die Befahrung ist gebührenpflichtig. Zufahrt über die A 5, Ausfahrt Weil am Rhein, kurz vor der Grenze; nach r über den Rhein, dann l nach Huningue. Die Zufahrt ist ausgeschildert.
170,2 r Zollstelle!
171,0 r Stadt **Weil am Rhein**, D.
171,4 ⌶, l **Hüningen**, FZ und r Weil, DZ.
173,0 l ⛺-Möglichkeit beim Yachtclub Hüningen.
173,5 r ⬆ und ⏏ für die Weiterfahrt auf dem Rhein. Bis km 307 zum ⏏ Bootswagen erforderlich.
173,7 ▬, X, ← in den elsässischen Rheinseitenkanal.

Rheinseitenkanal:

177,4 l **Rosenau**.
179,1 Doppel-□ Kembs, wegen Schleusung siehe Vorwort zum Oberrhein.
185,4 ← zum Rhein-Rhône-Kanal.
193,6 Doppel-□ Ottmarsheim.
194,6 Autobahn-⌶.
199,3 EB-⌶ und ⌶ Neuenburg-Chalamp- (Eichwald) und weiter nach Mulhouse (Mühlhausen).
224,6 Doppel-□ Vogelgrün.
225,0 Schleusen-⌶, r **Breisach**, l **Neu-Breisach** (Neuf Brisach).
226,6 ↓ des Rheinseitenkanals, ⛫.

Rhein, alter Flusslauf:

174,0 Stau-▬ Märkt, r ⏏, mühsam. ⬇ 100 m nach dem Stau-▬ oder besser nach 500 m an der ↓ des Grundwasserkanals. Bootswagen zweckmäßig, auch für die folgenden ▬. Falls bei NW das Wasser für eine Weiterfahrt unzureichend ist, sollte man im Rheinseitenkanal bis Doppel-□ Kembs fahren und hier über den Damm zum Rhein ⌓, allerdings extrem mühsam, S 3.

175,3 r ↓ Kander.

176,0 Kirchener Schnelle, l fahren oder treideln.

177,5 r unbedingt landen!! bis km 178 evtl. ⌓.

177,6 Idsteiner Stromschnellen, 400 m, nur für Könner bei gutem Wasserstand ≋. WW II-III je nach Wasserstand, evt. r ⌓, 400 m, mühsam.

179,0 Kleine Schwellen auf 4 km, ≋.

186,0 r **Rheinweiler** mit Schloss Rotberg (Altersheim).

189,1 r **Bad Bellingen**, Mineral-Thermalbad.

194,5 Autobahn-Ⅱ nach Frankreich.

198,8 EB- und Ⅱ Neuenburg-Chalampé.

199,0 r **Neuenburg**, l Chalampé, r Rampe mit großem Parkplatz.

214,0 Staubeginn vom Kultur-▬ Breisach.

218,8 r Segelboothafen u. Segelklub „Nautic" Breisach.

221,4 l Club Nautique du Rhin Neuf Brisach.

224,4 r Ruderverein Breisach (kein Kanusport) ▲ auf Anfrage.

224,8 Kultur-▬ und □ Breisach, Bootsrampe r, bei NW Ufer stark verschlammt, ⬆ dann mühsam und gefährlich, kein Bootswagen, Schleusung, auch von Einzelbooten, ganztägig ohne Voranmeldung möglich, anfragen beim Schleusenpersonal. ▲ neben der □ hinter dem Damm mit Genehmigung des Schleusenmeisters. r ⌂.

225,0 Ⅱ Breisach-Colmar.

225,5 r ↓ Möhlin (s. DKV-Kanuführer für Südwest-Deutschland).

225,6 r **Breisach**, ★: Zentrale des Kaiserstühler Weinanbaugebietes.

225,7 r Hafen Breisach.

226,6 l ↓ des Rheinseitenkanals.

234,3 ← des □-Kanals Marckolsheim.

234,7 r hinter Sportbootliegeplätzen bei Schrägrampe ⬆, über Damm u. Treppe ⌓ und über Rampe seitlich im Unterwasser wieder ⬇; läuft nach 150 m in den Rhein unterhalb vom ▬.

234,8 Im alten Rheinbett r Stau-▬ Burkheim (Staustufe Marckolsheim) ← Schifffahrtskanal.

237,8 Im alten Rhein Kultur-▬, X, r ⌓.

238,9 r Segel- und Ruderverein.

240,0 Im Schifffahrtskanal □ Marckolsheim, Schleusen für Kanus ungewiss.

240,2 Ⅱ Marckolsheim. r Ruine Limburg, r **Sasbach**, Kaiserstühler Weinort, 1,5 km.

241,0 Ⅱ.

242,5 l ↓ Schifffahrtskanal.

245,0 r Rampe mit großem Parkplatz, **Whyl** in 3,5 km Entfernung.
248,2 ← des □-Kanals Rhinau.
249,2 r im alten Rheinbett Stau-▬ (Staustufe Rhinau-Weisweil). Wer über den Altrhein fahren will, muss hier ⏏. Es folgen feste Schwellen bei km 251,5; 253,5 und 256,3, jeweils **X** und ⏏. Es ist daher wahrscheinlich einfacher, bei km 248,2 in den Kanal einzufahren; hier bei km 256,3 Doppel-□ Rhinau, Schleusung für Kanus jedoch ungewiss.
257,2 r NSG „Taubergießen" (s. DKV-Kanuführer für Südwest-Deutschland).
258,3 l im Kanal ← zum Rhein-Rhône-Kanal.
260,0 l ↓ des Schifffahrtskanals Rhinau.
261,0 Motorfähre, r Kappel, l **Rhinau**.
264,8 Teil-↓ der Elz über ▬.
266,3 r **Nonnenweiler**, 1 km.
267,5 ← des Schifffahrtskanals Gerstheim, □ nach 4,7 km, ↓ in den Rhein nach 6,6 km.
268,5 r Stau-▬ Nonnenweiler mit Ⅱ.
270,3 Stau-▬, **X**, r ⏏.
270,9 r 🍴 Rheinlust, 100 m.
272,0 Im Altrhein Kultur-▬, **X**, ⏏.
272,1 Im Kanal □ Gerstheim, Schleusung ungewiss, r NSG Ottenheim. Befahren der Wasserarme verboten.
272,4 r ↓ des Ottenheimer AW, Gelände der Wassersportfreunde Lahr.
273,9 l ↓ Schifffahrtskanal.
277,3 NATO-Rampe; r auf Straße Richtung Ichenheim (4 km) nach 300 m Holzhütte und Wasserstelle.
282,0 ↓ in den Plobsheimer See.
283,1 ← Schifffahrtskanal.
284,0 Stau-▬ Straßburg, **X**, r ⏏. Es folgt der Stausee des Stau-▬ Kehl.
285,0 r ↓ Holländischer Rhein über ▬.
287,6 Im Kanal □ Straßburg, Schleusung ungewiss.
288,1 Im Stausee r kleiner Segelhafen.
290,0 Ende des Stausees, ▬ Kehl, **X**, r ⏏ etwa 500 m.
291,2 l ← Schifffahrtskanal mit Einfahrt in die Straßburger Süd-□, feste □-Zeiten, dahinter Straßburger Hafen.
291,6 r ↓ Ottenheimer Mühlbach (s. DKV-Kanuführer für Südwest-Deutschland).
292,0 r ↓ Seitenarm des Ottenheimer Mühlbachs, hinter dem Damm ▲ C des DCC, Schwimmbad und Jugendherberge.
293,5 Europa-Ⅱ, r **Kehl**, l **Straßburg**.
293,6 EB-Ⅱ, sofort danach r → in Sportboothafen, hier ⌂ . ▲, *DKV-Kanustation*, der Kehler Paddlergilde, Adressen für Boots-

hausschlüssel hängen an der nördlichen Stirnwand des ⌂; daneben Yachtclub.

296,5 l ← in den Hafen Straßburg, Weiterfahrt zum Rhein-Marne-Kanal und zur Ill möglich.

297,7 r → in Hafen Kehl.

298,0 r ↓ Rheinische Kinzig (s. DKV-Kanuführer für Südwest-Deutschland).

307,0 l ≏ zur Ill möglich.

307,2 ← Schifffahrtskanal zur □ Gambsheim, Schleusung ungewiss.

308,3 r gekennzeichnete ≏-Stelle zum Seitengraben. Nach 500 m unter der Ɪ Rheinau-Gambsheim ■, im Frühjahr und im August **X**, r ≏ durch Fußgängertunnel, mühsam. Weiterfahrt auf dem Seitengraben bis unterhalb Staustufe. Nach 3,5 km ↓ in Baggersee, hier nach r noch 1,5 km bis zur ↓ in den Rhein bei km 312,4; nach l 1,5 km bis ⌂ DJK Sasbach, keine ✗.

309,1 l □ der Staustufe Gambsheim, Grenzübergang.

311,3 l ↓ Ill mit ■, ≋ (s. „DKV-Auslandsführer, Bd. 6“).

311,7 l ↓ □-Kanal.

312,4 r → zum Baggersee (s. km 308,3), ↓ Gießelbach.

321,3 r ≏ in Seitengraben, auf ihm Weiterfahrt etwa 13 km bis unterhalb der Staustufe Iffezheim.

330,9 ≏ von der Staustufe in Seitengraben möglich. r Abzweigung, Befahrung möglich. Weiterfahrt auf dem Seitengraben geradeaus.

331,8 Am Seitengraben r ⌂ und ▲ des Ski- und Kanuclubs Baden-Baden, nicht bewirtschaftet.

332,3 Der Seitengraben geht r ab, hier letzte ≏-Möglichkeit vom Stau. Nach 500 m Zusammenfluss mit der Abzweigung von km 330,9. Nach weiteren 3 km ↓ in Rhein bei km 335,3.

332,9 l ≏ in Moder möglich, S1; hier freie Fahrt.

333,4 Staustufe Iffezheim, letzter Rhein-Stau, ≏ schlecht, □, Schleusung ungewiss.

Der freifließende Oberrhein ab Staustufe Iffezheim ist ein von der Berufsschifffahrt stark befahrener Abschnitt der Großschifffahrtsstraße Rhein. Für den Verkehr mit Kleinfahrzeugen ohne eigenen Antrieb (z.B. Canadier, Kajaks, Ruderboote) gelten selbstverständlich auch die Bestimmungen und Regelungen der Rheinschifffahrtspolizeiverordnung. Es ist deshalb für jeden Bootsführer unabdingbar, dass er die vorgenannten Verkehrsvorschriften für unsere Kleinfahrzeuge und in soweit notwendig auch die der Berufsschifffahrt kennt und diese auch bei der Fahrtenplanung und während der Fahrt umsetzen kann.

Entsprechende Fachliteratur ist unter anderem unter dem Stichwort „Sportbootführerschein- Binnen" im Buchhandel erhältlich. Auch kann ein vom Bundesministerium für Verkehr, Bau- und Wohnungswesen herausgegebener „Leitfaden für Wassersportler" im Internet abgerufen werden. In diesem Zusammenhang wird darauf hingewiesen, dass sich jeder Bootsführer vor Fahrtantritt, am besten schon im Rahmen der Fahrtenplanung, bezogen auf den zu befahrenden Streckenabschnitt im Detail mit den Einzelregelungen und der Fahrtroute vertraut machen muss.
Hierzu dient u.a. diese Flussbeschreibung und als wichtige Ergänzung, entsprechend aussagekräftiges Kartenmaterial in dem z.B. als Navigations- und Orientierungshilfe während der Fahrt, die geplante Fahrt eingezeichnet oder vermerkt werden kann.
Empfohlen werden hierfür Topografischen Karten, z.B. herausgegeben von dem Landesvermessungsamt Rheinland-Pfalz: L 6616, 6516, 6416, 6316, 6216, 6116, 6015 im Maßstab 1 : 25000.
Außerdem die speziell für die Sportschifffahrt gestalteten, sehr detaillierten, Karten im Buch „Der Rhein" von Manfred Fenzl (Verlag: Delius Klasing, Siekerwall 21, 33602 Bielfeld), der „Rhein-Radar-Atlas", Maßstab 1 : 15000 vom DT Atlas Verlag in Duisburg und „Der große Rhein-Mosel-Saar-Atlas" in den Maßstäben 1 : 10000 und 1 : 25000 erhältlich bei: Editions de la Navigation, Strasbourg / Verlag Rheinschifffahrt, Bad Soden.

Besonderheiten und Regelungen

- Ab der Hochwassermarke II ist jegliche Schifffahrt auf dem Rhein verboten. Dies gilt auch für Canadier, Kajaks und Ruderboote.
- Zwischen der Neckarmündung (km 428,2) und Lorsch (km 540,2) besteht für die Berufsschifffahrt eine „geregelte Begegnung" (hier Backbord an Backbord), was ein Rechtsfahrgebot für talfahrende Schiffe bedeutet.
- Auch im Abschnitt Speyer - Mainz kommt es bei ausreichendem Wasserstand vor, dass Schiffe in Berg- und Talfahrt auch außerhalb der betonnten Fahrrinne fahren. Eine ständige Aufmerksamkeit auch nach rückwärts ist deshalb unerlässlich.
- Auf dem Abschnitt Mannheim - Koblenz wechselt entsprechend der Fahrrinnenführung die Berufsschifffahrt die Stromseite. Damit eventuelle kritische Situationen oder Gefährdungen für unsere Kleinfahrzeuge möglichst vermieden werden, ist so vorausschauend zu navigieren, dass rechtzeitig die von der Berufsschifffahrt abgewandte Stromseite außerhalb der Fahrrinnenbetonnung erreicht wird. Hierbei ist das Fahrwasser unter Berücksichtigung des durchgehenden Verkehrs auf <u>kürzestem</u> Weg zu passieren. Als Faustregel gelten unter Beachtung der Schiffsgeschwindigkeiten folgende

Mindestentfernungen vom Schiffsbug: 200 - 300 m bei Bergfahrern und 300 - 400 m bei Talfahrern. Am sichersten und einfachsten ist die Fahrwasserquerung natürlich wenn kein Schiff kommt.

334,5 l ↓ Moder (s. „DKV-Auslandsführer, Bd. 6").

335,3 r ↓ Iffezheimer AW, ↓ Seitengraben, ↓ Sandbach (s. DKV-Kanuführer für Südwest-Deutschland).

335,7 ⌶ Wintersdorf-Roppenheim.

340,3 Motorfähre.

341,2 r 1. ↓ des Plittersdorfer Altwassers (s. DKV-Kanuführer für Südwest-Deutschland).

343,5 r 2. ↓ des Plittersdorfer Altwassers.

343,9 l ↓ Sauer (s. „DKV-Auslandsführer, Bd. 6").

344,1 l **Münchhausen**, städt. ▲ C, ✕ 5 Minuten entfernt.

344,5 r ↓ Murg (s. DKV-Kanuführer für Südwest-Deutschland) 6,4 km Murg-aufwärts ⌂ des RKC Rastatt und TVDN Rastatt.

347,2 r ↓ Goldkanal; etwa 1,5 km aufwärts ⌂ des PC Illingen, ▲, *DKV-Kanustation*, ☎ 07245/3949.

349,2 r ↓ Illinger AW (s. DKV-Kanuführer für Südwest-Deutschland). Nach etwa 50 m l ≏ in das lohnende Auer AW, das bei km 354,1 wieder den Rhein erreicht.

349,3 l Hafen Lauterbourg, anschließend ✕.

352,1 l ↓ alte Lauter, Grenze Deutschland-Frankreich.

352,4 → in die Judengasse. Vorsicht, starker Überfall in das Auer AW. Vom 01.03.-31.05. ist das Befahren des AW (Bremer Grund) von Rhein-km 352,5-354,1 verboten.

354,1 r ↓ Auer AW (s. DKV-Kanuführer für Südwest-Deutschland), Zollhafen, Zollamt Neuburgweier.

354,6 r ⌂ und kleiner ▲ KG Karlsruhe.

355,4 l ↓ Neue Lauter (s. DKV-Kanuführer für Südwest-Deutschland). An ↓ ▲ KC Karlsruhe-Maxau.

355,9 r → AW mit Leinpfad-⌶; starker Sog in das AW. l ▲ KC Rheinbrüder und Naturfreunde, Karlsruhe.

357,5 r Rappenwörth, → zu ⌂ , ▲, ✕ KC Rheinbrüder; Karlsruhe, Verleih von Bootswagen für den Bootstransport zum Fluss; ⌂ ⌂ KC Maxau, Polizeisportverein Karlsruhe, der KA des Karlsruher Turnvereins und TV Naturfreunde, Karlsruhe; Strandbad, Straßenbahnverbindung nach **Karlsruhe**.

359,7 l Haus der Naturfreunde, ✕.

359,9 r → Rheinhafen Karlsruhe, starker Hafenverkehr!

360,3 l ↓ AW Goldgrund, idyllische Altrheinarme.

360,8 r Tulla-Denkmal bei Baumgruppe.

362,0 EB- und ⌶ Maxau-Maximiliansau.

365,8 l ← Hafen Wörth; 2,8 km einwärts ⌂ und ▲ des RKC Wörth.

367,4 r → Ölhafen Karlsruhe, für Sportboote verboten. Nach Hafeneinfahrt r ↓ Alb (s. DKV-Kanuführer für Südwest-Deutschland). ⌓ zum „kleinen Bodensee“ möglich.

371,2 r → Stichkanal nach Leopoldshafen. Nach 1 km ⌂ und ▲ des KV Bruchsal.

372,1 Fähre Leimersheim-Leopoldshafen.

372,9 l kleiner Hafen Leimersheim. ⌓ zum Leimersheimer AW und Michelsbach (s. DKV-Kanuführer für Südwest-Deutschland).

373,0 l ← Leimersheimer Altrhein, starker Abfall unter niedriger Ⅱ.

375,0 r → des Hochstetter AW, durch Röhre.

375,3 l ↓ des Leimersheimer Altrheins. Durch schmale Abzweigung zum Fährhaus, Hafen und Leimersheimer AW. Im Altwaser ↓ Otterbach und Erlenbach (s. DKV-Kanuführer für Südwest-Deutschland).

376,7 r ↓ Hochstetter AW.

380,3 l ↓ Sondernheimer AW (Michelsbach), (s. DKV-Kanuführer für Südwest-Deutschland).

380,8 r → in Baggersee und den Saalbach.

383,3 r ↓ Rußheimer AW; 500 m einwärts ⌂, ▲, *DKV-Kanustation*, ☎ 07256/1224, ✕ der Paddelfreunde Huttenheim. Eine Befahrung des idyllischen Rußheimer Altrheins ist sehr zu empfehlen, er führt durch ein NSG, nicht-störende Durchfahrt gestattet, anlegen verboten; ↓ in Rhein nach 8 km bei Rhein-km 383,3 (s. DKV-Kanuführer für Südwest-Deutschland).

383,9 l **Germersheim**, EB-Ⅱ, ⌂ des RV Germersheim.

384,6 l alter Hafen Germersheim.

384,8 l ↓ Queich (s. DKV-Kanuführer für Südwest-Deutschland).

384,9 Ⅱ Germersheim-Rheinsheim.

385,3 l ← zum neuen Hafen Germersheim und Lingenfelder Altrhein. Der Lingenfelder Altrhein umfließt in großem Bogen die Insel Grün. Er führt nach 8,5 km zurück zum Rhein bei km 386,3 (s. DKV-Kanuführer für Südwest-Deutschland).

386,5 r ⌂ WSC „Rheintreue“, Rheinsheim, *DKV-Kanustation*, ☎ 07256/8240 und ⌂, ▲, KV Bruhrain Rheinsheim, *DKV-Kanustation*, ☎ 07256/8240.

386,6 l ↓ des Lingenfelder Altrheins (s. DKV-Kanuführer für Südwest-Deutschland).

389,2 r → Philippsburger Altrhein (s. DKV-Kanuführer für Südwest-Deutschland). Der Philippsburger Altrhein führt nach 6,8 km zurück zum Rhein bei km 391,7. Am Altrhein liegen 2 ⌂, ▲, ✕ des Ski- und KC Philippsburg, *DKV-Kanustation*, ☎ 07254/1251. Dahinter Atomkraftwerk.

391,5 l ← in den Berghäuser Altrhein, Einfahrt verboten, Naturschutzgebiet.

391,7 r ↓ Philippsburger Altrhein.

393,9 r **Rheinhausen**.
395,4 r → Hafen Kieswerk Krieger.
399,5 l ← neuer Hafen von Speyer.
399,8 Ⅱ, direkt davor l ⌂, ▲ des KC Speyer, *DKV-Kanustation*, ☎ 06232/76299.
400,0 l **Speyer**, ★: romanischer Dom mit Krypta und Kaisergräbern, Judenbad, historisches Kurpfalz-Museum, Technikmuseum.
400,2 l ↓ Speyerbach-Woogbach (s. DKV-Kanuführer für Südwest-Deutschland).
403,2 Autobahn-Ⅱ Speyer-Hockenheim (A 61).
403,3 l ⩯ in das Reffentaler AW, 4 km lang, ↓ in Rhein bei km 406,2 (s. DKV-Kanuführer für Südwest-Deutschland). Die Fahrt führt teilweise durch militärisches Sperrgebiet, zeitweise gesperrt.
405,1 l ← Altwasser Angelloch.
406,2 l ↓ Reffentaler AW.r → Ketscher AW. Der Ketscher Altrhein umfließt die Ketscher Rheininsel (l Ufer NSG, Befahren nur auf der r Altrheinhälfte gestattet), ↓ in Rhein nach 5,4 km bei Rhein-km 409,1 (s. DKV-Kanuführer für Südwest-Deutschland), 1,5 km einwärts ⌂ mit ▲ und ✕ WSC Ketsch, *DKV-Kanustation*, ☎ 06202/65390.
409,1 r ↓ Ketscher Altwasser, ⌂ , ▲ WSV Brühl, *DKV-Kanustation*, ☎ 06202/72642.
409,4 l ▲ an der Wanderhütte des PG Ludwigshafen.
409,5 Motorfähre Brühl-Kollerinsel-Otterstadt.
410,1 l ▲ an der Wanderhütte des KSC Mannheim-Neckarau, *DKV-Kanustation*.
410,3 ▲ bei der KG Neckarau.
411,0 l ← Otterstädter Altrhein. Der Otterstädter Altrhein ist ein sehr schönes großes Altwasser mit schönen ruhigen ▲; er endet nach 6 km (s. DKV-Kanuführer für Südwest-Deutschland).
415,1 r → Hafenbecken. 1 km Hafen-einwärts l ⌂ KC Rheinau.
415,2 l Altrip.
415,5 Motorfähre Neckarau-Altrip, Vorsicht!l bei Anlegestelle ⌂ , ▲ des KC Altrip. Bei Altrip gute ⬇/⬆
415,5 r Kühlwasserein- und ausläufe des Groß-ϟ Mannheim.
418,3 r → AW Silberpappel, dort nach 50 m l hinter dem Damm ⌂ KSC Mannheim-Neckarau, *DKV-Kanustation*, ☎ 0621/825466, ▲, ✕, 500 m weiter ⌂ der KG Neckarau, ▲, ✕, auch für Wohnwagen.
418,4 l ⌂ ESV Ludwigshafen, ▲.
418,5 l ⌂, ▲ der PG Ludwigshafen, *DKV-Kanustation*, ☎ 0621/578562.
418,9 l ← Baggersee Kief.
419,6 l ↓ Rehbach (s. DKV-Kanuführer für Südwest-Deutschland).

419,8 r ⛺ C der Stadt Mannheim, Strandbad, gute Rastmöglichkeit, ✕.
420,0 - 421,6 r Reisinsel, Naturschutzgebiet.
421,4 l ← Kaiserwörthhafen, an der Pegeluhr 🏠 des Ludwigshafener KC, ⛺.
422,2 r → AW Bellengrappen, Befahrung verboten.
424,1 r 🏠 KC Mannheim, ⛺, *DKV-Kanustation*, ☎ 0621/722571.
424,2 r 🏠 PG Mannheim, ⛺, ✕.
424,4 EB- und ⌶ **Mannheim - Ludwigshafen**.! Im Hafengebiet starke Wellenbildung durch Schiffsverkehr und Wind! *Fahrtempfehlung: bis zur Neckar-↓ (km 428,2) linke Stromseite fahren.*
425,7 ⌶ Mannheim - Ludwigshafen (Nord-⌶).
428,2 r ↓ Neckar (s. AB), 1,0 km Neckar-aufwärts 🏠 Mannheimer KG, ⛺, *DKV-Kanustation*,Zwischen der Neckarmündung (Km 428,2) und Lorsch (Km 540,2) besteht für die Berufsschifffahrt eine „geregelte Begegnung“ (hier Backbord an Backbord), was ein Rechtsfahrgebot für talfahrende Schiffe bedeutet.
431,4 r → Sandhöfer AW; 2 km einwärts 🏠 WSV Sandhofen, ⛺, ✕.
432,6 Autobahn-⌶ Frankenthal-Mannheim (A 6).
437,6 r ⛺ WSV Lampertheim.
438,4 l ↓ Isenach (s. DKV-Kanuführer für Südwest-Deutschland).
440,2 r → zum Lampertheimer Altrhein. In dem Lampertheimer Altrhein liegen mehrere 🏠 ; nach 4,7 km NSG, Weiterfahrt gesperrt. *Fahrtempfehlung: Vor und nach Worms rechte Stromseite fahren.*
442,2 l 🏠 KV Worms, ⛺, *DKV-Kanustation*, ganzjährig, auch für Wohnwagen; ☎ 06241/82261.
442,6 l 🏠 WSV Worms, erreichbar über die Hafeneinfahrt bei km 443,1, ⛺, ✕, *DKV-Kanustation*, ganzjährig, ☎ 06241/88181.
442,8 l 🏠 FC Worms, erreichbar über die Hafeneinfahrt bei km 443,1, *DKV-Kanustation*, ☎ 06241/27074.
443,1 l ← zum Hafen; Zufahrt zu den Bootshäusern WSV und FC Worms.
443,2 ⌶, l **Worms**. Alte römische Siedlung mit Dom St. Peter. ★.
445,4 EB ⌶ Worms.
446,7 l ↓ Pfrimm (s. DKV-Kanuführer für Südwest-Deutschland).
449,4 l Rampe Rheindürkheim, gute ⬇/⬆ mit Parkplatz und ✕.
452,1 Das r Rheinufer ist bis zur ↓ der Weschnitz Bestandteil des NSG „Steiner Wald von Nordheim“. r Anlanden verboten.
454,6 r ↓ Weschnitz (s. DKV-Kanuführer für Südwest-Deutschland).
455,0 - 456 r Atom-ϟ Biblis. *Fahrtempfehlung: Ab Höhe des ϟ Biblis sollte bis km 459,0 die linke Stromseite befahren werden. Anschließend Fahrwasserwechsel nach rechts. Spätestens in*

Höhe der zerstörten Gernsheimer Brücke erneuter Seitenwechsel nach links.

461,3 r ⌂, ▲ TSV 1896 Gernsheim.

461,5 Zerstörte ⌶ **Gernsheim**. r ↓ Winkelbach (s. DKV-Kanuführer für Südwest-Deutschland).

461,7 Fähre Gernsheim-Eich. ✕.

465,0 *Fahrtempfehlung: Ab km 465,0 Fahrwasserwechsel nach rechts und dann weiter roten Tonnenstrich fahren.*

466,0 l ← in das Mintheloch, auch Eicherloch genannt, große, ruhige Wasserfläche 7-8 ha groß, Sandufer.

469,0 - 472,7 vom 27.02. - 15.06. Uferbetretungsverbot rechtes Ufer.

468,4 r → Erfelder Altrhein. Der sehr schöne Erfelder Altrhein umfließt das NSG Kühkopf-Knoblochsaue, Landen und Zelten verboten. Streckenweise ist die Befahrung nur mit Kleinfahrzeugen ohne Motorantrieb gestattet. Am Altwasser liegen mehrere ⌂ . ↓ in den Rhein nach 16,7 km bei Rhein-km 473,9 (s. DKV-Kanuführer für Südwest-Deutschland).

472,4 l sehr gute ⬇/⬆ an Rampe mit Parkplatz, ✕ Rheinhof. *Fahrtempfehlung: Bei Weiterfahrt Stromquerung nach rechts und ab km 476,0 wieder nach links wechseln.*

472,5 l **Guntersblum** ca. 3 km landeinwärts, Personenfähre zur Insel Kühkopf.

472,8 l ⌂ und ▲ WSV Guntersblum, *DKV-Kanustation*, ☎ 06249/7625 besonders für Gruppen geeignet.

473,9 r ↓ des Erfelder Altrheins.

478,1 Das r Rheinufer ist auf einer Länge von ca. 700 m Bestandteil des Naturschutzgebietes „Riedwiesen von Wächterstadt" (Feuchtwiesen). Anlanden verboten.

478,4 l ▲ C, **Oppenheim**, ✕, ★: historische Altstadt, Katharinenkirche, Deutsches Weinbaumuseum.

479,8 gute ⬇/⬆ an Natorampe mit Parkplatz. *Fahrtempfehlung: Bei Weiterfahrt zur rechten Stromseite wechseln.*

480,4 l ← Oppenheimer Hafen mit ⌂ KC Oppenheim ca. 500 m innerhalb des Hafens, sehr gute ⬇/⬆ zum Besuch der Stadt Oppenheim an der Rampe neben WSA. 🚌 in 10 min.

480,6 Großfähre Landskrone - Kornsand.

481,5 - 482,0 l, **Nierstein**, bekannter Weinbauort mit historischem Zentrum. Anlanden an zwei Rampen möglich. *Fahrtempfehlung: Weiterfahrt rechte Stromseite außerhalb der Fahrrinne.*

484,5 Einfahrt Ludwigsaue, windgeschützter Rastplatz. *Fahrtempfehlung: Fahrwasserseitenwechsel auf die linke Stromseite.*

484,8 l Kribbe der Insel Kisselwörth, l Arm nach Nackenheim.

486,0 - 487,0 Uferbetretungsverbot linkes Ufer.

485,0 Hauptstrom. l Insel Kisselwörth, Naturschutzgebiet „Kisselwörth und Sändchen“. Anlanden verboten. Befahrungsverbot vom 15.10. bis 31.03. auf den Wasserflächen innerhalb der Parallelwerke an der Südspitze der Insel von km 484,82 bis 485,5.

486,3 l Stromarm nach Nackenheim. Beginn der Sändchen-Insel. Betreten verboten!

486,5 l **Nackenheim** (linker Arm), historische Weinbaugemeinde, gute ⬇/⬆ an Rampe, zum 🚌 10 min.

487,0 r Steindamm, dahinter Altrhein nach Ginsheim.

492,0 l ▲ C, ✕, ehemals Laubenheimer Strandbad.

492,9 r → Ginsheimer Altrhein. Die Befahrung des Ginsheimer Altrheins ist für Motorboote ganzjährig gesperrt, für übrige Fahrzeuge gesperrt vom 15.04.-15.06. Nach 6,1 km ≏ zum Rhein bei km 487 (s. DKV-Kanuführer für Südwest-Deutschland). Im Altrhein ⌂ KV Ginsheim.

493,5 r und l Natorampen, gute Anlandungsmöglichkeiten, l **Laubenheim**.

493,7 l Weisenauer Ruderverein, gute ⬇/⬆, ✕, Ⅱ Mainz-Weisenau.

496,4 l ESV Eintracht Mainz, ⌂ , ▲, Übernachtungsmöglichkeit, ✕, *DKV-Kanustation*, ☎ 06131/220515; gute ⬆ zum Besuch von **Mainz**. Bischofs-, Universitäts- und Landeshauptstadt. St.-Martins-Dom, Gutenberg-Museum, Schloss. ★. 🚌 15 Minuten (Mainz-Süd).

496,5 EB-Ⅱ.

496,6 r ↓ Main (s. AB); l ⌂ Mainzer Ruderverein; ✕.

496,8 l zwischen Winterhafen und Rhein (Victor-Hugo-Ufer) ⌂ des Mainzer Kanu-Vereins, gute ⬇/⬆, *DKV-Kanustation*, ☎ 06737/519, 15 Minuten zum 🚌 Mainz-Süd und zur Altstadt von **Mainz**, Römerschiffmuseum, Martinsdom, ★. Geeignetes Fahrtziel auch für Gruppenfahrten. Boote auf- und abladen am ⌂ amtlich genehmigt. Parkmöglichkeit 50 m vom ⌂ entfernt.

5. Mittelrhein

1.) Allgemeine Informationen und Hinweise:

Der Mittelrhein, von Mainz bis Bonn, ist der landschaftlich schönste Teil des Rheines. Er vollzieht hier in eindruckvollen Engtälern seinen Durchbruch aus der oberrheinischen Tiefebene durch das rheinische Schiefergebirge zur nordseenahen Tiefebene. Im Osten folgen auf den Rheingau, der Taunus und der Westerwald, im Westen auf den Hunsrück die Ausläufer der Eifel.

Der Mittelrhein ist auch ein von der Berufsschifffahrt besonders stark befahrener Abschnitt der Großschifffahrtsstraße Rhein. Für den Verkehr mit Kleinfahrzeugen ohne eigenen Antrieb (z.B. Canadier, Kajaks, Ruderboote) gelten selbstverständlich auch die Bestimmungen und Regelungen der Rheinschifffahrtspolizeiverordnung. Es ist deshalb für jeden Bootsführer unabdingbar, dass er die vorgenannten Verkehrsvorschriften für unsere Kleinfahrzeuge und in soweit notwendig auch die der Berufsschifffahrt kennt und diese auch bei der Fahrtenplanung und während der Fahrt umsetzen kann.

Entsprechende Fachliteratur ist unter anderem unter dem Stichwort „Sportbootführerschein-Binnen" im Buchhandel erhältlich. Auch kann ein vom Bundesministerium für Verkehr, Bau- und Wohnungswesen herausgegebener „Leitfaden für Wassersportler" im Internet abgerufen werden. In diesem Zusammenhang wird darauf hingewiesen, dass sich jeder Bootsführer vor Fahrtantritt, am besten schon im Rahmen der Fahrtenplanung, bezogen auf den zu befahrenden Streckenabschnitt im Detail mit den Einzelregelungen und der Fahrtroute vertraut machen muss. Hierzu dient u.a. die nachfolgende Flussbeschreibung und als wichtige Ergänzung, entsprechend aussagekräftiges Kartenmaterial in dem z.B. als Navigations- und Orientierungshilfe während der Fahrt, die geplante Fahrt eingezeichnet oder vermerkt werden kann.
Empfohlen werden hierfür die Topografischen Karten (Maßstab 1 : 25000), herausgegeben von den Landesvermessungsämtern Hessen und Rheinland-Pfalz: L 6015, 014, 5912, 5811, 5711, 5611.
Außerdem die speziell für die Sportschifffahrt gestalteten, sehr detaillierten, Karten im Buch „Der Rhein" von Manfred Fenzl (Verlag: Delius Klasing, Siekerwall 21, 33602 Bielfeld), der „Rhein-Radar-Atlas" Maßstab 1 : 15000 vom DT Atlas Verlag in Duisburg und „Der große Rhein-Mosel-Saar-Atlas" in den Maßstäben 1 : 10000 und 1 : 25000, erhältlich bei: Editions de la Navigation, Strasbourg / Verlag Rheinschifffahrt, Bad Soden.

2.) Besonderheiten und Regelungen:

- Ab der Hochwassermarke II ist jegliche Schifffahrt auf dem Rhein verboten. Dies gilt auch für Canadier, Kajaks und Ruderboote.
- Zwischen der Neckarmündung (km 428,2) und Lorsch (km 540,2) besteht für die Berufsschifffahrt eine „geregelte Begegnung" (hier Backbord an Backbord), was ein Rechtsfahrgebot für talfahrende Schiffe bedeutet.
- Besonders im Abschnitt zwischen Bingen und Boppard kommt es bei ausreichendem Wasserstand vor, dass Schiffe in Berg- und Tal-

fahrt auch außerhalb der betonnten Fahrrinne fahren. Eine ständige Aufmerksamkeit auch nach rückwärts ist deshalb unerlässlich.
- Auf dem Abschnitt Mannheim - Koblenz wechselt entsprechend der Fahrrinnenführung die Berufsschifffahrt die Stromseite. Damit eventuelle kritische Situationen oder Gefährdungen für unsere Kleinfahrzeuge möglichst vermieden werden, ist so vorausschauend zu navigieren, dass rechtzeitig die von der Berufsschifffahrt abgewandte Stromseite außerhalb der Fahrrinnenbetonnung erreicht wird. Hierbei ist das Fahrwasser unter Berücksichtigung des durchgehenden Verkehrs auf kürzestem Weg zu passieren. Als Faustregel gelten unter Beachtung der Schiffsgeschwindigkeiten folgende Mindestentfernungen vom Schiffsbug: 200 - 300 m bei Bergfahrern und 300 - 400 m bei Talfahrern. Am sichersten und einfachsten ist die Fahrwasserquerung natürlich wenn kein Schiff kommt.

3.) Hinweise:

- Das Heck großer Schiffe und Schubverbände schwenkt in Kurven sehr weit nach außen, was in Verbindung mit dem Sog und den Heckwellen eine besondere Gefahrensituation darstellt, welcher man nur durch großen Abstand vorbeugen kann.
- Je nach Schiffskonstruktion, Ladezustand, Fließgeschwindigkeit und Windverhältnisse herrscht starke Wellenbildung und Sogwirkung durch vorbeifahrende Schiffe.
- Die Strömung des Rheines ist im Gebirge (Abschnitt Bingen - Boppard) auch bei normalem Wasserstand sehr schnell. Die Fahrrinne verläuft hier stellenweise sehr dicht am Ufer oder an Untiefen (Sandbänken usw.). Da durch die Fahrwasserbegrenzungstonnen, je nach Wasserstand und Windverhältnissen, eine starke Havariegefahr besteht gilt es besonders vorausschauend und abstandhaltend zu fahren.

4.) Empfehlungen für Planung und Durchführung von Fahrten auf dem Mittelrhein von Mainz-Koblenz:

- Das Befahren der Gebirgstrecke von Bingen bis Boppard sollte nur den erfahrenen Wassersportlern vorbehalten bleiben. Anfänger sollten nur bei günstigen Wasser- und Wetterverhältnissen in Begleitung eines verantwortlichen Fahrtenleiters diese Strecke befahren. Das Tragen einer Schwimmweste wird empfohlen.
- Bei guten Wetterverhältnissen sind, bei einer Wanderfahrt, Tagesetappen von 40 - 50 Km möglich.
- Zum Nachholen der Pkw und Bootswagen eignen sich besonders die linksrheinischen Zugverbindungen (Koblenz - Mainz - Ludwigshafen - Mannheim).

- Beim Anlanden und Ablegen unbedingt die Wellen vorbeifahrender Schiffe beachten da sonst Kentergefahr besteht.
- Bei starkem Westwind ist die Fahrt durch den Rheingau bis Bingen sehr anstrengend.
- Damit eine vorgesehene Wanderfahrt auf dem Rhein möglichst zu einem stressfreien Erlebnis wird, sollten vor Fahrtantritt mit allen Teilnehmern die Besonderheiten des Streckenabschnittes und die Fahrtroute besprochen werden.

Gewässergüte: II (mäßig belastet).

496,8 l zwischen Winterhafen und Rhein (Victor-Hugo-Ufer) ⌂ des Mainzer Kanu-Vereins, gute ⬇/⬆, *DKV-Kanustation*, ☎ 06737/519, 15 Minuten zum 🚆 Mainz-Süd und zur Altstadt von **Mainz**, Römerschiffmuseum, Martinsdom, ★. Geeignetes Fahrtziel auch für Gruppenfahrten. Boote auf- und abladen am ⌂ amtlich genehmigt. Parkmöglichkeit 50 m vom ⌂ entfernt.

497,6 r ⌂ der Kasteler R. u. K. Gesellschaft, *DKV-Kanustation*, ✕, 5 min zum 🚆 Mainz-Kastel. An das ⌂ anschließender ▲ C der Stadt Mainz.

498,5 ⌶ Mainz-Kastel (Theodor-Heuss-Brücke).

499,0 - 502,0 Insel Petersaue, r → Kasteller Arm. Auf der Insel anlanden verboten, Wasserschutzgebiet!

500,9 EB-⌶ Mainz Nord (Kaiserbrücke).

501,1 im Kasteller Arm r ⌂ der Paddler-Gilde Amöneburg, ▲ und Übernachtungsmöglichkeit, Duschen, Busverbindung nach Mainz und Wiesbaden.

502,0 Insel Rettbergsaue, Zur Weiterfahrt sind beide Stromarme geeignet. Die Rettbergsaue ist NSG mit Ausnahme der ▲ C-Anlage auf der Ostseite bei km 503,4 und in einem sich stromabwärts anschließenden schmalen Uferstreifen und der Nordost-Spitze. *Fahrtempfehlung: Bei Durchfahrt Wiesbaden - Biebrich bzw. Wiesbaden - Schierstein; Im Biebricher Arm auf der linken Seite bleiben.*

Rechter Arm (Biebricher Arm):

502,9 r Fähre Biebrich-Rettbergsaue, Biebricher Schloss.

503,0 r **Wiesbaden-Biebrich**, Bus zum Kochbrunnen, Kurpark, Kurhaus, Neroberg.

503,8 r ⌂ des Wiesbadener KV, ▲, Bad, Küche, ☎ 66781.

504,5 ⌶ Mainz - Schierstein.

Linker Arm (Mombacher Arm, Wachsbleicharm):

503,7 l ⌂ ⚖, mit großem ▲ C der Kanufreunde Mainz-Mombach 1929, *DKV-Kanustation*, auch für größere Gruppen gut geeignet, ⌂ ab 17:30 Uhr besetzt, ☎ 06131/683772.

503,8 l ⌂ der Kanu- und Skigesellschaft 1921 Mainz-Mombach, ▲, *DKV-Kanustation*, ☎ 06147/1551.

505,3 Ende der Rettbergsaue.

505,8 r, im Einfahrtsbereich des Wiesbaden-Schiersteiner Hafens ⌂ und ▲ Wassersport Wiesbaden, *DKV-Kanustation*, ☎ 0611/20656, und Wassersportverein Wiesbaden-Schierstein.

507,8 l **Budenheim**, Fähre nach Niederwalluf.

507,9 l ⌂ KC Budenheim.

508,1 r **Niederwalluf**, Segelhafen. NSG bis km 509,4 am l Rheinufer hinter dem Längswerk die Wasserfläche Krappen.

509,7 r WSV Neptun Mombach, ⌂ hinter Kribbe im Altwasser.

509,9 - 512,0 l NSG „Eltviller Aue“, Inseln nicht betreten, vom 15.10.-31.03. nur im ausgetonnten Fahrweg fahren.

511,0 r **Eltville**, alte Weinstadt, Burg Crass, gute ⬇/⬆.

512,0 Beginn der Insel Mariannenaue mit Stromteilung in „Große- und Kleine Gieß“. Die Mariannenaue ist NSG und darf nicht betreten werden. Außerdem besteht vom 15.10. bis 31.03. ein Befahrungsverbot für die Wasserflächen innerhalb der die Insel umgebenden Parallelwerke. Rechter Arm Hauptstrom „Kleine Gieß“. *Fahrtempfehlung: Die Insel durch die „Große Gies“ links umfahren. Die „Kleine Gieß“ hat starken Schiffsverkehr. Die Fahrrinne umfasst teilweise die gesamte Flussbreite.*

512,8 r ⌂ RKC Erbach.

513,5 r Naturschutzgebiet. Der Weichholzauewald, der Spulsaum sowie die Stillwasserzonen zwischen dem Leitwerk im Rhein und der B 42 sind auf ca. 600 m Bestandteil des NSG „Erbacher Wäldchen“. Einfahren und Anlanden verboten.

515,5 r **Hattenheim**, ✕ „Brückenschänke“.

517,4 Ende der Insel Mariannenaue und der Parallelwerke.

517,9 r ⌂ WSG Oestrich.

519,0 Autofähre, r **Mittelheim**, l **Ingelheim/Nord**.

519,6 l „Ingelheimer Aue“. Beginn des Parallelleitwerkes.

519,9 l ⌂ und ▲ Kanu-Club Mainz-Mombach, *DKV-Kanustation*, ☎ 06132/87801, Zufahrt durch Durchlass im Parallelwerk bei km 519,9. Das Vereinsgelände liegt landseitig gegenüber einer ✕ (ehemaliges Ingelheimer Strandbad). ✕ ganzjährig geöffnet, gute ⬇/⬆.

520,1 r ⌂ KC Winkel.

520,8 l Fuldaer-Aue und Ilmen-Aue. *Fahrtempfehlung: Bei Weiterfahrt durch das „Binger Loch“ rechte Stromseite befahren. Bei Fahrt aus dem Altrheinarm der Fulder-Aue: Insel Fulder-Aue rechts umfahren und vor der Insel Ilmen-Aue den Durchlass in den Hauptstrom benutzen. Bei Weiterfahrt durch das „Binger Loch“ direkt das Fahrwasser queren und auf der rechten Stromseite weiterfahren.*

521,5 r Schloss Johannisberg.

521,7 - 522,9 !! r Kribben: Vorsicht, da starke Wellenbildung möglich..

523,5 r WS Geisenheim, ⌂ , 🚆 10 Minuten, ✕, ⬇/⬆.

523,6 - 524,7 ! r Kribben.

524,1 r ▲ C der Stadt **Geisenheim**.

524,5 l Ilmenau, NSG. Anlanden verboten, r umfahren.

525,2 Reste der ehemaligen EB-Ⅱ (Hindenburgbrücke).

525,2 - 526,9 Rüdesheimer Aue, NSG. Anlanden verboten, r und l umfahrbar. Befahrungsverbot vom 15.10. bis 31.03. für die Wasserflächen zwischen den Parallelwerken und der Insel Rüdesheimer Aue vom km 525,0 bis km 526,85 und der Linie, die, in einem Abstand von 60 m zum oberstromigen Parallelwerkende, bei km 525 beginnend zur nördlichen Seite der Insel bei km 525,65 führt und, in einem Abstand von 190 m zum unterstromigen Parallelwerkende, bei km 526,85 endet.

525,4 r ▲ C Rüdesheim.

526,6 l Rochuskapelle auf Berg, r **Rüdesheim**. Berühmtes Rheinstädtchen (Drosselgasse). Aufstieg und Sessellift zum Niederwalddenkmal.

527,2 Personenfähre Rüdesheim-Bingen.

527,5 Autofähre Rüdesheim-Bingen, dahinter r Querrippe.

528,0 - 532,0 *Fahrtroute: Von Graus-Aue (Querrippe) bis Assmannshausen/Rödelsteinfelsen) außerhalb der Fahrrinne, unmittelbar neben den roten Fahrrinnenbegrenzungstonnen fahren. Achtung: Starker Schiffsverkehr, starke Strömung und Wellenbildung.*

528,5 l Bingen, oberhalb der Stadt befinden sich die Burg „Klopp“ und die „Rochuskapelle“. Gute Anlandemöglichkeit beim Ruderverein Bingen km 529,0. *Achtung: Beim Anlanden in Bingen ab km 520 möglichst am linken Ufer fahren.*

529,1 l ↓ Nahe (s. AB). Bei Ausfahrt aus der Nahe und Weiterfahrt auf dem Rhein muss man zunächst etwa 400 m nach r bei starker Gegenströmung stromaufwärts paddeln und dann etwa bei den Schiffsanlegern um die grün-weiße Boje herum in den Strom einfahren.

530,2 Mäuseturm auf Insel, r Ruine Ehrenfels.

532,2 r **Aßmannshausen**. *Fahrtempfehlung: Zwischen km 532,0 und 533,5 rechts unter Land fahren. Achtung: Auf An- und Ablegende Fahrgastschiffe achten.*

533,1 l Burg Rheinstein, auf dem Berg das Schweizerhaus.

533,5 r Flusshälfte, Clemensgrund, ausgedehnte Schotterbank, sie ist links und rechts umfahrbar. *Fahrtempfehlung: „Clemensgrund" rechts umfahren und dabei dicht am rechten Flussufer bleiben (Wassertiefe).*

534,0 l Clemenskapelle, Basilika aus dem 12. Jahrh.

534,3 l ▲ C an der ↓ des Morgenbachs, darüber die 1000-jährige Burg Reichenstein. l **Trechtingshausen**, 🚌 5 Minuten.

537,3 l Burg Sooneck.

537,8 - 539,8 Insel Lorcher Werth, Umfahrung rechts und links möglich. NSG, vom 16.09. bis 31.03. Anlanden an der Insel, Leitwerken und Sandbänken verboten.

539,3 Fähre, l **Niederheimbach** - r **Lorch**. *Fahrtempfehlung: Bei Fahrtende in Bacharach, Fahrwasserquerung bei km 540,0. Dann links außerhalb der Fahrrinne bis Bacharach fahren.*

540,3 r **Lorc**h mit Ruine Nollig, Teil der alten Stadtbefestigung. l **Rheindiebach**, die Ruine Fürstenberg.r ↓ Wisper (s. DKV-Kanuführer für Südwest-Deutschland).

542,0 r Lorch, Ortsteil **Lorchhausen**. *Fahrtempfehlung: Wenn kein Halt in Bacharach geplant ist, auf der rechten Stromseite bleiben.*

542,0 l ▲ C beim Strandbad Bacharach, sehr gutes Etappenziel, für Gruppen gut geeignet, ⬇/⬆, zum 🚌 10 min. Achtung: Vorgelagerte große Kiesbank evtl. umfahren.

542,8 l ⌂ RV Bacharach, gute ⬇/⬆, 8 min zum 🚌. *Fahrtroute: Bei Weiterfahrt unbedingt Fahrwasser queren und rechte Stromseite befahren.*

543,0 l **Bacharach**, ★, Stadtbefestigung mit 16 Wehrtürmen, Jugendburg Stahleck. 🏰, r „Wirbelley".

545,0 r „Kauber Werth", rechtsseitige Umfahrung ohne Schwierigkeiten möglich. Linksseitig kann die Insel im Hauptstrom („Das wilde Gefähr") umfahren werden. Besonders bei niedrigem Wasserstand auf Schiffsverkehr und Krippen achten! Starke Wellenbildung.

546,1 Kauber Pfalz „Pfalzgrafenstein", alte Zollstätte, ★.

546,2 r **Kaub**, Wagenfähre, Burg Gutenfels.

549,1 l ▲, Kiesstrand. Anlandung gut möglich. Eventuelles Etappenziel mit Besuch von Oberwesel.

550,0 l **Oberwesel**. ★: historische Altstadt, Schönburg, St.-Martins-Kirche.

550,7 Gute ⬆ zum Besuch der Altstadt kurz unterhalb der Signalstelle am Ochsenturm (kleiner Kiesstrand). *Fahrtenroute: Bei*

Weiterfahrt direkt Fahrwasser queren und roten Tonnenstrich fahren. Achtung: Bei talfahrenden Schiffen gibt es starke Sog- und Wellenbildung.

551,0 l Tauber Werth, Felseninsel. NSG, Anlanden verboten. r Flusshälfte bei NW Kiesbank („Jungferngrund").

551,1 „Die 7 Jungfrauen", auch „Hungersteine" genannt, Felsengruppe im Strom.

552,5 „Geisenrücken" (Felsen im Strom). *Achtung: Geteiltes Fahrwasser. Talfahrende Schiffe fahren weit rechts. Sportboote dennoch auch rechts bleiben und auf Berufsschifffahrt achten (starke Sog- und Wellenbildung).*

554,0 r Loreley, engste (nur 130 m!) und tiefste Stelle des Mittelrheins. Landen zur Besichtigung im Hafen r unterhalb. Zwischen Loreley und St. Goar starke Querströmung mit hohen Wellen, unabhängig vom Schiffsverkehr. Dicht am r Ufer halten, ! auf Schiffsverkehr.

554,7 l ▲ C „Loreleyblick", schwieriges Anlegen.

555,5 Bei Westwind oder starkem Schiffsverkehr starke Wellenbildung in der „Bank" (Stromzug zum r Ufer), r fahren.

556,0 l **St. Goar**, Burg Rheinfels, r **St. Goarshausen**, Burg Katz. Gute ⬇/⬆ beim Ruderverein St. Goar. Zum 🚌 10 min.

557,2 r ▲ C der Stadt St. Goarshausen, gute Anlandemöglichkeit. *Fahrtempfehlung: Ab km 557,2 Fahrrinne queren, Weiterfahrt linke Stromseite bis km 560,0 und dann wieder Fahrrinnenquerung. Weiterfahrt rechte Stromseite.*

558,8 r Wellmich mit Burg Maus, l Schutzhafen St. Goar. Gute ⬆/⬇ am Kiesstrand.

560,0 r **Ehrental**, ✕ „Klosterschenke".

560,3 Ehrentaler Werth, Insel ist Naturschutzgebiet, Anlanden verboten, r und l umfahrbar, besser r fahren.

562,3 l **Hirzenach**.

563,2 r **Kestert**.

566,0 l **Bad Salzig**.

566,3 r Burgruinen „Die feindlichen Brüder", stromab Burg Sterrenberg, stromauf Burg Liebenstein. Alte Reichsburgen, 12. Jahrhundert.

566,8 r **Kloster Bornhofen**, bekannter Wallfahrtsort, ⬇/⬆, ✕.

568,4 r Schiffsanlegestelle Kamp-Bornhofen, ⬇/⬆, ✕.

569,6 l Ruderclub Boppard, gute und einzige Anlegestelle am Ort.

570,5 l **Boppard**, malerische Stadt keltischen Ursprungs, ★. Autofähre Boppard-Filsen.

571,1 r **Filsen**.

575,2 r Osterpai mit Schloss Liebeneck. *Fahrtempfehlung: Bei km 575,0 Fahrrinne queren und weiter auf linker Stromseite.*

575,5 - 577,8 r Längskribbe „Auf der Schottel“. NSG, Anlanden verboten.
576,0 l ▲ C der Stadt Boppard, bis km 576,5, sehr abseits.
577,5 l **Spay**.
579,5 - 580,7 in Strommitte der „Braubacher Grund“, Kiesbank, bei 1,40 m Koblenzer Pegel trocken gefallen, Bojen beachten und l fahren. Bei Anlandung in Braubach rechte Stromseite fahren.
580,0 r **Braubach**. Lohnender Aufstieg zur Marksburg, einzige völlig erhaltene Burg am Rhein. Die 3 Schornsteine hinter dem Berggipfel gehören zur Blei- und Silberhütte Braubach, wo schon die Römer Erze schürften.
580,6 r ▲ C „Uferwiese“, ☎ 02627/1422, paddlerfreundlich, Anlandemöglichkeit an Rampe.
580,8 l ▲ C Brey.
582,2 l **Rhens** mit Königsstuhl, wo die deutschen Kurfürsten ihren König kürten. Historische Altstadt, gute ⬇/⬆ am „scharfen Turm“, ✕, 5 min zum 🚉. *Fahrtempfehlung: Bei Anlandung in Koblenz auf der linken Stromseite fahren.*
584,5 r **Lahnstein-Oberlahnstein**, kurzer Weg zum Bahnhof, oberhalb Burg Lahneck, schöner Blick auf Rhein- und Lahntal. Fähre Kripp Kapellen-Lahnstein.
585,3 l Koblenz (Ortsteil Kapellen), darüber das vom preuß. König Friedrich Wilhelm IV. 1842 wiederaufgebaute Schloss Stolzenfels.
585,7 r ↓ Lahn (s. AB), 10 Minuten zum 🚉 Niederlahnstein.
586,0 r **Lahnstein**. Bekannte Kriegergedächtnisstätte auf dem Allerheiligenberg.
588,4 Autobahn-Ⅱ, Koblenzer Süd-Ⅱ.
588,5 EB-Ⅱ Koblenz-Horchheim.
589,0 - 593,0 **Koblenz**.
589,5 l ⌂ des Post-Sportvereins Koblenz im staatlichen Sicherheitshafen Rheinlache, ☎ 0261/34343 und ☎ ⌂ 0261/34552
590,0 l ← Einfahrt in Rheinlache zum ⌂ des PSV.
590,9 Ⅱ Koblenz-Pfaffendorf.
591,5 Fähre Koblenz-Ehrenbreitstein, r Festung Ehrenbreitstein. Heute u. a. Museum.
592,3 l ↓ Mosel (s. AB), ▲ C von Koblenz in Koblenz-Lützel. Kanufahrer an gepflasterter Rampe landen.
593,3 l **Neuendorf**, ⬇ an Rampe, Parkplatz.
594,0 r **Urbar**.
595,3 Insel Niederwerth. Bei rechtsseitiger Umfahrung r **Vallendar**, Ⅱ zur Insel. ⌂ FWV Vallendar, nicht bewirtschaftet, ▲ und Übernachtung nach Voranmeldung Anschrift: Freier Wasser-

sportverein Vallendar, Postfach 14 52, 56174 Vallendar. ☎ 0261/62789, 0261/63276 oder 02622/10428 möglich.

596,3 Insel Graswerth, NSG. Anlanden verboten! Außerdem Befahrungsverbot vom 15.10. bis 31.03. für den Vallendarer Stromarm (zwischen Insel und r Ufer) von km 597,2 bis 598,7. Eine Befahrung der Rothe Nahrung (= Wasserfläche zwischen den Inseln Niederwerth und Graswerth) ist ganzjährig erlaubt.

597,1 l **Kesselheim** (Hauptarm).

597,9 r ↓ Vallendarer Arm.

598,4 Autobahn-Ⅱ A 48.

599,0 r **Bendorf**, l **St. Sebastian**.

599,9 r ↓ Saynbach (s. DKV-Kanuführer für Südwest-Deutschland oder Gewässerführer für NRW).

600,7 r **Engers**, l **Kaltenengers**.

602,1 EB-Ⅱ.

602,6 - 603,9 Urmitzer Werth, NSG, Anlanden verboten, r Arm bei NW **X**.

602,8 l **Urmitz**.

606,0 Weißenthurmer Werth. r und l umfahrbar.

607,7 Ⅱ B 256.

607,8 r **Neuwied**. ⌂ Neuwieder WSV, ✕, Übernachtung im ⌂ nach Voranmeldung möglich, ☎ 02631/23300, Anlegesteg bei km 608,1. ★: Schlossgarten des Fürsten zu Wied, Abtei Rommersdorf, Altsteinzeitmuseum, Burgruine Altwied. l **Weißenthurm**.

608,7 l ↓ Nette (s. DKV-Kanuführer für Südwest-Deutschland oder Gewässerführer für NRW).

610,2 r ↓ Wied (s. DKV-Kanuführer für Südwest-Deutschland oder Gewässerführer für NRW).

612,0 r **Fahr-Irlich**.

613,2 l **Andernach**. Stadt aus der Römerzeit, gut erhaltene Stadtbefestigung, Rheinkran aus dem Jahre 1554. Fähre Andernach - Leutesdorf.

614,5 **Leutesdorf**, größter Weinort am Mittelrhein. Wallfahrtskirche Heilig-Kreuz.

615,0 l Namedyer Werth (Halbinsel).

617,0 Insel Hammerstein. Anlanden verboten, gehört zum Naturpark „Rhein-Westerwald“. Oberhalb auf steilem Felskegel Ruine der Burg Hammerstein.

619,0 r **Hammerstein** (Ortschaft).

620,3 l **Brohl**, l ⌂ Wassersportabteilung VfL 1892 Brohl e. V. nicht am Rhein gelegen, keine Übernachtungsmöglichkeit. Von hier Schmalspurbahn „Vulkanexpress“ nach Laacher See und Kloster Maria Laach (12 km). Personenfähre Brohl - Rheinbrohl.

621,5 r **Rheinbrohl**, 🚉.
621,7 l **Rheineck** mit Burg Rheineck.
622,6 Wagenfähre.
623,0 r ▲ C Hönningen.
623,7 l **Niederbreisig**, Mineral-Freibad 28 °C warm. Personenfähre Bad Breisig - Bad Hönningen. r **Bad Hönningen**, Frei- und Hallenbad direkt am Rein, Fußweg zum 🚉 10 Minuten, gute ⬆ neben Personenfähre, Parkplatz.
624,5 r Schloss Arenfels.
627,7 r **Leubsdorf**, mit schönem 4-türmigem Burghaus.
627,9 l ⌂ mit ▲ des WSV Sinzig, 🍴, *DKV-Kanustation*, ☎ 06242/44890, günstig für Abstecher zur Ahr.
628,2 l **Sinzig**, alte Römergründung, später fränk. Königspfalz, Thermalbad, Kirche und Schloss (landeinwärts).
629,3 l ↓ Ahr (s. AB).
629,8 r **Linz**, 🚉, Fähre Linz - Kripp.
629,7 l **Kripp**.
632,8 l ≏, r Landpfeiler der ehemaligen historischen Remagener EB-II. Museum im l Brückenpfeiler.
633,1 l ⌂ WSV Remagen, Übernachtung im ⌂ , ☎ 02224/71742.
633,4 r **Erpel**, oberhalb die Erpeler Ley (Basaltfelsen), Personenfähre Erpel - Remagen.
633,8 l **Remagen**, altes römisches Kastell, Apollinariskirche, ★.
635,8 r ⌂ und ▲ KC Unkel, *DKV Kanustation*, ☎ 02224/70915 (Donnerstag ab 20:00 Uhr), Hausmeisterin C. Stehle, ☎ 02224/967720. Zum Anlanden Bootsrampe benutzen. Fußweg zum 🚉 20 Minuten. ★: Erpeler Ley, Stadt Unkel.
636,7 r **Unkel**, möglichst weit r fahren (l oft starke Wellenbildung), Personenfähre Unkel - Unkelstein.
638,5 l **Oberwinter**.
638,6 r ▲ C.
640,2 l Rolandseck, oberhalb Rolandsbogen, schöne Aussicht über das Rheintal. Fähre Rolandseck - Honnef.
640,4 l ← für Kleinfahrzeuge, dort bei 641,0 l **Rolandswerth**, 641,8 l ▲ C.
641,0 Inseln r Grafenwerth und l Nonnenwerth. ▲ verboten! Fähre Rolandswerth - Nonnenwerth.
641,3 r **Honnef** mit der hohen Löwenburg (455 m), 🚉.
642,0 r Hotel Bellevue, ⬇/⬆, Fußweg zum 🚉 2 Minuten.
643,0 r **Rhöndorf**, Adenauer-Haus.
643,2 l ⌂ KC Mehlem, 110 m landeinwärts, ▲ M für Einzelfahrer, ☎ 0228/856834 freitags ab 20.00 Uhr, Naturpark Siebengebirge.
644,0 l **Mehlem**, r Ruine Drachenfels und Drachenburg (auf halber Höhe).

654,1 Wagenfähre Mehlem - Königswinter.

645,5 r **Königswinter**, bekanntes Rheinstädtchen, Hauptzugang zum Siebengebirge, Bergbahn auf den Drachenfels, 🚆.

646,2 l ⌂ und ▲ Godesberger KC (keine Wohnwagen), *DKV-Kanustation*, ☎ 0228/333248 (Donnerstag 19.00 - 21.00 Uhr). Fußweg zum 🚆 und zur Rheinuferbahn 20 Minuten.

646,3 l ⌂ WSV Godesberg, Übernachtungsmöglichkeit, ☎ 0228/332021, ✕.

647,6 r **Niederdollendorf**. Zugang zur Klosterruine Heisterbach und zum Petersberg. Wagenfähre Niederdollendorf - Bad Godesberg. r unterhalb der Fähre gute ↓/↑ mit Parkplatz. l **Bad Godesberg** mit der Godesburg.

648,5 l **Plittersdorf**, ⌂ Plittersdorfer Kanufreunde, 80 m landeinwärts oberhalb der Rheinuferpromenade, Hofstr. 1. Übernachtung im ⌂ nach Voranmeldung möglich, ☎ 0228/356523 oder 0228/371792.

648,9 r ⌂ , Oberkasseler WSV.

650,0 r **Oberkassel**.

651,4 Autobahn-Ⅱ A 562, „Konrad-Adenauer-Ⅱ".

651,8 l ⌂ VKB Bonn. Übernachtung nach Voranmeldung, ☎ 0228/235617.

652,0 - 658,0 l **Bonn**, Bundestagsgebäude am Rhein, schönes Münster, Geburtshaus Beethovens, ★.

652,7 l Bundeshaus.

653,7 r **Beuel**, ⌂ SSF Bonn, ✕.

654,3 r Personenfähre Beuel - Bonn.

654,9 r ⌂ Kanu-Fahrer im Bonner Turnverein 1860, ☎ 0228/464341. Straßen-Ⅱ Bonn-Beuel (Kennedy-Brücke). l Theater der Stadt Bonn. Fußweg zum 🚆 Bonn-Beuel 10 Minuten (auch Straßenbahnverbindung).

655,5 Beethoven-Halle (Konzert-Halle).

657,2 Autobahn-Ⅱ A 565, „Friedrich-Ebert-Ⅱ".

658,5 l **Grau-Rheindorf**. ⌂ WSpV „Blau-Weiß" Bonn: ▲-Möglichkeit, Unterkunft im Bootshaus nach Voranmeldung. ☎ 0228/670669 und für Voranmeldung 0228/687898.

659,2 l ⌂ des Post-Sportvereins Bonn. Großer ▲, *DKV-Kanustation* Für Übernachtung im ⌂ vorher anmelden. ☎ 0228/670466 (Mittwoch 20.00 - 22.00 Uhr), Voranmeldung auch ☎ 0228/441940 oder 0228/670466, Fax 0228/673653.

659,8 r **Mondorf**. Wagenfähre Rheindorf-Mondorf. r ✕.

659,3 r ↓ der Sieg (s. AB)

659,8 r Mondorf, Fähre Mondorf - Grau Rheindorf, r ✕.

6. Niederrhein

Der Rhein tritt bei Bonn aus dem rheinischen Schiefergebirge aus und wird zum Flachlandfluss. Weiterhin gute Strömung, starker Schiffsverkehr.

Bis km 779 wird das Landschaftsbild durch zahlreiche Industrie-, Kraftwerks- und Hafenanlagen geprägt.

Gewässergüte: II (mäßig belastet).

661,1 l **Hersel**. ⌂ und ▲ Herseler WSV, ☎ 02222/8475, ✕.
661,9 l Herseler Werth, Anlanden auf der Insel verboten.
663,8 r **Rheidt**, ⌂ Blau-Weiß Rheidt, ✕, zum Anlanden Treppe ca. 50 m in der Laach benutzen.
666,5 - 667 l Wassermotorradstrecke.
668,0 r **Lülsdorf**, Fähre Lülsdorf - Wesseling.
669,5 l **Wesseling**.
673,3 r **Langel**.
676,6 Personenfähre.
676,7 l ▲ und ⌂ WSV Blau-Weiß Köln, ☎ 0221/173774.
677,3 r ⌂ Kanu-Club Zugvogel Blau-Gold Köln, ☎ 02203/81003.
678,4 r **Porz**.
680,5 l **Rodenkirchen**, ▲ Kölner Faltboot-Club, ☎ 0221/8903698 oder 0221/388317.
680,6 l ⌂ und ▲ KC Grün-Gelb Köln, ☎ 0221/504350 oder 02236/61674.
680,7 l ⌂ und ▲ Rhein-Kanu-Klub, ☎ 0221/605812.
680,8 l⌂ und ▲ Freie Wassersport Vereinigung (FWV) Köln, *DKV-Kanustation*, ☎ 02234/62877 oder 0221/397149.
681,0 l ▲ C „Berger“, ✕.
681,2 ⌂ und ▲ der Wassersportfreunde 31 Köln, kein direkter Zugang zum Rhein. ☎ 0221/391834.
683,3 r ⌂ Paddler-Gilde Köln.
683,4 Autobahn-][, A 4, auch für Fußgänger und Radfahrer.
683,5 l gute ⬆ an gepflasterter Schrägrampe, Parkplatz, Haltestelle der Rheinuferbahn in 50 m.
685,7 EB- und Fußgänger-][, r vor der][, aber hinter dem Damm, ⌂ und ▲ des ESV Olympia Köln, ☎ 0221/818378, Voranmeldung 0221/730703 oder 0221/374684.
687,3 Severins-][, danach l Hafen Köln-Rheinau, r Hafen Köln-Deutz.
687,9 Deutzer][, r **Köln-Deutz**, unter][-Rampe ⌂ und Klubräume des KSK-Team Köln. Hinter der][Schrägrampe, günstige ⬆

zum Stadtzentrum **Köln**. Fußweg zum 🚆 Köln-Deutz 10 Minuten und zum Haupt-🚆 Köln 10 Minuten.

688,0 l Pegel Köln, MW 3,04 m, HSW 8,30 m.

688,5 EB-Ⅱ (Hohenzollern-Ⅱ), sowie für Fußgänger und Radfahrer, r Messegebäude Köln-Deutz, Gartenschau. l Haupt-🚆 und Kölner Dom.

688,6 Personenfähre.

689,0 Personenfähre

690,2 Straßen-Ⅱ (Zoo-Ⅱ).

690,3 Seilbahn (Kabinenbahn).

691,0 l Kiesstrand und Liegewiesen, gute ⬆. Parkmöglichkeit etwas stromauf bei der Shell-Tankstelle, Zufahrt von Rheinuferstraße.

692,0 Hänge-Ⅱ Köln-Mülheim, r **Mülheim**.

693,0 r ⌂ WSV Neptun Köln-Mülheim.

693,9 r **Köln-Stammheim**.

694,0 ⌂ Kanusport Köln-Mülheim, ▲ nach Rücksprache mit ✕-Pächter, ✕, ☎ 0221/662909 oder 0221/661556.

698,0 r ▲ CWS 1931.

701,0 r **Leverkusen-Wiesdorf**, ⌂ VK Bayer Leverkusen.

701,5 Autobahn-Ⅱ A 1.

703,3 r ↓ der Wupper (s. AB).

703,4 l **Köln-Rheinkassel**.

705,3 Fähre Hitdorf - Langel.

709,5 l **Köln-Worringen**, Hafen.

711,5 l **Dormagen** (landeinwärts).

713,5 r **Monheim**. ⌂ Monheimer Kanu-Club, ▲ nur nach Voranmeldung, ☎ 02173/64989 oder 02173/4455, ★: Altstadt. l Haus Piwipp.

715,6 r **Baumberg**.

716,8 721,2 Urdenbacher Altrhein / Baumberger Aue und Rheinufer ganzjährig gesperrt.

717,5 l **Zons**, mittelalterliche Stadt (landeinwärts).

718,0 Fähre Zons - Ausleger.

718,2 l ⌂ und ▲ WSC Grün-Weiß Dormagen.

719,0 - 720 Wassermotorradstrecke.

722,0 l ⌂ und ▲ PC Möve, r Benrath.

723,9 r ⌂ WSV Störtebeker.

729,2 l **Neuss-Uedesheim**.

729,9 r ⌂ Wikinger Kanufreunde Himmelgeist.

732,5 Autobahn-Ⅱ A 46.

734,1 r **Düsseldorf-Volmerswerth**, ⌂ und ▲ Freie Wasserfahrer Düsseldorf, *DKV-Kanustation*, zeitweise ✕, für Gepäcktouren günstige Übernachtungsmöglichkeit im Raum Düsseldorf, ☎ 0211/151223 oder 0211/780780.

735,5 l ↓ Erft (s. AB).

735,7 l ← zum Sporthafen Neuss mit den ⌂ des WSV Neuss und des Neusser KC.

737,1 Straßen-Ⅱ B 1, r **Düsseldorf**, l **Neuss** („Südbrücke“).

737,7 r ⌂ KC Düsseldorf-Hamm, ✕.

737,9 r ⌂ und kleiner ▲ Düsseldorfer Paddlergilde, *DKV-Kanustation*, ☎ 0211/305312, Straßenbahn zur Altstadt.

738,2 EB-Ⅱ.

740,2 l ← Hafen Neuss, im Hafen ↓ des Erftkanals.

743,1 r Städtischer Hafen Düsseldorf

743,6 Ⅱ („Kniebrücke“), r **Düsseldorf-Friedrichsstadt**.

744,2 r Pegel Düsseldorf, MW 3,33 m, HSW 8,80 m.

744,8 Oberkasseler-Ⅱ.

746,1 → zum Sporthafen Düsseldorf mit den schwimmenden ⌂ des WSV Rheintreue Düsseldorf.

746,7 Ⅱ B 7 (Theodor-Heuss-Ⅱ).

747,2 ← Einfahrt zum Yachthafen Düsseldorf mit dem schwimmenden ⌂ des Düsseldorfer KC.

748,9 l ← Einfahrt zum Sporthafen Düsseldorf-Lörick mit den ⌂ des KYD Düsseldorf und, im früheren Rheinbad, WSV Benrath und Wasserwanderer Düsseldorf.

749,0 Fähre Stockum - Lörick (Wochenendbetrieb).

750,0 - 753 Wassermotorradstrecke.

752,5 Autobahn-Ⅱ A 44.

755,1 Wagenfähre Kaiserswerth-Langst.

755,7 r **Kaiserswerth**, ehemalige Kaiserresidenz mit Resten der Kaiserpfalz und Suitbertusdom (1050).

762,0 l ⌂ KSK Bayer Uerdingen.

762,1 l ⌂ KTSV Preußen Krefeld.

762,4 l ⌂ Kanu-Wanderclub Krefeld (KWC).

764,0 Ⅱ B 288 Uerdingen-Mündelheim; ← zum Hafen Krefeld.

764,4 l Uerdinger Rheinschlösschen, Anlegeplatz an der früheren Rheinfähre, schlecht, Öl, Wellenschlag. Bus Krefeld-Rheinhausen.

766,8 l ⌂ Uerdinger Kanu Club. Von Duisburg bis zur deutsch-niederländischen Grenze ist für die Großschifffahrt versuchsweise der Rechtsverkehr eingeführt worden, d. h. Bergfahrer und Talfahrer müssen beim Begegnen ihren Kurs so weit nach Steuerbord richten, dass die Vorbeifahrt ohne Gefahr Backbord an Backbord stattfinden kann. Es gibt Ausnahmen, die aber dann durch 2 kurze Signaltöne und die vorgeschriebenen Sichtzeichen rechtzeitig bekannt zugeben sind.

768,8 r **Duisburg-Ehingen**, ⌂ Freie Wasserfreunde Duisburg, *DKV-Kanustation*, ☎ 0203/782308, ▲ C.

770,3 r Hafen der Krupp Mannesmann Hüttenwerke. !!! Achtung Schuber-Ausfahrten !!!

770,9 r ↓ Anger (s. „Gewässerführer für NRW“).

772,0 r **Duisburg-Wanheim**.

772,4 r ⌂ Wanheimer KC, Steg und Slipanlage, *DKV-Kanustation*, Verpflegung und Übernachtung im ⌂ (40 Betten, Hotelcharakter) nach Voranmeldung möglich, kl. ▲, Schwimmbecken, ☎ 0203/700737, Fax 0203/790996, E-Mail WahnheimerKanuClub@t-online.de, Internet: www.WKCDuisburg.de. r ⌂ Freie Wasserfahrer Duisburg-Süd, *DKV-Kanustation*, ☎ 0175/9902443.

773,4 l Container Logport, l Containerhafen.

774,3 r Kultus- und Südhafen.

774,4 EB-𝕀.

774,5 l **Rheinhausen**.

775,3 𝕀 Rheinhausen - Duisburg-Hochfeld.

775,7 l ⌂ und kleiner ▲ WSV Rheinhausen 27 e. V.

776,7 → Duisburger Häfen. Außen- und Innenhafen.

777,2 → Duisburg Parallelhafen.

778,4 Autobahn-𝕀 A 40.

780,0 l **Homberg**, r Kunstwerk „Rheinorange“.

780,1 r ↓ Ruhr (s. AB).

780,4 → des Hafenkanals, der nach 3,6 km in den Rhein-Herne-Kanal übergeht (s. AB). Der Rhein-Herne-Kanal ist über einen ca. 0,5 km langen Kanal im Hafengebiet Duisburg mit der Ruhr verbunden, sodass die Schifffahrt auch über die Ruhr-↓ in den Rhein-Herne-Kanal einfahren kann. l ⌂ des KC „Vater Rhein“ Homberg.

780,7 𝕀 Ruhrort-Homberg (Friedrich-Ebert-Brücke), dahinter → Ruhrorter Hafen (Kaiserhafen).

780,8 r Pegel Ruhrort, MW 4,38 m, HSW 11,30 m.

781,0 → Eisenbahnhafen.

781,1 l ← Hafen Rheinpreußen, ⌂ KC Rheintreue Homberg und KC Homberg Gerdt, *DKV-Kanustation*, Übernachtung auf Anfrage, ☎ 02066/55472 (Wanderwart) oder 02066/12700 (1. Vorsitzender) oder 02066/993135 (Bootshaus, nicht bewirtschaftet).

781,7 r **Duisburg-Laar**.

782,8 r Beeckerwerther Kanu-Verein, Übernachtung möglich ☎ 0203/86912.

785,0 EB-𝕀.

785,3 Autobahn-𝕀 A 42.

789,2 r **Duisburg-Alsum**, Nato-Rampe ⬇/⬆.

790,2 r **Hamborn-Schwelgern**, Hafen.

791,2 → Südhafen Walsum.

792,9 Fähre Orsoy - Walsum.

793,0 → Nordhafen Walsum, am Ende 800 m landeinwärts ⌂ WSV Walsum e. V., ☎ 0172/4751565.

795,6 → Baggersee.

796,1 l ⌂ und ▲ WSF Rheintreue Kamp-Lintfort, ✕.

797,4 l Haus Grunland.

797,6 r **Stapp**.

797,7 r ↓ Emscher.

798,7 r DLRG-Station Möllen.

799,0 r ϟ STEAG.

799,5 r ⌂ und ▲ KG Dinslaken.

800,2 r **Götterswickerham**, ✕.

800,5 r ✕ „Rheinwacht“.

803,9 l **Rheinberg**.

805,4 l **Ossenberg**.

811,3 l **Büderich**.

813,2 → Wesel-Datteln-Kanal (s. AB).

813,9 Straßen-Ⅱ B 58.

814,5 r ↓ der Lippe (s. AB). 3 km flussaufwärts Kanustation und Sportschule „Otto-Vorberg-Haus“ mit Übernachtungs-, Verpflegungs- und ▲-Möglichkeit.

815,2 r **Wesel**, EB-Ⅱ zerstört.

816,5 → zum Sporthafen Wesel, nach 500 m zwischen den Steganlagen Zufahrt zum ⌂ und kleiner ▲ Weseler Kanu-Club, bewirtschaftet, ☎ 0281/27204.

823,4 Personenfähre Xanten-Bislich, l ✕ „Zur Rheinfähre“.

824,0 l **Xanten**, röm. Gründung.

827,8 r ▲ C.

833,6 l **Obermörmter**.

834,2 l ▲ C

837,0 r ⌂ Reeser Ruderverein, r **Rees**.

837,3 Personenfähre, l ▲ C, keine Zeltmöglichkeit, ✕, schöner Strand.

837,7 r ▲ und ⌂ Reeser KC, ☎ 02851/3131.

838,7 Ⅱ B 67.

842,1 l ϟ Kalkar.

844,8 l **Grieth**.

844,9 Personenfähre, l **Grieht**, r **Griehter Ort**, r ▲ C, ✕ „Franz Naß“.

851,5 → zum Containerhafen Emmerich, 500 m Zufahrt zum ⌂ und ▲. KV Emmerich, Zugang über Metalltreppe r, ☎ 02822/18945.

852,4 r **Emmerich**, l ↓ der Kalflack (s. Gewässerführer für NRW).

853,2 Ⅱ B 220.

857,7 Bundesgrenze in Strommitte, r Ufer Niederlande, Ende des versuchsweise eingeführten Rechtsverkehrs.

862,3 r **Lobith**.

863,9 ← des Schifffahrtsweges Rhein-Kleve (Griethauser Altrhein und Spoykanal, verbindet das Industriegebiet der Stadt Kleve mit dem Rhein, Länge 10,2 km; bei 5,8 km vom Rhein ☐ Brienen, ≏ schwierig, ansonsten lohnende Fahrt; in Klewe ⌂ und ▲ des KC Kleverland).

864,8 l **Bimmen**.

865,5 Grenze der Bundesrepublik Deutschland, ab hier beidseitig Niederlande.

866,0 Personenfähre, l **Millingen**.

867,4 Aufteilung des Rheins. r Arm Pannerdenscher Kanal, l Arm Waal (= Rhein-Hauptarm).

Die auf dem Gebiet der Niederlande verlaufende Strecke des Rheins bis zu Mündung in die Nordsee ist beschrieben im DKV-Auslandsführer Band 6 „Nordfrankreich-Benelux".

3.1 Lippe

Wanderfluss
Mündung in Rhein (r Nebenfluss)

Die Lippe verläuft mit mäßiger Strömung vom Münsterland zum Rhein. Sie ist oberhalb der Mündung der Heder weitgehend unverbaut, unterhalb davon fast völlig reguliert, mit hohen Uferböschungen, ab Hamm begradigt.

Die Lippe ist einer der beliebtesten Kanuwanderflüsse in Nordrhein-Westfalen; am häufigsten wird der Oberlauf bis Lippstadt befahren. Es dürfen nur die offiziellen ⬇/⬆ benutzt werden.

Befahrungsregeln: km 208,5 - 207 Uferbetretungsverbot beidseitig, km 203,2 - 202,4 Uferbetretungsverbot beidseitig, km 202 - 201,5 Uferbetretungsverbot rechtsseitig, km 200,7 - 199,7 Uferbetretungsverbot rechtsseitig, km 193,3 - 190,5 Uferbetretungsverbot rechtsseitig, km 176,5 - 174 Uferbetretungsverbot linksseitig, km 175,0 - 169,3 Befahrungsverbot vom 01.12. - 28.02, übrige Zeit Anlandeverbot, km 168,8 - 166,5 Uferbetretungsverbot beidseitig, km 167,3 Befahrungsverbot der Steinschüttung rechts, km 145 - 139,5 Uferbetretungsverbot linksseitig, km 139,5 - 128,5 Uferbetretungsverbot beidseitig, km 116,0 - 80,5 Sperrung in der Zeit vom 04.10.-31.03. In der übrigen Zeit maximal 5 Durchfahrten mit jeweils 10 Booten, km 89 -

24 Uferbetretungsverbot, Rast nur an gekennzeichneten Stellen, Einzelheiten siehe KANU-SPORT 3/95.
Befahrbarkeit: ab km 213,4 ganzjährig, auch für Zweier.
Zeltmöglichkeit: ▲ und Stellmöglichkeit für Wohnwagen beim KC Paderborn, Fürstenweg, Paderbrücke, Auskunft bei Günter Mertens, ☎ 05251/730081 (d), 05251/64322 (p).
Gewässergüte: bis Benninghausen II (mäßig belastet), von Benninghausen bis Lippetal II-III (kritisch belastet), von Lippetal bis Lünen II (mäßig belastet), von Lünen bis Haltern II-III (kritisch belastet), von Haltern bis zur ↓ II (mäßig belastet) mit Ausnahme Bereich Marl II-III (kritisch belastet).

213,4 **Paderborn/Schloss Neuhaus**, ⌶ B 68, r mögliche ⬇, jedoch direkt an der Lippe Halteverbot, Parkplätze weiter entfernt. l ↓ der Pader, ≋ ab ⌂ KC Paderborn, von hier bis zur ↓ 4,5 km, ? Günter Mertens, ☎ 05251/64333.
212,6 l ↓ Alme (s. AB).
212,2 r → des Boker Kanals. Danach Schützen-▬, wenn geöffnet, evtl. ≋, sonst r ⏏.
211,7 Autobahn-⌶ A 33, Sohlschwelle, meist ≋.
210,0 Einlauf-▬ zum Sander Lippesee, evtl. ≋, vorher ansehen, bei HW !. r ↓ Thune (s. „Gewässerführer für NRW"). Der Lippesee besteht aus mehreren Kiesseen, die z. Zt. noch ausgebaggert und erweitert werden. Im ersten Teil des Sees l halten. Geplant ist die Verlegung des Flussbettes. Dazu wird ein neues Flussbett angelegt, das Bauende und die damit einhergehenden Veränderungen der Befahrbarkeit sind jedoch noch nicht abzusehen.
208,5 **Sande**, Ende des Lippe-Sees. ▬, X, r ⏏, gute ⬇ mit Parkplatz. Danach ⌶ B 64, unter der ⌶ ⬇-Möglichkeit, hier jedoch Parkverbot. Bis Boke folgen mehrere Sohlschwellen ≋, beidseitig bis km 207 ganzjährig Uferbetretungsverbot, zügige Durchfahrt erlaubt.
206,0 ⌶ Bentfeld-Heddinghausen.
203,2 beidseitig bis 202,4 ganzjährig Uferbetretungsverbot, zügige Durchfahrt erlaubt.
202,7 ⌶ Bentfeld-Anreppen.
202,0 - 201,5 r ganzjährig Uferbetretungsverbot, zügige Durchfahrt erlaubt.
200,7 - 199,7 r ganzjährig Uferbetretungsverbot, zügige Durchfahrt erlaubt.
199,0 r Betonröhre, ⬇, Parkplatz am Sportplatz.
199,5 ⌶ **Boke**.
195,4 l ↓ der Heder (s. „Gewässerführer für NRW").

193,3 ▬, meist Mitte ≋, vorher ansehen, sonst r oder l ⌓, bei HW ! Im Sommer meist geschlossen. r bis km 190,5 ganzjährig Uferbetretungsverbot (ausgenommen ⌂ TuS Mantinghausen), zügige Durchfahrt erlaubt.

192,8 r ⌂ SKF Geseke, keine ⬇/⬆.

192,0 Ⅱ Verlar-Mantinghausen, hier wegen schlechter Parkmöglichkeiten und damit verbundener Verkehrsgefährdung nicht ⬆ oder ⬇.

191,5 r ⌂ uns ▲ Kanu-Abtl. TuS Mantinghausen, *DKV-Kanustation*, ☎ 02948/1578, empfohlene ⬇ oder ⬆, Parkmöglichkeit, für mehrtägigen Aufenthalt geeignet, nur für DKV-Mitglieder und nur für Kleingruppen.

190,5 ▬ **Rebbecke**, evtl. Mitte ≋ oder r oder l ⌓.

190,0 l ↓ des Störmeder Bachs. Unterlauf als NSG ganzjährig gesperrt.

189,0 Ⅱ Garfeln-Rebbecke.

188,0 ▬ **Mettinghausen**, Mitte ≋, im Sommer oft geschlossen, l ⌓.

186,5 Ⅱ Hörste-Mettinghausen, danach ehemaliges ▬, ≋, r Parkmöglichkeit.

184,0 ▬ **Esbeck**, X, starker Rücklauf, im r Drittel Bootsgasse mit 120 cm breiter Durchfahrt und ⌓-Möglichkeit.

182,1 Ⅱ Esbeck-Lipperode, keine ⬇/⬆.

180,4 Ⅱ B 55.

179,7 EB-Ⅱ, danach Fußgänger-Ⅱ.

179,4 ← der alten Lippe mit ⌂ und ▲ des WSC Lippstadt, ☎ 02941/57709. Parkmöglichkeit.

179,0 l ↓ der alten Lippe, danach l Mühlenarm mit Slalomstrecke, Mitte HW-Kanal mit ▬ X, r nördliche Umflut mit ▬ und Bootsgasse mit 120 cm breiter Durchfahrt, ermöglicht freie Fahrt durch **Lippstadt**. Empfohlen wird der r Arm, bei NW ist die Befahrung jedoch recht flach (Steine), alternativ kann das ▬ am HW-Kanal ⌓ werden.

177,0 ↓ nördliche Umflut in die Lippe; r Parkplatz, ⬇.

176,8 Straßen-Ⅱ.

176,5 - 174,0 l ganzjähriges Uferbetretungsverbot, zügige Durchfahrt erlaubt.

175,0 - 169,3 Befahrungsverbot vom 01.12. - 28.02.; übrige Zeit Anlandeverbot.

173,5 r ↓ der Glenne (s. „Gewässerführer für NRW") und des Boker Kanals.

172,0 l ↓ der Gieseler (s. „Gewässerführer für NRW").

169,0 Ⅱ **Benninghausen**, r Parkmöglichkeit, ⬇/⬆, danach ▬, X, l Bootsgasse, offen, meist gut ≋. Vor der Bootsgasse starke

Versandung. Leichter Stromzug nach l zu den Turbinen. Hinweisschilder beachten.

168,8 ↓ des Turbinengrabens, ab hier bis km 166,5 (etwa 500 m unterhalb der Fußgänger-Ⅱ) NSG „Klostermersch“, Durchfahrt erlaubt, kein Anlanden.

167,3 Beginn der Renaturierung, die Lippe wird sehr breit und flach. Es ist ständig mit Veränderungen zu rechnen, da die Renaturierungsarbeiten noch andauern. Insel in Flussmitte, auf Beschilderung achten! r Steinschüttung, Befahrungsverbot; l Bootsgasse aus Natursteinen, 120 cm breit, meist geschlossen, an Bootsgasse oder l ⌓.

167,0 l ↓ Trotzbach, danach Fußgänger-Ⅱ, darunter kleiner Schwall, ≋, l **Eickelborn**.

160,6 Ⅱ Lippetal-Hovestadt, l Wasserschloss „Haus Hovestadt“, r vor Ⅱ ⬇/⬆, Parkmöglichkeit.

157,6 ▬ Kesseler mit Wege-Ⅱ, evtl. Mitte ≋ oder ⌓, Straßen-Ⅱ, 50 m vorher → des Schleusenkanals, freie Durchfahrt für alle Bootstypen, mittig halten, am Auslauf ! auf Angler. r ✕ „Kesseler Mühle“, ▲-Möglichkeit erfragen ☎ 02923/217.

152,4 Wege-Ⅱ Lippborg-Heintrop, ⬆ möglich, S 2, parken im Gewerbegebiet.

150,0 Straßen-Ⅱ B 475, r **Lippetal-Lippborg**, r hinter Ⅱ ⬇/⬆, r ↓ der Quabbe. Auf der Folgestrecke wurden Renaturierungsmaßnahmen durchgeführt, Steinhindernisse.

145,0 - 139,5 l ganzjähriges Uferbetretungsverbot, zügige Durchfahrt erlaubt.

143,0 l REW ϟ, ! viele Angler.

141,5 r ▲ C „Lütke Uentrop“, danach Autobahn-Ⅱ A 2.

140,5 ▬ **Uentrop**, X. Rechts vom ▬ modernes Wasser-ϟ, hier nicht ⌓. r → in den Schleusen-Kanal einfahren und am ⌂ der BSG VEW Uentrop ⌓ (100 m).

140,4 Ⅱ Uentrop-Ahlen.

139,9 r ↓ □-Kanal; bis km 128,5 beiderseits Betreten der Ufer verboten, renaturierte Uferabschnitte auf Steinschüttungen!

138,8 r ⌂ KV Ahlen, Zeltmöglichkeit für DKV-Mitglieder, ☎ 02388/2579.

137,0 r ⌂ Kanu-Abtl. TV Beckum.

137,4 Kleinbahn-Ⅱ.

136,0 Wege-Ⅱ Hamm-Haaren.

134,4 → Altarm, nicht einfahren, NSG.

134,0 r Schloss Oberwerries, Sportschule des WTB und Jugendbildungsstätte der Stadt Hamm.

133,5 l Altarm 250 m bis ⌂ KV Werries.

133,0 Wege-Ⅱ.

130,0 l Düker, an Eisengitter aussetzen zum DHK möglich (Rundtour, s. „Kleinflussführer für NRW“)

129,0 ▬ Heessen, X, starker Rücklauf (bereits mehrere Todesfälle), 150 m vorher l zur □ fahren und dort l ≏ (marode Uferbefestigung), r Schloss Heessen.

128,4 l ⌂ KC Heesen. Ⅱ Hamm/Ost-Hamm/Heesen. Ab hier ist die Lippe kanalisiert und verläuft parallel zum Datteln-Hamm-Kanal bis km 115.

128,0 l ↓ Ahse (Kanal-Düker).

127,2 r Ruder-Club Hamm, 150 m vorher l ≏-Steg zum Datteln-Hamm-Kanal (km 37,2) oberhalb der □ Hamm, dort ⌂ WSV Hamm, TuS Hamm und KSG Hamm, ca. 50 m. Unterhalb der □ am Datteln-Hamm-Kanal, ⌂ KV Hamm, DJK Hamm und PK Hamm.

127,0 ▬ Hamm X, r ≏ über RC-Gelände, sehr schwierig. Soll die Fahrt in Hamm beendet werden, bei km 127,2 zum Datteln-Hamm-Kanal ≏ und dort ⬆.

126,8 l ⬇ bei Rundtouren in Verbindung mit dem Datteln-Hamm-Kanal (km 36,4).

126,5 Ⅱ B 61 und B 64, unter Ⅱ kleiner Schwall, r fahren, **Hamm**.

126,0 EB-Ⅱ, davor flacher Schwall, l fahren, ≏ -Möglichkeit zum DHK.

122,5 Ⅱ Hamm-Hamm/Hövel (Datteln-Hamm-Kanal, km 33,8).

115,7 l Einfluss Pumpwerk, ! auf Querströmung, r fahren.

116,0 Ⅱ Hamm/Herringen-Hamm/Bockum. NSG bis km 80,5. Befahrungsverbot vom 04.10.-31.03.; übrige Zeit maximal 10 Boote in 5 Durchgängen, Uferbetretungsverbot, Mitte fahren.

114,5 r RWE-ϟ.

114,0 ▬ Stockum, X, r 50 m vorher ≏, vor dem Ufer Spundwand im Wasser, danach Ⅱ Hamm/Sandbochum-Stockum.

113,7 r ↓ kl. Wehrkanal, dort r Anleger der Kanu-Abteilung des SV Stockum, Parkmöglichkeit, ⌂ ca. 250 m.

111,0 l ≏-Möglichkeit zum Datteln-Hamm-Kanal, km 33,8.

110,0 Autobahn-Ⅱ A 1.

107,8 Wege-Ⅱ Stockum-Rünthe.

107,5 Schräg-▬ Werne, evtl. ≋, sonst l oder r ≏, r bis an das Ende des ▬, dort an Betonkante ≏, S 2.

106,5 Ⅱ B 233 Kamen-Werne, ≏ zum DHK.

97,0 ▬, X, **Lünen/Beckinghausen**, l ≏. Anlegestelle für Kanus vor ▬, Rampe liegt auf dem Gebiet des Lippeverbandes, Benutzung erbitten und nicht in der Zufahrt parken, großer Parkplatz. l ≏-Möglichkeit zum Datteln-Hamm-Kanal (km 17,3), etwa 400 m weit.

95,0 **Lünen**, 5 Straßen-Ⅱ.

91,0 ▬ Buddenburg, X, r ≏, l STEAG-ϟ Lünen.

89,0 Beginn des NSG „Lippeauen", ⬇/⬆, auch zu Rastzwecken, nur an den im folgenden Text vermerkten und durch Schilder gekennzeichneten Stellen.
87,0 Sohlschwelle ≋.
85,5 ⌶ Waltrop-Bork, r ⬇/⬆ Nr. 1.
83,0 ▬ „Haus Dahl", l Fischtreppe, evtl. nach Besichtigung ≋ oder l ⏏. ⬇/⬆ Nr. 2.
80,5 ⌶ **Vinnum**, ⬇/⬆ Nr. 3.
77,8 ⌶ Kanalüberführung Dortmund-Ems-Kanal, Neue Fahrt. ⬇/⬆ Nr. 4. ⏏-Möglichkeit zum Dortmund-Ems-Kanal (km 23,2). Behinderungen durch Bauarbeiten am Kanal voraussichtlich bis Ende 2004.
77,5 ⌶ Kanalüberführung Dortmund-Ems-Kanal, Alte Fahrt.
76,5 l Verladestelle des Lippe-Verbandes, ⬇/⬆ Nr. 5.
76,0 ⌶ B 235, Datteln-Olfen.
70,0 auf etwa 200 m Schwallstrecke; l Haus „Vogelsang", ⬇/⬆ Nr. 6.
68,0 **Ahsen**, ⌶, l fahren, r Brückentrümmer ! r hinter der ⌶ (erreichbar über den Wanderparkplatz) ⬇/⬆ Nr. 7.
58,0 ⬇/⬆ Nr. 9, l ⏏-Möglichkeit zum Wesel-Datteln-Kanal, km 48,6, ca. 80 m.
57,5 **Faelsheim**, ⌶.
54,8 r ↓ der Stever (s. „Kleinflussführer für NRW").
54,0 l ⌂ und ▲ KF Hamm-Marl, ⬇/⬆ Nr. 10. ⏏-Möglichkeit zum Wesel-Datteln-Kanal, km 45,5, ca. 100 m. Am Kanal ⌂ KC Hamm/Marl, *DKV-Kanustation*, ☎ 0160/92633907, (für mehrtägigen Aufenthalt geeignet) und PG Haltern „Nasse Brüder".
53,7 ⌶ B 51.
50,0 Autobahn-⌶ A 43, ⬇/⬆ Nr. 11, ⏏-Möglichkeit zum WDK.
47,5 ⌶ Sickingmühle-Freiheit.
47,0 l Wasserwerk, ⬇/⬆ Nr. 12. ⏏-Möglichkeit zum Wesel-Datteln-Kanal, km 39,9, ca. 400 m.
41,0 ⌶ Marl/Brassert-Dorsten/Wulfen, ⬇/⬆ Nr. 13.
34,5 ⌶ L 608.
34,0 ⌶, **Hervest**, darunter Schwall, Mitte fahren, Spritzdecke, ⬇/⬆ Nr. 14. l ⏏-Möglichkeit zum Wesel-Datteln-Kanal, km 32, ca. 250 m.
30,0 **Dorsten**, ⌶ B 224.
29,0 ⬇/⬆ Nr. 15, l ⏏-Möglichkeit zum Wesel-Datteln-Kanal, km 27,1, ca. 500 m, am Kanal ⌂ KF Dorsten.
28,5 r ↓ Hammbach (s. „Gewässerführer für NRW").
27,0 Autobahn-⌶ A 31, ⬇/⬆ Nr. 16, hinter der ⌶ l ⏏-Möglichkeit zum Wesel-Datteln-Kanal, km 24,5, ca. 50 m, Slalomstrecke.
24,0 Ende des NSG.
23,0 ⌶ Gahlen-Schermbeck, an der ⌶ r Parkplatz, unter der ⌶, ⬇/⬆.

22,4 l ≙-Möglichkeit zum Wesel-Datteln-Kanal, km 19,2, ca. 80 m.
14,2 r Seite ⬇/⬆ Krudenburg, Parkmöglichkeit.
14,0 ♊ Hünxe-Drevenack, r **Krudenburg**.
13,0 Autobahn-♊ A 3.
3,0 r „Otto-Vorberg-Haus“, Kanuheim und Sportschule des KV NRW, ⌂ Kanu-Freunde Lippe, Wesel.
2,0 EB-♊, Straßen-♊ B 8.
1,0 ♊ B 58.
0,0 ↓ in den Rhein bei km 814,5.

3.1.2 Alme

Kleinfluss - Wanderfluss
Mündung in Lippe (l Nebenfluss)

Die Alme ist ein landschaftlich lohnender und im Oberlauf auch sportlich interessanter Fluss; hier zahlreiche Hindernisse. Empfehlenswerte Strecke: km 46-15.

Befahrungsregeln: km 14 - 10 NSG, ganzjähriges Befahrungsverbot.

Pegel: r 100 m unterhalb der ♊ Weine, km 50.

Befahrbarkeit: ab km 60 nur für Einer, Pegel-Minimum 60 cm; ab Büren auch für Zweier, Pegel-Minimum 55 cm.

Gewässergüte: bis Büren I-II (gering belastet), danach II (mäßig belastet) und II-III (kritisch belastet).

60,0 ♊ Harth-Forsthaus Ringelstein, ⬇ bei gutem Wasserstand, Parkmöglichkeit.
55,0 ▬, r ≋, danach niedrige ♊.
54,0 ♊, l **Siddinghausen**.
51,0 l 2 ▬, 2. ▬ ≋, nicht bis zur Mühle fahren.
50,0 ♊, **Weine**, Parkmöglichkeit; nach 100 m r Pegel, l ⌂ und ▲ KSC Büren.
48,0 ▬, evtl. ≋, ! bei HW !
47,0 ▬, evtl. ≋, nicht r in den Mühlenarm fahren.
46,2 Niedrige Bogen-♊, ! bei HW, Schrägströmung!
46,0 ♊, **Büren**. Für eine Befahrung ab Büren ist es ratsam, als ⬇ die ♊ über die Afte 1 km oberhalb der ↓ zu benutzen.
45,0 r ↓ Afte (s. „Gewässerführer für NRW“).

40,0 **Brenken**, Mühlen-■, nicht bis zur Mühle fahren, hier ⌂ nicht erlaubt; 100 m vor der Mühle r Schützen-■, hier r ⌂, starker Stromzug zur Mühle. Ⅱ, Parkmöglichkeit.

39,0 Schützen-■, evtl. ≋ oder r ⌂. l Rechen im Obergraben, hier nicht ⌂, Privatgelände.

38,0 Autobahn-Ⅱ A 44.

36,9 Straßen-Ⅱ, gute ⬆, Parkmöglichkeit.

34,0 Ⅱ, **Ahden**, Parkmöglichkeit.

31,5 Stufe, fließt zu wenig Wasser über diese Stufe, sollte die Fahrt im Obergraben bis zur nächsten Wege-Ⅱ (ca. 500 m) fortgesetzt und dort beendet werden. Eine Weiterfahrt auf dem Obergraben ist wegen starker Verwachsung und mehrerer Einbauten zur Wasserableitung, **X**, nicht zu empfehlen.

31,0 Wege-Ⅱ, Parkmöglichkeit, r **Wewelsburg**.

28,5 Ⅱ, r **Graffeln**, davor l ↓ des Untergrabens, ⬇ falls die Fahrt bei km 31 unterbrochen werden musste.

25,0 Ⅱ, l **Niederntudorf**, Parkmöglichkeit.

24,5 r ■, ≋, bei HW! l halten.

23,0 EB-Ⅱ und Straßen-Ⅱ, bei genügend Wasser r in das Unterwasser fahren, sonst im Obergraben bis zu einem Betonsteg fahren und hier r ⌂ in den Untergraben.

20,0 ■ in einer Rechtskurve ≋, bei HW !

19,0 **Alfen**, Straßen-Ⅱ.

18,0 Stufe, r ≋, l Wasserrad.

17,0 Autobahn-Ⅱ A 33.

16,5 Ⅱ, **Kirchborchen**.

15,0 Ⅱ, r **Nordborchen**, r ↓ Altenau (s. „Gewässerführer für NRW"). Schräg-■, gute ⬆, Parkmöglichkeit, die Fahrt wird vielfach hier beendet. Das Unterwasser des ■ (Lohme) ist NSG, befahren verboten. Der Obergraben kann noch etwa 2 km weit bis zu einer Wege-Ⅱ befahren werden, eine Weiterfahrt ist hier wegen des folgenden Schlossparks (Privatgelände) nicht erlaubt.

12,0 „Franzosen-Ⅱ", eine Weiterfahrt ab hier ist möglich, doch wenig lohnend, mehrere Stufen mit scharfkantigen Blöcken, Einzelheiten s. „Gewässerführer für NRW".

0,0 ↓ in Lippe bei km 212,6.

Kleinfluss - Wanderfluss
Mündung in Rhein (r Nebenfluss)

Die Ruhr mit Ursprung am Ruhrkopf im Sauerland in 600 m Höhe ist auf weiten Strecken ein landschaftlich reizvoller Fluss am Südrand des Ruhrgebietes. Im Oberlauf ist sie auch sportlich recht interessant.

Eine sehr ausführliche Beschreibung der Ruhr mit Fahrtenvorschlägen, Rückholmöglichkeiten mit öffentlichen Verkehrsmitteln usw. findet sich im „Gewässerführer für NRW“.

Befahrungsregeln: Im Verlauf der Ruhr wurden verschiedene Schutzgebiete mit Befahrungsregeln eingerichtet (s. Text).

Befahrbarkeit: Oberlauf nur bei HW; ab Hüsten, km 141, ganzjährig. Sie ist in diesem Bereich einer der beliebtesten Kanuwanderflüsse von NRW. Von Witten bis zum Baldeneysee sind alle Wehr-Anlagen mit Bootsgassen ausgestattet, Ausnahme: Blankensteiner Wehr (km 62,7). Vorsicht an der Bootsrutsche Hardenstein (km 69,2), ansehen (Querströmung), ≏ über Rampe am r Ufer. Zeigt der Pegel Hattingen mehr als 358 cm an, ist jeder Fahrzeugverkehr ab km 41,6 untersagt. Auskunft: ☎ 0201/409494.

Gewässergüte: oberhalb Lenne-↓ II (mäßig belastet), dann II-III (kritisch belastet)

219,0 Ruhrquelle.

217,7 ⌶ B 480, oberste mögliche ⬇ bei starkem HW. Die Folgestrecke bis km 145,5 mit den in diesem Bereich mündenden Nebenflüssen Neger, Elpe, Valme, Wenne s. „Gewässerführer für NRW“. !! Von km 165,3 - 133,4 Befahrungsverbot vom 16.10. - 31.03., übrige Zeit Uferbetretungsverbot, ⬇/⬆ bei km 145,5, 143,2 und 141. ≏ der ▬ erlaubt. Bei km 137 ist der Bereich der Uferschwalbenkolonie mit größtmöglichsten Abstand zügig in Fließrichtung zu passieren, betreten der Kiesbank verboten !!

145,5 Fußgänger-⌶, r **Bruchhausen**, Sportplatz, gute ⬇, kurz danach Stufe, meist l oder r ≋. Ab hier bis km 133,4 Befahrungsverbot für die Zeit vom 01.10. bis zum 31.03. In den übrigen Monaten über Ausnahmeregelung erlaubt.

143,8 ehemaliges ▬, Verblockung durch große Steinblöcke, l **Hüsten**.

143,2 Ⅱ B 229, dahinter Stufe, ! Steinbrocken.
142,9 kleine Stufe, ≋.
142,7 l ↓ Röhr (s. „Gewässerführer für NRW“).
142,6 neue Ⅱ im Bau.
141,4 Fußgänger-Ⅱ.
141,2 l ⛟ Neheim-Hüsten, Parkplatz.
141,1 Ⅱ Neheim-Herdingen, r **Neheim**.
141,0 r ⌂ SKC Neheim-Hüsten, Stufe, r ≋, starker Rücklauf !, Slalomstrecke. Ab hier ganzjährig ≋.
138,4 Ⅱ Neheim-Bergheim.
138,3 Ⅱ B 7, r ↓ Möhne (s. „Gewässerführer für NRW“).
133,4 r Haus Füchten, Ⅱ, ⬇/⬆, Beginn des NSG „Ruhrstau bei Echthausen“, bis km 129,2 ganzjährig beidseitig Uferbetretungsverbot, Wasserwandern ruhrabwärts ist gestattet.
129,2 ▬, X, l ⌓. l **Echthausen**.
128,2 ▬, X, l ⌓, ab hier r Wickede, r Freibad, nicht den Obergraben befahren.
128,0 EB-Ⅱ.
126,3 Trommel-▬, X, l ⌓, **Wickede**.
125,5 Ⅱ B 63.
125,3 r befestigte ⬇/⬆ mit Parkmöglichkeit.
124,9 ▬, X, r ⌓ in den Obergraben.
123,0 ϟ im Obergraben, l ⌓, ⌂ und ▲ KC Wickede, ☎ 02377/7766 oder 02377/7474.
120,5 Beidseitig bis km 119,8 NSG „Auf dem Stein“, ganzjähriges Uferbetretungsverbot, zügige Durchfahrt in Flussmitte ist gestattet.
119,8 ▬, X, r ⌓; danach zunächst geringe Wassertiefe.
118,1 ▬, X, r ⌓; danach bis Ⅱ geringe Wassertiefe.
117,9 Ⅱ Fröndenberg-Mengen, l vor der Ⅱ ⌂ KC Menden.
117,8 EB-Ⅱ, danach r ⌂ und ▲ KC Fröndenberg, für mehrtägigen Aufenthalt geeignet.
117,7 l ↓ Hönne (s. „Gewässerführer für NRW“).
114,9 ▬ **Halingen**, X, l ⌓.
113,4 ▬ Langschede, X, l ⌓, bei HW starker Sog.
113,1 Ⅱ B 233, r **Langschede**.
111,7 r ⌂ und ▲ KK Unna, ☎ 02378/2866, sowie ⌂ und ▲ KV Holzwickede.
109,4 Ⅱ, r Beginn eines NSG bis km 108,9, ganzjähriges Uferbetretungsverbot, bis km 108,9 am l Ufer fahren.
108,9 ▬, l ⌓.
108,3 Stauschwelle, je nach Wasserstand ≋ oder l ⌓.
107,4 r ↓ des ϟ-Abflusses.
106,3 Ⅱ **Geisecke**.

103,7	▬, X, l ⩦, l **Villigst**, danach - in Höhe von Haus Villigst - bei NW Pfahlreihe in Flussmitte.
102,7	ɪ B 236, r **Schwerte**.
101,7	r ⌂ und ▲ KSV Schwerte, *DKV-Kanustation*, ☎ 02304/16641.
101,0	EB-ɪ, ab hier bis km 96,5 beidseitig NSG, ganzjähriges Uferbetretungsverbot, zügige Durchfahrt in Flussmitte ist gestattet.
98,5	Autobahn-ɪ A 45.
96,5	ϟ Westhofen, r 200 m ⩦.
96,0	ɪ.
95,3	l ⌂ und ▲ Hohenlimburger KV.
95,1	Autobahn-ɪ A 1.
94,2	EB-ɪ, l ↓ Lenne (s. AB), danach Beginn des Hengsteysees, Seeoberfläche 1,36 km^2, Stauhöhe 4,6 m.
93,9	ɪ Dortmund-Hagen, r **Hohensyburg**, l Halbinsel, jenseits der Halbinsel ⌂ des Ruhrverbandes mit KVF Hengsteysee.
91,2	r RWE Pumpspeicher-ϟ, der Wasserauslass erfolgt durch einen im Seeboden vor dem Gebäude mündenden Druckstollen, Strömung beachten.
90,7	l ⌂ und ▲ KC Hagen, ☎ 02331/61148.
89,9	▬ des ϟ Hengsteysee, r ⩦ durch Tunnel, r ✕.
88,8	▬ Stiftsmühle, nach r fahren und r vom ▬ nach l ⩦, etwas schwierig. l ↓ Volme (s. „Gewässerführer für NRW“).
88,6	l ⌂ und ▲, KVW Hagen, *DKV-Kanustation*, ☎ 02330/3858.
88,1	ɪ B 54.
87,3	r ⌂ und ▲ KC Herdecke, Beginn des Harkortsees, Seeoberfläche 1,37 km^2, Stauhöhe 7,8 m.
86,9	EB-Viadukt, r ϟ CUNO der Elektromarkt, l NSG mit Tonnen markiert, Befahrungsverbot!
84,9	r ⌂ KC Wetter, zeitweise bewirtschaftet, **Wetter**, l ▲ KC Wetter.
84,1	Anlegestelle Rundfahrtboot, mögliche ⬇/⬆.
83,9	2 ɪ dicht hintereinander, See teilt sich in 2 Arme, zum ⩦ in den r Arm fahren.
83,1	ϟ Harkortsee, ▬, l 100 m über Pfad ⩦, etwas schwierig.
82,1	ɪ Wetter-Oberwengern, r großer Parkplatz Firma DEMAG, ⬇/⬆.
80,0	Schwallstrecke, bei NW sehr flach, Steine!, danach bis km 74,2 Trainingsstrecke der Rudervereine Bochum und Witten.
79,7	r Pegel Wetter, Anlegeverbot, Einbauten im Fluss, Mitte fahren !
75,0	r ⌂ Kanufreunde Witten.

74,5 r ⌂ und ▲ PC Ruhrinsel Witten, ⌂ und ▲ KC Neptun Witten, Flussteilung, 2 Ruhrinseln, auf der ersten Insel Ferienanlage für VEW-Betriebsangehörige.

74,2 Im r Arm r ⌂ Ruderverein Bochum, zeitweise bewirtschaftet, gastfreundlich, im l Arm l ▲ C, kleine Seilfähre.

74,0 ▬ r fahren und l vor dem ↯ an der Fischtreppe ≏. Bei HW r im Kanal weiterfahren, an weiterem ▬ r vorbei bis l zur Steganlage des Rudervereins Witten, dort nach l ins Unterwasser ≏.

73,6 EB-Viadukt.

73,5 l ⌂ und ▲ KSC Witten, WKG Witten, FF Wanderfalke Witten und FF Wanderfreunde Witten.

72,8 ⌶ B 235 Bommern-Witten.

71,3 Fußgänger-⌶, l Zugang ins Muttental, Wiege des Ruhrbergbaus, ★.

69,2 Doppel-▬ Witten-Herbede. Vor dem ▬ → zur Bootsgasse und ≏-Möglichkeit, im Auslauf der Bootsgasse Wellenbildung, Wirbel, Kehrwasser, Spritzdecke schließen. Bei HW hinter der Bootsgasse sehr gefährliche Querströmung vom Schräg-▬, dann unbedingt vor Befahrung ansehen! Bei HW besser im □-Kanal r anlanden und am r Ufer über Rampe ≏. Neben der Bootsgasse □ für Fahrgastschifffahrt.

68,5 ⌂ und ▲ KC Witten, Übernachtungsmöglichkeit.

68,3 Fußgänger-⌶

68,2 r ⌂ CCF Witten.

68,1 ⌶ Herbede-Heven.

67,5 Autobahn-⌶ A 43, bei NW r fahren. Beginn des Kemnader Stausees, bis 64,3 r in der ausgetonnten Fahrrinne fahren!

66,8 → in den Seitenarm Heveney, dort Segelhafen, großer Parkplatz, Freizeitbad, Anlegestelle der Fahrgastschiffe.

64,3 ▬, **X**, l Bootsgasse und ≏-Möglichkeit.

63,8 ⌶ Blankenstein-Bochum, hier keine ⬇-Möglichkeit. Ab hier ist das l Ufer bis zum Blankensteiner ▬ Wasserwirtschaftsgebiet mit Betretungsverbot.

63,0 r ⌂ WS Bochum und KC Wiking Bochum, ▲, *DKV-Kanustation*, ☎ 0234/793054, r Ausflugs-✕, l auf der Höhe Ort und Burg **Blankenstei**n.

62,7 r in Obergraben einfahren und nach 700 m l ≏, im l Arm ⌂ RV Blankenstein, zeitweise bewirtschaftet und ▬, **X**.

60,8 ⌶ Bochum-Hattingen.

60,7 l ⌂ und ▲ Bochumer KC, bewirtschaftet.

58,7 r ⌂ Faltboot-Klub Hattingen.

58,1 l (neues) ⌂ SG Welper.

57,5 r ▲ C Stolle.

57,4 ▬ **Hattingen**, l die alte ⌓-Stelle an der Birschelmühle kann weiterhin genutzt werden. Je nach Wasserstand leichtes bis beschwerliches Umtragen. Am r Ufer neue Bootsrutsche Hattingen mit drei Abteilungen: Ganz rechts Treidelgasse, nicht befahren, nur treideln! In der Mitte Fischpass. Die eigentliche Bootsrutsche mit 6 m Breite und ca. 130 m Länge befindet sich links.

56,8 Ⅱ B 51 Bochum-Hattingen.

55,8 EB-Ⅱ, l Pegel Hattingen. Ab hier bis km 50,0 r Uferbetretungsverbot, NSG.

53,8 **Isenberg**, kurze Schwallstrecke, l ⬇/⬆, Parkplatz, Bushaltestelle.

50,1 Straßen-Schwimm-Ⅱ **Dahlhausen**, ab hier r fahren.

50,0 Walzen-▬, X, Lebensgefahr!, l am □-Kanal ⌂ Wasserfreunde Dumberg.

49,7 r Bootsgasse und ⌓-Möglichkeit.

49,5 r ⌂ und ▲ Linden-Dahlhauser KC, bewirtschaftet.

48,2 Fußgänger-Ⅱ (ehemalige EB-Ⅱ).

47,4 ▬ Essen-Steele-Horst, l Bootsgasse und ⌓-Möglichkeit.

46,6 r ⌂ der MTG Horst Essen, Kanuabteilung.

46,3 Fußgänger-Schwimm-Ⅱ.

45,6 l ⌂ und ▲ Freie Wasserfahrer Essen-Steele, ☎ 0201/581630.

45,4 l ⌂ Wassersportverein „Neptun“ und KG „Ruhreck“, ☎ 0201/585123.

44,1 EB-Ⅱ.

43,8 Ⅱ **Essen-Steele**.

43,3 r ⌂ und ▲ SV Steele 1911, ☎ 0201/511214, 15 Minuten zum 🚉 Essen-Steele.

43,0 ▬ Essen-Steele-Spillenburg, r Bootsgasse und ⌓-Möglichkeit.

42,2 r Einfahrt in den Untergraben, nach 200 m Fußgänger-Ⅱ, am Ende des Untergrabens l ⌂ Steeler KC, ☎ 0201/440191.

41,6 Ab hier ist die Ruhr Schifffahrtsstraße mit ausgetonntem Fahrwasser, Motorbootverkehr, die Motorboote dürfen, bis auf den Baldeneysee, auch außerhalb der Fahrrinne fahren.

41,4 r ⌂ und ▲ KSV „Rothe Mühle“, ☎ 0201/440191.

41,2 Ⅱ L 925.

40,5 r ⌂ Postsportverein Essen, ☎ 0201/441014.

38,4 l ⌂ und ▲ KK Industrie.

38,0 Ⅱ B 227.

37,2 l ⌂ und ▲ Essener Faltbootfahrer, ☎ 0201/482866.

37,1 Ⅱ **Essen-Kupferdreh**. Beginn des Baldeneysees. Auf dem Baldeneysee dürfen Kleinfahrzeuge ohne Motor nicht in der Fahrrinne fahren, das ausgetonnte Fahrwasser nur auf dem kürzestmöglichen Weg überqueren.

36,9 r ⌂ KK Zugvogel.
36,6 l ⌂ und ▲ TV 1877 Essen-Kupferdreh, ☎ 0201/480679, 10 Minuten zum 🚉 Essen-Kupferdreh.
36,4 r ⌂ SV Moltkeplatz Essen.
36,3 Fußgänger-Ⅱ, l ⌂ und ▲ Eisenbahner-Sportverein Essen-Kupferdreh, ☎ 0201/483930.
36,2 l ↓ Deilbach (s. „Gewässerführer für NRW").
36,0 r Vogelschutzgebiet, unbedingt außerhalb der gekennzeichneten Gewässerstrecke fahren.
35,5 Von hier ab im l Ufer fahren, da an Wochenenden Segelregatten stattfinden.
34,1 → Segelsporthafen, in der Einfahrt l ⌂ und ▲ Club Essener Wanderpaddler, ☎ 0201/460710.
32,8 l ▲ C.
31,4 r ⌂ Eisenbahn-Sportverein Grün-Weiß Essen.
31,3 r ⌂ Essener Kanu- und Segel-Gesellschaft, ☎ 0201/471134.
30,3 r Regattaanlage der Stadt Essen mit Regattahaus, Tribüne und Zielturm. Bei Kanu- und Ruder-Regatten ist die rechte Seite des Sees ab km 31,5 gesperrt, daher ab km 33,5 am l Ufer fahren. Auf der Höhe „Villa Hügel", ehemaliger Stammsitz der Familie Krupp.
30,0 l ⌂ und ▲ Rasen- und Wassersportverein Essen, ☎ 0201/406461.
29,5 l öffentliche ⬇/⬆, Parkmöglichkeit, hier l ⌓, wenn die ⌓-Gelegenheit am ▬ (km 29,3) im r □-Pfeiler gesperrt oder abgebaut ist.
29,3 ▬ Essen-Werden, ⌒ im r □-Pfeiler. Vorsicht bei hochgezogenem Warnkorb am Anleger, Schrägströmung. Evtl. bei km 29,5 ⌓.
29,2 l ⌂ KC Gelb-Blau Essen. Hier wieder ⬇, wenn bei km 29,5 ⌓ wird.
28,0 Ⅱ B 224, Essen-Werden.
27,9 r ⌂ und ▲ PC „Tümmler", ☎ 0201/492623. ⌂ Paddelfreunde Essen. 5 Minuten zum 🚉 Essen-Werden.
27,8 r ⌂ KG „Assindia".
27,7 r ⌂ und ▲ KG Wanderfalke Essen, *DKV-Kanustation*, ☎ 0201/491011.
27,6 r ⬇/⬆, Parkmöglichkeit, ⌂ und ▲ Kanufreunde Essen, ca. 100 m von der Ruhr entfernt.
27,1 - 26,2 Betretungsverbot für Vogelschutzgebiet vom 01.03. - 30.09.
26,7 r Zugang zum ▲ C Essen-Werden, Beginn des Kettwiger Sees.
26,6 l ▲ C.
23,7 l Schloss Oefte.

22,4 r ⌂ und ▲ KSC Kettwig, ☎ 02054/80444, l ▲ C Cammerzell.

22,1 EB-Ⅱ.

21,6 ■ Kettwig mit Ⅱ, l ≏, r □, l unter der Ⅱ ⌂ TV Heiligenhaus, ☎ 02054/5160, 10 Minuten zum 🚉 Kettwig-Stausee.

19,0 l Schiffsanleger und Hotel „Mintarder Wasserbahnhof“.

18,4 Ruhrtal-Hoch-Ⅱ der A 52.

17,1 l ⌂ und ▲ KG „Haus Kron“ Mülheim, ▲ C.

15,7 r DLRG-Rettungsstation Mülheim.

15,0 r ⌂ Mülheimer KSV, ☎ 0208/374431, ▲-Möglichkeit für Einzelfahrer.

14,9 Ⅱ B 1.

14,5 r ⌂ Mülheimer KG, ☎ 0208/374771, und Kanu-Gilde Mülheimer Schüler.

13,9 r Jugendherberge Kahlenberg ☎ 0208/382191, Voranmeldung unbedingt erforderlich.

13,6 ■ Mülheim-Kahlenberg, r in den □-Kanal einfahren und bei km 12,6 r ≏. Zu den ⌂ DJK Ruhrwacht Mülheim und ⌂ Mülheimer Kanu- und Ski-Freunde am ■ l ≏ in die Saarner Ruhr. Von der Saarner Ruhr aus besteht keine ≏-Möglichkeit zur Weiterfahrt in der Ruhr.

12,6 Wasserbahnhof und □ Mülheim, r ≏, 20 Minuten zum Haupt-🚉 Mülheim.

12,2 Ⅱ **Mülheim** (Schlossbrücke). Ab hier ist die Ruhr Bundeswasserstraße.

12,0 l Stadthalle Mülheim.

11,9 EB-Ⅱ.

11,6 Ⅱ Mülheim (Nordbrücke), Grenze für die Großschifffahrt.

10,5 Fußgänger-Ⅱ.

9,7 → der alten Ruhr (Wehrarm), Einfahrt verboten.

8,0 □ Raffelberg, Betriebszeiten: Montag bis Sonnabend 6.00-22.00 Uhr, Sonntag 6.00-14.00 Uhr. ≏ l ca. 350 m.

7,8 Ⅱ.

7,4 Autobahn-Ⅱ A 40.

6,6 8 EB-Ⅱ auf 250 m.

5,8 r ↓ der alten Ruhr, danach Autobahn-Ⅱ A 3.

5,7 EB-Ⅱ.

5,5 l ⌂ und ▲ Schwimm- und Paddel-Club Ackerfähre, *DKV-Kanustation*, ☎ 0203/332220.

5,2 Straßen-Ⅱ (Aakerfähre).

5,1 l ⌂ KLC Duisburg-Wedau.

4,4 → Verbindungskanal zum Rhein-Herne-Kanal.

4,3 Autobahn-Ⅱ A 59 (Berliner Brücke).

3,9 ← der alten Ruhr (Wehrarm), r Einfahrt zur □, zur Weiterfahrt l halten und am ■ bei km 2,6 ≏.

3,0 Ruhr-◻ Duisburg. Betriebszeiten: Montag bis Sonnabend 6.00 bis 22.00 Uhr, Sonntag Betriebsruhe.
2,6 ▬ **Duisburg**, l ca. 200 m ⌓, ⬆.
1,9 ⌶ Duisburg-Ruhrort (Oberbürgermeister-Karl-Lehr-Brücke).
0,0 ↓ in den Rhein bei km 780,1.

3.2.1 **Lenne** (Ruhr)

Kleinfluss - Wanderfluss
Mündung in Ruhr (l Nebenfluss)

Die Lenne, ein landschaftlich reizvoller Fluss des Sauerlandes, ist in ihrem Oberlauf ein interessanter Kleinfluss. Eine Befahrung der Strecke Finnentrop-Werdohl kann wegen schwieriger Hindernisse und Wasserableitungen nicht empfohlen werden. Anschließend wird ausschließlich der wieder lohnende Unterlauf der Lenne ab Werdohl beschrieben.

Befahrungsregeln: km 40,5 - 39,1 zügiges Durchfahren mit höchstens 10 m Abstand vom rechten Ufer erlaubt, km 3 - ↓ Uferbetretungsverbot beidseitig.

Befahrbarkeit: die Abschnitte Werdohl-Altena (km 45-25,9) und Lethmate-Mündung (km 15,2-0) sind ganzjährig befahrbar. Die dazwischen liegende Strecke kann wegen Wasserableitungen vielfach nicht befahren werden. Dafür ist ein Mindestpegel des Lenne-Pegels Altena (km 29,8) von 70 cm erforderlich (s. Pegeldienst des KV NRW).

Gewässergüte: zumeist II-III (kritisch belastet).

119,0 **Westfeld**, ab hier Befahrung nur bei starkem HW möglich. Die Folgestrecke ist ausführlich beschrieben im „Gewässerführer für NRW“.
45,0 ⌶ B 236, **Werdohl**, ⬇.
44,3 ⌶ B 236.
44,1 EB-⌶.
43,2 EB-⌶.
42,7 ⌶ B 236, ▬, evtl. l ≋, sonst l ⌓.
40,5 EB-⌶. Aus Gründen des Naturschutzes ist die Befahrung des Lennestaus Werdohl-Lengelsen-Wilhelmstal ganzjährig verboten, für Wasserwanderer ist das zügige Durchfahren mit höchstens 10 m Abstand vom r Ufer flussabwärts bis km 39,1 erlaubt.
39,1 ▬, X, r ⌓, **Wilhelmstal**.

38,0 Straßen-Ⅱ, r **Dresel**.
36,9 ■, ≋.
35,7 ■, evtl. r über das Schütz ≋, bei HW **X**, am besten bereits bei der Anfahrt ansehen, l ϟ Elverlingsen.
35,5 Ⅱ, ■, l ≋ bei HW !, bereits bei der Anfahrt ansehen.
33,8 Verfallenes ■, in der Mitte ≋.
31,9 r ⌂ Altenaer Canu-Verein, ■, evtl. ganz l ≋, sonst r ⏏, Gartentor wieder schließen! Starke Wasserableitung.
30,6 Ⅱ **Winkelsen**, l ⬇/⬆.
30,0 Ⅱ, Ortseingang **Altena**.
29,8 r Pegel Altena.
29,7 Ⅱ B 236.
28,8 Fußgänger-Ⅱ.
28,2 Ⅱ am ♜ Altena.
27,5 Ⅱ.
27,3 ■, ≋, bei HW !
25,9 r Sauerlandhalle, r ⬆, am nächsten ■ starke Wasserableitung, dadurch bei normalem Wasserstand bis Einsal Wasserführung im Flussbett meist nicht ausreichend, Ortsausgang Altena.
25,6 Ⅱ und EB-Ⅱ.
25,2 Fluss teilt sich, l an der Inselspitze ■, ≋, im r Arm ■, **X**, l ⏏.
23,2 Ⅱ im Werksgelände, danach l **Einsal**.
20,4 Ⅱ B 236, **Nachrodt**.
19,1 Steil-■, **X**, l ⏏, l Fischtreppe.
19,0 Ⅱ nach Lasbeck.
17,4 l mögliche ⬇ und Parkmöglichkeit.
16,7 Ⅱ.
16,3 Ⅱ.
16,2 EB-Ⅱ.
15,2 Ⅱ Letmathe, übliche ⬇.
13,9 ■, halbrechts im Knick ≋; 2 Ⅱ.
12,7 Steil-■, bei MW evtl. ganz l ≋ oder l ⏏, bei HW !.
12,3 EB-Ⅱ.
11,0 Ⅱ, Ortseingang **Hohenlimburg**, l ↓ der Nahmer.
10,7 ■, r ≋, Mitte und l starker Rücklauf, ⏏ sehr mühsam, danach EB-Ⅱ.
9,8 ■ Hohenlimburg, l Slalomstrecke des Hohenlimburger KV, Landesleistungszentrum und Bundesleistungsstützpunkt für Kanu-Slalom, Trainingsbetrieb beachten, bei Veranstaltungen l ⏏.
9,7 Ⅱ B 7.
7,2 Autobahn-Ⅱ A 46, ab hier ist die Lenne teilweise begradigt.
4,8 Autobahn-Ⅱ A 45. Darunter ⬆ und Parkmöglichkeit.
4,7 Ⅱ.

3,0 Ab hier NSG, beidseitig Uferbetretungsverbot.
2,0 ▬ X, I rücksichtsvoll ⩡, da im Naturschutzgebiet gelegen.
1,2 Ɪ Kabel.
0,7 Autobahn-Ɪ A 1.
0,0 ↓ in die Ruhr bei km 94,2.

Talsperren und Stauseen in Nordrhein-Westfalen

Die Talsperren des Ruhrverbandes (siehe auch „Gewässerführer für NRW) sind zur Abgabe von Zuschusswasser, insbesondere für die Sicherung der Wasserversorgung des Ruhrgebiets, errichtet worden. Für Bigge- mit Lister-, Möhne-, Sorpe- und Hennetalsperre ist der Bootsverkehr mit Booten des Kanu- und Rudersports zugelassen. Sportboote mit Motorantrieb dürfen auf den Talsperren des Ruhrverbandes nicht fahren. Im Folgenden werden Bigge- mit Lister-, Möhne- und Sorpetalsperre beschrieben.

Bei Fahrten auf den Talsperren gelten generell folgende Verbote:

- näher als 10 m an die durch Bojenketten oder anderweitig kenntlich gemachten Sperrflächen heranzufahren,

- an Sperrmauern, Sperrdämmen, Hochwasserentlastungsanlagen und sonstige Wasserbauwerke näher als 50 m heranzufahren,

- an Landestegen und Anlegestellen der Fahrgastschiffe anzulegen.

Die Sechs-Seen-Platte bei Duisburg ist in erster Linie ein Naturerholungsgebiet für die Duisburger Bürger. Teilbereiche werden für Regatten und Trainingsaktivitäten des Kanurennsports, des Kanusegelsports und des Rudersports genutzt.

1. Möhnetalsperre

Am Rand des Sauerlandes gelegen, ist die Möhnetalsperre ein beliebtes Wassersportrevier. Einrichtungen von DKV-Vereinen existieren an der Möhnetalsperre nicht. Am Südrandweg bei Körbecke befindet sich eine Jugendherberge und das Landheim einer Schülerruderriege. Das Landheim einer weiteren Schülerruderriege liegt bei Delecke. Einsatzstellen für Sportboote gibt es am Vordamm (Stockumer Damm) und am Südrandweg bei der Segelschule Höcker, darüber hinaus können Kajaks und Canadier im Bereich der Straßen an Stellen eingesetzt werden, wo der Verkehr nicht behindert wird. Das Hevebecken im Südwesten der Möhnetalsperre ist als NSG für jeglichen Schiffs- und Bootsverkehr gesperrt.

Zelten ist nur auf den Campingplätzen erlaubt, z. B. dem ADAC Campingplatz Körbecke, dem Familienzeltplatz Belecke und dem Jugendzeltplatz am Stockumer Damm.

Verschiedene Strand- und Hallenbäder, Tennis- und Kleingolfanlagen tragen dazu bei, dass die Möhnetalsperre eines der bedeutendsten Naherholungsgebiete Westfalens ist.

2. Sorpetalsperre

Von bewaldeten Höhen umgeben, ist die Sorpetalsperre einer der landschaftlich schönsten Stauseen des Sauerlandes. Die Wasserqualität ist sehr gut, das Wasser der Sorpetalsperre wird auch zur Trinkwassergewinnung genutzt. 300 m oberhalb des Absperrbauwerks liegen das ⌂ des KSC Hemer und das ⌂ der Sportschule Hachen des Landessportbund NW, sie kommen als mögliche ⬇ infrage. Weitere mögliche ⬇ sind am Vordamm oder bei den ▲ C. Zelten ist nur auf den gekennzeichneten ▲ C gestattet, für Kanusportler können die Zeltplätze 2 und 3 empfohlen werden. Übernachtungsmöglichkeit besteht auch im ⌂ des KSC Hemer, wo 36 Betten vorhanden sind, Voranmeldung ist erforderlich, ☎ 02935/1308, ▲ nicht möglich. Das benachbarte ⌂ des LSB steht den Wassersportverbänden und Vereinen sowie Schulklassen von April bis Oktober zur Verfügung, ☎ 02935/9520.

3. Lister-Talsperre

Südlich des Ebbegebirges in der Höhe von Attendorn gelegen. Auf beiden Seiten der Talsperre befinden sich kleinere ▲, die nicht alle direkt am Wasser liegen. An allen übrigen Stellen ist das ▲ untersagt.

Das Gebiet von der Einmündung der Lister bis zum Viadukt mit der kleinen Bucht bei Herpel ist Fischereischutzgebiet und deshalb für Sportverkehr und Baden gesperrt.

4. Bigge-Talsperre

Sie dehnt sich zwischen der ehemaligen Hansestadt Attendorn und der Kreisstadt Olpe, dem Verkehrsmittelpunkt des südlichen Sauerlandes, im oberen Biggetal aus und hat eine Länge von über 15 km. Südlich des Ortes Listernohl hat die Bigge-Talsperre Verbindung zur

Listertalsperre. Rings um die Bigge-Talsperre gibt es mehrere gut ausgestattete ▲ C.

Sehr ausführliche Beschreibung s. „Gewässerführer für NRW“.

5. Hullerner und Halterner Stausee

Der 4,5 km lange Hullerner Stausee darf nur durchfahren werden. Betreten der Ufer nicht gestattet. Die Befahrung des 3 km langen Halterner Stausees ist vor allem bei den Vereinen des mittleren Ruhrgebietes sehr beliebt. Der Stausee ist landschaftlich sehr reizvoll. ⌂ des KC „Blaue Jungs“ an der ⌶ Sythen-Westrup. Freies Zelten am See nicht erlaubt. Für die Befahrung der beiden Seen ist eine Plakette erforderlich.

3.3 Erft

Kleinfluss - Wanderfluss
Mündung in Rhein (I Nebenfluss)

Die Erft ist ein schnell fließender Wiesenfluss mit begradigten Ufern und zahlreichen Wehren, die zumeist befahrbar sind. Die Erft wird, insbesonders in ihrem Unterlauf ab km 15,5 sehr oft befahren.

Befahrbarkeit: Oberlauf nur bei Hochwasser, ab Euskirchen bei gutem Mittelwasser; ganzjährig, auch mit Zweiern, ab Bergheim, ab Wevelinghofen allerdings nur für geübte K2 oder C2. Im Zusammenhang mit der Verlagerung des Braunkohle-Bergbaus ist mit einer weiteren Verminderung der Wasserführung zu rechnen.

Schwierigkeiten: vor einer Befahrung der als „unfahrbar“ (**X**) gekennzeichneten Wehre muss eindringlich gewarnt werden, Tosbecken, Lebensgefahr!

Gewässergüte: zumeist II-III (kritisch belastet).

90,0 **Bad Münstereifel**, ★, ⬇ unterhalb des Eifelbads, danach Schräg-▬.
88,0 **Iversheim**, ▬, bei HW Rücksog, !, vor Befahrung ansehen.
86,0 **Arloff**, Steil-▬, ≏ unmöglich, bei der Anfahrt ansehen!
84,0 **Stotzheim**, ▬, vor Befahrung ansehen.
80,0 **Euskirchen**, ⬇ unterhalb der ⌶ B 56/B 266.
77,0 ▬ unterhalb der Kläranlage, vor Befahrung ansehen.
74,0 **Derkum**, ▬, ≋.

73,7 Steil-▬, ca. 1 m hoch, vor Befahrung ansehen.
72,0 **Horchheim**, ▬, Durchlass HW-Schutzdamm, Klappen-▬, im Sommer offen.
70,0 **Groß Vernich**.
69,2 Steil-▬, vor Befahrung ansehen.
68,6 **Weilerswist**, ⬇ an der Ⅱ Weilerswist-Friesheim.
67,3 Autobahn-Ⅱ A 61.
66,4 r ↓ Swistbach (s. „Gewässerführer für NRW").
66,0 Autobahn-Ⅱ A 553.
65,3 Ⅱ **Bliesheim**.
65,0 Ⅱ.
62,0 Ⅱ B 265.
59,5 Autobahn-Ⅱ A 1.
57,8 ▬ bei **Dirmerzheim**, ≋, bei HW Rücklauf, evtl. ⌓.
56,7 l ↓ Roth-Bach (s. „Gewässerführer für NRW").
55,7 Ⅱ Dirmerzheim-Kierdorf.
55,2 Steil-▬ bei **Brüggen**, 2stufig, evtl. ≋, besser r ⌓. Danach 5 kleine Stufen, ≋, in jeweils 100 m Abstand.
55,0 Ⅱ.
54,7 Ⅱ Gymnich-Brüggen.
54,3 ← der Erft, Weiterfahrt geradeaus auf dem Erftkanal.
53,5 Wege-Ⅱ nach **Balkhausen**, darunter und danach 5 kleine Stufen, ≋.
52,5 Wege-Ⅱ nach **Türnich** mit Stufe ≋.
51,9 Wege-Ⅱ.
51,5 Ⅱ B 264; ca. 200 m danach höhere Stufe, ≋.
51,2 l am Waldbeginn ▬, ≋ mit drei Schotten.
50,1 Am Ende des Waldes (Kerpener Bruch) kleines ▬, ≋ und niedrige Ⅱ, **X**, unbedingt r ⌓.
49,6 Ⅱ **Kerpen**, l ↓ Neffelbach (s. „Gewässerführer für NRW").
49,2 EB-Ⅱ, ca. 300 m danach ▬ mit 3 Schotten, r ⌓.
48,3 Am Wald höhere Stufe, ≋.
47,1 ▬ l hinter kleiner Ⅱ, ≋, bei HW Rücklauf beachten und evtl. ⌓, 🍴.
46,9 Autobahn-Ⅱ A 4, ca. 50 m aufwärts r Pegel. Bei 60 cm Mittelwasserstand.
46,6 Schräg-▬, ≋ oder l ⌓.
46,0 Wege-Ⅱ mit Stufe, ≋.
45,7 EB-Ⅱ mit nachfolgendem Schwall, r **Horrem**.
45,2 Ⅱ, gute ⬇, es folgen 3 Stufen, ≋.
43,5 Ⅱ nach **Quadrat-Ichendorf**, ▬ mit 3 Schotten, r ≋.
42,3 Ⅱ **Ahe**.
41,0 Wege-Ⅱ.
40,8 Ⅱ, darunter Stufe, ≋, danach folgen einige Schwälle.
38,8 EB-Ⅱ.

38,2 l ⌂ KK Bergheim, *DKV-Kanustation*, ☎ 02271/43500, gute ⬇.
38,0 ⌶ B 55, kurz danach ▬, l ⌓, l **Zieverich**.
37,0 l ↓ der alten Erft.
36,8 EB-⌶ und ⌶ B 477.
36,3 ▬ mit 2 Schotten, wenn hochgezogen ≋, sonst l ⌓. Danach Pumpenwasserzufluss, l **Pfaffendorf**.
35,9 ⌶ Pfaffendorf.
35,7 l ↓ der kleinen Erft.
35,2 ⌶, direkt dahinter l Pumpenwasserzufluss.
34,2 ⌶ **Glesch**.
32,0 Es folgen 4 ⌶, ! an der 2. ⌶ hängt eine Messstation ins Wasser!
31,0 **Bedburg**, ▬, X! an der Treppe ↱ und zum l Arm ⌓. 200 m weiter niedrige Durchfahrt ganz r. Strömung zieht nach l!
30,2 ⌶, davor r ↓ Erftarm.
29,6 r **Broich**, am Ortsende ▬, X, r ⌓. Ab hier auf 6 km hohe Uferböschung mit neuer Vegetation, mäßig bis gute Strömung.
27,2 ⌶ **Neuhöfchen**.
23,5 ⌶ **Frimmersdorf**.
21,0 ⌶ **Gustorf**, darunter ▬, X, Lebensgefahr !, r ⌓.
18,0 **Grevenbroich**, EB-⌶, 15 m danach Fußgänger-⌶, dahinter im Flutgraben ▬, X, Lebensgefahr!, entweder schon vor der EB-⌶ l ⌓ und im Unterwasser des Flutgrabens wieder ⬇. An der ▬-Anlage wurde über die Erft ein Abweisrohr gezogen, das r in die Mühlenerft passiert werden kann. Dort l Einfahrt über ▬ zum WW-Übungskanal KC Grevenbroich zwischen Mühlen-Erft und Flutgraben, ca. 80 m langer, in der Sohle ca. 4 m breiter künstlicher Kanal mit ca. 2 m Gefälle und seitlich eingebauten Schotten. Das ▬ zum Übungskanal öffnet und schließt selbstständig nach Zeitschaltuhr und Wasserstand. Info: www.erftkanu.de. Oder 20 m weiter l an der Mühlenerft ⬆ und ⌓ ins r Unterwasser des Flutgrabens. Weiterfahrt nur über Flutgraben möglich. Mühlenerft ist nur noch 500 m weit bis zu einer ⌶ ≋, keine ⌓-Möglichkeit.
17,8 r ⌂ KC Grevenbroich.
15,5 **Wevelinghofen**, obere Mühle, ▬, X, Lebensgefahr!, l ⌓, günstige ⬇, Parkmöglichkeit.
13,6 ⌂ PG Grevenbroich, gute ⬇.
13,5 Wevelinghofen, untere Mühle (Vitusschleuse) ▬ im l Arm X, Lebensgefahr !, l ⌓.
12,0 l **Kapellen**, kleine ⌶, dahinter r ▬ zum Flutgraben, X, Lebensgefahr!, nicht ⌓ sondern im Hauptarm weiterfahren.
11,0 Mühle Neubrück (am Hauptarm), Fußgänger-⌶ am Bauernhof, Mitte durchfahren, direkt dahinter ▬, ≋, hohe Wellen!, Trainingsstelle, ⌓ am ▬ nicht möglich! Grundstück auf keinen

Fall betreten, Besitzer hat keinerlei Verständnis. Danach ↓ des Flutgrabens in die Erft, Ⅱ, dahinter l ✕.

10,0 Grasfangrechen, !, l am Ufer an der Absperrung entlang fahren.

8,0 ⌂ Holzheimer SG.

6,0 Ⅱ und ▬ Eppinghovener-Mühle, r im Haupt-Arm ≋, Stufe 50 cm.

5,0 ▬, **X**, Erprather Mühle, Lebensgefahr!, r vor der Ⅱ ≏ in den Gillbach, er mündet nach wenigen Metern in die Erft. Für den Gillbach, früher auf ca. 20 km ≋, besteht ein ganzjähriges Befahrungsverbot aus Naturschutzgründen.

4,0 l Tierpark, r Arm fahren, l Arm zum Reuschenberger Wasserfall. Im r Arm nach 50 m ▬, ≋ oder r ≏; bei ausreichendem Wasserstand besteht auch noch die Möglichkeit, über eine Fischtreppe l um das ▬ zu fahren. Dazu muss ein Holzbalken mit viel Schwung überwunden werden.

2,5 Ⅱ und ▬ Gnadenthaler Mühle, Schräg-▬ ca. 0,5 m hoch, beide Durchfahrten ≋, l Walze, r kräftiger Schwall.

2,3 Autobahn-Ⅱ A 57.

2,1 Wiesen-▬, ca. 0,4 m hoch, ≋, im weiteren Verlauf mehrere kleine Stufen, leichte Schwälle und Verwirbelungen.

1,5 r ↓ der Norf (s. „Gewässerführer für NRW“).

0,0 ↓ in den Rhein bei km 735,5. Beste ⬆ im Sporthafen Neuss, Einfahrt 200 m stromabwärts am l Rheinufer, gute Parkmöglichkeit.

3.4 Wupper

Kleinfluss - Wanderfluss
Mündung in Rhein (r Nebenfluss)

Die Wupper ist in ihrem Oberlauf ein reizvoller Kleinfluss, in ihrem Mittellauf ein landschaftlich wenig interessanter Fluss, durch Stauanlagen und Wehre weitgehend verbaut. Dieser Abschnitt wird nur selten befahren.
Leidlich lohnend ist die Befahrung des Unterlaufs.

Befahrungsregeln: km 23,5 - 21,5 Freiwillige Selbstbeschränkung; nur in Flussmitte fahren, Uferbetretungsverbot, ≏ des ▬ (km 22) erlaubt.

Befahrbarkeit: Oberlauf nur bei leichtem HW; Durchfahrt durch Wuppertal nicht zu empfehlen; ab km 31,9 meist ganzjährig, auch für F 2.

Gewässergüte: im beschriebenen Teil II-III (kritisch belastet).

103,0 **Ohl**, mögliche ⬇ bei HW; die Folgestrecke bis km 31,9 ist beschrieben im „Gewässerführer für NRW“.

31,9 Müngstener Ⅱ, ★, höchste deutsche EB-Ⅱ, 107 m hoch, 500 m lang, erbaut 1897. Beliebte ⬇.

30,9 Stufe, r ≋.

30,1 Ⅱ, r 🍴.

28,6 Ⅱ Solingen-Burg, Schloss Burg, aus dem 12. Jahrhundert, ★.

26,9 r Klärwerk Burg, ▬, **X**, r hinter der Klärwerksumzäunung ist eine ⏏-Stelle eingerichtet. Bei NW Wasserführung im Flussbett auf ca. 1 km oft nicht ausreichend. Befahrung des Werkskanals nicht zu empfehlen, da schwierige ⬆.

25,0 Ⅱ **Glüder**, davor Pegelhäuschen, dahinter r ▲ C.

23,5 - 21,5 NSG, nur in Flussmitte fahren, nicht anlanden außer zum ⏏ des ▬ bei km 22.

23,0 r auf dem Berg Burg Hohenscheid.

22,4 Insel in Rechtskurve, ehemaliger Kottenstandort, am besten ≋ in Außenkurve zwischen Insel und Kiesbank.

22,0 ▬ Auerkotten, **X**! Im Unterwasser Beton und Bruchsteine, auf der r Seite des ▬ vor dem ϟ-Kanal über das ▬ ⏏. Auch möglich: im Obergraben bis vor das ϟ und nach l ins Unterwasser ⏏. Bei NW evtl. 300 m treideln.

21,3 Ⅱ **Wupperhof**, l 🍴, r Wanderparkplatz, beliebte ⬇.

20,7 **Heiler Kotten**, ⌂ PC Wasserwanderer Solingen, ▲ Möglichkeit, ☎ 0212/816160, Voranmeldung auch 0212/17481.

19,3 **Rüden**, Fußgänger-Ⅱ.

18,7 Ⅱ **Fähr**.

17,8 Stufe, ganz r ≋.

16,0 ▬ **Wipperkotten**, bei ausreichendem Wasserstand ≋, sonst l ⏏.

15,3 Ⅱ **Haasenmühle**, ⬆.

11,4 **Leichlingen**, 3 Ⅱ.

10,5 Ⅱ L 294 bei **Büscherhofen**, r ⬆.

7,9 EB- und Fußgänger-Ⅱ.

7,2 EB-Ⅱ.

5,7 Ⅱ **Opladen**, l vor der Ⅱ gute ⬆, parkähnliche Anlage. Weiterfahrt zum Rhein nicht ratsam, da meist sehr mühsam.

5,0 Ⅱ B 8.

4,8 Autobahn-Ⅱ A 3.

4,3 ▬ Reuschenberger Mühle, grobe Felsbrocken, evtl. r ≋ oder r ⏏, unbedingt ansehen. Danach mehrere Stufen, ≋, bei viel Wasserableitung erheblicher Wassermangel.

3,4 EB- und Fußgänger-Ⅱ, bei wenig Wasser besonders flach.

1,7 Stufe aus groben Blöcken!, ca. 0,7 m hoch, ≋, am Ende l Zurückführung des Wassers vom ▬ Reuschenberg, starke

Strömung. 50 m weiter Ⅱ Leverkusen-Rheindorf, ab hier neues Flussbett.

1,5 Fünf flache Stufen aus scharfkantigen Blöcken, !, insgesamt ca. 0,7 m hoch und etwa 20 m lang, evtl. ≋, vorher ansehen, sonst r ⏏.

1,4 l ↓ Dhünn (s. „Gewässerführer für NRW").

0,7 ⌂ des TuS Rheindorf 1892, KA.

0,5 Ponton-Ⅱ mit 3 schmalen Durchfahrten, Mitte ≋.

0,4 Autobahn-Ⅱ A 59.

0,0 ↓ in Rhein bei km 703,3.

3.5 Sieg

Kleinfluss - Wanderfluss
Mündung in Rhein (r Nebenfluss)

Die Sieg fließt in ihrem Ober- und Mittellauf ohne besondere Schwierigkeiten durch ein landschaftlich reizvolles Tal mit bewaldeten Höhen. Einige Industriebetriebe liegen am Ufer. In ihrem Unterlauf, ab Siegburg, tritt die Sieg in die Rheinebene aus.

Befahrungsregeln: Es ist geplant, die Sieg ab km 73,5 als „Siegaue" unter Schutz zu stellen. Es muss dann mit einer Begrenzung der Zahl von Booten pro Tag gerechnet werden, die Befahrung wird nur bei einem bestimmten Mindestpegel möglich sein und das Ein- und Aussteigen, auch zu Rastzwecken, ist dann nur noch an vorgesehenen Stellen möglich. Sie sind in der folgenden Beschreibung schon enthalten; es wird empfohlen, schon jetzt ausschließlich diese Stellen zu benutzen. Es bestehen Schongebiete oberhalb und unterhalb der Wehre; sie müssen zügig durchfahren werden, Betreten der Ufer, Schwimmen und „Spielen" ist hier verboten.

Befahrbarkeit: der nachstehend beschriebene Abschnitt (ab km 92) dürfte wohl zumeist ganzjährig befahrbar sein.

Verkehr: Die Sieg wird fast durchgehend von einer Bahn begleitet.
Gewässergüte: zumeist II (mäßig belastet).

Ursprung im Rothaargebirge.

144,0 Ⅱ **Niedernetphen**, ab hier ≋ nur bei HW. Die Folgestrecke bis km 92 ist ausführlich beschrieben in „Gewässerführer für NRW".

92,0 Ⅱ **Wingertshardt**, günstige ⬇. Bis km 22 zahlreiche Sohlgleiten, für Faltboote kaum ratsam.

90,0 **Niederhövels**, 🚉, Ende des Abschnitts mit Befahrungsverzicht (Mai-August). ⬇ nahe B 62.

84,0 l ↓ Elbbach (s. „Gewässerführer für NRW"). Ortsteil **Wissen-Schönstein** mit Schloss Schönstein.

83,0 Ⅱ B 62 und EB-Ⅱ, danach ca. 1 m hohes Schräg-■ mit Betonhöcker in der ■-Rutsche, Bootsberührung! ⌓ wegen steiler Mauern (Werksgelände) nicht möglich, bei HW !, für Canadier **X**. Bei MW (Pegel Betzdorf unter ca. 80 cm) können Boote ganz r über die Schrägrutsche des ■ heruntergelassen werden (nur für Geübte).

82,0 **Wissen**, Ⅱ, l 🚉, l gute ⬇/⬆ im Bereich eines Parkplatzes, kurz dahinter r ↓ des Wisserbachs (s. „Gewässerführer für NRW").

81,0 r ⌂ des KC Wissen, im ⌂ beschränkte Übernachtungsmöglichkeiten, ▲-Möglichkeit (ohne Sanitäranlagen), ? und Anmeldung ☎ 02681/70622. Empfehlenswert Sieg-naher ▲ C „Im Eichenwald" in Mittelhof.

78,5 l ↓ der Großen Nister (s. „Gewässerführer für NRW").

73,5 l **Ospen**, ✕, Landesgrenze NRW, Beginn des geplanten Schutzgebietes „Siegaue".

72,5 Ⅱ B 256, r **Au**, 🚉, Ende der S-Bahn-Strecke.

71,5 Stufe vor EB-Ⅱ, in der Mitte gut ≋.

64,2 Ⅱ Umgehungsstraße Schladern-Leuscheid-Weyerbusch.

63,0 r **Schladern**, ■, **X**, vor der Ⅱ ⬆, Schonbezirk von 110 m oberhalb der ■-Krone bis zum rechtsseitigen ↓-Ufer der alten Sieg, r ⌓ über die Straße ca. 1100 m an EB und Fabrikzaun auf Fahrweg entlang, ⬇ am Altenpflegeheim Schöneck. Überheben der Kaskaden für Geübte möglich, jedoch !, Rutschgefahr und Proteste des Werksmeisters.

62,4 r Altenpflegeheim Schöneck, ⬇ Nr. 1. Fahrzeuge nach Abladen der Boote am 🚉 oder auf Seitenstreifen an der Stichstraße parken, 10 Minuten zum 🚉.

61,0 Ⅱ Dattenfeld-Dreisel, l **Dreisel**, ca. 100 m unterhalb der Ⅱ l Parkmöglichkeit bei ✕, l ⬇/⬆ Nr. 2.

58,0 r **Dattenfeld**, Ⅱ, danach Schräg-■, ca. 1 m hoch, ganz l ≋ über Rutsche mit Gummimatte, nass! Schonbezirk von 80 m oberhalb bis 200 m unterhalb der ■-Krone; l ⬇/⬆ Nr. 3, r vor dem ■ Parkplatz am Sportgelände, r 🚉.

56,8 Steinige Stufe, in der Mitte gut ≋.

54,0 r **Hoppengarten**, unter EB-Ⅱ Parkfläche, r ⬇/⬆ Nr. 4.

52,5 Ⅱ, l **Röcklingen**; Stufe, ganz r gut ≋.

52,0 r Sieg-Altarm, Schonbezirk, Befahrungsverbot.

51,8 Ⅱ **Herchen**, Parkmöglichkeit am Sportplatz, r ⬇/⬆ Nr. 5.

48,3 EB-Ⅱ, r 🚉 Herchen, r unterhalb Ⅱ Parkmöglichkeit, r ⬇/⬆ Nr. 6.

46,5 r **Stromberg**, Ⅱ, direkt hinter der Ⅱ r ⬇/⬆ Nr. 7, Parkmöglichkeit l über die Ⅱ.

45,5 EB-Ⅱ.

45,0 r ↯ Unkelmühle, ▬, evtl. ≋ ganz l über Rutsche mit Gummimatte, Rutsche hat oft zu wenig Wasser, dann durch Rutsche treideln, Schonbezirk von 50 m oberhalb bis 290 m unterhalb der ▬-Krone, l Rastplatz, keine Zufahrt mit Kfz.

44,0 Ⅱ L 333, l **Alzenbach**, l ✕, Parkmöglichkeit, ⬇/⬆ Nr. 8.

41,0 Ⅱ L 86, l **Eitorf**, ca. 50 m unterhalb der Ⅱ l Parkmöglichkeit am Siegtal-Gymnasium, l ⬇/⬆ Nr. 9, Fußweg zum 🚆 Eitorf 10 Minuten.

40,7 l Pegel Eitorf.

39,6 Ⅱ Eitorf-Bourauel.

37,0 EB-Ⅱ, l **Happach**, ▲ C, paddlerfreundlich, ☎ 02243/3533, unter der Ⅱ Schwall, l ⬇/⬆ Nr. 10.

36,1 Ⅱ, r **Merten**, 🚆, große Siegschleife.

33,6 EB-Ⅱ.

31,3 EB-Ⅱ, 2. Durchfahrt von r meist am besten ≋, r **Auel**.

30,3 l auf der Höhe **Blankenberg**, Städtchen mit Burg, ★. Von den Ruinen schöne Aussicht auf das Siegtal.

29,5 EB-Ⅱ, kleiner Schwall, bei NW steinige Durchfahrt.

28,5 Ⅱ K 36 bei **Oberauel**, unmittelbar dahinter l Parkmöglichkeit P+R an der L 333, 🚆 Blankenberg, l ⬇/⬆ Nr. 11.

26,5 r **Lauthausen**, ▲ C, am Ende Stufe, r von der Mitte gut ≋.

24,0 r ↓ der Bröl (s. „Gewässerführer für NRW"), 200 m weiter Straßen-Ⅱ, darunter bei HW hohe Wellen, r Schloss Allner.

23,0 Autobahn-Ⅱ A 560, ca. 100 m davor r ⬇/⬆ Nr. 12, r gute Parkmöglichkeit, l **Hennef**.

22,0 l ⬇ im Stadtgebiet hinter der ↓ des Hanfbachs (s. „Gewässerführer für NRW").

21,5 Autobahn-Ⅱ A 560.

20,0 Fußgänger-Ⅱ, r Weingartsgasse, ✕, l ⬇/⬆ Nr. 13, Parkmöglichkeit l auf nahegelegenem Wanderparkplatz.

19,5 r ↓ des Wahnbachs.

16,2 Autobahn-Ⅱ A 3.

16,0 r am alten Siegarm ⌂ STV Siegburg, *DKV-Kanustation*, für mehrtägigen Aufenthalt geeignet, ☎ 02241/381670, r ⬇/⬆ Nr. 14. Ortsbeginn **Siegburg**.

15,6 ▬, **X**. Schonbezirk von 45 m oberhalb bis 140 m unterhalb der ▬-Krone.

15,2 Ⅱ und EB-Ⅱ Siegburg, bei NW steinig, r ≋.

14,2 l ↓ Pleisbach (s. „Gewässerführer für NRW").

13,0 Ⅱ und EB-Ⅱ.

10,2 Ⅱ B 56, Nordumgehung Siegburg, ⬇/⬆ Nr. 15.

10,0 r ↓ Agger, (s. „Gewässerführer für NRW").

9,5 Ɪ.
9,0 EB-Ɪ.
8,2 Autobahn-Ɪ A 59.
5,0 l **Meindorf**, ⬇/⬆ Nr. 16, Parkmöglichkeit am Sportplatz.
2,0 Ɪ L 269 bei Bergheim/Sieg, dahinter Fähre, r ✕, Parkmöglichkeit, r ⬇/⬆ Nr. 17.
0,0 ↓ in den Rhein bei km 659,3. Weiterfahrt auf dem Rhein bis km 659,8. r **Mondorf**, ⬇ an der Fähre Mondorf-Grau-Rheindorf, Parkmöglichkeiten.

3.6 Ahr

Die Ahr ist ein schnell laufender Fluss in reizvoller Landschaft. Sie ist auch sportlich interessant durch viele Schnellen und Wehre, die zumeist fahrbar sind.
Befahrbarkeit: Oberlauf nur bei HW; ab Schuld, km 50,5, bei gutem MW. Bei HW ist von einer Befahrung der Strecke unterhalb Bad Neuenahr abzuraten, da die zahlreichen Blockstufen dann einen gefährlichen Rücklauf entwickeln.
Bei einem Pegel Müsch von unter 65 cm ist bei diesen Stufen mit unangenehmen Grundberührungen zu rechnen.

Pkw: die Bundesbahn verläuft oberhalb von Bad Neuenahr parallel zum Fluss; das Nachholen bzw. Vorstellen der Pkw ist daher von mehreren Bahnhöfen aus gut möglich.

Gewässergüte: I-II (gering belastet) und II (mäßig belastet).

77,5 **Ahrhütte**, mögliche ⬇ bei starkem HW. Die Folgestrecke ist ausführlich beschrieben im „Gewässerführer für NRW“.
51,5 ▲ C.
50,5 l **Schuld**, mögliche ⬇ bei gutem Mittelwasser.
48,5 ▬, ≋.
46,0 Ɪ, r **Insul**, gute ⬇/⬆.
45,9 2-stufiges ▬, ≋, bei HW gefährlicher Rücklauf, l ⌓.
44,5 Dümpelfeld, r ↓ des Adenauer Bachs, Wasserführung nimmt zu.
42,0 **Liers**.
40,5 **Hönningen**, Stufe, ≋.
37,2 r ↓ des Kesslinger Bachs.
37,0 Ɪ Ahrbrück-Brück, kurz danach r 🚉 Ahrbrück.
36,0 Ɪ, r **Pützfeld**, l auf Anhöhe Wallfahrtskapelle, ★; danach EB-Ɪ und ▲ C.
34,5 Schräg-▬, ≋, bei HW! ansehen, danach r und l ▲ C.

34,0 Ⅱ- und EB-Ⅱ **Kreuzberg**, gute ⬇/⬆, Parkmöglichkeit.
33,8 l ↓ Sahrbach.
33,0 EB-Ⅱ, danach Ⅱ zum ▲ C Altenahr.
32,2 EB-Ⅱ.
31,8 l Pegel Altenahr.
31,7 Ⅱ, **Altenahr**, r 🚉, hier keine ⬇/⬆, Touristenzentrum.
31,3 l gute ⬇/⬆, großer Parkplatz, 400 m zum 🚉, danach Straßen- und EB-Ⅱ.
30,7 Furt schräg zum Stromzug, meist ≋, Grundberührung bei MW und NW.
30,4 Schräg-▬, r ≋ ca. 1 m neben Ufermauer. Bei HW auch Mitte und l ≋, r ⌓ leicht.
28,2 EB-Ⅱ am Tunnel.
27,0 l **Reimerzhofen**.
24,5 Furt ≋, dahinter sehr steinig.
24,0 1. Ⅱ **Mayschoß**, r 🚉.
23,5 2. Ⅱ Mayschoß.
22,7 EB-Ⅱ.
22,0 Ⅱ, **Rech**, r gute ⬇/⬆, l 🚉.
20,5 ▬, etwa 1,2 m hoch, im r Drittel oder über Fischtreppe nach Besichtigung ≋.
20,0 l 🚉 Dernau.
19,7 Ⅱ, **Dernau**, r und l gute ⬇/⬆.
19,5 Schräg-▬, ca. 0,7 m hoch, schräg zur Flussrichtung, ≋.
18,6 EB-Ⅱ. Weitere EB-Ⅱ bei km 17,8 und 17,3.
16,3 Ⅱ, **Walporzheim**, r gute ⬇/⬆, l 🚉.
15,9 Schräg-▬, ca. 0,7 m hoch, schräg zur Flussrichtung, ≋.
15,5 r Kloster Calvarienberg, danach Schräg-▬, ca. 1,5 m hoch, l ≋. Es folgen bis Bad Neuenahr zahlreiche kleine Stufen, ≋, bei HW starker Rücklauf.
14,5 Ⅱ Bad Neuenahr-Ramersbach.
14,0 l **Ahrweiler** mit mittelalterlichen Gebäuden.
12,7 Ⅱ Bad Neuenahr-Königsfeld.
11,5 **Bad Neuenahr,** 1. Schräg-▬, das ▬ wurde umgebaut, über die Befahrbarkeit liegen unterschiedliche Aussagen vor, unbedingt ansehen, Vorsicht bei HW!
11,0 2. Schräg-▬ (Casino-▬) unter Fußgänger-Ⅱ, das ▬ wurde umgebaut, über die Befahrbarkeit liegen unterschiedliche Aussagen vor, unbedingt ansehen, hohe Wellen, l gute ⬆. Es folgen mehrere Stufen, ≋, je nach Wasserstand hohe Wellen.
10,5 Fußgänger-Ⅱ, davor l (am Appolinaris-Stadion) gute ⬆. Ca 200 m zum Parkplatz, 10 Minuten zum 🚉 Neuenahr.
10,0 l Berufsschule, davor gute ⬆ und Parkplatz. Eine Weiterfahrt ist wegen mehrerer Blockwurf-▬ mit scharfkantigen Steinen

nicht ratsam. Beschreibung der Reststrecke s. „Gewässerführer für NRW“.

0,0 ↓ in Rhein bei km 629,3, l **Kripp**.

3.7 Mosel

Wanderfluss
Mündung in Rhein (l Nebenfluss)

Die Mosel ist seit 1964 auf der gesamten Länge zwischen der deutsch-französischen Grenze und der Mündung in den Rhein bei Koblenz durch insgesamt 12 Staustufen zu einem nahezu strömungslosen Fluss geworden und dient als Schifffahrtsweg und zur Energiegewinnung. Trotzdem ist eine Moselfahrt für den Kanuten nach wie vor sehr lohnend.

Die Landschaft:

Unterhalb von Perl fließt die Mosel zunächst durch ein breites Tal. Unterhalb Remich reizvolles Engtal durch die Ausläufer des lothringischen Stufenlandes, das bisweilen an den mittleren Neckar erinnert. Bei Trier wird auf 15 km ein weites hügelumkränztes Becken durchquert. Bei Schweich beginnt dann die Landschaft, die den eigentlichen Reiz einer Moselfahrt ausmacht, das 175 km lange reben- und waldumkränzte, windungsreiche Moseltal, mit vielen reizvollen, als Weinnamen bekannten Orten mit Fachwerkhäusern und hoch über dem Fluss gelegenen Burgen und Burgruinen.

Die Stauanlagen:

Die Bauweise der 12 Stauanlagen ist weitgehend einheitlich. Es folgen von Ufer zu Ufer, stets in dieser Reihenfolge: das Kraftwerk - das breite Überlaufwehr - Mole (trennt den Wehrbereich vom Schifffahrtsbereich ab) - Bootsschleuse - Bootsgasse (nur bei 7 Stauanlagen vorhanden) - Mole (trennt die Großschifffahrt von den Sportbooten) - Schifffahrtsschleuse. Diese Reihung kann von r nach und l oder umgekehrt gehen. Bei den Stauanlagen ohne Bootsgasse befindet sich an ihrer Stelle eine Betonrampe mit Bootswagen.

Verhalten an den Stauanlagen:

Die Anfahrt erfolgt stets auf der Flussseite, auf der die großen Schleusen durch Lichtsignale (rot oder grün) von weitem sichtbar sind. Man fährt dann auf der Flussseite der langen Mole entlang, die die Großschifffahrt von der Sportschifffahrt trennt. Ein Befahren des Bereichs vor den Überlaufwehren ist verboten und lebensgefährlich; ein Einfahren in den Vorhafen der Schifffahrt ist sinnlos, weil Sportboote in den Großschleusen nicht geschleust werden.

Bei den mit Bootsgassen ausgestatteten Stauanlagen sollte man sich das Vergnügen einer schnellen und ungefährlichen Talfahrt auf keinen Fall entgehen lassen. Vorsicht bei der Ausfahrt aus den Floßgassen evtl. ist mit Seitenströmung vom ■ her zu rechnen. Es sind dies die Staustufen Palzem, Grevenmacher, Wintrich, Zeltingen, Enkirch, Fankel und Müden. Man fährt dazu bis zu den Pfählen kurz vor der Bootsgasse, an denen eine Bedienungsanleitung sowie ein Druckknopf für die Betätigung der Gasse angebracht sind. Nach Knopfdruck (vom Boot aus möglich) senkt sich der Verschluss der Gasse, grünes Licht gibt die Einfahrt für 30 Sekunden frei, es kann also immer nur ein Boot in die Gasse einfahren. Bei der Durchfahrt das Paddel in Längsrichtung des Bootes halten. Ein Steuern in der 1,2 m breiten Gasse mit Paddel ist nicht möglich, aber auch nicht erforderlich, da das Boot automatisch in Gassen-Mitte gehalten wird. Bei „Rot“ darf nicht mehr in die Gasse eingefahren werden, da sich das Gassentor kurz danach wieder schließt. Es muss allerdings damit gerechnet werden, dass einzelne Bootsgassen zeitweise nicht betriebsbereit sind.

Die Bootsschleusen sind (mit Ausnahme der Schleuse in Koblenz) ebenfalls für Selbstbedienung eingerichtet. Sie sind in erster Linie für Motor- und Segelboote bestimmt. Sie sollten von Kanus daher nur dann benutzt werden, wenn keine Bootsgasse zur Verfügung steht oder wenn die Mosel bergauf befahren wird. Allerdings besteht auch bei den Schleusen die Möglichkeit, dass sie zeitweise außer Betrieb sind. Sämtliche Schleusen und Bootsgassen sind gebührenfrei.

Im Bereich der breiten Überlaufwehre besteht sehr starker Rücklauf, ihre Befahrung ist unmöglich. Aber auch ein Einfahren in den Rücklaufbereich vom Unterwasser ist lebensgefährlich und daher unbedingt zu unterlassen.

Wissenswertes:

Ab Perl ist die Mosel auf dem r Ufer deutsch, auf dem l Ufer bis zur Mündung der Sauer luxemburgisch. In diesem Bereich ist das Landen auf dem l Ufer verboten, Mitführen von Pass oder Personalausweis zweckmäßig.

Der Großschiffsverkehr ist auf der Mosel im Vergleich zum Rhein gering; den Schiffen ist rechtzeitig auszuweichen. Es ist außerdem mit

-ähren zu rechnen, die den Fluss kreuzen. Recht störend kann der starke Motorbootverkehr, besonders an Sonn- und Feiertagen, sein. Auf den gesamten Mosellauf verteilt sind insgesamt 30 Strecken für den Wasserskilauf freigegeben. Hier ist ebenfalls besonders an Sonntagen mit Behinderungen zu rechnen. Bei der nachfolgenden Flussbeschreibung sind die schönsten und gebräuchlichsten Zeltplätze aufgeführt. Man kann darüber hinaus nach Befragen des Grundeigentümers vielfach frei zelten.

Befahrungsregeln: km 43,5 - 47 NSG Pommerheld, Wasserfläche von 40 m breite entlang dem rechten Moselufer, einschließlich Parallelwerk vom 15.10. - 31.03. gesperrt. km 69,99 - 70,64 NSG Insel Taubengrün, Wasserfläche zwischen Insel Taubengrund und rechtem Moselufer ganzjährig gesperrt.

Gewässergüte: II (mäßig belastet).

550,0 Ursprung der Mosel am Col de Bussang in etwa 725 m Höhe.
508,0 **Remiremont**, Beginn der Befahrbarkeit. Die folgende, auf französischem Gebiet verlaufende Strecke ist ausführlich beschrieben im DKV-Auslandsführer Bd. 6; r ↓ Moselette.
490,0 r ↓ Vologne.
474,0 **Epinal**, ab hier ist die Mosel kanalisiert.
242,1 Französisch-deutsche Grenze. Staustufe Apach mit Boots-□. Bei der Einreise Grenzkontrolle neben der Schifffahrts-□.
241,9 r **Perl**, ⛟, l Schengen, Ⅱ. Beginn der ersten Bootsgassenstrecke bis Trier.
238,1 r **Besch**.
234,9 l **Kleinmacher**.
233,4 l **Remich**, Ⅱ, Beginn des Engtales (Luxemburg). r **Nenning**, ⛟, Schloss Bübingen und Schloss Burg, r vor der Ⅱ ▲ C.
232,0 r Schloss Thorn.
230,4 r **Palzem**.
230,2 **Stadtbredimus** (Luxemburg).
229,9 Staustufe Palzem. Bootsgasse l vom ▬, Boots-□. Bootsgasse wird vom □-Wärter bedient.
225,3 r **Wehr** (Ortschaft).
223,7 l **Ehnen** (Luxemburg).
222,1 **Wormeldange**, Ⅱ.
221,9 r **Wincheringen** auf der Höhe, schöner Ausblick.
216,5 r auf der Höhe Klosterkirche Nittel.
216,1 r **Nittel**, scharfe Flussschleife.
215,2 l **Machtum** (Luxemburg).
213,4 r Wellen, ✕ „Zum Bahnhof“.
212,9 Staustufe Grevenmacher, Bootsgasse l vom ▬, Boots-□.

212,3 l **Grevenmacher** (Luxemburg), ⌶, ▲ C etwas versteckt.
210,3 r **Temmels**, auf der Höhe herrlicher Ausblick.
208,5 l **Mertert** (Luxemburg), Hafen.
206,7 l **Wasserbillig** (Luxemburg). l ↓ Sauer (s. AB), ab hier beiderseits deutsche Ufer.
206,1 r **Oberbillig**, Wagenfähre.
203,4 r **Wasserliesch**, Ende des Engtales.
202,7 l **Igel**, Igeler Säule, ★. ▲ C.
202,6 r **Reinig**, Beginn des breiten Trierer Beckens.
200,8 r ↓ Saar (s. AB), ▲ C Konz.
200,3 r **Konz**. EB-⌶.
198,6 r **Karthaus**.
197,7 l ▲ C Trier-Monaise.
195,8 Staustufe Trier, Ende der ersten Bootsgassenstrecke. Bootsrampe und Boots-□ l vom ■.
194,5 Konrad-Adenauer-⌶.
194,0 l ▲ C „City" des Rudervereins, ✕.
193,2 r und l **Trier**. Alte Römerstadt (Augusta Treverorum) und viele ★: Porta Nigra, Thermen, Amphitheater.
193,1 Alte Mosel-⌶ (Römerbrücke).
191,7 Kaiser-Wilhelm-⌶.
191,0 ⌂ der Trierer Kanu-Fahrer 1948 e. V. „Hans-Karl-Schmitt-Haus", 54292 Trier, Maarstraße. Anfahrt mit Pkw möglich. Keine ▲-Möglichkeit. ⌂.
187,6 EB-⌶ der Strecke Koblenz-Trier.
186,7 l **Pfalzel**. Alte Stiftskirche.
185,5 r ↓ Ruwer (s. „DKV-Kanuführer für SW").
183,9 l ↓ Kyll (s. „DKV-Kanuführer für SW").
181,5 l **Quint**. Barockschloss.
178,1 ⌶ **Schweich**. ▲ C l vor der ⌶, laut.
177,7 Autobahn-⌶ Saarbrücken-Koblenz.
176,0 r **Longuich**. ⌶.
174,4 r **Riol**.
171,5 l **Mehring**, ⌶, r ✕ Müller.
170,0 r ▲ bei einem Sport-Motorbootclub.
169,9 r Mehringer Schweiz, landschaftlich sehr schöne Stelle.
169,0 l **Pölich**, ▲ C.
166,8 Staustufe Detzem, Bootsrampe und Boots-□ r vom ■. Zweite unbehinderte Bootsgassenfahrt bis Bullay.
166,5 l **Schleich**.
165,6 r **Detzem**.
164,9 l **Ensch**.
163,8 r **Thörnisch**, ⌶.
161,8 l **Klüsserath**. Mittelalterliche Burg, l ▲ C, ✕. l ↓ Salm (s. „DKV-KANUFÜHRER FÜR SW).

161,0 r **Köwerich**.

158,6 r **Leiwen**.

156,1 l **Trittenheim**. ✕ Leikauf. ▲ l vor der Ⅱ. Wanderung zur Drohntalsperre.

152,5 r **Neumagen**. Alter römischer Weinort (Noviomagus). ✕ und Metzgerei „Zur Post“. Großer ▲ C.

151,8 Ⅱ Neumagen.

150,5 r ↓ Drohn (s. „DKV-Kanuführer für SW“).

147,9 l **Piesport**, Ⅱ, ✕.

147,0 r **Niederemmel-Müstert**, Ⅱ.

146,7 l Felsen „Mosel Loreley“.

144,0 l **Minheim**. Ⅱ, ▲-Möglichkeit auf der Gemeindewiese.

141,4 Staustufe Wintrich, Bootsgasse und Boots-□ l vom ▬.

141,0 r **Wintrich**.

139,1 l **Kesten**. Wagenfähre.

136,7 r **Filzen-Brauneberg**, ✕ „Zur Grafschaft“.

134,8 Ⅱ Lieser-Mülheim, r ▲, Anlegesteg. l ↓ Lieser (s. „DKV-Kanuführer für SW“).

134,6 r **Mülheim**, Hotel Selzer.

133,8 l **Lieser**, Wallfahrtskirche aus dem 8. Jahrhundert.

132,0 r **Andel**.

130,5 Fähre Bernkastel. l ▲ vor Schutzhafen.

129,4 r und l **Bernkastel-Kues**. Anlegestelle, Gebühren. Altes Kreisstädtchen, Hauptweinort. Ruine Landshut. Mittelalterlicher Marktplatz mit Fachwerkhäusern. Rathaus von 1608, ★.

127,1 r **Graach**. ✕ „Zur Traube“.

125,7 l **Wehlen**. Hänge-Ⅱ.

123,8 Staustufe Zeltingen, Bootsgasse und □ l vom ▬. Achtung beim Auslauf der Bootsgasse, nicht ans Land drücken lassen.

123,4 r **Zeltingen**.

122,6 Ⅱ Zeltingen, ▲ C.

122,2 l **Machern**.

121,7 r **Rachtig**.

119,6 **Ürzig**. Altes Städtchen, malerische Fachwerkbauten.

118,3 r **Erden**, ▲ C mit Anlegerampe.

117,4 Ⅱ Erden-Lösnich.

116,8 r **Lösnich**.

116,0 l **Kinheim**.

115,8 Ⅱ Kinheim-Kindel.

112,6 l **Kröv**. Reichsschenke Götz von Berlichingen.

110,6 r **Wolf**. ▲, Ⅱ, Klosterruine Wolf.

109,0 l **Rißbach**. Großer ▲ C, 20 Minuten Fußweg bis Traben-Trarbach. ✕ Rißbacher Hof.

107,0 Ⅱ, r und l **Traben-Trarbach**, 2 Minuten bis ♜, Burgruine Gre
venburg r und Reste der alten Feste Mont Royal.

106,0 r ⌂ Ruder-Club Traben-Trarbach, Kanu-Abtlg., Übernach
tungsmöglichkeit im ⌂.

102,9 Staustufe Enkirch. Bootsgasse und Boots-□ l vom ▬.

102,2 r **Enkirch**. Schöne alte Fachwerkbauten, l **Koevenig**.

98,9 r **Burg** (Ortschaft).

97,4 l **Reil**, ✕ „Reiler Hof“. Ⅱ.

96,5 r großer ▲ C.

93,8 r **Pünderich**, r ▲ C, ✕. Fähre zum l Ufer, Aufstieg zur Ruin
Marienburg, 10 Minuten. Sehr lohnend.

91,1 r **Briedel**.

88,3 Ⅱ **Zell**.

87,5 l **Kaimt**, r **Zell**, schönes altes Städtchen, ✕.

87,1 Fußgänger-Ⅱ.

86,5 Ⅱ Zell-Kaimt, l am Ortsende großer ▲ C.

85,3 r **Merl**.

82,7 Ⅱ und EB-Ⅱ Alf-Bullay.

81,8 l **Alf**, r Bullay, Ende der 2. Bootsgassenstrecke. ♜. ✕. ▲. Auf
stieg zur Marienburg. Burg Arras. l ↓ Alfbach (s. DKV-Kanu
führer für SW).

79,0 l **St. Aldegund**. Romanische Kirche, 12. Jahrhundert.

78,3 Staustufe St. Aldegund, Bootsrampe und Boots-□ l vom ▬
3. unbehinderte Bootsgassenstrecke bis Alken.

77,8 r **Neef**.

77,5 Ⅱ Neef.

75,9 l **Bremm**. ✕ Hutter.

75,3 Klosterruine Stubben inmitten der Weinberge, ▲ hier nich
mehr möglich, NSG.

74,0 EB-Ⅱ Eller.

73,5 l **Eller**. ✕ Friedrichs.

72,3 l **Ediger**. ▲ hinter dem Ort.

70,7 -69,9 Naturschutzgebiet „Insel Taubengrün“. Wasserfläch
zwischen der Insel Taubengrün und dem r Moselufer dar
nicht befahren werden.

69,5 l **Nehren**, ▲ C.

68,4 Ⅱ Senheim.

68,0 r **Senheim**. ▲ C.

67,7 l **Senhals**.

66,7 l **Mesenich**. ✕ „Zum Anker“, ▲ am Ortsende.

63,4 r **Briedern**.

62,5 l **Poltersdorf**.

61,1 r **Beilstein**, Burgruine Metternich. Großer ▲ C am l Ufe
Wagenfähre.

60,5 l **Ellenz**.

59,4 Staustufe Fankel, Bootsgasse und -□ r vom ▬.
59,0 r **Fankel**.
57,9 r **Bruttig**, ⛺.
57,5 ⌶.
56,0 l **Ernst**.
54,9 r **Valwig**, ⛺ C.
52,5 l **Cochem-Sehl**, ✕.
51,5 l **Cochem**. Altes Kreisstädtchen, ★, mit der vollständig erhaltenen Burg Cochem, St.-Martins-Kirche. ⛫. l ↓ Endert (s. „DKV-Kanuführer für SW).
51,2 ⌶ Cochem-Cond.
50,5 l 🚉 Cochem (D-Zug-Station).
50,0 r ⛺ C und Schwimmbad der Stadt Cochem.
47,6 l **Klotten**, Wagenfähre. Ruine Koraidelstein. l Dortebachtal, Naturschutzgebiet. Wüstenflora.
47,0 -43,5 Naturschutzgebiet „Pommerheld". Die Wasserfläche in einer Breite von 40 m entlang dem r Moselufer und zwischen dem Parallelwerk bei km 45 und dem r Ufer darf in der Zeit vom 15.10.-31.03. nicht befahren werden. Es ist auch untersagt, am l Ufer des Parallelwerks anzulegen.
42,9 l ⛺ C mit Schwimmbad.
42,2 l **Pommern**, alter Ort keltischen Ursprungs.
40,3 r **Treis**. Ruinen der Burgen Treis und Wilburg, r ↓ Mörsdorfer Bach (s. „DKV-Kanuführer für SW).
40,0 ⌶ Treis-Karden, davor r ⛺ C.
39,4 l **Karden**, dreitürmige Stiftskirche, bedeutendes romanisches Bauwerk, um 1200.
37,1 Staustufe Müden, Bootsgasse und Boots-□ r vom ▬.
36,6 l **Müden**, Fußweg nach Burg Eltz 1 Std.
34,3 l ↓ Elzbach (s. DKV-Kanuführer für SW).
34,0 l **Moselkern**. Aufstieg zur ★ Burg Eltz, ca. 8 km.
31,5 r **Burgen**, ⛺. l 🚉 Burgen und Burg Bischofsheim, r ↓ Baybach (s. „DKV-Kanuführer für SW).
29,7 l ⛺ des WSV Koblenz-Metternich auf der Hatzenporter Insel.
28,5 l **Hatzenport**.
26,6 r **Brodenbach**. Verbindung nach Koblenz-St. Goar. Wanderung zur Ehrenburg und Ehrbachklamm. r ↓ Ehrbach (s. DKV-Kanuführer für SW).
25,4 ⌶ Alken-Löf.
24,2 r **Alken** mit Burg Thurandt und Dreifaltigkeits-Kirche aus dem 13. Jahrhundert auf dem Bleidenberg.
23,8 l **Kattenes**.
22,9 **Oberfell**.
21,5 Insel „Reiherschuß", Vogelschutzgebiet. Betreten verboten.

20,8	Staustufe Lehmen, Bootsrampe und Boots-□ l vom ■, Anfahrt durch den l Flussarm.
19,7	l **Lehmen**. 🚉 liegt günstig für Abreise.
18,9	r **Niederfell**. l Schloss Von der Leyen.
18,8	l **Gondorf**.
18,2	Ⅱ.
16,7	l **Kobern**. Alter Ort aus dem 9. Jahrhundert.
16,0	r **Dieblich**, ▲ C.
13,5	Autobahn-Ⅱ.
12,2	l ▲ Insel Ziehfurt.
11,2	l **Winningen**.
9,1	r **Lay**. Grundseilfähre, !! die Fähre hebt bei der Fahrt das Grundseil aus dem Wasser.
6,0	Gute ⬆.
5,8	EB-Ⅱ Güls und Fähre. Zum 🚉 Koblenz.
5,2	r **Koblenz-Moselweiß**.
4,3	l ⌂ des WSV Koblenz-Metternich, anschließend Segelclub.
3,6	r ⌂ des Ruder-Clubs Rhenania.
1,9	Staustufe Koblenz, Bootsrampe und Boots-□ l vom ■.
1,4	Ⅱ Koblenz - Lützel.
1,3	l **Koblenz-Lützel**.
1,2	EB-Ⅱ.
1,0	Ⅱ „Balduinbrücke“.
0,3	Fähre „Deutsches Eck“.
0,2	l ▲ C Rhein-Mosel, ☎ 0261/82719. Gute ⬆.
0,0	↓ in Rhein bei km 592,3 „Deutsches Eck“. Günstige Gelegenheit zur Beendigung der Fahrt der schon am Rhein l nach dem ▲ C gelegene Park, Sandstrand, Rasen, Zufahrt mit Pkw.

3.7.1 Saar

Wanderfluss
Mündung in Mosel (r Nebenfluss)

Der Oberlauf der Saar, im Bereich der westlichen Ausläufer der Vogesen, ist landschaftlich reizvoll, sportlich mäßig interessant mit vielen Windungen, ausreichender Strömung und zahlreichen, teilweise fahrbaren Wehren. Sonst keine besonderen Schwierigkeiten. Die Saar ist von der Mündung bis Dillingen zur Großschifffahrtsstraße ausgebaut, der weitere Ausbau soll bis km 291 erfolgen. Ab Güdingen km 292,8, wird geschleust. Landschaftlich ist die Saar im Bereich der beschriebenen Strecke sehr reizvoll; ihre Befahrung ist daher trotz der Kanalisierung lohnend, insbesondere ab Dillingen.

Befahrbarkeit: ganzjährig.

Besonderheiten: Auf der Saar dürfen zwischen der deutsch-französischen Grenze und dem km 87,6 Charterboote verkehren. Es ist mit unerfahrenen Bootsführern zu rechnen. An Schleusenanlagen ist besondere Vorsicht geboten.

Gewässergüte: allgemein II-III (kritisch belastet), eine kurze Strecke unterhalb Völklingen III (stark verschmutzt), Wiltinger Saarbogen und Mündungsabschnitt II (mäßig belastet).

Ursprung der beiden Quellflüsse weiße und rote Saar am Donon in den Vogesen.

194,0 Vereinigung der beiden Quellflüsse zur Saar. Bis km 104 verläuft die Saar in Frankreich; diese Strecke ist beschrieben im „DKV-Auslandsführer, Bd. 6“.

104,0 r ↓ Blies (s. AB), ab hier r Ufer deutsch.

103,3 EB-Ⅱ Sarreguemines-Hanweiler.

102,8 ▬ **Welferdingen**, l ≋ oder r ⌓.

102,6 r **Hanweiler**, ⬇.

99,5 r 🚂 Auersmacher.

98,5 l Kohle-⚓ Großblittersdorf.

97,7 ▬ Blittersdorf, l ≋ oder ⌓ l am Kanal ⌂ Blittersdorf.

97,6 Fußgänger-Ⅱ **Blittersdorf**, 🚂 r 100 m.

93,8 l ↓ Simbach. Ab hier beide Ufer deutsch.

93,0 Ⅱ **Güdingen**, r 🚂 150 m.

92,8 ▬ Güdingen, r ⌓. □ Güdingen l, ab hier wird geschleust.

91,3 Autobahn-Ⅱ nach Metz.

91,1 Autobahn-Ⅱ nach Saarbrücken.

90,7 Ⅱ zu den St. Arnualer Wiesen.

89,4 r Fernheizwerk, Daarler Ⅱ, Fußgänger-Ⅱ.

89,0 r → in den alten Saararm. 300 m aufwärts l Anlegestelle und ⌂ Rudergesellschaft Undine. l Anlegestelle Saarbrücker KC, zum ⌂ durch Tunnel unter Stadtautobahn. ☎ 0681/51616, kein ✕.

88,8 l Anlegestelle Ruder-Club Saar, zum ⌂ durch Tunnel unter der Stadtautobahn.

88,4 Bismarck-Ⅱ. Es folgen mehrere Ⅱ.

87,9 r Staatstheater, **Saarbrücken**, l Gebäude des Saarländischen Landtages.

87,0 Luisen-Ⅱ, r zum Haupt-🚂 Saarbrücken 500 m.

86,7 r Kongresshalle.

83,6 Gersweiler-Ⅱ.

83,3 ⌂ und ▲ Kanu-Wanderer Saarbrücken, *DKV-Kanustation*, ☎ 0681/792921, einzige ▲-Möglichkeit am Fluss.

82,8 l ⬆, 500 m ≏.
82,6 ▬.
82,3 l ⬇ nach ▬.
77,0 r ⌂ KC Völklingen, ☎ 06898/21181, *DKV-Kanustation*, Ⅱ Fürstenhausen-Völklingen, ab hier r ca. 5 km Völklinger Hütte.
75,0 Ⅱ Wehrden-Völklingen.
74,0 EB-Ⅱ.
70,0 Ⅱ **Bous**.
66,0 ▬ Lisdorf, l ≏.
65,2 Ⅱ Lisdorf-Ensdorf.
62,0 Ⅱ **Saarlouis**.
61,5 Ⅱ.
61,2 ⌂ KC Undine Saarlouis, *DKV-Kanustation*, ☎ 06831/2248. Landesleistungszentrum SKB. ☎ 06831/46312.
59,6 Ⅱ A 8.
58,9 → Hafen Dillingen, ab hier Großschifffahrtsstraße.
58,5 Ⅱ, l **Wallerfangen**, r **Dillingen**.
58,3 r ↓ Prims (s. DKV-Kanuführer für SW).
57,4 Ⅱ Dillingen.
56,5 → Bootshafen, ⌂ Kanu-Club Dillingen, ☎ 06831/73212.
55,1 EB-Ⅱ.
54,3 ↱ zum ≏, 450 m weit.
54,2 ▬ und □ Rehlingen.
52,7 Ⅱ, l **Rehlingen**, r **Beckingen**.
50,7 l ↓ Nied (s. AB).
48,5 Fußgänger-Ⅱ, l Fremersdorf, r 🚆.
44,5 Ⅱ **Merzig**.
44,1 r ↓ Seffersbach, Anlegestelle Kanu-Club Merzig, *DKV-Kanustation*, zum ⌂ und ▲ unter der Ⅱ durch, ☎ 06861/2123.
40,8 Feldweg-Ⅱ Besseringen.
40,1 r 🚆 **Besseringen**.
39,5 Ⅱ, l **Schwemlingen**, r **Besseringen**.
36,8 l Wassersportheim des Saarl. Ruderbundes.
34,9 l ↓ Steinbach, ✕ Becker.
31,6 ↱ zum ≏, 350 m weit.
31,4 ▬ und □ Mettlach.
30,9 Ⅱ **Mettlach**.
30,4 r Barockbau der ehem. Abtei Mettlach, Steingutfabrik Villeroy und Boch.
30,0 r ⌂ Kanu-Freunde Mettlach.
29,3 l Lutwinus-Kapelle.
27,5 Fußgänger-Ⅱ **Saarhölzbach**, r 🚆 300 m.
24,0 r **Saarhauen**.
22,2 Ⅱ, l **Taben**, r 🚆.
19,0 l **Hamm**.

18,6	↰ zum ≏, 400 m weit.
18,5	▬ und □ Serrig.
18,2	l ⬇.
16,2	l **Staadt**, r **Serrig**.
13,6	**Krutweiler**.
12,2	Ⅱ B 51.
11,7	Ⅱ B 407, **Saarburg**.
11,5	r ⌂ Ruder-Club Saarburg, nicht bewirtschaftet.
10,5	r Sportboothafen.
9,4	Ⅱ B 51.
9,1	r **Ockfen** durch Tunnel unter der Bahn.
7,9	↱ zum ≏ in Altwasser 450 m. Das Altwasser ist 7,5 km lang und mündet bei km 4,7 in die kanalisierte Saar. Die Kilometrierung ist nachstehend angegeben. Die Fahrt im Altwasser ist der Fahrt im Schleusenkanal vorzuziehen. ▬ Schoden.
0,2	r ⬇.
0,3	r **Schoden**.
2,5	Ⅱ.
3,5	r **Wiltingen**.
6,0	Ⅱ, l **Kanzem**, r 🚂.
7,2	l ⬇ beim ≏ an der □ Kanzem.
7,5	↓ in das neue Saarbett bei km 4,7.
7,8	l **Biebelhausen**.
7,7	▬ Schoden, l ← in den □-Kanal.
7,5	Ⅱ Biebelhausen.
5,4	Ⅱ **Wawern**.
5,3	↱ zum ≏, 350 m, ⬇ am Altwasser.
5,2	□ Kanzem.
4,7	r **Hamm**, ↓ des Altwassers.
3,1	r **Filzen**.
2,5	l ▲ C in Könen.
0,4	Ⅱ B 51.
0,3	EB-Ⅱ.
0,0	↓ in Mosel bei km 200,7.

Wiesenfluss - Wanderfluss
Mündung in Saar (l Nebenfluss)

Die Nied ist ein ruhiger Wiesenfluss, keine besonderen Schwierigkeiten, ruhige Strömung, Zahmwasser.

Befahrungsregeln: Der deutsche Teil der Nied ist Landschaftsschutzgebiet; ab deutscher Grenze, km 15,6, ist die Nied in der Zeit vom 15.03.-30.06. total gesperrt; in der übrigen Zeit ist eine Befahrung nur gestattet bei einem Mindestwasserstand von 30 cm des Pegels von Niedaltdorf. Der Pegel ist über den telefonischen Anrufbeantworter unter ☎ 06833/19492 erreichbar.

Befahrbarkeit: ab km 46,5 bis Frühsommer, ab Bouzonville ganzjährig.

Gewässergüte: II (mäßig belastet).

48,0	Zusammenfluss von Nied allemande und Nied française (s. DKV-Auslandsführer Bd. 6). Beide Flüsse kommen als mögliche Vorfahrt zur Nied in Frage; landschaftlich etwas reizvoller ist wahrscheinlich die Nied allemande. Ab hier Name des Flusses „Nied". Gute ⬇ 200 m oberhalb des Zusammenflusses bei einer ⌶, r **Condé**, l **Northen**.
47,0	**Volmérange**.
44,0	⌶ D 72, **Brecklange**.
42,0	⌶ D 53, **Roupeldange**.
41,0	■, **Floßgarten**.
40,0	**Guirlange**, l, ⌶.
37,0	⌶, **Bettange**.
36,0	⌶, **Gomelange**, ■.
33,0	■, r **Holling**.
31,0	⌶ D 3, **Freistroff**.
29,5	■, **Diding**, r ≋ oder r ⌓.
27,4	EB-⌶.
27,0	■, **Bouzonville**, Mitte Bootsrutsche oder r ⌓.
26,0	⌶ in Bouzonville, Stein! Ab hier ist die Nied ganzjährig ≋.
22,1	■ Filstroff, r Bootsrutsche oder l ⌓.
22,0	⌶ **Filstroff**.
16,7	⌶ **Guerstling**.
15,6	Staatsgrenze (s. „Befahrbarkeit"). r ↓ Ihner-Bach.
14,6	■ Niedaltdorf, r ≋ oder l ⌓.

14,3	Ⅱ **Niedaltdorf**, Pegel.
11,9	l ↓ Olig-Bach, kleine Schnelle, **Grafental**.
10,2	■ Wackenmühle, r über Rutsche ≋ oder l ⌓. Danach Fußgänger-Steg, ▲ C und ✕ Wackenmühle.
8,9	Fußgänger-Ⅱ, r Spielplatz, schöner Rastplatz.
8,7	Ⅱ **Hemmersdorf**, Betonteile!
4,3	Ⅱ zum ▲ C der Gemeinde Siersburg.
4,2	r Niedtalhalle, gute ⬆.
3,9	r ▲ C Mühlekonrad.
3,8	■ Siersburg, im Knick ≋ oder l ⌓.
3,6	Ⅱ **Siersburg**.
2,7	■ Niedmühle, l über Rutsche ≋ oder l ⌓, r ▲ C und ✕.
2,5	Ⅱ **Eimersdorf**.
1,0	Ⅱ B 406, Moniereisen!
0,55	r Altwasser.
0,07	l Treppe zum ⬆.
0,06	Gefällebremse, Mitte ≋, Steine! oder l ⌓.
0,05	Ⅱ A 8.
0,0	↓ in Saar bei km 50,7.

3.7.1.2 Blies

Kleinfluss
Mündung in Saar (r Nebenfluss)

Die Blies ist ein ursprünglicher, in ihrem Lauf unveränderter Kleinfluss, der in vielen Windungen durch Wiesen und Felder fließt. Bäume am Ufer. Mehrere Wehre sind überwiegend fahrbar, evtl. Umtragen ist leicht, meist nur kurzes Überheben.

Befahrbarkeit: Oberlauf bei HW, ganzjährig ab Mündung Schwarzbach, km 45. Die Blies ist im Unterlauf Grenzfluss, sie verläuft auf 4 km durch französisches Staatsgebiet, Mitführen von Personalpapieren erforderlich.

Befahrungsregeln: km 36,5-27,7 NSG, Befahrung in der Zeit vom 15.4.-15.7. verboten.

Pkw: Straße stets in Flussnähe.
Gewässergüte: II-III (kritisch belastet).

99,5	Ursprung an der Nordabdachung des Schaumberges bei Tholey in 375 m Höhe aus einem Quellbrunnen.
45,0	l ↓ Schwarzbach, (s. AB), ab hier ganzjährig ≋.

42,0	r **Bierbach**, 🚃 nahe am Wasser, günstige ⬇.
36,5	Ⅱ, l gute ⬇. r **Blieskastel**, 🚃 300 m, schönes Städtchen mit Kloster und Wallfahrtskirche. Beginn des Sperrgebietes.
35,7	■ **Mimbach**, ≋ oder l ⏏.
32,1	EB-Ⅱ.
31,0	■ **Breitfurt**, ≋ oder l ⏏.
27,7	Ⅱ **Bliesdalheim**. Ende des Sperrgebietes.
26,3	■ Herbitzheim, **X**, l ⏏. Bis Ⅱ steinig.
26,2	Ⅱ **Herbitzheim**.
23,5	■ Gersheim, **X**, über Insel bis Ⅱ ⏏.
23,4	Ⅱ **Gersheim**.
20,9	Ⅱ **Renheim**; l Ausgrabungen aus der Römerzeit.
19,5	Staatsgrenze, auf 4 km französisches Staatsgebiet.
17,8	Ⅱ **Bliesbruck**.
15,9	r Staatsgrenze, bis ↓ l Ufer französisch.
14,6	l Blies-Ebersind.
13,8	r **Habkirchen**.
13,0	■ Frauenberg, ≋ oder ⏏. Fußgänger- und Ⅱ. l **Frauenberg**, F; r **Habkirchen**, D.
12,5	r ▲ C Habkirchen.
8,5	■ Bliesmengen-Bolchen, Mitte ≋ oder überheben.
7,6	l **Bliesschweyen**, bei NW sehr flach.
7,2	■ Urigsmühle, ≋ bei ausreichend Wasser, sonst geradeaus an Mühle vorbeifahren. Bei NW vom Auslauf des Mühlgrabens bis ↓ ϟ-Kanal sehr flach.
6,7	l ↓ des ϟ-Kanals.
5,2	Fußgänger-Ⅱ, l **Blies-Guerswiller**.
5,1	■ Wackenmühle, unbedingt besichtigen, da oft durch Bäume versperrt, ≋ oder l überheben.
1,0	l ⌂ Canoë-Club Sarreguemines.
0,3	Ⅱ, l **Sarreguemines**, r **Hanweiler**.
0,0	↓ in Saar bei km 104. Gute ⬆ nach 100 m am Anleger der alten Fähre Hanweiler.

3.7.1.2.1 Schwarzbach, Moosalbe

Kleinfluss
Mündung in Blies (l Nebenfluss)

Die Moosalbe und der anschließende Schwarzbach gestatten eine durchgehende Befahrung; sie werden daher auch in durchlaufender Kilometrierung beschrieben. Sie sind landschaftlich sehr ansprechende Kleinflüsse des Pfälzer Waldes.

Befahrbarkeit: meist ganzjährig, Moosalbe nicht für F 2 geeignet.
Gewässergüte: II (mäßig belastet).

61,0 Ursprung der Moosalbe im Herzen des Pfälzer Waldes bei Johanniskreuz.

53,0 Wege-Ⅱ zum Naturfreundehaus Finsterbrunnertal, Parkplatz, mögliche ⬇ bei gutem Wasserstand; ✕.

50,0 0,7 m hoher Abfall, ≋ oder r ⏜.

48,0 Wege-Ⅱ.

47,5 EB-Ⅱ und Wege-Ⅱ, Pegel, übliche ⬇, zu erreichen von der B 270 Pirmasens-Kaiserslautern nach Trippstadt.

47,0 r ↓ Aschbach; auf 3 km enges Flussbett mit zahlreichen Windungen, kleines ▬, rechtwinklig abgehend, ≋.

44,0 Unterhalb **Schopp** auf etwa 1 km sehr zahlreiche Baum- und Strauchhindernisse, niedriger, verfallener Fußgängersteg in Höhe des Wasserspiegels.

43,2 Kleiner See, am Ende ▬, **X**, l 20 m ⏜.

40,2 Geiselbergermühle, ▬, **X**, l kurz ⏜. Ⅱ.

38,5 **Steinalben**, 2 Mühlen, ▬, **X**, l kurz ⏜. Ⅱ.

37,0 EB-Ⅱ.

36,5 Ⅱ.

36,3 Ⅱ, sofort danach EB-Ⅱ. Nach 20 m niedrige, schmale Wege-Ⅱ nach l-Knick, Strömung, auch bei leichtem HW r Bogen noch unterfahrbar. Öfter Holzversperrungen, dann l ⏜.

36,0 Treppenförmiger Abfall, etwa 1 m hoch, ≋.

34,6 Vor Ortseingang Waldfischbach EB-Ⅱ, mögliche ⬆.

34,0 Ortseingang **Waldfischbach**; auf etwa 50 m Überbauung, lichte Höhe bei MW 1,4 m.

33,0 ⛟ Waldfischbach, Ⅱ, darunter verfallene Stufe, 0,5 m hoch, ≋.

32,5 Ⅱ **Burgalben**.

32,0 ↓ in den von l kommenden Schwarzbach im Ortsbereich von Burgalben.

31,0 Ortsende Burgalben, Ⅱ, manchmal Baumversperrungen, dann l ⏜.

30,0 Moschel-Mühle, ▬, **X**, r ⏜.

27,8 ▬, ≋; danach Ⅱ.

27,5 l ↓ Rodalbe; die Befahrung des Schwarzbachs wird vielfach auch auf der Rodalbe bei Biebermühle begonnen, nach 300 m wird der Schwarzbach erreicht.

27,3 ▬, ≋, wenn offen.

25,0 1. Ⅱ **Thaleischweiler**.

24,0 2. Ⅱ Thaleischweiler.

20,0 Ⅱ **Mühlbach**.

18,1 Ⅱ **Rischweiler**. Kurz danach ▬, **X**, ⏜.

16,0 **Dellfeld**, ⌶, darunter steiniger Schwall.
15,0 ⌶ **Falkenbusch**, nach 500 und 1 000 m weitere ⌶ von Falkenbusch.
13,0 ⌶ **Stambach**.
10,5 ▬ Contwig, ≋ oder r ≏.
10,4 ⌶ Contwig, ▬, X, r ≏.
9,2 **Contwig**.
7,5 ⌶ **Niederauerbach**.
6,0 Zwei ⌶.
5,7 r ▲ C, l Freibad.
5,5 **Zweibrücken**, ▬, X, bei NW r etwa 500 m bis nach Rückführung des in den See abgeleiteten Wassers ≏, am besten mit Bootswagen. l Stadtgraben, 5 niedrige ⌶, am Ende ▬, X. Evtl. ≏ bis zur ⌶.
2,7 l ↓ Hornbach (s. „DKV-Kanuführer für SW).
0,0 ↓ in Blies bei km 45.

3.7.2 Sauer

Wildfluss - Wanderfluss
Mündung in Mosel (l Nebenfluss)

Die Sauer fließt in ihrem Oberlauf durch Belgien und Luxemburg; ihre Befahrung ist in diesem Bereich stark wasserstandsabhängig, im Sommer meist nicht möglich. Außerdem bestehen hier erhebliche Befahrungsbeschränkungen. Anschließend wird ausführlich lediglich der Unterlauf der Sauer beschrieben. Sie ist hier landschaftlich sehr reizvoll, keine Schwierigkeiten.

Befahrungsregeln: km 116 - 161 in der Zeit 16.07.-30.09. sind nur Einzelfahrten gestattet, km 141,5 - 142,5 Stauhaltung Rosport, vom 01.05. - 14.06. und 01.09 - 31.10. ganztägiges Befahrungsverbot, vom 15.06. - 31.08. Befahrungsverbot zwischen 9 und 12 Uhr sowie 17.30 - 22.00 Uhr

Pkw: Das Nachholen der Pkw wird erleichtert durch gute Omnibusverbindungen auf der luxemburgischen Seite.

Gewässergüte: II (mäßig belastet).

0 Ursprung auf der Höhe von Libramont (Ardennen) in etwa 550 m Höhe. Folgestrecke bis km 116 s. „DKV-Auslandsführer Bd. 6, Nordfrankreich-Benelux“.

116,0 **Wallendorf**, ♊. Ab hier bildet die Sauer die Grenze zwischen Luxemburg und Deutschland. Keine Schwierigkeiten mehr. l ↓ Our (s. DKV-Auslandsführer Bd. 6). Günstige ⬇ an der ♊; ▲ C.

120,0 ♊, r **Dillingen**, gute ⬇, l und r ▲ C. l ↓ Gaybach.

121,5 r **Grundhof**, Ausgangspunkt für Wanderungen in die luxemburgische Schweiz, r ↓ Ernz noire (s. DKV-Auslandsführer Bd. 6).

122,5 l ▲ C.

127,0 l **Bollendorf**, ♊, r Bollendorferbrück. l ▲ C.

129,0 Ehemaliges ■, ≋.

130,5 l Weilerbach mit Resten einer zerstörten ♊.

133,0 Fußgänger-♊.

134,0 r **Echternach**, ♊. Reizendes Städtchen mit romanischer Basilika und Grab des hl. Willibrord. Bekannt durch die alljährlich stattfindende Springprozession.

135,0 l ▲ C, danach ♊.

138,0 l **Minden**. l ↓ Prüm (s. „DKV-Kanuführer für SW).

138,5 r **Steinheim**, Wege-♊.

141,0 l **Edingen**, nach 1 km l **Godendorf**.

141,5 ♊, r **Rosport**, gute Gelegenheit zur Beendigung der Fahrt.

142,2 Wasserableitung r, Befahrung des Kanals unmöglich. Für die Befahrung der Stauhaltung Rosport bestehen Befahrungsbeschränkungen: verboten 01.05.-14.06. und 01.09.-31.10. Vom 15.06.-31.08. besteht ein Befahrungsverbot für die Zeiten 9-12 Uhr und 17.30-22 Uhr.

142,5 Staumauer, Weiterfahrt wegen Wassermangel und -verschmutzung nur wenig ratsam.

161,0 ↓ in Mosel bei km 206.

3.8 Lahn

Kleinfluss (bis km 66)
Wanderfluss (ab km 66)
Mündung in Rhein (r Nebenfluss)

Die auf einer Strecke von 235 km durchgehend mit Booten befahrbare Lahn zählt zu den schönsten Wanderflüssen Deutschlands. Dies hat verschiedene Ursachen.

Die Landschaft: Die Lahn kommt aus dem Rothaargebirge und trennt in ihrem Unterlauf den Westerwald vom Taunus. Dazwischen liegen mehrere Talbecken. So ergibt sich ein reizvoller Wechsel zwischen breiten und engen Tälern, zwischen steilen Felsen und flachen Ufern, zwischen Wäldern, Wiesen und Feldern.

Der kulturhistorische Rahmen: Die Lahn ist ein Bilderbuch deutscher Kulturgeschichte; von der Römerzeit bis zur beginnenden Neuzeit befinden sich hier eindrucksvolle Bauten aller Stilrichtungen und Zweckbestimmungen: Wehrtürme, Burgen und deren Ruinen, mächtige Dome, Klöster und Schlösser. Am Fluss liegen zahlreiche sehenswerte Städte und Ortschaften mit Fachwerksbauten, Brunnen, Marktplätzen, Museen und Brücken. Die nachfolgende Flussbeschreibung kann von all dem, was am Ufer und im Umfeld der Lahn liegt, nur einen stichwortartigen Auszug geben.

Das Wasser: Es zeigt nur im obersten Oberlauf der Lahn jugendlichen Sturm von Kleinflusscharakter, mit schneller Strömung, schönen Schwällen, Gefällestufen und mehreren Wehren, die fast durchweg fahrbar sind, bei HW jedoch lebensgefährlichen Rücklauf entwickeln können; das Umtragen bereitet hier keine Schwierigkeiten. Befahrung dieser Strecke nur mit Kunststoff-Einern möglich. Ab Buchenau wird die Lahn zum Wanderfluss, dessen Befahrung ohne besondere Schwierigkeiten mit Booten aller Klassen möglich ist. Es kommen jedoch immer noch einige Wehre, die zu umtragen sind. Ab Badenburg, km 11, ist die Lahn Wasserlauf 1. Ordnung, bis zur Mündung mit betriebsbereiten Schleusen, sodass ein Umtragen nicht mehr erforderlich wird. Die Schleusen oberhalb Limburg sind zur Selbstbedienung eingerichtet, nach Verlassen der Schleuse soll man die Kammer für die nachfolgenden Boote wieder voll Wasser laufen lassen. In diesem Bereich mäßige Strömung zwischen den Schleusen. Unterhalb Limburg ist die Lahn voll kanalisiert, praktisch ohne Strömung. Die Schleusen werden vom Schleusenpersonal gebührenfrei bedient. Schleusenzeiten vom 01.04.-31.10. täglich von 10-12 Uhr und von 12.30-18.30 Uhr. Übrige Zeiten nach vorheriger Anmeldung über ☎ 06432/3060 oder 3090. Die Wehre neben den Schleusen sind in diesem Bereich meist nicht zu befahren, das Umtragen ist mühsam. Auf der Lahn findet, abgesehen von Ausflugsschiffen, keine Berufsschifffahrt statt, im Unterlauf ist jedoch, besonders an Wochenende, mit regem Motorbootverkehr zu rechnen (vorgeschriebene Höchstgeschwindigkeit 12 km/Stunde). Mehrere im Text angegebene Strecken sind für den Wasserskilauf freigegeben; hier können die Motorboote auch schneller fahren.

Insgesamt gesehen ist die Lahn ein Fluss zum Zweck beschaulicher Wanderfahrt, zum Erleben der Landschaft und dem ehrfurchtsvollen Betrachten der zahllosen stummen Zeugen deutscher Vergangenheit. Nähere Einzelheiten, insbesondere über die zahlreichen Sehenswürdigkeiten, finden sich in dem „Führer für die Wasserwanderer, die Lahn“ von H. W. Meckel, 16. Aufl. 2002, zu beziehen über den DKV-Verlag. Beim Kanu-Club Limburg im ESV kann kostenlos ein Faltblatt mit einer Kurzinformation zur Lahn und einem Antrag zum Erwerb des Lahn-Wanderabzeichens angefordert werden.

Befahrungsregeln: Im gesamten Gebiet des Landschaftsschutzgebietes Auenverbund Lahn-Dill ist das Anlanden, außer an den dafür eingerichteten Stellen und im Notfall, verboten. Alle Stellen in diesem Bereich sind zweckbestimmt als ⬇/⬆, Rastplatz oder Übernachtungsstelle gekennzeichnet. Die Lahn durchfließt mehrere Naturschutzgebiete. Sie sind im Text ausgewiesen.

Befahrbarkeit: ab Feudingen bei HW (nach starken Regenfällen), ab Cölbe bei MW, ab Marburg ganzjährig.

Besonderheiten: Auf der Lahn dürfen zwischen km 70 und km 137 (Hafen Lahnstein) Charterboote verkehren. Es ist mit unerfahrenen Bootsführern zu rechnen. An Schleusenanlagen ist besondere Vorsicht geboten.

Pegel: Biedenkopf, Minimum für Befahrung ab Biedenkopf 45 cm; Feudingen (beim Freibad) km 97,6: Minimum für Befahrung ab Feudingen 60 cm (= 2 m^3/s), für Befahrung ab Laasphe 50 cm (= 1,2 m^3/s). Bei einem Pegel von mehr als 3,60 m ist die Lahn gesperrt (Pegel Kalkofen, ☎ 06439/19429 und Pegel Leun, ☎ 06473/19429).

Gefälle: Durchschnitt der Gesamtstrecke 1,5 ‰. Der größte Teil des Gefälles erfolgt jedoch über Wehre, sodass das tatsächliche, für die Strömungsverhältnisse maßgebende Gefälle erheblich niedriger liegt; im Unterlauf beträgt es praktisch 0.
Kilometrierung: Sie erfolgt ab Feudingen, km 98 bis zur ehemaligen preußisch-hessischen Grenze bei Dutenhofen absteigend, bis 0, ab hier wieder ansteigend bis zur Mündung, km 137,3. Ab Badenburg, km 11, sind km-Tafeln sichtbar am Ufer angebracht.

Pkw: abgesehen von kurzen Strecken verläuft stets eine Straße neben dem Fluss. Zwischen Gießen und der Mündung der Lahn bestehen gute Nachholmöglichkeiten mit der Lahntalbahn, auch sonntags.

Gewässergüte: bis Wetzlar II (mäßig belastet), unterhalb II-III (kritisch belastet).

Ursprung der Lahn im Nationalpark Rothaargebirge in etwa 600 m Höhe.

98,0 Ɪ am Ortsanfang von **Feudingen**. Eine Befahrung ab hier ist nur selten bei sehr gutem Wasserstand möglich, auf eine ausführliche Beschreibung bis km 47,1 wird daher verzichtet, Einzelheiten s. „DKV-Kanuführer für SW".

47,1 l ↓ Ohm (s. „DKV-Kanuführer für SW"), ab hier ist die Lahn meist ganzjährig ≋.

45,0 EB-Ɪ und Ɪ B 3. r **Cölbe**.

42,1 ▬, X, l ⩸. Nach 100 m Ɪ, r **Wehrda**.

40,0 **Marburg**, alte Universitätsstadt, Elisabethkirche, Schloss aus dem 13. Jahrhundert, Alte Universität, ★. r ⌂ des Marburger KC. l ⌂ und ▲ der Vereinigung Marburger Kanufahrer. Zelten nur nach vorheriger Anmeldung bei Helma Rinckleben, Liebigstraße 6, möglich. Ɪ. Alle ▬ im Stadtbereich von Marburg haben Anlegestellen für Kanu-Wanderer.

39,5 Afföller ▬, X, l ⩸ und l weiterfahren. Nicht in den Mühlkanal einfahren. Dieser führt zur Lotzmühle, ⩸ nicht möglich (Privatbesitz!).

38,0 Ɪ, ⬇ bei Ankunft mit 🚌, 200 m.

37,6 r ↓ Mühlgraben (Marburger Slalomstrecke). Es folgen fünf Ɪ.

37,2 ▬, X, l ⩸. Danach Holz-Steg, l Jugendherberge. l Städt. Freibad und danach ▲ C, sehr paddlerfreundlich, Löhr, ☎ 06421/21331, beste ⬇ und Bootslagerung zur Stadtbesichtigung. Mit Pkw zu erreichen auf B 3 a, Abfahrt Marburg/Mitte. Es folgen 3 weitere Ɪ. l Deutsche Jugend-Herberge.

32,0 EB-Ɪ und Ɪ B 3a.

32,5 Steinmühle, ▬, X, l Sog zum ϟ ! r ⩸. Wasser wird durch Turbine der Steinmühle geleitet, daher auf 300 m kein Wasser. Mögliche ⬇, Zufahrt über Gisselberg an der EAM von der B 3 Richtung Lahn.

30,2 Die Lahn ist auf einer Länge von ca. 700 m in ihrer gesamten Breite Bestandteil des sich nach links erstreckenden Naturschutzgebietes „Unterm Wolfsberg" (Feuchtwiesen). Durchfahren mit durch Muskelkraft bewegten Booten gestattet, Uferbetretungsverbot.

29,3 Nehmühle, ▬, evtl. Mitte ≋, schon bei MW sehr starker Rücklauf! ⩸-Stelle r.

29,0 Ɪ B 3; danach r ↓ Allna (s. „DKV-Kanuführer für SW").

28,6 ▬ Argenstein, ≋. ⩸-Stelle r an der Mühle, schon bei MW starker Sog, Lebensgefahr! Besser l ⩸ über Kleingärtnerkolonie nur nach Genehmigung.

25,7 ▬ **Roth**, X. ⩸-Möglichkeit: 1. r in den Mühlkanal einfahren und bei der Anlegestelle l 20 m weit über Insel ⩸; nicht rasten oder Obstbäume plündern, der Inhaber wohnt gegenüber.

2. am 1. ▬ l ⬆ und über ehemalige Straße 260 m weit ⌓ bis zur ⬇ unter der Ⅱ. Danach Ⅱ Weimar - Roth, l ⬇/⬆ und Parkplatz, stark frequentierte Einsatzstelle. Die folgende Strecke bis Bellnhausen ist kanalisiert.

23,7 Die Lahn ist auf einer Länge von ca. 600 m in ihrer gesamten Breite Bestandteil des sich nach links erstreckenden Naturschutzgebietes „Lahnaltarm von Bellnhausen“. Nicht in den Altarm einfahren! Befahren der Lahn mit durch Muskelkraft bewegten Booten gestattet; Uferbetretungsverbot. Bitte ruhig verhalten.

23,0 2 Ⅱ, **Bellnhausen**, romanische Kirche.

20,0 EB-Ⅱ **Friedelhausen**.

18,7 r ↓ Salzböde (s. „DKV-Kanuführer für SW“).

18,2 Ⅱ, **Odenhausen**, r ▬, Rastplatz, gute ⬇/⬆.

17,6 Ⅱ, **Ruttershausen**, danach r ✕ „Lahnblick“, ▲ C. ▬, Rastplatz, ⬇/⬆.

17,5 Neue Ⅱ Ruttershausen-Lollar.

16,5 **Lollar**, ▬, evtl. ≋, ⌓ entweder r über ▬-Krone oder r durch den Wald, S. 2.

13,2 ⌂ KC Wassersport Lollar, ▲, ☎ 06406/73476.

13,1 l ↓ Lumda (s. „DKV-Kanuführer für SW“).

11,0 l Ruine Badenburg, Slalomstrecke, l ⌂ und ▲ des Wiesecker KC, ☎ 06406/72893, r ⌂ und ▲ des PC Wißmar, auch für größere Gruppen, Anmeldung Gottfried Platz, ☎ 06406/71299. Ab hier ist die Lahn Wasserlauf 1. Ordnung.

10,4 Autobahn-Ⅱ.

9,9 Ⅱ Wißmar-Gießen, l Slipanlage, ⬇/⬆, Rastplatz.

9,0 Vor r-Bogen l großes FKK-Gelände der Natur- und Sonnenfreunde Gießen, Voranmeldung erforderlich, Postfach 10 01 10, 35331 Gießen.

6,4 **Gießen**, Universitätsstadt, Schloss, Liebig-Museum, ★.

5,8 l ▲ und ⌂ ✕ des SKC Gießen, ☎ 0641/33526, bester ⬇ und ▲ für Gießen. 🚉.

5,3 1. ▬, l Bootsgasse mit Selbstbedienung, Anleitung beachten, r ⬆/⬇. Rastplatz.

4,7 Ⅱ, 2. ▬, Bootsgasse ganzjährig ≋, danach r halten. Bester ⬇ bei Anfahrt mit 🚗. Rastplatz.

4,5 l ↓ Wieseck, (s. „DKV-Kanuführer für SW“).

2,7 Autobahn-Ⅱ.

2,5 ▬. Bootsgasse r. Bis km 1,1, Dutenhofen, NSG Lahnauen, anlanden r verboten.

1,3 Ⅱ, Heuchelheim, r ↓ Bieber (s. „DKV-Kanuführer für SW“).

0,0 l ↓ Kleebach (s. „DKV-Kanuführer für SW“). Beginn der neuen, ansteigenden Kilometrierung.

1,1 Ⅱ, l **Dutenhofen**, NSG Lahnauen Atzbach, r Ufer bis km 2,3, Uferbetretungsverbot.

2,7 Lahnau-Atzbach, r Rastplatz.

4,5 l □, in Betrieb, r ■, X, ≏: r am 1. ■ entlang in den Mühlkanal fahren und vor dem 2. ■ l über die Insel ≏.

5,1 Ⅱ, **Dorlar**. ⬇/⬆, Rastplatz.

5,4 Lahnau-Dorlar, r Slipanlage, ⬇/⬆.

6,4 Autobahn-Ⅱ, dahinter l bis km 6,8 NSG Würzberg bei Garbenheim, Uferbetretungsverbot.

6,8 EB-Ⅱ.

7,4 Das rechte Ufer der Lahn gehört auf einer Länge von ca. 600 m zum Naturschutzgebiet „Kiessee am Oberwasen bei Nauheim“, Uferbetretungsverbot.

8,0 **Naunheim**, l □, in Betrieb, r ■, evtl. ≋ oder l ≏.

8,1 Rastplatz am r Ufer des □-Kanals.

9,5 r ▲ C der Stadt Wetzlar, r Ruderclub Wetzlar.

9,7 Wetzlar-Niedergirmes, Fischerhütte, Slipanlage, ⬇/⬆, r Rastplatz, ▲ C.

10,5 EB-Ⅱ.

10,8 Ⅱ B 49, r Lahnhof.

11,0 **Wetzlar**, ehem. freie Reichsstadt, ★ Dom, Fachwerkhäuser. Heute Eisenindustrie, Optik, Feinmechanik.

11,5 Ⅱ, danach Schräg-■, r Holz-Steg zum ≏.

11,8 Colchesteranlage Ponton-Ⅱ, l Rastplatz.

11,9 Ⅱ, danach Schräg-■, zwischen den beiden Ⅱ Fußgängersteg. Unter der Stein-Ⅱ ■, ≏ über Rolltreppe. Bei NW sind beide ■ neben der Rolltreppe evtl. ≋, bei HW starker Rücklauf, besonders beim 2. ■; es hat hier schon mehrere schwere Unfälle gegeben. Bei HW können auch die beiden Rolltreppen überflutet sein und sind dann nicht zu benutzen!

12,0 Ⅱ.

12,5 r Slipanlage, ⬇/⬆. Rastplatz.

13,0 r ↓ Dill (s. „DKV-Kanuführer für SW“).

13,6 l ⌂ und ▲ des KC Wetzlar, *DKV-Kanustation*, ☎ 06441/43039.

13,9 EB-Ⅱ.

16,5 Altenberg, ■, ≋ oder l ≏. r → □-Kanal. Ab hier bis Runkel sind sämtliche □ zur Selbstbedienung eingerichtet. r **Altenberg**, ehem. Kloster mit schöner frühgotischer Kirche, ★. Voraus auf Höhe Schloss Braunfels.

19,2 r Fabrik-■ Oberbiel, evtl. auf Fischtreppe ≋ oder ≏. l ← □-Kanal mit zwei □, l hinter der 1. □ ⬇/⬆. Rastplatz.

20,5 Ⅱ **Oberbiel**.

20,9 l ↓ Solmsbach (s. „DKV-Kanuführer für SW“). r **Niederbiel**.

23,0 l Rastplatz.

24,1 l 🚃 Braunfels, l ⬇/⬆, hölzerne Fußgänger-Ⅱ. Das altertümliche Städtchen **Braunfels** mit sehr schönem Schloss, ★, ist 4 km entfernt.

25,0 Ⅱ, automatischer Pegel Leun, ☎ 06473/19429.

26,0 **Leun**, l Jugend-▲, ⬇/⬆. Rastplatz. Die Lahn verläuft in großen Schleifen durch das „Leuner Becken".

28,2 EB-Ⅱ, danach r **Stockhausen**, 🚃.

29,1 Ⅱ, l **Tiefenbach**, l Rastplatz.

30,1 r **Biskirchen** mit Gertrudisbrunnen; r ↓ Ulmbach (s. „DKV-Kanuführer für SW").

34,8 l **Selters**. Bis km 36,2 Wasserskistrecke, ab 10 Uhr.

34,9 l Slipanlage, ⬇/⬆. Rastplatz.

36,2 r **Löhnberg**, 🚃, ⬇/⬆, Rastplatz, Schlossruine 14. Jahrh., schöne Fachwerkhäuser; l Slipanlage, r ▬, evtl. ≋ oder über die □-Insel l ⌓.

38,2 Ⅱ **Ahausen**, l ⬇/⬆; danach Abflussmeldestelle.

39,3 EB-Ⅱ, **Weilburg**, in Flussschleife gelegen, 🚃, Schloss über der Stadt, Fachwerkhäuser, Marktplatz, ★. Weiterfahrmöglichkeiten: a) l durch den einzigen Schifffahrtstunnel Deutschlands, 200 m lang mit Doppel-□ am Tunnelende. ⌓ an der □ nicht möglich, Ausstieg zur □-Bedienung nur über eine senkrechte Eisenleiter. Alleinfahrende sollten ein langes Seil zum Sichern des Bootes mitbringen. b) r im alten Flussbett ⌂ und ▲ Weilburger Rudergesellschaft, gute ⬆ zur Stadtbesichtigung. 1. ▬, X, r ⌓, mühsam. Danach Ⅱ und 2. ▬, evtl. ≋ oder r ⌓.

39,6 r Bootsverleih, ⬇/⬆, Parkgebühr.

41,2 ⌂ und ▲ Kanugilde Dreieich, ☎ 0161/5603070.

41,3 l Doppel-□, Jugend-▲.

42,6 l ↓ Weil (s. „DKV-Kanuführer für SW").

44,0 Ⅱ, r **Odersbach**, ▲ C, ⬇/⬆ nur bei Übernachtung auf dem ▲ C.

45,3 r ▬ Kirschhofen, Doppel-▬. Befahrung des Doppel-▬ je nach Wasserstand lebensgefährlich. Zum ⌓ in den □-Kanal einfahren, r halten, l Sog zum ϟ. Bis an den Anleger fahren und über die □-Insel leichtes ⌓.

48,5 🚃, Rastplatz; ▲ C Gräveneck.

49,0 Ⅱ, l auf Höhe **Gräveneck**.

50,8 l 🚃, ⬇/⬆.

51,1 **Fürfurt**, r □, l ▬, evtl. über Fischleiter ≋, Vorsicht! 15 m l oberhalb starker Sog zum ϟ-Einlauf: Die Anfahrt zur Fischleiter ist öfters durch Baum versperrt, außerdem schlechte Sicht durch Büsche. 25 m danach eine ▬-Stufe, bei HW lebensgefährlicher Rücklauf. Da bei HW ⬆ zwischen den beiden ▬ schwierig ist, dann besser beide ▬ zusammen r ⌓.

54,1 r ⬇/⬆, Rastplatz, Aumenau-Lahntours-Natursportzentrum.

54,2 Villmar-Aumenau, Treppe am Brunnen.

56,9 EB-Ɪ.

57,4 l Naturfreunde-Haus.

59,5 🚂, auf der Höhe **Arfurt**.

60,8 Jugend- und Wanderheim des ESV Limburg, Rastplatz, ▲, Übernachtung im Haus nach Anmeldung möglich, ☎ 06482/4615, ✕.

61,0 Runkel-Schadeck, Rastplatz, ⬇/⬆ beim ESV Spaich.

62,3 Ɪ aus Lahn-Marmor, l **Villmar**, Marmorindustrie. Nach 100 m l Slip-Anlage, ⬇/⬆, Rastplatz.

62,5 r □, l ■, X, r ⌂.

63,2 l schroffer Kalkfelsen, „Bodensteiner Lei“.

65,0 l **Runkel** mit eindrucksvoller Burg, ★, r 🚂. r □, bei Ausfahrt aus □ Achtung auf Schrägströmung vom ■ her! l ■, X.

65,1 r Slipanlage, ⬇/⬆.

65,2 l Rastplatz auf □-Insel.

65,6 Ɪ, ⬇/⬆.

66,0 ▲ C, ⬇/⬆. Rastplatz. Bis km 67,8 l NSG „Runkeler Lach“, Uferbetretungsverbot.

67,8 EB-Ɪ.

68,5 r ↓ Kerkerbach (s. „DKV-Kanuführer für SW“).

69,8 r **Steeden**.

71,6 Ɪ, r ⬇/⬆. r **Dehrn**, Schloss 12. Jahrhundert, heute Kinderklinik. Ab hier ist die Lahn voll kanalisiert, praktisch ohne Strömung zwischen den □, welche gebührenfrei vom □-Personal bedient werden. Die ■ sind meist X. Ausflugsschiffe, jedoch vor allem an Wochenenden erheblicher Verkehr durch Motorboote.

73,0 r **Dietkirchen**, Lubentiuskirche, dreischiffige romanische Pfeilerbasilika aus dem Jahr 841, ★.

73,2 Limburg-Dietkirchen, Rastplatz.

73,8 l ↓ Emsbach (s. „DKV-Kanuführer für SW“).

73,5 Fußgänger-Ɪ.

73,9 l **Eschhofen**.

75,3 EB-Ɪ.

75,5 Autobahn-Ɪ, 65 m über dem Fluss, r Slipanlage, ⬇/⬆.

75,6 r ▲ C, ⬇/⬆ nur bei Übernachtung auf dem ▲. Danach Einfahrt in den □-Kanal. Vor der □ l starker Sog zum Einlauf des ϟ, dadurch sind die beiden ■ in Limburg meist trocken und X.

76,3 l ⌂ des KC Limburg im ESV, ☎ 06431/6906 oder 6465, nicht in den □-Kanal einfahren. Gute ▲-Möglichkeit, nur für DKV-Mitglieder; guter Ausgangspunkt zur Besichtigung von Limburg: Dom, Altstadt mit Fachwerksbauten, Schloss, alte Lahn-Ⅱ, ★. ⛫.

76,6 1. ▬, nur bei sehr gutem Wasserstand im r Drittel ≋, r oder l ≏; l im Mühlenkanal Übungsstrecke des KC Limburg.

76,9 2. ▬, bei MW ≋ oder l ≏. Busparkplatz l, ⬇/⬆.

77,0 Ⅱ.

78,0 r ↓ Elbach (s. „DKV-Kanuführer für SW“).

78,8 Ⅱ.

81,5 l Schloss Oranienstein, Barockschloss, Stammschloss des holländischen Königshauses. ★. Am Ufer ✗ „Zum Mühlchen“, ▲ C.

82,0 r **Aull**, l ▲ C.

82,8 Ⅱ. **Oranienstein**.

83,2 l ☐, r ▬, r über die Treppe etwa 200 m weit ≏ durch das ϟ.

83,7 **Diez**, Schloss aus dem 11. Jahrhundert, jetzt ⛫ und Heimatmuseum, ★.

83,8 Alte Ⅱ.

83,9 Ⅱ, danach l ↓ Aar (s. „DKV-Kanuführer für SW“). l ⌂ Diezer Paddlergilde, kein ▲. ⛫.

86,8 l **Fachingen**, berühmter Mineralbrunnen.

87,0 EB-Ⅱ. Die Lahn tritt jetzt im Bereich des „Naturpark Nassau“ in ein enges, landschaftlich sehr reizvolles Tal des Rheinischen Schiefergebirges ein, l Taunus, r Westerwald.

89,2 r ↓ Daubach.

89,7 EB-Ⅱ.

90,7 Ⅱ, **Balduinstein** mit Burgruine Balduinstein, auf der Höhe Schloss Schaumburg mit herrlicher Aussicht, ★. ✗.

91,8 ▬ **Cramberg**, r ☐, r ≏. Kraftwerksstollen durch den Berg, **X**.

94,5 r **Geilnau**, vor dem Ort bei großer Kastanie Mineralbrunnen.

96,8 **Scheidt**, ▬, r ≏, ⊓. Auf der Höhe Cramberg.

98,2 Auf 1100 m NSG „Gabelstein“.

98,5 l ϟ, Rückführung des abgeleiteten Wassers.

100,1 l **Rupbach**.

100,5 ▲ C, sehr schön und ruhig, Anmeldung ☎ 02621/3726.

101,9 r „Gasthof zum Lahntal“, ▲-Möglichkeit.

102,5 Ⅱ, r **Laurenburg**, ▲ möglich, ✗ Lahntal, Schloss, auf der Höhe Bergfried der Laurenburg, l 🚂.

104,5 Aufstieg zur Ruine Brunnenburg.

105,8 ϟ Kalkofen, l ▬, l ≏ am Ende des ☐-Kanals. r ☐. Amtlicher Lahn-Pegel, ☎ 06439/19429.

106,7 r **Kalkofen**, l ▲ des Nassauer KC.

110,0 r **Obernhof**, Weinberg. Lahnweine! Ⅱ, danach l ▲ C, l auf der Höhe Kloster Arnstein mit romanischer Klosterkirche, ★, 15 Minuten Fußweg.

110,2 EB-Ⅱ.

111,0 l ↓ Dörsbach (s. „DKV-Kanuführer für SW“).
111,1 r ↓ Gelbach (s. „DKV-Kanuführer für SW“), danach r großer ▲ C, r Schloss Langenau.
112,0 Bis km 114 NSG „Schleuse Hollerich“.
113,1 ■, ≏ l aus dem □-Kanal, l □. Hollerich.
116,0 r ▲ C, danach Freibad.
116,6 r ⌂ des NKC Nassau, kein ▲; Ⅱ. **Nassau**, Schloss, Geburtsstätte des Reichsfreiherrn vom und zum Stein. l Stammburg Nassau-Oranien, ★.
117,4 EB-Ⅱ, danach l ↓ Mühlbach (s. „DKV-Kanuführer für SW“).
117,6 ■ Nassau, l ≏, r □. Danach Ⅱ-Neubau.
120,7 Ⅱ, r **Dausenau**, Stiftskirche 13. Jahrhundert, 1100-jährige Feme-Eiche, schiefer Turm. ★. Historisches ✕ „Wirtshaus an der Lahn“.
121,5 l ▲ C.
122,4 ■ Dausenau, l ≏. □ r. ▲ C.
123,0 r ▲ C Bad Ems.
124,3 l ⌂ Ruderverein Bad Ems.
125,0 r und l **Bad Ems**, weltberühmtes Thermalbad. 3 Ⅱ in kurzen Abständen.
125,9 r ■, l ← des langen □-Kanals.
127,0 l □ Bad Ems.
127,5 r ▲ C Fachbach.
128,2 Ⅱ, l **Nievern**, ✕ „Lahnbeck“.
128,5 Die Lahn ist auf ca. 900 m Bestandteil des Naturschutzgebietes „Nieverner Wehr“. Am rechten Ufer entlang in den □-Kanal einfahren. Bitte ruhig verhalten, Uferbetretungsverbot. Für den links abgehenden ■-Arm besteht ein ganzjähriges Befahrungsverbot!
129,3 □ Nievern, ≏ S 2.
130,6 l **Miellen**.
132,9 l ■, evtl. ≋, r → □-Kanal.
133,1 □ Ahl, l ≏, S 1, ■-Arm ist Pionierübungsplatz, nicht befahren!
134,9 l Wolfsmühle, ✕ und ▲ C, danach Ⅱ.
135,0 EB-Ⅱ.
136,0 ■ Lahnstein, r □, gutes ≏ mit Bootswagen r vor der □.
136,8 **Lahnstein**, darüber Burg Lahneck, römischer Wachturm „Burgus“, Allerheiligen-Kapelle, St. Johanniskirche, 9. Jahrhundert, Martinsburg (Wasserburg), ★, Ⅱ B 42, und EB-Ⅱ.
137,3 ↓ in Rhein bei km 585,7; gegenüber Schloss Stolzenfels.

3.9 Nahe

Wanderfluss
Mündung in Rhein (l Nebenfluss)

Die Nahe ist, besonders im Oberlauf oberhalb Bad Kreuznach, ein landschaftlich sehr schöner Wanderfluss zwischen dem Hunsrück im Norden und dem Pfälzer Bergland im Süden. Weinbaugebiet. Wassertechnisch bietet sie keine besonderen Schwierigkeiten, allerdings zahlreiche Wehre, die z. T verfallen und unfahrbar sind. Umtragen meist einfach. Keine km-Tafeln am Fluss.

Befahrungsregeln: die Uferstreifen dürfen im Bereich der Naturschutzgebiete nur an erkennbaren Benutzerstellen in den Ortsbereichen (gilt insbesondere für die Strecke km 19,5-2,0) betreten werden. Nicht in die Schilfgürtel einfahren, kleine Gruppen bilden. Von km 25 bis km 19,5 besteht in der Zeit vom 01.04.-31.10. ein Verbot, die Ufer auf 100 m unterhalb der Wehre einschließlich der Inseln zu betreten. Die Strecke von Boos, km 36,5 bis Niederhausen, km 29,5 ist in der Zeit von 01.04.-31.10. gesperrt, ausgenommen Kanuwanderfahrten bei Vereins- oder Verbandsveranstaltungen.

Befahrbarkeit: bei HW (Frühjahr und nach starken Regenfällen) ab Türkismühle, km 110; bei MW ab Heimbach, km 98; ganzjährig ab Sobernheim, km 44 (kurze Treidelstrecke möglich). Der Wasserstand ändert sich schnell. Eine Durchfahrt durch Idar-Oberstein ist wegen Überbauung unmöglich.

Pegel: unter der EB-Ɪ, km 97,5; günstig = MW = etwa 100 cm, die Wehre sind dann, evtl. mit Grundberührung, fast alle fahrbar. Automatischer Pegeldienst Martinstein, ☎ 06754/314; Minimum für Befahrung ab km 70,5 = 130 cm, ab 61,5 = 110 cm, ab km 44 = 100 cm.

Gefälle: 25 ‰.
Zeltmöglichkeit: ▲ C in Bad Kreuznach.

Pkw: Begleitung weitgehend möglich.

Gewässergüte: II (mäßig belastet).

123,0 Ursprung im Saarland bei Selbach am Fluss des Sengert in etwa 500 m Höhe. Beschreibung bis km 98 s. „DKV Kanuführer für SW“.

98,0 ⛟ **Heimbach**, ✕, Ⅱ, Zufahrt zum ⛟, günstige ⬇, Beginn eines engen Waldtales.

97,7 ▬, ≋.

97,5 EB-Ⅱ, darunter Pegelhäuschen an Fahrstraße.

94,5 Ⅱ, **Nohen**, danach ▬, r ≋ oder l ⏢.

93,8 l Sportplatz am Ortsende von Nohen.

93,7 ▬, Vorsicht, bei NW und MW kann es bei evtl. Befahrung infolge verblockten Unterwassers zu Verklemmungsunfällen kommen, l ⏢.

91,0 EB-Ⅱ, **Kronweiler**.

90,5 Ⅱ, mögliche ⬇.

88,0 EB-Ⅱ, r **Talbach**, Ⅱ, r ✕. l Sonnenberg, r Burgruine Frauenberg, 10 Minuten Fußweg.

87,5 r **Frauenberg**, bis Enzweiler neben dem Fluss verlaufende Schnellstraße.

83,5 l ↓ Siesbach, danach Straßenhoch-Ⅱ und EB-Ⅱ.

80,5 Straßenhoch-Ⅱ.

79,5 l „Kammerhof", ✕, ? Wasserstand, ☎ 06781/24348, für Besucher von Idar-Oberstein gute ▲.

79,0 r Freibad der Stadt Idar-Oberstein. Im Sommer Ponton-Ⅱ über die Nahe. Die Fahrt muss wegen der Nahe-Überbauung hier beendet werden. **Idar-Oberstein**, zahlreiche Ⅱ, im Stadtgebiet Fluss stärker verschmutzt, 🏠, ⋆ Felskirche (einmalig in Deutschland), altes und neues Schloss, historische (Edelstein)-Weiherschleife, Edelstein-Industrie.

78,0 l ↓ Idarbach (s. „DKV-Kanuführer für SW").

74,5 Ⅱ, ⬇, EB-Ⅱ, ab hier Weiterfahrt möglich.

72,5 r Nahbollenbach, Steil-▬, **X**, r oder l ⏢.

70,7 ▬, bei MW ≋, bei HW starker Rücklauf! Industriegebiet der Stadt Idar-Oberstein.

70,5 r **Weierbach**, l Georg-Weierbach, gute ⬇.

68,5 **Fischbach**, l ↓ Fischbach, danach Ⅱ.

67,7 r Heil- und Pflegestation „Reidenbacher Hof".

66,5 ▬, ≋, Vorsichtig, starker Rücklauf!

64,5 Ⅱ, l Kirnsulzbach.

63,0 **Kirn**, ⋆ Kyrburg, ▬, starker Wasserentzug für die Leder-Industrie, sehr flach.

61,5 l ↓ Hahnenbach (s. „DKV-Kanuführer für SW"), gute ⬇.

58,7 Zerfallenes ▬, r ≋, Schwallstrecke.

57,0 Ⅱ B 41.

56,5 Ⅱ, r Dhaun und l Hochstätten, günstig für Fahrtbeginn, ⬇.

55,0 r ↓ Kellenbach (s. „DKV-Kanuführer für SW").

54,0 Ⅱ, Martinstein l.

53,0 ▬ der Gäns-Mühle l, r ⏢.

52,0 Zerfallenes ▬ der Weinels-Mühle, r ⏢ oder ≋.

51,5 Im Wald ■ der Nahe-Mühle, r leichtes ≙. ▲ C.

50,0 Ⅱ, **Monzingen** l.

48,0 ■. l „Schilffges-Mühle“, r ≙ oder r ≋, ansehen.

46,5 Hohes Beton-■ von Sobernheim l, r ≙.

46,0 Ⅱ nach Meddersheim r.

44,0 Wege-Ⅱ und Ⅱ in **Sobernheim**, Felkebad ★, 🚆 10 Minuten. ⬇, ab hier ganzjährig ≋.

43,0 Anfang „Barfußpfad“, Drahtseil mit Kahn (April-Oktober).

42,0 Drahtseil, Vorsicht „Furtgänger“, Ende Barfußpfad.

41,0 Ⅱ, **Staudernheim**, r Klosterruine Disibodenberg, ★. ■, X, l ≙, 🚆, ⬇.

39,5 l ↓ Glan (s. „DKV-Kanuführer für SW“).

36,5 l **Boos**. Drahtseile über dem Fluss! Beginn eines Naturschutzgebietes, Sperrungen s. Befahrungsregeln.

36,0 Beton-■ der Drahtwerke Waldböckelheim, evtl. ≋ oder r oder l ≙. Weiterfahrt im alten Flusslauf, hier mehrere kleine Stufen. Bei NW treideln bis zur ↓ des Werkkanals. Nicht in den Kanal einfahren, hier keine ≙-Möglichkeit. Auf dem Berg Ruine Böckelheim.

33,0 ■, l ≋ oder r ≙.

32,5 Ⅱ nach Oberhausen r, Beginn des Stausees.

32,2 r ↓ Hagenbach, r Lemberg, höchster Berg der Nahe, Aufstieg zur Hütte ★.

30,4 l ⌂, *DKV-Kanustation*, ☎ 06758/8590, RKV Bad Kreuznach und Beginn **Niederhausen**.

29,5 ↯ Niederhausen, ■, X, l ≙ (ca. 500 m). Unterwasser bei NW sehr flach. Ende des Naturschutzgebietes.

27,0 Zerfallenes ■ der Mühle Norheim, Kanal Einlauf gesperrt, l ≋. Danach kleine Schwallstrecke.

26,0 Kleine Stufe, danach Fußgänger-Ⅱ.

25,0 Beginn des Rotenfels, höchste außeralpine Felswand Deutschlands, ★. Für die Folgestrecke bis km 19,5 besteht in der Zeit vom 01.04.-31.10. ein Verbot, die Ufer auf 100 m unterhalb der Wehre einschließlich der Inseln zu betreten.

24,5 Ⅱ, r **Ebernburg**, darüber Burg, beides ★.

23,5 EB- und Ⅱ B 48, l **Bad Münster am Stein**.

23,2 r ↓ Alsenz (s. „DKV-Kanuführer für SW“), ■, evtl. ≋, ansehen, sonst l oder r ≙. Beginn des Huttentals. r 🍴, darüber Rheingrafenstein mit Ruine ★. r ▲ C, Kahnfähre mit Drahtseil!

22,5 ■, ganz r ≋.

22,0 EB-Ⅱ. Beginn des Flussdurchbruchs „Felsentor“, danach Beginn **Bad Kreuznach** mit den Kuranlagen, bedeutendes Solbad und Kreisstadt des größten Weinbaukreises von Deutschland, viele ★. 🏠.

21,0 ⌂ Kanu-Abtlg. des VfL 1848 Bad Kreuznach. Keine ▲-Möglichkeit.

20,0 ■ am Kreuznacher Strandbach, Mitte ≋ (ansehen), evt. l ⌓.

19,5 Ⅱ, r ▲ C, einzige ▲-Gelegenheit in der Stadt.

18,5 ■, ≋, Teilung der Nahe in zwei Arme, auf dem Badewörth Kuranlagen, ★, zur Weiterfahrt 1. in „alter Nahe" l ⌓ durch Teil des Kurgartens, evtl. treideln. 2. in „Mühlenteich" r einfahren bis „alte Nahebrücke", auf den Pfeilern Brückenhäuser, ★, bei HW vor Ⅱ landen!! Unmittelbar dahinter Längs-■ mit schwieriger Auslaufstufe, ansehen! Bei MW und NW bis zum Rechen der Mühle fahren, dort l 50 m ⌓.

17,5 Wilhelm-Ⅱ, 🚌 10 Min. l ↓ Gräfenbach (s. „DKV-Kanuführer für SW").

17,0 EB-Ⅱ, es beginnt Industrieteil der Stadt.

16,0 Abgetragenes ■ der ehem. Lindenmühle, r Zentral-Kläranlage, Ende der Stadt, flach.

15,5 l Rotlay (Sandsteinfelsen) und r Lindenmühle.

15,0 Ⅱ B 41, Beginn des Naturschutzgebietes „Untere Nahe".

13,5 l **Bretzenheim**, r ↓ Appelbach.

13,0 ■, l ≋ oder treideln.

12,5 l ↓ Guldenbach (s. „DKV-Kanuführer für SW").

11,0 Hohes Beton-■ der Mühle Rumpf, **Gelsingen**, **X**, da z. T. unterspült mit Rücklauf, r ⌓, Ausfahrt ganz l. Schwallstrecke, dann sehr flach mit kleinen Naturstufen, ansehen und evtl. r ⌓ bis kurz vor Ⅱ.

10,3 Ⅱ zwischen Langenlonsheim l und Gensingen r.

9,0 r Katharinenmühle, Schwallstrecke, l Segelflugplatz, ! auf Schleppseil.

8,0 r **Grolsheim**. Nach 500 m Ende Segelflugplatz.

6,0 l **Laubenheim**, vor dem 🚌 Kahnfähre, bei HW!

5,5 ■ der Mühle Rumpf, ≋, treideln oder l ⌓.

5,0 ■ der Mühle Pfeiffer r, bei Überlauf ⌓ r oder l und im AW weiterfahren, mehrere kleine Stufen; wenn trocken, in Kanal r einfahren und bei Mühle l ⌓, schwieriger.

4,0 r abseits **Dietersheim**, Autobahn-Ⅱ, A 61.

3,5 Ehem. Ⅱ, danach abgetragenes ■ mit folgender Naturstufe, mehrere Inselchen.

3,0 l Münster-Sarmsheim, 2 Ⅱ.

2,0 Ⅱ B 9, Beginn **Bingen** r. ★. Ende des NSG.

1,0 Drusus-Ⅱ, l **Bingerbrück**.

0,1 EB- und Ⅱ.

0,0 r ⬆ auf der Spitze, zum 🚌 Bingerbrück 10 Min., Bingen 20 Min., ⌂ Binger Ruderclub.↓ in Rhein bei km 529, l vor dem Mäuseturm, im Binger-Loch der Nahegrund.

3.9.1.1 **Pfälzer Lauter**
(Nordpfälzer Bergland)

Kleinfluss
Mündung in Glan (r Nebenfluss)

Die Pfälzer Lauter ist ein landschaftlich reizvoller, recht sportlicher Kleinfluss des Nordpfälzer Berglandes. Schwierigkeiten durch enge Kurven, Baum- und Strauchhindernisse und mehrere meist fahrbare Wehre.

Befahrbarkeit: bei gutem MW.
Pegel: km 18,7 Minimum 100 cm; ab 120 cm werden einige Ⅱ nicht mehr unterfahrbar.
Gewässergüte: II-III (kritisch belastet).

37,0 Ursprung im Pfälzer Wald in etwa 260 m Höhe.
28,1 Ⅱ Otterbach-Erfenbach, ⬇ bei gutem Wasserstand, unbehinderte Fahrt.
23,0 Ⅱ Hirschhorn-Weilerbach.
19,7 Ortseingang **Olsbrücken**, kleine Betonwege-Ⅱ, geeignete ⬇ bei MW.
18,7 Steg, Pegel.
14,6 **Kreimbach-Kaulbach**. Nach 500 m kleine Ⅱ, darunter Schräg-▬, X.
12,6 **Roßbach**, niedriger Steg; nach 100 m Steil-▬, etwa 3 m hoch, **X**, l ⩠. Nach 50 m Stufe, 0,4 m hoch, ≋, bei HW starker Rücklauf! Ⅱ.
12,2 ▬, je nach Wasserstand starker Rücklauf! Nach Besichtigung evtl. ≋ oder beidseits ⩠.
10,3 Schräg-▬, Mitte oder l ≋, Vorsicht vor Hindernissen in der Rutsche! Bei NW ↰, ⩠ r um die Mühle herum und über die Ⅱ zurück nach l, hier ⬇.
10,0 Ⅱ in **Wolfstein**.
9,5 Ortsende Wolfstein, 2 je etwa 150 m lange Tunnels. Sie sind l und in der Mitte einfach zu durchfahren. Zwischen den beiden Tunnels Lichteinfall im Bereich eines Parkplatzes, hier Schräg-▬, r ≋ oder l ⩠. Mai 91 war die Ausfahrt aus dem 2. Tunnel durch angetriebene Hölzer weitgehend versperrt, evtl. erforderliches ⩠ sehr weit.
8,2 Schräg-▬, etwa 1,3 m hoch, r ≋.
7,4 r **Tiefenbach**. ▬, etwa 1,2 m hoch, am besten r 1 m von der Wand entfernt ≋. Bei NW **X**, dann bis Rechen fahren und l um das Wirtschaftsgebäude herum ⩠.

3,2 Schräg-▬, 0,5 m hoch, r ≋, danach Ⅱ, **Heinzenhausen**.
1,8 ▬, 0,6 m hoch, starker Rücklauf! Am besten ganz l ≋.
0,8 ▬, bei NW r ⌂.
0,6 ▬, bei NW l ⌂.
0,3 Flussgabelung. r Arm führt zu einer Mühle mit Schräg-▬, bei ausreichend Wasser gut ≋.
0,0 ↓ in Glan bei km 22 im Stadtgebiet **Lauterecken**. ⬆ nach 50 m r an Treppe.

3.10 Main

Wanderfluss - Schifffahrtsstraße
Mündung in Rhein (r Nebenfluss)

Der Main ist nahezu auf seiner gesamte Strecke landschaftlich außerordentlich reizvoll. Mit Ursprung im Fichtelgebirge durchquert oder berührt er anschießend mehrere der bekanntesten deutschen Mittelgebirge (Fränkische Schweiz, Haßberge, Steigerwald, Südrhön, Spessart, Odenwald). Er durchfließt dabei mehrere große Weinbaugebiete. Am Ufer liegen zahlreiche malerische Städte, Städtchen und Ortschaften mit sehenswerten Baudenkmälern wie Dome, Schlösser, Klöster, Burgen und Burgruinen. Man sollte sich für eine Main-Fahrt viel Zeit nehmen, zum Schauen, Besichtigen oder einfach zum Verweilen. Erst ab Aschaffenburg tritt der Main in die oberrheinische Tiefebene aus; durch die starke Industrialisierung und die Großstädte dieses Bereichs wird der Main damit landschaftlich eintönig.

Der Main ist nur in seinem Oberlauf, oberhalb Bamberg, ein ohne Schwierigkeiten zu befahrendes Fließgewässer, unterhalb davon ist der Main im Rahmen des Rhein-Main-Donau Schifffahrtsweges voll für die Großschifffahrt ausgebaut, mit 34 Staustufen und Schleusen, die dazwischen liegenden Strecken sind zumeist weitgehend strömungslos. Es gilt die Binnenschifffahrtsstraßenordnung.

Neben den Groß-Schleusen befinden sich gebührenfreie, für Selbstbedienung von Land aus eingerichtete Boots-Schleusen (Probleme für Alleinfahrer). Allerdings ist stets damit zu rechnen, dass einzelne Boots-Schleusen aus verschiedenen Gründen nicht benutzt werden können. Die Boots-Schleusen dürfen bei einem Pegel der Schleuse Steinbach von über 2,3 m nicht benutzt werden. Die aktuellen Pegelstände sind an allen Schleusen angezeigt. Die Boots-Schleusen sind während der Nacht gesperrt. Bei der Anfahrt zu den Schleusen ist, vor allem bei HW, Vorsicht wegen des Sogs der neben den Schleusen liegenden Wehre geboten. Aus Gründen der Rücksichtnahme auf nachfolgende Kameraden sollten die Boots-Schleusen nach der Benutzung wieder in die Talfahrtstellung gebracht werden, d. h. freie Einfahrt vom Oberwasser her. Ein Umtragen der Schleusen-Anlagen ist neben den Boots-Schleusen möglich.

Falls eine Benutzung der Boots-Schleusen nicht möglich ist, können auch die Schifffahrts-Schleusen gebraucht werden, allerdings nur zusammen mit der Schifffahrt oder bei größeren Gruppen von Sportbooten. Der Großschifffahrt ist stets auszuweichen. Recht störend sind jedoch vor allem an Wochenenden die Motorboote insbesondere auf den für Wasserskilauf freigegebenen Strecken.

Wegen des Zeitverlustes an den Schleusen (mindestens 20 Minuten) und des strömungsarmen Flusses sollte man bei der Fahrtenplanung Tagesstrecken von höchstens 25 km einplanen. Man tut jedoch gut daran, sich viel Zeit für Besichtigungen und Ausflüge zu nehmen und entsprechend kürzere Etappen zu fahren.

Befahrungsregeln: km 4,6-8 r NSG Hochheimer Mainufer, Uferbetretungsverbot. km 75 NSG Bong'sche Kiesgrube, l Uferbetretungsverbot. km 76 NSG Mainflingen Mainufer, l Uferbetretungsverbot.

Befahrbarkeit: Ganzjährig.

Zeltmöglichkeit: Mehrere gute Campingplätze direkt am Fluss, vielfach Zeltmöglichkeit bei Bootshäusern.

Pkw: Der Main wird durchweg von einer Straße begleitet. Bei Großfahrten dürfte allerdings das Nachholen der Pkw mit der Eisenbahn vorzuziehen sein.

Gewässergüte: wechselnd II-III (kritisch belastet) bis II (mäßig belastet). Es besteht ein prinzipielles Badeverbot 100 m oberhalb und unterhalb von Ⅱ und Hafeneinfahrten sowie im gesamten Schleusen-Bereich.

465,5 Zusammenfluss von Weißem Main und Rotem Main (s. „Kanuwanderführer für Bayern"), ab hier Name des Flusses „Main". Schloss Steinenhausen. Im O in der Nähe **Kulmbach**, sehenswerte Stadt, alte Bergfeste, Museum, ★, Brauereien. Die Befahrung des Mains wird am besten auf dem Weißen Main, km 3,5, Burghaug, begonnen. Bis Mainleus recht munterer Fluss mit vielen Windungen und einigen harmlosen Schwallstrecken. Es ist empfehlenswert, den Obermain ohne großes Gepäck zu befahren.

464,9 Eisen-Ⅱ, Übergang verboten.

464,0 Sohlschwelle, ≋, kurzer kräftiger Schwall.
461,4 ▬ Mainleus, **X**, l ⌓, starker Sog zum ▬
461,2 Ⅱ, l Willmersreuth, r **Mainleus**, r gute ⬇, Parkplatz, 2 km ▸ Schloss Wernstein.
459,7 Fußgänger-Ⅱ.
457,5 ▬, **X**, r ⌓, Rothwinder-Mühle, ϟ-Kanal darf nicht befahren werden! Bei NW ist die folgende Strecke wegen Wasserman- gels bis zur Mündung des ϟ-Kanals sehr mühsam (Treideln) r **Rothwind.**
457,3 Str.-Ⅱ.
456,6 l ↓ des ϟ-Kanals.
454,0 Ⅱ, l **Maineck**; danach: ▬, **X**, r ⌓ (S 1).
452,8 r **Mainklein**.
452,3 Str.-Ⅱ.
451,5 Ⅱ, r **Theisau**.
449,1 l **Altenkunstadt** (weithin auffallende, schöne Kirche).
448,8 l ↓ der Weismain (s. „Kanuwanderführer für Bayern").
448,3 ▬, evtl. ≋, r ⌓ (S 1-S 2), bei HW: starker Sog !
448,0 Ⅱ, r **Burkunstadt**: alte Schuhstadt, malerisch am Berg gele- gen, schöne Altstadt, ★, l **Weismain** in 5 km, ★. r unterhalb der Str.-Ⅱ beliebte ⬇, gute Parkmöglichkeit, l 🚉.
446,4 Ⅱ, l **Strössendorf**, sehr malerische Schlossansicht.
445,6 ▬, evtl. ≋, l oder r ⌓ (S 1-S 2), Trebitzmühle, danach 1. Rut- sche, ≋, ! Faltboote ggf. treideln oder ⌓, danach Wege-Ⅱ.
445,3 2. Rutsche ≋, ! Faltboote ggf. treideln oder ⌓.
444,4 Ⅱ, l **Burgstall**.
443,6 EB-Ⅱ Lichtenfels-Kulmbach.
443,4 EB-Ⅱ Lichtenfels-Kronach-Berlin.
442,2 ▬, **X**, r ⌓ (vor dem Überlaufwehr, S 1-S 2), bei NW am Über- lauf-▬ vorbeifahren (!) und über die Werksinsel ⌓; ϟ, die fol- gende Strecke ist bei NW auf 350 m sehr steinig.
441,9 Ⅱ B 173/B 289, l **Hochstadt**. r unterhalb der Ⅱ ideale ⬇/⬆ von Oktober bis April, Parkmöglichkeit, ca. 10 Min. zum 🚉 Hoch- stadt.
440,2 l Weiler Gruben.
440,0 r ↓ Rodach (s. „Kanu-Wanderführer für Bayern").
438,3 Ⅱ, r **Schwürbitz**; gute ⬇/⬆, Parkmöglichkeit.
435,8 ▬, Floßgasse r ≋ oder r ⌓.
435,1 Ⅱ, r **Michelau** (★ Korbmuseum), ⬇/⬆.
433,0 ▬ und ϟ Lichtenfels-Oberschwallenstadt, **X**, r ⌓ über Wiese ! bei HW starker Sog zum ▬, Lebensgefahr!!. Gleich unter- halb des ▬: Furt, nur bei HW ≋ oder r ⌓.
432,8 l städt. ▲ C Lichtenfels, ☎ 09571/70841.
431,5 r ⌂ Allgemeiner Wassersportverein Coburg (AWV), EB-Ⅱ Bamberg-Lichtenfels-Coburg mit Fußgängerüberweg; l ⌂

Ruderverein Lichtenfels (RVL, ein Kanuverein); l **Unterwallenstadt**.

431,0 r ⌂ Paddel- und Segelclub Coburg-Schney (PSC) mit ▲; r **Schney**, r ⬇/⬆.

430,2 ▬ Lichtenfels, r ⌓, nur bei NW ⌓ über die Wehrkrone möglich (Rutschgefahr!), sonst r hinter dem Schutzdamm ⌓. Die folgende Strecke, etwa 600 m bis zur ↓ des Mühlbachs, ist bei NW sehr mühsam (Treideln!).

430,1 Ⅱ Lichtenfels-Kösten.

429,9 Ⅱ, l unterhalb sehr beliebte ⬇, gute Parkmöglichkeit, l 🚉; l **Lichtenfels**, ★.

428,7 r **Kösten** (Heimatmuseum).

425,3 Ⅱ, l **Reundorf**, ⬆, ✕ Müller.

423,5 r am Berghang: Weingarten.

422,6 l ⌂ Schwimmverein Coburg, ▲, ⬇/⬆; Standort im Raum Lichtenfels, r **Hausen**, r am Berg: **Kloster Banz**, ★.

422,4 Ⅱ, ▬, ϟ der Stadt Coburg: bei NW r ⌓ über die Wehrkrone; !! bei HW starker Sog!: dann l vor dem ϟ-Gebäude ⬆ und l hinter den Häusern weit ⌓ (S 2), ⬇/⬆.

419,9 Ⅱ, r **Unnersdorf**, l **Staffelstein** (ca. 2 km abseits; Adam-Riese-Stadt; Museum mit Fossilien und Mineralienschau).

418,3 r **Nedensdorf**.

418,0 Kurze Schwallstrecke, Mitte ≋.

416,0 Sohlschwelle, Mitte ≋.Bis km 390 Uferabflachungen, Gewässeraufweitungen, Buhnenfeldöffnungen und teilweise Leitwerke (verankerte Baumstämme usw.) eingebaut. Warnung vor starken Kehrwassern und Unterspülungen! Faltboote ! an den Sohlschwellen.

415,8 Ⅱ, r **Wiesen** (hübsche Kirche), l **Unterzettlitz**.

414,3 Sohlschwelle, Mitte ≋.

413,8 l **Niederau**, r **Döringstadt**, ★.

412,8 Sohlschwelle, Mitte ≋.

412,5 Lagerhaus Ebensfeld.

410,3 Ⅱ, r **Oberbrunn**, l **Ebensfeld**, von hier aus Wanderung zum Veitsberg, Dornig und Staffelberg, ⬇/⬆.

409,6 Sohlschwelle, Mitte ≋.

408,5 l ▲ C, ☎ 09573/5291, bei NW l im Stromzug fahren.

408,0 r **Unterbrunn**.

406,9 r Baggersee, Befahren verboten!

406,2 Ⅱ, l **Unterleiterbach**, schöne Pfarrkirche, ★, ✕, ⬇/⬆.

405,5 Sohlschwelle, Mitte ≋.

405,0 Zapfendorfer Schnelle, ≋.

403,8 Ⅱ, l **Zapfendorf**; r ⬇/⬆, Parkmöglichkeit.

400,4 Ⅱ, r **Ebing**, l 🚉 direkt am Fluss; r oberhalb der Ⅱ beliebte ⬇/⬆, Parkmöglichkeit.

400,0 Sohlschwelle, Mitte ≋.
398,4 EB-⌶.
397,0 ⌶ B 4, l **Unteroberndorf**.
396,0 nach dem Kieswerk l Sohlschwelle, Mitte ≋.
395,7 r ↓ Itz (s. „Kanuwanderführer für Bayern“).
395,5 EB-⌶ Bamberg-Ebern.
394,8 ⌶ B 279, r **Baunach** etwa 1 km abseits, ★. r oberhalb der ⌶ ⬇/⬆, Parkmöglichkeit.
394,7 r ↓ Baunach (s. „Kanuwanderführer für Bayern“); ! bei NW unterhalb: r Felsblöcke!
392,8 Alter Kemmerner Schwall, kurze Schwallstrecke (bei NW Faltboote!!), ≋.
391,0 ⌶, l **Kemmern**, l ⬇/⬆ mit guten Parkmöglichkeiten. Pegel.
390,5 2 Sohlschwellen, Mitte ≋.
388,2 ⌶, l **Hallstadt** (bekannt aus der Zeit Karls des Großen, am Rathaus eiserne Elle, Pranger mit Hals- und Armeisen), ⬇/⬆ 🚂.
387,5 EB-⌶ (Doppelbogenbrücke) Bamberg-Würzburg; ! bei MW-HW: !! Vorsicht starke Kehrwasserbildung. Beginn des LSG Säugries, im Stromzug fahren! Es ist verboten die Ufer zu betreten und in den Baggerseen zu baden und zu paddeln.
385,3 Autobahn-⌶ A 70 Maintalautobahn Bamberg-Schweinfurt Ende des LSG Säugries.
384,0 l ↓ der Regnitz (s. AB), l **Bischberg**. 3,7 km Regnitz-aufwärts zum ⌂ und ▲ des Bamberger Faltbootclubs, ☎ 0951/68624 *DKV-Kanustation*, bewirtschaftet, idealer Standort für Unternehmungen am Obermain und für eine Stadtbesichtigung de alten Bischofsstadt **Bamberg**: Dom, Alte Hofhaltung (Alte Residenz), Neue Hofhaltung (oder Neue Residenz), Domherrnhöfe, Stiftskirche St. Jakob, Kloster Michelsberg Remeisvilla, Sternwarte, Altes Rathaus, „Klein-Venedig“ u. v. m., ★. Ab hier ist der Main als Großschifffahrtsstraße vol ausgebaut (s. Einleitung).
383,0 - 382,0 Industriegebiet Trosdorf.
380,9 1. □ Staustufe, Viereth: Bootsschleppe l vom ■ z. Zt. nicht benutzbar.
380,0 ⌶; l **Viereth**; r nach **Unterhaid** und **Oberhaid**.
378,3 l **Trunstadt**.
376,9 r **Staffelbach**.
375,3 l **Roßstadt**.
373,9 l **Dippach**.
373,0 r **Stettfeld**: bezauberndes Ortsbild mit Fachwerkhäusern.
372,2 l **Eschenbach**.
369,6 l auf der Höhe Burgruine Wallburg.
369,5 ⌶, l **Eltmann**, r **Ebelsbach**.

368,2 Autobahn-Ⅱ A 70 Maintalautobahn.
368,0 r fahren in alte Mainschleife; l Schifffahrtskanal.
367,7 Boots-□ r in der Mainschleife (Mainschleife ist 1,8 km länger als der abkürzende Schifffahrtskanal, dem die Kilometrierung angepasst ist), r am Bogen der Mainschleife: **Steinbach**.
366,5 l ↓ des Schifffahrtskanals, l **Limbach**, westlich die Wallfahrtskirche Maria Limbach.
363,6 r Burgruine Schmachtenberg.
362,9 Ⅱ; r **Zeil**: reizvolles Fachwerkstädtchen, ⋆, l **Sand** (1 km).
362,2 ← in Baggersee zum ▲ C etwa 1 km.
361,0 Straßen-Ⅱ.
360,0 3. □, Staustufe Knetzgau, Boots-□, Ⅱ.
356,6 l **Mariaburghausen**, ehem. Zisterzienserinnenkloster.
356,0 r ⌂ und ▲ Naturfreunde TVDN Haßfurt.
355,2 Ⅱ, r **Haßfurt**, ⋆.
353,1 r **Wülflingen**, im Bogen l halten, da r Buhnen!.
351,5 l **Wonfurt**, wehrhafte, kastellartige Schlossanlage.
350,0 r **Obertheres**: Schloss, ehem. Benediktinerabtei.
349,2 Ⅱ.
348,0 r **Untertheres**.
345,3 4. □, Staustufe Ottendorf: Boots-□ r.
344,6 r **Ottendorf**.
343,6 Ⅱ; l **Untereuerheim** und **Obereuerheim** (Renaissance-Schloss).
342,5 r **Gädheim**.
341,5 Ⅱ.
338,1 r **Schonungen**, l Einfahrt in Baggersee, ▲ C.
336,7 r **Mainberg**, idyllisches Ortsbild, überragt vom uralten Schloss Mainberg.
333,3 Schwimm-Club Schweinfurt, ▲ und ✕.
333,2 l ⌂ DJK Schweinfurt, ▲, *DKV-Kanustation*, ☎ 09721/81357.
333,1 l Überfall-▬, unbedingt außerhalb der roten Bojen bleiben, r fahren
332,6 Ⅱ; r **Schweinfurt**, ⋆; Stadtrundgang empfehlenswert. l nach **Sennfeld** und **Gochsheim**.
332,0 5. Staustufe Schweinfurt, l große □, zur Boots-□ r neben dem ▬ am r Ufer fahren.
331,5 EB-Ⅱ Schweinfurt-Kitzingen.
331,3 Ⅱ B 286 Schweinfurt-Gerolzhofen-Neustadt/Aisch.
330,5 l Einfahrt zum Hafen.
329,7 Autobahn-Ⅱ A 70 Maintalautobahn.
326,9 Ⅱ; r **Bergrheinfeld**, ⋆.l **Grafenrheinfeld, ⋆**.
324,5 l Kern-ϟ Grafenrheinfeld.
323,7 6. □, Staustufe Garstadt, Boots-□ im Flussarm r.
323,1 r **Garstadt**.

322,6 l nach **Heidenfeld** (ca. 2,5 km abseits; mittelalterliche, viereckige Klosteranlage).

319,8 l **Hirschfeld**.

317,3 Fähre, l Kloster St. Ludwig: Kirche ★. r **Wipfeld**: kath. Pfarrkirche, Rathaus mit Freitreppe, ★.

316,1 7. ■ Staustufe, Wipfeld, Boots-□ im Flussarm l.

315,8 r Schloss Klingenberg.

315,2 l **Stammheim**.

313,4 Fähre, r **Obereisenheim**.

311,6 r **Untereisenheim**.

311,2 Fähre, l **Fahr**, Kirschenanbau, r **Kaltenhausen**.

309,2 r auf der Berghöhe eines Muschelkalksporns die Vogelsburg; beliebtes Ausflugsziel mit herrlichem Rundblick.

307,0 l auf der Höhe inmitten von Weinbergen, kath. Wallfahrtskirche „Maria im Weingarten", ★.

306,6 l ▲ C Volkach.

306,0 Ɪ und EB-Ɪ, l **Volkach**: ★.

305,8 r **Astheim**, beherrscht vom wuchtigen Turm der kath. Pfarrkirche; einen Besuch lohnt die ehem. Klosteranlage Kartause. „Astheimer Sande": Gebiet aus Dünen- oder Flugsand mit Silbergras, Sommerwurz, Nachtkerzen und verschiedenen Flechten.

305,6 l ← des Schifffahrtskanals Volkach-Gerlachshausen, der die Mainstrecke um etwa 6 km verkürzt. Die amtliche Kilometrierung folgt dem kürzeren Kanal. Da der Kanal mit Sportbooten nicht befahren werden darf, erfolgt die Weiterfahrt über die landschaftlich schönere Escherndorfer Mainschleife. Hier z. T. gute Strömung, Achtung auf die Buhnen! Hier gelten die alten km-Tafeln mit dem Zusatz „w".

305,4 =

311,4w 8. ■ Volkach, Boots-□ neben dem Fischpasspfeiler am Ufer.

310,8w l auf der Höhe: die Hallburg, bekanntes Weingut und beliebtes Ausflugsziel.

309,8w l und r Beginn des Wasserübungsplatzes der Bundeswehr.

308,0w Ende des Wasserübungsplatzes, r ✕ Mainaussicht, schwieriges ⬆, Fußweg zur Vogelsburg.

307,3w Fähre, r ▲ C, r **Escherndorf**: typisch fränkisches Winzerdorf. l **Nordheim**, ★.

305,8w r **Köhler**.

302,6w l **Sommerach**, ▲ C.

299,7 Zusammenfluss mit dem Schifffahrtskanal Volkach-Gerlachshausen. l **Gerlachshausen**, „Die Graue Marter", schönster Bildstock Unterfrankens.

299,3 l **Münsterschwarzach**: Benediktinerabtei mit großartiger moderner Kirche.

298,6 r **Schwarzenau**; r ▲ C, l **Stadtschwarzach**.

298,3 Ⅱ B 22 Würzburg-Bamberg.

295,5 9. □, Staustufe Dettelbach: Boots-□ im Flussarm r.

294,4 Fähre. l **Mainsondheim**, spätgotische Schlossanlage.

293,9 r **Dettelbach**, altertümliches Städtchen, ★.

292,1 Autobahn-Ⅱ A 3 Frankfurt-Würzburg-Nürnberg.

290,7 Fähre, r **Mainstockheim**. l **Albertshofen**.

286,7 Ⅱ (alte Str.-Ⅱ, Pippinsbrücke). r **Kitzingen**; ★, l **Kitzingen-Etwashausen**, r ⌂ Ruderverein Kitzingen.

286,1 Ⅱ B 8 Würzburg-Kitzingen-Nürnberg. l **Kitzingen-Sikkershausen**.

285,6 l ▲ C Kitzingen.

285,1 EB-Ⅱ Würzburg-Nürnberg.

284,3 l **Hohenfeld**.

284,2 10. □, Staustufe Kitzingen, Boots-□ l.

282,2 r **Sulzfeld** a. Main, mittelalterliches fast unberührtes Städtchen, ★.

281,0 l **Marksteft**, ★.

277,3 Ⅱ, r **Segnitz**, ein Gärtnerdorf.

277,1 l **Martbreit**, schöne Straßenbilder. Von hier auch kürzester Weg mit Bus oder EB nach Rothenburg o. T.

275,7 11. □, Staustufe Markbreit, Boots-□ r.

273,4 r **Frickenhausen**, ★, eine der ältesten Ortschaften Unterfrankens, gegenüber l ▲.

272,2 r guter ▲ C mit kleinem Schwimmbad. Die Zufahrt über den Altmain ist verboten, ⬆ 100 m unterhalb über Steinschüttung, sehr mühsam. Ab Steg Landschaftsschutzgebiet. l Zuckerfabrik Ochsenfurt.

271,4 Ⅱ B 13 Würzburg-Ansbach.

271,6 l ⌂ des Rudervereins Ochsenfurt.

271,2 Ⅱ, l **Ochsenfurt**, ★.

270,0 r **Kleinochsenfurt**.

269,1 12. □, Staustufe Großmannsdorf, Boots-□ r.

268,3 l **Großmannsdorf**, Teile der Ortsbefestigung, ehem. Zehnthof.

265,4 r **Sommerhausen**.

265,2 l **Winterhausen**, Natursteinindustrie.

265,0 Ⅱ r **Sommerhausen**, l **Winterhausen**.

262,8 r **Eibelstadt**, ★, r kleine Werft, Motorboothafen.

260,6 Autobahn-Ⅱ A 3 Passau-Nürnberg, l ▲ des KC Würzburg.

260,2 l ▲ der Turngemeinde Heidingsfeld.

258,8 13. □, Staustufe Randersacker: Boots-□ r.

258,3 r **Randersacker**, größtes Winzerdorf in Franken; berühmte Bocksbeutel.

256,6 l **Würzburg-Heidingsfeld**, teilweise gut erhaltene Befestigungen und Stadtmauer.

255,3 Kurz oberhalb der EB-Ⅱ, l ⌂ der Turngemeinde Würzburg-Heidingsfeld, ▲.

255,2 EB-Ⅱ Würzburg-München und Würzburg-Stuttgart.

255,1 Ⅱ (Konrad-Adenauer-Brücke), Autobahnzubringer.

253,8 l ▲ und ⌂ des Kanuclub Würzburg, *DKV-Kanustation*, ☎ 0931/72536 und 0931/72256, günstig gelegen zum Besuch von Würzburg, Straßenverbindung zum Hauptbahnhof. **Würzburg**: ★ Residenz, Käppele (von Balthasar Neumann), wiederaufgebauter Dom, Festung Marienberg, Mainfränkisches Museum mit Riemenschneider-Originalen.

253,1 Ⅱ (Ludwigsbrücke; auch „Löwenbrücke“ genannt).

252,6 - 251,6 Ufer beiderseits des Mains steil ausgemauert, keine Anlandemöglichkeit!

252,3 14. □, Staustufe Würzburg: □ für Großschifffahrt. 2 ■ unter der alten Stein-Ⅱ, **X**. Keine Boots-□. Bootstreppe am Ende der alten ■-Mauer (! oft glitschig!)! beim Anlegen bei höherem Wasserstand ! Im Unterwasser Sog zur neuen □-Mauer ! Am besten mit Großschiffen □ benutzen, vorher beim Schleusenmeister anrufen. Ⅱ am Ende der □, „Alte Mainbrücke“ mit 12 Heiligenfiguren; r alter Kran.

251,6 Ⅱ. Günstiger ⬆ am l Ufer; 8-10 Min. zum Hauptbahnhof.

251,0 r Alter Hafen.

249,1 **Himmelspforten**, Karmelitinnenkloster.

247,9 r Neuer Hafen (Industriehafen), anschließend r Flusshafen, am l Ufer halten!

247,8 l Kloster Oberzell.

247,5 Ⅱ, l **Zell a. Main**.

245,0 EB-Ⅱ.

244,2 r **Veitshöchheim**, Barockschloss, Park unbedingt ansehen, Staatliche Weinbauschule.

243,8 Fußgängersteg, l **Margetshöchheim**.

241,2 15. □, Staustufe Erlabrunn, Boots-□ r.

240,4 l **Erlabrunn**.

238,2 r **Thüngersheim**.

236,0 l Schwimmbad, ▲ C Zellingen, ⌂ Ruderclub Zellingen.

235,4 Ⅱ; l **Zellingen**, Pfarrkirche von Balthasar Neumann, r **Retzbach**.

232,4 16. □, Staustufe Himmelstadt, Boots-□ l.

232,1 Ⅱ, l **Himmelstadt**.

227,8 l **Laudenbach**, neues Schloss.

227,0 Ⅱ (Förderbandbrücke der Zementfabrik).

226,2 Ⅱ, l **Mühlbach**, l Ruine Karlburg, r **Karlstadt**: ★ Städtchen, ⌂ Ruderclub Karlstadt, r oberhalb der Ⅱ guter ▲ C.

224,0 l Ortschaft **Karlburg**.

219,5 17. ☐, Staustufe Harbach, Boots-☐ l.

218,0 l **Harrbach**.

216,1 l **Kleinwernfeld**, r **Wernfeld**, r günstige ⬇ für Fahrer, die nur den Spessartteil des Mains fahren wollen. Ausgangspunkt für eine Wanderung zur 7 km entfernten Ruine Homburg (erbaut um 1000), die umfangreichste Ruine Deutschlands.

216,0 Ⅱ.

215,8 r ↓ Wern (s. AB).

211,4 r **Gemünden**: ★, r 🚆, 🏘. 🍴, r ↓ eines Nebenarmes der Fränkischen Saale.

211,1 Ⅱ.

211,0 r ↓ des Hauptarmes der Fränkischen Saale (s. AB), im Dreieck zwischen den beiden Mündungsarmen ⌂ und ▲ des KSC Gemünden, laut durch starken EB-Verkehr, sehr günstig gelegen als Standort für Befahrungen von Main, Wern, Fränkischer Saale und Sinn, nach Anmeldung auch für Gruppen geeignet, 500 m flussaufwärts im Hauptarm der Fränkischen Saale guter ▲ C beim Schwimmbad, ruhig.

210,6 r Schutzhafen der Wasser- und Schifffahrtsdirektion, EB-Ⅱ.

209,1 l **Hofstetten**, l ▲, r **Langenprozelten**.

208,2 r ⌂ und ▲ des PSV Langenprozelten (☎ 09351/8948). Für die Großschifffahrt soll l ein Stichkanal die enge Kurve bei Langenprozelten noch einmal entschärfen; dann wird das Gelände des PSV am r Altarm liegen!

205,4 r **Neuendorf**.

205,0 l Ruine Schönrain.

203,8 r **Nantenbach**.

200,8 18. ☐, Staustufe Steinbach, Boots-☐ l.

199,8 r **Lohr-Sackenbach**, l **Steinbach**: Schloss nach Plänen Balthasar Neumanns.

198,2 Ⅱ, r ↓ Lohr, davor ▲ C des TSV Lohr.

198,0 Ⅱ, darunter ⌂ der Kanuabteilung des TSV Lohr, Übernachtungsmöglichkeiten im ⌂ auf Luftmatratzen nach Voranmeldung möglich, ☎ Endres 4321 oder Keller 9035. Stromaufwärts angrenzend städt. Freibad. Gute ⬇/⬆, ca. 600 m zum 🚆. r **Lohr** („Tor zum Spessart“), sehr schönes, mittelalterliches Städtchen, ★. Schöne Wandermöglichkeiten in den Spessart und zum Kloster Mariabuchen.

197,6 l **Sendelbach**.

194,1 l **Pflochsbach**, r **Rodenach**.

189,8 l **Erlach**, r **Neustadt a. Main** (eine der ältesten Klostergründungen Frankens), Kirche aus der Zeit Karls des Großen.

189,6 Fußgängersteg.

187,4 r ▲ C.

186,1 19. □, Staustufe Rothenfels, Boots-□ l.

185,0 r **Rothenfels** (altes reizvolles Städtchen mit Burg).

184,6 l **Zimmern**, ▲ C „Schreiner“, ✕.

182,6 r **Hafenlohr**, alter Töpferort. r ↓ der Hafenlohr (! Befahrungsverbot für die Hafenlohr!). Das Hafenlohrtal ist eines der landschaftlich schönsten Spessarttäler mit schöne Rundwandermöglichkeiten!

180,4 l ⌂ der Rudergesellschaft Marktheidenfeld, ▲.

179,8 Str.-Ⅱ, l **Marktheidenfeld**: Ämterstadt, Mainbrücke 1839/46, reizvolles Stadtbild; ★. Wandermöglichkeiten in die nahe Waldlandschaft des Spessarts.

174,6 20. ■ Staustufe Lengfurt, Boots-□ l.

173,7 Ⅱ; l **Lengfurt**: die Dreifaltigkeitssäule am Markt ist einmalig in Franken; r Triefensteiner Kloster, ehem. Augustiner-Chorherrenstift, ★.

171,4 l **Homburg a. Main** mit Fachwerkburg (Burgschloss), r **Trenfeld**.

167,7 Autobahn-Ⅱ A 3.

167,1 l ▲ C Bettingen.

165,9 l **Bettingen**.

163,0 l **Urphar**, alte Wehrkirche (8. Jahrhundert), l ▲.

160,6 21. □, Staustufe Eichel, Boots-□ l.

159,0 l **Wertheim-Eichel**.

158,0 l ⌂ des KC Wertheim (Gemeinschaftsneubau mit der Ruder-Gesellschaft Wertheim), Hafeneinfahrt gesperrt, kleiner ▲, *DKV-Kanustation* ☎ 09342/85154.

157,5 Ⅱ; l **Wertheim**: ★ Stadt mit der zweitgrößten Burgruine Deutschlands (Grafenburg).

156,6 l ↓ der Tauber (s. AB), im Bereich der Taubermündung l Anlegemöglichkeit zur Stadtbesichtigung Wertheims, Parkplatz am Main.

156,0 Ⅱ, l **Wertheim**, r **Kreuzwertheim**, Schloss des Fürsten Löwenstein.

155,6 l ▲ C.

154,8 l Rampe, Zugang zum ▲ C, großes Freibad der Stadt Wertheim, l **Bestenheid** und Industriegebiet Wertheim-Nord (Glashüttenbetriebe).

152,6 r **Hasloch**.

151,0 r Schutzhafen Hasloch, l Flusshafen der Stadt Wertheim.

149,8 l **Grünenwört**.

147,1 22. □, Staustufe Faulbach, Boots-□ r. r **Faulbach**: Fachwerk-Rathaus, alte Marienwallfahrt.

144,7 Fähre, r **Stadtprozelten**, große Ruine Henneburg, ★, l **Mondfeld**.

140,8 r **Dorfprozelten**.

139,2 r Ruine Kollenburg; l **Tremhof**.

137,6 r **Fechenbach** mit Schloss.

136,4 r **Reistenhausen**, bekannte Rotsandsteinbrüche, ▲ C.

134,1 23. ☐, Staustufe Freudenberg, Boots-☐ r.

132,7 Ⅱ, l **Freudenberg** mit Schlossruine Freudenburg, r **Kirschfurt**.

126,5 l **Bürgstadt**, hochragendes Renaissance-Rathaus.

126,0 l ↓ der Erf (s. „Kanu-Wanderführer für Bayern").

124,8 Ⅱ, **Miltenberg**, l die Altstadt: mittelalterliches Stadtbild mit Fachwerkbauten, ★, r ▲ C.

123,5 EB-Ⅱ.

123,3 l ↓ der Mud, (s. „Kanu-Wanderführer für Bayern").

122,4 24. ☐, Staustufe Heubach, Boots-☐ l.

121,6 Str.-Ⅱ.

121,0 l **Kleinheubach**, Fürstl. Löwensteinisches Schloss, ★. 2 km südwestlich vom Ort die rätselhaften „Heunesäulen", l ⌂ und ▲ der WSp-Gemeinschaft Kleinheubach, *DKV-Kanustation*, ☎ 09371/4346.

120,6 r **Großheubach**, Fachwerk-Rathaus, von hieraus kürzester Fußweg zum Engelsberg, Kloster, Wallfahrtskirche, r ▲ C.

117,0 l **Laudenbach**, Schloss mit reicher Porzellansammlung.

114,8 r Klingenberg-Röllfeld, ▲ C.

114,5 r ⌂ und ▲ des KC Klingenberg, ☎ 09372/1480.

113,4 l **Trennfurt**, öffentlicher ▲ C.

113,2 25. ☐, Staustufe Klingenberg, Boots-☐ l.

112,7 Ⅱ, r **Klingenberg a. Main**, Renaissance-Schloss, Ruine Clingenburg. Bei Klingenberg treten Spessart und Odenwald nahe an den Main heran.

112,2 l ▲ C.

110,4 l **Wörth a. Main**, Römerkastell des Odenwaldlimes, Ringmauer mit Türmen, Rathaus, ▲ C.

110,2 r **Erlenbach a. Main**, Schiffswerft.

109,9 EB-Ⅱ mit Fußgängerübergang.

107,4 r Schutzhafen, Yachthafen des WSC Erlenbach, ⌂ und ▲ C, ☎ 09372/4142,.

105,7 l ↓ der Mömling (s. „Kanu-Wanderführer für Bayern").

104,9 Str.-Ⅱ, l **Obernburg a. Main**, mittelalterlicher Stadtkern.

104,5 Fußgänger-Ⅱ, r **Elsenfeld**, r 🚌.

104,1 r ↓ der Elsava.

101,4 26. ☐, Staustufe Wallstadt, Boots-☐ l.

100,9 r **Kleinwallstadt**.

100,3 l **Großwallstadt**.

98,0 Ⅱ Niedernberg-Sulzbach, gute ⬇ (Pionierrampe).
96,4 r **Sulzbach** a. Main, ★.
95,6 l **Niedernberg**.
93,0 27. □ Staustufe Obernau, Boots-□ r, r **Obernau**.
90,4 l Nilkheimer Hof (alter Karolingerhof), Park Schönbuch.
89,8 EB-Ⅱ.
87,7 Ⅱ.
87,1 Ⅱ B 26. r **Aschaffenburg**, Schloss Johannisburg (am Main), „Pompejanum", ★.
86,6 r → zum Schutzhafen Aschaffenburg, ⬆, r 🚌.
86,2 l neben dem Bad ⌂ und ▲ (beschränkt) des SSKC Poseidon Aschaffenburg, bewirtschaftet, Voranmeldung erforderlich.
85,8 Ⅱ (Friedrich-Ebert-Brücke).
84,7 l **Aschaffenburg-Leider**.
83,3 l ← zum Neuen Hafen Aschaffenburg Süd, Schutzhafen.
82,6 r **Mainaschaff**, r ↓ der Aschaf.
81,5 EB-Ⅱ mit Fußgängerübergang, l **Stockstadt**, ehem. Römerkastell, heute moderne Industriestadt.
80,5 r Mainparksee.
80,1 Autobahn-Ⅱ A 3 Frankfurt-Nürnberg-Passau.
79,0 r **Kleinostheim**.
77,7 28. □, Staustufe Kleinostheim, Boots-□ l neben der Doppel-□.
77,3 l ↓ der Gersprenz (s. „Kanu-Wanderführer für Bayern").
76,6 Autobahn-Ⅱ A 45 Siegerlandlinie-Dortmund.
74,2 l **Mainhausen**.
74,1 Fußgänger-Ⅱ.
73,8 r **Karlstein-Dettingen**, ehem. Braunkohlewerk.
72,0 r **Karlstein-Großwelzheim**, ehem. „Main-Braunkohle-Tagebau" (heute Freizeitgelände „Gustavsee").
71,6 l **Kleinwelzheim**.
69,6 Fähre, l **Seligenstadt**, Dom, ★.
66,8 r ↓ der Kahl (s. „Kanu-Wanderführer für Bayern").
65,5 Fähre, l **Kleinkrotzenburg**; r **Großkrotzenburg**.
63,7 29. □, Staustufe Krotzenburg, Boots-□ l.
62,6 l **Hainburg**.
62,0 r Schutzhafen, Kraftwerk Staudinger.
61,6 r Ölhafen.
61,2 Ⅱ, r **Großauheim**, l **Kleinauheim**.
59,6 Str.-Ⅱ, EB-Ⅱ.
58,6 Ⅱ B 43.
57,8 l Altarm des Steinheimer Bogens, l ↓ des Hellenbachs.
57,1 l **Steinheim**.
56,8 r Hafen Hanau, Schutzhafen.
56,4 Str.-Ⅱ B 45 und EB-Ⅱ, r **Hanau**, l **Steinheim**.

55,4 r ↓ der Hanauer Kinzig (s. AB).
55,2 l ▲ des KC Mainkur.
55,0 r **Hanau-Kesselstadt**, r Schloss Philippsruh.
53,2 30. □, Staustufe Kesselstadt, Boots-□ l.
50,6 Fähre, r Maintal-Döringheim, l **Mühlheim**.
50,5 l ⌂ und ▲ des KC Mühlheim, l 🚉 1200 m.
48,1 Fähre, l **Rumpenheim**, r **Maintal-Bischofsheim** (1,5 km).
46,1 r ▲ C.
44,9 Fußgänger-][, l ▲ C Bürgel, Straßenbahn zum Haupt-🚉 Frankfurt.
44,5 r **Frankfurt-Fechenheim**, Straßenbahn zum Haupt-🚉 Frankfurt, Weiterfahrt nicht mehr zu empfehlen.
43,6 l **Offenbach-Bürgel**.
41,7 l **Offenbach**, Schloss.
41,0][, Offenbach - Frankfurt-Fechheim.
39,4 l ⌂ der SG Wiking Offenbach 1903 e. V., bewirtschaftet, ▲ Kurzzeitzelten möglich, ☎ 069/814222.
39,1][A 661 (Kaiserleibrücke).
38,5 31. □, Staustufe Offenbach, Boots-□ l.
37,6 l ⌂ des FRVS 1898.
37,3 r Osthafen.
36,9 EB-][(Deutschherrnbrücke) mit Fußgängerüberweg.
36,3][(Flößerbrücke).
36,1][(Obermainbrücke).
35,6][(Alte Brücke).
35,2][(Fußgängerbrücke Eiserner Steg), r Stadtkern von **Fankfurt a. Main**. Besuch von Römer, Dom, St. Nikolaikirche, Paulskirche, Goethehaus und anderen ★ nicht versäumen. l **Frankfurt-Sachsenhausen**.
34,8][(Untermainbrücke).
34,0 l ⌂ des FKV 1913 e. V., bewirtschaftet, günstige ⬇/⬆, Haupt-🚉 ca. 600 m, Straßenbahn.
33,9 Str.-][(Friedensbrücke).
33,1 r Westhafen, Schutzhafen.
32,7 EB-][mit Fußgängerweg.
32,5 l ⌂ Maul, privater ▲ C, alle Bequemlichkeiten, Unterkunftsnachweis.
31,8 l ⌂ Sport- und Kulturgemeinschaft Frankfurt/Main, Wassersportabteilung, *DKV-Kanustation*, ☎ 069/573649 oder 069/6787312.
31,7 l ⌂ des SV Grün-Weiß Frankfurt a. Main.
31,6 l ⌂ des SKG Frankfurt a. Main ☎ 0611/672976.
31,2 l ▲ des FKV 1913 e. V., Schlüssel im ⌂ bei km 34,0.
31,0 EB-][Frankfurt-Niederrad.
30,0 Autobahn-][A 5 Frankfurt-Griesheim.

29,2	r **Frankfurt-Griesheim**.
28,7	32. □, Staustufe Griesheim, Umsetzanlage defekt.
27,4	l **Frankfurt-Schwanheim**.
26,8	Ⅱ B 40.
26,0	r **Frankfurt-Nied**.
25,0	r ↓ der Nidda (s. AB).
24,8	Fähre, r **Frankfurt-Hoechst**; l ⌂ KC Wiking an der Fähre.
24,2	Werk-Ⅱ, Hoechst AG, Werkshafen.
22,1	Ⅱ, r **Frankfurt-Sindlingen**.
21,9	EB-Ⅱ, Ⅱ, Werks-Ⅱ.
21,8	⌂ des KC Kapitän Romer, ▲ möglich.
21,3	Ⅱ B 40a, l nach **Kelsterbach**, r nach **Hattersheim**.
20,5	l **Kelsterbach**, ⌂ und ▲ des KC Kelsterbach.
18,5	r ↓ des Schwarzbachs.
18,1	r **Okriftel**, r ⌂ des Ski- und Paddel-Clubs Hattersheim.
15,6	33. □, Staustufe Eddersheim, Boots-□ l (Handbetrieb).
14,2	Autobahn-Ⅱ A 3 Frankfurt-Köln.
12,6	l **Raunheim**.
11,3	l ⌂ des KCW Raunheim mit sanitären Anlagen, ✕.
11,0	r **Flörsheim**, ⌂ des Rudervereins, bewirtschaftet.
9,9	Ⅱ, l ⌂ und ▲ des WSV Undine Rüsselsheim.
9,4	l **Rüsselsheim**, ⌂ des Ruder-Clubs, bewirtschaftet, l Opel-Automobilwerke.
4,6	r **Hochheim** (guter Wein), ⌂ des KV Hochheim.
3,9	Autobahn-Ⅱ A 671.
3,5	EB-Ⅱ Hochheim.
3,2	34. □, Staustufe Kostheim, Boots-□ l.
1,6	l **Gustavsburg**, r **Wiesbaden-Kostheim**, r Hafenbecken.
1,3	Ⅱ B 42, r Insel Maaraue mit ⌂ und ▲ des KC Kostheim.
1,0	→ Floßhafen.
0,0	↓ in den Rhein bei km 496,6.

Wanderfluss (Wiesenfluss)
Mündung in Main (r Nebenfluss)

Die Nidda ist in ihrem ganzen Verlauf ein Fluss mit mäßiger Strömung, der, weitgehend reguliert, ohne Schwierigkeiten in einem breiten, landschaftlich mäßig reizvollen Tal, im Oberlauf zwischen Wiesen und Feldern fließt; in diesem Bereich keine Wehre, Befahrung auch für F 2 zu empfehlen. Im Unterlauf verläuft sie am Stadtrand von Frankfurt in einem stark bebauten Gebiet, mit 7 etwa 3 m hohen Steilwehren, deren Befahrung schon tödliche Unfälle verursacht haben. Allerdings ist das Umtragen der Wehre mit Rolltreppen einfach. Empfehlenswert ist eine Befahrung bis Bad Vilbel oder Eschersheim.

Befahrbarkeit: meist ganzjährig.

Pegel: Florstadt, km 51; ein Pegelstand von 50 cm ist ausreichend für eine Befahrung mit F 2 ab Staden.

Pkw: Begleitung nur streckenweise möglich. Zufahrt mit Faltbooten durch Autobus von Frankfurt/Hauptbahnhof nach Staden möglich.
Gewässergüte: II (mäßig belastet).

92,0	Ursprung der Nidda am Taufstein (Naturpark Hoher Vogelsberg) in etwa 700 m Höhe. Die Nidda fließt durch den Nidda-Stausee bei Schotten, dessen recht gleichmäßiger Wasserablass für eine nahezu ganzjährige Befahrungsmöglichkeit der Nidda sorgt.
56,0	⌶, **Staden**, empfohlene ▮
52,5	⌶, **Oberflorstadt**.
52,0	r ↓ Horloff (s. „DKV-Kanuführer für SW“).
51,5	Sohlabsturz, ≋.
51,0	⌶, **Florstadt**, Pegel.
50,0	Sohlabsturz, ≋.
49,0	⌶, **Wickstadt**.
46,0	Sohlabsturz, ≋.
45,0	⌶, **Assenheim-Mitte**.
44,5	r ↓ Wetter (s. „DKV-Kanuführer für SW“).
44,0	⌶, **Assenheim**.
43,0	Sohlabsturz, ≋.
42,0	⌶ B 45 bei **Ilbenstadt**.
40,0	Sohlabsturz, ≋.
37,0	**Oberkarben**.

35,0 Ⅱ, **Großkarben**.
33,5 Ⅱ, **Kleinkarben**.
30,0 **Gronau**, l ↓ Nidder (s. „DKV-Kanuführer für SW“).
27,0 Ⅱ, **Dortelweil**.
23,9 EB-Ⅱ und Ⅱ **Bad Vilbel**, gute ⬆. Die Nidda verläuft bis zur ↓ am NW-Stadtrand von Frankfurt und dessen Vororten, starke Bebauung, zahlreiche Ⅱ.
17,0 Ⅱ, **Bonames**.
15,0 Autobahn-Ⅱ.
13,5 ▲ C, ▬, X, ⏏ durch Rolltreppe. Bis ↓ weitere 5 ▬, durchweg X, bei HW sehr gefährlich.
13,0 Ⅱ Heddernheim-Eschersheim.
11,5 Ⅱ Schnellstraße Nordwest-Stadt.
10,1 **Frankfurt-Praunheim**, Walzen-▬, X, l an Schrägrampe einfaches ⏏.
10,0 Ⅱ, Praunheim.
8,0 Autobahn-Ⅱ, Frankfurt-Hausen, Walzen-▬, X, ↱ vor dem ▬, ⬇ unter der Stadt-Autobahn-Ⅱ.
7,1 **Frankfurt-Rödelheim** (Brentanopark), Walzen-▬, X, ⏏ leicht r an Schrägrampe im Betriebsbahnhof der Stadtentwässerung Frankfurt.
5,3 Autobahn-Ⅱ Frankfurt-Wiesbaden.
5,0 **Frankfurt-Sossenfeld** (Neufeld), Walzen-▬, X, ⏏ leicht r an schräger Rampe.
2,8 **Frankfurt-Höchst**, Zug-▬ am Höchster Freibad, X. ⏏ r oder l, Schrägufer mit Steinen, mühsam.
0,2 Slalom-Übungsstrecke des HKCW Höchst.
0,0 ↓ in Main bei km 25, Frankfurt-Höchst. ⬆ 200 m unterhalb r an der Lände der Fähre bei km 24,8.

3.10.2 Hanauer Kinzig

Kleinfluss
Mündung in Main (r Nebenfluss)

Die Hanauer Kinzig, ein Fluss aus dem Naturpark Hessischer Spessart (Sterbfritz), verläuft auf der für eine Befahrung in Frage kommenden Strecke in einem breiten, landschaftlich ansprechenden Tal, das durch den Bau der A 66 an Reiz verloren hat, durch Wiesen, Felder und Auwald. Bei mäßiger Strömung ergeben sich Schwierigkeiten durch enge Kurven, streckenweise durch Strauch- und Baumhindernisse. Mehrere Wehre sind zumeist fahrbar oder leicht zu umtragen.

Befahrbarkeit: ab Kinzigtalsperre bei Ahl nur bei HW; ab km 56 bis Frühsommer, ab Gelnhausen ganzjährig.

Befahrungsregeln: Befahrung oberhalb der Kinzig-Talsperre (km 62) ganzjährig verboten; desgleichen von km 17,5 bis 0,0; die dazwischen liegende Strecke ist gesperrt in der Zeit vom 01.03.-14.07.

Pegel: Kinzig-Pegel Steinau; Minimum 50 cm.
Gewässergüte: II (mäßig belastet).

84,0	Ursprung am Nord-Oststrand des Spessarts in etwa 500 m Höhe.
62,0	Staumauer der Kinzig-Talsperre, ⬇-Möglichkeit, Befahrungsregeln beachten.
61,8	■, Tosbecken mit Blöcken im Unterwasser, nach Besichtigung evtl. ≋.
61,0	■, ≋ oder l ⌓.
56,0	Ⅱ, gute ⬇-Möglichkeit.
55,0	l **Salmünster**, r ↓ Salz (s. AB).
49,5	r **Neudorf**, ■ ≋, r oder l ⌓, l Arm benutzen.
48,0	Ⅱ **Aufenau**, gute ⬇-Möglichkeit, dahinter mehrere leichte, niedrige Stufen.
46,0	Ⅱ **Wächtersbach**, r 🚆.
44,0	l ↓ Orb, danach Stufe, ≋, bei HW starker Rücklauf!
41,0	Mehrere Stufen, ≋.
39,5	■, ≋, Rücklauf!, danach Autobahn-Ⅱ.
37,0	Autobahn-Ⅱ, danach ■, ≋, Rücklauf! Es folgen 3 weitere, entsprechende ■.
32,5	r **Haitz**, l **Höchst**.
31,0	r **Gelnhausen**, ■ evtl. ≋ l über Fischtreppe oder l ⌓. ★: Barbarossaburg, Marienkirche.
30,0	Ⅱ und ■, ≋ oder r ⌓.
28,0	Ⅱ.
25,5	**Lieblos**, 2 Ⅱ, dahinter ■, je nach Wasserstand ≋, sonst zwischen den Ⅱ l ⌓. Im r Arm an der Kinzig-Mühle Vereinsgelände des PC Gründau, ⌂, ☎ 06051/3207, ▲.
22,5	Ⅱ, r **Rothenbergen**.
17,5	Ⅱ, r **Langenselbold**, l 🚆, Weiterfahrt nicht möglich, siehe Befahrungsregeln.
0,0	↓ in Main bei km 55,5.

3.10.3 Tauber

Kleinfluss - Wanderfluss
Mündung in Main (I Nebenfluss)

Die Tauber ist mit einer fahrbaren Flusslänge von 107 km einer der größten Nebenflüsse des Mains. Landschaftlich ist insbesondere ihr Oberlauf, bei Rothenburg, hervorragend schön. Unterhalb Creglingen, im Mittleren Muschelkalk, wird das Tal breiter. Ab Werbach durchbricht die Tauber die Buntsandsteinausläufer des Spessarts in einem erneut sehr schönen, engen Tal.
Die Tauber ist in ihrem Oberlauf ein Kleinfluss mit entsprechenden Behinderungen.
Ein besonderes Merkmal der Tauber sind die zahlreichen Wehre, z. T. mit Wasserableitung. Die nachfolgende Beschreibung ist auf die Befahrung mit Kunststoff-Einern abgestellt; für alle übrigen Bootsarten sind die Wehre durchweg unfahrbar und müssen dann zumeist mühsam, oft bis zur Mündung des Mühlgrabens, umtragen werden.

Befahrungsregeln: keine

Befahrbarkeit: ab Rothenburg nur bei leichtem HW (Schneeschmelze, nach stärkeren Regenfällen), ab Waldmannshofen bei gutem MW, ab Weikershofen meist ganzjährig

Zugang: Straße verläuft fast immer neben dem Fluss

Schwierigkeiten: keine, aber bei HW können sämtliche Wehre **X** werden

Gefälle: 1,7 ‰

Pegel: Str-Ⅱ in Archshofen (km 86,0): Minimum für Befahrung ab Rothenburg 50 cm, sehr günstig 55 cm, die meisten Wehre sind dann ≋, 30 m unterhalb der Str-Ⅱ B25 (km 111): 180 cm MW, Befahrung erst ab Creglingen (km 82) oder Bieberehren (km 76).

Zeltmöglichkeit: ▲ C in Rothenburg (km 105,5)

Gewässergüte: II (mäßig belastet).

123,0 Ursprung am Westabhang der Frankenhöhe in etwa 450 m Höhe.
111,0 Ⅱ B 25, 30 m unterhalb Pegel.

107,0 **Rothenburg**, mittelalterliche Stadt mit zahlreichen ★. Es folgen 12 ▬, bei entsprechendem Wasserstand alle ≋, jedoch ansehen!
99,2 Kläranlage; es folgen bis **Creglingen** weitere 12 Schräg-▬, ≋. Zwei niedrige Ⅱ müssen ≏ werden.
86,0 **Archshofen**, Ⅱ, Pegel.
82,0 **Creglingen**, Schräg-▬, ≋, ★: 1,5 km entfernt Herrgottskirche mit Riemenschneideraltar.
79,2 Ⅱ, l **Klingen**.
78,0 Ⅱ, **Waldmannshofen**.
76,0 **Bieberehren**, Schräg-▬, ≋.
75,2 steiles Schräg-▬, ≋ oder l ≏, r ↓ Gollach (s. „Kanu-Wanderführer für Bayern").
73,2 hohes Schräg-▬, ≋ oder r ≏.
72,0 Ⅱ, r **Röttingen**, Schräg-▬, ≋.
71,0 ϟ, ▬, **X**, l ≏.
68,5 ▬ Tauberrettersheim, ≋ oder r ≏.
68,0 ▬, ≋ oder r ≏.
67,8 Ⅱ (von Balthasar Neumann), **Tauberrettersheim**.
65,2 **Schäftersheim**, ▬, ≋, oder l ≏.
64,2 Ⅱ, **Weikersheim** mit Schloss und Park.
63,5 Steil-▬, **X**, l ≏.
62,8 EB-Ⅱ.
60,2 Ⅱ, l **Elpersheim**.
60,0 hohes Steil-▬, **X**, l ≏.
57,8 l **Markelsheim**, ▬, ≋ oder im Mühlkanal bis Mühle fahren und r ≏.
55,0 **Igersheim**, ▬, evtl. ≋ oder r ≏. Kurz danach ▬, ≋ oder r ≏.
51,3 **Bad Mergentheim**, ★; ▬ mit Spundwänden, **X**, r ≏.
51,0 ▬, ≋.
50,0 Ⅱ B 290.
47,1 Ⅱ, r **Edelfinden**, ▬, ≋ oder l ≏.
46,0 Ⅱ, r **Unterbalbach**.
43,8 **Königshofen**, ▬, steinig, ≋ oder r ≏.
43,0 ▬, ≋ oder l ≏.
40,1 ϟ, hohes Schräg-▬, evtl. ≋ oder l ≏.
39,8 Ⅱ, **Lauda**.
38,8 EB-Ⅱ.
36,0 Ⅱ, **Distelhausen**, kurz danach Autobahn-Ⅱ.
33,0 **Dittigheim**, 2-stufiges Schräg-▬, evtl. ≋ oder l ≏.
31,5 Ⅱ B 27.
31,0 Ⅱ, **Tauberbischofsheim**, danach kleine Stufe, ≋.
28,5 Mühle Impfingen, Schräg-▬, ≋ oder l ≏.
28,0 Ⅱ, r **Impfingen**.
26,0 Mühle Hochhausen, steiles Schräg-▬ mit Stufe, evtl. ≋.

25,0 **Werbach**, Beginn einer sportlichen Flussstrecke.
24,0 Flussgabelung, r Arm fahren.
20,3 ⌶, r **Niklashausen**, danach ▬, ≋ oder l ⏏.
18,0 EB-⌶.
17,5 ⌶, l **Gamburg**.
17,0 Mühle Gamburg, Schräg-▬, ≋ oder r ⏏.
15,0 l **Eulschirben**, 2-stufiges ▬, **X**, r ⌶.
11,6 ▬, ≋ oder l ⏏, r **Bronnbach**, Zisterzienserkloster, ⋆.
9,6 Sauerstoffwerk Reichholzheim, Steil-▬, **X**, im Unterwasser Betonklötze, 300 m weit bis ↓ des Kanals ⏏.
8,3 ⌶, r **Reichholzheim**.
5,4 Teilhaber Mühle, ▬, **X**, r ⏏.
3,7 ⌶, l **Waldenhausen**.
2,2 Flussgabelung (Insel), l Arm Steine im Wasser, r Abzweig Baumhindernisse.
1,5 ▬, ≋ oder l ⏏.
0,9 EB-⌶.
0,4 ⌶, **Wertheim**.
0,0 ⌶, ↓ in Main bei km 156,5. ⌂ Kanuklub Wertheim 1,5 km flussaufwärts bei km 158.

3.10.4 Fränkische Saale

Wanderfluss
Mündung in Main bei km 211 (r Nebenfluss)

Die fränkische Saale fließt mit ruhiger Strömung durch die reizvolle Mittelgebirgslandschaft des „Naturparks Rhön“. Sie ist als Wanderfluss auch gut geeignet für F 2. Mehrere Wehre sind für sportliche Einer z. T. gut zu befahren bzw. leicht zu umtragen. Zwischen Bad Neustadt und Bad Kissingen finden sich zahlreiche Steinbarrieren und besonders unter den Brücken seichte, steinige Stellen, die bei niedrigem Wasser für Faltboote zu Schwierigkeiten führen können. An den Ufern befinden sich sehenswerte Ortschaften, Burgen und Klöster.

Befahrungsregeln: Km 136,0 bis 96,5 ganzjähriges Befahrungsverbot. Km 96,5 bis 0,0 Befahrungsverbot in der Zeit von 21 - 07 Uhr; Befahrungsverbot für die ▬ Schönauer Mühle, Rossmühle, Neumühle, Rödermühle (Diebach), Westheimer Mühle, Saalemühle (Elfershausen), Kraftwerk Aura und Schlossmühle (Aschach). Verbot für Boote über 6 m Länge, für Rafting und Floßfahrten sowie das Zusammenkoppeln von Booten.

Befahrbarkeit: ab Bad Neustadt bis Juni, ab Bad Kissingen ganzjährig, Zweier möglich.

Gefälle: 0,8 ‰.

Zeltmöglichkeit: ▲ C befinden sich an der Roßmühle und in Gemünden. ▲ des KSC Gemünden.

Pkw: Eine Straße verläuft fast immer neben dem Fluss, günstige Bahnverbindung zwischen Gemünden und Bad Kissingen.

Gewässergüte: II (mäßig belastet).

136,0	Ursprung im Grabfeldgau.
96,5	**Bad Neustadt**, Ruine Salzburg, mächtiger Burgkomplex aus romanischer Zeit, ★, übliche ⬇ nach Ⅱ Bad Neustadt-Herschfeld am Ortsende von Herschfeld, Nähe 🚃. Danach EB- und Str.-Ⅱ. r ↓ Brend (ganzjährig gesperrt).
92,5	Ⅱ, B 19, Pegelstelle.
90,5	l ↓ Lauer (ganzjährig gesperrt).
85,9	Str.-Ⅱ.
85,5	Ⅱ, l **Oberebersbach**.
84,7	Ⅱ, r **Unterebersbach**, direkt danach ▬ mit starkem Sog, X, l ≏. Später Steinbarriere, r fahren.
82,5	Ⅱ, r **Nickersfelden**. Zwischen km 82,5 und 65,4 befinden sich etliche Stufen, die evtl. ≋ sind, ansehen.
81,0	Ⅱ, l **Roth**, r **Steinach**, r ↓ Premich (ganzjährig gesperrt).
78,2	Ⅱ, r Hohn, ▬, ≋, Steine, danach seicht.
77,5	bei guter Strömung kommt nach einem scharfen r-Knick plötzlich in scharfer Strömung ein ▬, 1 m hoch, Vorsicht, X, l ≏.
74,4	Ⅱ, l **Bad Böcklet**.
71,5	Ⅱ, davor l ← Mühlenkanal, ▬, l ≏ (Befahrungsverbot), unterhalb viele Steine, sonntags oft plötzlicher Wasserentzug. l **Aschach**, Schloss.
68,8	Ⅱ, r **Kleinbrach**, die Saale umfließt in einem großen Bogen einen Höhenzug.
68,4	Walzen-▬ Wehrhaus, wenn offen, meist glatte Fahrt (ansehen), sonst l ≏, Theresienbrunnen.
65,4	Ⅱ, r **Kleinbrach**.
64,5	Ⅱ, l **Hausen**.
62,5	Untere Saline Friedrichshall, ▬, r ≏, Rücklauf, ansehen! Bis Bad Kissingen mehrere Stege und Brücken, Personenschifffahrt im Sommer von km 62,4-60,5.
60,5	Ludwigs-Ⅱ, Pegel, Prinzregentenbau.

58,8 Lindesmühlen-▬, Stufen, X, r ⌓, 🚂. Gute ⬇ l nach dem ▬ hinter dem Schlachthof in der Nähe der Kläranlage. **Bad Kissingen**. Weltberühmter Kurort, ★. Der ▲ C von Bad Kissingen nimmt keine Kanu-Wanderer auf.

57,5 im Fluss Felsblöcke, keine Schwierigkeiten, Schwäne.

51,5 l **Euerdorf**, 2 Ⅱ.

50,5 ▬ Karwinkelsmühle, meist X, evtl. ≋ im l Drittel, l ⌓.

47,8 **Aura**, Klosterruine, Ⅱ, sofort danach ▬, r 50 m weit ⌓ (Befahrungsverbot).

44,2 EB-Ⅱ.

43,6 ▬, evtl. r ≋ oder r ⌓, danach Ⅱ, 🍴. l **Trimberg**, Burgruine Trimberg.

42,2 EB-Ⅱ. Von hier ca. 1 km zum 🚂.

41,6 Saalmühlen-▬, ⌓ (Befahrungsverbot). **Elfershausen**.

41,5 Ⅱ.

41,0 Autobahn-Ⅱ A 7 Kassel-Würzburg.

39,1 EB-Ⅱ.

38,5 Ⅱ, Schräg-▬ am Ortsanfang von **Langendorf**, 1 m hoch, ≋ oder r ⌓, 🚂.

37,7 ▬, über die Insel ⌓ (Befahrungsverbot). Ⅱ sehr niedrig. r **Westheim**.

36,8 Fuchsstädter Mühlen-▬, zerfallen, r oder l ≋.

33,5 ▬, in der Mitte ≋.

32,8 Ⅱ B 287, darunter gute ⬇.

31,5 l **Pfaffenhausen**.

29,5 Ⅱ, davor r sehr gute ⬇. r **Hammelburg**, 🚂, schönes altfränkisches Städtchen, älteste Weinstadt Frankens, Rathaus mit Weinkeller, Schloss, Burgruine.

29,1 ▬, evtl. l ≋, sonst r ⌓ oder l überheben, S 1.

28,2 r ↓ Thulba (ganzjährig gesperrt).

28,1 altes Bewässerungs-▬, r ≋.

27,6 ▬, r evtl. ≋. l Weingut Hotel Schloss Saaleck, Franziskanerkloster. Jugend-▲.

26,4 Str.-Ⅱ.

24,1 ▬ Rödermühle, l ⌓ (Befahrungsverbot), dann Ⅱ, r **Diebach**, 🚂.

22,5 ▬ Neumühle, l über Insel ⌓ (Befahrungsverbot), S 1.

20,0 r **Morlesau**, niedrige Ⅱ, bei HW !! In der Ⅱ-Kurve l Eisenpfähle! Nach Ⅱ r ⬇/⬆.

17,1 Ponton-Ⅱ, direkt über dem Wasser, l ⌓, S 1, danach ▬ zweistufig, l ⌓ (Befahrungsverbot), ▲ C, r 🍴 „Rossmühle“, 🚂.

15 Ⅱ, l **Michelau**, l gute ⬇.

11,5 ▬, X, r ⌓, S 1, danach **Gräfendorf**.

11,4 r ↓ Schondra (ganzjährig gesperrt).

9,8 Ⅱ, l **Schonderfeld**.

7,9 Ⅱ, r **Wolfsmünster**.
7,7 ▬, l ≋.
6,9 l Pegel.
4,0 ▬, ⏏ (Befahrungsverbot), l Kloster Schönau.
1,5 ▬, verfallen, danach l ▲ C der Stadt **Gemünden**.
0,6 r ↓ Sinn (s. AB), danach mehrere Ⅱ, dazwischen l ⌂ und großer ▲ des KSC Gemünden, sehr gastfreundlich.
0,0 ↓ in Main bei km 211,0.

3.10.4.1 Sinn

Kleinfluss (Gebirgsfluss)
Mündung in Fränkische Saale bei km 0,6 (r Nebenfluss)

Die aus der Hohen Rhön kommende Sinn fließt durch die landschaftlich sehr schöne Südrhön. Gute Strömung, enge Kurven, kleine Schwälle und insgesamt 21 Wehre, von denen die meisten fahrbar sind, machen die Sinn auch sportlich recht interessant.

Befahrungsregeln: km 35,0-31,5 ganzjährig gesperrt,km 31,5-0,0 Befahrungsverbot vom 01.03.-30.06. In der übrigen Zeit befahren erlaubt mit Kanus und mit nicht mit mehr als 2 Personen besetzten Schlauchbooten von 09:00 bis 19:00 Uhr. ⬇/⬆ nur an den gekennzeichneten Stellen.

Pegel: bei km 1,5; 150 cm = leichtes HW.

Gefälle: 2,5 ‰.

Pkw: Straße verläuft stets in der Nähe des Flusses.

Gewässergüte: II (mäßig belastet).

72,0 Ursprung am Fuß des Eierhauckberges (Hohe Rhön) in etwa 900 m Höhe.
31,5 **Jossa**, r ↓ Jossa (s. „Kanu-Wanderführer für Bayern“). Gute ⬇ in Jossa bei Ⅱ über Jossa, jedoch die unter Befahrbarkeit gemachten Angaben beachten. Es folgt bis Obersinn die landschaftlich schönste Strecke der Sinn, abseits der Straße, gutes Gefälle, schöne Strömung, kleine Schwälle, Spritzdecke schließen.
29,0 Ⅱ Höfen-Dittenbrunn, mögliche ⬇.
26,9 Hohe EB-Ⅱ und Str.-Ⅱ.

25,2 **Obersinn**, Beton-▬, 1,5 m hoch, l ⌓, evtl. ≋, Ⅱ in Ortsmitte, am Ortsende ▬, leichtes ⌓.

24,2 Dickenmühle, ▬, halb verfallen, Mitte ≋ oder l ⌓.

22,5 **Mittelsinn**, ▬, ≋ oder l ⌓.

22,0 **Gresselmühle**, ▬ ≋ oder l ⌓. Bis Burgsinn folgen 2 ▬, ≋.

16,1 **Burgsinn**, Ⅱ, sofort danach Steil-▬, etwa 2 m hoch im Gelände der Spulenfabrik Reitz. Infolge Steilufer und Fabrikbauten ist das ⬇ direkt am ▬ nicht möglich. ⌓ r durch das Fabrikgelände 200 m weit. Bis Rieneck 3 ▬, im Winkel mit Steinen im Unterwasser und Rücklauf, ≋.

11,0 Ⅱ mit ▬, Vorsicht bei HW. Besichtigung ratsam.

7,4 ▬, ≋ oder r ⌓.

7,2 **Rieneck**, Burg, ★.▬, meist ≋ oder l ⌓. Ⅱ, Durchfahrt evtl. durch Bäume verlegt. Die Folgestrecke ist im Sommer stark verwachsen.

3,8 **Schaippach**, Ⅱ. Die Fahrt wird meist vor der Ⅱ beendet.

2,3 l ▬. Die Weiterfahrt im Flussbett ist wegen Wasserableitung meist auf 1,2 km nicht möglich. Weiterfahrt auf Kanal r, Einfahrt durch Balkensperre unmöglich, daher r ⌓. Nach etwa 1 km ϟ, r ⌓.

1,5 Pegel.

0,0 ↓ in Fränkische Saale bei km 0,6. Weiterfahrt auf Saale bis ↓ in Main, hier l ⌂ und ▲ KSC Gemünden, sehr gastfreundlich. 25 Minuten bis 🚆.

3.10.5 Wern

Kleinfluss (Wiesenfluss)
Mündung in Main bei km 215,8 (r Nebenfluss)

Die Wern verläuft als ruhiger Kleinfluss mit mäßiger Strömung durch die ansprechende, hügelige Landschaft im Bereich des Südabfalls der Südrhön. Im Oberlauf ist sie begradigt, in diesem Bereich wenig reizvoll. Empfehlenswerte Strecke ab km 34,8, in diesem Bereich ist die Wern ein typischer Kleinfluss, mit engen Kurven, zahlreichen kleinen Stufen, niedrigen Stegen, Baum- und Strauchhindernissen sowie etwa 12 Wehren, die nur teilweise fahrbar sind.

Befahrbarkeit: abgesehen von trockenen Sommern meist ganzjährig. Bei HW werden die niedrigen Stege recht lästig.

Gefälle: 1,4 ‰

Zeltmöglichkeit: ▲ des KSC Gemünden an der ↓ der Fränkischen Saale in den Main.

Gewässergüte: II-III (kritisch belastet), Unterlauf II (mäßig belastet).

65,0 Ursprung in den Ausläufern der Südrhön in etwa 300 m Höhe.

54,6 ⬇ r nach der 𝕀 Geldersheim-Schweinfurt.

50,0 **Schnackenwerth**.

45,7 **Ettleben**.

43,6 **Werneck**, ⬇, Parkplatz an der 𝕀 B 19.

42,0 **Zeuzleben**.

38,4 **Mühlhausen**, übliche ⬇ am Eisensteg nach Ortsende, beschränkte Parkmöglichkeit.

38,0 ▬ (verfallen), bei gutem Wasserstand ≋.

36,0 **Gänheim**, Kaisermühle, Absperr-▬, l ⌓ über Wehrkrone, l Arm bei MW ≋, bei NW bis ↓ Mühlkanal treideln.

33,0 **Arnstein**, Ölmühle, r ✕ Benderbräustüberl, 𝕀, darunter kleiner Schwall.

29,5 Mühlen-▬, Überlauf des Mühlkanals ≋.

28,5 Vogelmühle, Winkel-▬ nach r, nur bei gutem Wasserstand ≋.

27,8 Taubermühle, Winkel-▬ nach l, ≋, !!! Eisenpfahl.

27,0 **Müdesheim**, Beckmühle, Winkel-▬ nach l, l oder r außen ≋.

24,0 𝕀 vor **Binsfeld**, r ⬇ und Parkplatz.

23,5 Dreistufiges Winkel-▬ nach r, bei gutem Wasserstand evtl. l ≋ oder r ⌓, rechten Arm fahren, l verbaut.

19,0 **Stetten**, Mühlen-▬, bei gutem Wasserstand ≋, sonst l ⌓.

15,0 𝕀, Schönarts, nach 𝕀 ca. 500 m schöne Gefällstrecke (WW II) mit tiefhängendem Astwerk, r ungesichertes Schöpfrad, danach 2 ≋ Gefällestufen.

12,2 Tabaksmühle, ▬, X, r ⌓.

11,6 Obere Mühle, ▬ (verfallen), r fahren.

11,0 **Eußenheim**, Steinwurf-▬, nur bei HW ≋, ✕.

10,0 Hartmannsmühle, in Mühlkanal einfahren und r über Insel ⏏, bei gutem Wasserstand evtl. ≋.

5,8 Mühlen-▬, r ⌓.

4,4 **Gössenheim**, Sägewerk, über Werksgelände ⌓.

4,0 Stufe unter niederem Steg.

3,0 **Sachsenheim**, ab hier mehrere ≋ Gefällestufen.

1,0 Gipsmühle, ▬, r ⌓.

0,5 Mühle, ▬, r ⌓.

0,0 **Wernfeld**, ↓ in den Main bei km 215,8, nach der Wernbrükke l Zufahrt zu guter ⬆.

Wanderfluss
Mündung in Main (l Nebenfluss)

Die Regnitz fließt ohne Schwierigkeiten durch ein weites, fruchtbares Tal, vorbei an den Ausläufern der Fränkischen Schweiz und des Steigerwaldes. Sie ist in ihrem Unterlauf ein Teilstück des Europa-Kanals (Rhein-Main-Donau-Wasserstraße), wobei der Kanal z. T. das Flussbett der Regnitz benutzt, z. T. aber auch in eigenem Bett parallel zu dieser verläuft.

Befahrbarkeit: ganzjährig. Bei ausreichendem Wasserstand sollte stets versucht werden, den alten Flusslauf der Regnitz zu befahren. Unterhalb km 22,1 ist dies allerdings oft nicht möglich oder zumindest recht mühsam, weil hier ein Großteil des Wassers für die Wasserführung des Kanals abgeleitet wird.

Gewässergüte: II-III (kritisch belastet).

-0,5	⬇ bei der Ɪ „Kapellenstraße" über die Rednitz.
62,9	Zusammenfluss von Rednitz und Pegnitz zur Regnitz, **Fürth**.
61,3	EB-Ɪ.
60,9	l ↓ Farrnbach.
59,5	Ɪ, **Führt-Stadeln**.
57,5	l ↓ Zenn (s. „Kanuwanderführer für Bayern").
57,0	▬ Vach, **X**, l ⌓, schwierig.
56,8	Ɪ, l **Führt-Vach**, r **Führt-Mannhof**.
54,8	r ↓ Gründlach.
54,3	Ɪ, l **Hüttendorf**, r **Eltersdorf**, r Pfähle alter Schöpfrad-Anlagen!
52,5	Autobahn-Ɪ A 3 Würzburg-Nürnberg.
52,0	↯ Franken, Ɪ, ▬, evtl. ≋, Eisenträger! Vorher ansehen!
51,5	EB-Ɪ.
51,1	l ↓ Aurach (s. „Kanuwanderführer für Bayern").
50,7	▬ Erlangen-Bruck, evtl. ≋ oder l ⌓.
50,5	Ɪ, **Erlangen-Bruck**.
50,4	r ⌂ ATSV Erlangen.
49,8	Ɪ Büchener Damm.
49,5	▬ Neumühle, **X**, l ⌓.
48,1	Flussgabelung, l Arm fahren, Fußgänger-Ɪ.
47,8	▬ Wöhrmühle, **X**, l ⌓.
47,6	⌂ der „Naturfreunde Erlangen", ▲, ⬇/⬆, Erlangen (Universitäts- und Industriestadt).

46,7 ⌶ Dechsendorfer Damm.
46,2 r ↓ Schwabach (s. „Kanuwanderführer für Bayern“).
46,0 ■ Erlangen-Werker, **X**, l ⌂, l Flutmulde **X**. Beginn eines Fluss-Abschnittes mit alten Schöpfrädern auf ca. 4 km (Denkmalschutz!). Jeder Versatz (Leitbretter) hat einen ≋ Durchlass!
39,9 l **Möhrendorf**, ⌶.
38,7 ■ Baiersdorfer Mühle, **X**, starker Sog! l ⌂ (300 m), Ärger mit Besitzer vermeiden! Pfähle und Balken im Unterwasser.
37,3 ⌶, r **Baiersdorf**.
36,5 ⌶, r **Wellerstadt**.
36,2 ■, **X**, l ⌂ (Rampe), ■-Kanal nicht befahren.
32,4 ⌶, l **Hausen**, ϟ, ■, **X**, l ⌂ (S 1), ⬇/⬆.
32,0 ↓ in Main - Donau Kanal, Schifffahrtstraße.
30,7 EB-⌶.
29,2 r ↓ Wiesent (s. AB).
28,4 Fußgänger-⌶, l Burk, ▲ C, Sport- und Freizeitanlagen, l Yachthafen.
28,0 ⌶ B 470, r **Forchheim**, r 🚂 in 1,5 km, l **Buckenhofen**.
26,6 r → Kanal zur □ Forchheim, l Arm fahren.
25,9 ϟ und ■ Forchheim, **X**, ⌂ gekennzeichnet, ⌶, Pegel.
25,3 r Main-Donau-Kanal.
23,4 l **Pautzfeld**.
22,8 ⌶, l **Schlammersdorf** 1,5 km, r **Neusitz a. d. Regnitz**.
22,1 r → Kanal, bei gutem Wasserstand im l Arm weiterfahren, bei NW flach und steinig.
24,5 ■ **Neuses**, l ⌂ (s. „Befahrbarkeit“).
23,3 l ↓ Aisch (s. „Kanuwanderführer für Bayern“). Es folgen acht Sohlschwellen, ≋, bei NW Vorsicht!
17,4 l ↓ Reiche Ebrach (s. „Kanuwanderführer für Bayern“).
15,6 l Parkplatz an der B 505.
14,4 ↓ ϟ-Kanal, Überlauf des Main-Donau-Kanals.
14,0 ⌶ B 505.
13,4 EB-⌶, Fähre, Sohlschwelle (ansehen).
12,7 l ↓ Rauhe Ebrach (s. „Kanuwanderführer für Bayern“).
12,0 l ↓ Aurach (s. „Kanuwanderführer für Bayern“).
9,6 l ▲ C.
9,0 r WSV Neptun, 🏠.
8,7 ⌶, l **Bug**, r **Bughof**.
8,1 Gabelung: l Arm Regnitz, r Arm zum Main-Donau-Kanal, hier nach 750 m ⌶ und ■, **X**, r ⌂, Treppen. Weiterfahrt im linken Regnitzarm:
8,0 Sperrtor-⌶.
7,9 l ⛲ (Wolfsschlucht).

7,1 Ⅱ B 22 Würzburg - Bamberg, Abzweigung in den Hollergraben (s. „Kanuwanderführer für Bayern“).
6,8 ⌂ und ✕ der Rudergesellschaft, danach Flussbad.
5,9 r Abzweigung des alten Ludwig-Donau-Main-Kanals. Alte □, funktionsfähig, schleusen (□-Wärter ☎ 0951/28664) oder Fahrt beenden!! Starker Sog zu den Turbineneinläufen!!! Im linken Regnitzarm ist keine Weiterfahrt möglich!!
5,5 Ⅱ „Nonnenbrücke“, **Bamberg**, r alter Ladekran.
5,3 Schloss Geyerswörth, Gerberhäuser.
5,2 Rathaus-Ⅱ: historisches Rathaus, errichtet auf einer künstlich geschaffenen Insel mitten im Fluss. l ↓ des **X** linken Regnitzarmes, Wendestelle der Personenschiffe.
5,1 r hübsche Häuserzeile: „Klein-Venedig“.
4,7 Ⅱ „Markusstraße“.
3,7 Ⅱ.
3,5 Ⅱ, □ des alten Ludwig-Donau-Main-Kanals, ■ und ↯, l ⏏ (S 2).
2,9 Ⅱ.
2,6 Elmer Spitz, r ↓ des Main-Donau-Kanals, am Main-Donau-Kanal liegt beim Kanal-km 3,7 r das Gelände des Bamberger Faltboot Clubs, ⌂ , ▲, ✕, *DKV-Kanustation*, ☎ 0951/768624. Idealer Standort. Bamberg: viele Sehenswürdigkeiten. Bis zur ↓ haben Regnitz und Main-Donau-Kanal nun ein gemeinsames Bett.
2,1 l **Bamberg-Gaustadt**, r Hafen Bamberg
1,5 Ⅱ B 26 Bamberg - Schweinfurt.
1,0 l **Bischberg**.
0,0 ↓ in Main bei km 384.

Bamberger Stadtrundfahrt mit dem Kanu:
3,7 Beginn der Rundfahrt beim Bamberger Faltboot-Club im MDK (rechter Regnitzarm), im MDK aufwärts fahren bis km 6,7
6,8 ← MDK, → den rechten Regnitzarm einfahren, r Parkhaus, Toiletten, Bäcker.
6,9 Str-Ⅱ B22 (Heinrichs-Ⅱ), r Luisenhain mit Botanischem Garten.
7,35 1. ⏏-Stelle, ↰, Treppen benutzen, zur ↓ oberhalb des ■ ca. 80 m ⏏.
8,1 Buger Spitze, ↓ in linken Pegnitzarm, → durch die Sperrtor-Ⅱ.
8,0 Sperrtorbrücke.
7,1 Str-Ⅱ B22 (Hain-Ⅱ, Münchner Ring), Möglichkeit für Kunststoffbote den Hollergraben zu fahren, r Theresienhain.
6,8 ⌂ und ✕ der Rudergesellschaft.
5,9 → in den alten Ludwig-Donau-Main-Kanal, □ (siehe oben).

5,5 Str-Ⅱ (Nonnen-Ⅱ), r alter Ladekran.
5,3 Schloss Geyerswörth.
5,2 Obere Ⅱ und Untere Ⅱ zum Alten Rathaus, l ↓ des **X** linken Pegnitzarmes.
4,7 Markus-Ⅱ.
3,7 Friedens-Ⅱ.
3,5 2. ⩣-Stelle, ■ und ↯.
2,6 Elmer Spitz, r ↓ Main-Donau-Kanal (= rechter Regnitzarm), → in MDK.
3,7 Ende der Rundfahrt beim Bamberger Faltboot-Club.

3.10.6.1 Wiesent

Wiesenfluss - Wanderfluss
Mündung in Regnitz (r Nebenfluss)

Die Wiesent ist ein rechter Nebenfluss der Regnitz. Sie erschließt dem Flusswanderer eines der schönsten Täler der Fränkischen Schweiz. Besonders herrlich erstrahlt das Tal im Glanz der herbstlich verfärbten Wälder. - Bekannt ist die Wiesent auch als Fränkisches Wildwasser (WW I). Für Könner erscheint die Einordnung in die Kategorie Wildwasser vielleicht übertrieben. Für Lernende hingegen wartet die Wiesent allenthalben mit Überraschung auf! Die ersten Fahrversuche sollten daher mit Rücksicht auf die Natur und die Bootsneulinge nicht unbedingt auf der Wiesent unternommen werden!

Befahrungsregeln: Verordnung der Regierung von Oberfranken über die Regelung des Gemeingebrauchs an der Wiesent und ihrer Nebengewässer vom 22. April 1987, Nr. 225-4539-2/86: 1. Ganzjähriges Befahrungsverbot von der Wiesentquelle bis zur Str-Ⅱ unterhalb von Plankenfels (km 52,0), 2. Befahrungsverbot bis zur Einmündung der Leinleiter (km 18,3) vom 15.03. bis 31.08. von 17:00 bis 08:00 Uhr (Abend- und Nachtpaddelverbot), 3. Ganzjähriges Verbot für Stromaufwärtsfahren (Fahren entgegen des Flussrichtung, d.h. Kehrwasserfahren und Übungseinheiten sind zu unterlassen). Das Wiesenttal ist NSG! Seltene Pflanzen schützen! Ufer, Brut- und Nistplätze meiden! Natur- und umweltbewusst verhalten! Möglichst nur in Kleingruppen (naturschonend) fahren!

Befahrbarkeit: bei gutem WS ab Str-Ⅱ Plankenfels, ganzjährig ab Waischenfeld, Fahrtende spätestens bei Reuth (km 5,0), da die Wiesent in Forchheim durch Industrieanlagen völlig verbaut ist.

Schwierigkeiten: leichtes Wildwasser (WW I), Wehre, niedrige Stege

Zeltmöglichkeit: ▲ C in Waischenfeld (km 47,3), in Rothenbühl bei Ebermannstadt (km 18,5) und in Forchheim (RMD-km 28,4).
Gewässergüte: II (mäßig belastet).

52,0 Ⅱ Plankenfels - Streitberg, Ende der Sperrstrecke, mögliche ⬇.
51,5 ▬ und ϟ, r in den Werkskanal ⌓, da der Fluss nur bei gutem Wasserstand ≋ ist.
50,7 am ϟ l ⌓.
50,3 Fußgänger-Ⅱ.
49,5 Ⅱ, **Nankendorf**.
49,3 ▬, Nankendorf, l in Stufen ≋, anschließend seicht.
47,8 2 ▬, l ⌓ (ca. 100 m weit), **Gutenbiegen**, Sägewerk und Mühle.
47,3 r ▲ C Waischenfeld.
46,4 Ⅱ, **Waischenfeld**, ab hier ganzjährig ≋, übliche ⬇.▬, X, l ⌓.
46,1 Ⅱ.
45,6 Hammermühle, ▬, X, l ⌓, Ⅱ.
45,1 r Parkplatz, günstige ⬇.
45,0 Ⅱ, l Ausflugs-✕ „Pulvermühle".
44,2 Steg, sehr niedrig, l ⌓.
43,7 Ⅱ nach Kirchahorn.
42,9 ▬, Fachwerkmühle Rabeneck, r ⌓; l Burg Rabeneck; Ⅱ.
41,4 ▬, Bauern-ϟ, r ⌓.
40,2 ▬ Doos-Katerakt, r ⌓, evtl. ≋ (ansehen!).
40,1 r ↓ der Aufseß (Befahrungsverbot!), gleich unterhalb: beliebte ⬇.
39,4 Fußgänger-Ⅱ.
39,2 r Riesenburg (Felsenversturzhöhle, im Wald versteckt).
38,2 ▬ Schottersmühle, X, l weit ⌓ (S 2). Die 4 Sohlstützschwellen unterhalb des Wehres bilden je nach Wasserstand einen erheblichen und nicht ungefährlichen Rücksog, am besten in einem mit dem Wehr umtragen, Pegel.
36,8 Ⅱ.
35,0 ▬ Behringersmühle, X, r ⌓ auf vorgeschriebenem Weg. Das früher übliche ⌓ über die Insel ist jetzt verboten. Das Mühlengrundstück darf keinesfalls betreten werden.
34,6 Ⅱ B 470, **Behringersmühle**, l ↓ Püttlach (Befahrung verboten). Danach r 🚃 der Museumsbahn.
34,0 🚃 (aufgelassen), Parkplatz, ⬇.
33,5 Stempfermühle, Durchfahrt am Steg l.
33,2 EB-Ⅱ (Museumsbahn).
31,8 Sachsenmühle, ▬, r ⌓, bei gutem Wasserstand evtl. ≋.
31,5 Ⅱ, l nach **Gößweinstein**.

30,9 Eisenschwelle über dem Fluss, l schmaler Durchlass bei gutem Wasserstand ≋, sonst überheben.

30,0 Fußgänger-Ⅱ, l am Berg versteckt **Burggaillenreuth**.

28,7 Natur-▬, r ≋, bei HW auch geradeaus ≋, danach baufälliger Steg. Danach neue Ⅱ der Umgehungsstraße Muggendorf.

27,5 Fußgänger-Ⅱ.

26,1 ▬ Muggendorf, evtl. ≋ oder l ⌓.

25,9 Ⅱ, gute ⬇/⬆, Parkplatz, r **Muggendorf** (Straße über den Berg nach Doos 3,5 km, im Tal 14 km).

24,2 Wörmühle, verfallenes ▬, l Durchfahrt ≋, danach Eisensteg (sehr niedrig)!

22,6 EB-Ⅱ (Museumsbahn).

22,1 **Streitberg**, ▬, r ⌓, im 1. Drittel von r ist eine Durchfahrtsmulde evtl. ≋, ansehen, unterhalb Steine.

21,9 kleines ▬, r ≋, danach Ⅱ, beliebte ⬆, begrenzte Parkmöglichkeit, l **Niederfellendorf**.

18,7 ▬ Bauern-↯, bis zum ▬ fahren, dort r ⌓.

18,5 l ▲ C Rothenbühl.

18,3 r ↓ des Leinleiterbaches (ganzjähriges Befahrungsverbot!).

18,1 EB-Ⅱ.

17,5 Ⅱ vor Ebermannstadt, l nach **Wollmuthshüll**. r vor dem ▬ ideale ⬆ und gute Parkmöglichkeit, Weiterfahrt l über das ▬.

17,1 ▬ **Ebermannstadt** Ortseingang, evtl. ≋, Neuer Stadtgraben.

15,9 ▬ Ebermannstadt Ortsausgang, „Martin-Nebel-Bootsrutsche" existiert nicht mehr, ⌓ (S 1).

14,3 Wiesen-▬, Mitte und l ≋.

14,0 ▬, Wiesenwehr, l ≋.

13,3 Str.-Ⅱ, l **Pretzfeld**: Schloss, Rokokokirche. Wer zur Regnitz weiter will, sollte hier am ⛟ ⬆ und erst wieder in der Regnitz einsetzen!! ↓ der Trubach (ganzjähriges Befahrungsverbot!).

11,6 r ▬, Überlaufwehr („Holländerwehr"), evtl. ≋, anschließend „Dschungelfahrt" bis km 7,6; sonst: Weiterfahrt im l Arm: „Wiesentmühlbach": es folgen 3 sehr niedrige Wasserüberleitungen, sehr beschwerlich. ▬ Kirchehrenbach („Wiesentmühle"), l ⌓ (S 3).

8,3 Str.-Ⅱ, l nach **Kirchehrenbach**.

7,6 l ↓ des Wiesentmühlbachs.

6,0 ▬ ↯, l ⌓, ca. 300 m weit (S 1).

5,0 Ⅱ, r **Reuth**: spätestens hier ⬆. Weiterfahrt unmöglich!

0,0 ↓ in einen Altarm der Regnitz.

3.10.6.2 Pegnitz

Kleinfluss - Wanderfluss
Mündung in Regnitz (östl. Quellfluss)

Die Pegnitz ist ein netter Wanderfluss mit teils flotter, teils mäßiger Strömung. Sie entspringt in einer Karstquelle in dem Ort Pegnitz, dem sie ihren Namen gab. Im Oberlauf durchfließt sie den Veldensteiner Forst, eine urwüchsige, herrliche Wald- und Teichlandschaft mit seltener Vogelwelt. Der mittlere Teil von Neuhaus bis Hohenstadt ist wegen seiner landschaftlichen Schönheit (Hersbrucker Schweiz) ein gern besuchtes Urlaubsgebiet, das aber nicht so überlaufen ist wie das nördlichere Wiesenttal. Bis Hohenstadt fließt die Pegnitz nach Süden. Im weiten Wiesengrund mäandert die Pegnitz von da an, gesäumt von Bäumen und Büschen, westwärts in das Nürnberger Land. Mit Hindernissen, wie umgestürzten Bäumen oder Schwemmgutbarrieren, ist hier besonders im Frühjahr oder nach Gewitterstürmen zu rechnen. In Nürnberg ist die Pegnitz zum Wöhrder See aufgestaut, einem stadtnahen Vogelschutzgebiet.

Befahrungsregeln: 1. Ganzjähriges Befahrungsverbot von Michelfeld bis ■ Ranna (Verordnung Nr. 820-8622.58 der Regierung der Oberpfalz über das NSG Pegnitzau zwischen Ranna und Michelfeld vom 19. März 1998) 2. Ganzjähriges Befahrungsverbot von Mosenberg (90,9) bis Rothenfels (km 77,7) in der Zeit von 20 bis 8 Uhr vom 1.11. bis 30.04. Befahrungsverbot von Mosenberg (km 90,9) bis Rothenfels (km 77,7), von Mosenberg (km 90,9) bis Eschenbach (km 63,3) gilt ganzjährig: Erlaubnis für Befahrung nur für kleine Fahrzeuge mit höchstens 4 Plätzen und nicht länger als 6 m nur in Flussmitte bzw. an der tiefsten Stelle. Befahren gegen die Fließrichtung ist verboten. Jede organisierte Bootsveranstaltung mit mehr als 10 Booten ist verboten. 3. Ganzjähriges Befahrungsverbot im Stadtbereich Lauf (km 32,8 - km 31,0), 4. Ganzjähriges Befahrungsverbot von km 12,8 bis km 11,4 (Oberer Wöhrder See), 5. 01.11. bis 15.03. Befahrungsverbot von km 11,4 bis km 10,3 (Unterer Wöhrder See), 6. Ganzjähriges Befahrungsverbot im Stadtbereich von Nürnberg (km 10,0 - km 3,2).

Befahrbarkeit: ab Neuhaus (km 86,4) ganzjährig, ab Ranna (km 91,2) nur im Frühjahr bzw. nach starken Regenfällen (**!** nur in Kleinstgruppen **!**), besonders beliebt ist die Strecke von Velden oder Lungsdorf bis Hohenstadt oder Hersbruck

Schwierigkeiten: Wehre, ≏ teils S 3, teils Busch- und Baumhindernisse.

Pegel: bei km 78,9 (NW 126 cm, MW 142 cm), bei km 67,1 (NW 142 cm, MW 165 cm).

Zeltmöglichkeit: ▲ C in Hohenstadt am 🚉 (km 61,6).

Gewässergüte: bis Nürnberg II (mäßig belastet).

91,2	Ende der ganzjährig gesperrten Strecke, Folgestrecke s. „Kanuwanderführer für Bayern“.
86,4	Ⅱ, **Neuhaus**, übliche ⬇.
86,3	EB-Ⅱ.
85,5	Fußgänger-Ⅱ.
85,2	EB-Ⅱ.
84,4	EB-Ⅱ, ■-Anlage Rothenbruck, 1. ■ mit Bootsrutsche (nur für Kajaks, steile Betonrinne), danach folgen ca. 30 m Inselbereich mit guter ⬇-Möglichkeit, 2. ■ (mehrere kleine Stufen), bei NW **X**, l ⌂.
84,1	Ende des Inselbereiches, Ⅱ, r **Rothenbruck**, l **Finstermühle**.
83,6	■ Engenthal, r ⌂ oder durch niedrigen Holzsteg fahren und Boot über das ■ heben.
83,3	Ⅱ, l Engenthal, gute ⬇ und Park-Möglichkeit (Privatgrund !).
82,0	EB-Ⅱ.
81,5	■ Neuensorg, davor fallweise starke Verkrautung, r ⌂ oder nach Besichtigung evtl. ≋, Ⅱ zum Betonwerk Neuensorg.
81,3	EB-Ⅱ, r 🚉 Velden.
80,9	EB-Ⅱ.
80,3	Ⅱ, r **Velden**, ★.
80,1	■, **X**, l ⌂ über die Mühleninsel (altes Mühlrad, Privatgrund), einsetzen je nach Wasserstand direkt unterhalb des ■ oder in den r Arm.
79,4	■ Güntersthal Bronzefabrik, **X**, r ⌂, danach EB-Ⅱ.
79,2	Ⅱ am Ende des Werkgeländes.
78,9	Holzsteg, r Parkplatz am Klärwerk, gute ⬇, Pegel.
78,8	EB-Ⅱ.
77,1	Niedrige Ⅱ, r **Lungsdorf**.
78,1	EB-Ⅱ.
77,7	r Rothenfels-Wand, kleiner Schwall.
77,3	EB-Ⅱ.
76,8	Holz-Ⅱ.
76,6	■ Rupprechtstegen, l ⌂, Mühlengrundstück nicht betreten!
76,2	Ⅱ, l 🚉, r **Rupprechtsstegen**.
75,1	Wege-Ⅱ, r **Harnbach**.
74,7	EB-Ⅱ.
74,2	EB-Ⅱ.

74,0 Ⅱ, r **Enzendorf**, danach ▬, meistens trocken, dann vor der Straßen-Ⅱ ↰ und l ca. 100 m ⌓.
73,7 EB-Ⅱ, r Bahntunnel Vogelherd.
73,0 Wege-Ⅱ.
72,6 EB-Ⅱ.
72,2 Wege-Ⅱ.
71,8 Beton-Steg.
71,6 EB-Ⅱ.
70,9 Ⅱ, **Artelshofen**, Schloss.
70,7 ▬ Artelshofen, r ⌓, evtl. ≋, r ⬇/⬆, r guter Rastplatz, l 🍴.
69,7 🚉 Vorra r neben dem Sportplatz.
69,3 ▬ Vorra, l ⌓, evtl. Mitte ≋.
69,0 **Vorra**, Ⅱ.
68,0 EB-Ⅱ.
67,4 **Düsselbach**, niedrige Ⅱ, l Parkplatz, gute ⬇, kurz nach dem Ort Düsselbacher Schwall.
66,5 Wege-Ⅱ.
65,7 ▬ Alfalter, l ⌓. Bei gutem Wasser evtl. halb-l ≋, Ansehen! Ab hier ist die Pegnitz sehr kurvenreich.
65,6 Wege-Ⅱ.
64,5 r Straße mit Parkplatz.
64,2 Wege-Ⅱ.
64,0 EB-Ⅱ.
63,3 Ⅱ, l **Eschenbach**, ⬇/⬆, Ende der Befahrungsregelung.
63,2 l ↓ Hirschbach (Hirschbachtal, beliebtes Wanderziel), im weiteren Pegnitzverlauf flotte Strömung, kurvenreich, umgestürzte Bäume.
62,8 Fußgänger-Ⅱ.
61,7 Holzsteg, davor l aussetzen zum 🚉 Hohenstadt.
61,4 r ▲ C.
60,2 Ⅱ.
59,8 Ⅱ, r **Hohenstadt**, unter der Ⅱ flach, davor l günstige ⬇/⬆. Danach ↓ Högenbach (s. „Kanuwanderführer für Bayern“).
59,3 EB-Ⅱ.
57,5 l ↓ Förrenbach (s. „Kanuwanderführer für Bayern“).
53,8 Hersbruck-Strudelbad, ab Badeanstalt unbedingt l fahren, kleine Stufe ≋.
53,2 sehr niedrige Ⅱ, bei Beendigung der Fahrt ↰ am Groß-Parkplatz am Plärrer, bei Weiterfahrt l ⌓ gemeinsam mit dem folgenden ▬.
53,1 ▬, X, ⬇ direkt in den Mühlgraben, schöner Rastplatz am ▬, Sartoriusmühle (jetzt Hautklinik).
52,9 Ⅱ, **Hersbruck**., ★.
49,7 r ↓ Sittenbach.
49,4 Ⅱ B 14, r **Altensittenbach**.

47,9 l ↓ Hammerbach.

45,7 ⬛ Reichenschwand, X, l ⏏. l Arm fahren.

40,1 ⌶, l **Ottensoos**.

37,4 ↯ Ossensoos, ⬛, X, r ⏏.

37,0 ↓ Schnaittach (s. „Kanuwanderführer für Bayern").

36,0 Fußgänger-⌶.

34,5 Autobahn-⌶ A 9.

32,8 **Lauf**. Fahrt durch die Stadt verboten! 3 ⬛, X. Bei der Flussteilung l Arm fahren und am Parkplatz ↰. 15 Min. durch die Stadt mit Bootswagen. ⬇ unterhalb der neuen Straßen-⌶.

31,0 Neue ⌶ B 14, ⬇ unterhalb der ⌶, kein Zugang von B 14.

26,2 ⌶, l **Röthenbach/Pegnitz**, r **Rückersdorf**.

25,0 ↓ Röthenbach (s. „Kanuwanderführer für Bayern").

20,3 ⌶, r **Behringsdorf**, l **Schwaig**.

19,0 Holz-Steg, l **Malmsbach**.

18,6 Autobahn-⌶ A 3. Von hier bis Nürnberg-Erlenstegen r Wasserschutzgebiet! Betreten verboten.

17,5 ↯ und ⬛ Nürnberg-Hammer, X, l ⏏ 300 m, r Betretungsverbot.

16,2 Fußgänger-⌶, l **Nürnberg-Laufamholz**, Schlossruine Oberbürg.

15,0 Fußgänger-⌶, r **Nürnberg-Erlenstegen**, Ende des rechtsseitigen Wasserschutzgebietes.

13,1 **Nürnberg-Mögeldorf** (s. „Befahrbarkeit"), im l Arm keine Weiterfahrt, im r Arm unter der neuen Straßen-⌶ ⬛, X, l ⏏. Hier beginnt der Stausee „Wöhrder See", die gesamten Uferzonen sind Vogelschutzgebiet! Ganzjähriges Befahrungsverbot.Weiter Strecke s. „Kanuwanderführer für Bayern".

0,0 Zusammenfluss mit Rednitz, jetzt neuer Name Regnitz.

Wiesenfluss - Wanderfluss
Mündung in Regnitz (westl. Quellfluss)

Die Rednitz ist ein geruhsamer, ohne Schwierigkeiten zu befahrender Wiesenfluss.

Befahrbarkeit: ab Georgensgmünd im Frühjahr mit Einern; ab Roth ganzjährig, auch mit Zweiern.
Gewässergüte: II (mäßig belastet).

46,5	**Georgensgmünd**. Ursprung der Rednitz durch Zusammenfluss von Fränkischer und Schwäbischer Rezat (beide Flüsse sowie Folgestrecke bis Roth s. „Kanuwanderführer für Bayern").
44,7	Bewässerungs-▬, l oder r ≏, wenn Schütz offen ≋.
43,4	▬ Bernlohe, l oder r ≏.
43,1	Ⅱ, r **Bernlohe**, l **Oberheckenhofen**.
40,1	▬, l **Unterheckenhofen**.
39,7	Ⅱ.
39,2	r **Barnsdorf**.
37,3	Bewässerungs-▬, l oder r ≏, wenn Schütz offen ≋.
36,8	Ⅱ, Ortseingang Roth.
36,0	EB-Ⅱ.
35,8	▬ Roth, **X**, bis zum Schütz oder zur Ⅱ im → Mühlkanal fahren, an der Ⅱ (Stadtmitte) ↱, beschwerliches ≏ durch die Stadt (1,3 km).
34,6	**Roth**, 2. Straßen-Ⅱ, ⬇.
34,5	r ↓ Roth, Pegel.
33,6	Steg, l Kläranlage Roth.
33,1	↓ Aurach (s. „Kanuwanderführer für Bayern").
31,4	Ⅱ, r **Pfaffenhofen**, l **Büchenbach**. danach ▬, **X**, r ≏.
31,1	Bewässerungs-▬, r ≏.
30,9	▬ Pfaffenhofen, **X**, l oder r ≏.
29,2	▬, **X**, l oder r ≏.
26,4	**Rednitzhembach**, ▬, **X**, l ≏. Vor der Mühle r ⌂ des KC Schwabach.
26,1	2 Ⅱ B 2 alt.
23,8	**Schaftnach**, ▬, evtl. ≋ oder r ≏.
23,3	Bewässerungsrinne, ≏.
23,1	▬, **X**, l ≏ oder vorher r in den Bewässerungsgraben fahren, dann nach l und somit gleich Penzendorf umgehen.

22,6 Ⅱ, **Penzendorf**, ▬, r ⏏, Häusergruppe r umgehen, evtl. vorher in den Bewässerungsgraben einfahren.
22,1 Ⅱ B 2.
21,9 r ↓ Schwarzach (s. „Kanuwanderführer für Bayern“).
21,0 Autobahn-Ⅱ A 6.
20,0 l ↓ Schwabach.
19,2 Ⅱ, **Katzwang**, ▬, r ⏏ oder evtl. ≋, Steine im Unterwasser!
18,8 2 Ⅱ.
16,9 EB-Ⅱ.
16,7 l ↓ Zwieselbach, Ⅱ, l **Schwabach-Wolkersdorf**.
15,1 Mühlhof, ▬, X, r ⏏.
14,8 Ⅱ B 2.
13,3 Ⅱ.
12,9 Gerasmühle, ▬, X, r ⏏. Evtl. r ≋, ansehen!, Ⅱ.
10,7 **Neuwerk**, ▬, X, r ⏏.
10,0 **Stein**, am Ortseingang l Parkplatz. Wegen des folgenden, sehr mühsamen ▬ wird die Fahrt zumeist hier beendet.
9,6 Ⅱ B 14.
9,5 Stein, gefährliches Trog-▬, l an der Treppe ausbooten, über Ⅱ 300 m ⏏, beschwerlich.
8,7 ▬, ϟ Franken I, X, l ⏏.
7,5 ▬, X, evtl. r treideln! Pfähle!
6,5 EB-Ⅱ, ⌂ ESV Nürnberg/Fürth.
6,4 Ⅱ (Fernabrücke), l **Oberasbach** und **Zirndorf**.
5,2 ↓ Bibert (s. „Kanuwanderführer für Bayern“).
3,9 Kanal-Ⅱ Main-Donau-Kanal.
3,8 Ⅱ.
2,9 Ⅱ, l **Führt-Dambach**.
1,8 EB-Ⅱ.
1,3 Hard-Steg
1,0 ▬ Fürth Försermühle, X, ↱, ⏏ praktisch unmöglich, Fahrt hier beenden, r Parkplatz.
0,8 Ⅱ B 8 (Maxbrücke), r Innenstadt **Fürth**, ★.
0,5 Ⅱ Kapellenstraße.
0,2 Käppner-Steg.
0,0 **Fürth**, Zusammenfluss mit der Pegnitz, neuer Name Regnitz.

3.11 Neckar

Wanderfluss
Mündung in Rhein (r Nebenfluss)

Der Neckar gehört zu den größten deutschen Wanderflüssen, der auf einer Strecke von 341 km eine durchgehende Befahrung ermöglicht.

Die Landschaft: In seinem Oberlauf, bis Rottenburg, fließt der Neckar in einem landschaftlich außerordentlich reizvollen, teilweise engen und steilen Muschelkalktal zwischen Schwarzwald im Westen und Schwäbischer Alb im Osten. Der Unterlauf des Neckars, etwa ab Bad Wimpffen, wird erneut landschaftlich sehr interessant; in diesem Bereich durchbricht der Neckar die südlichen Ausläufer des Odenwaldes bis hin zur oberrheinischen Tiefebene. Diese beiden Abschnitte stellen die für Kanufahrer interessantesten und empfehlenswertesten Strecken des Neckars dar. Dazwischen verläuft der Neckar in einem breiten, landschaftlich weniger reizvollen, stark bebauten und industrialisierten Tal. Zahlreiche Wehre, die vielfach nur mühsam zu umtragen sind, machen, zumindest bis Plochingen, eine Befahrung des Neckars nicht gerade erfreulich. Von einer Befahrung dieses Mittellaufs muss daher eher abgeraten werden. Im gesamten Verlauf des Neckars finden sich zahlreiche Zeugen einer wechselvollen deutschen Vergangenheit: Burgen, Burgruinen, Schlösser, altertümliche Städte, Kirchen, Klöster, Brücken. Man sollte sich für ihre Besichtigung viel Zeit nehmen. Die nachstehend stichwortartig aufgeführten Sehenswürdigkeiten wollen nur Hinweise geben; ein guter Reiseführer scheint für eine genussreiche Befahrung des Neckars unerlässlich zu sein.

Das Wasser: Der Neckar bietet nur auf den ersten 12 km ab Rottweil geringe Schwierigkeiten, mit kleinen Schwällen und Stufen, die gesamte Reststrecke ist Zahmwasser, Schwierigkeiten ergeben sich nur bei den Wehren, die fast durchweg umtragen werden müssen, bis Plochingen je nach Wasserstand bis 34 Mal. Ab Plochingen ist der Neckar Bundeswasserstraße, voll für den Schiffsverkehr ausgebaut, mit zahlreichen Schleusen, praktisch ohne Strömung. Auf mehreren, allerdings meist nur kurzen Strecken verläuft der Neckar neben dem Kanal, man sollte dann bei ausreichendem Wasserstand versuchen im alten Flussbett zu fahren. Der Schiffsverkehr mit Frachtschiffen und Personenschiffen ist mäßig stark, recht lästig kann, zumal an Wochenenden, der starke Motorbootverkehr werden.

Die Schleusen ab Plochingen haben keine eigenen Bootsschleusen. Sportboote müssen daher entweder auf eigene Gefahr und nur im Einvernehmen mit der Großschifffahrt mitgeschleust werden oder die Schleusen in Gruppenschleusungen überwinden. Diese sind rechtzeitig anzumelden. Auskunft beim Wasser- und Schifffahrtsamt Stuttgart. ☎ 071/561656. Betriebszeiten der Schleusen: ganzjährig 6-21 Uhr, ab Heilbronn bis 22 Uhr. Sonntags 7-15 Uhr. An Ostern, 1. Mai, Pfingsten, Weihnachten und Neujahr keine Schleusungen. Neben den Schleusen befinden sich, mit der Ausnahme von Bad Cannstadt und Kochendorf, Rollwagen zum Übersetzen von Sportbooten. Z. Zt. werden die Schifffahrtsschleusen am oberen Neckar auf Fernbedienungsbetrieb umgestellt. Kein Schleusenpersonal mehr vor Ort, Video-Überwachung. Aktuelle Informationen und ein Merkblatt können über www.wsa-s.wsv.de abgefordert werden.

Befahrungsregeln: km 194,0, Einfahrt in die Esslinger Kanäle nur für muskelkraftbetriebene Kleinfahrzeuge 10 m vom r Ufer und nur bis Mittelwasserpegel von maximal 168 cm Pegel Plochingen erlaubt. km 290 - 279, Verzicht auf Veranstaltungen der Vereine und Verbände, freiwillige Selbstbeschränkung. km 331 - 325 NSG Neckarburg, Stadt Rottweil, ganzjährig gesperrt, zügige Durchfahrt in Gruppen von bis zu 6 Booten ab einem Mindestpegel von 90 cm (☎ 0741/8730) erlaubt.

Befahrbarkeit: ab Rottweil zur Zeit der Schneeschmelze und nach längeren Regenfällen (s. Pegel), nur für Einer; bei MW ab Sulz, auch für Zweier; ab Horb ganzjährig. Nicht empfehlenswert: Rottenburg - Nürtingen.

Pegel: Rottweil ☎ 0741/8730; Minimum für eine Befahrung ab Rottweil 100 cm. EB-Ⅱ Oberndorf, km 308, guter Wasserstand bei 100 cm

Gewässergüte: Rottweil - Nürtingen II (mäßig belastet), Nürtingen - Kocher-↓ II-III (kritisch belastet), Kocher-↓ bis Eberbach II (mäßig belastet), weiter II-III (kritisch belastet).

354,0 Neckar-Quelle in einem Hochmoor auf den Höhen des Baar in etwa 700 m Höhe. Über die Möglichkeit einer Befahrung bis Rottweil ist nichts bekannt.

337,2 l ↓ Eschach (s. DKV-Kanuführer für Südwest-Deutschland).

333,0 **Rottweil**, alte Reichsstadt, ★. Ab hier ist eine Befahrung nur bei HW, also selten, möglich. Eine ausführliche Beschreibung der Folgestrecke bis km 296, Sulz, findet sich im „DKV-Kanuführer für SW“.

296,0 **Sulz**, alte Salzstadt. Ab hier ist der Neckar auch für F 2 ≋, keine besonderen Schwierigkeiten mehr. Gute ⬇ bei der alten steinernen Löwen-Ⅱ mit 3 Jochen.

295,0 ↯, ▬, 5 m hoch, X, r 100 m weit ⌓. Starker Sog!

290,0 **Fischingen**, r Ruine Wehrstein. Schräg-▬, 2 m hoch, evtl. ≋ oder l ⌓. Bis Horb sehr schöne Strecke mit guter Strömung. Am Ortsausgang nach der 2. Ⅱ Naturstufe, starke Wellenbildung.

290,0 - 279, Verzicht auf Veranstaltungen der Vereine und Verbände, freiwillige Selbstbeschränkung.

287,0 **Neckarhausen**, 2 Ⅱ, l ↓ Glatt (s. „DKV-Kanuführer für SW").

285,0 Ⅱ, **Dettingen**.

284,5 und 284,3 zwei Sohlschwellen, bei HW starker Rücklauf !, je nach Wasserstand nach Besichtigung ≋ oder r oder l ⌓.

279,0 **Horb**, malerische Kreisstadt, ★. Im Stadtbereich 2 ▬: 1. ▬ nach neuer Ⅱ, X, r ⌓. Einfahrt l in Kanal gesperrt, Anfahrt an ▬ lebensgefährlich, auch vom Unterwasser her.

278,0 2. ▬ etwa 100 m nach Ⅱ, X, r 150 m ⌓. Auf keinen Fall befahren oder von unten her in den Rücklaufbereich einfahren, mehrere tödliche Unfälle! Wenn ein Bootswagen zur Verfügung steht, können beide ▬ zusammen am r Ufer umfahren werden.

275,0 l Mühlen, Ⅱ, ▬, ≋ oder r ⌓.

274,0 Sägewerk Mühlen, ▬, r Fischtreppe, ≋ oder r ⌓.

271,5 Autobahn-Ⅱ, r Ruine Frundeck, r ↓ Eyach (s. „DKV-Kanuführer für SW"); danach ▬, ≋, oder l ⌓, Unterwasser flach, Steine, r ✕.

269,0 Lohmühle, ▬, l ≋, Büsche und Inseln im Unterwasser, evtl. l ⌓. Einfahrt in Kanal r gesperrt, gefährlich!

268,5 Ⅱ, l **Börstingen**.

267,5 ▬, verfallen, ≋. l Schloss Weitenburg, ★. Achtung auf Golfbälle!

265,0 r **Sulzau**, Ⅱ, davor und danach flach. l Ruine Siegburg.

263,0 Ⅱ, l **Bieringen**, r ↓ Starzel (s. „DKV-Kanuführer für SW").

261,0 l **Obernau**. Befestigungsturm aus der Staufenzeit, Ⅱ.

260,0 EB-Ⅱ.

259,0 r **Bad Niedernau**. Der Neckar verlässt jetzt das landschaftlich schöne, enge Muschelkalktal und tritt in ein weites Talbecken ein. l Bad, gute Gelegenheit zur Beendigung der Fahrt. 5 Minuten zum 🚂; ▬, l nach Besichtigung ≋ oder l ⌓.

257,0 l Freibad Rottenburg. Danach Beginn des Rückstaus des ▬ von Rottenburg.

256,5 Fußgänger-Ⅱ, r ✕, r gute ⬆, Parkplatz.

256,0 EB-Ⅱ, ↯, neues ▬, X, l ⬆, ⬇ nach 250 m über eine Natursteintreppe, mühsam.

255,0 ⌶, Stadtkern **Rottenburg**, gute ⬆ bei Parkplätzen 300 m vor oder 200 m nach der ⌶ r; Bischofssitz, Dom aus dem 15. Jahrh., Karmeliterkloster, Rathaus und weitere Sehenswürdigkeiten.

254,0 **Bolzmühle**, ■, X, r ⌓ 100 m weit, S 2. Ab hier ist der Neckar kanalisiert. 400 m nach dem ■ r günstige ⬇. Nach kurzer Strömungsstrecke folgt der nächste Stau.

251,0 r **Kiebingen**, l Wurmelinger Kapelle (Ludwig Uhland). ϟ, ■, X, r ⌓, steiler Abstieg. Bis Tübingen folgen 3 ■, lebensgefährlich!

249,0 1. ■ mit Fußgängersteg (Walzen-■), X, r ⌓. Wenn Falle offen, kann man theoretisch l in den Kanal einfahren und am Ende des Kanals vor Zaun in den Neckar ⌓. Man umgeht damit die drei ■. Die Befahrung des Kanals scheint allerdings verboten zu sein. Am ■ r ⌓.

248,5 2. ■ (Schräg-■), evtl. ≋, bei höherem Wasserstand starker Rücklauf, dann r ⌓.

246,5 3. ■ (Schräg-■), ≋, bei höherem Wasserstand starker Rücklauf, dann r ⌓. Kurz danach l ↓ des ϟ-Kanals. l ▲ C der Stadt Tübingen.

246,0 Tübinger Freibad, gute ⬆, Parkmöglichkeit. Kurz danach ⌂ Kanuabteilung Paddelfreunde Tübingen.

243,5 **Tübingen**, Universitätsstadt, gotische Stiftskirche, Schloss, Rathaus, Burg Hohentübingen, ★.

243,0 r ↓ Steinlach (s. „DKV-Kanuführer für SW").

242,5 Tübingen-Bismarckstraße, ■, X, r ⌓ 100 m weit. Beim Aussetzen steile Uferböschung, Parkmöglichkeit, 🚌 15 Minuten. Von einer Befahrung der Folgestrecke bis Nürtingen wird abgeraten. Es folgen in diesem Bereich zahlreiche ■, X, teilweise mit mühsamem ⌓, bei MW und NW mehrere Treidelstrecken.

241,5 l ⌂ Tübinger Ruderverein, danach ⌶ B 27.

241,0 l ↓ Ammer, aus dem Naturpark Schönbuch. ⌶.

240,5 ϟ Stadtwerke Reutlingen, ■, X, nicht in den Kanal einfahren, r ⌓, nach dem ■ oft wenig Wasser, evtl. treideln.

238,0 ϟ Kirchentellinsfurt, ■, X, r ⌓, evtl. treideln. Danach ⌶, r ↓ Echaz.

234,0 ■ Altenburg, X, l ⌓, mühsam, danach evtl. treideln. Bei NW evtl. l in Kanal einfahren.

232,5 ⌶, **Altenburg**, kaum Parkmöglichkeit. Kurz danach ↓ des ϟ-Kanals.

231,4 ■ Oferdingen, X, l 50 m weit ⌓, ⌶.

227,7 ⌶, danach ■ Mittelstadt, bei gutem Wasserstand evtl. ≋, sonst l ⌓. ✂, Parkmöglichkeit.

225,0 **Neckartenzlingen**, ■, X, r ⌓, evtl. bis ↓ Kanal 200 m treideln. Bei HW hier ⬆ und die Folgestrecke bis ■ Neckartailfingen umfahren. ↓ Erms. Ⅱ, mehrere Schwälle.

222,0 Ⅱ Stuttgart - Reutlingen.

221,2 **Neckartailfingen**, kurz nacheinander 2 ■, beide **X**. Es gibt 3 Möglichkeiten: 1. bei HW wird ein ⬆ vor dem 1. ■ fast unmöglich, in diesem Fall Fahrt schon in Neckartenzlingen abbrechen. 2. vor dem 1. ■ l an Treppe anlegen und beide ■ zusammen 300 m weit ⌓. 3. beide ■ jeweils für sich ⌓.

218,9 ■, X, l ⌓.

217,3 **Neckarhausen**, ■, X, r ⌓.

215,5 Ⅱ, **Nürtingen**, alte Stadt, ★, Heilig-Kreuz-Kirche, alte Stadtkirche und Rathaus. Beim Sportplatz vor dem Zementwerk evtl. ▲. Mögliche ⬇ für eine Weiterfahrt. ■, bei HW evtl. nach Besichtigung ≋, sonst l ⌓ oder über ■-Krone überheben. Bis ↓ Kanal flach.

211,7 **Zizishausen**, ■, X, r ⌓.

210,3 **Unterboihingen**, ■, X, l ⌓; nach 100 m Stufe, ≋.

209,8 Autobahn-Ⅱ.

208,0 Köngen - Wendlingen, ■ mit Fußgänger-Ⅱ, **X**, r ⌓.

207,5 r ↓ Kirchheimer Lauter (s. „DKV-Kanuführer für SW"); anschließend Schwallstrecke, bei HW Vorsicht!

206,7 Pegelschwelle, Mitte ≋.

203,0 r ↓ Fils (s. „DKV-Kanuführer für SW"), Ⅱ, **Plochingen**.

201,5 Hafen Plochingen, ab hier Bundeswasserstraße, es gilt die Binnenschifffahrts-Straßenordnung. Von Plochingen bis zur ↓ bei Mannheim sind an den meisten □ Bootsschleppen (Wagen auf Schienenbahnen) vorhanden.

199,5 □ Deizisau, Bootsschleppe l.

195,8 l ← Schifffahrtskanal.

194,8 □ Oberesslingen, r ⌓. r nach ■, **X**, unter Ⅱ, alter Neckar-Arm, schöner als Kanal, aber ⌓ mühsam über steile Treppe, unterhalb flach.

194,5 Zusammenfluss der beiden Arme.

194,0 □ Esslingen, Bootsschleppe l, r Freibad. **Esslingen**, alte Reichsstadt, 856 erstmals erwähnt, Burg, ★, viele mittelalterliche Bauwerke. Neue Ⅱ, r ✕, ⌂ KV Esslingen. Pliensau-Ⅱ, alte Stein-Ⅱ aus dem 13. Jahrhundert. Die Kanäle durch die Stadt sind wieder ≋, sehr schön. Einfahrt durch das Wasserhaus, Sog zum ■!, ganz r halten. Im Stadtgebiet 2 ■, durch Bootsrutschen ≋. 1. ■ im Unterwasser starke Strömung von l, beim 2. ■ darauf achten, dass sich die Klappe nach Befahrung wieder schließt. Die Befahrung der Kanäle ist allerdings nur für muskelkraftbetriebene Boote erlaubt, der Pegel von

Plochingen darf maximal 168 cm betragen und man muss 10 m Abstand vom r Ufer halten.
191,8 Holz-Ⅱ, ↓ der Kanäle in den Neckar.
191,3 ⌂ Kanu Abt. TSF Esslingen, ▲-Möglichkeit.
189,5 □ Obertürkheim, Bootsschleppe r, anschließend Hafengebiet Stuttgart.
184,4 □ Untertürkheim, r Bootsschleppe, l ⌂ SG Untertürkheim; ab hier alles Doppel-□.
184,0 r ⌂ Kanugesellschaft Stuttgart, bewirtschaftet, und ▲, daneben VfL Stuttgart, Kanuabteilung, ▲.
183,0 r **Stuttgart-Bad Cannstadt**, l „Wilhelma“, bekannter Botanischer und Zoologischer Garten, ★.
182,7 König-Karls-Ⅱ. Kurz vorher ■ und □. Anfahrt zum ■ und ⌓-Stelle in Flussmitte, dann r ⌓, S 1. Dort auch Sportboot-□, außer Betrieb. Nicht an das ■ heranfahren. Sog!!! Am r Ufer → in Großschifffahrts-□.
182,4 l Landesteg der Neckar-Personen-Schifffahrt. Zum Zoo und Botanischen Garten „Wilhelma“ von hier 5 Minuten.
180,0 l Ⅱ Stuttgart - Münster.
176,7 r → Max-Eyth-See, Befahrung des Sees vom 11.11.-28.02. aus Naturschutzgründen verboten. ⌂ des Stuttgarter Segelclubs und Stuttgarter Kajak-Clubs, ▲.
176,2 l □ Hofen, l ⌓.
173,7 r Weidachklause, ▲, (vorher Wirt um Erlaubnis bitten).
171,9 □ Aldingen, r ⌓.
170,5 r ↓ Rems (s. „DKV-Kanuführer für SW“).
170,3 r Neckarinsel, dahinter Ruderclub, ⌂, ▲.
170,2 l **Neckargröningen**, ✕ „Zum Lamm“.
169,0 r **Hochberg**.
166,0 r **Poppenweiler**.
165,0 r □ Poppenweiler, l ⌓.
164,0 l Freibad Ludwigsburg, ⌂ der KA des Schwimmvereins Ludwigsburg, ✕.
162,5 r **Neckarweihingen**, Ⅱ, starker Sportbootverkehr, von hier Besuch des Ludwigsburger Schlosses, ca. 2 km.
162,0 l **Hoheneck**, Thermalbad.
159,0 r ϟ Marbach, l in Kanal einfahren.
157,6 □ Marbach, r ⌓, S 1, Rollwagen.
157,0 r **Marbach**, Geburtshaus und Schiller-Nationalmuseum, ⌂ KC Marbach, ▲.
156,4 r ↓ Murr (s. „DKV-Kanuführer für SW“).
155,5 l **Benningen**, Ⅱ.
153,2 → Kanal-Abzweigung. Bei MW r in Schifffahrtskanal fahren, bei HW im l Arm weiterfahren. Nach 100 m ■, in das Altwasser ⌓.

152,6 ⌶, l **Beihingen**.
152,0 Autobahn-⌶.
150,5 Vom Schifffahrtskanal zweigt r ein Kanal zum ϟ ab. Entweder l zur □ oder r zum ϟ fahren.
150,0 □ Pleidelsheim, l Rollwagen zum Altwasser.
149,0 r ϟ Alt-Württemberg. Wer bei km 150,5 r in den Kanal eingefahren ist, muss hier ⏏.
148,5 l **Kleiningersheim**, Schloss.
144,6 l **Schreyerhof**.
144,3 r **Mundelsheim**.
143,0 r □ Hessigheim, r ⏏, S 1, Rollwagen, ⬇ über Treppe.
140,0 - 139 Felsengärten, wildzerklüftete Muschelkalkriffe, Naturschutzgebiet.
139,7 Fußgänger-⌶.
137,0 r **Besigheim**, zur □ r in Kanal einfahren, Bootsschleppe l.
136,8 ▬, **X**, ϟ, r Bootsschleppe. Zur Besichtigung von Besigheim vor dem ▬ l über Treppe ⬆.
136,4 l ↓ Enz (s. AB).
135,9 l **Walheim**.
134,0 r **Gemmrigheim**.
132,0 ⌶, l **Kirchheim**.
129,5 l Naturschutzgebiet im Baggerloch. ▲ und befahren des Baggerlochs verboten. r Kern-ϟ Neckarwestheim.
125,5 l Neckarterrasse, ✕.
125,2 □ Lauffen, r ⏏, S 1, Rollwagen.
120,0 Bei HW l in Altarm einfahren, nach 100 m r über Landspitze ⏏. Bei MW r in Kanal einfahren.
117,5 □ Horkheim, l ⏏, S 1, Rollwagen, Schlüssel im ϟ.
116,2 ⌶. r Heilbronn-Sontheim.
115,0 ⌶.
114,7 l ⌂ mit ▲ Kanu-Abtl. Union Böckingen hinter der Schnellstraße bei den Sportanlagen. Zugang über ⌶.
114,2 r → alter Neckar, Hochwasserabschluss, dahinter ⌂ und ▲ Kanu-Abtl. der Turngemeinde Heilbronn, 15 Min. zur Stadtmitte **Heilbronn**. Weiterfahrt im alten Neckar durch die Stadt, bei Inselhotel entweder l in alten Zollhafen einfahren, Kahn-□ zur Selbstbedienung benutzen oder r weiter bis Treppe vor ϟ. Von hier wenige Minuten zur Innenstadt: Kilianskirche, altes Rathaus, Kätchenhaus, ★. ϟ r ⏏ (200 m).
112,9 im l Arm □ Heilbronn (Streckenverkürzung), r Bootsschleppe, Schlüssel beim □-Wärter.
112,5 - 110 Kanalhafen Heilbronn.
110,5 ↓ alter Neckar.
108,0 r Osthafen Heilbronn.
107,9 r in Kanal einfahren.

107,8 Autobahn-Ⅱ, r ⌂ und ▲ Kanu-Abt. SV Neckarsulm, einzige Möglichkeit zum ⬆ in Neckarsulm, jedoch laut durch Verkehrslärm.

107,1 Ⅱ, **Neckarsulm**, VW-Werk (Audi-NSU), Besichtigung nur auf Anfrage bzw. nach Anmeldung, ☎ 07132/31292. Deutsches Zweirad- und NSU-Museum, Besichtigung durchgehend, Deutschordensschloss.

104,0 □ Kochendorf, l ≏, S 2. Kein Bootswagen vorhanden. ⬇ über steile Treppe schwierig, □ mit Schifffahrt möglich.

103,1 r ↓ Kocher (s. AB).r **Kochendorf**, Salzbergwerk. Besichtigung und Schachteinfahrt jeden 1. Sonntag eines Monats.

102,0 r **Bad Friedrichshall-Jagstfeld**.

100,9 r ↓ Jagst (s. AB). l Bad Wimpfen.

100,2 Ⅱ.

100,0 l Anleger RC Bad Wimpfen, ⬇/⬆.

99,8 l **Bad Wimpfen** am Berg. ★ alte Kaiserpfalz, 950-jährige, frühgotische Stiftskirche. Bester ⬆ für Jagstfahrt l nach Ⅱ. Zum 🚌 7 Minuten.

98,0 r **Offenau**, Stadt Wimpfen mit Freibad, ▲.

95,8 l **Heinsheim**, ▲ am Sportplatz, Ruine Ehrenberg.

93,8 l □ Gundelsheim, ≏, S 1, Rollwagen, ⬇ über Treppe. ▲ C (städtisch) r etwas flussaufwärts der Treppe am Unterwasser des ϟ, ⬆ über schmale Treppe. Schloss Horneck, Heimathaus der Siebenbürger Sachsen.

92,0 l **Neckarmühlbach**, Burg Guttenberg (Burgfalknerei).

91,7 l ↓ Mühlbach, am Berg Haus der „Naturfreunde", ✕, ▲ auf dem Sportplatz.

90,3 r Baggerseen „Böttinger Loch". Naturschutzgebiet, befahren verboten.

89,6 r **Böttingen**.

88,2 Wagenfähre, l **Haßmersheim**, r stromabwärts Burg Hornberg.

87,0 r **Steinbach**. Zum Besuch der Burg Hornberg (Ruine) hier anlegen (Götz von Berlichingen).

85,8 l □ Neckarzimmern, Bootsschleppe. l ≏. r oberhalb Germania-Bootswerft (früher Faltbootwerft).

85,3 r ▲ der Stadt Neckarzimmern, empfehlenswert.

83,8 l **Hochhausen**, ✕ „Zur Krone". ▲.

82,2 Ⅱ.

81,7 r **Neckarelz**, ⌂ , ✕, ▲ RC „Neptun" Neckarelz, gegenüber Schloss Neuburg. r ↓ Elz (s. „DKV-Kanuführer für SW").

81,0 r **Diedesheim**, l **Obrigheim**.

80,5 Ⅱ.

77,2 ↓ l Kern-ϟ Obrigheim, starke Kühlwasserentnahme, r fahren.

75,8 r **Binau**, ▲, ✕ „Zum großen Hirschen", Trailer-Camp.

75,3 l ▲ C „Mörtelstein“.

72,2 □ Guttenbach, Bootsschleppe, r ⏏.

70,3 Ⅱ, r unterhalb ▲ C Neckargerach, l Minneburg. Danach r ▲ C.

70,1 l ⌂ KC „Forelle“ Neckargerach.

69,8 r **Neckargerach**, ✕ „Engel“, gegenüber: die Minneburg, eine sagenumwobene Burgruine.

66,4 Fähre.

66,1 l ▲ C auf dem Badeplatz, ✕. r **Zwingenberg**, Schloss Zwingenberg, eine große mittelalterliche Burg. Wanderungen in die Wolfsschlucht 1/4 Stunde.

65,5 l ▲ Naturfreundehaus.

63,3 r **Lindach**, ✕ „Hirsch“.

61,4 l □ Rockenau, Bootsschleppe, l ⏏.

58,5 l ⌂ KC Eberbach.

57,9 Ⅱ.

57,3 r **Eberbach**, l guter ▲ C oberhalb Strandbad.

56,8 r ↓ Itter (s. „DKV-Kanuführer für SW“).

54,8 l **Pleutersbach**, ✕ „Zum Löwen“.

50,3 Ⅱ B 37.

48,4 Ersheimer Kapelle, eine der ältesten Kapellen des Neckartales.

48,1 □ Hirschhorn, l Bootsschleppe.

47,7 r **Hirschorn**, mittelalterliches Städtchen, ★, ✕.

47,5 r ↓ Ulfenbach (s. „DKV-Kanuführer für SW“).

46,3 Ⅱ B 37.

43,2 l Wassersportfreunde Neckarhäuser Hof, ▲ und gastliche Aufnahme für Kanu-Wanderfahrer.

43,5 r **Neckarhausen**, ▲, l Neckarhäuser Hof, ✕.

39,3 r □ Neckarsteinach, l Bootsschleppe, l ⏏.

38,5 r **Neckarsteinach**, bekannte Vier-Burgen-Stadt. l Aufstieg zum Ort Dilsberg zu empfehlen, mittelalterliche Bergfeste, 333 m hoch, wundervolle Aussicht, l ▲ C Neckarsteinach.r ↓ Steinach (s. „DKV-Kanuführer für SW“).

36,4 l **Rainach**, ✕ „Neckartal“.

36,3 ▲ WSC Heidelberg.

34,1 l **Neckargemünd**. Verbindung nach Heidelberg, r **Kleingemünd**, ✕.

33,9 l ↓ Elsenz (s. „DKV-Kanuführer für SW“).

33,8 ▲ C der Stadt Neckargemünd.

32,0 ▲ C „Haide“ des DCC.

30,8 l □ Neckargemünd, Bootsschleppe, l an Treppe ⏏.

30,3 l ▲ C der Stadt Heidelberg.

29,5 r **Ziegelhausen**.

26,1 l □ Heidelberg, Bootsschleppe r, r ⏏. Wer zum Rhein will, bittet am besten an der □ Karlstor Schiff um Mitnahme bis Mannheim.

24,5 l **Heidelberg**, berühmte Universitätsstadt, ★. Besuch der Innenstadt und des großen Schlosses (zerstört) empfohlen. Zahnradbahn zum Königsstuhl 566 m.

24,0 r ⌂ WSV Heidelberg-Neuenheim; Weiterfahrt ab Heidelberg nicht mehr lohnend.

23,3 l ⌂ WSV Heidelberg-West 1926 e.V., ✕ „Bergheimer Mühle", gute ⬇/⬆, 10 Minuten zum 🚃.

22,7 r Kanal-Abzweig, r **Wieblingen**. Alter Neckar bei HW und MW ≋, sonst ⏏.

22,4 ▬ Wieblingen, r einfahren!

18,5 Unter Autobahn-Ⅱ l ⏏, da an □ mit längeren Wartezeiten gerechnet werden muss.

17,7 □ Schwabenheim, Niveauunterschied über 8 m. l ⏏.

16,0 l **Edingen**.

14,4 Seilfähre Neckarhausen-Ladenburg. l **Neckarhausen**, r **Ladenburg**, ★ 2000 Jahre alte Römersiedlung mit sehenswerter Altstadt, Museum, gute ⬆ zur Besichtigung.

12,4 r → Kanal. Tourenfahrer sollten den Kanal meiden (Spundwände, Steilufer). km 8,7 Autobahn-Ⅱ. km 8,2 ↯, letzte ⏏-Möglichkeit in alten Neckar. km 6,2 □ Mannheim-Feudenheim, 12 m Niveauunterschied, lange Wartezeiten.

12,0 ▬ Ladenburg, l ⏏ in alten Neckar, bis ↓ frei ≋. Bogen-Ⅱ, flach mit Stromschnelle, l **Seckenheim**, r **Ilvesheim**. Autobahn-Ⅱ, r Joch ≋.

7,5 r ⌂ und ▲ WSV Mannheim-Freudenheim, *DKV-Kanustation*, ☎ 0621/797508. l ▲ C **Neuostheim**.

4,5 l Fernmeldeturm mit Dreh-✕ und Aussichtskanzel, ★.

3,0 l **Mannheim**-Innenstadt, ★, Schloss, Planetarium, Technisches Museum.

0,9 r ⌂ und ▲ der Mannheimer Kanugesellschaft, *DKV-Kanustation*, ☎ 06237/8863.

0,7 □, die zum Hafen führt. Die Befahrung des Hafens ist an eine Erlaubnis gebunden, die mit der Benutzung der □ automatisch erteilt wird. Nach Durchfahren des Industriehafens gelangt man in den sehr reizvollen Sandhofer Altrhein, der ohne □ bei km 431,7 in den Rhein führt. In Teilen des Altrheins besteht Anlandeverbot (Halbinsel und innere Bucht).

0,0 ↓ in Rhein bei km 428,2.

3.11.1 Jagst

Wanderfluss
Mündung in Neckar (r Nebenfluss)

Die Jagst, der größte Nebenfluss des Neckars, hat viel Ähnlichkeit mit dem benachbarten Kocher: wie dieser entspringt sie in der Schwäbischen Alb, durchfließt mit vielen Windungen das Keuperbergland und später in tief in den Muschelkalk eingeschnittenen Tälern die Hohenloher Ebene.

Bis Crailsheim ist sie zunächst ein recht zahmer, für sportliche Fahrer wenig interessanter Fluss in einsamer, landschaftlich reizvoller Gegend.

In diesem Bereich starker Gewässerausbau mit steilen Böschungen, befestigten Ufern, zahlreichen Grundschwellen und mehreren Abstürzen, kaum Ausblick auf die Umgebung möglich.

Der interessanteste Teil der Jagst beginnt unterhalb Crailsheim, mit dem Eintritt in die tiefen, teilweise schluchtartigen Täler des Muschelkalks, bewachsen mit Laub- oder Mischwald. In diesen einsamen Tälern, in denen die Straße vielfach abseits verläuft, finden sich seltene Pflanzen, Graureiher, Wasseramseln und gelegentlich auch der Eisvogel.

Ab Kirchberg wird das Tal breiter, die Landschaft aber immer noch sehr abwechslungsreich mit weitgehend natürlichen Ufern. Hier finden sich Ausblicke auf Schlösser, Burgen, Ruinen und malerische Kirchlein.

Befahrbarkeit: ab Ellwangen im Frühjahr und nach längeren Regenfällen, nur für Kunststoff-Einer. Ab Crailsheim meist bis Juni und nach stärkeren Regenfällen, günstig K 1, Faltboote haben streckenweise Schwierigkeiten. Ab Krautheim, km 64, meist ganzjährig.

Befahrungsregeln: km 131,7-91,2 Befahrungsverbot in der Zeit 01.06.-15.09. km 91,2-70,2 Befahrungsverbot in der Zeit vom 15.02.-15.09. km 89,8-46,5 Befahrungsverbot bei einem Pegel unter 40 cm, Jagstpegel, Teilabschnitte mit Wasserableitung im Bereich von Flusskraftwerken unterhalb Pegel 60 cm Dörzbach. km 33,7-26,0 Befahrungsverbot in der Zeit vom 15.02.-15.09. km 13,6- 0,0 Befahrungsverbot in der Zeit vom 15.02.-15.09.

Pegel: Jagstzell, Ɪ B 290, km 152: bei 136 cm sind alle Wehre zwischen Crailsheim und Kirchberg für Kunststoffboote fahrbar. Dörzbach (☎ 07937/203)

Zeltmöglichkeit: ▲ C in Abtsgmünd, Ellwangen, Hüttenhof, Schwäbisch Hall, Waldenburg, nur teilweise am Fluss.

Gewässergüte: II (mäßig belastet).

196,0 Ursprung in der Schwäbischen Alb in etwa 540 m Höhe.
162,9 **Ellwangen**, Folgestrecken bis Crailsheim, km 134, s. „DKV Kanuführer für SW".
134,0 **Crailsheim**, Ɪ B 14, danach Steg und EB-Ɪ.
133,3 ▬ Kalkmühle, **X**, r ⏏, mühsam, evtl. überheben.
133,0 Fußgängersteg, l Parkplatz, beste ⬇ in Crailsheim.
131,7 Heldenmühle Crailsheim, ▬, ≋, bei höherem Wasserstand starker Rücklauf, dann l ⏏. Beginn der Sperrstrecke. Kurz danach niedrige Ɪ, bei HW **X**, l ⏏.
129,5 Weidenhäuser Mühle, ▬, ≋ oder l ⏏. Bootsgasse geplant; danach niedrige Ɪ, bei HW!
128,7 Bärenhaldenmühle, ▬, evtl. ≋.
127,1 Neumühle, ▬, ≋ oder r ⏏.
125,0 **Neidenfels**, ▬, ≋, weiterer günstiger ⬇-Platz. r Schloss Burleshagen.
124,5 Kernmühle, ▬, l ≋.
122,3 Gaismühle, ▬, l ≋ oder r ⏏, keine Pkw-Zufahrt.
122,0 Autobahn Ɪ.
121,7 Heinzenmühlen, ▬, l ≋, Steg. r Rastplatz und Grillstelle, keine Pkw-Zufahrt.
118,5 **Lobenhausen**, ▬, r ≋ oder überheben; davor l Rastplatz und Grillstelle, nach 50 m Betonstufe, ≋, bei HW erheblicher Rücklauf!
117,6 **Mistlau** (ehem. Nonnenkloster), ▬, Mitte ≋ oder r ⏏. Ɪ.
113,7 ▬, verfallen, Mitte ≋.
112,8 **Kirchberg**, Schloss, Schlosskonzerte. ▬, ≋. Ɪ, danach Steine im Fluss. ✕ „Ochsen".
111,0 **Eichenau**, Obermühle, ▬, nach Besichtigung ≋ oder r ⏏.
110,4 Eichenau, Mittelmühle, ▬, r ≋ oder l ⏏, Ɪ.
110,0 Eichenau, ϟ, ▬, r ≋ oder r ⏏, Ɪ.
109,0 Natur-▬, verfallen, ≋ oder r ⏏.
105,2 **Hessenau**, ▬, ≋ oder l ⏏, starker Stromzug in Mühlkanal!
103,6 r ↓ Brettach (s. „DKV Kanuführer für SW").
102,8 **Elpershofen**, ▬, bei NW evtl. ≋, sonst l ⏏, da starker Rücklauf.
100,8 Ɪ, l Schloss Morstein, ★.

99,9 **Hürden**, ▬, l ≋ oder l ⌓. Bei NW Flussbett trocken, dann im Mühlkanal bis zur Mühle fahren und etwa 300 m weit ⌓.

96,8 **Bächlingen**, ▬, ≋.

96,2 Herrenmühle, ▬, ≋.

95,9 Röhren-Ⅱ, X, Vorsicht, starker Sog in die Röhren. Rechtzeitig ↰ und ⌓. Geeignete ⬇, Zufahrt für DKV-Mitglieder erlaubt, Fahrzeuge nach Entladen wieder entfernen. Parkmöglichkeit an der Straße und beim Sportplatz. r **Langenburg**, Schloss auf Bergrücken, Oldtimer-Museum, ★.

94,5 Grundschwelle, ≋.

92,8 **Oberregenbach**, ▬, ≋.

91,2 **Unterregenbach**, überdachte Holz-Ⅱ, Königsmühle, ▬, ≋ oder r ⌓. Beginn der Sperrstrecke.

88,3 **Eberbach**, ▬, ≋ oder l ⌓.

88,0 Ⅱ, kurz danach Untere Mühle Eberbach, ▬. Unbedingt ansehen! Bei HW X wegen Rücklaufs, dann r vor Abzweig des Mühlkanals an Treppe ⬆, den Mühlkanal überqueren und unterhalb des ▬ wieder ⬇. Bei MW evtl. ≋ oder l über große Blöcke ⌓.

87,5 Steinwurf-▬, evtl. ≋ oder l ⌓.

87,0 ▬, evtl. nach Besichtigung ≋ oder l ⌓. Bei HW r ⌓ 200 m weit, Umgehung des Mühlkanals.

86,7 Blockstein-▬, Mitte evtl. ≋, scharfkantige Steine!

86,5 **Buchenbach**, ▬, l ≋ oder Mitte ⌓; danach enges Flussbett zwischen Büschen.

85,3 **Heimhausen**, ▬, Mitte ≋ oder l über Treppe ⌓.

82,2 **Mulfingen**, ▬, Mitte ≋ oder l über Treppe ⌓. Ⅱ, l Schloss.

81,2 Steinwurf-▬, Mitte ≋, Steine! evtl. l ⌓.

76,8 **Ailringen**, ▬, ≋, Ⅱ.

74,8 **Hohebach**, ▬, X, l kurz in Kanal einfahren und über Insel ⌓, danach leicht verblockter Schwall. l Kapelle St. Wendel am Stein.

74,3 Ⅱ Hohebach; nach 500 m auf 300 m Länge interessante WW-Strecke, je nach Wasserstand bis WW II+.

72,4 Pegelschwelle, Mitte ≋.

70,3 Ⅱ, **Dörzbach**, ▬, Mitte ≋ oder überheben, siehe Befahrungsregeln, Schloss. .

68,3 **Klepsau**, ▬, evtl. l ≋ oder l ⌓.

64,0 **Krautheim**; ▬, ≋, meist trocken, überheben oder l 150 m weit treideln. Ⅱ.

63,5 Ⅱ Krautheim, r oben Krautheimer Bergstadt mit interessanten Gebäuden, ★. Ab hier ganzjährig ≋.

63,0 Steinwurf-▬, ≋.

58,5 **Marlach**, Ⅱ.

56,2 **Winzenhofen**, Ⅱ.

54,4	**Westernhausen**, ▬, Mitte ≋ oder r ⏏, Ⅱ.
51,5	**Bieringen**, Ⅱ.
48,6	Ⅱ, **Schöntal**, Kreuzbergkapelle und Kloster, ★. Kurz danach ▬, ≋ oder l ⏏. ▲ nach dem ▬ l, Gemeinde um Erlaubnis fragen.
46,5	**Berlichingen**, ▬, ≋ oder überheben.
43,0	**Jagsthausen**, drei Schlösser, Geburtsstätte von Götz von Berlichingen, Freilichtmuseum, römisches Gräberfeld.
42,0	ϟ, ▬, evtl. ≋ oder r vor dem ▬ am Rechen vorbei ⏏.
41,0	Furt, ≋.
38,0	**Olnhausen**, ▬, ≋ oder beidseits ⏏, ▬-Krone nicht beschädigen, r Privat-▲. Ⅱ.
34,1	Grundschwelle, Mitte ≋.
33,5	**Widdern**, Ⅱ, Steinwurf-▬, ≋. Beginn der Sperrstrecke.
31,5	Autobahn-Ⅱ.
28,0	**Ruchsen**, ▬, X, überheben oder l 200 m weit ⏏. Ⅱ.
26,7	r Treppe, alter Badeplatz, gute ⬇ und ⬆, Parkplatz.
26,0	**Möckmühl**, ⬇ an Ⅱ, Ende der Sperrstrecke. Zufahrt für DKV-Mitglieder gestattet, 5 Minuten bis 🚉, ✕, 🛒.
25,6	r ↓ Seckack (s. „DKV Kanuführer für SW").
21,8	r Schola Domeneck.
21,0	**Züttlingen**, ▬, r neben der Fischtreppe Bootsgasse und ⏏-Stelle.
20,6	r Schloss Assumstadt.
18,0	**Siglingen**, ϟ, ▬, X, l 150 m ⏏.
14,2	r Sportplatz, ▲.
13,2	Beginn der Sperrstrecke.
13,0	**Neudenau**, ▬, ≋, überheben oder l ⏏. Ⅱ, r fahren. Es folgt eine sportlich interessante Strecke mit mehreren kleinen Gefällestufen.
10,5	**Herbolzheim**, Ⅱ.
6,5	r ↓ Schefflenz.
6,4	Natur-▬, Mitte ≋, bei HW l ⏏.
5,5	Ⅱ, l **Untergriesheim**, r unter Ⅱ günstige ⬆. Grundschwelle, ≋, l Pegel.
3,5	**Heuchlingen**, ▬, bei MW l ≋, r starker Rücklauf. Bei HW r ⏏, da dann gefährlicher Rücklauf über ganze Flussbreite. Ⅱ, l Schloss.
2,0	**Duttenberg**, doppeltes Stufen-▬, beide zusammen l 150 m ⏏.
0,0	↓ in Neckar bei Wimpfen, km 100,9; 900 m nach ↓ nach der Ⅱ l gute ⬆, 🚉 5 Minuten.

Wanderfluss
Mündung in Neckar (r Nebenfluss)

Der Kocher entspringt an der Wasserscheide zwischen Neckar und Donau, also zwischen Nordsee und Schwarzem Meer, auf der Schwäbischen Alb bei Oberkochen. Er durchfließt das Keuperbergland und dann mit tief in den Muschelkalk eingeschnittenem Tal die Hohenloher Ebene. Der Kocher ist durchweg landschaftlich sehr reizvoll, wassertechnisch ist er ein ausgesprochener Wanderfluss, mit guter Strömung, jedoch ohne besondere Schwierigkeiten. Über 40 Wehre sind je nach Wasserstand teils befahrbar, zum größten Teil jedoch gut zu umtragen. Lebensgefährlich sind wegen ihrer Toskammern trotz niedriger Fallhöhe die beiden Wehre unterhalb Abtsgmünd.

Befahrungsregeln: km 27,5 - 34 Befahrungsverbot vom 15.01. - 15.09. km 98,7 - 89,3 Befahrungsverbot vom 01.03. - 01.07.

Pegel: Kocherstetten, km 60,1.

Befahrbarkeit: E-Werk Gelbingen, km 80,6 - Mündung interessant nur bei einem Pegel-Minimum von 65 cm. Ein Überlauf an den Trockenstrecken Buchenmühle, Nagelsberg-Ingelfingen sowie Sindringen-Ohrnsberg ist erst ab einem Pegel ab 75 cm zu erwarten; der Rest ist fahrbar ab einem Pegel von 50 cm, ist in trockenen Sommern nicht zu erwarten. Ab Pegel 80 ist an den Wehren mit gefährlichem Rücklauf zu rechnen.

Zeltmöglichkeit: nur bei den ▲ C Schwäbisch Hall und Künzelsau.

Gewässergüte: II (mäßig belastet).

168,0 Ursprung am Fuß des Wollenbergs auf der Schwäbischen Alb.
146,0 **Abtsgmünd**. Die Folgestrecke bis Gelbingen, km 80,6, die nur bei sehr gutem Wasserstand ≋ ist, ist ausführlich beschrieben im „DKV Kanuführer für SW“.
80,6 r ϟ **Gelbingen**, Rückführung des bei km 84 abgeleiteten Wassers.
79,0 l **Obermünkheim**.
78,2 ▬ Untermünkheim, ≋ oder r ⌓. keine ⬇.
78,0 ⌶ B 19.

77,4 Ⅱ **Haagen**, darunter r ⬇. Parken beim Sportplatz. Danach ▬ Haagen, ≋ oder r ⏏; bei Pegel unter 55 cm meist auf 300 m trocken.
76,0 ▬ Einslingen, ≋ oder l ⏏.
75,8 Ⅱ **Enslingen**, ⬇/⬆.
75,0 In Kurve starker Zug auf Baum am r Ufer.
73,0 r ↓ Bühler (s. „DKV Kanuführer für SW").
72,5 Ⅱ.
71,8 Autobahn-Ⅱ.
70,7 r ↓ Grimbach, NSG, Lagern verboten.
69,4 ▬ **Braunsbach**, ≋ oder l ⏏. l ▲ C. Guter Standort für Befahrungen von Kocher, Jagst und Bühler. r Schloss Braunsbach.
69,0 Ⅱ.
68,7 l Sportplatz, ⬇ mit Parkmöglichkeit, Wiesen bitte nicht befahren.
65,8 Ⅱ, **Döttingen**, l ehemaliges Schloss.
65,5 ▬, im Winkel durchbrochen, Mitte ≋ oder l ⏏; bei höherem Wasserstand gefährlicher Rücklauf.
64,3 ▬ **Steinkirchen**, ≋.
63,9 Ⅱ.
62,8 r **Weilersbach**; am Berg Schloss Tierberg.
60,6 ▬ **Kocherstetten**, ≋ oder r ⏏, keine ▲-Möglichkeit. Bei NW Fahrt r am Badeplatz beenden.
60,2 Ⅱ, r auf dem Berg Schloss Stetten.
60,1 Pegelschwelle, Mitte ≋; danach r ⬆ und Parkmöglichkeit.
58,5 ▬ Buchenmühle, **X**, l ⏏; danach bei unzureichendem Überlauf auf 1 km trocken.
57,5 r Rückführung des abgeleiteten Wassers.
56,8 Ⅱ **Morsbach**.
55,8 ▬ Hofratsmühle, ≋ oder r ⏏.
54,4 Städt. ▲ C Künzelsau.
54,0 Ⅱ **Künzelsau**, malerischer Stadtkern, Schloss, ★.
53,9 ▬, Hohes Walzen-▬, **X**, l ⬆ und an Treppen ⬇.
53,0 Ⅱ und EB-Ⅱ.
52,4 ▬ **Nagelsberg**, ≋ oder l ⏏. bis Ingelfingen Wasserableitung durch Kanal, evt. auf 2,1 km trocken. r am Berg Dorf und Burgruine Nagelsberg.
52,1 Niedrige Ⅱ, **X**, ⏏.
51,9 r Kanalüberlauf, evt. dadurch Wasserzuschuss.
51,7 2 Steinwurfschwellen, ≋.
50,3 Ⅱ **Ingelfingen**, darunter kleine Stufe, ≋. Danach l ⬇ mit Parkmöglichkeit.
49,2 EB-Ⅱ.
48,6 Ⅱ, **Criesbach**.
47,2 Steg, l Freibad und Solebad.

46,7 Ⅱ, **Niedernhall**, Stadtmauer, ★.

44,0 ▬, ≋ oder r ⏢.

41,1 Ⅱ, **Forchtenberg**, malerisches Städtchen mit Stadtmauer und Schlossruine. ★. l ↓ Kupfer (s. „DKV Kanuführer für SW"). Danach ▬, ≋ oder r ⏢. Bei höherem Wasserstand gefährlicher Rücklauf.

40,4 Ⅱ.

38,0 ▬ **Ernsbach**, l für Geübte ≋, Steine im Unterwasser.

35,3 l ↓ Sall.

34,0 ▬ **Sindringen**, ≋ oder l ⏢. Weiterfahrt nur möglich bei ausreichendem Überlauf, sonst r an Turnhalle ⬆. Parkmöglichkeit. Beginn des Sperrbereiches.

33,7 Steinwurfstufe, ≋.

31,5 Sohlrampe, Mitte ≋ oder l über Treppen ⏢.

27,5 Ⅱ, **Ohrnberg**, l ↓ Ohrn (s. „DKV Kanuführer für SW"). Ab hier Tagesfahrt bei Jagstfeld, Autorückholung mit der Kochertalbahn (Museumsbahn) möglich.

24,5 ▬ **Möglingen**, **X**, r ⏢.

21,2 ▬ **Kochersteinsfeld**, l ≋ oder ⏢.

18,3 **Gochsen**, ▬ Mitte ≋ oder r ⏢, bei NW in Kanal einfahren und bei ϟ r ⏢, S 3.

16,7 Autobahn-Ⅱ.

16,0 r **Bürg** mit Burg.

15,5 Ⅱ Neuenstadt, schönes Stadtbild. l ↓ Brettach.

13,1 **Kochertürn**, ▬, bei genügend Wasser ≋; Bootsrutsche, gut ≋.

11,5 l oben Degmar.

10,5 Pegelschwelle Stein, starker Rücklauf, nicht befahren, Lebensgefahr! r ⏢ über Treppen.

7,2 l ⌂ des KC Oedheim, ▲-Möglichkeit, keine Wohnwagen.

6,7 ▬ **Oedheim**, ≋, jedoch meistens trocken, r ⏢ vor den Gebäuden oder überheben.

4,6 l ▲ C „Hirschfeldpark" hinter Damm.

4,0 r **Hagenbach**.

3,5 Winkel-▬, ≋ genau im Winkel oder l ⏢. Wenn das ▬ nicht überlaufen ist, Weiterfahrt zum Neckar nicht möglich. ! Nicht r in Kanal einfahren!

1,5 **Bad Friedrichshall-Kochendorf**, ▬, ≋ oder r ⏢. Wenn kein Überlauf, l in Kanal einfahren und am Mühlen-▬ r ⏢.

0,7 Kleine Schwelle, ≋.

0,5 Ⅱ B 27.

0,3 r unter der EB-Ⅱ ⬆ zur Besichtigung des Salzbergwerkes mit Schachteinfahrt.

0,0 ↓ in Neckar bei km 103,1.3 km Neckar-abwärts gute ⬆-Möglichkeit nach der Ⅱ von Bad Wimpfen.

3.11.3 Enz

Wildfluss - Wanderfluss
Mündung in Neckar (l Nebenfluss)

Die Große Enz ist ein landschaftlich schöner und in seinem Oberlauf sportlich sehr interessanter Wildfluss des nördlichen Schwarzwaldes. Am häufigsten befahren wird die WW-Strecke bis Wildbad. Von einer Befahrung der Folgestrecke ist wegen mehrerer Wehre, z. T. mit Wasserableitungen sowie Flussbegradigungen eher abzuraten. als gemütliche Tagesfahrt kommt der Unterlauf der Enz zwischen Vaihingen und Bietigheim in Frage.

Befahrungsregeln: km 31,8 - ↓ ⬇/⬆ sowie ≏ nur an gekennzeichneten Stellen und Rastplätzen (Hinweistafeln), ■ in Oberriexingen (km 20,9) nicht befahren.

Befahrbarkeit: WW-Strecke nur zur Zeit der Schneeschmelze und nach starken Regenfällen, Unterlauf zumeist ganzjährig, aber auch hier ist ein hoher Wasserstand wegen der Wasserableitungen günstig.

Gewässergüte: Pforzheim - Unterriexingen II (mäßig belastet), unterhalb II-III (kritisch belastet).

108,0 **Gompelscheuer**, Ursprung der Gr. Enz durch Zusammenfluss ihrer Quellbäche. Die folgende WW-Strecke der Enz bis km 62,5 ist beschrieben im „DKV-Kanuführer für SW".
62,5 **Pforzheim-Birkenfeld**, l Kanu-Club Pforzheim, ⌂ der Kanuabteilung des Ski-Clubs Pforzheim Δ.
59,0 r ↓ Nagold in Pforzheim (s. „DKV-Kanuführer für SW"); flussabwärts gute ⬇ für die Weiterfahrt bei Gold- und Silberscheideanstalt. Zunächst auf 2 km Kanalcharakter, dann landschaftlich sehr reizvoll.
54,5 **Eutingen**, ■, X, r ≏.
52,5 Autobahn-⌶.
51,5 **Niefern**, eindrucksvolle alte ■-Anlage, X, l ≏.
49,0 ■, evtl. ≋ oder r ≏.
48,0 ■, ≋ oder l ≏. Die Enz wird nach Kanal-↓ breit und ruhig.
46,0 **Mühlacker**, ■, X, l ≏ 200 m auf Fußweg bis unterhalb des Turbinenauslaufs. ⬇ bei ⌶.
43,0 **Lommersheim**, ■, bei HW evtl. ≋, sonst am ■ überheben oder l an Mauer ≏.
38,0 **Mühlhausen**, ■ mit Wasserableitung. Es gibt zwei Möglichkeiten: 1. bei HW l ≏ und die folgende Flussschleife befah-

ren. 2. Falls das Wasser für eine Befahrung des alten Flussbettes nicht ausreicht, ↱ und 500 m weit über den Berg umkarren und nach dem ↯ wieder einsetzen.

32,0 **Roßwag**, bekannter Weinort, ■, bei HW ≋, sonst r ⏏.

29,0 **Vaihingen**, Schräg-■, evtl. ≋ oder r ⏏.

28,3 ↯, Klappen-■, X, r ⏏. Nicht von unten an das ■ heranfahren, tödlicher Unfall!

27,3 ⬇ beim Sportgelände unter der Ⅱ B 10 für gemächliche Tagesfahrt bis Bietigheim.

20,9 **Oberriexingen**, ↯, ■, r ⏏, Befahrung verboten.

17,0 **Unterriexingen**, r ↓ Glems.

14,3 r ↓ Leudelsbach, Grillplatz, sonntags bewirtschaftet.

12,8 Sägemühle Bissingen, ■, nach Besichtigung evtl. ≋. Vorsicht bei HW, starker Rücklauf, Lebensgefahr, r oder l ⏏. Slalomstrecke.

10,7 Rommelmühle, ■, evtl. ≋ oder l an Treppe ⏏. Die Floßgasse am ■ ist sehr oft teilweise geöffnet, dadurch starker Sog. Beschilderte ⬆ 80 m oberhalb der Gasse.

8,2 r ⌂ und ▲ Kanuclub Bietigheim, Grillplatz. Die Fahrt wird vielfach hier beendet, ⬆.

7,2 Steil-■ Stadtmitte **Bietigheim**, X, schon 200 m vor dem ■ unter 1. Ⅱ ↱, 400 m ⏏.

5,6 ■, evtl. ≋ oder r ⏏.

2,6 EB-Ⅱ.

1,6 **Besigheim**, ■, ≋ oder l ⏏. Fahrt durch die romantische Altstadt.

1,2 ■, ≋ oder r ⏏.

0,2 Ⅱ B 27, danach kleine Schwallstrecke.

0,0 ↓ in Neckar bei km 136,4. Gute Gelegenheit zum ⬆ bei Neckar-km 135 am Ortsanfang von Walheim l.

3.12 Wieslauter
(Rheinische Lauter)

Kleinfluss (Gebirgsfluss - Flachlandfluss)
Mündung in Rhein (l Nebenfluss)

Die Lauter, die im Oberlauf vielfach auch „Wieslauter“ heißt, ist nahezu auf ihrer gesamten Strecke ein landschaftlich sehr schöner Fluss. In ihrem, anschließend ausschließlich beschriebenen Oberlauf, fließt sie zunächst durch das Dahner Felsen- und Burgenland (pfälzische Schweiz) und anschließend, ab Bundenthal, im Bereich der bis zu 550 m hohen Berge des Pfälzer Waldes. Auf den Höhen des meist engen felsigen Tales liegen mehrere Burgruinen. Die Lauter ist auf der gesamten Strecke ein Kleinfluss mit guter bis mäßiger Strömung, zahlreichen Hindernissen durch Felsen im Fluss, viele Kurven, niedrige Brücken, Bäume und Sträucher sowie zahlreiche Wehre, die nur teilweise fahrbar sind.

Befahrungsregeln: km 70 - 40 gesperrt für Zweier und Canadier. Ganzjährig befahrbar für Einer-Kajaks ohne Steuerblatt. Bedingung: Pegel 75 cm bei km 39, Siebenteil-Ⅱ Bobenthal. Nur ⬇/⬆ und Rastplätze benutzen. Einzelheiten siehe KANU-SPORT 10/2001.

Gewässergüte: II (mäßig belastet).

Ursprung der Lauter am Weißenberg im Naturpark Pfälzer Wald in etwa 600 m Höhe.

70,0 **Hinterweidenthal**, Ⅱ B 10, übliche ⬇. Es folgt Ⅱ und EB-Ⅱ. **Heufels**, r Kläranlage, ■, l ⌂.

65,0 Ⅱ, danach zwei ■, evtl. ≋ oder beide zusammen l ⌂.

62,0 l Ruine Neudahn. ■, Außenmühle, evtl. ≋ oder r ⌂.

60,0 **Dahn**, Ortseingang niedriges Rohr, evtl. ⌂; sofort danach EB-Ⅱ und Fußgänger-Ⅱ. Nach einem Mühlrad niedrige Ⅱ, l ⌂. Danach EB-Ⅱ.

59,5 **Reichenbach**, l Ruine Altdahn, ■ bei Sägewerk evtl. ≋ oder l ⌂.

57,0 **Bruchweiler-Bärenbach**, ■ und niedrige Ⅱ, ansehen, evtl. ≋ oder ⌂ bis nach 2. Ⅱ.

53,0 Ⅱ nach Rumbach, **Bundenthal**, im Ort Falkenmühle ■, X, l ⌂. Am Ortsende Ⅱ, danach ■, ≋. Es folgen bis Niederschlettenbach zwei ■, ≋.

49,0 **Niederschlettenbach**, Ⅱ, danach ■, ≋.

46,5 ■, ≋.

45,5 **Bobenthal**, 2 Ⅱ, ■, ≋.

40,5 **Germannshof**, Ⅱ, Sägewerk, ■, X. Es gibt dabei häufig Schwierigkeiten mit dem Besitzer. Da eine Durchfahrt durch Weißenburg nicht möglich ist, ist es wahrscheinlich sinnvoll, die Fahrt schon oberhalb des ■ an einer Stelle zu beenden, an der die Straße nahe dem Fluss verläuft. Die Lauter tritt kurz danach auf französisches Gebiet über. l Schloss St. Paul und Ehrenfriedhof.

Die Reststrecke bis zur ↓ s. „DKV-Kanuführer für SW".

Wiesenfluss - Wanderfluss
Mündung in das Zwarte Water (Holland)

Das Zwarte Water ist ein Kanal, der nach 16 km im Zwarten Meer, einer Bucht des Ijsselmeers endet.

Die Vechte ist im Bereich der nachfolgend beschriebenen Strecke wegen Begradigung streckenweise nicht besonders reizvoll. Ab Nordhorn haben die Wehre Bootsgassen, die aber wegen zu geringer Benutzung oder Zerstörung oft außer Betrieb sind, die Wehre können jedoch gut umtragen werden.

Befahrbarkeit: Oberlauf nur bei sehr gutem Wasserstand; ab Schüttorf ganzjährig.

Gewässergüte: II-III (kritisch belastet), teilweise II (mäßig belastet).

109,0 Wege-Ⅱ Eggerode - Rockel, ⬇ für die Befahrung des Oberlaufes.Die Folgestrecke bis Schüttorf sowie die in diesem Bereich mündenden Nebenflüsse Steinfurter Aa und Eileringsbecke sind beschrieben im „Gewässerführer für NRW".
64,6 ▬ Schüttorf, X, r ⌂, r Fischtreppe evtl. ≋, Ⅱ B 65 Rheine - Bentheim, **Schüttorf**. Gute ⬇, ab hier ganzjährig ≋.
61,0 Ⅱ, darunter Sohlschwelle.
60,5 Autobahn-Ⅱ A 30.
60,0 ▬, Quendof, meist offen, ≋.
57,9 ▬ Große Limbeck, meist offen, ≋.
55,9 ▬, unterhalb Betonpfähle, nur bei HW ≋.
53,3 ▬ Engden, ≋, da offen.
52,9 Ⅱ Engden-Brandlecht.
50,0 **Brandlecht**, ▬ X, l Fischtreppe, ≋ oder l ⌂.
49,8 r NSG Tillenberge, l Brandlechter Busch.
49,2 Ⅱ Brandlecht-Hesepe, unterhalb Schwall, l ✕.
44,6 Vechtesee (bis 43,8).
44,2 r ⌂ BC Nordhorn, zeitweise ✕, guter Ferienplatz, Übernachtung im ⌂ mit Voranmeldung möglich, ☎ 05921/76697.
43,8 r □ zum Ems-Vechte-Kanal (s. ABB) und Nord-Süd-Kanal, l Nordhorn-Almelo-Kanal.
43,5 **Nordhorn**, Vechte teilt sich und umfließt die Nordhorner Innenstadt, l oder r weiterfahren, l reizvoller, dann vor dem Kornmühlen-▬ r ab zum Ölmühlen-▬. r Umflussarm ab Teilung führt direkt zum Ölmühlen-▬.

42,9 ■, Ölmühle, !!, bei HW Lebensgefahr, dann ganz l fahren, am sichersten über l Umflussarm. Bootsgasse außer Betrieb, l ≏.
39,1 ⌶ B 403, l Kloster Frenswegen, ★.
38,4 r Koppel-□, Endpunkt des Ems-Vechte-Kanals, ≏ in Kanal möglich, sehr mühsam, ab hier 1,7 km bis zum Nord-Süd-Kanal.
33,3 ■ Grasdorf und ⌶, l Bootsgasse, falls defekt l ≏.
29,5 ⌶ Neuenhaus-Veldhausen.
28,5 EB-⌶.
28,0 l ↓ der Dinkel (s. „Gewässerführer für NRW“).
27,8 ■ Neuenhaus, l Bootsgasse, falls defekt l ≏.
22,9 ⌶ Esche-Haftenkamp.
20,0 ■ Berge, l Bootsgasse, falls defekt l ≏.
19,9 r ↓ Lee (s. „Gewässerführer für NRW“).
17,1 ⌶ Hoogstede-Wilsum. r **Hoogstede** 1 km.
11,8 r ↓ Haselaargraben, fließt als kanufahrbare Verbindung vom Coevorden-Piccardie-Kanal zur Vechte, 2,1 km.
10,5 ⌶ B 403, r **Emlichheim**.
1,4 ⌶ Laar-Heesterkante, r **Laar**. Letzte gute ⬇ vor der Grenze.
0,0 Staatsgrenze Deutschland-Niederlande. Die Vechte heißt in den Niederlanden „Overijsselse Vecht“; eine gebührenpflichtige Weiterfahrt ist möglich, Einzelheiten s. „Gewässerführer für NRW“.
55,8 ↓ in Zwarte Water bei km 6,5.

4.1.1 Ems-Vechte-Kanal

Dieser Kanal stellt die Verbindung zwischen der Ems und der Vechte und damit auch zu den linksemsischen Kanälen dar, keine Schifffahrt mehr. Die Ufer sind z. T. stark verwachsen, große Vielzahl an Wasservögeln. Im Bereich des Bombenabwurfplatzes Nordhorn-Range an Werktagen bei klarem Wetter sehr starke Lärmbelästigung durch Düsenjagdbomber der Nato.

Befahrbarkeit: ganzjährig; im Spätsommer und Herbst zwischen km 3,8 und 7,8 stark verkrautet.

Gewässergüte: II-III (kritisch belastet), teilweise II (mäßig belastet).

0,0 ← aus Ems bei km 84,3 durch eine fast immer offene □ in den Kanal; wenn geschlossen, l ≏.
3,8 ⌶ Elbergen - Lohne.
7,8 ⌶ **Klausheide**, l Bombenabwurfplatz Nordhorn-Range.
15,1 ⌶ dahinter r ✕ Kotting.

17,0 ← in den Verbindungskanal zur Vechte (800 m). l oder r ⌂ in die Vechte oder über eine Schafweide in den Vechte-See. l am Vechte-See ⌂ des WASPO-Nordhorn. Wenn niemand anwesend, ☎ 05921/32269. Auf dem Ems-Vechte-Kanal weiter durch einen ca. 130 m langen Tunnel.

18,3 Beton-Ɪ, l Kreis- und Stadtkrankenanstalten.

20,1 r → Süd-Nord Kanal.

20,2 Ɪ Nordhorn - Georgsdorf.

21,5 Ɪ Nordhorn - Veldhausen.

21,9 Ende des Kanals, □ nicht mehr in Betrieb; die bisher empfohlene ⌂-Möglichkeit r in einen Altarm besteht nicht mehr, da dieser total zugewachsen ist. Daher jetzt ⌂ l über einen Bauernhof nach Anfrage, 250 m weit.

22,3 ↓ in Vechte bei km 38,4.

Stromgebiet der Ems

5 **Ems**

Kleinfluss - Wanderfluss - Kanal
Mündung in Dollart (Nordsee)

Die Ems, mit Ursprung in der Senne, durchquert mit vielen Windungen das flache Münsterland mit Wiesen und Mooren von Heidecharakter. Sie ist vielfach begradigt, trotzdem landschaftlich recht reizvoll, mit schönen Altarmen.

Im Unterlauf ist die Ems Bestandteil des Dortmund-Ems-Kanals, wobei der Kanal streckenweise im Flussbett der Ems verläuft, z. T. aber auch ein eigenes Bett hat. Es wird empfohlen, in diesem Bereich, wenn möglich, dem alten Lauf der Ems zu folgen.

Nachfolgend wird die alte, aus der Zeit vor der Begradigung der Ems stammende Kilometrierung benutzt; man muss sich dabei im Klaren sein, dass sie überhöht ist. Eine neue, amtliche Kilometrierung steht vorerst noch nicht zur Verfügung.

Befahrbarkeit: ab km 108,7 bei HW für Einer, ab km 98 meist ganzjährig, auch für Zweier. Zwischen Warendorf und Rheine ist die Ems Bestandteil eines NSG. Innerhalb des NSG ist das ⬇/⬆ nur noch an festgelegten Stellen gestattet.

Befahrungsregeln: 100,1 - 99,5 ganzjähriges Befahrungsverbot (NSG Steinhorster Becken). 97,1 - 90,0 ganzjähriges Uferbetretungsverbot rechtsseitig. 86,8 - 86,0 ganzjähriges Uferbetretungsverbot; zügiges Durchfahren erlaubt. 36,8 - 44,8 ganzjähriges Uferbetretungsverbot. 44,0 - 44,8 max. 100 Boote pro Tag, Wochenend- und Feiertagsfahrten müssen über die Geschäftsstelle des KV NRW angemeldet werden (Internet www.kanu-nrw.de). 32,0 - 37,0 Petkumer Deichvorland, rechtseitiges Uferbetretungsverbot. Befahren in Flussmitte und am l Ufer erlaubt.

Pegel: ⌶ km 104,5; Minimum für Befahrung ab km 108,7 = 75 cm; gutes MW = 65 cm.

Gewässergüte: Oberlauf bis ca. km 80 II-III (kritisch belastet), dann bis Ems-Vechte-Kanal, km 84,3 II (mäßig belastet), weiter bis Meppen II-III (kritisch belastet). Danach folgt ein Abschnitt bis zur Stadt Leer mit der Gewässergüte III-IV (sehr stark verschmutzt). Im Unterlauf wird dann die Gewässergüte II-III (kritisch belastet) erreicht.

108,7 ⌶ Hövelhof - Hövelriege, ⬇ bei HW (s. Pegel). Bis km 99,4 s. „Gewässerführer für NRW".
99,4 ⌶ Espeln - Westerwiehe, gute ⬇.
98,8 ▬, evtl. r oder l ≋, in der Mitte Verteilerblock mit Fischtreppe.
98,0 ⌶ Lippling - Rietberg, gute ⬇.
96,0 EB-⌶.
95,8 ▬, ≋ wenn offen.
94,0 ▬ Antfängers Mühle, X, r ⌓.
92,1 ▬ Gut Tenge, evtl. ≋ oder r ⌓.
89,3 Niedrige ⌶, bei HW ⌓.
89,2 ▬ Rietberg, X, r ⌓, danach flach; r Parkplatz, gute ⬇.
88,2 r ↓ Sennebach, ≋ (s. „Gewässerführer für NRW").
88,1 Wege-⌶, Pegel.
87,7 ⌶ B 61.
85,8 ⌶, Druffel - Bokel.
85,7 Mühlen-▬, evtl. ≋.
84,0 und82,2 ▬, ≋ wenn offen.
82,5 ⌶ B 55.
81,2 r → Stadtumflut.
80,0 **Wiedenbrück**, ⌂ KC Rheda-Wiedenbrück.
79,7 ▬, ≋ oder l ⌓, 50 m.
79,5 ← Emssee, ≋, am Auslauf Steinwurf-▬, ≋ oder r ⌓.
79,0 l ← Emssee, ≋ (1 ▬).
79,3 r ↓ Stadtumflut.
79,0 l ↓ Emsseeausfluss.

77,8 Autobahn-Ⅱ A 2.

76,9 **Rheda**, Schloss und Mühle, ▬, X, l ≏ durch Schlossgarten.

75,7 EB-Ⅱ; auf 4 km einige Steinschüttungen, ≋.

71,8 Steinwurf-▬, ≋.

71,6 r ⌂ und ▲ Gütersloher Faltbootgilde, *DKV-Kanustation*, ☎ 05241/12643.

71,1 Ⅱ Gütersloh - Herzebrock.

69,4 r ↓ Dalke (s. „Gewässerführer für NRW“).

69,2 ▬, X, r oder l ≏, r Flugplatz, es folgt 1 Ⅱ.

66,6 Brocker Mühle, ▬, X; es folgen 2 Wege-Ⅱ.

63,7 ▬, Hüttingsmühle.

61,7 Ⅱ Harsewinkel - Clarholz, davor Sohlschwelle mit großen Steinblöcken, halblinks ≋.

59,5 ▬ Harsewinkel, im r Schott Steinschüttung, dort ≋; r ↓ Lutter (s. „Gewässerführer für NRW“).

57,5 ▬, im l Schott Steinschüttung, hier ≋.

56,8 Steinschüttung, ≋, ebenso bei km 56,4 und km 55,7.

55,3 Ⅱ Greffen - Beelen; danach 2 weitere Steinschüttungen.

52,9 Ⅱ Neue Mühle, darunter ▬, X, r ≏.

50,2 Ⅱ Sassenberg - Vohren, darunter ▬, X, ⬇/⬆. Es folgen Steinschüttungen, ≋, bei km 49,6 (halbrechts ≋); 49,1 und 48,2.

47,7 l ↓ Axtbach (s. „Gewässerführer für NRW“). Es folgen 2 Wege-Ⅱ.

45,8 Ⅱ B 475.

45,5 ⬇/⬆, l Parkplatz, zu erreichen von B 64.

45,3 r Emssee; im See l Steg des Warendorfer WSV, ⬇/⬆.

44,1 Ⅱ, **Warendorf**, ⬇/⬆.

44,0 Mühle Warendorf, ▬, X, r ≏; r gute ⬇/⬆ mit Parkplatz. Es folgen Sohlschwellen, ≋, bei km 43,1 und 42,2.

38,2 Kultur-Stau, l ≋.

38,1 r ↓ Hessel (s. „Gewässerführer für NRW“), ⬇/⬆.

36,8 Ⅱ Einen - Müssingen, Pegel, ⬇/⬆.

35,1 l ↓ Mussenbach.

34,6 Holz-Ⅱ Rastrup - Everswinkel, ⬇/⬆.

34,1 Sohlschwelle, Mitte ≋, ⬇/⬆.

30,0 l ▲ C, zu erreichen von der B 64, ⬇/⬆.

29,5 Ⅱ B 64.

26,2 r gute ⬇/⬆, Parkplatz.

26,0 Mühlen-▬, X, am ▬ vorbei in den l Arm fahren und dann r ≏. Im l Arm l ⌂ PC Telgte, PC Splentenbüchsen Telgte und TV Friesen, **Telgte**.

25,7 Im Untergraben des Mühlen-▬ Schwall, Wege-Ⅱ.

25,1 r gute ⬇ gegenüber Sporthalle.

24,5 Ⅱ B 51.

23,7 Es folgen 2 Sohlschwellen, ≋, danach r ↓ Bever.

17,0 ⬇/⬆, l ✕.
16,1 Fußgänger-⌶, darunter Sohlschwelle, ≋.
16,0 EB-⌶.
15,5 Sohlschwelle, ≋.
15,1 l Steilufer mit Uferschwalben, auf der gegenüberliegenden Sandbank bitte nicht pausieren.
11,4 Wege-⌶.
11,0 l ↓ Werse (s. „Gewässerführer für NRW").
10,8 ⌶ Westbevern - Gelmer, r gute ⬆, danach weitere ⌶.
10,3 Kanal-⌶ Dortmund-Ems-Kanal, Alte Fahrt.
10,1 Kanal-⌶, Neue Fahrt. Kanal-km 78,7, ⬇/⬆. (s. Rundtour 2 im „Gewässerführer für NRW").
6,0 ⌶, l **Gimbte**.
2,0 Autobahn-⌶ A 1.
0,1 verfallenes ▬, evtl. r ≋, sonst r ⌓, ca. 300 m stadteinwärts ⌂ KF Emshaie Greven, *DKV-Kanustation*, ☎ 02571/4365 oder 02571/4541.
0,0 ⌶ B 219, r **Greven**, ⬇/⬆, gute Zufahrt mit Pkw. Ab hier aufsteigende Kilometrierung.
0,2 Sohlschwelle, evtl. r ≋, sonst r ⌓.
1,0 l ↓ Münstersche AA.
1,8 Fußgänger - ⌶ am Hallenbad, l 🚃.
2,0 ⌶ Greven - Nordwalde, l ⬇/⬆.
5,8 ⌶ B 481.
14,2 ⌶, l **Hembergen**, ⬇/⬆.
15,8 r ↓ Glane.
16,6 r gute ⬇/⬆.
20,4 ⌶ Hembergen - Saerbeck, ⬇/⬆.
27,3 l ↓ Emsdettener Mühlbach (s. „Gewässerführer für NRW").
27,4 ⌶, l **Emsdetten**, ⬇/⬆, Fußweg zum 🚃.
27,7 r ▲ und ⌂ CC Emsdetten, *DKV Kanustation*, ☎ 02572/952393. 🚃 25 Minuten.
34,3 r ✕, Tiefseilfähre, ⬇/⬆.
36,8 ⌶ Mesum - Elte, ⬇/⬆; ab hier bis km 44,8 Betreten der Ufer ganzjährig verboten, zügige Durchfahrt erlaubt.
39,0 r Schiffsanleger, ⬇/⬆.
41,0 l ↓ Frischhofsbach (s. „Gewässerführer für NRW")
43,4 l Pumpstation, ⬇/⬆.
44,0 - 44,8 siehe Befahrungsregeln.
44,8 EB-⌶.
44,9 l ⌂ PC Emssterne Rheine, ⬇/⬆, danach l ⌂ und ▲ WSV Rheine, *DKV-Kanustation*, ☎ 05971/3146.
45,3 r ↓ Bevergerner AA.
45,8 l ⌂ KC Rheine, *DKV-Kanustation*, ☎ 05971/57487, ⬇/⬆.
46,2 r ⌂ Ruderverein Rheine, gute ⬇, 2 ⌶, **Rheine**.

46,6 ▬, **X**, l um die Mühle ⌓; im r □-Arm befinden sich 2 □ mit Selbstbedienung.
47,2 Ⅱ, l gute ⬇/⬆.
47,5 r ↓ des □-Kanals.
50,4 Ⅱ B 70.
51,5 □, r umfahren.
58,1 Ⅱ, l **Salzbergen**, l Ruderverein und ✕.
59,9 Autobahn-Ⅱ A 30.
71,4 Panzerfurt, r gute ⬆.
71,9 ▬ Listrup, **X**, l ⌓ oder r □ mit Selbstbedienung.
73,9 Ⅱ, l **Leschede**, ✕, ▲ C, gute ⬇/⬆.
81,5 l **Elbergen**.
82,7 r ↓ Dortmund-Ems Kanal (s. AB) Kanal-km 183,3, danach r ↓ Große Aa (Große Aa sowie ihre Quell- und Nebenflüsse s. „Gewässerführer für NRW“).
84,3 Straßen- und EB-Ⅱ, r **Hanneckenfähr**, l ← Ems-Vechte-Kanal (s. AB).
84,4 r → des Dortmund-Ems-Kanals (DEK) bis Meppen.
84,7 ▬, r ⌓, ca. 100 m, ✕ „Am Wasserfall“, ▲.
84,8 l ! Steine im Fluss, bis Lingen viele Hindernisse, oft wenig Wasser. Bei Aufmerksamkeit immer ≋.
86,5 r ↓ des Kühlwasserkanals vom Kern-ϟ.
88,4 Ⅱ B 213.
90,3 Straßen-Ⅱ, r **Lingen**, Kanu-Verleih.
91,4 ▲, Freibad; es folgen mehrere ▲ C.
92,2 Straßen-Ⅱ, r Kaserne.
92,5 Grund-▬, ≋, bei NW vorher ansehen, treideln, Fluss verkrautet.
92,6 r ⌂ KC Lingen.
94,2 Grund-▬, ≋, bei NW ansehen.
96,8 Ⅱ **Altenlingen**, ab hier immer gut ≋.
100,0 l **Wachendorf**.
105,0 Holter Erdölpumpen.
106,5 Ⅱ, l **Dalum**.
110,0 ▬, evtl. ≋, oder r oder l ⌓. **Gr. Hesepe**.
114,0 ▬, **X**, r oder l ⌓, **Kl. Hesepe**.
117,5 l **Rühle**, r Wacholderhain, Landschaftsschutzgebiet.
122,0 Ⅱ B 70.
123,0 r **Meppen**, Straßen-Ⅱ.
123,5 r → DEK (166,6) mit der Hase, die 0,8 km oberhalb von r in den DEK mündet, dort ⌂ WSV Meppen (Ruderverein), ▲, ✕, 5 Min. bis 🚆. Die durchlaufende Kilometrierung der Ems wird hier beendet, die folgenden km-Angaben beziehen sich auf die Weiterführung der Kilometrierung des Dortmund-Ems-Kanals. Daneben werden gesondert die km-Angaben für die

Ems-Altarme ausgeworfen; ihre Befahrung ist besonders lohnend, mit sehr schönen ▲. Auf dem DEK können die □ im Schiffsbetrieb mitbenutzt werden.

Ems	DEK	
0,0	166,6	siehe 123,5.
	169,1	r → eines Ems-Altarmes mit ↓ der Nordrade und Yachthafen.
	169,7	l ← eines toten Ems-Altarmes.
	170,0	Ⅱ Nordumgehung Meppen.
8,2	171,3	l ← eines Altarmes, Alte-Ems Kilometrierung z. T. verfallen.
8,4		l ← zum Veersener Paradies, Befahrung sehr mühsam, auch aus Gründen des Naturschutzes ist von der Befahrung abzuraten; geradeaus über ■ Holthausen, ergibt Abkürzung auf 6,9 km, ■ nach 0,5 km, **X**, r ⏏, nach weiteren 0,2 km:
13,2		Vereinigung von Altarm und ■-Durchstich.
17,4		Straßen-Ⅱ Hünteler Brook.
19,2		↓ in DEK bei 174,7.
	171,3	□-Arm, geradeaus fahren.
	171,5	Ⅱ **Holthausen**.
	173,2	l **Hüntel**, Ⅱ.
	174,0	□ Hüntel.
	174,7	l ↓ des Altarmes (s. o.).
	178,1	Ⅱ B 402.
	178,2	l ← des Haren - Rüterbrock - Kanals, Fahrtmöglich keit: HRK - Süd-Nord Kanal - Ems-Vechte-Kanal bis Haneckfähr bei km 81,6 mit Möglichkeit zur Weiterfahrt nach Nordhorn auf der Vechte.
	178,3	Ⅱ B 402, l **Haren**.Nach der Ⅱ r Jugendherberge Haren mit ▲-Möglichkeit.
29,9	184,7	l ← eines ■-Armes.
31,9		■ Hilter.
33,1		↓ in DEK bei 186,6.
	184,7	□-Arm.
	185,8	□ Hilter, ✕, ⚖.
	186,6	l ← des ■-Armes, im ■-Arm auf der □-Insel ▲-Möglichkeit.
	191,0	r **Lathen**, Straßen-Ⅱ.
39,2	191,2	l ← des Altarmes Düthe-Sustrum, mit alter, teils verfallener und auf früheren Verlauf hinweisender km-Beschilderung, etwa 10,4 km lange lohnende Fahrt, ■ schwierig zu ⏏. ↓ des Altarmes in DEK bei km 197.
39,8	191,8	■, **X**, r neben Fischtreppe ⏏, S 2.

Kilometrierung DEK

192,3 l Altwasser (alter Wehrarm Düthe).

193,1 Ⅱ **Fresenburg**.

194,3 Ⅱ **Düthe**.

195,0 bis 195,2 ☐ Düthe.

195,7 Ⅱ **Husen**.

197,0 l ↓ Altarm Düthe - Sustrum.

198,2 Steinbild, Ⅱ, ▲ C.

200,0 r Altwasser.

202,6 Geradeaus Küstenkanal (s. AB), Ems nach l.

205,1 Ⅱ B 401.

205,8 bis 206,0 ☐ Bollingerfähr, r ■-Arm von 205,3 bis 206,5.

209,0 r **Lehe**.

211,0 r ✕ „Emsblick", ▲ M, ⬆, gute Gelegenheit zur Beendigung der Fahrt, gute Zufahrt von der B 70 von Herbrum.

212,5 ☐ Herbrum, ab hier Gezeiten, dadurch bei NW schlechte Anlegemöglichkeiten, besonders ab ↓ Leda (verschlickte Ufer). !! auf Stellnetze („Hamen"), die z. T. bis dicht an das Fahrwasser gehen und teilweise nicht befeuert sind, lebensgefährlich bei Nebel und Dunkelheit!!!

216,8 Ⅱ Aschendorf - Rhede.

225,1 Ⅱ, **Halte**.

225,7 = 0,0 neue Kilometrierung. r ↓ Papenburger Sieltief (Drostensiel), r Papenburg, größte und älteste (seit 1630) Fehnsiedlung Deutschlands, l Halte (alter Zoll- und Grenzort), hier Südgrenze Ostfrieslands.

3,5 l Schöpfwerk Stapelmoor.

6,6 Fähre und EB-Ⅱ Weener - Hilkenburg, l ⛵.

7,6 l ← Sportboothafen Weener, ▲ C, ⛵.

13,9 r Kloster Muhde, ehem. Kloster um 1000, 1556 abgebrochen, Schöpfwerk.

14,2 r ↓ Leda (s. AB). Hochwasserstauwerk, Festungswälle Leerort auf Halbinsel, Einfahrt zur See-☐ in Leer.

15,0 Jan-Berghaus-Dreh-Ⅱ (wird z. Z. ersetzt durch eine Klapp-Ⅱ. B 75 (E 35) nach Holland, r **Leer**, Plytenberg (künstlich aufgeschütteter Grabhügel).

16,0 l **Bingum**, Hafenstädtchen aus dem 13. Jahrh., Kirche mit Barockkanzel, ▲ C Marina Bingum und Yachthafen, beide fallen bei NW trocken! Beginn der Insel Bingumer Sand, Fahrwasser r.

19,0 bis 21,0 l Ziegeleien.

22,0 l **Jemgum**, danach bis km 24 im Fluss Insel Jemgum.

24,0 r Schöpfwerk, Sautersiel, gute Anlegemöglichkeiten und ⏏-Möglichkeit in Sauteler Tief (s. „Kanuwanderbuch für NW") (Verbindung zum Boekzeteler Meer).

30,0 r **Oldersum**, neue See-□ und Schöpfwerk, kleinere Werften, ↓ Rorichumer Tief mit Verbindung zum Fehntjer Tief.

30,3 r → letzter Teil vom Dortmund-Ems-Kanal, führt in 9 km nach Emden, nach 2 km r ↓ Lange Maar, nach 5,5 km Kreuzung mit Pettkumer Sieltief (von beiden Verbindung zum Fehntjer Tief). In Emden kurz vor der □ r → Verbindungskanal zum Fehntjer Tief und mit □ zum Ems-Jade-Kanal. Im Vorhafen Oldersum Stege des Oldersumer YC, bei schlechtem Wetter und Seegang hier ⏏ und im Binnenland weiterfahren.

32,0 r **Gandersum**, Zollstation am Deich. Von km 32,0 bis km 37,0 r Flussseite und r Ufer NSG; Betreten u. Befahren verboten.

34,6 r **Petkum**, Sielort mit Fischereihafen und Kutterwerft, Fähre Petkum - Ditzum.

37,5 r Schöpfwerk Borßumer Siel, ⏏-Möglichkeit in Verbindungskanal zum Fehntjer Tief.

39,4 r Beginn der Hafenanlage Emden, Binnenhafen mit Erzverladeanlagen. l Dollart, größte amphibische Landschaft Deutschlands, in 12 Stunde 1 mal Land, 1 mal Meer.

41,0 r Einfahrt Außenhafen mit Getreidespeicher und VW-Umschlag, Borkumkai, Einfahrt Große Seeschleuse, nach 1,5 km durch Nesserlander □ und Binnenhafen in 3,5 km zur Kessel-□, einzigartige Kreuzung zweier Wasserstraßen (Ems-Jade-Kanal (s. AB) und Fehntjer Tief - Stadtgräben Emden), falls keine Schleusung (nur an Wochentagen und nicht zur Mittagszeit), gute ⏏-Möglichkeit. **Emden**: aufstrebende Hafenstadt, Rathaus mit Rüstkammer, Hafenanlagen, ★.

5.1 Ems-Jade-Kanal

Der Ems-Jade-Kanal ist nur für Schiffe bis etwa 300 t geeignet, deshalb kaum noch Berufsschifffahrt. Die Befahrung des landschaftlich reizvollen Kanals ist daher eine recht geruhsame, sehr zu empfehlende Angelegenheit. Durch Umtragen in die am Kanal liegenden Tiefs sind außerdem verschiedene Abstecher und Rundfahrten möglich. Sie sind alle beschrieben im „Kanuwanderbuch für NW".

Gewässergüte: III (stark verschmutzt), teilweise II-III (kritisch belastet).

0,0 Hafen Emden, Erzhafen, Kohle, Ölraffinerie, Werften, Kunstmuseum, 52 000 Einwohner, 2 See-□. Dampfer nach Borkum und Delfzijl (Holland).

3,3 Kessel-□, einzigartiges Bauwerk, ★. Anschluss zum Fehntjer Tief (s. AB) und zum Stadtgraben (⌂ ⌂). Weiter über das Trecktief ins Große Meer oder über das Larrelter Tief zur Knock (Ems-↓, Dollart, Nordsee).

4,2 ↓ des Verbindungskanals zum Dortmund-Ems-Kanal (Emsaufwärts).

6,9 r ≏ in Kurzes Uphuser Maar, in 3,5 km über Uphuser Meer zum Fehntjer Tief (s. AB).

8,3 l ≏ zur Uphuser Klappe (s. Gewässer der Krummhörn).

9,6 l ≏ zur Alten Maar (s. Gewässer der Krummhörn).

12,6 **Mittelhaus**. Südlich Überschlickungsgebiet Riepe, nördlich „Meeden“, ein Wiesengebiet unter dem Meeresspiegel.

15,6 ←, l ≏ zur Ehe (s. Gewässer der Krummhörn), sehr niedrige Ⅱ, Ⅱ.

20,5 Bootshafen **Westerende-Kirchloog**, ▲, Toiletten.

21,0 ↓ Ringkanal, ≋ auf 12,7 km. Er dient als Speisekanal des Ems-Jade-Kanals und ist bis zur Abzweigung des Abelitz-Moordorfer-Kanals ganzjährig ≋.

22,8 Ⅱ, □ Rahe, ✕, ▲-Möglichkeit im Garten des Wirtes, bitte vorher fragen (Übernachtungsplatz „Rubbeltour“ WKK).

25,0 **Aurich**, Handelshafen, Hauptstadt Ostfrieslands, ⚓, ▲ beim ⌂ TuS Aurich, Übernachtungsmöglichkeit, *DKV-Kanustation*, ☎ 04941/5894 und Yacht-Club Aurich im Auricher Hafen, *DKV-Kanustation*, ☎ 04941/7957.

27,6 Ⅱ B 72 (Aurich - Leer).

32,7 □ Wiesens.

42,2 r ↓ des Nordgeorgsfehn-Kanals, führt mit 8 □ in die Jümme, dort Anschluss an Küstenkanal und Leda (s. AB). Der vor der 2. □ abzweigende Großefehner Schifffahrtskanal ist durch Dämme verbaut und **X**. Ⅱ, ▲.

43,8 □ Upschört, ≏ S 2.

45,7 □ Wiesede, ≏ S 1-2.

48,3 Beginn des Reepsholter Tief hinter dem Uferdamm.

50,7 Ⅱ, 100 m bis zum Reepsholter Tief (s. „Kanuwanderbuch für NW“).

51,5 Straßen-Ⅱ Friedeburg - Reepsholt.

53,0 Ⅱ Hohe Esche.

55,0 Ⅱ Etzel - Abickhafe.

57,0 r und l Ⅱ-Reste, Anglerheim.

56,8 r ≏-Möglichkeit zum Emder Tief (s. „Kanuwanderbuch für NW“).

60,0 Klapp-Ⅱ **Dykhausen**.

62,0 Autobahn-Ⅱ A 29.

63,0 EB-Ⅱ und Straßen-Ⅱ, r **Sande**.

63,5 l ⌂ KSV Sande, ▲, *DKV-Kanustation*, ☎ 04422/2882.

63,8 Ⅱ.

65,6 Straßen-Ⅱ, ≏ in die Maade (s. „Kanuwanderbuch für NW“).

65,7 Reste einer EB-Ⅱ.

65,8 EB- und Straßen-Ⅱ **Mariensiel**

67,3 □ Mariensiel, ≏, S 1, l ⌂ und ▲ des Wilhelmshavener KK, *DKV-Kanustation*, ☎ 04421/202360, Beginn der Stadt **Wilhelmshaven**.

68,8 Rüstringer-Ⅱ.

69,8 Deich-Ⅱ.

70,3 Deich-Ⅱ.

71,0 r um Halbinsel ≏ über Damm S 1, in den Banter See, bis zum WKF 1 km u. KSW 1,5 km.

71,5 Kaiser-Wilhelm-Ⅱ, größte Dreh-Ⅱ Europas. Danach beim 2. schwimmenden Anleger nach Tonnenhof. r ≏ ca. 500 m zum Jadebusen.

72,3 = 0,0 neue Kilometrierung, ehemalige Hafeneinfahrt Wilhelmshaven, Ende des Ems-Jade-Kanals, keine Anlege- und ≏-Möglichkeit.

1,7 Jade-□, z. Zt. größte See-□ Europas, keine ≏-Möglichkeit, nur Mitschleusung möglich. **Wilhelmshaven**, Industrie- und Seehafenstadt, ★.

5.2 Fehntjer Tief

Wanderfluss - Marschenfluss
Mündung in Ems (r Nebenfluss)

Das Fehntjer Tief entwässert das östlich von Emden und südlich vom Ems-Jade-Kanal liegende Gebiet. Sehr einsam, sehr gewunden. Durch Befahrung der verschiedenen zur Ems und zum Ems-Jade-Kanal abzweigenden Tiefs ergibt sich, insbesondere bei Befahrung des etwa parallel verlaufenden Rorichumer Tiefs, eine große Zahl möglicher Rundfahrten. Die Mitnahme der topographischen Karten 1:50 000, Nr. 2708 (Emden) und 2710 (Leer), wird empfohlen.

Befahrungsregeln: Befahrung nur zwischen Sonnenauf- und -untergang, anlegen verboten; betroffen sind Fehntjer Tief zwischen km 18,4 und 24,0 sowie das Ayenwolder Tief zwischen km 0,0 - 4,0.

0,0 Kessel-□ Emden, sehenswert, in der □ treffen sich Ems-Jade Kanal und Fehntjer Tief/Stadtgräben Emden, kaum noch Berufsschifffahrt, da zu klein.

1,0 l ↓ Borßumer Kanal zum Treckfahrtstief (Verbindung zum Großen Meer), danach Kreuzung mit dem Verbindungskanal Ems-Jade-Kanal und Dortmund-Ems Kanal, l Verbindungs-□.

3,0 l ↓ Neues Tief zum Uphuser Meer, von dort in 3,5 km über das Kurze Uphuser Maar zum Ems-Jade Kanal bei km 6,7.

4,2 l ↓ Stinkende Riede oder Ridding, steht unter Naturschutz, daher **X**.

5,0 r → Pettkumer Sieltief, in 1,6 km zum Dortmund-Ems-Kanals und in 3,5 km zur Ems.

5,5 Pettkumer Klappe, ✕, alte Klapp-Ⅱ mit Handbetätigung.

8,7 r → Lange Maar, in 1,9 km zum Dortmund-Ems Kanal.

10,0 Straßen-Ⅱ, Oldersumer Hammrich, danach r → Großes Tief, Vorsicht bei Ebbstrom. Es führt 3,8 km nach Oldersum. Über das anschließende Ayenwohlder Tief kann man zurück zum Fehntjer Tief kommen und damit eine Rundfahrt von insgesamt 31 km machen.

12,5 **Ippenwarf**, Bootsanleger.

15,0 l ← Sengesiel, in 2 km nach Simonswalde, flach.

16,0 r → Heuwieke (Verbindung zum Rorichumer Tief (2 km) und in 6,5 km nach Oldersum).

17,7 r ↓ Kattdarm zu verlandeten Meeren, ehemalige Verbindung zum Rorichumer Tief, NSG, **X**.

18,4 l ↓ Krummes Tief von Ihlow, 4 km von Ihlowerfehn, 4,5 km, schönes Waldgebiet. r → Kanal mit Verbindung zum Kattdarm, NSG, **X**.

23,0 Teilung des Fehntjer Tief. l nördlicher Arm: in 4 km nach Westgroßefehn, Straßen-Ⅱ, ab hier neuer Name: Flumm. r südlicher Arm: ehem. Abzweigung des Großefehner Schifffahrtskanal, wegen Dammeinbauten **X**.

24 r → Ayenwolder Tief (später Rorichumer Tief) (siehe Bemerkung bei km 10).

0,0 Ausfluss aus Fehntjer Tief. Es folgen 3 Ⅱ.

2,6 Kreuzung einer Hochspannungsleitung, l Hatshausen. Danach 2 weitere Ⅱ.

3,8 Kreuzung Kattdarm, NSG, **X**.

5,6 Kreuzung Warsingfehnkanal, r **X**, Autobahn-Ⅱ·A 31.

6,6 Kreuzung der Heuwieke, → zum Fehntjer Tief, 2 km.

9,2 EB-Ⅱ

10,6 Ⅱ, Siedlung Neue Straße.

11,0 Ⅱ Rorichum, Bootsanleger.

12,0 **Oldersum**, über ☐ Verbindung zur Ems und zum Dortmund-Ems-Kanal, Werft, r ↓ des Großen Tief, 4 km bis Fehnter Tief.
25,5 Straßen-Ⅱ Leer - Aurich, direkt danach l Bootshafen und ▲ C Timmel.
25,6 Timmeler Meer, Südufer Uferbetretungsverbot.
25,9 und 26,3 r → Boekzeteler Meer, NSG, **X**.
27,2 l ← Bagbander Tief mit Timmeler Tief, wegen Abdämmung nur kurze Strecken ≋. Ab hier: Neuefehnkanal mit 2 ■.
29,4 Damm Sauteler Tief, km 6,7, ≙ (s. „Kanu-Wanderbuch für NW“).

5.3 Sagter Ems Leda

Die beiden Flüsse werden in durchlaufender Kilometrierung beschildert. Die Leda und ihre Nebenflüsse stehen unter dem Einfluss der Gezeiten.

0,0 Düker unter Küstenkanal, km 38,1; übliche ⬇ für die Befahrung der Sagter Ems. Man erreicht die ⬇ von der B 401 über eine Sackgasse zum Küstenkanal.
0,1 Ⅱ B 401.
1,4 Ⅱ B 72.
2,5 Ⅱ, r **Sedelsberg**.
6,0 Ⅱ B 72.
9,2 Ⅱ B 72.
10,0 **Scharrel**.
10,5 EB-Ⅱ.
11,8 Ⅱ, l **Hollen**.
14,5 EB-Ⅱ.
15,0 **Ramsloh**, l Kirche Ramsloh, ab hier Tideneinfluss.
16,0 Ⅱ, r „Sonnenau“ Wochenendhäuser. **Strücklingen**.
18,5 Ⅱ nach Barßel, Strücklingen.
24,0 Klapp-Ⅱ **Bokelesch**. r Bootsanleger Osterhausen.
25,0 ↓ des Elisabethfehn Kanals (er stellt eine 15 km lange Verbindung zum Küstenkanal bei km 29,3 dar, s. „Kanuwanderbuch für NW“).
25,6 ↓ in Leda. r geht der Dreyschloot-Kanal ab. Er stellt die Verbindung zum Barßeler Tief - Leda her (1 km).
28,0 Ⅱ B 72.
31,0 Potshauser Ⅱ (Klapp-Ⅱ). l **Potshausen**.
33,0 l ↓ Hauptfehnkanal.
39,0 Ⅱ, r **Amdorf**.

40,5 Fähre Wiltshausen, r ↓ Jümme (s. „Kanuwanderbuch für NW“).

43,0 r Loga (Leer), Rampe gesperrt.

44,0 Ⅱ B 70.

45,0 Gezeiten-Sperrwerk, meist offen.

46,0 EB-Ⅱ.

48,0 r **Leer**.

49,0 ↓ in Ems bei km 14,2 (s. AB).

5.4 Hase

Kleinfluss - Wanderfluss
Mündung in Ems (r Nebenfluss)

Die Hase ist ein streckenweise landschaftlich recht reizvoller Wiesenfluss, ohne besondere Schwierigkeiten zu befahren.

Befahrbarkeit: Oberlauf nur bei HW, ab Mittellandkanal ganzjährig.
Gewässergüte: im Wesentlichen II (mäßig belastet), teilweise II-III (kritisch belastet).

160,5 Ⅱ, Uhlenberg, ⬇ bei HW, die Folgestrecke bis Mittellandkanal ist beschrieben im „Gewässerführer für NRW“.

119,3 Düker Mittellandkanal, Nordseite.

117,0 Ⅱ B 68, danach Ⅱ B 218 und Ⅱ Bramsche - Gartenstadt.

116,9 ⌂ KC Bramsche, empfohlene ⬇.

115,9 Grundschwelle, ≋. Vorsicht bei NW!

114,2 Grundschwelle, Vorsicht!

112,5 ▬ (Verteilerbauwerk), am Bootssteg ↱. Der l Arm ist der Alfseeableiter. Seine Befahrung ist möglich, aber wenig empfehlenswert. Man gelangt nach 11,2 km und sieben ▬ in die Tiefe Hase bei km 99,3. Ehemalige Flussteilung in Hohe und Tiefe Hase besteht nicht mehr. Befahrung der Hohen Hase kaum möglich, da sehr weites ⌓, S 3. Der Wasserstand der Hohen Hase wird vor dem ▬ durch Rohrzulauf reguliert. Zumeist ⌓ für die Weiterfahrt in den r Arm (Tiefe Hase).

Tiefe Hase

112,5 Stauschwelle 7, r ≋.

111,1 Stauschwelle 6, r ≋.

110,7 Ⅱ Hesepe - Malgarten.

110,2 r Verbindungsgraben zur Hohen Hase mit altem Wasserablass, sehenswert, guter Rastplatz.

107,6 Ⅱ, danach Stauschwelle 5, ≋, evtl. ansehen.

106,9 Stauschwelle 4, ≋.
105,1 Ⅱ Rieste - Malgarten und EB-Ⅱ.
104,7 Stauschwelle 3, ≋, **Rieste**; nach 70 m Spundwand quer über den Fluss, bei NW evtl. ≙.
104,3 Ⅱ zum Kloster Lage, ★.
103,6 Ⅱ Alfhausen - Neuenkirchen.
102,2 Stauschwelle 2, ≋.
100,5 Stauschwelle 1, ≋. Nach 400 m Ⅱ.
99,8 r ↓ Nonnenbach (s. „Gewässerführer für NRW“), nach 300 m Ⅱ.
99,3 l ↓ Durchleiter vom Alfsee, Ende der Tiefen Hase.

Hase

95,8 l Bootshafen Gymnasium Bersenbrück, sehr gute ⬇/⬆.
95,5 **Bersenbrück**, ▬, X, l ≙. Nicht in l Arm fahren! Er führt zur Mühle Bersenbrück, hier ≙ nicht möglich.
94,4 Ⅱ B 214.
93,4 ▬ Hinkamps, X !! dahinter Eisbrecher, gefährlich, keine Warnschilder. r ≙, S 2.
85,9 ▬, stets offen, ≋.
84,2 ▬, stets offen, ≋.
83,1 Ⅱ Badbergen - Dinklage.
79,2 **Quakenbrück**, 2. Flussteilung. r ▬, X, r ≙.r ⌂ des WSV Quakenbrück, nicht bewirtschaftet, ▲. Der geradeaus führende Arm läuft durch die Stadt, X.
78,8 Ⅱ, 🍴 „Schützenhof“.
78,1 Ⅱ Quakenbrück - Dinklage.
76,4 Ⅱ Quakenbrück - Bevern.
75,6 r ↓ Bünne - Wehdeler Grenzkanal.
75,2 ▬ Brokhagen, r Bootsgasse, nach Besichtigung ≋, Achtung Steine!
72,6 ↓ B 68 und EB-Ⅱ.
70,2 r ↓ Lager Hase (s. „Gewässerführer für NRW“).
68,6 ▬ Farwik, Steinschüttung, Stege zum ≙.
67,1 Ⅱ Neubunnen - Brooksteek.
61,0 Ⅱ Böen - Menslage.
60,5 l ↓ Bühner Bach.
59,0 r ↓ Löninger Mühlenbach (s. „Gewässerführer für NRW“).
58,5 Ⅱ, Stadt **Löningen**, Bootsanleger, Parkplatz.
58,1 Ⅱ Löningen - Angelbeck.
49,3 Ⅱ **Westrum**.
48,0 Ⅱ Hölze - Aselage.
44,0 Ⅱ **Herzlake**, davor r Steg am Sportzentrum, ⬇/⬆, Parkplatz, von der Hauptstraße mit „Bootsanleger“ ausgeschildert. Bis ↓ sehr reizvoll.

41,6 r ↓ Südradde (s. „Gewässerführer für NRW“).
36,2 Ⅱ, Haselunne - Andrup, dahinter ▲ C.
35,0 r NSG, Wachholderhain, Hügelgräber, ★.
33,0 r Haselünner See.
32,0 Ⅱ Stadt **Haselünne**, 100 m nach der Ⅱ r gute ⬇, Ⅱ B 213 und B 402.
23,2 Ⅱ Bückelte - Hamm, beliebte ⬇ für Tagesfahrten bis Meppen.
18,0 r ↓ Mittel-Radde (s. „Gewässerführer für NRW“).
12,0 Fußgänger-Ⅱ, **Dörgen**.
8,0 Ⅱ **Bokeloh**, gute ⬇/⬆, altes ✕ „Giehse“ und 1000jährige Kirche, ★.
5,0 l ↓ Teglinger Bach, r Vogelschutzgebiet „Haseinsel“.
1,8 EB-Ⅱ.
0,0 l ↓ Dortmund-Ems Kanal, km 166,6 Höltingmühle, r ⌂ WSV Meppen, ▲. 🚌 und Stadt 10 Minuten.
0,0 ↓ in Ems bei km 123,5. Ems aufwärts Steg, gute ⬇/⬆, Parkplatz.

Gewässer in Ostfriesland

Als „Ostfriesland“ wird im allgemeinen das Land zwischen Ems und Jadebusen bezeichnet. Die „Krummhörn“, deren Gewässer eine gewisse Eigenständigkeit haben, ist der südwestliche Teil von Ostfriesland, westlich des Großen Meeres. Landschaftlich unterscheidet man die Geest, das Inland, meist etwas höher gelegen, die küstennahe fruchtbare Marsch und dazwischen die kultivierten Moorgebiete mit den Fehnsiedlungen. Durch verheerende Sturmfluten vor allem im 14. und 15. Jahrhundert hatte die See weite Bereiche überschwemmt, die in mühevoller Arbeit zurückgewonnen wurden. Neben den natürlichen Wasserläufen entstanden die Tiefs, Gräben und Kanäle zur Entwässerung und Schifffahrt, an welche die Moorkanäle angeschlossen wurden. Die an der See endenden Tiefs sind heute meist durch Siele (Deichschleusen), oft mit Schöpfwerken versehen, abgeschlossen und haben deshalb, mit Ausnahme der Leda, keinen Tideneinfluss. Eingebunden in das Gewässersystem sind die flachen Moorseen, Meere genannt, ergänzt wird es durch den Ems-Jade-Kanal aus dem vorigen Jahrhundert, heute für die Berufsschifffahrt ohne Bedeutung, und den Küstenkanal zwischen Ems und Oldenburg.

Die meisten Gewässer haben keine oder nur geringe Strömung, Ausnahme ist die Leda mit Nebenflüssen, wo sich die Tide bis in die Oberläufe auswirkt. Sie führen vielfach durch einsame und landschaftlich reizvolle Gegenden mit teilweise interessanter Vogelwelt.

Durch die Verbindungen der meisten Gewässer untereinander ergeben sich vielfältige Fahrtenmöglichkeiten, häufig sogar als Rundkurse, die im Zusammenhang mit einem Urlaub an der Nordsee mit Fahrten im Wattenmeer zu den Inseln durchgeführt werden können. Es wird aber ausdrücklich darauf hingewiesen, dass Fahrten auf der Nordsee, hierzu gehört auch der Bereich des Wattenmeeres, nur dann unternommen werden können, wenn Boot und Ausrüstung völlig in Ordnung sind und genügend Kenntnisse über solche Fahrten und deren Gefahren bestehen. Alles andere ist Selbstmord und bringt den Kanusport in Verruf!

Zeltmöglichkeiten: bei den Bootshäusern des WSV Norden, Wilhelmshavener KK und Emder KC; diese Vereine erteilen auch Auskünfte, außerdem mehrere ▲ C. Im Bereich der Krummhörn, wo ▲ rar sind, sind dies insbesondere die ▲ C in Norddeich, Krummhörn 1-Upleward (bei Emden, direkt am Deich), Bedekapsel an der Ostseite des Großen Meeres und ▲ an der Knock.

Bei der Unzahl von kleinen Tiefs, Moorkanälen und Querverbindungen ist es unmöglich, eine erschöpfende Beschreibung aller Fahrtenmöglichkeiten zu geben. Es bleibt somit viel Raum für persönliche Unternehmungslust und Entdeckungsfreuden. Die Mitnahme genauer Landkarten ist allerdings unerlässlich. Es kommen dafür in Frage die „Deutsche Generalkarte", Bl. 3 und 4 (Maßstab 1:200 000), besser noch die topographischen Karten im Maßstab 1:50 000.

Abweichend von der sonst in diesem Band üblichen Anordnung der Gewässer, aufgelistet nach Flüssen und deren Nebenflüssen, werden daher für den Ostfriesischen Raum zunächst Wandervorschläge gebracht, die über mehrere Gewässer führen, die vielfach an anderer Stelle ausführlich beschrieben sind.

Unterlagen: „Kanuwandern in Ostfriesland", s. Quellenverzeichnis.

1. Wanderwege nach Ostfriesland.

Die Ostfriesischen Gewässer können auf dem Wasserweg auf mehreren Routen erreicht werden.

Wanderweg I, Oldenburg - Ostfriesland.
Dieser Wanderweg führt von Oldenburg nach Leer. Hierzu kann bereits in der Oberen Hunte, etwa ab Wildeshausen (s. AB) aber auch an den zahlreichen Kreuzungspunkten des Wasserweges mit guten Straßen eingesetzt werden. Der Weg vermittelt ein sehr abwechslungsreiches Landschaftserlebnis; er führt durch die waldreiche Süd-

oldenburger Geest, über den Küstenkanal (s. AB) mit den weiten Moorflächen beiderseits, durchquert die Moor- und Geestflächen Ostfrieslands und endet bei der Mündung des großen Binnenstromes Leda-Jümme in der breit der See zuströmenden Ems.

Wildeshausen - Obere Hunte - Oldenburg. 41,7 km
Oldenburg - Küstenkanal - Soestedüker 29,1 km
hier ≏ in die Soeste oder bereits bei Langendamm nach ca. 13 km am Düker in die Vehne r ≏, in 11 km zur Aue (s. Wanderweg III).
Soeste bis Barßel, ab hier Tideneinfluss und Beginn des Barßeler Tief. 21,0 km
Barßeler Tief bis r ↓ Nordloher Tief 2,0 km
(hier endet der Wanderweg III, s. dort).
Barßeler Tief von ↓ des Nordloher Tief bis ↓ des Dreyschlot-Kanales, der in westlicher Richtung die Verbindung zur Sagter Ems und Leda herstellt
(s. Wanderweg II). 4,0 km
Ab hier als Jümme bis r ↓ Aper Tief 5,0 km
(Oberlauf: Große Süderbäke, ≋ ab Straßen-][Hüllstede, bis Apen 15,1 km, von dort als Aper Tief bis zur Jümme 10,6 km, Tideneinfluss ab 3 km oberhalb ↓ Große Süderbäke)
Jümme von ↓ des Aper Tiefs bis → des Nordgeorgsfehn-Kanals. 7,0 km
(Weiterfahrt auf Kanal s. Wanderweg IV)
→ Nordgeorgsfehn-Kanal bis ↓ in die Leda bei Fähre Wilthausen 12,5 km
Leda bis ↓ in die Ems bei Leerort, kurz vor der ↓ befindetsich das Leda-Sturmflutsperrwerk. 9,0 km
Die Gesamtlänge dieses Wanderweges beträgt 131,3 km

Wanderweg II Osnabrück und Ruhrgebiet - Ostfriesland

Von Südwesten aus wird Ostfriesland entweder auf der Ems, von der über den Dortmund-Ems-Kanal Anschluss an das Ruhrgebiet besteht, oder von Osnabrück auf der Hase erreicht. Auch dieser Weg führt durch eine abwechslungsreiche Landschaft.

Ems von Meppen bis → Küstenkanal 38,0 km
Küstenkanal bis Sagter-Ems Düker (km 38,1) 21,8 km
Auf Sagter Ems über Scharrel, Ramsloh (ab hier Gezeiteneinwirkung) zum Dreyschlotkanal, Länge 1 km. 32,0 km
Ab hier entweder in östlicher Richtung zur Jümme mit Anschluss an den Nordgeorgsfehn Kanal (s. Wanderweg I) oder weiter, jetzt Leda genannt, bis zur ↓ der Jümme. 18,0 km
↓ der Jümme bis zur ↓ in die Ems bei Leerort. 9,0 km
Die Gesamtlänge dieses Wanderweges ab Meppen beträgt 118,8 km

Leer kann natürlich ohne Benutzung des vorgeschlagenen Weges direkt auf der Ems erreicht werden.

Wanderweg III, Zwischenahner Meer - Ostfriesland
Dieser Weg ist als Zubringer-Wanderweg zu den übrigen zu betrachten. Er führt als Aue vom Südwestufer des Zwischenahner Meeres (s. „Kanuwanderbuch für NW"), über Rostrup und Edewecht (Die Aue ist nicht immer ≋. Vorher beim Kärweg in Zwischenahn anfragen.) bis l ↓ Vehne (s. Wanderweg I), ca. 11 km weiter bis Godensholt (28 km), von hier als Godensholter Tief bis r ↓ des Nordloher Kanals, jetzt als Nordloher Tief bis zur ↓ ins Barßeler Tief. Fortsetzung nunmehr auf dem Wanderweg I.

Gesamtstrecke 38,0 km

Wanderweg IV, Jümme - Kleines und Großes Meer
Dieser Weg stellt die Verbindung zwischen den Wanderwegen I - III und den Gewässern der Krummhörn her. Er beginnt an der → des Nordgeorgsfehn Kanales, der mit 8 □ ≏ zum Ems-Jade-Kanal führt. Der Besuch der großen Treibhauskulturen in Wiesmoor ist anzuraten. Auf dem Ems-Jade-Kanal wird in westlicher Richtung durch ≏ in die Ehe das Große Meer erreicht.

Nordgeorgsfehn ab Jümme bis Ems-Jade-Kanal.	32,0 km
Ems-Jade-Kanal bis zur ≏-Stelle in die Ehe	26,9 km
(≏ auch an anderen Stellen möglich, s. Ems-Jade-Kanal)	
Ehe bis zur ↓ in das Kleine Meer oder Hive (s. Gewässer der Krummhörn)	8,0 km
Gesamtlänge des Wanderweges	64,9 km

Vom Kleinen Meer (Hive) sind alle Gewässer der Krummhörn (s. dort) zu erreichen.

2. Gewässer der Krummhörn

Hauptort im Norden ist das malerische Fischerdorf Greetsiel mit guten (aber nicht sehr preiswerten) Gastwirtschaften und Gelegenheiten zum Fischerkutterfahren. Von hier kann das Norder Tief durch das neue Verbindungstief erreicht werden (⌂ des WSV Norden mit ▲ (s. Norder Tief). Über Emden mit ⌂ und ▲ des Emder KC am Larrelter Tief, malerische Fahrten auf den Stadtkanälen, bestehen Anschlussmöglichkeiten zur Ems, zum Dortmund-Ems-Kanal, über die Kessel-□ zum Ems-Jade-Kanal und zum Fehntjer Tief.

Auskunft gibt: Emder KC, *DKV-Kanustation*, H. Meisner, Edenhuizenstraße 12, 26736 Krummhörn, ☎ 04923/7069.

Bei Befahrung der Gewässer der Krummhörn wird die Mitnahme von topographischen Karten 1:50 000 Nr. 2508 (Norden) und Nr. 2708 (Emden) sehr empfohlen.

a) Dreimeeresfahrt, Gesamtstrecke 28,2 km (ab ⌂ EKC 32 km)
Abwechslungsreiche Fahrt: Stadtgebiet Emden, schöne Ortsdurchfahrten in Hinte und Loppersum, interessante Vogelwelt (Reiher, Trauerseeschwalben, Austernfischer u. a.) am Großen Meer.

Das Große Meer (450 Hektar, 4,5 km lang, 1 km breit) und die Hieve oder Kleines Meer, sehr flache Binnenseen mit breiten Schilfrändern, sind Reste der ostfriesischen Urlandschaft. Der südliche Teil des Großen Meeres ist Naturschutzgebiet, Befahrung verboten. Er kann durch Befahrung des neuen Ringkanals umgangen werden, der in die Hieve mündet. ▲ ist im gesamten Gebiet des Großen Meeres verboten mit Ausnahme des ▲ C in Bedekapsel.

Kessel-□ Emden Treckfahrtstief - Kurzes Tief bis Hieve 6,8 km
Hieve-Hannewarkstief-Großes Meer-Norder Riede bis Loppersumer Meer. 6,5 km
Loppersumer Meer - Knockster Tief bis Hinte. 8,1 km
Hinte - Hinter Tief - Emden, Kessel-□.

b) Altes Greetsieler Sieltief, 17 km
⬇ Nähe der beiden Windmühlen, sehr einsam, niedrige Ufer.
Greetsiel - Eilsum (r → Uttumer Tief, nach Bevenburg.) 5,5 km
Eilsum - Grimmersum - r ↓ Abelitz. 6,7 km
(Abelitz ≋ ab Upgant-Schott auf ca. 8 km)
Ab hier auch Loppersumer Tief genannt.
Variation: in Aland 1 km vorher r abbiegen, nach Bevenburg, gleiche km.
↓ Abelitz-Dwarstief(nach 1 km l ↓ Abelitz-Moordorf Kanal, s. unten). 4,8 km

c) Neues Greetsieler Sieltief, 16 km
⬇ Nähe der beiden Mühlen, einsam, schmal und teilweise tiefer eingeschnitten.
Greetsiel-Visquard-Pewsum (ab hier auch Sielmönker Tief). 9,0 km
(r → Pewsumer Tief, in 7 km zum Knockster Tief)
Pewsum-Hinte. 7,0 km

d) Abelitz-Moordorf-Kanal
Die Abelitz ist ein natürlich erhaltenes Entwässerungstief ohne Staustufen. Sie beginnt nördlich von Marinehafe am Störtebecker Tief. Sie

bietet Möglichkeiten ins Alte Greetsieler Tief, ins Loppersumer Tief und über das Marscher Tief in das Große Meer zu fahren. Auf etwa halber Strecke knickt die Fahrtrichtung stark ab.

0,0 ⌶; Marienhafe Mühlenoog.
2,0 ⌶ Marinehafe-Wirdum, ✕ „Schother Piepe", ⬇/⬆.
4,0 l ↓ Maar, **X**, Steg und Parkplatz.
7,0 r Hügel am Ufer, Deichreste.
9,5 Vor der ⌶ → Verbindung zum Alten Greetsieler Tief.
10,0 ← hinter der ⌶ in den Abelitz-Moordorf-Kanal.
13,5 r ↓ Marscher Tief, Verbindung zum Großen Meer.
14,0 l ↓ Schweitief, zum Bootsanleger Engerhafe 2 km.
15,0 EB-⌶ Emden-Norddeich.
17,0 r Ortsteil **Georgsheil**.
18,0 ⌶ B 70, ⬇ oder ⬆ hinter der ⌶.Weiterfahrt in Richtung Viktorbur meist wenig Wasser und verkrautet (s. „Kanu-Wander buch für NW").

e) Westerender Ehe
≋ ab Aurich bei gutem Wasserstand, ca. 17 km bis zur Hive; nach 9 km l zum Ems-Jade Kanal, km 15,5, danach ↓ in Ringkanal und weiter zur Hive, Fahrten direkt zum Großen Meer sind verboten, da NSG.

f) Knockster Tief, 15,5 km
Wichtigstes Entwässerungstief im Süden zwischen Großem Meer und Knock (Außen-Ems). Nimmt u. a. auf: Altes und Neues Greetsieler Sieltief und Pewsumer Tief, Hinter Tief von Emden, Larreiter Tief von Emden.

Ausfluss der Nordriede aus dem Großen Meer	8,0 km
Hinte - ↓ Pewsumer Tief.	7,5 km
↓ Pewsumer Tief - Knock.	8,0 km

g) Neues Verbindungstief Leybuchtsiel-Greetsiel - Leysiel
0,0 Leybuchtsiel, jetzt ⊓, r ⏏ vom Norder Tief kommend.
5,3 Klapp-⌶.
5,6 Einfahrt l zum Hafen Greetsiel, 1 km bis zum Hafen, hier Weiterfahrt über neues und altes Greetsieler Tief möglich.
12,5 neues Leysiel, ☐ zur Leybucht/Nordsee. Siehe Norder Tief abwärts

Wanderfluss - Marschenfluss bis Leybuchtsiel
Weiter über Verbindungstief nach Leysiel, hier
Mündung in Nordsee (Leybucht)

Das Norder Tief entwässert die bei Norden gelegenen Niederungsgebiete. Die Befahrung verschiedener Seitenarme sowie die Möglichkeit der Ausführung von Rundtouren ergeben sehr vielfältige und reizvolle Fahrten.

Bei Fahrten auf den Gewässern der Krummhörn kann das Norder Tief von Greetsiel aus mit einer 6,5 km langen Fahrt auf dem neuen Verbindungstief erreicht werden.

Befahrbarkeit: Norder Tief und Verbindungstief ganzjährig; Befahrung der Seitenarme bis zu ihrem Endpunkt sowie die Rundtouren nur bei gutem Wasserstand. Dies ist der Fall, wenn die breite Stufe des WSV-Anlegers überspült ist.
Zeltmöglichkeit: WSV Norden, *DKV-Kanustation*, ☎ 04931/3955, gut geeignet als Standort für Fahrten im Binnenland und im Wattbereich, auch als Ferienaufenthalt. 🚌 10 Minuten.
Kilometrierung: Angaben beim Norder Tief ab WSV; die der Nebengewässer ab ihrer Einmündung.

Norden, ★: Ludgerikirche, altes Rathaus, Bürgerhäuser, Seehundaufzuchtsstation, größte Kornbrennerei Europas (Dornkaat), Besichtigung im Sommer möglich; in 4 km Entfernung Norddeich, direkt an der See gelegen.

Norder Tief abwärts (Richtung Leybucht):

0,0	⌂ WSV **Norden**, *DKV-Kanustation*, ☎ 04931/3955.
1,0	Klärwerkszaun hinter dem Einfluss.
2,0	r ↓ Langhauser Tief
0,5	Gastmarschersiel, Neuländer Tief (Rundtour 3).
1,0	Schafweg (2. Ɪ).
2,0	Wieben, Ɪ, l bis Kleinlanghaus 0,5, Mittelmarsch 1 km. Weiterfahrt nach Norddeich (km 5,5) nur bei extrem hohen Wasserstand.
2,5	Spargeltuun (l Buschgruppe, r Ankerverbot-Schild).
4,0	l ↓ **Addinggaster Tief**
1,0	Altes Schleusenhaus l.
1,5	Kartoffeldeich l.

2,0	Wurzeldeicher Ⅱ.
2,5	Zweite Wurzeldeich-Ⅱ.
3,0	Wäldchen, r Osteeler Schlicktief.
3,5	l ↓ Nördl. Tiefarm (nach Leegemoor/Straßen-Ⅱ 3 km, s. Rundtour 2).
4,5	kl. Ⅱ. Dann EB-Ⅱ, Nadörst Ⅱ B 70.
5,0	▬ Nadörst, l ⏏ (ab hier Berumerfehn Kanal).
7,0	r Motodrom Halbemond.
8,5	**Halbemond**, Ⅱ.
9,0	▬ Halbemond, r ⏏. (Weiterfahrt durch Berumerfehn bis Kanalende nur im zeitigen Frühjahr möglich.)
5,0	**Neuwesteel** (Störtebeker-Anleger l).
6,5	r ↓ **Altmarscher Tief**
0,5	Ⅱ „Altes Zollhaus“.
1,5	Ⅱ Charlottenpolder, l Bauernhof mit Kolk.
2,0	↓ in Neuländer Tief (r zum Gastmarschersiel, s. Rundtour 3).
3,0	l ✕ „Leybucht“, 2 Ⅱ.
7,0	l Baumgruppe, r NSG-Insel, Umrundung nicht möglich, da r Arm gesperrt.
7,5	▬ Leybuchtsiel, Sieltüren und Klapp-Ⅱ, l Schöpfwerk und Sammelbecken. Ende des Norder Binnentiefs, r vom Siel ⏏ in Neues Verbindungstief Leybuchtsiel-Greetsiel - Leysiel (s. AB).

Norder Tief, aufwärts (in Richtung Hage)

0,0	WSV **Norden**
1,0	l Krankenhaus.
1,5	r ↓ Schlicktief.
2,0	Kolkbrücker Weg-Ⅱ.
2,5	Torfweg-Ⅱ („Hundebrücke“).
	l ↓ Sieltog
1,0	l OTB (s. Rundtour 1).
3,5	r Hof „Sieltog“
4,0	Straßen-Ⅱ Osterloog (Wendebucht für Zweier).
3,0	← Marschtief
1,0	Pumpwerk l.
3,0	Steinweg-Ⅱ Ostermarsch (Holz-Ⅱ).
3,5	l **Wahlschloot** (Ⅱ Wilhelmsfeld 3, Landstraßen-Ⅱ „Weiße Floh“ 4 km), Kaakweg-Ⅱ (kurz hinter Wahlschloot).
4,5	Breiter Weg-Ⅱ, zuvor ← Hilgenrieder Tog, **X**.
5,5	Hochspannungsleitung kreuzt, r markantes Ufer-Dreieck.
6,0	Hilgenrieder Straße, alte Backstein-Ⅱ „Anno 1866“ (bis hier ist das Marschtief ständig ≋).
7,5	Ⅱ **Westdorf**, danach r ↓ der Blandorfer Ehe, **X**.
9,0	Ⅱ Ostdorf - Neegrobeer.

12,0 Ende Marschtief im Harketief (→ nach Blandorf-Wichte s. Rundtour 6).
13,5 ← Straßen-Ɪ **Neßmersiel** (lange, enge Durchfahrt, Anlauf !!).
14,0 Siel und Stau Neßmersiel/Osterdeich. (r kl. Treppe, Aussicht auf Inseln und Watt, l 🍴).
4,0 Schulweg-Ɪ (letzte Ɪ vor dem Wald).
5,0 Kaakweg-Ɪ, **Lütetsburg**.
6,0 Breiter Weg-Ɪ **Hage**.
6,5 Bahnhofstraßen-Ɪ.
7,5 **Berum**, Ostermarscher Landstraßen-Ɪ (r davor Pegel).
9,0 Ɪ **Blandorf** - **Wichte** (ab hier eine Rundtour von 11 km möglich, s. Rundtour 6).
0,0 ←.
1,0 Marienhof l (2. Ɪ).
2,5 r Hof Lottjeshausen, hinter der Ɪ kreuzt die Blandorfer Ehe (hier **X**).
3,0 Hof Kantjeburg r.
4,0 Westdorfer Ehe l. **X**, → durch Ɪ: Altes Tief (über Quattief-Blandorfer Ehe nach Blandorf-W., s. Rundtour 6).
5,0 Ort Harketief, Straßen-Ɪ.
5,5 r Norderoster Tog.
6,0 ← Marschtief (s. Rundtour 5).
7,5 Neßmersiel, Straßen-Ɪ (lange, enge Durchfahrt, Anlauf !!).
8,0 Siel und Stau Neßmersiel/Osterdeich (s. o.). In Blandorf-Wichte geradeaus unter der Bahn hindurch:
11,5 ← Blandorfer Ehe (s. Rundtour 6).
12,0 Straßen-Ɪ **Westerende**.
14,0 Stau- und Straßen-Ɪ **Großheide**. Stau ist meist offen, Weiterfahrt lohnt nicht, da nach ca. 500 m zu schmal und seicht.

Rundtouren (siehe Befahrbarkeit)

1	WSV - Rinke - Norddeich/Bahn-Ɪ - OB - WSV	17 km
2	WSV - Siedlungsschloot - Leegemoor - Wurzeldeich - WSV	13 km
3	WSV - Gastmarschersiel - Neuländer - Altmarscher Tief - Neuwesteel - WSV	16 km
4	WSV - Altmarscher Tief - Langhauser Tief - Mittelmarsch - Wieben - WSV	21 km
5	WSV - Marschtief - Neßmersiel/Siel - Harketief - Blandorf-Wichte - WSV	34 km
6	Blandorf-Wichte - Blandorfer Ehe - Quattief - Altes Tief - Kantjeburg - Blandorf - Wichte	11 km

Hinweis:

Neßmersiel ist sicherer über Blandorf-Wichte zu erreichen, da das Marschtief im Oberlauf bis Westdorf im Sommer leicht verkrautet und dort nur seicht ist. Beide Strecken sind etwa gleich lang (17 km).

7 Harle

Wanderfluss
Mündung in Nordsee

Die Harle war früher ein Schifffahrtsweg; sie ist jetzt ein Entwässerungstief. Über alte Sielorte bestehen Verbindungen zur Nordsee. Keine Strömung.

0,0	Ⅱ über Südertief, **Ardorf**.
3,7	Zusammenfluss Norder- und Südertief.
7,2	▬, Rechenanlage, **X**, r ⌓, bis hierher nur bei gutem Wasserstand ≋.
7,3	Ⅱ Wittmund - Friedeburg, Parkplatz, Freizeitpark und Erlebnis Bad Isums, ▲ C, empfohlene ⬇ für die Befahrung der Harle.
8,8	Ⅱ **Dohusen**.
9,3	Ⅱ B 210, ⬇-Möglichkeit, 15 Min. Fußmarsch zur Stadtmitte.
9,4	FB-Ⅱ WHV-Esens.
9,8	Ⅱ nach **Eggelingen**, ⬇.
11,2	Ⅱ B 461 **Mosewarfen**, ⬇.
14,2	r → Berdumer Leide, ≋ bis zur B 461.
15,4	⌂ BSC Burhafe, ▲-Möglichkeit. Schlüssel über ☎ 04462/7890 oder ☎ 04462/3388.
16,9	Ⅱ **Endzetel**, r 1 km bis Funnix, ★.
19,9	Ⅱ **Altfunnixsiel**.
20,0	r ▲ C.
20,2	r Bootshafen mit ⌂ des WSV Harle, ▲-Möglichkeit, ☎ 04464/942122. Freizeitpark „Lüttge Land“, Kiosk u. ✗.
21,9	Ⅱ **Neufunnixsiel**.
23,7	**Briller**, Ⅱ B 461 Wittmund - Carolinensiel.
24,8	Ⅱ **Carolinensiel** mit Sieltor, wenn geschlossen ↱, ca.. 300 m links nach dem Museumshafen wieder ⬇ - Sielhafenmuseum, ★, ⛫, ✗.
25,4	l Haus des Gastes, Hallenbad.
25,8	Klapp-Ⅱ. Friedrichschleuse mit Sieltor, wenn geschlossen r ⌓, ca. 100 m, S 2. Ab hier Fahrt durch Binnenhafen, tidefrei.
26,0	Fischimbiss.
26,5	Yachthafen.

26,7 Schöpfwerk □ Harlesiel, ↓ in Nordsee, beheiztes Seewasserbadebecken, Schiffsanleger nach Wangerooge.

8 Hooksieler Tief

Wanderfluss - Marschenfluss
Mündung in Nordsee (Außenjade)

Das Hooksieler Tief war früher ein Schifffahrtsweg, jetzt Entwässerungstie f, einsam, im Frühjahr viele Wasservögel. Lohnend als Tagesfahrt ist eine Fahrt von Jever bis □ Hooksiel, zurück bis km 11, auf Verbindungssiel 2,5 km bis Crildumer Tief und auf diesem 9 km bis Jever.

0,5 Jever, alte Residenzstadt des Jeverlandes. Schloss und Stadtkirche, ★.
5,0 Ⅱ Sillenstede - Waddewarden.
11,0 l ← Verbindungstief zum Crildumer Tief (2,5 km).
12,0 ■ Sieltor, geschlossen, ⩡ über Straße und l im alten Sieltief ⬇. **Hooksiel**, altes Fischerdorf, ✕, ▲ C hinter dem Deich, Badestrand/FKK.
16,0 □ Hooksiel. Von hier aus über Außenjade nach Wilhelmshaven 18 km.

9 Ellenserdammer Tief

Wanderfluss - Marschenfluss
Mündung in Nordsee (Jadebusen)

Das Ellenserdammer Tief (das auf Teilstrecken auch Reepsholter und Friedeburger Tief heißt) führt am Rande der Geest durch Wiesen und Marschlandschaft zur Innenjade.

0,0 Ⅱ Friedeburg - Reepsholt, ⩡-Möglichkeit zum Ems-Jade-Kanal, ⬇.
2,0 r ↓ Friedeburger Tief.
2,8 ■, evtl. ≋.
5,5 Mönke-Ⅱ, r **Etzel**.
8,0 l ↓ Emder Tief, ab hier Teil des Friesland-Rundkurses; auf dem Emder Tief in 1,5 km zum Ems-Jade-Kanal bei km 57,3.
9,0 Schloss Gödens, Wasserschloss, ★.
9,8 Ⅱ **Hohemey**.

9,9 r ↓ Schiffsbalje.
10,1 Ⲯ B 436, **Alt Gödens**.
12,1 Ⲯ **Kielgroden**.
14,8 Autobahn-Ⲯ A 29 Wilhelmshaven - Ahlhorn.
15,2 Ⲯ B 69. Auf dem alten Deich verläuft jetzt die B 69.
18,6 EB-Ⲯ Wilhelmshaven - Oldenburg.
19,2 Ellenserdamm.
19,8 r ↓ Zeteler Tief.
22,1 Schöpfwerk Petershörn, falls geschlossen, r ⩃ am Slip über den Deich, S 1.
23,5 **Dangast**, ▬ Siel, r ⩃ zum Hafen Dangast 200 m, S 2. Bei NW ist das Siel offen und kann durchfahren werden, aber schlechte Anlegemöglichkeit im Außenhafen. - Im Dangaster Siel Mosaik über Entstehung und Eindeichung, außen Bronzetafel über Deichbau Ellenserdamm, ★.↓ in Jadebusen.

10 Jade

Wanderfluss - Moor- und Marschfluss
Mündung in Nordsee (Jadebusen)

Die Jade fließt durch die Friesische Balge, entstanden durch einen großen Deichbruch im Jahre 1334. Die Fahrt führt, beginnend an der Geest, durch Moor- und Marschlandschaft.

Gewässergüte: II-III (kritisch belastet).

0,0 Ⲯ B 211 bei **Loyerberg**, mögliche ⬇, im Sommer Wasser unzureichend.
0,8 EB-Ⲯ.
2,1 Ⲯ bei **Barghorn**, empfohlene ⬇.
5,1 l ↓ Rasteder oder Hanhauser Bäke.
8,0 l ↓ Südbäke.
8,2 ▬ Pumpwerk, ↰, über das Pumpwerk ⩃ und r ⬇. l ↓ Hahner Bäke oder Geestrandtief. (s. „Kanu-Wanderbuch für NW").
8,5 Ⲯ Jader Vorwerk, ab hier einsam.
11,0 Burg-Ⲯ.
12,7 Fußgänger-Ⲯ **Jade**.
12,9 Ⲯ Jaderaltendeich (Deichbau 1523).
16,0 Ⲯ Jaderaltensiel.
16,5 l ↓ Wapel.
17,0 Öl-Ⲯ.
18,6 EB-Ⲯ.

18,7 ♊ B 437, hier aussetzen, falls keine Weiterfahrt auf dem Jadebusen. Vor der ♊ r können Pkw abgestellt werden. Bauer benachrichtigen.

19,3 ■ Wapelersiel, bei Fahrtfortsetzung I ⩯, S 2. Gezeiten beachten. Start nur bei HW möglich.↓ in Jadebusen.

Stromgebiet der Weser

11 **Weser**

Wanderfluss - Mittelgebirgs- und Flachlandfluss
Mündung in Nordsee

Die Weser, einziger ausschließlich deutscher Strom, entsteht durch den Zusammenfluss von Werra und Fulda in Hann. Münden und mündet in die Nordsee bei Bremerhaven nach 433 km Lauflänge und zunehmender Mittelwasserführung von 110 bis 350 cbm/Sek. Als Bundeswasserstraße ist sie ab Hann. Münden (= km 0) aufsteigend kilometriert, alle 100 m mit weißen Pfählen die Zahlen tragen, alle 200 m Pfähle mit Ringen (ein Ring pro 200 m), alle 500 m Tafeln oder Steine mit einem Kreuz bzw. entsprechen der km-Angabe.

Die Kenntnis der Binnenschifffahrtsstraßenordnung ist Voraussetzung für eine Befahrung der Weser. Bei Kontrollen durch die Wasserschutzpolizei wird nach DKV-Ausweis mit gültiger Beitragsmarke gefragt.

Schwierigkeiten: keine, Zahmwasser.

Recht lästig ist, insbesondere an Wochenenden, der Motorbootverkehr und außerdem ist auf Strecken, die durch Tafeln für Wasserskiläufer und Wassermotorrädern ausgewiesen sind, mit Belästigungen zu rechnen. Diese Abschnitte sollten in Ufernähe zügig durchfahren werden.

Aalhamen sind im Wasser stehende Gestelle zur Befestigung der Reusen bis zur Flussmitte, Achtung bei Vorbeifahrt, auf die Durchfahrtstafel achten! Hinter den Wehren an der Mittelweser liegen meist Boote mit Auslegern als Aalhamen.

Befahrbarkeit: ganzjährig mit allen Booten.

Zeltmöglichkeit: mehrere Bootshäuser mit Zeltplatz sowie einige ▲ C.

Gewässergüte: II-III (kritisch belastet), Salzbelastung.

Der Gesamtlauf der Weser gliedert sich in drei deutlich unterschiedene Abschnitte.
1. Oberweser Hann. Münden - Minden, 203 km.
2. Mittelweser; Minden - Bremen, 163 km.
3. Unterweser, Bremen - ↓, 65,5 km.

1. Oberweser

Die Weser fließt hier in einem landschaftlich hervorragend schönen, meist recht engen und streckenweise steil ansteigenden Tal zunächst zwischen dem Bramwald im Osten und dem Reinhardswald im Westen, weiter flussabwärts in einem sich verbreiternden Tal am Westrand des Solling und des Vogler. Das Flussbett ist reguliert, mit Buhnen versehen, etwa 50 - 60 m breit, die Strömungsgeschwindigkeit beträgt 3,5 - 4 km/h, bis Hameln keine Staustrecke und kein Wehr. Die Oberweser, mit möglicher Vorfahrt auf Fulda oder Werra, gehört damit zu den interessantesten und beliebtesten Wanderflüssen Deutschlands.

Frachtschifffahrt wird im Sommer oberhalb Hameln wenig, unterhalb etwas lebhafter betrieben, dagegen besteht vom 1. Mai bis Ende September eine fahrplanmäßige Fahrgastschiffhart im täglichen Linienverkehr zwischen Hann. Münden und Hameln in beiden Richtungen sowie nach Bedarf zwischen Minden - Porta und Vlotho. Eine Reihe von Hochseilfähren verbinden die Ufer, bei Vorbeifahrt auf die Bewegung der Fähre achten!

Pkw: die Straße verläuft stets, die Eisenbahn auf verschiedenen Strecken neben dem Fluss, teilweise auch Linien-Busverkehr.
Befahrungsregeln: Bitte beachten Sie die Vereinbarung für „Nordhessische Fließgewässer" die im Februar 2001 mit dem Regierungspräsidium Kassel auf freiwilliger Basis festgeschrieben wurde (siehe Internet www.kanu-hessen.de/Flüsse). Weiter siehe Kilometrierung.

0 Ursprung der Weser durch Zusammenfluss ihrer Quellflüsse Fulda und Werra (s. AB), **Hann. Münden**. Besichtigung der alten Stadt mit herrlichen Fachwerkbauten, Renaissance-Rathaus, ★. DKV-▲ Mündender Kanu-Club, s. auch Fulda. Städt. ▲ C an der Fulda-Ⅱ (Tanzwerder). ⬇ an der Landspitze des Zusammenflusses von Fulda und Werra, hier großer Parkplatz. Von Hann. München bis Bursfelde r Ufer Naturpark Münden. ▲ nicht gestattet.

0,1 l Pegelturm Hann. Münden. Wasserstandsanzeige in cm. Höchstes Hochwasser = HHW (1946) = 750 cm.

0,3 Ⅱ B 3 Kassel - Göttingen.

0,8 l Winterhafen und Schirrhof mit Slip.

1,2 l ⛺ am Wasser.

2,1 r **Gimte** im Talkessel von Volksmarhausen, ✕, ⬇, Parkplatz.

3,5 l **Hilwartshausen**, ehem. Kloster (Reste). r ↓ Schedebach, **X**. l begleitet der Reinhardswald, r der Bramwald, erste Engtalstrecke „Ballertasche“.

9,3 l **Vaake**, hübsche Uferfront eines hessischen Dorfes.

11,4 l **Veckerhagen**, Fähre! ✕. Wanderung in den Reinhardswald wird empfohlen. r **Hemeln**, niedersächsisches Dorf.

12,1 r ▲ C.

14,0 Beginn der zweiten Engtalstrecke nach der Veckerhagener Talweitung, einsam bis km 22.

16,0 r im Bramwald 50 m über dem Fluss versteckt Ruine des sagenumwobenen Raubritternestes Bramburg.

18,7 r **Bursfelde**, Stiftskirche der ehem. Abtei mit Wandmalereien aus dem 11. Jahrhundert, ★, ✕; ↓ Nieme, **X**; l bis km 19,7 NSG „Ochsenhof“ (Vogelschutz), nicht anlanden!

22,2 l Weißehütte, ▲ C, *DKV-Kanustation*, Bootsverleih, 4 km westl. im Reinhardswald die Sababurg.

23,0 l **Gottstreu**, Hugenottendorf, landeinwärts.

24,7 r **Oedelsheim**, altes Schifferdorf, Fähre, ✕.

25,2 r ▲ C, Ermäßigung für DKV-Mitglieder. ✕ und ⛾. Neben ▲ Hallenbad.

27,5 l ▲ C, Ermäßigung für DKV-Mitglieder.

28,0 l **Gieselwerder**. Ⅱ, danach l ⬇/⬆. Schöne Ausflüge in den Reinhardswald. Aufstieg zur Sababurg mit Naturschutzpark (Tierpark, 2 - 2 1/2 Stunden).

28,8 l überdachter Rastplatz.

31,3 r **Lippoldsberg**, ✕, Fähre, frühromanische Kirche eines ehemaligen Klosters, ★. Schloss. Ende des Bramwaldes, r ↓ Schwülme (s. „DKV-Kanuführer für SW“ und „Kanuführer für NW“).

32,7 r **Bodenfelde**, 🚉. r tritt der Solling, herrliches Waldgebirge, an den Strom.

34,0 r der Kahlberg, interessanter „Umlaufberg“ (Weserdurchbruch vor vielen tausend Jahren).

34,2 r überdachter Rastplatz.

35,0 l **Gewissenruh**, Hugenottendorf (franz. Namen).

35,8 r **Wahmbeck**, Bootssteg für Ruderer und Kanuten, ✕; unterhalb beginnt dritte Engtalstrecke (Sollingdurchbruch).

44,0 l Sportboothafen, gute ⬇/⬆, Stadtbesichtigung.

44,4 Beiderseits Stadt **Karlshafen**, ★. Hugenottengründung des Landgrafen Karl 1710. Besuch der Juliushöhe über der Weser und der Krukenburg bei Helmarshausen empfehlenswert. r ▲ C, kanufreundlich, Rabatt für DKV-Mitglieder, r unterhalb Straßen-Ⅱ.

44,7 l ↓ Diemel (s. AB).

46,0 r Felspartien „Hannoversche Klippen“.

47,1 l **Herstelle**, Personenfähre, auf der Höhe einst Pfalz Karls des Großen. ✕.

47,3 r **Würgassen**, ✕, Ende des Sollingdurchbruchs.

48,3 Straßen-Ⅱ.

49,5 Kernkraftwerk (außer Betrieb).

51,7 l ⌂ und ▲ des WSV Beverungen, Anleger für Gäste des ▲ und DKV-Mitglieder, *DKV-Kanustation*, ✕. Guter Standplatz für Fahrten auf Weser, Diemel und Nethe. Vorbringen der Boote zum Startplatz mit Bus und Hänger möglich. Voranmeldung erforderlich: ☎ 05273/5335.

52,2 l ↓ Bever (s. „DKV-Kanuführer für SW“).

53,0 Ⅱ, Bootssteg für Ruderer und Kanuten, l **Beverungen**, hübsches westfälisches Städtchen. Beheiztes Schwimmbad, r **Lauenförde**. Busbahnhof·300 m, Verbindung nach Höxter und Karlshafen.

57,4 l **Blankenau** mit Herrensitz, Steg hinter Durchführung am Bahndamm, r **Meinbrexen**.

58,5 EB-Ⅱ, Beginn der vierten Engtalstrecke.

60,2 Personenfähre, l **Wehrden**, öffentlicher Anleger, überdachter Rastplatz. Im Schloss viele Jahre Aufenthalt von Annette von Droste-Hülshoff.

62,5 Schiffsanleger, ✕; r auf der Höhe Schloss Fürstenberg, Porzellanmanufaktur, gegr. 1747, mit Museum, ★.

63,6 EB-Ⅱ. Beginn des Talkessels von Höxter.

63,9 l ↓ Nehte (s. AB), l **Godelheim** mit dem Brunsberg (Ringwall), berühmt aus dem Sachsenkrieg Karls des Großen.

65,7 r **Boffzen**.

67,4 r ⌂ und ▲ WS Höxter, *DKV-Kanustation*, ☎ 05271/2164, keine Wohnwagen, Unterkunft im Hause möglich. Neben dem ⌂ ▲ C.

68,0 l **Höxter**, alte außerordentlich reizvolle, westfälische Kreisstadt. 🚉, Rathaus mit Glockenspiel, romanische Kilianskirche, viele Fachwerkhäuser, Wall, ★. Von hier aus Besuch der Benediktiner-Abtei Corvey.

68,3 Ⅱ, l 🚌.

70,9 EB-Ⅱ, unmittelbar dahinter l die weltberühmte Benediktiner-Abtei Corvey mit Kirche, ★ (Westwerk 9. Jh.). Grab Hoffmann von Fallersleben. l öffentlicher Anleger.

72,8 r Anlegesteg, 2 Rastplätze, ✕.
73,0 Weser verlässt den Solling, r **Lüchtringen**.
73,4 ♊ Höxter - Lüchtringen.
74,0 - 76,0 Erste „Südenbucht“ der Weser. Achtung bei Schiffsbegegnungen, da unübersichtlich!
80,0 l Freibad und Hallenbad Holzminden mit ▲ C.
80,2 ♊, r **Holzminden**. 🚂. Zugang zum Solling, l unterhalb der ♊ 🏠 KK Holzminden.
81,0 ♊ B 65, dahinter r 🏠 Ruderclub Holzminden, l **Stahle**.
82,0 l Prallhang des Kiekensteins.
87,3 r Domäne Forst, bei NW schmale Durchfahrt.
89,0 l Aalhame, Schifffahrt fährt dicht an die Reusenpfähle heran. ▲ C mit Schwimmbad und ✕, ☎ 05535/8733.
90,0 l **Heinsen**, altes Schifferdorf, kleines Museum über die Weserschifffahrt.
91,0 r Aalhame.
92,0 Aalhame von September bis Dezember.
92,2 Fähre, l **Polle**, malerische Burg der Grafen von Everstein mit Freilichtbühne, ▲ C unterhalb der Burg, ☎ 05535/9418-0, ✕. 🏰 auf der Höhe hinterm Ort. Von Polle Wanderung zum Köterberg, 500 m hoch, mit schönem Rundblick.
94,5 l **Brevörde**.
97,7 r **Reileifzen**.
99,3 l **Grave**, ▲ C, Beginn der fünften Engtalstrecke (Muschelkalkdurchbruch) bis unterhalb Bodenwerder, r Schutzhütte.
101,8 l Steinmühle, ✕. r **Dölme**.
104,0 r Felswand des Breitensteins. l **Pegestorf**.
105,4 r **Rühle** mit „Rühler Schweiz“, hübscher Ort, Wanderung zum Voglergebirge.
106,0 r ▲ C „Rühler Schweiz“, ✕.
109,0 r ▲ C „An der Himmelspforte“.
109,5 l Altwasser, **X**, r Gipsfabrik.
110,7 r Pegel Bodenwerder.
110,8 ♊, **Bodenwerder**, hübsche Stadt, Heimat des Barons von Münchhausen, ★, Aussichtspunkt Königszinne.
110,9 l Parkplatz, ⬇/⬆.
111,0 r Anlegesteg, keine Parkmöglichkeit, danach r 🏠 Ruderverein Bodenwerder.
111,5 l Parkplatz, ⬇/⬆.
111,7 EB-♊, r Hafen Kemnade.
111,8 l **Kemnade**, alte Klosterkirche, ★, r ↓ Lenne (s. „DKV-Kanuführer für SW“).
112,0 ♊ B 240.
113,8 r Rastplatz, Quelle.
114,2 r geologisches Phänomen (Verwerfung Kalkstein-Sandstein).

116,3 l Schloss Hehlen (Renaissance mit eigenartigen Zwiebeltürmen).

116,6 Ⅱ, l **Hehlen**, r **Daspe**.

117,4 l Kalkwerk Hehlen.

120,0 Fähre! r **Hajen**, ✗.

122,2 Fähre, l **Grohnde** mit schönem Park, Platanenallee, Torturm an der Wagenfähre.r Grohnder Fährhaus, ✗.

123,2 Beginn der „Latferder Klippen". Felsbänke unter Wasser am r Ufer, bei NW sichtbar, bei Gegenverkehr !

124,5 l Kern-↯ Grohnde.

126,6 r Wassersportfreunde Emmerthal, Rastplatz, ⬇/⬆, ✗.

126,8 Straßen-Ⅱ, l **Kirchohsen**, r **Hagenohsen** mit dem Bückeberg.

127,3 EB-Ⅱ.

128,0 l ↓ Emmer (s. „DKV-Kanuführer für SW"). Dorf **Emmern**. ⬆ hinter EB-Ⅱ. Wanderungen ins Emmertal empfohlen (prächtiges Weser-Renaissance-Schloss Hämelschenburg 4 km, Bad Pyrmont).

129,0 r **Tündern**.

129,9 l **Ohr**, Beginn des Rückstaus des ■ von Hameln. l der Ohrberg mit schönem Park exotischer Bäume, ★. Die l am Ortsende gelegene Rampe ist als militärisches Gebiet gesperrt, die gegenüberliegende Rampe am r Ufer kann als ⬆ benutzt werden.

133,3 r ↓ der Hamel (s. „Kanu-Wanderbuch für NW").

133,8 l ↓ der Hümme.

134,3 r ▲ und ⌂ des KC Hameln, ✗. ☎ 05151/24447.

134,5 EB-Ⅱ Hameln. Boote halten sich halblinks. Vor der großen □ r entlang dem l Flussufer - Beschilderung - nach 100 m l in Bootshafen einfahren! Wer die ← verpasst, kann wenige m unterhalb vom Überfall-■ in die Tiefe gerissen werden und ist unweigerlich verloren!!! Bootsgasse für Boote bis 110 cm Breite und max. 20 cm Tiefgang. Breitere Boote (Mannschaftskanadier) entweder über die Schleppe mit vorhandenem Bootswagen neben der Gasse umsetzen oder die große □ benutzen. Schleusung nur möglich, wenn □-Personal anwesend ist, rechtzeitig fernmündlich anmelden ☎ 05151/7295. Bootsgassenbetrieb: Anfahrt zum schwimmenden Druckschalter mit Anweisung - vorher lesen! - Schalter drücken, Verschluss der Gasse senkt sich, rotes Lichtsignal - „gesperrt" wechselt auf grün „Einfahrt frei". Zwei Paddelschläge zur Einfahrt, Paddel lang!, nicht steuern!, Boot fährt ohne Wandberührung mittig in wenigen Sekunden ins Unterwasser, sofort weiterpaddeln und steuern! Nicht ans ■ fahren, da lebensgefährlich! Gasse schließt von selbst. Bei mehreren Fahrern muss sich jedes Boot seine Durchfahrtszeit (30

Sekunden) durch Betätigung des Druckschalters geben. Durchfahrt gebührenfrei. Bei vollbeladenen Booten Spritzdecke schließen. ▲ auf dem Gelände zwischen Gasse und □ nicht gestattet.

135,0 **Hameln**, ★. Schöne Stadt (60 000 EW) mit zahlreichen Bauten der Weser-Renaissance (Rattenfängerhaus - berühmte Sage - Hochzeitshaus usw.), r am Strom Münsterkirche, 🚂. l zum Klüthberg mit schöner Aussicht. Nach Fahrt durch die Bootsgasse l halten. r Seitenstrom des ⚡.

135,1][(Münsterbrücke), r Flussinsel „Werder“ mit Wasser- und Schifffahrtsamt Hameln.

135,5][B 1 und B 83 (Thiewallbrücke).

135,6 r ↓ des zweiten Weserarms.

135,8 r ⛵, ⬇, l ▲ C.

137,0 r Pionier-Übungsplatz und Start der alljährlichen Weser-Rallye.

138,2 r Wehrberger Warte, reizvolles ✕ in altem Bauernhaus, l der Zeigenkopf.

139,7 r Pegel Hameln, MW 1,90 m, HSW 4,65 m.

139,8 l Gut Helpensen, r **Wehrbergen**, von hier 1 km nach Fischbeck, ehem. Klosterkirche, ★.

142,0 l **Lachem**.

146,5 l **Fuhlen**, ✕, Straßen-][, r **Hess. Oldendorf**. Ausgangspunkt für lohnende Wanderungen.

149,7 l Motorboothafen

150,0 l **Rumbeck**. Das breite Wesertal wird l begleitet vom Rumbecker Berg (einsame Wälder) und r vom Süntel und dem Wesergebirge.

152,0 r **Großenwieden**. ! Wagenfähre ! Wanderung zum Schloss Schaumburg (6 km) und zur Paschenburg (7 km), mit schöner Fernsicht ins Wesertal.

154,5 l **Hohenrode** am Rumbecker Berg (Waldwanderung).

155,2 r **Kleinenwieden**, ✕.

156,2 r **Ahe-Kohlenstädt**.

158,0 l **Strücken-Sarbeck** (Ende des Rumbecker Berges).

158,1 l ✕ „Knickkrug“.

158,5 - 160,0 Wasserskistrecke vom 01.06. bis 30.09.

161,6 r **Engern**.

162,2 Straßen-][B 238.

163,0 r 🏠, ✕, ▲ Rintelner Kanu-Club, *DKV-Kanustation*, ruhige Lage, kein Massenbetrieb. ☎ 05751/6427, dahinter Freibad, zum 🚂 20 Min, l unterhalb ↓ der Exter (s. „Gewässerführer für NRW“).

163,2][**Rinteln**, sehr hübsche Kreisstadt, ★: frühere Universität und Festung in der Weseraue. r EB nach Hameln bzw. Vlotho.

Ausflüge r zum Wesergebirge (Steinbergen, Ahrensburg, Luhdener Klippen, Todenmann). 200 m l ins Extertal mit elektr. Bahn (Bögerhof), ⛺.

163,5 l Anleger Personenschifffahrt.

164,4 r Kreishafen Rinteln.

166,0 - 167,5 Wassermotorradstrecke.

166,4 l Einfahrt in den Yachthafen der Motorbootabteilung Rinteln des ADAC, ⌂ des WSV Rinteln (Rudern) und ▲ C Doktorsee.

168,3 r ▲ KC Eisbergen.

168,6 r Eisbergen (Stadtteil von Porta Westfalica). l öffentlicher Steg und Schutzhütte.

168,7 Ⅱ Möllenbeck - Eisbergen und Gutspark, Steganlage.

170,0 l Vorwerk Ellerburg.

171,0 Kuriosum: alter Vermessungsfehler, der Abstand zwischen den Tafeln 171 und 172 beträgt tatsächlich 1,6 km.

173,2 ← in Kiesteich.

174,1 r **Veltheim**, Hochseil-Personenfähre. Denkmal zum Gedächtnis an das Reichswehrunglück 1925. r hinter der Fähre öffentlicher Steg. Das Gelände darf nicht befahren werden, deshalb Boote an den Steg herantragen.

175,6 l Yachthafen.

177,0 l **Erder**, ✕, dahinter flussabwärts 3 kleine ▲ (vorwiegend Motorbootfahrer). r ↯ Veltheim, Beginn der sechsten Engtalstrecke.

177,2 r Kühlwassereinlauf mit elektrischer Fischscheuchanlage, Abstand halten

177,7 r Hafen des ↯, Yachtklub WYL Erder.

178,0 - 181,0 ! , Wasserskistrecke, möglichst am r Ufer fahren.

179,9 r Ausfahrt Motorboothafen Borlefzen.

180,4 l ↓ der Kalle, ▲ C, Motorboot-Standort.

181,5 EB-Ⅱ bei Vlotho.

183,2 l **Vlotho**, westf. Amtsstädtchen mit Amtshausberg (schöner Blick auf das Wesertal), Ⅱ Vlotho - Uffeln.

185,0 - 188,0 ! Wasserskistrecke, gefährliche Passage, möglichst am r Ufer fahren.

185,5 l Gut Deesberg.

187,2 r Motorbootclub WSC Porta.

187,4 r **Vössen**, öffentlicher Steg.

187,7 und 187,8 zwei Autobahn-Ⅱ A 2.

188,3 EB-Ⅱ.

189,4 l ✕.

189,7 r Überlauf und Sperrtor zur Freizeitanlage „Großer Weserbogen".

189,8 freifahrende Personenfähre zwischen Rehme und „Großer Weserbogen", l **Rehme,** öffentlicher Anleger.

190,2 l ↓ der Werre (s. „Gewässerführer NRW"). Flößerdenkmal. 1962 musste die Flößerei endgültig aufgegeben werden; der Lkw fährt billiger, **Dehme**.

190,8 l öffentlicher Steg und Schutzhütte.

192,1 l **Lohbusch**, l Wiehengebirge, r **Costedt**.

192,7 - 194,0 Wassermotorradstrecke.

197,5 **Porta Westfalica**, r Stadtteil Hausberge mit „Hausberger Schweiz", l Stadtteil Barkhausen.

197,7 Straßen-Ⅱ Barkhausen - Hausberge, Verbindung zwischen B 61 und B 482.

198,0 „Porta Westfalica", letzter Durchbruch der Weser zur Norddeutschen Tiefebene, l Wittekindsburg (Wiehengebirge) und Kaiser-Wilhelm-Denkmal. r Jacobsberg (Wesergebirge) mit Fernsehturm und Bismarck-Gedenkstätte.

198,1 Ⅱ Porta, Unterhalb r ⌂ WSV Porta, ▲, Hütte für 10 Personen, *DKV-Kanustation*, ☎-Nr. zur Anmeldung am Eingang des ⌂. Von hier 5 Min. zum 🚆 und Bus. l Schiffsanleger, öffentliche Steganlage, ▲ C.

198,4 r Pegel Porta, MW 2,39 m, HSW 4,80 m.

199,8 EB-Ⅱ, r **Neesen**.

201,0 Ⅱ B 65, Minden-Süd.

202,0 l Pionier-Wasserübungsplatz! Ab hier l und r Minden.

202,3 l neues ⌂ Faltboot- und Skiclub Minden, ▲, *DKV-Kanustation*, auch für Wohnwagen. ☎ 0571/21144.

202,5 l ⌂ der Kanu-Sportgemeinschaft der Gesamtschule Minden.

202,6 l ⌂ DLRG Minden.

202,7 l ⌂ und ▲ MTV 1860 Minden.

202,8 l ↓ Bastau (s. „Gewässerführer für NRW"), Weserpromenade am Weserglacis. Fußgänger-Ⅱ.

203,1 l Weserhochwasserstein. r Kanzlers Weide (Festplatz), l Schiffsanleger Personenschifffahrt.

203,2 Straßen-Ⅱ **Minden**. Westfälische Kreisstadt, als Bischofssitz im 9. Jahrhundert gegründet ★ (Dom, Rathaus, an der Kanalschleuse Wesermuseum mit DKV-Abteilung). Reger Wassersportbetrieb, 22 Vereine zusammengeschlossen im „Ring der Wassersportvereine um die Porta Westfalica". l hinter der Festungsmauer die Fischerstadt.

203,5 r ⬇/⬆ Treppe. ⌂ und ▲ des KK Minden, *DKV-Kanustation*, und der Faltbootabteilung im TV Jahn Minden. Bezugsadressen: KKM: Friedhelm Kinkelbur, Unterm Berge 135, 32429 Minden, ☎ 0571/52239, Erwin Pöppelbaum, Brückenkopf 14, 32423 Minden ☎ 0571/26727; Gruppen von mehr als 8 Personen unbedingt vorher anmelden. Zum 🚆 15 Min.

203,7 EB-Ⅱ der Mindener Kreisbahn. Beginn des Rückstaus der Staustufe Petershagen.

2. Mittelweser

Rd. 160 km lange Stromstrecke von Minden bis Bremen, in mehr oder minder breiten Talauen der Norddeutschen Tiefebene mit sieben Staustufen für die Großschifffahrt und Wasserkraftnutzung. Mäßig starker Schiffsverkehr zwischen Mittellandkanal und den Unterweserhäfen. Der Strom ist nur teilweise gestaut, dazwischen Fließstrecken (1 m/s Geschwindigkeit), die von der Großschifffahrt durch Schleusenkanäle umgangen werden. Die Wasserwanderer haben grundsätzlich den Strom zu befahren und nicht die Schleusenkanäle, denn für die Überwindung der Stauwehre sind Bootsgassen (wie Hameln), Bootsschleusen und Bootsschleppen vorhanden, die jederzeit kostenlos benutzbar sind. Die Beschilderung an den Trennspitzen zwischen Schleusenkanal und Wehrarm beachten. Für die Durchfahrt mit Mannschaftskanadiern u. Ä. mit Gepäck ist nur der Schleusenkanal Schlüsselburg und Langwedel zugelassen, da diese beiden Wehre noch Bootsschleppen mit Überlandtransport haben. Die Schleusenkanäle Petershagen, Drakenburg und Langwedel darf ebenfalls benutzen, wer bei Fahrten stromauf die Fließstrecken in der Weser vermeiden will.

Für die ausnahmsweise Abfertigung durch die großen Schleusen in den Kanälen gilt folgendes:

Betriebszeit: Werktags 5.00 bis 21.00 Uhr,sonn- und feiertags 8.00 bis 11.00 Uhr, Schleuse Langwedel zusätzlich 17.00 bis 18.00 Uhr (Mai bis September), Neujahr, Ostersonntag, 1. Mai, Pfingstsonntag 1. und 2. Weihnachtsfeiertag, Betriebsruhe! Pfingstmontag und 3. Oktober fallen unter Sonn- und Feiertage. Mitschleuser immer gebührenfrei. Sonderschleuser gegen Gebühr.

Die Anfahrt zu den Bootsgassen, Kahnschleusen und Schleppen ist durch Hinweisschilder (weiße Schrift auf blauem Grund) gekennzeichnet. Vorsicht an den Wehren wegen Lebensgefahr!, da Überfallwehre. Wer in den Sog des Überfalls oder im Unterwasser in die Widerwellen gerät, ist unrettbar verloren. Die Flächen ober- und unterhalb der Wehre sind durch „rot-weiß-rote“ Schilder, die auf dem linken und rechten Ufer stehen, gesperrt. Im Oberwasser sind zusätzlich „rot-weiß-rote“ Tonnen ausgelegt.

Wer die Weite der Norddeutschen Tiefebene liebt, die Stille der von der Schifffahrt nicht berührten Stromstrecken, manches sehenswerte kleine Städtchen oder Dorf, der kommt auch auf der Mittelweser auf seine Kosten. Längs der Mittelweser befinden sich viele Kiesgruben und Kiesverladeanlagen. Die ausgebeuteten sind teilweise Motorbootstandorte geworden. Zu den aufgeführten können neue hinzukommen. Bei allen Kiesgrubenausfahrten und -verladeanlagen: Achtung vor den Kiesfahrzeugen bzw. Motorbooten.

204,3 ꟷ über Weser und Alten Weserhafen.
204,4 r ↓ des Südabstiegs vom Mittellandkanal.
204,5 r ↓ des Verbindungskanals Süd des Mittellandkanals und des alten Weserhafens. l ← Kanal zum Pumpwerk des Mittellandkanals (s. AB). Wer zum Mittellandkanal will, fährt in diesem Kanal zum Anleger vor dem Pumpwerk, ⌂ des Rudervereins Besselgymnasium Minden. Von hier ⩯ hinauf zum Kanal.
204,9 2 ꟷ des Mittellandkanals über die Weser (Länge 300 m, 13 m über der Weser). Alte Fahrt, erbaut 1914, Neue Fahrt, erbaut 1998. Eine Besichtigung des Wasserstraßenkreuzes Minden mit seinen zahlreichen Bauten, ★ (Pumpwerk, Schacht-□, Kanal-ꟷ, Sympherdenkmal und Ausstellunghalle des deutschen Wasserbaus mit zahlreichen Modellen). Anfahrt über Pumpwerkskanal oder Nordabstieg, km 206,2.
205,2 l ↓ des Motorboothafens des Mindener Motoryachtclubs. Im Mindener Revier bis zum ▬ Petershagen wegen Motorboote !
206,2 l ↓ des „Nordabstiegs" 400 m zur Schacht-□ mit Mindener Umschlagshafen und Staatswerft, reger Schiffsverkehr! l **Todtenhausen**, r **Leteln**.
210,0 r **Wietersheim**.
211,5 l Forst Heisterholz und Großziegelei.
213,0 r → des □-Kanals Petershagen am sog. „Lahder Damm". In der Weser entlang dem r Ufer. ▲ C.
214,0 ▬ Petershagen mit l ϟ. r → zum Vorhafen mit Anleger, Bootsgasse für alle Fahrzeuge bis 120 cm Breite einschl. Mannschaftskanadier, gummigeschützte Wände. Bedienung siehe Anweisung auf Tafeln an der Druckknopfschaltung (Anleger). Betrieb wie in Hameln - siehe dort -. Gasse ist auch zum Treideln bergauf eingerichtet (Druckknopfbedienung am Anlegeweg im Unterwasser). ⇅ in **Lahde** über die Kanal-ꟷ.
214,3 Von hier freie Fließstrecke bis km 223 (Windheim). Logger mit Aalhamen im Strom verankert. Die Hamennetze liegen seitlich der Logger im Strom. Nahe am Ufer auf der freigegebenen Seite vorbeifahren !!!
215,2 r ↓ der Bückeburger Aue (s. „Kanuwanderbuch für NW").
215,6 ꟷ Petershagen - Lahde, l **Petershagen**, Ort mit historischem Stadtkern und Schloss der Mindener Bischöfe am Strom, ★, unterhalb l ↓ der Ösper **X** im Weserhafen, ⬇/⬆ Bootssteg mit Verladeplatz vom 01.05. bis 15.10. in direkter Nähe zum Ortszentrum.

215,7 l Pegel Petershagen.

216,0 - 218,0 Wasserskistrecke!

217,8 r **Jössen**.

218,7 Wasserübungsplatz, Sperrzeichen beachten.

219,5 l auf dem Hochufer **Gernsheim-Ovenstädt**, 1815 gegründeter Glasmacherort, ★: Westfälisches Industriemuseum „Glashütte Gernheim“, ☎ 05707/9311-0.

221,2 r Kiesverladung, Mitte fahren! , l hinterm Deich **Hävern**.

222,4 r **Windheim**, Personensolarfähre, ⬇/⬆ nach Absprache mit den Fährleuten, unterhalb Beginn der Staustrecke Schlüsselburg.

224,1 r ↓ des ◻-Kanals Petershagen.

227,7 l **Buchholz**.

228,7 r **Ilvese**, ↓ der Gehle (s. „Kanu-Wanderbuch für NW“).

231,0 l ← des ◻-Kanals Schlüsselburg. In der Weser ▬. Stille Landschaft mit interessanter Vogelwelt. Naturschutzgebiet. Vom 16.04. bis 30.09. für Kleinfahrzeuge ohne Antriebsmaschine freie Durchfahrt. Mindestens 15 m Abstand vom Ufer ! Anlandeverbot.

233,7 r **Heimsen**, am Unterwasserschöpfwerk anlegen. ♈ im Ort. ★: Alte Kirche am Hochufer. Bootsstege der Seglervereinigung Heimsen.

235,5 r Gut Neuhof, dahinter die Loccumer Höhen.

236,3 r Gut Hoppenberg. Anlegemöglichkeit in der Bucht. Von hier kürzeste Entfernung zum berühmten Kloster Loccum (ehem. Zisterzienserabtei, ev. Akademie). 15 Min. zum 🚌. Schlüsselburg.

236,6 ▬-Anlage Schlüsselburg mit r ϟ. Davor l ← in den schmalen Boots- und Fischpasskanal. Nach 50 m r Anleger der Bootsschleppe (Betonpiste mit gleislosem Bootswagen, Standort des Wagens jenseits der Straßenkreuzung auf der Wendeplatte!). Boote schwimmen auf den Wagen, der unter Wasser geschoben werden kann. ! bei Kreuzung der Straße. Bootswagen auf Standort an der Kehre (Wendeplatte) nach Gebrauch zurückschieben! Gebührenfrei.

236,7 l **Schlüsselburg**, mit ehem. Fluchtburg der Mindener Bischöfe, jetzt Heimatmuseum. Im Strom Logger mit Aalhamen.

238,8 l ↓ des ◻-Kanals Schlüsselburg ! Schifffahrt ! Beginn der Staustrecke Landesbergen.

241,6 l Parallelhafen Stolzenau, am r Ufer fahren.

242,3 ⌶ Stolzenau, r Kiesverladung.

242,5 l **Stolzenau**, nettes Städtchen, Badeanstalt, ▲ C.

242,9 Unmittelbar am Strom l ⌂ des Kanu- und Segelklubs Stolzenau, ▲. Bus nach Rehburg zum Kanu-Wanderheim Mardorf am Steinhuder Meer. Sehr lohnend (s. AB).

243,5 l ← Hafen Stolzenau.

247,6 l Kiesverladung.

248,0 r **Süllhof**.

248,4 r Dampf-ϟ „Robert Frank“. In l Stromhälfte fahren, da r Wasserentnahme (Querströmung).

248,8 r ↓ des Werkhafens des ϟ ! Schifffahrt !

249,3 ⌂ u. ▲ KC Landesbergen, militärische Übungen, Sperrzeichen beachten.

250,0 Ɪ, r **Landesbergen** (EB Nienburg - Minden).

250,9 r → des □-Kanals Landesbergen. In der Weser entlang dem r Ufer weiter. Befahrung des verdämmten Wasserarms l ist untersagt (Fischerei!).

251,6 ■-Anlage Landesbergen mit l ϟ, 50 m oberhalb r → in Vorhafen der Bootsgasse (ganz r), Einfahrtsweite 2 m. Für alle Fahrzeuge bis 120 cm Breite einschl. Mannschaftskanadier. Bedienung siehe Anweisung auf Tafel an der Druckknopfschaltung (Anleger), für Ruderboote gesperrt. Betrieb wie in Hameln und Petershagen. Oberhalb r ▲. Unterhalb ! Logger mit Aalhamen im Strom !

252,5 -

254,6 Beim Bau der Staustufe Landesbergen wurde der Wellier Bogen abgeschnitten, dadurch fehlen 2 km in der freien Fließstrecke. l ↓ des alten Weserarms.

252,5 r ↓ des □-Kanals Landesbergen. ! Beginn der Staustrecke Drakenburg.

256,2 l **Liebenau**, Parallelhafen. Kaimauer. Am r Ufer bleiben!

259,5 r **Leeseringen**.

260,0 ehemalige Kiesgruben.

260,3 -

261,3 r bewaldetes Hochufer.

263,0 r ehem. Kiesgruben, l ↓ der Großen oder Warmen Aue (s. „Kanu-Wanderbuch für NW“).

264,0 l ← alter Arm der Warmen Aue.

264,5 -

264,65 l Liegestelle für Fahrzeuge mit feuergefährlichen Gütern.

266,2 ! Wasserübungsplatz ! Unterhalb enges Fahrwasser.

267,1 r Badeanstalt Nienburg, ⌂ Ruder Verein Nienburg mit ▲ und Übernachtungsmöglichkeit, unterhalb ↓ Steinhuder-Meer-Bach (s. „Kanu-Wanderbuch für NW“).

268,0 **Nienburg**, Kreisstadt, 🚂 in 20 Min. (Bremen - Hannover). l Getreideumschlag!

268,1 Ɪ Nienburg.

268,3 r Schutzhafen Nienburg mit ⌂ und ▲ KC Nienburg, *DKV-Kanustation*, teilbewirtschaftet, Bezugsadresse: J. Ebeling,

Kl. Drakenburger Str. 25, 31582 Nienburg, ☎ 05021/5392 oder 4171.

269,6 Schiffswendestelle.

269,8 Ⅱ B 6.

271,7 EB-Ⅱ.

272,0 l ehemalige Kiesgrube.

274,6 l ehem. Kiesgrube, Motorboote (Marina Mehlbergen).

275,4 l ← des □-Kanals Drakenburg. Keine Durchfahrt!

276,5 r ⌂ und Anleger des englischen Segel- und Yacht-Clubs, ▲-Möglichkeit.

277,8 ■-Anlage Drakenburg mit l Bootsgasse für Ruderboote gesperrt. Querströmung zum ⚡! Bei Eintauchen ins Unterwasser unbedingt vom Ufer wegsteuern. r Kahn-□ und ⚡. r **Drakenburg**, ✕, ⚖.! Unterhalb des ■ 2 Logger mit Aalhamen. Vorbeifahrt an der freigegebenen Seite. Von hier freie Fließstrecke auf 8 km Länge.

278,0 r ↓ der Führse (s. „Kanu-Wanderbuch für NW“).

282,0 r **Rohrsen**.

286,3 l ↓ des □-Kanals Drakenburg, l **Sebbenhausen**.

286,8 l Raiffeisen-Verladeanlage.

288,6 l **Schweringen**, einzige Gierfähre an der Mittelweser.

288,8 Übergangsstelle, militärische Übungen, Sperrzeichen beachten.

292,0 r **Eystrup** (Kirchturm). Zur Badeanstalt 500 m r.

293,3 l hinterm Deich 400 m bis **Stendern**.

293,7 Übergangsstelle, militärische Übungen, Sperrzeichen beachten.

295,5 r Reiherhorst „Alhuser Ahe“. (NSG).

297,0 l 200 m zum Gut Sande. Von hier nach Brücken (2 km), ★ ehem. Stiftskirche aus dem 12. Jahrhundert. Ab hier l Ufer eingedeicht.

297,8 l ↓ Bücker Mühlbach.

298,2 l Bootshafen und hinter dem Deich ⌂ und ▲ des WSV Hoya, Fahnenmast sichtbar, DKV-Schild am Ufer. Bei Zugang zum ⌂ Aushang beachten.

298,7 l Hafen Hoya.

298,8 EB-Ⅱ, dahinter r ⌂ des Rudervereins Hoya, l Liegestelle.

298,9 **Hoya**, Ⅱ, jahrhundertelang Sitz der den Mittelweserraum beherrschenden Grafen von Hoya.

299,5 r „Europa-Carton“, Papierfabrik, Umschlag!

303,0 - 304,0 r das Drübberholz mit Gehöften Drübber.

304,4 Wasserübungsplatz und Übergangsstelle, militärische Übungen, Sperrzeichen beachten!

305,0 r **Barme**, ✕.

308,0 r **Dörverden**, ✕.

308,3 r → □-Kanal Dörverden, Einer- und Zweierboote in Schleusenkanal einfahren. Mannschaftsboote Hinweistafel an der Abzweigung beachten. Im Schleusenkanal Schiffsverkehr. Zwischen den beiden Schleusen Bootsschleppe, Boote schwimmen unter Wasser auf, Wagen nach Benutzung zurückbringen.

308,4 ▲ WSV Dörverden.

308,8 ■-Anlage Dörverden. Querströmung zum Kraftwerk, daher ! bei Anfahrt zum Anleger vor Kahn-□. ! bei Ausfahrt aus der □ Querströmung vom Kraftwerk r, Dalbengruppe l.

310,4 r **Lohof**.

310,8 l Wasserübungsplatz.

314,4 r ↓ des □-Kanals Dörverden.

316,6 r **Rieda**, ▲-Möglichkeit beim ✕ erfragen.

318,0 l **Dahlhausen**.

322,0 l Hof Neddernhude, r **Groß-Hutbergen**, Straße nach Verden 2,5 km.

323,2 Ⅱ Groß-Hutbergen, davor r Kiesverladung.

325,0 l **Ritzenbergen**.

326,4 r ↓ der Aller (s. AB). Im Stauwasser der Aller bis Verden 5 km aufwärts ⌂ u. ▲ ✕ WSV Verden bei Aller-km 112.

326,7 Übergangsstelle, militärische Übungen, Sperrzeichen beachten, Straße r nach Eissel 1 km.

327,6 r → des □-Kanals Langwedel, zugelassen für schwere Mannschaftsboote (Schleusenbedingungen - Betriebszeit und Gebühren - s. Vortext Mittelweser). Alle sonstigen Boote bleiben in der Weser entlang dem r Ufer. - Querab von km 3,5 des □-Kanals befindet sich r am bewaldeten Talrand das Dorado der „Alten Aller“ (Weißer Berg bis Daverden). Dies wird erreicht durch ⌓ aus dem □-Kanal km 3,5 r über Kanaldamm (Treppe) zur Alten Aller oder über ⬇ Straßen-Ⅱ Daverden - Intschede. Von hier auch durch Vorflutkanal (3 ■, davon meist 2 ≋) über Etelsen zur Weser bei Baden. An der ↓ bei km 339,0 ■, bei gutem Wasserstand ≋, sonst r ⌓.

329,4 ■-Anlage Langwedel beim Ort Intschede l mit ϟ. Vor dem ■ r anlegen. Bootsschleppe mit Gleiswagen. Standort des Wagens im Schleppentunnel l. Steile, nicht ganz ausgebaute Rampe im Unterwasser! Gleiswagen an Standort im Tunnel zurückbringen! Von hier freie Fließstrecke des Stromes auf rd. 9 km Länge. Sonn- und feiertags ab hier bis Bremen sehr starker Motorbootverkehr. Da teilweise sehr rücksichtslose Fahrer, empfiehlt es sich, die Spritzdecken zu schließen.

331,3 l Pegelturm und Hafen Intschede.

333,0 r Sportbootanlegestelle Hagen, WSV Drosselhof.

336,2 l **Nottorf**, r **Hagen-Grinden**. Wasserübungsplatz der Bundeswehr und des THW.

339,0 r ↓ des ☐-Kanals Langwedel. Reger Schiffsverkehr, am l Ufer, Badestrand, r ↓ des Vorflutkanals aus der Alten Aller - siehe ☐-Kanal Langwedel. ▲-Möglichkeit im Fährhaus erfragen, ✕ Fährhaus, sehr paddlerfreundlich.

339,0 -

340,0 r Badener Berg mit Baden, letzter Geestrücken an der Mittelweser, schöner Blick ins Wesertal. Beginn der Staustrecke Bremen - Hemelingen.

340,9 Ɪ, r **Uesen** mit **Achim**, 🚆 (Bremen - Hannover) ca. 4 km. Hinter Ɪ WSV Achim-Thedinghausen, nicht im DKV. r Kiesgrube.

342,0 l Hof Müllwerder.

344,2 l ↓ Eiter (s. „Kanuwanderbuch für NW").

346,6 l **Horstedt**, ✕.

350,8 r Gehöft Boller Esch.

351,3 l Hof Schlieme.

354,2 l ← „Yachthafen Wielt-See" im Baggersee „Dreyer Wielt". Anlegemöglichkeit und ▲, Anlagen vom Segelsportverein „Wiking" Kirchweyhe und Segelabteilung Postsportverein Bremen sowie privater Motorboothafen.

356,0 l Hafen **Dreye**.

357,2 EB-Ɪ, r vor Ɪ ⌂ und ▲ Eisenbahnsportverein.

357,5 → zum Autobahnsee, Schiffsverkehr. Zwischen der Kiesumschlaganlage und Landesteg ▲ von „Wiking Faltbootwanderer" e. V. Kirchweyhe, ⌂ (bewohnt) hinter dem Deich, *DKV-Kanustation*.

358,5 Autobahn-Ɪ A 1.

359,0 r Yachthafen „Marina Oberweser", Anlegemöglichkeit und evtl. ▲ M.

359,3 r Baggersee, befahren verboten, Privatgelände.

359,5 l ← zum „Korbhaus-See".

360,0 r Sporthafen, ⌂ bewirtschaftet, ▲, Wassersportverein Hemelingen, *DKV-Kanustation*, ☎ 0421/451767.

360,8 l Sporthafen des Oberweser-Segelvereins, ⌂ bewirtschaftet, ▲. r → zum „Fulda-Hafen", 400 m weiter → zum „Werra-Hafen", beide Industriegebiet.

362,0 r Allerhafen mit Roland-Werft. Weser-■ Bremen-Hastedt (Hemelingen). l Flusshälfte fahren, l ☐-Kammern, in der Mitte Turbinenhaus des Kraftwerks, r Überfall-■, Lebensgefahr! Im Schleusenvorhafen r vor Schleusenkammer Anleger und Bootsrampe mit Gleiswagen und luftbereiftem Wagen. Boote schwimmen auf. Eine Schleusung erfolgt durch Selbstbedienung. An Anlegesteg heranfahren und Bedienungsanleitung beachten. - Ab hier Gezeiten.

3. Unterweser

Gezeitenstrom, wenig Windschutz. Stromleitbauten in Ufernähe (Schlengen) durch Pricken gekennzeichnet. ! bei NW Schiffssog, Seeschifffahrtsstraße, Hauptfahrwasser zwischen Spitz- (grün) und Spieren- (rot) Tonnenreihe. Im Fahrwasser Rechtsfahrgebot. Nachtfahrten: Zwischen Sonnenunter- und -aufgang weißes festes Rundumlicht (2 sm) führen, sonst Nacht- und Nebelfahrverbot. Ausnahmen nur in begründeten Notfällen, dann weißes Rundumlicht bereithalten.

362,0 Weser-□ Bremen-Hastedt (Hemelingen).
363,7 r ⌂ ▲ Bremen Kanu-Wanderer, *DKV-Kanustation*.
363,8 r ⌂ KSF Bremen.
365,7 Fähre Bremen-Sielwall - Stadtwerder.
365,8 l SV Bremen, ▲.
366,0 l ⌂ Bremer Ruderverein v. 1882.
366,8 Wilhelm-Kaisen-Ⅱ.
Ab hier neue Kilometrierung 366,8 = 0,0.
0,0 **Bremen**, Wilhelm-Kaisen-Ⅱ.
0,6 Straßen-Ⅱ (Bürgermeister-Smidt-Brücke).
1,3 Straßen-Ⅱ (Stephani-Brücke).
1,4 EB-Ⅱ.
2,4 l ← Kleine Weser.
4,0 r Europahafen, l **Rablinghausen**.
5,5 r Überseehafen.
6,1 l Hafenkanal zum Neustädter Hafen. Einfahrt verboten.
6,2 l Insel, Vogelschutzgebiet, Betreten verboten.
7,8 l Neustädter Hafen. Einfahrt verboten!!
8,8 r Industrie- und Handelshafen, **Oslebshausen**.
9,0 l Schleusen Industriehafen.
11,0 r Klöckner-Hafen.
11,5 l Sporthafen Hasenbüren (hier sind einige Wassersportvereine angesiedelt, Anlege- und ▲-Möglichkeit.
14,2 l ↓ der Ochtum (s. AB).
17,2 l Yachthafen Lemwerder, 300 m weiter l Yachtwerft Abeking & Rasmussen, ✕.
17,5 r ↓ Lesum (s. AB), r Vegesacker Hafen. Erster künstlich angelegter Hafen Europas.
17,6 r **Vegesack**, 2 Wagenfähren. Ab hier Nebenfahrwasser auf 2,5 km nur l fahren.
18,5 r **Aumund**, Fähre.
19,0 r ehemalige Bremer Vulkan-Werft.
19,5 l ⌂ , DJK Lemwerder. (Rampe), ▲-Möglichkeit.

20,8 r **Blumenthal**, Wollkämmerei. Fähre. l ⌂ , WSV Motzen.
21,1 r ⌂ und Anleger WSV Bremen-Blumenthal.
22,0 Fähre Blumenthal-Motzen.
22,5 l Roland-Werft mit Dockbetrieb.
22,7 r **Rönnebeck**, Hochufer. r ⌂ u. ▲ des KC Rönnebeck, *DKV-Kanustation*, ☎ 0421/601514.
23,5 l Warflether Sand, Im Deich ★ Kirche Warfleth. Landschaftsschutzgebiet!
25,0 l ← Warflether Arm.
25,3 Wagenfähre B 74. r **Farge**, ✕ Fährhaus mit Schiffsansage. l Juliusplate. ▲ C, **Berne** (3 km). ★ Kirche 12. Jh.
25,5 r ↯ Farge.
26,2 l ← Westergate (AW) „Woltjenloch" auf 2,7 km ≋ 30 Minuten vor und nach HW.
27,9 r ehemaliger U-Boot-Bunker. l ← Rekumer Loch (Blömer) zur Westergate, keine Durchfahrt zur Hunte!
28,0 l Elsflether Sand auf 3 km, ▲-Möglichkeit bei km 28 - 29.
32,1 l ↓ Hunte (s. AB).
33,2 r → Kleine Weser (AW), flach, ↓ in Weser km 44,2. - sehr schön! Nur bis Mitteltide ≋.
33,5 r Großer Patersand, Domänenbauern.
34,6 l **Oberhammelwarden**, ✕, ▲ C, Badestrand.
36,6 l ↓ Oberhammelwarder Tief.
38,0 l **Kirchhammelwarden**.
38,5 r Harriersand, ✕, Strandbad, ▲ C auf 3 km, l **Brake**, 🚂, Schifffahrtsmuseum ★. Ab hier läuft das Fahrwasser bis an die Pier, daher r fahren.
41,5 l Braker Pier, Getreidesilo, Spundwand.
44,2 r **Sandstedt**, ✕ Seglerhafen, r → Kleine Weser.
44,5 Wagenfähre Golzwarden - Sandstedt.
44,7 r ▲ C, → Schweiburg (AW). Unterhalb des Abser Siels neues Strohauser Sieltief, nur bei Mitteltide ≋ mit Yachthafen, Anlegemöglichkeit. Von hier 1,8 km Rodenkirchen, 🚂, ★ Kirche mit Münstermann-Altar und -Kanzel, Friesendenkmal in Hartwarden.
45,0 l Strohauser Plate, bildet mit der Reiherplate eine Insel. Bis auf das Ufer vor den vier nördlichen Bauernhäusern ist die Plate NSG.
46,5 r **Rechtenfleth**, ★ Hermann-Allmers-Museum ▲ C.
49,0 r ↓ der Drepte (s. „Kanu-Wanderbuch für NW").
50,9 r ↓ der Lune (s. AB).
51,6 l ← Schweiburg, KKW Unterweser, l ↓ Butjadinger Kanal.
53,4 Wagenfähre (wird voraussichtlich nach Eröffnung des Wesertunnels eingestellt), r **Dedesdorf** ★ Kirche mit Arp-Schnitger-Orgel 1698, l **Kleinensiel**, 🚂.

56,0 l **Großensiel** mit Tidehafen, Nordenhamer Sportboothafen, kein ▲ (s. „Kanuwanderbuch für NW“ - Butjadinger Tief).

56,4 l ⌂, ▲ WSV Nordenham, ⌂, bei Ebbe verschlicktes Ufer! Beim Anlanden am Bootssteg des WSV Nordenham bitte beachten, das dies nur in einem Zeitfenster von ca. 2 Stunden vor HW bis ca. 2 Stunden nach HW möglich ist. Außerhalb dieses Zeitfensters besteht Gefahr durch Schlick. Es kann dann der Jugendsteg in der NW-Ecke des Nordenhamer Sportboothafens (siehe km 56,4) benutzt werden. Von dort kann man das WSV-Gelände in 10 Minuten erreichen (Bootswagen erforderlich).

56,9 l ⌂ Anleger Segelclub Nordenham, Strandbad.

57,0 **Nordenham**. Von km 57,5 - 64 reicht das Fahrwasser bis ans linke Ufer, r fahren.

57,5 l Unionspier, ⌂ Anleger Nordenhamer Ruderclub, 🚌 5 Minuten, r Luneplate auf 6 km.

63,0 l **Blexen**, Fähre nach Bremerhaven, ☆ Kirche auf Wurt, Münstermann-Altar 1638.

63,5 Siel, früher Lune-↓, ≏ nur bei HW.

65,5 r Bremerhaven, r ↓ der Geeste (s. AB Schifffahrtsweg Elbe-Weser). In Bremerhaven ☆: Deutsches Schifffahrtsmuseum - Koggehaus, Rekonstruktion einer in Bremen geborgenen Hansekogge - reichhaltige Sammlungen - Modelle, Gemälde, nautische Geräte. Im alten Hafen lebendiges Schifffahrtsmuseum mit Bark „Seute Deern“, Feuerschiff Elbe III, Hochseeschlepper „Seefalke“ - Walfangboot, „Rau IX“ und Yacht, „Grönland“, das Originalschiff der ersten deutschen Nordpolarexpedition unter Kapitän Koldewey 1868. - Morgensternmuseum (Heimatkunde), Nordseemuseum ☆ Radarturm mit Fernsicht auf Außenweser, Zoo am Meer, tägliche Fischauktionen.

66,0 r Deutsches Schifffahrtsmuseum.

67,8 r Columbuskaje, Passagierschiffe für Überseeverkehr. Ab hier: Regeln für Wattfahrten (s. „Kanu-Wanderbuch für NW“ Nordseeküste) beachten!

70,0 -

71,0 r Container-Terminal, Deutschlands größter Umschlagplatz für Containerladungen. Abfertigung von riesigen Containerschiffen, die nicht bis Bremen fahren können.

11.1 Lune

Wiesenfluss mit schwacher Strömung
Mündung in Unterweser (r Nebenfluss)

Gewässergüte: II-III (kritisch belastet), teilweise II (mäßig belastet).

0,0	**Kirchwisted**, ⌶ Bremervörde - Beverstedt (B 71), ⬇.
0,5	▬, ≏.
1,5	▬ und ⌶ **Stemmermühlen**, ≏.
4,0	Monsilienburg, alter Befestigungswall.
7,0	Straßen-⌶ Wellen - Beverstedt.
10,0	⌶, ▬ Beverstedtermühlen, ≏.
14,0	⌶, ▬ Deelbrügge, ≏, ⬇.
17,0	EB-⌶ **Elfershude** (Bremen - Bremerhaven).
21,5	**Freschluneberg**, ⌶.
29,0	⌶ **Düring**.
32,0	**Stotel**, ⌶.
34,0	Autobahn-⌶ A 27 Bremen - Cuxhaven.
34,3	← alte Lune, ≏ über Betonrampe (s. „Kanuwanderbuch für NW“), 7 km bis ⌂ , ▲ WSV Wulsdorf, *DKV-Kanustation*.
35,2	⌶ Fleeste - Stotel, r vor ⌶ ↓ eines Grabens, der nach ca. 2 km zur Alten Lune führt.
36,4	- 37,4 Feuchtbiotop (nicht betreten!).
38,0	⌶ Maihausen - Holte, Ölpipeline kreuzt.
40,4	⌶ Büttel - Schwegen.
41,5	⌶ Büttel - Neuenlande.
43,4	▬ Lune-Mündungsbauwerk mit Siel und Schöpfwerk, Achtung Sog, nicht durchfahren, anlanden l am Slip, wegen ≏ bei Sielwärter erkundigen (Bootswagen empfohlen). ↓ in Unterweser, km 50,9.

11.2 Hunte

Wanderfluss
Mündung in Unterweser (l Nebenfluss)

Die Hunte entspringt im Wiehengebirge, durchströmt das Osnabrücker Tiefland und den darin inmitten teilweise kultivierter Moore gelegenen Dümmer See. Vor Barnstorf tritt der Fluss in die Nienburg-Mepper Geestplatte ein, eine flachwellige Moränen-Hochfläche mit Acker und Waldgebiet, durch die er in teilweise tiefen Tälern fließt. Die untere Hunte, mit Gezeiteneinfluss, ist Teil der Schifffahrtsstraße zwischen Ems und Weser.

Lohnende Fahrten beginnen in Wildeshausen, auch für F 2, einsamer Flusslauf mit hohen Ufern. Durch Renaturierungsmaßnahmen ist die Hunte ab km 62 um 750 m länger geworden.

Befahrungsregeln: Vom km 53,8 - 84,5 ist vom 01.04. - 15.06. die Befahrung mit Wasserfahrzeugen jeder Art verboten. In der übrigen Zeit bleibt dieser Abschnitt für Wasserfahrzeuge mit mehr als 6 m Länge und mehr als 1 m Breite gesperrt.
Befahrbarkeit: oberhalb Dümmer See nur bei HW. Dümmer See - Wildeshausen reizlos, begradigt, 15 Wehre, **X**; dieser Abschnitt ist wenig empfehlenswert. Abschnitt bis Wildeshausen s. „Kanuwanderbuch für NW".
Zeltmöglichkeit: siehe km 76,0, ansonsten Landschaftsschutzgebiet mit Zeltverbot.
Gewässergüte: im beschriebenen Teil bis Oldenburg II (mäßig belastet), dann II-III (kritisch belastet).

53,6	**Wildeshausen**, ⋆ got. Rathaus, Alexanderkirche, 13. Jahrh.
53,8	↯, Stau-■. Beginn der Sperrstrecke, siehe Befahrungsregeln.l ↓ des Umleiters.
54,0	Straßen-Ɪ, ausgeschilderte ⬇ zwischen Heemstraße und Im Hagen, halten nur zum Abladen der Boote, zum Parken Möglichkeit in der Nachbarschaft erfragen.
54,6	Fußgänger- und EB-Ɪ, Stromschnelle.
55,0	Straßen-Ɪ.
57,1	Autobahn-Ɪ A 1.
59,5	- 62,0 Hunte-Rückbau, dadurch Verlängerung des Flusslaufes (+ 750 m). Die Kilometrierung wurde noch nicht verändert, da weitere Rückbauten geplant sind.
60,0	Wege-Ɪ
61,0	l ↓ Engelmanns Bäke, NSG, ganzjährig **X**.
61,8	Fußgänger-Ɪ.
62,1	r ↓ Dorfbach, **Dötlingen**. ⋆ Kirche.
62,3	Fußgänger-Ɪ, l Naturschutzgebiet, ⋆ Steingrab Glaner Braut.
64,1	Fußgänger-Ɪ **Glane**.
65,3	Ɪ, ehem. Stau Ölmühle! Bei NW 3 m weiter quer unter Wasser Stahlspundwand! Dann l gute ⬇ mit Betontreppen, Parkplatz.r 200 m Goldberge mit Einblick ins Huntetal ⋆.
68,1	Fußgänger-Ɪ.
71,3	Straßen-Ɪ, Stromschnelle, l **Westrittrum** 1,2 km, r **Ostrittrum**, Privat-Zoo 600 m, gute ⬇/⬆.
72,5	Wege-Ɪ.
75,0	Schwelle, ≋, ! Pfähle. Ehemaliges ■ Schohusen, hier weitere Renaturierung + ca. 3500 m neue Mäander in Planung.

76,0 Dehland-Ɪ. ✗ „Zur Hunte“ mit ▲-Möglichkeit, ☎ 04487/1468, gute ⬇/⬆, r **Sandhatten** 1,8 km, ⛪, l **Huntlosen** 1,9 km, ★ Kirche, gotischer Kelch.

78,0 Staatsforst Barneführer Holz beidseitig km 82,5 NSG.

79,0 Wege-Ɪ, l **Sannum**.

80,8 EB-Ɪ, Stromschnelle mit Kehrwasser.

82,8 Wege-Ɪ, ehem. Stau, ! Fundamentstufe. Ende Barneführer Holz.

84,5 Ɪ K 235, l **Astrup** 700 m, r **Sandkrug** 2000 m. Ende der Sperrstrecke, siehe Befahrungsregeln. Hier ⬆, Anleger geplant. L hinter dem Deich PKW-Parkmöglichkeit.

86,5 Autobahn-Ɪ A 29.

88,0 Ɪ, davor ⬆, l **Wardenburg** 300 m.

89,1 Ɪ, l Badesee und Tillyhügel.

90,8 Ɪ, l 150 m **Tungeln**.

91,8 Ɪ B69, l Tungeln, r Oldenburg/Kreyenbrück, 50 m vorher l ⌂ TSV Tungeln, Kanuabteilung, r ▬ zum Entlastungsgraben, nicht fahrbar.

92,6 Lethe-Düker, nicht vom Wasser aus zu erkennen.

93,2 Ɪ, l **Hundsmühlen**.

94,0 Ɪ, l Hundsmühlen.

95,0 **Oldenburg**; l Anleger u. ⌂ Oldenburger Ruderverein, Oldenburger Yacht-Club, Kanu-Abteilung, *DKV-Kanustation*, ☎ 04402/4074, ⌂ der Oberschulen, gute ⬆, Postsportverein.

95,5 l ← zum Küstenkanal.

95,8 ↯ Stau ▬, r ⏏. Unterhalb Gezeiten. Tidenhub 2,4 m.

95,9 Straßen-Ɪ (Niedersachsendamm) und Autobahn-Ɪ A 28, danach r Anleger der Sportboote, Oldenburger Wassersportverein und Oldenburger Yacht-Club, Segel-Abteilung.

96,4 r ↓ Osternburger Kanal, der vor 2,4 km die Lethe aufgenommen hat. ↓ in den Küstenkanal bei km 1,2. Ab hier Binnen-Schifffahrtsstraße, !! beidseitig Spundwände bis in den Hafen.

96,8 Cäcilien-Ɪ, Hubbrücke

97,1 Amalien-Ɪ.

97,3 ↓ in die Untere Hunte = Hafen. Ende/Anfang der Binnenschifffahrtsstraße Küstenkanal (km 0). Ab hier Seeschifffahrtsstraße, neue Kilometrierung: 0. Über den Küstenkanal, die Untere Hunte und den Schifffahrtsweg Elbe - Weser besteht die Möglichkeit, ohne Landtransport große Wanderfahrten im Bereich zwischen Ems, Weser und Elbe durchzuführen (s. auch „Kanuwanderbuch für NW“).

Untere Hunte

Die 25 km lange Untere Hunte ist voll kanalisiert, Seeschifffahrtsstraßen, Gezeitenstrom, keine Zeltmöglichkeiten zwischen Oldenburg und Elsfleth.

0,0	Hafen, **Oldenburg**.
1,0	EB-Ⅱ, größte Roll-Klapp-Ⅱ Europas.
2,0	r ehemalige Brands Werft, l Kläranlage.
2,1	r Bauhof Wasser- und Schifffahrtsamt.
3,5	Osthafen der Stadt Oldenburg.
3,8	Autobahn-Ⅱ. A 29.
18,4	Hub-Ⅱ B 212. r **Berne** 3 km, Aegidiuskirche 12. Jh. ★.
19,0	r ↓ Ollen (Ollen und ihr Nebenfluss Berne s. „Kanuwanderbuch für NW“).
21,3	EB-Ⅱ (nördl. Teil drehbar, Südteil fest).
22,0	Werftanlage Elsfleth.
23,0	🚉 Elsfleth, ⬆ sehr schwierig.
25,1	Sturmflut-Sperrwerk , meist offen.
25,6	↓ in Unterweser bei km 32,1.

11.3 Lesum

Mündung in Unterweser (r Nebenfluss)

Die Hamme und Wümme vereinigen sich bei Ritterhude zur nur wenige Kilometer langen Lesum. Im Norden zieht sich ein hoher Geestrücken an dem Fluss entlang, auf dem Bremer Villen gruppiert sind. Südlich des Flusses liegt das Werder Land - eine einzige große Wiese - bis Bremen, dessen Türme weithin sichtbar das Land beherrschen. Die Lesum ist Tiden-abhängig.

Gewässergüte: II-III (kritisch belastet).

0,0	↓ Wümme und Hamme.
2,0	⌂ WV Luv (ca. 500 m entfernt), Maschinenfleeth zum Bürgerpark (9,8 km). Autobahn-Ⅱ A 27 Bremen - Bremerhaven.
3,5	EB-Ⅱ Bremen - Bremerhaven, r 🚉.
3,6	Straßen-Ⅱ nach Burg.
4,0	l ⌂ ⌂ Segelvereine Burg und Niedersachsen-Burg.
5,0	⌂ und ▲ Tura Bremen, *DKV-Kanustation*, ☎ 0421/636365 oder 0421/629260. km 5 - 7 r Wanderweg zur Brem Schweiz, Knoops Park. Ausblick über das Geestgebiet (Lesum-Weser).

8,0 Sturmflutsperrwerk Lesum. Gefahrlose Durchfahrt durch eine der vier je 15 m breiten Durchflussöffnungen. Die □ r ist nur dann zu benutzen, wenn das Sperrwerk geschlossen ist. Festmachemöglichkeiten sind in den □-Vorhäfen vorhanden.

8,5 r **Bremen-Grohn**. ⌂ WV Grohn versteckt hinter Hochwasserschutzwand. Kein △.

10,0 r Liegeplatz Segelschulschiff „Deutschland“, ★.

10,5 ↓ in Unterweser bei km 17,5, je nach Wasserstand und Bootsverkehr hier zwischen den Spundwänden starke und unregelmäßige Wellenbildung.

11.3.1 Hamme

Mündung in Lesum (r Quellfluss)

In Viehspecken vereinigt sie sich mit der „neuen“ Hamme, die vom Hamme-Oste-Kanal kommt. Von hier bis Mündung 3 Schleusen, praktisch keine Strömung. An Wochentagen einsam, an Wochenenden teilweise sehr starker Bootsverkehr (Motorboote!).

Gewässergüte: II-III (kritisch belastet), teilweise II (mäßig belastet).

0,0 Straßen-Ⅱ Hambergen - Oldendorf, r **Bullwinkel**, ⬇ bei gutem Wasserstand, im Sommer bis Giehlermühlen teilweise sehr stark verkrautet.

3,5 Straßen-Ⅱ Vollersode - Paddewisch, ab hier immer ≋.

7,5 Straßen-Ⅱ B 74 Osterholz-Scharmbeck - Gnarrenburg, bei Giehlermühlen ▬, X, r ≏, S 1. Bis Viehspecken eine Ⅱ und drei Sohlschwellen, ≋ oder ≏.

12,5 l ↓ „Neue“ Hamme, Hamme-Oste Kanal (s. „Kanuwanderbuch für NW“), ab hier offizielle Kilometrierung mit Kilometertafeln am Ufer.

12,5 = 3,2 **Viehspecken**, Straßen-Ⅱ Ostersode - Vollersode, ✕, gute ⬇.

4,2 □ Viehspecken, r ≏, S 1.

5,8 l ↓ Rummeldeisbeck (s. „Kanuwanderbuch für NW“).

6,0 Ⅱ Friedensheim - Hüttenbusch.

9,5 Teufelsmoor-□, r ≏, S 1, l ✕.

9,8 Ⅱ Hüttenbusch - Osterholz-Scharmbeck.

11,7 Ⅱ, l ↓ der Umbeek.

15,0 Ⅱ, l „Neu-Helgoland“, Bauminsel im Wiesenland, ✕. 2 km Fußweg nach **Worpswede**, Künstlerort, ★.

16,2 r ↓ Beeck (s. „Kanuwanderbuch für NW“).

16,5 EB-Ⅱ.

16,7 l ← Semkenfahrt, 1200 m zum DKV-▲ C Teufelsmoor, *DKV-Kanustation*.
17,7 r „Neu-Kamerun".
20,6 Straßen-Ɪ, ✕ „Tietjens Hütte".
25,0 l ⌂ VW Ritterhude, „Ritterhuder Ulen", r ⌂ und ▲ ESV Blau-Weiß Bremen.
25,3 □ Ritterhude, Tidenstauwerk, Tidenhub: 2,8 m, l ⌂ und ▲ VWRU „Ritterhuder Ulen".
25,5 Ɪ Ritterhude-Lilienthal/Worpswede.
26,5 Ɪ: Bremen (BAB) - Ritterhude.
27,5 ↓ Wümme, ab hier Lesum (s. AB).

11.3.2 Wümme

Kleinfluss - Wanderfluss
Mündung in Lesum (südlicher Quellfluss)

Die Wümme ist in ihrem Oberlauf, bis Rotenburg, ein landschaftlich reizvoller Wald- und Heidefluss, im Unterlauf ein ruhiger Wiesenfluss. Ab km 57,5 Teilung in drei Hauptarme.

Befahrungsregeln: ganzjährige Sperrung bis km 4; ab hier bis km 8,6 Sperrung vom 01.03.-15.07. Die interessanten Abschnitte ihrer Nebenflüsse Fintau, Rodau, Veerse, Wiedau, Wieste und Ahe sind ebenfalls in der Zeit vom 01.03.-15.07. für die Befahrung gesperrt. Sie sind ausführlich beschrieben im „Kanuwanderbuch für NW").

Gewässergüte: überwiegend II (mäßig belastet), teilweise II-III (kritisch belastet).

4,0 Ɪ B 75, 2 niedrige Stege bis
8,6 Ɪ B 75 bei **Stemmerfeld**. Ende der zeitweise gesperrten Flussstrecke, gute ⬇, eine Befahrung ab hier ist vielfach bis in den Sommer möglich. Bis Lauenbrück 5 niedrige Stege.
13,8 **Lauenbrück**, unter der Ɪ flach.
14,0 l ↓ Fintau (s. „Kanuwanderbuch für NW"), l ▲ C, gute ⬇, ab hier ist die Wümme ganzjährig ≋, auch für Zweier.
15,7 Ɪ B 75 bei **Wümmetal**, gute ⬇.
21,5 Ɪ Scheeßel - Sittensen, danach l im Wald ▲ C.
24,0 Ɪ Scheeßel - Zeven.
25,5 Scheeßeler Mühle. Fluss gabelt sich, r Arm fahren, ▬, **X**, r ⩠ über Straße, Betontreppen.Im l Arm Mühlen-▬, ⩠ kaum möglich. Im Unterwasser l ⌂ und ▲ Kanu Abt. TV Scheeßel.
26,0 Klärwerk Scheeßel.

28,0 l ↓ Veerse (s. „Kanuwanderbuch für NW“).
31,0 Ɪ nach Wohlsdorf.
32,6 Straßen-Ɪ B 75.
33,3 Ɪ Zubringer Rotenburg-Nord.
35,2 alte Ɪ nach Westerholz.
36,2 ▬ ≋, bei NW l ⏏.
36,4 EB-Ɪ, dahinter l ⌂ KW Rotenburg, Hallenbad, Freibad. Parkplätze des Bades nicht benutzen! gute ⬇/⬆.
37,0 ↓ des Stadtstrecks, Übungsstrecke der Rotenburger Kanuten. Km-Tafeln stimmen nicht mit der Kilometrierung überein.
37,5 Amts-Ɪ Rotenburg, zum 🚉 500 m r. **Rotenburg/Wümme**, Kreisstadt mit altem Heimatmuseum.
37,9 l ↓ des Mühlenstreeks, vereinigte Wiedau und Rodau.
39,0 Holz-Ɪ zum Gut Gothard.
40,9 ▬ Unterstedt, Befahrung lebensgefährlich, r ⏏.
41,9 EB-Ɪ.
44,0 ▬, l ⏏, evtl. ≋.
46,7 l ↓ der Ahe.
46,8 ▬, r ⏏, evtl. auch ≋.
49,5 ▬, evtl. ≋, sonst r ⏏, r davor Grillplatz.
51,0 Ɪ Hellwege - Sottrum, l Hellwege, r ✕.
53,2 ▬, meist offen, evtl. ≋, sonst ↱, ⬇ hinter dem Pegelhaus.
56,0 ⛺ C **Evringhausen**.
56,8 Autobahn-Ɪ A 1 - E 22.
57,5 Flussgabelung l ← Südarm. Der 16,4 km lange Südarm ist in voller Länge kanalisiert, 4 ▬ mit Tosbecken, starke Verödung der Natur, Befahrung nicht empfehlenswert (s. „Kanuwanderbuch für NW“). Die weitere Beschreibung folgt dem r abgehenden Hauptarm. Er ist landschaftlich reizvoll und bis Gehölz Hexenberg nicht begradigt.
57,6 Wege-Ɪ.
57,7 Holz-Ɪ, danach 2 Schwälle.
58,5 EB-Ɪ.
59,3 r ↓ Wieste (s. „Kanuwanderbuch für NW“).
60,2 Ɪ B 75 **Ottersberg**, l direkt danach gute ⬆, Parkplätze am Sportplatz können benutzt werden.
60,7 Holz-Ɪ, darunter Grund-▬, ≋.
63,8 Flussgabelung: l ← Mittelarm, r → Nordarm.

Wümme-Mittelarm

Der Wümme-Mittelarm ist ein landschaftlich sehr lohnender Teil der Wümme. Zunächst reiner Wiesenfluss, fließt er später durch die parkartige, malerische Landschaft um Fischerhude, später wieder Wiesenflusscharakter.

0,2	▬ meist offen, ≋, Steg.
2,0	r → Verbindung zum Wümme-Nordarm (▬ X).
2,1	Steg, nur bei Niedrigwasser zu passieren.
2,2	▬, leicht ≋.
3,9	Mühlen-▬ Fischerhude evtl. ≋, sonst l in den toten Arm ⌓ S 3. r **Fischerhude**, malerischer Ort, Künstlerkolonie, Otto-Modersohn-Haus, Heimathaus, ★. Es folgen mehrere Stege, z. T. sehr niedrig.
4,4	▬ am Sportplatz, evtl. ≋, sonst r ⌓.
4,5	Ⅱ Fischerhude - Sagehorn.
4,8	l Verbindung zum Südarm (3,3 km, 2 ▬).
5,9	▬ X ! Pfähle im Unterwasser, l ⌓.
7,6	▬, ≋.
8,3	Kleines ▬ mit Wasserrad, ≋ (ansehen).
9,1	▬ verfallen, ≋.
10,4	▬, nach Besichtigung evtl. ≋, Betonklötze im Unterwasser!
11,3	Stau, ▬, Eisenstangen!
12,9	↓ in den Nordarm bei km 75,0.

Wümme-Nordarm

64,0	Wiesen-▬, evtl. ≋, sonst ⌓, S 1.
64,9	▬ Edelhof, Ⅱ.
65,0	r ↓ Walle.
66,3	l ↓ eines Verbindungskanals vom Mittelarm.
67,0	Ⅱ, Wiesen-▬, meist r ≋.
69,0	Ⅱ Fischerhude, malerischer Ort, Künstlerkolonie, Otto-Modersohn-Haus, Heimathaus, ★.
69,8	Wiesen-▬, ≋ danach ! Steine im UW mit Wege-Ⅱ.
71,2	Wiesen-▬, ≋, sonst l ⌓ S 1, r ↓ Rautendorfer Schiffgraben, l Gehölz Hexenberg, ab hier begradigt bis km 72,6.
72,6	Ⅱ, Wiesen-▬, r ▲ C Ebbensiek.
72,8	▲ C Krentzel.
73,1	Gabelung in zwei Arme für ca. 800 m; l eng und überwuchert, r flach und breit.
74,0	Wiedervereingung der beiden Arme.
75,0	l ↓ Mittelarm (siehe 63,8).
75,1	Ⅱ, Stau-▬, meist offen, ≋, sonst r ⌓.
75,2	l ↓ Südarm (siehe km 57,5). Ende der Aufteilung der Wümme in 3 Arme.

77,0 l ↓ Oyter Wümme, **Kattrepel**.
78,0 Ⅱ Borgfelder Landstraße.
78,2 Insel nicht betreten, geradeaus fahren.
79,0 = 0,0

Untere Wümme

0,0 Franzosen-Ⅱ, Borgfelder Heerstraße, l gute ⬇. Ab hier neue Kilometrierung, Gezeiten-Einfluss.
0,1 r ↓ Wörpe (s. „Kanuwanderbuch für NW“).
2,4 l □ Kuhsiel, ↓ Kuhgraben nach Bremen zum Bürgerpark. ⌂ VKB Störtebeker, 3,5 km.
2,6 ⌂ KC Hanseat mit Übernachtungsmöglichkeit.
5,0 l Gartelmann, ✕.
11,5 r Höftdeich.
14,6 l □ Dammsiel, ✕, ↓ Kleine Wümme. (s. „Kanuwanderbuch für NW“). Zum Bürgerpark 8,7 km.
16,6 Ⅱ Bremen - Ritterhude.
18,5 ↓ in Hamme, ab hier Lesum (s. AB).

11.4 Ochtum

Marschfluss
Mündung in Unterweser (l Nebenfluss)

Schwachströmender Marschfluss, im Unterlauf Gezeiten. Die Ochtum beginnt am Kirchweyher See, in den die Hache und der Sustedter Bach münden (s. „Kanuwanderbuch für NW“). Die Obere Ochtum vom Kirchweyher See (als solcher nicht mehr erkennbar - jetzt nur noch eine ausgebaggerte Rinne) leidet bis zur Reichweite der Gezeiten unter sehr schwankenden Wasserständen. Durch die Befahrung der Alten und Neuen Ochtum ergibt sich ein 10 km langer reizvoller Rundkurs.

Gewässergüte: II (mäßig belastet), im Unterlauf II-III (kritisch belastet).

0,0 Ausfluss aus dem Kirchweyher See; bis km 7,5 im Sommer stark verkrautet, wenig lohnend.
1,5 Str.-Ⅱ Kirchweyhe-Dreye.
3,5 Stau, offen, ≋.
4,0 EB-Ⅱ.
7,5 r Baggerloch „Silbersee“, Bademöglichkeit.
8,0 l ↓ des Hombaches (s. „Kanuwanderbuch für NW“).
8,5 Autobahn-Ⅱ A 1.

10,0 Str.-Ⅱ B 6.
10,3 Beginn der neuen Ochtum.
11,0 Ⅱ Bremen - Stuhr, gute ⬇.
12,1 r → Verbindungsgraben Kuhlen zur Alten Ochtum (s. Rundkurs, km 15,7). Im folgenden NSG anlanden verboten, Durchfahrt erlaubt.
13,2 Ⅱ B 75, gute ⬇.
14,1 Straßen- und EB-Ⅱ, ⬇.
15,5 ▬ Warfelde, **X**, l ⌓ einfach.
15,7 Flussteilung: l ← Weiterfahrt Richtung Bremen, r → Rundkurs

---

Alte Ochtum (= 0).
0,6 EB-Ⅱ.
1,5 ▬ Wartum, Boots-□ oder ⌓.
2,0 Ⅱ, l **Wartum**, ⌂ WV Wartum, ✕
2,1 l ⌂ WSC Fink, *DKV-Kanustation*, ☎ 0421/540221.
2,9 EB-Ⅱ.
3,9 Ⅱ B 75.
5,6 Siel unter einem Deich, führt zum Verbindungsgraben Kuhlen.
6,6 ↓ in Neue Ochtum bei km 12,1.

16,3 Straßen-Ⅱ.
16,8 ▬, Mitte ≋, ab hier Gezeiten.
17,3 r ⌂ WC Ochtum, ▲ begrenzt.
17,8 l ↓ Varreler Bäke (s. „Kanuwanderbuch für NW").
19,8 ▬, ≋ oder □ l benutzen, Selbstbedienung.
20,1 l ↓ Delme (s. „Kanuwanderbuch für NW").
20,8 Ⅱ Strom - Deichhausen.
21,3 ⌂ und ▲ SC „St. Veit", SC Ochtum und Delmenhorster KC.
23,8 Ochtumsperrwerk mit zwei Durchflussöffnungen und einer □. Durchfahrt verboten, Absturz 1 m tief, Rampen zum Anlanden. Schleusenzeiten: 2 1/2 Std. vor und 3 Std. nach HW in der Zeit von 6 - 23 Uhr.
23,9 l Hafen Ochtum, dahinter Industriegelände.
24,2 ↓ in die Unterweser bei km 14,2.

Kleinfluss - Wanderfluss
Mündung in Weser (r Nebenfluss)

Die Aller, größter Nebenfluss der Weser, entspringt bei Seehausen in der Magdeburger Börde, erreicht die norddeutsche Tiefebene in Drömling bei Oebisfelde und folgt einem eiszeitlichen Urstromtal oft einsam und reizvoll mit Wiesenflusscharakter auf rd. 200 km Länge bis zur Mündung bei Verden. Der Fluss sammelt alle Wasserläufe des Westharzes sowie die besonders beliebten Kanuflüsse der Südheide. Meist geringe Strömung.

Befahrbarkeit: ab Grafhorst, km 200,8, nur bei HW; ab Vorsfeld, km 192,6, im Prinzip ganzjährig. Bei km 183,5 erfolgt eine Teilung der Aller, die hier r abgehende „Alte Aller“ hat im Sommer meist zu wenig, der l abgehende „Allerkanal“ führt zwar ausreichend Wasser; er ist im Anfangsbereich auf 5,5 km ganzjährig gesperrt. Die nachfolgende Beschreibung beginnt daher erst bei km 10,3 des Allerkanals. Oberaller, Alte Aller und der (gesperrte) Anfangsteil des Allerkanals s. (s. „Kanuwanderbuch für NRW“).
Befahrungsregeln: Allerkanal von 16,1 bis 10,4: Uferbetretungsverbot, Genehmigungspflicht für Veranstaltungen größer 10 Personen.
Gewässergüte: im beschriebenen Teil II (mäßig belastet), ab Leine-↓ II-III (kritisch belastet).

1. Oberaller

200,8 **Grafhorst**. ⬇ nur bei HW.
192,6 **Vorsfelde**, siehe „Befahrbarkeit“.
183,5 Teilung der Aller. → Alte Aller (s. Befahrbarkeit). ← Allerkanal. Trotz gerader Strecken ist der Allerkanal reizvoll durch die Waldlandschaften des Barmbruchs, Klausmoors und der Heide bei Winkel.

Allerkanal
10,3 Ⅱ Wolfsburg - Gifhorn, übliche ⬇ nach der Sperrstrecke.
12,7 Ⅱ Braunschweig - Gifhorn (Stadt). Zum 🚉 Isenbüttel-Gifhorn 0,7 km l, zur Stadt 3 km r.
13,2 EB-Ⅱ.
13,7 Ⅱ B 4 Braunschweig - Lüneburg
15,4 l ↓ Helenriede.

15,9 r Winkel mit Wege-Ⅱ, ✕ , Hermann-Löns-Stein.
18,2 ■, X mit Wege-Ⅱ, l ⌓, S 1.
19,0 Wege-Ⅱ Eimerwiesen, bei NW flach !
19,4 Ⅱ in die Alte Aller kurz vor Brenneckenbrück, bei km 152,9 der fortlaufende Allerkilometrierung.

152,8 Straßen-Ⅱ B 188 (Hannover - Wolfsburg), dahinter r **Brenneckenbrück** ✕, ▲ C, Steg.
152,5 r Pegel Brenneckenbrück (Hauptpegel der Oberaller).
146,1 Straßen-Ⅱ l **Ettenbüttel**, r **Bokelberge**.
142,5 l Flussarm ≋, zum ■ l ⌓, S 2, Straßen-Ⅱ, r **Dieckhorst**, ✕, l vor dem ■ Steg.
141,2 Grundschwelle, bei NW Steine ! dann r fahren.
141,6 l ↓ Oker (s. AB).

2. Mittelaller

Die folgende, 28,2 km lange Strecke bis Celle wird als Mittelaller bezeichnet. Der früher weitgehend naturbelassene Fluss ist inzwischen „kultiviert“ worden, mit neuem Flussbett und neuen Wehren, in Langlingen und Oppershausen Bootsgassen.

141,5 Ⅱ Ahnsen - Müden, danach Steganlage mit Rastplatz.
139,1 Ⅱ Fletmar l - Müden.
138,5 EB-Ⅱ.
134,0 Ⅱ Langlingen l - Nordburg, l Steg.
131,4 l ← des Wienhauser Mühlkanals, hübsche 6 km lange Wiesenfahrt bis zur ↓ in die Aller. Direkte Zufahrt zur Paddelvereinigung Wienhausen.

0,0 r ✕ und l ▲ C.
0,3 ■, l ⌓, S 1.
1,5 Ⅱ Langlingen - Offensen.
5,3 Ⅱ Wienhausen - Offensen.
5,7 l ⌂ PV Wienhausen, Matratzenlager, ▲ beschränkt, r ▲ C, ✕. Geradeaus ■, l ⌓, S 1, nach 300 m in die Aller, km 125,2. Im Mühlkanal am ■ vorbei nach 600 m **Wienhausen** (Mühle), ★ Kloster Wienhausen (keine Weiterfahrt!).

131,1 ■ **Langlingen X**, entlang dem l Ufer zur Bootsgasse fahren. Lichtsignal rot und grün. Wenn nicht offen, Schaltknopf an aus dem Wasser ragenden Rohrarm r drücken. Erst bei „grün“ in Gasse einfahren! Gefälle 1:15. Im Auslauf gut durchziehen! Ungeübte vorher ansehen oder ⏏. Von hier aus zu Fuß zum Langlinger Badesee l über den Deich 200 m.

129,8 Ⅱ Schwachhausen - Nordburg, l ▲.

127,3 l ▬ Oppershausen X, Bootsgasse (siehe Langlingen). Davor r ⌂ und ▲ KC Flotwedel, Zufahrt mit Pkw möglich, ? H. Friedebold, Hofstraße 20, 29342 Wienhausen, ☎ 05149/406.

127,1 r ↓ Schwarzwasser (s. „Kanuwanderbuch für NW").

125,2 l ↓ Flutgraben des Wienhäuser Mühlkanals, 300 m aufwärts ▬, r ⏏ und auf dem Mühlkanal zum ⌂ PV Wienhausen.

125,0 Ⅱ Wienhausen - Oppershausen. l **Wienhausen**, Ausflugsort mit ★ ehem. Zisterzienser-Kloster.

122,9 l ↓ des Wienhäuser Mühlkanals, meist verkrautet

120,7 ▬ „Theewinkel", Höckerhindernisse im Sturzbett. r ⏏ über Anleger mit Treppen, S 2.

120,6 l → eines AW mit ▲ PK Celle.

117,9 Ⅱ Altencelle - Lachtehausen, l **Altencelle** mit ✗.

117,8 ⌂ und ▲ mit allen Einrichtungen der Celler Kanu-Wanderer, Übernachtung im ⌂ (Luftmatratzen) möglich. ☎ 05141/881510 nur donnerstags 19 - 22 Uhr.

117,3 r öffentlicher Bootssteg, Zufahrt von der Straße Altencelle - Lachtehausen möglich.

115,6 r ↓ Lachte, (s. AB) 50 m unterhalb r ↓ Freitagsgraben.

114,1 l ← Magnusgraben, hier ⌂ der KG Celle, Unterkunft beschränkt. Im Magnusgraben nach 100 m l ⌂ PC Celle, ▲ und Übernachtung im ⌂, ☎ 05141/54500, empfehlenswert.

113,9 Celle, Pfennig-Ⅱ, r ⬆.

113,4= 0,0 **Celle**, Ⅱ B 3. ★: Stadt mit Welfenschloss, Museum, Schlosstheater, Stadtkirche, viele mittelalterliche Fachwerkbauten, niedersächs. Landgestüt. Nach Ⅱ r Bootssteg, hier ⏏ zum Nordarm. Weiterfahrt im Oberwasser am ▬ vorbei nicht ratsam, da am 2. ▬ ⏏ kaum möglich. Bei HW starke Strömung, rechtzeitig r halten!

3. Unteraller

Der folgende, 117 km lange Abschnitt der Aller ab Celle bis zur Mündung in die Weser wird als Unteraller bezeichnet. Sie ist Bundeswasserstraße. Die Strecke ist durch vier Staustufen mit Wehren und Schleusen reguliert. Gewerbliche Schifffahrt besteht nicht mehr, im Sommer jedoch starker Motorboot- und Wasserskiverkehr, besonders am Wochenende. Streckenweise verkehren auch kleine Fahrgastschiffe.

An den Wehren bestehen Umtragemöglichkeiten. Es wird, schon aus zeitlichen Gründen, empfohlen, die Wehr-Arme zu befahren. Die

Schleusenwärter sind nicht verpflichtet, Einzelfahrer zu schleusen. Mitschleusen gestattet. Bei Gruppen von mindestens drei Booten wird geschleust.

Schleusenzeiten: April - Oktober, werktags, 8.00 - 16.00 Uhr; Oldau 8.00 - 12.00 Uhr und 13.00 - 18.00 Uhr. November - März, Montag - Freitag, 8.00 - 12.00 Uhr und 12.30 - 15.30 Uhr; Oldau nur bis 15.00 Uhr. Juli - August, Sonn- und Feiertag, 8.00 - 12.00 Uhr und 13.00 - 17.00 Uhr; Oldau bis 18.00 Uhr. Übrige Zeiten: Betriebsruhe.

Zelter sollten sich beim Schleusenbeamten melden, freies Zelten im Landschafts- und Naturschutzgebiet ist nicht gestattet.

0,0	Amtsgrenze WSA Verden, ☎ 04231/898 - 36.
0,3	Beginn der Bundeswasserstraße im Unterwasser des Celler ■.
0,9	Hafenbahn-Ⅱ im Nordarm.
1,2	l ↓ Mühlenaller, ehemals Schifffahrtsweg zum Hafen und Rathsmühle.
1,7	EB-Ⅱ und Fußgänger-Ⅱ, r gute ⬇, 300 m 🚃.
1,8	l Pegel Celle.
2,8	l Einlass von Kläranlage Celle.
3,1	l ↓ Fuhse (s. AB).
3,3	Ⅱ Westtangente Celle.
5,2	l Karolinen-Mathilde-Laube.
6,2	r ↓ Wittbeck (gesperrt), **Boye**, reizvoll gelegen.
8,8	l ↓ Fuhsekanal.
14,6	Fähre Oldau.
14,7	l **Oldau**, l □. l ϟ, r ■, r ⌂, S 1.
16,9	r ↓ Örtze (s. AB), ▲ C an der ↓.
18,7	**Winsen/Aller**, ✕, Straßen-Ⅱ.
19,1	▲ C „Auf der Hude".
21,0	- 23,0 eine der schönsten Wald- und Heidepartien an der Aller.
21,5	r Ferienhäuser Süd-Oh.
22,6	l „Wachholderpark" ! Motorboote !
24,6	Wasserskistrecke. r ↓ Allerplackgraben.
26,5	r □ Bannetze. Unter 3 Boote l in ■-Arm. l ⌂, S 1, zwischen ■ und □ ▲ M ? beim Schleusenpersonal nachfragen.
29,5	l Erdölgebiet von Wietze mit Rohr-Ⅱ, Badeanstalt.
29,9	l ↓ Wietze (Aller) (s. „Kanuwanderbuch für NW").
32,4	Straßen-Ⅱ Jeversen - Thören. l **Jeversen** 1200 m, r **Thören** 1800 m.
38,0	Fähre Marklendorf.

38,3 r □ Marklendorf. Unter 3 Boote l in ■-Arm, r ■, r ⌓, S 1-2. l **Marklendorf**. 1200 m. Pegel im Unterhafen.
40,2 r **Engehausen** 400 m und Autobahnrastplatz Allertal 1100 m. ▲ C.
40,6 Autobahn-Ⅱ A 7.
45,2 Ⅱ, l **Essel**.
45,7 r ↓ Esseler Kanal.
46,7 EB-Ⅱ.
49,6 Fähre Hademstorf.
49,9 l □ Hademstorf. Unter 3 Booten r in ■-Arm fahren, ■, r ⌓, S 2 (ca. 120 m). Ab hier freie Fließstrecke! Wer schleust, gelangt im Unterwasser in die Leine und gelangt nach 1,5 km bei Aller-km 52,4 in diese zurück. ▲ M auf □-Insel (beim Schleusenpersonal melden).
50,5 Weg-Ⅱ Schleusel - **Hademstorf** r 1500 m.
52,4 l ↓ Leine (s. AB). Auf den folgenden 64 km keine Hindernisse, teilweise gute Strömung.
53,0 Tiefseil-Wagenfähre ! r nach **Eickeloh** 1200 m 🚃.
56,3 r **Burg** und **Hudemühlen**.
57,4 r Strandcafé Wiechmann, ▲.
57,5 r ↓ der Meiße (s. „Kanuwanderbuch für NW").
58,5 Ⅱ Hodenhagen - Ahlden. r **Hodenhagen**, 🚃 (Soltau - Hannover) 2000 m. l nach **Ahlden** 900 m. Am Altwasser das Schloss Ahlden (Verbannungssitz der Gattin Georgs I. von Hannover).
61,2 r Gut Hellberg, ↓ Wiedenhausener Bach **X**.
63,0 - 64,0 l die Ahe, größter Auwaldrest im Allertal mit romantischem Waldsee, Reiherkolonie.
66,5 l **Eilte**, Landw.-Ⅱ.
67,5 Das „Goseloch", scharfe Flusskrümmung, l fahren! r Kiesbank.
67,9 l der Mühlenhof.
71,6 l **Bosse**. Kleiner Ort auf nur 150 m breiter Landzunge, in großem Bogen von der Aller umströmt.
72,6 r ↓ der Böhme (s. AB).
78,0 l **Frankenfeld**. ▲ C.
78,3 - 80,3 Wasserskistrecke.
79,5 r **Kirchwahlingen**.
81,9 l **Rethem**, 🍴, Straßen-Ⅱ. r gute ⬆.
82,3 l Hafen und Pegelturm Rethem. l alte ↓ Alpe (s. „Kanuwanderbuch für NW") mit HW-Sperr- und Schöpfwerk.
84,3 r Sommerdeich. Bei HW strömt die Aller hier über die Wiesen bis 89,3 (Pegel Rethem ca. 380cm).
84,8 l **Wohlendorf**, l ↓ der Wölpe. (s. „Kanuwanderbuch für NW").
86,0 l Gut Donnershorst.
87,0 l reizvolles Waldufer.

92,2 l Dörverden - Hülsen.
93,0 l Steilufer mit ⛺-Möglichkeit, Wochenendhäuser.
95,9 r **Otersen** 500 m.
98,6 l Dörverden - Westen, ⌂ und Hafen des WSC Westen, 2 feste Übernachtungsräume mit Koch- und Waschgelegenheit, Meldung siehe Aushang. 200 m ✕.
102,1 r ↓ Lehrde (s. „Kanuwanderbuch für NW").
103,0 l Dörverden - Barnstedt, ✕.
105,0 l Dörverden - Ahnebergen 300 m.
107,8 r ↓ Gohbaches (s. „Kanuwanderbuch für NW").
108,5 „Eitzer Knie", r auf dem Hochufer Eitze.
109,0 r Schiffswendeplatz Boje, Beginn der Staustrecke des Weser-■ Langwedel.
110,7 EB-Ⲷ.
111,5 r ⌂ des Verdener Rudervereins.
112,0 r ⌂ Wassersportverein Verden, bewirtschaftet, alle Einrichtungen, großer ⛺, Anschrift: Am Dithmarsberg, 27283 Verden, ☎ 04231/3291. Zum 🚌 15 Min. **Verden**, uraltes Bistum, Dom, Altstadt, Pferdemuseum u.v.a. ★.
112,5 r Ladestelle Verden, Fahrgastschifffahrt.
112,7 Ⲷ Verden-Mitte (Südbrücke).
113,2 Ⲷ (Nordbrücke).
114,0 l ↓ der Alten Aller **X** (versandet).
114,9 r Hof Höltenwerder. Sportboothafen Verdener Motorboot-Verein.
115,2 r ↓ des Halsebachs, Halsmühlen 1500 m, berühmt durch das Verdener Blutgericht Karls des Großen.
117,1 ↓ in Weser bei km 326,4.

11.5.1 Böhme

Heidefluss - Wanderfluss
Mündung in Aller (r Nebenfluss)

Die Böhme gehört, neben der Örtze, zu den schönsten und beliebtesten Wanderflüssen der Heide; besonders empfehlenswert ist ihr Oberlauf bis Walsrode.

Befahrungsregeln: km 0 - 1,6 ganzjährig gesperrt, km 1,6 - 61,3 vom 01.03. - 15.07. gesperrt, in der übrigen Zeit Uferbetretungsverbot und Pegelregelung (Pegelmarken an den gekennzeichneten Einsatzstellen).
Gewässergüte: II (mäßig belastet).

0,0 **Soltau**.
1,6 ⌶ **Tetendorf**, ⬇ 300 m von B 3, Nähe Autobahnabfahrt Soltau-Süd.
2,1 ehem. ▬, bei HW ≋.
3,2 ehem. ▬, ! Holzbalken im UW.
4,0 ⌶, ▲ C, **Imbrock**, ⬇.
5,6 ehem. Mühlen-▬,. ϟ Hof Loh, ≋ von Mitte nach l, wegen starker Grundberührung wenig empfehlenswert, Betonkante, weitere Stufe ≋.
6,9 ehem. ▬, bei NW Grundberührung.
10,4 ⌶, **Jettebruch**, sehr niedrig, l ⌓ auf der Straße 300 m bis
10,5 Mühlen-▬, **X**, unmittelbar hinter scharfer Rechtskurve! r ⌓, S 1.
12,9 EB-⌶.
13,8 ⌶, **Mengebostel**, Pfahlreihen unter ⌶.
16,8 ⌶, **Dorfmark**, Kirche, ★.
17,8 Bömmelmühle, ▬, **X**, l ⌓, ⬇/⬆. Bootsverleih.
18,5 ⌶, Autobahn-Zubringer, Pausenstelle des LKV Niedersachsen. Befahren der Wiese verboten. Unterhalb der ⌶ Pegel, ⬇/⬆.
20,5 Wege-⌶, r Hof Brock, ▲ C, ⬇/⬆.
22,1 ⌶, r **Vierde**, l **Küddelse**.
23,3 Wege-⌶, r ▲ C „Böhmeschlucht“, ⬇/⬆.
26,3 l **Grünhagen**.
26,6 Fußgänger-⌶, l Kurklinik Fallingbostel.
28,0 r Badeanstalt Fallingbostel.
28,7 **Fallingbostel**, Mühlen-▬, unter Materialeinsatz evtl. ≋, l Steganlage zum ⌓, ⬇/⬆. ⌶ B 209, 🚆 in 10 Minuten.
29,2 Fußgänger-⌶.
30,9 Wege-⌶, l Klärwerk.
31,1 r Jugendhof Idingen, ⬇/⬆.
31,4 Wege-⌶.
31,9 ⌶ Elferdingen - Tietlingen.
33,2 Wege-⌶.
34,4 ⌶, r **Ützingen**, ⬇/⬆, Pausenplatz.
35,4 ▬, wenn offen ≋, sonst l ⌓.
35,9 r ↓ Bomlitz, **X**.
36,0 EB-⌶, zerstört, bei NW Betonbrocken!
37,8 Fußgänger-⌶.
38,9 Beginn der Stadt Walsrode, EB-⌶. Es folgen 2 Fußgänger-⌶.
40,9 l Schulzentrum, Betonsteg, ⬇/⬆, 🚆 200 m.
41,4 **Walsrode**, ⌶ B 209, danach l Mühlen-▬, **X**; l in den l Arm ⌓, nicht Turbinenarm fahren. Ca. 50 m Fußweg zum ⌂ des TV Jahn Walsrode, ▲-Möglichkeit. Gekennzeichnete ⬇/⬆. ★: Kloster, Heimatmuseum.

42,4 Fußgänger-Ⅱ.
42,5 EB-Ⅱ.
42,8 Ⅱ Walsrode - Hodenhagen.
43,1 ■ Plötz-Mühle Vorwaldsrode, l ≏, S 1.
44,7 Autobahn-Ⅱ A 27 Bremen - Hannover.
45,3 Straßen-Ⅱ, **Hollige**.
45,5 EB-Ⅱ.
47,6 Ⅱ, ■, X. ! bei NW Eisenträger, r **Benzen**.
50,0 Ⅱ, r **Hollige**.
51,6 Ⅱ, r **Altenboitzen**.
51,9 r → alte Böhme, l ehemaliges ■ zur Böhme-Begradigung, wenn offen ≋. ! ! Im Unterwasser Eisenträger-Reste.
55,2 ■, ≏, Mühle Neumühlen, Lebensgefahr, da unten niedriger Eisenträger u. gefährlicher Rücklauf bei HW, l ≏.
59,1 r Dorf **Böhme**, ■, **X**, 2 m hoher Abfall, l ≏ auf gepflasterter Rampe, S 1. ⬇/⬆.
59,2 Ⅱ Altenwahlingen - Bierde.
59,6 r Pumpstation.
61,3 ↓ in Aller bei km 72,6.

11.5.2 Leine

Wiesenfluss - Wanderfluss
Mündung in Aller (l Nebenfluss)

Die Leine entspringt bei Leinefelde (Thüringen) und mündet nach 271 km in die Aller. Sie ist auf langen Strecken ein landschaftlich reizvoller Wanderfluss. Der Oberlauf ab Bad Heiligenstadt ist nur bei hohem Wasserstand zu befahren. Ab Reckershausen (km 123,9) genügt normaler Wasserstand. Ab Mündung der Innerste eigene Kilometrierung der Bundeswasserstraße, hier jedoch kein Schiffsverkehr.

Achtung: Die Sohlabstürze zwischen km 95,4 und km 79,2 unbedingt vorher ansehen. Sie sind nur für geübte Fahrer fahrbar!!

Auf Grund geänderter Flussführungen in den letzten Jahrzehnten, sowie unklarer Angaben oberhalb der Innerste-Mündung, wurde diese Strecke bis zur Quelle neu vermessen. Grundlage hierfür waren die digitalen Karten der TOP50-Serie, LGN Niedersachsen.

Befahrungsregeln: km 5,0 - 0,5 Befahrungsverbot vom 01.01. bis 15.03. übrige Zeit Durchfahrt erlaubt. ⬇/⬆ nur an Ⅱ.km 24,3 - 18,6 NSG Leineaue Gronau - Burgstemmen, das Durchfahren mit Booten ohne Verbrennungsmotor ist frei, Anlegen verboten. Ganzjährige

Sperrungen von km 78,6 - 76,6 und km 71,1 - 69,1. Bei beiden Sperrungen besteht wegen fehlender Wege keine Umtragemöglichkeit.

Gewässergüte: bis Innerste-↓ im Wesentlichen II (mäßig belastet), danach II-III (kritisch belastet).

159,0	Ursprung bei Leinefelde in etwa 400 m Höhe.
141,0	**Bad Heiligenstadt**, flotte Strömung, gute ⬇ bei Fabrik am Ortsende, hier Parkplatz.
139,0	Ⅱ.
137,5	Uder, ■, ≋ l Ufer.
136,3	■, evtl. ≋, l oder r ⏏, S 1.
134,8	Ⅱ Schönau - Burgwalde.
132,1	Ⅱ B 80.
130,1	■, l ⏏, S 1, r Werksgelände.
129,7	r ↓ Rustebach.
128,9	Ⅱ B 80, r Pegel, l **Arenshausen**.
127,8	**Kirchgandern**, Fußgänger-Ⅱ, r Sportplatz, gute ⬇/⬆.
126,6	Wege-Ⅱ, **Besenhausen**, Mühlen-■, **X**, l ⏏.
125,9	■, im Überlauf weiterfahren bis
125,6	Mühlen-■ Niedergandern, **X**, r ⏏.
125,5	■, im Überlauf weiterfahren bis
125,1	nächstes ■ am Sportplatz, l ⏏.
124,5	■ im Überlauf weiterfahren bis
124,3	Mühlen-■ Reckershausen, **X**, l ⏏.
123,9	Straßen-Ⅱ **Reckershausen**. Gute ⬇.
122,5	■ **Friedland**, meist ≋ oder bei HW r verblockte Rinne fahren, sonst l ⏏, S 1.
122,1	Wege-Ⅱ.
121,9	Straßen-Ⅱ, ⬇.
119,5	Straßen-Ⅱ.
115,6	Mühlen-■ **Stockhausen**, auf der Insel landen und nach l in den Überlauf ⏏ oder (falls zu wenig Wasser) über die Ⅱ nach r durch die Mühle ⏏.
115,4	Straßen-Ⅱ.
114,3	r ↓ Wendebach.
113,9	l ↓ Dramme, der Fluss wird breiter und die Ufer höher.
113,3	Mühlen-■ **Niedernjesa**, **X**, l ⏏, S 1.
112,9	Ⅱ.
110,1	Ehem. ■, Betonstufe unter Wasser, meist ≋. Bis km 109,2 folgen mehrere Steinschüttungen !!
109,8	Wege-Ⅱ.
109,2	r ↓ Garte (s. „Kanuwanderbuch für NW“), l ↓ Rase.
108,4	Treibgut-Sperre überheben bzw. l oder r ⏏, S 1.

108,3 ■, X, r ⩯ zur Weiterfahrt auf der Leine, S 1. l ⬆ und ⩯ (S 2) oberhalb des Hochwassergrabens entlang zum Kiessee, nach 300 m ⬇, zu den ⌂ GPC Göttingen mit ▲, ☎ 0551/7906863 und Waspo 08 Göttingenam nördlichen See ⬆, ⩯ (S 1) 50 m über Straße l wieder ⬇ bei Leine-km 106,6.

108,0 ■ Stegemühle, X, l ⩯, S 2.

107,7 Ⅱ, r ⌂ und ▲ VGF Göttingen, ? Norbert Freiboth, ☎ 05506/764670, zur Stadt 30 Minuten. **Göttingen** ist eine alte Universitätsstadt, ★.

107,1 ■, X, vor der Straßen-Ⅱ l ⬆ und auf der Straße 200 m ⩯, S 2 und hinter dem Freibad wieder ⬇.Fahrt geradeaus auf dem Leinekanal in die Innenstadt nicht möglich.

105,9 Ⅱ, dahinter Fußgänger-Ⅱ.

105,5 Fußgänger-Ⅱ.

105,3 EB-Ⅱ.

105,0 Ⅱ, zur Stadt wenige Minuten.

104,3 Ⅱ, r ↓ Leinekanal.

103,4 Ⅱ.

103,1 EB-Ⅱ, danach 2 Stufen ≋.

102,7 Ⅱ des Autobahnzubringers Göttingen-Nord.

101,8 l ↓ Grone.

101,4 Fußgänger-Ⅱ Eselsstieg, Stufe ≋.

100,6 Königsbühl, Sohlabsturz mit Steinschüttung, ca. 130 cm, evtl. ≋, unbedingt vorher ansehen. Sonst r ⩯.

100,5 Ⅱ.

100,4 EB-Ⅱ.

99,0 Ⅱ, r **Bovenden**.

97,5 Wege-Ⅱ.

97,5 Stufe, ≋.

95,4 Parenser Kopf, Sohlabsturz mit Steinschüttung, ca. 150 cm, evtl. ≋, unbedingt vorher ansehen, sonst r ⩯.

95,3 l ↓ der Harste.

95,2 Ⅱ.

95,0 Stufe, ≋, Steinschüttung.

93,6 l ↓ der Espolde.

93,5 r **Nörten-Hardenberg**, Straßen-Ⅱ.

92,0 Ⅱ.

91,7 Flussgabelung. r Arm fahren, da im l Leinearm die Ufer renaturiert werden.

89,4 Flussgabelung, r Arm für längere Boote empfohlen. l (Karussell) nur für wendige Boote. Beide Arme recht kurvenreich.

86,7 Straßen-Ⅱ, ⬆.

86,3 ■ Sudheim - Leinemühle, r ⩯, S 1.

85,0 EB-Ⅱ, bei NW ! Steine.

83,3 Straßen-II B 241, Gastwirtschaft „Zum Leineturm“. Von hier Bahnhof Northeim erreichbar.
80,4 Autobahn-II A 7.
79,6 r ↓ Rhume (s. AB).
79,3 r Edesheimer Mühlgraben, NSG, Befahren verboten.
79,2 Sohlabsturz mit Steinschüttung, evtl. ≋, unbedingt vorher ansehen oder l ⌓, mühsam, besser: am Abzweig Mühlengraben r ⬆ und Fahrt beenden. Keine ⌓-Möglichkeit wegen fehlender Wege im NSG. Erst in Salzderhelden wieder ⬇.
78,6 II Hollenstedt, günstige ⬆. Beginn des Sperrgebietes. Fahrt spätestens hier beenden. Hier befahrbarer Wirtschaftsweg von der L 572.
71,1 **Salzderhelden**, Ende des Rückhaltebeckens. ⬇ in Entwässerungsgraben hinter neuem Deich. Auch gute ⬇ am 🚉.
70,2 II B 3.
70,1 EB-II.
68,3 l ↓ Ilme (s. „Kanuwanderbuch für NW“).
66,8 Naturstufe Rittierode, l ≋, Mitte Steine!
62,4 r Olxheim Straßen-II.
62,1 Straßen-II! bei NW Pfähle.
62,2 EB-II.
60,1 Fußgänger-II, r ↓ der Gande (s. „Kanuwanderbuch für NW“). 500 m aufwärts ⌂ und ▲ PSV Kreiensen 06 , Kanuabteilung, ☎ 05563/7483, 🚉, **Kreiensen**.
59,7 ■ Greene, evtl. ≋ sonst r ⌓, S 1.
59,4 l **Greene**, II, Schwall, bei NW Steine!
57,9 r **Beulshausen**.
55,9 II Leinetal-Erzhausen.
54,5 l Pumpspeicherwerk Erzhausen, ★.
50,2 ■ Freden, r ⌓, S 1.
49,8 II, **Freden**, r gute ⬇/⬆, zum 🚉 3 Minuten. Unterhalb r Sportplatz mit ⌂ BSC Freden, ▲, ☎ 05184/8801.
48,4 EB-II.
46,7 Fußgänger-II mit Schwall, r **Meimershausen**.
45,0 l **Wispenstein**, l ↓ der Wispel.
44,9 Wege-II, Schwall.
42,9 II Föhrste - Röllinhausen, Staubeginn des ■ Alfeld.
40,5 **Alfeld**, Kleinstadt mit vielen alten sehenswerten Bauten. 🚉 5 min.II, unmittelbar dahinter ■. Nicht r in den Werkskanal einfahren, unter II l ⌓, S 2. Gute ⬆ (Treppe) r 200 m vor II und ■.
39,2 II.
38,2 l **Limmer**.

37,5 Sohlabsturz, ▬, X, Lebensgefahr, starker Rücklauf! Erst spät sichtbar, bei MW r Umfahrungsrinne nutzen, sonst r ⌓, S 1, ⬇/⬆-Hilfen in Planung.

36,2 r **Wettensen**.

34,0 l ↓ der Gleene

33,4 l **Dehnsen**.

31,0 ▬ Brüggen, evtl. ≋ oder l ⌓, S 1.

30,7 Ⅱ, r **Brüggen**.danach r ↓ des ▬-Armes, Querströmung! Wege-Ⅱ.

28,3 ▬ Banteln, evtl. ≋ oder r ⌓, S 1.

26,9 Wege-Ⅱ.

26,0 ▬ Gronau (Leine), evtl. ≋ oder r ⌓, S 1. Geradeaus am ▬-Arm liegen die ⌂ ⌂ Wassersport Gronau, ☎ 05068/1217 und Boots-Club Gronau, ▲. Weiterfahrt hier nicht möglich.

25,1 **Gronau**, Ⅱ, r ✕ „Zur grünen Aue“.

24,6 r ↓ des ▬-Armes.

24,5 Ⅱ, r gute ⬇.

24,4 Fußgänger-Ⅱ, dahinter Schwall, ≋.

24,3 Sohlschwelle! Steine, r ≋. Beginn NSG „Leinaue unter dem Rammelsberg“. Durchfahrt für Boote ohne Verbrennungsmotor gestattet, Uferbetretungsverbot.

18,6 l ↓ der Dirkschen Saale (s. „Kanuwanderbuch für NW“). Ende des NSG.

17,6 r Pegel Burgstemmen.

16,5 **Burgstemmen**, Straßen-Ⅱ, Schwall, ≋, Domäne Poppenburg.

15,5 EB-Ⅱ.

13,9 l ↓ der Haller (s. „Kanuwanderbuch für NW“).

13,4 l **Marienburg** (Schloss des Prinzen von Hannover), ★.

9,0 ▬ Schulenburg, X, l ⌓, S 2, nicht in Werkskanal einfahren.

8,5 Ⅱ, **Schulenburg**.

5,7 Ⅱ, l **Jeinsen**.

2,8 Holz-Ⅱ, l **Schliekum**, ✕ „Leineklause“.

0,5 Ⅱ, r **Ruthe**. Siehe Befahrungsreglung.

0,0 ↓ der Innerste (s. „Kanuwanderbuch für NW“).

neue Kilometrierung:

5,0 **Koldingen**, Straßen-Ⅱ. Siehe Befahrungsreglung.

8,5 **Grasdorf**, Fußgänger-Ⅱ.

11,0 **Hannover-Laatzen**, Ⅱ. l ⌂ Bootsclub Laatzen.

11,7 ⌂ Kanu Wanderer Hannover e. V.

11,8 **Hannover-Wülfel**, r ⌂, ▲ PK Niedersachsen, ☎ 0511/863688.

13,3 **Hannover-Döhren**, ehem. Wollwäscherei. ■, offen, jedoch X, rechtzeitig anlanden, l ⏏, S 1 (■ baufällig, wird umgebaut).

14,0 r ⌂ und ▲ Paddel-Klub Hannover (PKH), *DKV-Kanustation*, ☎ 0511/842312, ✕, Duschanlagen und Sauna, Maschseenähe, bis Stadtmitte 4 km.

17,4 Vor Ⅱ (Eisenkonstruktion) r fahren, bei HW starker Stromzug zum ϟ-Arm l.

17,5 r ⌂ und ▲ Hannoverscher KC v. 1921. Clubhaus, Duschanlagen. ☎ 0511/14160, kurz danach Umsetzmöglichkeit zum Maschsee. Bis Stadtmitte mit Bus 30 Minuten.

17,6 l ← „Schneller Graben“, empfohlene Weiterfahrt, nach 50 m X, r ⏏ am Steg, nach 500 m ↓ in Ihme, auf dieser Weiterfahrt 3 km bis ↓ in Leine. 2. Möglichkeit geradeaus die „Stadtdurchfahrt“. Dazu bis zum Schild „Achtung Lebensgefahr“ fahren, hier l ⏏ durch den Fußgängertunnel, ca. 150 m.

21,0 l ↓ der Ihme.

21,7 1. Wasserski-Club Hannover.

21,8 r ⌂ Kanu-Sport-Club Hannover, ▲ ? ☎ 0511/496404 (Herr Jahn) oder ☎ 0511/709105 (Herr Tertilt).

22,8 Ⅱ **Hannover-Linden**, r unter Ⅱ ⬆-Möglichkeit zum ⏏ der folgenden ■ „Herrenhäuser Wasserkunst“, X; ca. 500 m ⏏ zur Weiterfahrt auf der Leine.

22,6 l ⌂ Ruderclub Limmer, danach ↓ Fösse, X. Empfohlene Weiterfahrt: l ← in den Leine-Abstiegskanal, nach 1,2 km r ⏏ am Überlauf zur Leine oder l vor der □ ⏏ über die Ⅱ zum Kanu-Club Limmer, ▲, ✕. Von hier 4-5 km zur Stadtmitte. Leine-Abstiegskanal s. Lindener Zweigkanal/Mittellandkanal.

32,0 Ⅱ **Hannover-Stöcken**-Letter.

39,5 Kanal-Ⅱ des Mittellandkanals, l hinter Ⅱ ⏏-Stelle zum Kanal.

45,8 Autobahn-Ⅱ, A 2.

55,4 ↓ West-Aue (s. „Kanuwanderbuch für NW“).

57,3 Ⅱ **Bordenau**.

66,0 **Neustadt/Rbg**. ■, X, r ⏏, S 2, oder l in Mühlenarm, nach 100 m (schmalste Stelle) r ⏏ über Deich wieder ⬇ oder □ oder □ vom Mühlenarm r in Schleusenarm, am Anleger ⬆, mühsam, hinter □ ⬇, □ Selbstbedienung, oft defekt, evtl. ▲ M auf dem Schleusengelände (Spitze). Auf Hinweisschilder achten. KSG-Neustadt/Leine e.V., ☎ 05036/429, ⌂ und ▲ in Eilvese (nicht am Wasser), weitere ▲, Verbandsheim Mardorf, siehe AB Steinhuder Meer.

70,0 l **Empede**.

77,3 r **Basse**, Straßen-Ⅱ.

82,0 r ↓ Auter (s. „Kanuwanderbuch für NW“).

87,0 Ⅱ, r **Helstorf**, hinter der Ⅱ r gute ⬆.

93,1 l **Brasse**.
96,5 Ⅱ, l **Niedernstöcken**.
106,0 Ⅱ B 214 **Schwarmstedt**, r Hafen, Abbauplatz.
110,5 r ↓ Schleusenkanal der Aller.
112,0 ↓ in die Aller bei km 52,4.

11.5.2.1 Rhume

Wiesenfluss
Mündung in Leine (r Nebenfluss)

Die Rhume ist ein munterer, landschaftlich schöner Wiesenfluss mit vielen Kurven. Entspringt aus der Rhumequelle am Harzrand bei Rhumspringe, einer der größten Karstquellen Europas, ★.

Die Rhume wurde neu vermessen. Grundlage dafür waren die digitalen Karten der TOP50-Serie, LGN Niedersachsen.

Befahrungsregeln: km 0 - 5,8 ganzjährig gesperrt, km 5,8-9 vom 01.01.-14.05. gesperrt.
Befahrbarkeit: ab Ⅱ Gieboldehausen ganzjährig, auch für F 2.
Gewässergüte: II (mäßig belastet).

0,0 Rhumequelle, eine der wasserreichsten Quellen Europas, ★. Bis km 5,8 ganzjährige Sperrung.
5,8 ▬ Wollershausen, l ≏, r **Wollershausen**.
9,0 WSC Gieboldehausen, Δ.
10,0 **Gieboldehausen**, ▬, **X**, an Ⅱ r landen und über die Ⅱ nach l bis hinter die Mühle ca. 800 m ≏, evtl. bis zur Kläranlage oder ⬇ in die Hahle am Schützenhaus (Parkplatz).
10,5 Straßen-Ⅱ.
11,0 EB-Ⅱ.
11,3 l ↓ der Hahle.
16,5 ▬ Bilshausen, r ≏ über Ⅱ, l an der Mühle vorbei vor dem ersten Grundstück ⬇.
19,8 ▬ **Lindau**, **X**, r ≏.
23,4 Ⅱ, **Wachenhausen**.
24,3 ▬ vor Katlenburg. Bei ausreichendem Unterwasser r ≏, sonst die Treibgutsperre r abspreizen und weiterfahren bis vor Ⅱ am Mühlen-▬, r ≏ zur Straßen-Ⅱ B 247.
24,8 **Katlenburg**, r ↓ der Oder (s. „Kanuwanderbuch für NW“).
25,2 Ⅱ B 241, 100 m davor r gute ⬇/⬆ mit Parkplatz.
25,5 EB-Ⅱ, es folgen 3 Schwälle.
27,4 r ↓ Söse (s. „Kanuwanderbuch für NW“).

28,4 **Elversushausen**. ▬, X, l ⩧, S 1. Auf keinen Fall den Turbinenarm benutzen!
28,7 unter ♖ K409 bei NW stark verblockt, dann r ⩧.
29,3 r ↓ Turbinenarm, Kehrwasser.
34,8 **Northeim**. Beim ▬ gegenüber Bootsverleih r ⩧.
35,0 Straßen-♖.
37,0 EB-♖. Kurz danach Steinschüttung, stark verblockt, evtl. l ≋, sonst r ⩧. Danach Steine im Unterwasser.
39,8 Autobahn-♖ A 7 Hannover-Kassel.
40,4 ↓ in Leine bei km 79,6.

11.5.3 Örtze

Wanderfluss - Heidefluss
Mündung in Aller (r Nebenfluss)

Die Örtze ist der in Paddlerkreisen wohl beliebteste Wanderfluss der Lüneburger Heide; man kann sie auch mit Leihbooten befahren. Dies führt gelegentlich zu einem schon fast unangenehmen Kanu-Massentourismus.

Befahrungsregeln: km 9,9 - 15,6 Befahrung ganzjährig frei für Einerboote in der Zeit von 8 - 19 Uhr (Okt. bis März nur bis 16 Uhr). Anlegen nur an gekennzeichneten Stellen erlaubt. km 15,6 - 35,1 Befahrung ganzjährig frei für Boote bis 6 m Länge und 1 m Breite in der Zeit von 8 - 19 Uhr (Okt. bis März nur bis 16 Uhr). Anlegen nur an gekennzeichneten Stellen erlaubt. km 35,1 - 45,9. Befahrung vom 01.08. bis 29.02 frei für Boote bis 6 m Länge und 1 m Breite in der Zeit von 8 - 19 Uhr (Okt. bis März nur bis 16 Uhr). Anlegen nur an gekennzeichneten Stellen erlaubt. km 35,1 - 45,9. Befahrung vom 01.03. bis 31.07 nur für Einerboote von 11 - 16 Uhr, auch Boote mit mehr als einer Person bis 6 m Länge und 1 m Breite mit Führer (z.B. DKV-Mitglieder mit Nachweis Ökoschulung), der im Umgang mit Booten und Natur ausgebildet ist. Anlegen nur an gekennzeichneten Stellen erlaubt.

Gewässergüte: II (mäßig belastet).

15,6 ▬ Müden Mühle, übliche ⬇.
15,7 ♖ Müden.
16,2 r ↓ Wietze (Örtze) (s. „Kanuwanderbuch für NW").
16,8 EB-♖.
17,1 l Steilhang ⛺ ▲-Möglichkeit (fragen).
17,8 ▬ verfallen, meist ≋.
20,8 ♖ Baven, gekennzeichnete ⬇/⬆.

21,4 l ↓ des Weesener Baches, NSG, **X**.
23,0 **Hermannsburg**, großes Heidedorf (Hermannsburger Mission), ★. Gekennzeichnete ⬇/⬆.
27,6 l ▲ C „Örtzetal“, Kiesbadeteich.
28,6 **Oldendorf**, ⌶. Gekennzeichnete ⬇/⬆. Es folgen 3 Holz-⌶.
35,1 **Eversen**, ⌶,dahinter l gekennzeichnete ⬇/⬆.
35,3 EB-⌶.
39,0 Wege-⌶, l **Feuerschützenbostel**.
44,6 ▬ Wolthausen, l Arm fahren, l ⌓; oft seicht bis zur ↓ des ▬-Armes, treideln.
45,8 ⌶ B 3.
46,5 r → Örtzekanal, Weiterfahrt l ←. Ab hier sehr kurvenreich, teilweise starke Strömung, einsam, landschaftlich sehr schön.
51,6 r ↓ Örtzekanal.
52,4 ⌶ Celle - Winsen, gute ⬆.
54,6 ↓ in Aller km 16,9. Von hier r nach Winsen/Aller = 1,9 km.

11.5.4 Fuhse

Wanderfluss
Mündung in die Aller unterhalb Celle (r Nebenfluss)

Die Fuhse ist ein Wiesenfluss, ab Uetze mit Heidecharakter. Im Sommer bis Eltze stark verkrautet. Empfehlenswerte Strecke ab Peine. Die Mehrzahl der Wehre ist im Sommer geöffnet. Oberlauf, südliche Peine, s. „Kanuwanderbuch für Nordwestdeutschland“.

Befahrbarkeit: für Einer meist ganzjährig; für Zweier ist ein guter Wasserstand vorteilhaft.
Gewässergüte: II-III (kritisch belastet).

37,0 Mittellandkanal km 201,9, Düker, 700 m westlich am Kanal bei km 201,2 Anleger und ⌂ der KG Peine, *DKV-Kanustation*.
37,5 ⌂ der Faltbootabteilung des MTV „Vater Jahn“ Peine, ▲-Möglichkeit.
38,5 **Peine**, ▬, evtl. ≋, sonst l ⌓.
39,0 EB-⌶.
39,5 ⌶, Steine !!
39,6 Hochstraßen-⌶ B 444.
40,1 ⌶ Richtung Ortsteil Veixe, **Vöhrum**, gute ⬇.
41,0 EB-⌶.
43,5 **Eixe**, Berger Mühle, ▬, ≋ oder l ⌓.
44,5 Eixe, Mühle Goedecke, ▬, **X**, l ⌓.
45,1 Autobahn-⌶ A 2, Hannover - Berlin.

47,5 r Gut Abbensen.

48,0 Ⅱ Abbensen - Oelerse, gute ⬇.

49,3 Mühlen-▬ Oelerse, r ≏.

50,8 l **Dollbergen**, Wege-Ⅱ.

51,0 Wiesen-▬ Dollbergen, meist geöffnet, ≋.

52,8 Ⅱ Dollbergen - Eddesse, davor r ↓ des Schwarzwassers.

53,8 EB-Ⅱ.

55,0 **Wolfsförden**, ▬, evtl. ≋ oder l ≏.

56,3 Wiesen-▬ **Dedenhausen**, meist offen, evtl. ≋, vorher ansehen!!, l ≏.

56,6 Ⅱ Uetze - Dedenhausen.

59,2 **Eltze**, Wiesen-▬, meist offen, ≋ oder l ≏.

60,8 Eltzer Mühle, ▬, l ≏, 50 m vorher Verbindungsarm zur Erse mit ▬ r am Anfang, ca. 200 m zur Erse.

62,9 **Uetze**, ▬, **X**, vorher am Transformatorenhaus ⬆, ca. 200 m Landtransport, Bootswagen sinnvoll, S 3.

63,5 Ⅱ Uetze, hier gute ⬇ mit Parkmöglichkeit.

63,9 Wege-Ⅱ, Schwall, bei NW !!

64,7 Ⅱ Uetze - Bröckel, ⬇-Möglichkeit.

65,0 Wiesen-▬, meist ≋; ab hier sehr schönes, klares Wasser, Heidecharakter, Buchenwälder „Uetzer Forst“.

70,0 r ↓ Erse (s. „Kanuwanderbuch für NW“).

70,7 Sohlschwelle.

75,1 **Wathlingen**, Ⅱ.

80,1 Ⅱ Nienhagen - Altencelle, gute ⬆.

80,4 l ⌂ des SV Nienhagen, *DKV Kanustation*, ☎ 05144/92733.

81,7 l ↓ der Burgdorfer Aue (Alte Aue) (s. „Kanuwanderbuch für Nordwestdeutschland“). Geradeaus der Fuhsekanal (s. „Kanuwanderbuch für NW“). Weiterfahrt auf der Fuhse r durch das ▬, meist geöffnet.

86,5 Ⅱ **Westercelle**.

86,7 Ⅱ B 214.

87,4 **Celle**, r Parkplatz Schulzentrum, gute ⬆. Wer nicht zur Aller will, sollte hier die Fahrt beenden.

88,2 l Badeanstalt.

90,0 EB-Ⅱ, Steine !!.

90,9 Ⅱ B 214 (Celle-Nienburg).

91,3 ↓ in die Aller bei km 3,1; 1,4 km alleraufwärts zur EB-Ⅱ am Bahnhof.

11.5.5 Lachte

Kleinfluss
Mündung in Aller (r Nebenfluss)

Die Lachte ist ein sehr lohnender Kleinfluss, keine besonderen Schwierigkeiten.

Befahrungsregeln: ganzjährige Sperrung bis km 17,7; ab hier bis zur ↓ in die Aller nur zugelassen für Boote (Kajaks und Canadier) bis 6 m Länge und 1 m Breite.
Gewässergüte: II (mäßig belastet), Unterlauf II-III (kritisch belastet).

17,7	⌶ Beedenbostel - Jarnsen, empfohlene ⬇.
19,4	⌶ Ahnbeck - Beedenbostel.
19,7	r ↓ Aschau (s. „Kanuwanderbuch für NW").
20,5	l ⌂ und ▲ KC Lachendorf, nur für DKV-Mitglieder.
21,2	⌶ **Lachendorf**.
21,5	▬ Lachendorf, Bootsrutsche oder r ⏏, S 1, nur Parkwege benutzen, Privatbesitz.
26,5	Blaue ⌶ Celle - Wittingen.
27,0	Wiesen-▬, r und l Steine, Mitte r ≋, ansehen.
30,5	**Lachtehausen**, ▬, l ⏏, Durchfahrt verboten.
30,7	⌶ Celle - Wittingen.
32,8	r gute ⬆-Möglichkeit, Parkplatz am Wasser.
33,0	↓ in Aller bei km 115,6.

11.5.6 Oker

Wildfluss - Wanderfluss
Mündung in Aller (l Nebenfluss)

Die Oker ist in ihrem Oberlauf auf kurzer Teilstrecke ein interessanter Wildfluss, im übrigen ein ohne besondere Schwierigkeiten zu befahrender Wanderfluss, streckenweise mit zahlreichen Windungen, mit landschaftlich recht reizvollen Bereichen.

Infolge von Maßnahmen, die der hindernisfreien Fischwanderung in der Oker dienen, sind eine Reihe von Wehranlagen zu Sohlgleiten umgebaut worden. Diese können nach Besichtigung und Einschätzung des eigenen Könnens befahren werden. Ab km 81,9 sind im Rahmen des EU-Projektes „Umweltverträgliches Wasserwandern" Rastplätze und Stege mit Infotafeln eingerichtet.

Befahrungsregeln: km 19,5 - 27 NSG Okertal, Uferbetretungsverbot. km 81 - 87,9 NSG Nördliche Okeraue, erlaubt nur an ▬ und Ⅱ Groß Schwulper.
Befahrbarkeit: ab Schladen ganzjährig für Einer; ab Dorstadt auch für Zweier.
Gewässergüte: von Schladen (km 27,9) bis Düker Mittellandkanal (km 77,4) II-III (kritisch belastet), weiter bis ↓ in die Aller II (mäßig belastet).

0,0	Oker-Talsperre, Folgestrecke s. „Kanu-Wanderbuch für NW“.
27,9	**Schladen**. 🚐, Ⅱ B 82 Schladen - Hornburg, ⬇.
29,3	l Pegel.
30,4	l Werlaburg auf Hügel, alte Pfalz, Ausgrabungen.
31,9	EB-Ⅱ.
33,8	Straßen-Ⅱ Börßum - B 4. Sohlgleite, evtl. ≋, besichtigen, hier gute ⬇.
34,4	l ↓ der Ilse (s. „Kanuwanderbuch für NW“).
34,6	r „Alte Mühle“, kleiner Schwall bei NW.
34,7	Ⅱ, danach Stufe.
36,2	l ↓ der Warne. Sohlgleite, evtl. ≋, besichtigen.
37,7	Ⅱ, l **Dorstadt**.
40,2	r ↓ der alten Ilse.
40,4	r Zuckerfabrik Hedwigsburg, l ▬, l ⌓, S 1, nicht geradeaus weiterfahren, dort kein ⌓.
40,5	Ⅱ, l **Ohrum**.
40,8	l Pegel.
43,2	↓ der Altenau.
44,1	l **Halchter**.
44,2	EB-Ⅱ.
44,5	EB-Ⅱ.
45,1	Straßen-Ⅱ.
45,8	→ r Arm (Wasserturm), hier abbiegen, km 45,8 - 48 Stadtgebiet **Wolfenbüttel** ★
46,6	Fußgänger-Ⅱ, r ⌂ und ▲ SKSG Wolfenbüttel.
46,9	▬ Wallstraße, wenn offen r oder Mitte, ≋, sonst r unter Ⅱ ⌓ S 1. Von hier nächster Weg in Stadtmitte.
47,6	▬ Kenosha-Brücke, 2. Joch von r bei gutem Wasserstand ≋, auf der linken Seite befindet sich ein Wartungssteg, der zum ⌓ genutzt werden kann.
47,9	Ⅱ B 79.
48,0	r Kläranlage, starke Schaumbildung.
50,0	l **Groß Stöckheim**, Ⅱ, bei HW r ⌓.
51,6	Ⅱ A 395.
53,6	Ⅱ, l **Leiferde**.
54,6	r **Kl. Stöckheim**, ab hier Okerbegradigung.

55,9 ■ Rüningen, l Bootsgasse, falls **X**, l ⏏, S 1.
56,3 Ⅱ Stöckheim - Rüningen, l **Rüningen**.
57,3 l ↓ AW, danach l Südsee, viel Betrieb, Freizeitanlagen.
57,6 Fußgänger-Ⅱ, r **Melverode**, Ende der Begradigung.
58,1 ⌂ Okerpiraten.
58,8 l ⌂ und ▲ TV Naturfreunde.
58,9 Autobahn-Ⅱ A 39.
59,6 r Schloss Richmond, danach Fußgänger-Ⅱ.
59,7 l ⌂ und ▲ Kanuwanderer Braunschweig im Kennel-Bad.
59,9 mehrere EB-Ⅱ.
60,2 Ⅱ und ■ Heinrichshafen, l ⏏, S 1.
60,3 → r AW mit ⌂ Gehörlosen Kanuabteilung im GSV Braunschweig, Geschäftsstelle Eisenbüttelerstr. 26a, 38122 Braunschweig, ☎ 0531/795800 (Mittwoch 17 - 19 Uhr), ✕, ▲ für 20 Zelte und zwei Wohnwagenplätze, nur von Mai - Oktober, Bahn in 15 Min. zu erreichen.
61,0 ⌂ und ▲ Braunschweiger KC, Fr.-Kreiß-Weg 5, ☎ 0531/73419. Für Pkw erreichbar, mit Straßenbahn bequem zur Stadtmitte. Stadtgebiet **Braunschweig**, km 61 - 65 ★, Dom Heinrich d. Löwen, alte Kirchen, Fachwerkhäuser, Markt mit Altstadtrathaus und Gewandhaus, Herzog-Anton-Ullrich-Museum mit bedeutender Gemäldegalerie.
61,1 r ⌂ und ▲ PSV Braunschweig; l ⌂ und ▲ RSV Braunschweig, ☎ 05372/6780.
61,2 Okergabelung am Porticus, l Arm fahren, r Arm hat sehr schlechte ⏏-Möglichkeit.
62,2 r Beginn der Stadtmitte.
65,1 Masch-■, r ⏏-Steg, S 1. ! Kehrwasser !
65,2 ↓ des rechten Armes.
65,3 l ⌂ RV Normannia, danach Straßen-Ⅱ.
65,6 r ↯.
67,1 Ölper See.
67,8 ■ Ölper, r Bootsgasse u. Anleger.
69,1 EB-Ⅱ, danach Ⅱ A 391.
72,4 r Veltenhof.
73,1 Ⅱ, bei HW l ⏏.
76,7 l **Watenbüttel**.
77,4 Düker Mittellandkanal. l vom Düker ⬆, zum Kanal hochtragen und dort ⬇ am Anleger RV Normannia, S 2. Kanal überqueren und am gegenüberliegenden Ufer (Anleger) zur Oker ⏏ S 3.
81,0 Beginn des NSG „Okeraue“, Uferbetretungsverbot.
81,4 Autobahn-Ⅱ A 2. ! in Wasserhöhe abgesägte Brückenjoche und Eisabweiser.

81,7 Ⅱ Walle - Rothemühle, darunter ▬, **X**, r vor der Ⅱ aussteigen und über die Straße l zum Anleger ⩯; danach oft wenig Wasser.
83,2 r ↓ Schunter (s. „Kanuwanderbuch für NW“), hier rasten erlaubt.
85,0 Ⅱ Groß Schwülper, erlaubte ⬇/⬆.
87,9 Ⅱ, 20 m danach Pfähle, r **Neubrück**, Ende NSG, ⬇/⬆.
89,0 Ⅱ, l **Diddersee**, davor Pfähle.
94,1 r **Hillerse**, hinter Linkskurve ehemaliges ▬, jetzt Sohlgleite, ≋ oder l ⩯ an Eisentreppe. Danach Straßen-Ⅱ.
97,7 Ⅱ, l **Volkse**.
103,2 EB-Ⅱ.
103,8 l Vereins-▲ PK Hannover (nur mit Booten).
105,0 l **Seershausen**.
106,0 ▬ Seershausen für Mühle Meinersen. Geradeaus neues ▬, **X**. Im l Arm Anleger, r ⩯ S 2.
107,0 l **Meinersen**, Straßen-Ⅱ. Danach Regulierungen mit bis zu ca. 5 m hohen Bruchsteinböschungen. Bei NW ab hier Stau bis zur ↓.
115,0 ▬ Müden-Diekhorst, **X**, Unterwasserhindernisse, r Steg zum ⩯.
115,2 ↓ in Aller bei km 141,6.

11.5.7 Steinhuder Meer

Das Steinhuder Meer ist das größte Binnengewässer der Bundesrepublik, das sich ohne Zufluss von außen selbst speist. Seine Breite beträgt 5 km, seine größte Länge 8,5 km. Mitten im Meer liegt die Insel Wilhelmstein, Museum, ★.

Das Steinhuder Meer ist ein geradezu ideales Wassersportgebiet, das wegen seiner einwandfreien Wasser- und Windverhältnisse auch als eines der besten Wettsegel-Reviere Deutschlands gilt. Es bestehen einmalige Möglichkeiten für die Freizeitgestaltung zu Wasser und zu Lande.

Gegenüber von Steinhude befindet sich beim Ort Mardorf direkt am Seeufer das Wanderheim und Kanujugendheim sowie Landeslehrstätte des Landes-Kanu-Verbandes Niedersachsen und das Walter-Künne-Heim mit 17 Betten in modernen und zweckmäßig eingerichteten Zimmern. Das Heim ist ganzjährig geöffnet, ☎ 05036/474.

Befahrungsregeln: In der Zeit 01.11. - 31.03. ist das Steinhuder Meer für jegliche Befahrung gesperrt. Außerhalb der Wintermonate Befahren erlaubt, Anlegen nur an gekennzeichneten Anlegestellen, Bootskennzeichnung erforderlich, mit Bojen abgetrennte Bereiche sind ganzjährig gesperrt.

11.6 Werre

Kleinfluss - Wiesenfluss
Mündung in Weser (l Nebenfluss)

Die Werre ist in ihrem Oberlauf ein kurvenreicher Kleinfluss mit entsprechenden Hindernissen, im Unterlauf ein leicht zu befahrender Wiesenfluss.

Befahrbarkeit: Oberlauf nur bei HW, ab Detmold bei MW, ab Lage, km 45,5 ganzjährig.
Gewässergüte: II-III (kritisch belastet), unterhalb Herford III (stark verschmutzt).

65,7 Ⅱ Detmold, Remminghauser Straße. Die Folgestrecke bis Detmold ist beschrieben im „Gewässerführer für NRW“.
57,7 Südholz-Ⅱ, Ende des Stadtgebietes **Detmold**, ⬇.
57,5 l ↓ der Berlebecke.
56,5 l ↓ der Wiembecke.
56,2 Ⅱ Jerxen-Orbke, l parken und ⬇.
52,5 Ⅱ.
51,5 **Neinhagen**, Sohlschwelle, bis Lage mehrere niedrige Ⅱ und Sohlschwellen, bei NW !, Steine.
47,5 Klappen-▬, l ⌓.
45,9 **Lage**, ▬, X, l ⌓, beschwerlich, Fahrt am besten hier beenden. Kurz oberhalb des ▬ r ⬆, Parkplatz.Evtl. nach l über ▬-Ⅱ oder in Umfluter ⌓, ! , 2 niedrige Ⅱ und steiler Abfall.
45,5 Ⅱ.
44,7 Fußgänger-Ⅱ.
44,4 EB-Ⅱ, ⬇, Parkmöglichkeit.
44,2 Mühlen-▬, verfallen.
42,8 EB-Ⅱ.
39,4 Ⅱ **Pottenhausen**, ⬇, l Parkplatz.
35,8 verfallenes ▬ Wülfer, ⌓, bei NW r unmittelbar vor dem ▬ aussetzen, über Ⅱ ⌓, dahinter l wieder einsetzen, bei HW frühzeitig l aussetzen.
33,8 Mühlen-▬ der ehemaligen Heerser Mühle, heute Umweltzentrum, verfallen, ≋, Steinplatte im Unterwasser, evtl. l ⌓.

33,5 Ɪ B 239.
32,3 verfallenes Mühlen-▬, X, ⏏ schwierig, über ▬ treideln, bei gutem Wasserstand l ≋.
29,5 r ↓ der Bega (s. „Gewässerführer für NRW“).
28,5 **Bad Salzuflen-Werl**, ▬ verfallen, im r Drittel ≋, bei HW Walze, !. Bootsanleger der Kanuabteilung TG Schötmar.
26,5 Fußgänger-Ɪ, kleine Stufe, l ≋.
26,0 Autobahn-Ɪ A 2.
25,9 l ⬇ Sportplatz Ahmsen, Parkplatz, ab hier ganzjährig ≋ für Zweier.
24,5 **Herford**, l ⌂ und ▲ Herforder KK, für mehrtägigen Aufenthalt geeignet (s. „Gewässerführer für NRW“).
24,3 EB-Ɪ.
23,9 Bergertor, ▬, X, Slalomstrecke des HKK, r ⏏, kleiner Holzsteg an der Betonmauer. Es folgen im Stadtgebiet einige kleine Flutbalken.
22,0 l ↓ Aa-Bach (s. „Gewässerführer für NRW“), gute ⬇, 15 Minuten zum 🚆.
20,8 Ɪ B 61.
16,5 Ɪ **Schweicheln**.
15,5 EB-Ɪ.
15,3 **Oberbehme**, ▬, ≋ oder r ⏏.
13,8 Ɪ Oberbehme - Löhne.
13,5 ▬, ⏏, Lebensgefahr durch unterspülte Betonplatte im Unterwasser, ! , l ⏏, beschwerlich.
12,5 Autobahn-Ɪ A 30.
11,5 l ↓ der Else (s. „Gewässerführer für NRW“)
11,4 ▬, X, l ⏏. Ab hier ist die Werre bis zur ↓ kanalisiert.
11,0 Autobahn-Ɪ A 30.
10,0 ▬ Löhne, X, l ⏏. Parkplatz, gute ⬆, über Ɪ 10 Minuten zum 🚆 Löhne.
9,5 Ɪ **Löhne**, Innenstadt.
9,0 ⌂ KC Löhne, Parkplatz, gute ⬇.
8,3 Autobahn-Ɪ A 30.
6,5 Ɪ **Gohfeld**.
4,8 **Bad Oeynhausen**, ▬, X, l ⏏; l ⌂ des KV Oeynhausen.
0,8 Ɪ B 61.
0,0 ↓ in die Weser bei km 190,2.

11.7 Emmer

Kleinfluss - Wanderfluss
Mündung in Weser (l Nebenfluss)

Die Emmer ist in ihrem Oberlauf ein Kleinfluss mit einem breiten Tal. Unterhalb der Emmer-Talsperre bei Schieder durchquert die Emmer in einem landschaftlich sehr reizvollen, teilweise recht engen Tal das Weserbergland; dieser Abschnitt ist leicht zu befahren, als Wanderfluss zu empfehlen.

Befahrungsregeln: 32,0 - 28,5, Stausee Schieder, Durchfahrt erlaubt, kein Hin- und Herfahren. 28,5 - 22,0, ganzjähriges Uferbetretungsverbot. 20,0 -0,0, NSG Emmerthal, Pegelregelung, bei min. 40 cm Wassertiefe Befahrung erlaubt.

Befahrbarkeit: ab Oeynhausen nur bei HW, ab Steinheim bei gutem MW, ab Emmer-Talsperre ganzjährig.

Pegel: Emmer-Stausee, Unterwasser, km 28,5; wegen des NSG gilt als Minimum für eine Befahrung ab Stausee = 80 cm.
Gewässergüte: unterhalb der Emmer-Talsperre III (kritisch belastet),dann jedoch bald II (mäßig belastet).

50,5 Ⅱ, **Oeynhausen**, ⬇ nur bei HW. Die folgende Strecke bis km 28 ist beschrieben im „Gewässerführer für NRW“ und im „DKV-Kanuführer für SW“.
32,0 Ⅱ, Schieder, oberhalb gute ⬇/⬆, Beginn des Stausees (siehe Befahrungsregeln).
28,5 Staumauer der Emmer-Talsperre, r vom Auslauf ⌓, hinter dem Staudamm l großer Parkplatz, gute ⬇. l Pegel Stausee-Unterwasser.
22,0 ▬ Lügde, r ⌓, beim evt. Befahren des ▬ je nach Wasserstand lange Deckwalze.
20,0 - 0,0 NSG Emmerthal, siehe Befahrungsregeln.
19,2 Wege-Ⅱ Holzhausen.
18,7 Holz-Ⅱ **Bad Pyrmont**, nächster Weg zur Stadt, Kurpark, Tierpark, Hallen-Freibad.
16,5 Ⅱ Bad Pyrmont, zum 🚉 200 m.
16,0 ▬ Bad Pyrmont, l ⌓, danach Ⅱ, hinter ▬ meist wenig Wasser bis ↓ Mühlgraben, nach der Ⅱ Steinschüttung, ganz l überheben oder rutschen, gute ⬇/⬆.
14,2 ▬ Thalmühle, l ⌓.
12,7 Ⅱ **Thal**.

10,0 ■ Welsede, r in Mühlgraben einfahren und sofort noch am ■ l ≏, bis zur ↓ des Mühlgrabens oft wenig Wasser (ca. 500 m).
8,0 **Amelgatzen**.
6,0 ■ Hämelschenburg, in den Mühlgraben einfahren, l am Steg ≏.
2,1 ⌶, Umgehungsstraße Emmertahl B 83.
1,9 ■, l ≏, Fußweg zum 🚉 10 Minuten, dazu am ■ ↱ und an der Bahn entlang gehen.
1,6 l fahren.
1,3 ■ Rischmühle, l ⬆ und nach r über Brücke ≏, Fußweg zum 🚉 **Emmerthal** 10 Minuten über Gärtnerweg und dann l. Am ■ wenig Platz zum Lagern der Boote.
1,2 ⌶ **Emmern**.
0,0 ↓ in die Weser bei km 128.

11.8 Nethe

Wiesenfluss
Mündung in Weser (l Nebenfluss)

Die Nethe ist ein schnell fließender, landschaftlich reizvoller und einsamer Wiesenfluss zwischen Egge-Gebirge und Weserbergland.

Befahrbarkeit: ab Niesen bei HW, ab Siddessen meist bis Mai, ab Brakel ganzjährig; in trockenen Sommern kann es nach den Wehren zu Treidelstrecken kommen. Besonders bei HW bis Brakel schwierig.

Pegel: Pegeldienst des KV NRW; ☎ 0203/7381651. Pegel Nethe/Ottbergen, km 9: Minimum ab Niesen 140 cm, ab Brakel 115 cm.

Gewässergüte: II-III (kritisch belastet), teilweise II (mäßig belastet).

43,0 **Niesen**.
42,5 Gute ⬇ am Steinbruch, über einen Wirtschaftsweg.
38,0 ⌶ Gehrden - Hampenhausen.
37,3 ■, evtl. ≋ oder r ≏.
37,0 ⌶ B 252 **Siddessen**, weitere gute ⬇.
33,0 ■ Rheder, **X**, r ≏.
32,8 Wege-⌶ (privat), im Schlosspark gelegen.
32,6 ⌶ Rheder - Riesel, weitere gute ⬇.
32,2 Prallhang, sogen. Trompetersprung, bei HW !
30,1 ⌶ B 64, keine ⬇.
30,0 l ↓ Driburger Aa (s. „Gewässerführer für NRW“).

29,9 Ⅱ B 252, keine ⬇.

29,7 Staustufe, gut ≋.

29,4 Staustufe, gut ≋.

29,1 r ⌂ des TV Brakel, ▲ möglich nach tel. Anmeldung.

29,0 Ⅱ, l **Brakel**.

26,0 Wege-Ⅱ im Ostheimerfeld.

25,3 Ⅱ B 64, keine ⬇.

21,3 Wiesen-▬, gut ≋ oder r ⌓.

21,2 Klappen-▬, evtl. l ≋, !, starker Stromzug im Mühlgraben ist nach Einfahrt nur noch schwierig zu ⌓. Bei HW gefährliche Deckwalze.

21,0 Ⅱ **Erkeln**, gute ⬇/⬆.

17,0 ▬ Beller, ≋, bei HW gefährliche Deckwalze. !, l ⌓.

16,8 Ⅱ **Beller**, l gute ⬇/⬆.

15,0 Alte Wege-Ⅱ, l **Hembsen**.

11,5 ▬ Bruchhausen, l ⌓, bei ausreichendem Wasserstand und abgesenkter Klappe r fahrbar.

11,0 Ⅱ **Bruchhausen**.

10,0 Ⅱ **Ottbergen**.

9,0 EB-Ⅱ, r Pegel Ottbergen.

8,0 ▬ Amelunxen, gut ≋ oder l ⌓.

7,5 **Amelunxen**, 2 Ⅱ. Nach der ersten Ⅱ Gefällestufe, gut ≋.

2,3 ▬ Godelheim, **X**, 50 m vor dem ▬ durch die Wiese ⌓.

2,1 Ⅱ B 83, gute ⬆.

0,0 ↓ in die Weser bei km 63,9; bei km 67,4, ⌂ und ▲ des WSV Höxter, *DKV-Kanustation*.

11.9 Diemel

Kleinfluss - Wanderfluss
Mündung in Weser (r Nebenfluss)

Die Diemel, ein Fluss aus dem Sauerland, durchquert zunächst den Diemel-Stausee, der gut als Ferienaufenthalt in herrlicher Waldlandschaft geeignet ist.

Befahrbarkeit: Oberlauf abhängig von der Wasserabgabe des Stausees, ab Warburg ganzjährig. Anschließend wird ausschließlich die Strecke ab Warburg beschrieben; sie ist landschaftlich reizvoll und ohne Schwierigkeiten zu befahren. Bitte beachten Sie die Vereinbarung für „Nordhessische Fließgewässer“, die im Februar 2001 mit dem Regierungspräsidium Kassel auf freiwilliger Basis festgeschrieben wurde (siehe Internet www.kanu-hessen.de/Flüsse).

Gewässergüte: II (mäßig belastet).

108,0 Beginn des Diemel-Stausees. Mehrere ▲ C. Für die Befahrung des Sees bestehen einige Vorschriften: Die Boote müssen Namen und Wohnort des Eigners tragen, DKV-Mitglieder müssen den DKV-Stander am Boot führen und einen DKV-Ausweis mit gültiger Beitragsmarke mit sich führen. Verschiedene, mit Bojen abgegrenzte Bereiche des Sees sind für eine Befahrung gesperrt.

104,0 Staumauer. Die Folgestrecke bis Warburg einschließlich der in diesem Bereich mündenden Nebenflüsse Hoppeke und Twiste s. „DKV-Kanuführer für SW“.

46,5 Ⅱ B 7, l **Warburg**, ab hier ganzjährig ≋, ⬇ an der Ⅱ. ⌂ und ▲ KC Warburg. Übernachtung im ⌂ mit Luftmatratze möglich.

44,0 Kuhlenmühle, ▬, **X**, r ⩬.

42,0 Diemelmühle, ▬, evtl. ≋ oder r ⩬.

41,0 EB-Ⅱ mit Schwall.

37,5 ▬, **X**, l ⩬ über Feldwege bis Ⅱ, **Haueda**.

34,5 ▬, **X**, scharf l vom Balken in den Zulauf zum ↯ Liebenau einfahren, ! , starker Sog zum Rechen! r über Privatgrundstück ⩬ in den Untergraben des ↯, **Liebenau**.

33,5 Ⅱ Liebenau.

28,5 **Lamerden**, Ⅱ.

26,0 ▬, r ⩬ bei gutem Wasserstand ≋.

25,0 Ⅱ **Eberschütz**.

22,5 ▬, **X**, r 300 m weit ⩬ und hinter der 2. Stufe einsetzen, S 2. Bei MW in den Untergraben der Mühle ⬇, bei HW Weiterfahrt im Flussbett, hier nach Ⅱ Stufe, meist ≋, **Sielen**.

19,0 r ↓ Esse (s. „DKV-Kanuführer für SW“).

17,5 l **Trendelburg**, ▬, r ⩬.

16,5 Ⅱ B 83, danach flach.

15,0 r bis km 13 Ufer betreten verboten, NSG.

9,0 ↯ Wülmersen, **X**, r ⩬.

4,5 ▬, meist **X**, treideln oder r ⩬; danach mehrere kleine Stufen, ≋. Straßen-Ⅱ, l **Helmarshausen**.

3,0 Ⅱ, Helmarshausen.

1,5 ▬, Obergraben benutzen und am Ende l ⩬.

0,5 Ⅱ B 80, davor r ↓ Obergraben, hier ⩬. r **Bad Karlshafen**.

0,0 ↓ in Weser bei km 44,7.

Wanderfluss
Mündung in Weser (I Quellfluss)

Die Fulda, mit Ursprung in der Rhön, sammelt fast alle Gewässer Nordhessens aus der Rhön, dem Vogelsberg und dem nordöstlichen Teil des rheinischen Schiefergebirges (Rothaar mit Hochsauerland). Sie ist im Naturschutzgebiet „Fuldatal bei Eichenzell" für eine Befahrung gesperrt, sodass eine Fahrt erst ab der Stadt Fulda, km 180, ratsam ist. Ab hier wird das Tal breiter, mit Wiesen und Feldern, begrenzt von bewaldeten Hügeln, mit sehenswerten Städten und Ortschaften. Keine besonderen Schwierigkeiten, auch für F 2. Die Fulda ist ein Wanderfluss, der sich für geruhsame Familien-Gepäckfahrten eignet. Wegen der zahlreichen Wehre und Schleusen ist allerdings die Mitnahme eines Bootswagens dringend zu empfehlen. Sie berührt zahlreiche Naturschutzgebiete, in denen sich der Kanute ruhig verhalten und zügig ohne Anlanden in der Mitte des Flusses durchfahren sollte. Ab Mecklar ist die Fulda Bundeswasserstraße, die Kilometrierung beginnt hier neu mit sichtbar am Ufer angebrachten Tafeln mit 0, aufsteigend bis zur Mündung.

Schleusen:

Im Bereich der Bundeswasserstraße ist die Fulda, abgesehen vom Wehr Rotenburg, mit Schleusen ausgestattet; die Wehr-Anlagen dürfen nicht befahren werden. Bei den Schleusen Neumorschen, Melsungen, Guxhagen und Neue Mühle handelt es sich um alte Bauwerke! Die Benutzung mit gebührenfreier Selbstbedienung ist nur mit besonderer Vorsicht möglich. In den Schleusenkammern kann nicht mit glatten Wänden gerechnet werden, und auf dem Schleusengelände bestehen oft Unebenheiten. Die Benutzung der Anlagen ist nur vom 16.04. bis 30.09. jeden Jahres von Sonnenaufgang bis Sonnenuntergang und nur bei Wasserständen zulässig, die die Plattform nicht überspülen. Die·Schleuse Neue Mühle oberhalb von Kassel kann nur bei höherem Wasserstand benutzt werden.

Betriebszeiten für die vom Schleusen-Personal zu bedienenden Schleusen:

a) von Anfang April bis Anfang Oktober:
Schleuse Kassel täglich von 8 bis 20 Uhr
Schleuse Wahnhausen und Wilhelmshausen tägl. 8 bis 16 Uhr
Schleuse Hann. Münden tägl. 8 bis 16.30 Uhr

b) von Anfang Oktober bis Ende März:
Schleuse Kassel, Wahnhausen, Wilhelmshausen und Hann. Münden Montag bis Freitag 8 bis 16 Uhr (evtl. mit weiteren zeitlichen Einschränkungen). Samstag und Sonntag nur nach Voranmeldung bis jeweils Donnerstag 16 Uhr. Von Weihnachten bis Anfang Januar keine Schleusung.

Die Stadt-Schleuse Kassel ist zu erreichen unter ☎ 0561/59203 und die Schleuse Hann. Münden unter ☎ 05541/4071-4073. Während der Betriebszeiten werden keine Gebühren erhoben, desgl. nicht als Mitschleuser (z. B. mit Fahrgastschiffen), auch außerhalb der Betriebszeiten.

Der Schiffsverkehr auf der Fulda ist gering. Ab Kassel verkehren Fahrgastschiffe. An Wochenenden ist mit regem Motorbootverkehr zu rechnen. Eine Wanderfahrt auf der Fulda wird zumeist auf der Weser weitergeführt.

Befahrungsregeln: Bitte beachten Sie die Vereinbarung für „Nordhessische Fließgewässer“ die im Februar 2001 mit dem Regierungspräsidium Kassel auf freiwilliger Basis festgeschrieben wurde (siehe Internet www.kanu-hessen.de/Flüsse). Weitere Regelungen siehe Kilometrierung.

Befahrbarkeit: Ab ↓ Haune (bei Hersfeld) ist eine Befahrung ganzjährig möglich.

Pegel: Für die Strecke ab Fulda ist maßgebend der Pegel von Kämmerzell, km 172, Auskunft ☎ 06621/406765. Pegel 153 cm (= 7 m#ls3⌂/sec), MW, gute Befahrbarkeit. Pegel 130-150 Befahrung noch möglich. Pegel 120-130 Befahrung mühsam, mit Treidelstrecken. Pegel unter 120 Befahrung kaum mehr möglich. Im Sommer müssen wegen zunehmender Verkrautung die erforderlichen Pegelstände etwas höher angesetzt werden.

Gewässergüte: II (mäßig belastet).

217,0 Ursprung am Fuß der Wasserkuppe (Rhön) in etwa 900 m Höhe. Die Folgestrecke kann nur bei sehr gutem Wasserstand befahren werden; eine ausführliche Beschreibung findet sich im („DKV-Kanuführer für SW“).

180,0 Lange Ⅱ, r **Fulda**. Älteste christliche Siedlung in Hessen (Bonifatius), Stadt ★ (Dom, Michaeliskirche, Orangerie usw.). Gute ⬇ l und r der Langen Ⅱ, erreichbar vom 🚉 mit Stadtbus.

179,2 ⌂ KC Fulda e. V., guter ▲; 200 m unterhalb EB-Ⅱ; ▬, evtl. ≋ oder leichtes ≙ l.

179,0 - 176,0 NSG Horaser Wiesen.

175,3 **Gläserzell.** ▬, leicht ≙ oder Einfahrt Mühlengraben, r ✗ Fuldatal, leicht ≙ an der Mühle. An der Ⅱ ⬇. Beginn einer hübschen Engtalstrecke, einsam.

172,5 ▬ Kämmerzell, l ≙ oder Fischleiter. Unterhalb Straßen-Ⅱ Stufen-▬. Boot l überheben, evtl. ≋.

172,0 r Pegel Kämmerzell (s. „Befahrbarkeit").

168,7 r **Lüdermünd**. In Mühlenkanal einfahren, hier niedrige Ⅱ, am Einlaufgitter l ≙. Fulda unterhalb des ▬ **X**.

167,6 l ↓ Lüder (s. „DKV Kanuführer für SW").

165,9 l **Hemmen**. ▬, l ≙, nach 200 m Ⅱ Schlitz - Fulda.

162,7 l **Hartershausen**, unter der Ⅱ Steinbrocken !!

158,3 l **Pfordt**. ▬, r überheben. Kurz danach Ⅱ, ▲-Möglichkeit, Landschaftsschutzgebiet.

157,0 Die Fulda ist auf einer Länge von 500 m in ihrer ganzen breite Bestandteil des Naturschutzgebietes „Breitecke", anlanden verboten.

156,3 ϟ und ▬, r in Kanal einfahren, l über Wiese ≙.

153,7 l ↓ Schlitz (s. „DKV Kanuführer für SW"). Das 2 km entfernte Städtchen **Schlitz** sehr sehenswert. 🏰. ⛪.

153,3 Straßen-Ⅱ **Hutzdorf**, vorher sehr flach, Steinbrocken!! Bei NW **X**, r ≙ S 1; bei MW ≋, l halten.

149,3 l **Queck**, Straßen-Ⅱ.

148,3 ▬ Rimbach, ϟ, l ≙ in Mühlkanal, Hauptstrom **X**. !! sehr starker Sog, wenn ϟ in Betrieb. Boot rechtzeitig vor Einlaufrechen wenden. Steine und Kiesbank.

148,0 Ⅱ, **Rimbach**, l ⬇.

145,5 r **Unterschwarz**, Ⅱ, l Oberwegfurt, keine ⬇⬆.

144,0 r im Wald Richthof mit Wildgehege.

142,0 l ↓ Jossa, r Solms, Autobahn-Ⅱ.

141,0 EB-Ⅱ.

136,3 r Mengshausen, Straßen-Ⅱ, l Niederaula.

129,9 Ⅱ Kerspenhausen, Steinbrocken im Fluss.

126,4 Das l Ufer ist auf 600 m Bestandteil des Naturschutzgebietes „Alte Fulda bei Asbach", anlanden verboten.

125,7 Straßen-Ⅱ Kohlhausen - Asbach.

125,5 Sportplatz Kohlhausen, ▲-Möglichkeit, ✗.

124,5 Eichhof (Eichmühle). Alte Wasserburg, ▬, r ≙.

122,7 Autobahn-Ⅱ (Kirchheim - Eisenach). Das l Ufer ist auf 200 m Bestandteil des Naturschutzgebietes „Alte Fulda bei Bad Hersfeld", anlanden verboten.

122,0 r am Hang ⌂ des KWH Bad Hersfeld mit ▲, ☎ 06621/61151, Do ab 19 Uhr.

121,7 II, danach l Stadion, r ⌂ SRV, HRV, RV Armicita, l ⌂ Hersfelder KC. ▲, ? Horst Massie, Sonnenweg 2, 36251 Bad Hersfeld ☎ 06621/77712 oder Gisela Obst 06621/77842 oder Jürgen Opfer 06621/78707.

120,7 **Bad Hersfeld**, Kuranlagen, Stiftsruine, Rathaus, sehr sehenswert.■, r ⌓.

120,2 EB-II (Bebra - Fulda).

120,1 r ↓ Haune (s. „DKV Kanuführer für SW“).

119,6 Straßen-II Hersfeld (B 27). Ab hier Fulda immer ≋, 🚌 1 000 m.

117,0 Kreisbahn-II, l fahren, r Pumpstation im Flussbett, bei HW Schrägströmung, sonst flach.

115,2 l **Friedlos**. Wege-II, flach, gute ⬇.

111,5 Mühle Mecklar, ■, evtl. ≋ oder l ⌓, danach seicht.

110,8 II **Mecklar**.

109,2 = km „0“, ab hier Bundeswasserstraße, Kreisgrenze Hersfeld/Rotenburg, ab hier das Befahren der ■ verboten! km-Tafeln am Ufer.

1,6 EB-II Blankenheim (Bebra - Fulda).

2,0 l **Blankenheim**, Feldweg-II.

4,7 l ↓ Ulfe.

5,8 II B 27.

5,9 II, l **Breitenbach**, r Anleger, ⬇/⬆.

7,5 l Hof Michels.

7,8 Die Fulda und das l Ufer sind auf 1 100 m Bestandteil des Naturschutzgebietes „Forbachsee bei Bebra“, anlanden verboten, bitte ruhig verhalten, r Arm fahren.

10,0 r **Lispenhausen**, Beginn der Staustrecke Rotenburg.

11,5 r ▲ C Rotenburg, Bootsverleih.

11,6 Fußgänger-II, l Schlosspark.

12,3 Wehranlage Rotenburg, r ↯ ! ■, X, □ beseitigt, l ⌓ über Rampe S 1.

12,4 II, **Rotenburg**, 🚌, ★ Schloss, Fachwerkhäuser, Luftkurort.

12,5 II, gute ⬇.

13,4 Fußgänger-II.

14,1 Das r Ufer ist auf 700 m Bestandteil des Naturschutzgebietes „Im Sand bei Rotenburg“ (Regenerationsgebiet), Anlanden verboten.

15,3 Wege-II. l **Braach**, Wanderung zum Berg Ahlheimer mit Aussichtsturm.

18,1 II, l **Baumbach**.

19,1 Das r Ufer ist auf etwa 1 km Bestandteil des Naturschutzgebietes „Kiesgrube bei Baumbach“ (Tier- und Pflanzenschutz), anlanden verboten.

21,2 II, l **Niederellenbach**, r 🚌 Heinebach.

24,5 Beginn der Staustrecke Neumorschen.

26,5 □ und ■ Neumorschen, Steg zum ⩳ l zwischen ■ und □-Einfahrt.

26,7 Ⅱ **Neumorschen**, Steine!; r **Altmorschen**, 🚉, ★: ehemaliges Zisterzienser-Kloster Heydau.

28,7 EB-Ⅱ der Schnellbahntrasse Hannover - Würzburg.

29,5 Ⅱ, l **Binsförth**, Beginn der Durchbruchstrecke bis Guxhagen.

33,3 Ⅱ, l **Beiseförth**, Luftkurort, r ▲, ↓ Breise, **X**, flach.

33,9 EB-Ⅱ (Kassel - Bebra).

34,8 Fußgänger-Ⅱ, r Mineralquelle.

36,4 Ⅱ, l **Malsfeld**.

37,0 l 🚉 Malsfeld (Kassel - Bebra).

37,1 EB-Ⅱ Malsfeld. Zwischen den Brückenpfeilern Steine und Stromschnelle, r vom Pfeiler fahren.

37,7 r Staatsdomäne Fahre.

39,1 r ↓ Pfieffe.

39,8 EB-Ⅱ (Kassel - Bebra).

40,4 Straßen-Ⅱ, l **Obermelsungen**, Beginn der Staustrecke Melsungen.

41,6 Ⅱ, Stadtgebiet Melsungen.

41,8 r ⌂, ▲, WVM Melsungen, ? Michael Müller, ☎ 05661/3780, ☎ 06622/50440, zum 🚉 2 Minuten.

42,0 Fußgänger-Ⅱ.

42,3 ■-Anlage Melsungen mit □, Tafel für Selbstbedienung beachten, l Holzabweiser mit Sog zum ↯-Einlauf, r halten! ■, ⩳ r über die □-Insel.**Melsungen**, ★, sehr schönes altes Städtchen mit vielen Fachwerkhäusern.

42,6 Ⅱ.

46,6 Ⅱ B 83, r Röhrenfurt.

47,7 l ▲ C, Zugang über Straße.

49,9 Ⅱ, l **Lobenhausen,** r **Körle**.

50,8 r 🚉 Körle (Bebra - Kassel).

51,4 Ⅱ Körle - Wagenfurth.

51,6 l **Wagenfurth**, l ▲ C.

54,0 Ⅱ, l **Grebenau**, Bahn und Straße verlassen das Tal. Beginn der großen Fuldaschleife, sehr einsam.

58,0 r ▲ C mit ✕, gute ⬆.

58,4 Ⅱ, r **Büchenwerra**, ✕, ⬆.

59,5 Beginn der Staustrecke Guxhagen.

60,9 Ⅱ.

61,1 ■-Anlage Guxhagen, □, Tafel für Selbstbedienung beachten! ■, ⩳ l von □, S 1. Schwäne! r **Guxhagen**, l ehemalige Stiftskirche Breitenau.

61,3 Ⅱ, r zum 🚉 (Kassel - Bebra).

62,2 Autobahn-Ⅱ (Kassel - Frankfurt), Steine!!

63,6 l ↓ Eder (s. AB); im Sommer u. U. doppelter Wasserzufluss, das Tal und der Fluss werden breiter.

65,2 EB-Ⅱ, flotte Strömung.

65,5 Ⅱ, l **Guntershausen**, 🚉, gute ⬇. l ↓ Baune.

68,2 EB-Ⅱ der Schnellbahntrasse Hannover - Würzburg.

68,9 Ⅱ, r **Ditterhausen**, l auf der Höhe Hotel Felsenkeller, 🚉 Rengershausen.

70,8 Ⅱ, r **Dennhausen**.

71,5 Beginn der Staustrecke Neue Mühle.

73,5 l Rittergut Freienhagen, Schwäne!

74,0 Autobahn-Ⅱ Kassel - Ruhrgebiet. r **Bergshausen** mit guter Busverbindung nach Kassel.

75,5 l Haus des Anglervereins, paddlerfreundlich.

75,7 ■-Anlage Neue Mühle, l Boots-□, Tafel für Selbstbedienung beachten! Vorsicht, Sog unmittelbar vor □-Einfahrt nach l zu den Turbinen! □-Ausfahrt bei NW und MW sehr flach, deshalb besser ≏ r vom ■ mit Gleiswagen, S 1. Von km 75,6 - 76,2 auf □-Seite Slalomstrecke.

76,1 l Ufer nicht betreten, Trinkwasserschutzzone.

77,1 Autobahn-Ⅱ A 49 (Südtangente).

77,3 EB-Ⅱ (Kassel - Waldkappel).

77,6 **Kassel**, ★ Großstadt mit vielen historischen Bauten und vorbildlichen Grünanlagen (Karlsaue, Wilhelmshöhe), Ruhetag mit Besichtigungen empfohlen, l ▲ C.

77,8 Ⅱ, l Beginn der Karlsaue und des Geländes der ehem. Bundesgartenschau.

78,5 Fußgänger-Ⅱ, l ⌂ mit ▲ des Polizeisportvereins Grün-Weiß Kassel, ☎ 0561/18882.

78,9 r → in die „Regattastrecke", am Ende l ≏. Freizeitgelände Fuldaauen mit idealen Bademöglichkeiten und ✕ in Seglergaststätte. Der nördliche Teil des Sees ist Naturschutzgebiet, nicht befahren! l ⌂ mit ▲ der Wassersportvereinigung Cassel, ☎ 0561/18839.

78,9 -

79,2 r NSG „Fuldaaue" (Vogelschutz), Betreten des r Ufers verboten.

79,3 Fußgänger-Ⅱ, danach l ⌂ mit ▲ der Älteren Casseler Turngemeinde, ☎ 0561/18860.

79,9 r ⌂ und ▲ des Casseler Kanu-Clubs 1921, ☎ 0561/53298.

80,0 l ⌂ ESV Jahn, anschließend l Riesenspitzhacke von C. Oldenburg, Documenta-Beitrag 1982.

80,4 Fußgänger-Ⅱ, l Ende der Karlsaue.

80,8 l ⌂ der Kasseler Paddelgruppe Ahoi, ☎ 0561/34606. Straßen-Ⅱ, davor r Messeplatz, danach r Will-Seidel-Haus (Haus der Jugend).

81,1 l ⌂ mit ▲ des Kanu-Sport Kassel, ✕, *DKV-Kanustation*, ☎ 0561/774144. Straßenbahn zum Haupt-🚂.

81,3 ■-Anlage, X, mit □. Vorsicht, Sog zum Walzen-■! r am Ufer entlang fahren. ≏ r mit Bootswagen, S 1, den Wagen nach Gebrauch zurückbringen.

81,5 r ⌂ mit ▲ der Kanu-Vereinigung Hessen, ☎ 0561/55947.

81,6 Straßen-Ⅱ.

83,5 r ↓ Losse; zurückversetzt Müllverbrennungsanlage der Stadt Kassel.

83,9 r ↓ Nieste; **Niestetal - Sandershausen**, mit Klärwerk.

84,5 l **Wolfsanger**, Straßenbahnverbindung zum Hauptbahnhof Kassel.

85,0 -

86,5 Naturschutzgebiet „Fuldaschleuse Wolfsanger“, l Ufer meiden, einfahren verboten, r halten.

85,4 l alte □-Mauer Wolfsanger, Beginn der Staustrecke bis Wahnhausen. Hier beginnt das untere Fuldatal zwischen den Waldbergen des Kaufunger Waldes r und Reinhardswaldes l.

88,5 r **Spiekershausen**, l Kasseler Ausflugslokal „Roter Kater“, ✕. Bis hier täglich von Kassel Personenschifffahrt.

90,1 EB-Ⅱ (Kassel - Hannover).

90,2 Alte EB-Ⅱ Kragenhof, Kragenhofer Flussschleife.

91,5 -

92,5 Die r Wasserfläche einschl. der drei Inseln sowie der r Uferbereich gehören zum NSG „Kragenhof bei Fuldatal“. Dieser Bereich darf nicht befahren werden, anlanden ebenfalls verboten ! an der langgestreckten Insel (Ralleninsel) vorbei in der Außenkurve fahren, Hinweisschilder unbedingt beachten.

91,8 l ↓ Espe, X, l Reinhardswaldschule, ab hier l B 3.

92,4 l Klärwerk der Gemeinde Fuldatal.

93,4 ■-Anlage Wahnhausen, X, ϟ, l Boots-□, und davor ≏-Stelle mit Bootswagen, S 2, Vorsicht, r Sog zum ■ und ϟ.

95,0 l **Wahnhausen**.

97,0 r **Speele**, r 🚂 (Kassel - Göttingen).

100,8 l ⌂ der Universität Göttingen.

101,2 l **Wilhelmshausen**, ✕ an der B 3.

101,5 ■ Wilhelmshausen mit □ l und Bootsgasse r, evtl. ≏.

105,0 r **Bonaforth**.

105,3 l □, r ■ mit Bootsgasse und Bootswagen.

105,8 r Zellstoffwerk „Alphalint“, l der Rattwerder Talkessel.

107 l „Hochbad“ der Stadt Hann. Münden.

107,3 l ⌂ des Mündener Kanuclubs, ▲, ✕, ☎ 0551/4983.

107,8 l Überlauf-■, evtl. ≋ oder geradeaus weiter bis □.

108 Ⅱ.

108,2 Anleger vor der □, ⩠ mit Gleiswagen, S 1, l vom Anleger auf dem „Tanzwerder“ ▲ C, *DKV-Kanustation*, gute ⬇ für Weserfahrt, Besichtigung von Hann. Münden, ★. Der Fulda-Arm r von der □ führt nach 100 m zu einem Überfall-▬ an der Mühle, hier Slalomstrecke.

108,5 Fußgänger-Ⅱ.

108,7 r „Weserstein“ (errichtet 1888), danach Zusammenfluss mit Werra zur Weser, km 0. Gute ⬆ und ⬇, Parkplatz. Eine Wanderfahrt auf der Fulda wird vielfach auf der Weser weitergeführt.

11.10.1 Eder

Kleinfluss - Wanderfluss (Mittelgebirgsfluss)
Mündung in Fulda (l Nebenfluss)

Die Eder ist in ihrem Oberlauf ein landschaftlich sehr reizvoller und sportlich interessanter Fluss des Rothaargebirges.

In diesem Bereich finden sich zahlreiche Wehre, die fast alle fahrbar sind, bei HW jedoch z. T. gefährlichen Rücklauf bilden können.

Der Flusslauf der Eder wird unterbrochen durch den großen Eder-Stausee; er wurde 1914 zur Verbesserung der Schiffbarkeit der Weser geschaffen.

Der Eder-Stausee mit dem DKV Ferienheim ist landschaftlich hervor ragend schön, inmitten bewaldeter Berge von über 600 m Höhe, Naturschutzgebiet, für längeren Ferienaufenthalt sehr gut geeignet.

Unterhalb des Stausees ist die Eder ein leichter Wanderfluss in einem breiter werdenden Tal, umsäumt von Hügeln und bis 400 m hohen Bergen, immer noch landschaftlich reizvoll.

Befahrungsregeln: Der Oberlauf der Eder von Hatzfeld (km 129) bis Herzhausen (km 71) ist nur mit Ausnahmegenehmigung für ortsansässige Kanuvereine befahrbar. Bitte beachten Sie die Vereinbarung für „Nordhessische Fließgewässer“, die im Februar 2001 mit dem Regierungspräsidium Kassel auf freiwilliger Basis festgeschrieben wurde (siehe Internet www.kanu-hessen.de/Flüsse). km 112 - 108 gesperrt 01.03. - 14.07. km 102 - 99 gesperrt 16.04. - 16.07., übrige Zeit Durchfahren ohne Anlanden. km 23,8 - 20,8 Uferbetretungsverbot.

Befahrbarkeit: Oberlauf ab Erndtebrück nur bei HW, ab Raumland, km 149,1, bei gutem Mittelwasser; ab Frankenberg, km 92, ganzjährig.

Pegel: s. Telefonpegeldienst; Minimum für Befahrung ab Raumland 80 cm; ab Frankenberg 70 cm. Die Befahrbarkeit des Unterlaufs, unterhalb des Stausees, ist abhängig von dessen Wassergabe. ? über derzeitigen Ablass und Tendenz für die kommenden Tage durch WSA Münden, ☎ 05541/9520; über den derzeitigen Ablass auch durch die Sperrmauer, ☎ 05623/1205. Es ist dabei zu berücksichtigen, dass die Wassermenge ab Staumauer zwar zunimmt, dass jedoch bei km 29,1 bis zu 12 m^3/s abgeleitet werden.
Zeltmöglichkeit: im Oberlauf beim Bootshaus des KC Hatzfeld und bei einigen ▲ C; im Bereich des Stausees DKV-Ferienheim und mehrere ▲ C, hier freies Zelten verboten.
Gewässergüte: II (mäßig belastet), im Oberlauf I-II (gering belastet).

183,0 Ursprung im Rothaargebirge. Folgestrecke bis Raumland s. „DKV-Kanuführer für SW“ und „Gewässerführer für NRW“.
149,5 Ⅱ B 480, **Raumland**.
149,1 Wege-Ⅱ Raumland, günstige ⬇ bei gutem Mittelwasser. Kurz danach l ↓ Odeborn (s. „DKV-Kanuführer für SW“). Wasserführung nimmt zu.
148,3 Wege-Ⅱ, l Halden des Raumländer Schieferbergbaus.
146,0 Schräg-▬, ≋, bei wenig Wasser besser l ⏏, bei HW ! wegen Rücklauf, Straßen-Ⅱ **Meckhausen**.
144,3 Ⅱ **Arfeld**.
143,5 Schräg-▬, ≋. Bei HW besser vorher ansehen, da starker Rücksog, evtl. r ⏏. l Wasserableitung.
142,8 Ⅱ Arfeld - Richstein.
141,3 Wege-Ⅱ Ortsende Arfeld, günstige ⬇ und ⬆, Parkplatz, Ende der 3 km langen Arfelder Ederschleife.
139,5 Schräg-▬, ≋.
138,5 Ortsanfang Schwarzenau, Schwall, l Felsen, Stromzug, !.
137,5 Ⅱ **Schwarzenau**.
134,2 Ⅱ **Beddelhausen**, gute ⬇/⬆, Parkplatz.
133,2 Wege-Ⅱ zum Sportplatz Beddelhausen.
133,0 Schräg-▬, l gut ≋, bei HW !.
130,5 l ↓ der Elsoff (s. „DKV-Kanuführer für SW“), danach l Parkmöglichkeit (Zufahrt zum Industriegebiet).
129,0 Straßen-Ⅱ **Hatzfeld**.
128,0 l ⌂ und ▲ KC Hatzfeld, für mehrtägigen Aufenthalt geeignet. Direkt beim ⌂ Schräg-▬, ≋ oder l ⏏. Dieses ▬ und alle bis Battenberg, km 109, folgenden ▬ wurden umgebaut, mit Fischpässen aus groben Steinen, alle gut ≋, Achtung bei HW!

126,0 Schräg-▬, evtl. ≋ oder r über Ⅱ ≏. Danach NSG „Ederaue“, Durchfahrt erlaubt, betreten verboten.

124,0 EB-Ⅱ der Bundesbahnstrecke Frankenberg - Hatzfeld.

123,5 Schräg-▬, bei HW starker Rücksog, vor Befahrung ansehen! r Mühlengraben mit Wasserentzug, l ≏. Ortsbeginn Holzhausen.

123,0 Wege-Ⅱ **Holzhausen**, Parkplatz, günstige ⬇ und ⬆.

122,5 Schräg-▬, r gut ≋, ! auf Steine im Unterwasser. Bei HW ! wegen Rücksog, l ≏-Möglichkeit, r Mühlengrabeninsel (Privatgelände).

121,5 Schräg-▬, ≋ (am besten l). Vorsicht bei HW wegen Rücksog evtl. ≏ l, r Wasserableitung zum Reddighäuser Hammer.

121,3 EB-Ⅱ.

119,0 Schräg-▬, ≋. Bei HW besonders starker Rücklauf, Befahrung dann zu gefährlich, leicht zu ≏. r **Reddighausen**, schöner Rastplatz.

118,9 Ⅱ Reddighausen, kurze Straßenverbindung nach Hatzfeld über Biebighausen über den Berg (ca. 4 km).

117,0 l **Hobe**, ▲ C.

115,5 Niedriges Schräg-▬, ≋. l Wasserableitung zur Mühle Dodenau.

115,2 Straßen-Ⅱ **Dodenau**, Parkplatz.

112,0 Schräg-▬, ≋ oder l ≏. r Wassergraben nach Auhammer. Landschaftlich sehr reizvolles Tal. Bis km 108 NSG „Ederknie Auhammer“, vom 01.03. - 14.07. Befahrungsverbot, in der übrigen Zeit Durchfahrt erlaubt, anlanden verboten.

110,0 r Pegel Auhammer.

109,0 Straßen-Ⅱ **Battenberg**, danach Schräg-▬, (je nach Wasserstand ≋, bei HW besser l ≏ wegen Rücksog. r Graben mit Wasserentzug. Ab Battenberg ist das Edertal breiter und landschaftlich nicht mehr so reizvoll wie oberhalb, weniger Strömung. Ab Battenberg werden in dieser Beschreibung nicht mehr sämtliche Ⅱ und Stege aufgeführt.

108,0 EB-Ⅱ.

104,0 Schräg-▬ Allendorf, vor evtl. Befahrung ansehen, bei HW Stromzug in den Mühlgraben und am ▬ Rücklauf !, l am Mühlengraben ≏.

102,5 Ⅱ **Rennertehausen**, Parkmöglichkeit.

101,5 l ↓ des Mühlgrabens, bei HW starker Stromzug. Schräg-▬, ≋, jedoch hohe Wellen, besonders bei HW, sehr lange Rutsche!, Ortsende Rennertehausen.

99,0 Schräg-▬ (Hatzbachmühle), ≋ oder r ≏, bei HW !, Rücksog.

98,5 Ⅱ Haine - Birkenbringhausen.

95,0 Schräg-▬ (Röddenau), sehr breit, in der l Hälfte ≋ oder l ≏, bei HW Rücksog, danach Straßen-Ⅱ.

94,0 EB-Ⅱ.

92,0 Straßen-Ⅱ **Frankenberg**. Vorher am r Ufer Sportgelände, bewirtschaftetes Sportheim des TSV Frankenberg, Kanuabteilung.

91,5 EB-Ⅱ.

91,0 Hohes Schräg-▬, lange Rutsche, bei MW ≋ oder l ⌓, bei HW !. Rücksog, r Mühlgraben mit Slalomstrecke, danach durch Sperrgitter **X**. Bei NW unterhalb des ▬ wenig Wasser, dann bei km 89,5 ⬇. Unterhalb ▬ Parkmöglichkeit zwischen Eder und Mühlgraben, Auffahrt über B 253.

90,5 Ⅱ B 253.

89,6 l mögliche ⬇ (Zufahrt von der Straße Frankenberg - Schreifa r vor einer Schlosserei).

89,5 r ↓ Mühlgraben, ab hier bis km 88,5 beiderseits NSG „Tiergarten bei Frankenberg", Durchfahrt erlaubt, anlanden verboten.

88,5 l ↓ der Nuhne (s. „DKV-Kanuführer für SW").

85,5 ▬ (Veirmünden), **X**, Beton-Wellenbrecher im Unterwasser, r leicht zu ⌓, 500 m danach Straßen-Ⅱ.

81,5 Hessenstein, scharfe Flussbiegung. Burg Hessenstein (Jugendherberge, r auf der Anhöhe). Bewegtes Wasser, bei HW hohe Wellen.

80,0 l ↓ Orke (s. „DKV-Kanuführer für SW"). **Ederbringhausen**.

79,0 Ⅱ Ederbringhausen, r Parkmöglichkeit.

75,5 Ⅱ **Schmittlotheim**, bei NW Durchfahrt flach.

75,0 Wege-Ⅱ Kirchlotheim. Bei Vollstau des Edersees reicht der Rückstau bis hier. Der Edersee ist auf den ersten km bis Herzhausen jedoch nicht viel breiter als das Eder-Flussbett.

73,0 r ▲ C; Beginn des Ederstausees (s. Einleitung), mit mehreren großen Krümmungen, sowie großen Seitenbuchten, Einschränkungen: Zugelassen sind (neben den Fahrzeugen der Verwaltungsbehörden, der DLRG, der Fahrgastschifffahrt und der Fischerei) auch Sportboote ohne Antrieb sowie Boote mit Elektromotoren. Segelboote mit mehr als 12 qm Segelfläche sowie Boote mit Elektromotoren müssen ein amtliches Kennzeichen führen. Alle übrigen Fahrzeuge - also auch Kajaks und Faltboote von Wanderfahrern - müssen Namen und Wohnort des Eigentümers in gut lesbarer Schrift tragen. DKV-Mitglieder haben den DKV-Stander am Boot zu führen und den Ausweis mit gültiger Beitragsmarke bei sich zu tragen. Verschiedene Teile des Edersees sind für die Befahrung mit Booten gesperrt (die mit Tonnen abgegrenzten Bereiche vor den Sperrmauern, den Badeanstalten, der Sporttaucherbereich zwischen km 32,4 und 33,2 am l Ufer und der Wasserskibereich, km 30 - 31 am r Ufer sowie das Vorbecken bei Niederwerbe).

71,5 ⌶ B 252, ⬆-Möglichkeit, Parkplatz; danach ist das ⬆ bei NW des Edersees gewöhnlich schwieriger.

71,0 l **Herzhausen**, Bushaltestelle im Ort, wegen Busverbindung nach Frankenberg (nicht sehr häufig) vorher erkundigen! l ↓ Itter (s. „DKV-Gewässerführer für SW“). Ab Ende Juli können sich durch den sinkenden Wasserstand des Stausees Schwierigkeiten bei der Fahrt ab km 70 ergeben.

63,5 Hohe Fahrt. ⚐. ⌂ Universität Marburg, ✕, ⌂ TSV Frankenberg, ohne ✕, ▲ ? Wilhelm Mund, Kegelberg 2, 35066 Frankenberg, ☎ 06451/8628, und ⌂ FKC Frankenberg, ▲, ? Heinrich Fleck, ☎ 06451/8214.

62,5 Asel-Süd, ▲.

59,0 DKV-Campingplatz „Edersee“, großes festes Heim mit Übernachtungsmöglichkeit, modernen Wasch- und Toiletten-Anlagen. Großer ▲, *DKV-Kanustation*.

57,0 l Siedlung **Scheid**. ▲, ⌂ KA TV Korbach. ? Karl-Heinz Pfingst, Postfach 3 11, 34497 Korbach, ☎ 05631/8821.

54,0 **Nieder-Werbe**, am 2 km langen Seearm.

51,0 **Waldeck**. Stadt und Schloss auf der Höhe, ★.

50,0 Sperrmauer. Nur l anlegen, r verboten. Bei Vollstau darf am Schiffsanleger Edertalsperre-Ost (Terrassenhotel) angelegt werden. Die Boote müssen dann oberhalb an den Hecken des Anlegers gelagert werden. Nicht die Berufsschifffahrt beeinträchtigen. Besichtigung empfehlenswert, ✕ an beiden Ufern. Zur Weiterfahrt Boot über die Sperrmauerstraße (Bootswagen) auf l abgehenden Fahrweg - nicht der Seitenweg - durch die Häusergruppe der Gemeinde „Edersee“ hinab zur Eder (Landtransport ca. 1 km).

47,3 ⚡ „Peterskopf“.

47,0 Beginn Ausgleichbecken; Sperrung in der Zeit vom 16.10. - 15.02. In der übrigen Zeit darf nur der nördliche Teil (l Ufer) befahren werden.

44,0 ▲ C, Staumauer.

43,3 ⌶, l **Affoldern**, ⬇ r ober- und unterhalb der ⌶. Es wird empfohlen, wegen der langen Umtragestelle an der Sperrmauer und der eingeschränkten Befahrungsmöglichkeit des Ausgleichsbeckens und des Naturschutzgebietes „Stausee Affoldern“ die Fahrt erst hier zu beginnen.

42,0 ⌶ B 485, l **Lieschenruh**, r **Mehlen**, r ▲ C.

40,1 EB-⌶.

39,8 ⌶, l **Bergheim**, r **Giflitz**, ⛟, ▲ C.

38,8 Die Eder sowie die angrenzenden Uferflächen bis zur Ⅱ Wellen - Wega sind Naturschutzgebiet. Danach nur noch das l Ufer auf ca. 1 km bis etwa km 33,8.

34,8 Sohlgleite mit Bootsgasse in der Mitte, ≋ (vorher ansehen) oder l ≏.

37,3 Wege-Ⅱ, r **Anraff**, 🚃.

34,6 Ⅱ, r **Wega**, l **Wellen**, 🚃.

33,0 Wege-Ⅱ, r **Mandern**, 🚃. Die Eder sowie die angrenzenden Uferflächen gehören auf einer Länge von ca. 1,5 km zum Naturschutzgebiet „Unter der Haardt".

31,5 r ▲ C.

31,2 r **Ungedanken**, 🚃.

29,1 ▬, **X**, r ≏. Nur wenn eine Weiterfahrt im Unterwasser unmöglich ist, l ≏ in Mühlgraben nach Fritzlar. Es folgen im Mühlengraben zwei flache Wege-Ⅱ. 1. Mühlen-▬ r ≏. Nach einer Straßen-Ⅱ und Wege-Ⅱ sofort ↱ und ansehen, ob die Durchfahrt des nach r rechtwinklig abgehenden Mühlgrabens, direkt hinter dem ersten Gebäude, frei ist (starker Stromzug!). Danach drei Ⅱ bis zum 2. Mühlen-▬, r ≏. Nun an einer flachen Rohr-Ⅱ und zwei Ⅱ ≏ bis zur ⬇ bei km 25,6.

27,8 Wege-Ⅱ.

26,5 Ⅱ B 450. **Fritzlar**, altertümliche Stadt mit Dom, ★.

25,7 Ⅱ.

24,4 Autobahn-Ⅱ A 49.

23,8 Ⅱ Obermöllrich - Zennern. Auf einer Länge von ca. 3 km ist die Eder in ihrer gesamten Breite Bestandteil des l liegenden Naturschutzgebietes „Ederauen bei Obermöllrich und Cappel". Ruhig verhalten!

19,7 Ⅱ B 254, l **Niedermöllrich**, l ✕ „Ederbrücke", ▲, r großer Parkplatz.

18,0 Wege-Ⅱ, l Sportplatz SV Lohre.

16,6 l Ruine Altenburg, ▬, **X**, r ≏ und in die Schwalm einsetzen, r ↓ Schwalm (s. AB).

14,0 Ⅱ, l **Felsberg**, sehenswerte Fachwerkstadt mit Burganlage, r vor Ⅱ anlanden. Vor der Ⅱ l ✕. r **Gensungen** und 🚃.

11,9 l Ufer gehört bis zur ↓ Ems zum Naturschutzgebiet „Reiherteiche bei Böddiger".

10,8 l ↓ Ems (s. „DKV-Kanuführer für SW").

9,5 Ⅱ, l **Neuenbrunslar**, r **Altenbrunslar**, 🚃. Kurz danach beginnt der Rückstau des ▬ in Wolfershausen.

7,5 r auf der Anhöhe **Ellenberg**.

6,3 r 🚃, ▬, **X**, r über das ▬ überheben oder weiträumig über Waldweg und Fahrweg ≏ (Bootswagen). Bei MW l durch Mühlenhof ≏, ca. 400 m bis unterhalb der Ⅱ. ! Unbedingt Müller um Erlaubnis bitten.

6,1 Ⅱ, l **Wolfershausen**.
3,5 EB-Ⅱ.
0,9 ▬, X, r ≏ ca. 300 m bis unterhalb Ⅱ, gute ⬆.
0,7 Ⅱ, l **Grifte**.
0,0 ↓ in Fulda bei km 63,6.

11.10.11 Schwalm

Kleinfluss - Wanderfluss
Mündung in Eder (r Nebenfluss)

Die Schwalm verläuft in einem landschaftlich reizvollen, breiten Tal, begrenzt von Hügeln. Keine besonderen Schwierigkeiten. Je nach Wasserstand ist ein Großteil der Wehre fahrbar.

Befahrungsregeln: Bitte beachten Sie die Vereinbarung für „Nordhessische Fließgewässer“ die im Februar 2001 mit dem Regierungspräsidium Kassel auf freiwilliger Basis festgeschrieben wurde (siehe Internet www.kanu-hessen.de/Flüsse). km 44,2 - 42,8 Durchfahren ohne Anlanden erlaubt.

Befahrbarkeit: Oberlauf nur bei sehr gutem Wasserstand, ab Treysa abgesehen von sehr trockenen Sommern meist ganzjährig, auch für F 2.

Zeltmöglichkeit: ▲ C Zwesten.

Gewässergüte: II (mäßig belastet).

92,0 Ursprung am Todenköppel am Nordrand des Naturparks „Hoher Vogelsberg“ in etwa 500 m Höhe.
71,0 Ⅱ B 62 am Ortsende von **Alsfeld**, mögliche ⬇ bei sehr gutem Wasserstand. Die Schwalm ist jedoch bis km 45 begradigt. Befahrung dieser Strecke daher wenig empfehlenswert. Hohe Uferböschungen.
46,2 Ⅱ B 454, danach r Parkplatz, gute ⬇, **Treysa**.
44,2 Die Schwalm ist auf einer Strecke von 1,4 km in ihrer gesamten Breite Bestandteil des r liegenden Naturschutzgebietes „Leistwiesen bei Rommershausen“. Anlanden verboten. Durchfahren mit durch Muskelkraft bewegten Booten gestattet, bitte ruhig verhalten.
42,3 Ⅱ, **Rommershausen**, danach ▬, evtl. ≋ oder vor der Ⅱ l über Straße ≏. Die Schwalm umfließt in weitem Bogen Rommershausen.

40,2 Steg, danach r abgehendes ▬, falls dahinter flach, geradeaus weiterfahren bis Mühle Dittershausen, dort r ⏏.
39,3 l ↓ Mühlgraben, Ⅱ, **Dittershausen**.
36,5 **Allendorf**, Mühle, ▬.
36,0 Ⅱ Schlierbach - Michelsberg.
34,2 Schlierbach, ▬. Falls danach trocken, l vom ▬ an der Mühle r ⏏.
34,0 Ⅱ, **Schlierbach**, 🚉, gute ⬇.
30,1 Ⅱ, **Waltersbrück**.
28,1 Ⅱ, **Bischhausen**, direkt dahinter ▬, ≋ oder r vor der Ⅱ ⏏.
25,8 Waag-Mühle, ▬, Mitte ≋ oder l ⏏, danach Steg.
22,3 Wege-Ⅱ, r ▲ C Zwesten, ▬, l ≋. l starker Rücklauf bei höherem Wasserstand. Falls trocken, l in Mühlgraben fahren und am Ende r durch Privatgrundstück ⏏. Erlaubnis einholen!
22,0 Ⅱ, **Zwesten**.
21,5 Leo-Mühle, ▬, im l Drittel schräg ≋ oder r ⏏.
20,6 Otto-Mühle, ▬, Mitte im Winkel ≋.
19,5 ▬, Mitte ≋, l ← Mühlgraben nach Kerstenhausen.
18,5 Natur-▬, r ≋.
18,4 Ⅱ Kerstenhausen - Arnsbach, dahinter l ↓ Mühlgraben.
16,9 Autobahn-Ⅱ A 49.
16,6 Bei HW!, in l-Kurve muss mit Baumhindernissen gerechnet werden.
15,8 Ⅱ Borken - Kleinenglis.
15,6 Werks-Ⅱ des Kraftwerks Borken.
13,9 ▬, **X**, r oder l ⏏.
12,5 Ⅱ, **Gombeth**.
11,4 ▬, **X**, r ⏏. Nicht in den r nach Singlis führenden Mühlgraben einfahren!
11,0 ▬ unter Wege-Ⅱ mit starkem Rücklauf, evtl. ≋ oder l ⏏.
10,0 r ↓ Mühlgraben.
9,2 EB-Ⅱ.
8,8 Ⅱ, l 🍴 „Brückenhaus“.
6,5 Steg, danach r ↓ Efze (s. „DKV-Kanuführer für SW“).
4,5 Ⅱ B 254, l **Wabern**.
3,9 ▬, **X**, Überlauf bei HW, l in Mühlengraben fahren bis
3,5 ▬ Harler Mühle, r ⏏.
0,2 EB-Ⅱ, danach Schwallstrecke.
0,0 ↓ in Eder bei km 16,4, l **Altenburg**.

Wanderfluss
Mündung in Weser (r Quellfluss)

Die Werra ist der östlichste Quellfluss der Weser. Mit Ursprung im südöstlichen Thüringer Wald fließt sie zunächst zwischen diesem und der Rhön nach Nordwesten, umrundet den Thüringer Wald in nordöstlicher Richtung bis nahe Eisenach und strebt dann, wieder nordwestlich, an Meißner und Kaufunger Wald entlang der Weser zu.

In ihrem Oberlauf ist die Werra ein Kleinfluss, nur bei Hochwasser zu befahren; später wird sie zum ausgesprochenen Wanderfluss, auch für Ferienfahrt, vielfach mit Weiterfahrt auf der Weser.

Befahrungsregeln: Bitte beachten Sie die Vereinbarung für „Nordhessische Fließgewässer“ die im Februar 2001 mit dem Regierungspräsidium Kassel auf freiwilliger Basis festgeschrieben wurde (siehe Internet www.kanu-hessen.de/Flüsse). km 164 - 160,5 Uferbetretungsverbot. km 80 - 80,5 Uferbetretungsverbot. km 17,5 - 16,3 Betretungsverbot r Ufer.

Befahrbarkeit: oberhalb Hildburgshausen für Einer nur bei HW, ab Hildburghausen meist bis Ende Mai. Für eine Befahrung des Oberlaufs sollte die 1. Anlegerstufe des KC Meinigen überspült sein. Wegen der vielen Wehre ist allerdings für eine Gepäckfahrt erst Meinigen, km 231, oder Bad Salzungen, km 190,5, der geeignete Startplatz. Empfehlenswert sind Besichtigungen der zahlreichen historischen Städte und Ortschaften sowie Wanderungen im Thüringer Wald, in der Rhön und im Kaufunger Wald.

Pkw: Begleitung nicht immer möglich.

Gewässergüte: bis Mündung Ulster II (mäßig belastet) mit Ausnahme eines kurzen Abschnittes unterhalb der Schmalkaldemündung, dort II-III (kritisch belastet), unterhalb Ulstermündung weiter bis zur Weser II-III (kritisch belastet) und Salzbelastung.

203,0 Ursprung am Südhang des Thüringer Waldes bei Eisfeld.
178,8 **Hildburghausen**. Beschreibung der Folgestrecke bis Meiningen s. „DKV-Gewässerführer für Ostdeutschland“.
139,5 r ⌂ KC Meiningen, am Ortsausgang Richtung Untermaßfeld, guter Standort für Kanufahrten, ▲.

138,0 ▬, X, l ⏢ über die Mauer der Fischtreppe. **Meiningen** mit 7 Ⅱ, 🚉, 🍴, ehemalige Residenz, Landestheater, Theatermuseum, Schloss, ★. Ab hier ist die Werra fast immer ganzjährig ≋., auch mit Zweiern.

137,5 Pegel Meiningen.

135,0 Ⅱ mit kleinem Schwall.

130,6 Ⅱ, r **Walldorf**, 🚉. l ↓ Herpf.

124,6 EB-Ⅱ.

124,3 ⌂ und ▲ KC Wasungen, kein Wasseranschluss.

123,8 Ⅱ, **Wasungen**, Zentrum des thüringischen Karnevals, 🚉, 🍴.

119,6 ▬ **Schwallungen**, evtl. l Schott ≋ oder l ⏢.

114,9 **Wernshausen**, Klappen-▬, X, Lebensgefahr, r ⏢, wenn genügend Wasser überläuft; sonst l in den Mühlgraben und vor dem Werk in die Werra ⏢, S 3. An der Ⅱ r nach Schmalkalden (Kurort, alte Stadtbefestigung, ★), gute ⬇, nur bei ausreichend Wasser. r ↓ der Schmalkalde.

108,6 **Breitungen**, sehr gute ⬇ l hinter Ⅱ, hier Parkplatz und 🚉. Danach l Pegel (bei einem Pegelstand von 158 cm wurde gutes MW angetroffen).

102,6 Ⅱ r **Barchfeld**.

99,0 ▬, l ⏢ oder r über die ▬-Krone (Stufenwehr) überheben.

98,4 Ⅱ, l **Allendorf-Dorf**, r **Allendorf-Kloster**.

96,9 Ⅱ, l **Bad Salzungen**.

96,0 Ⅱ, l ⬇.

93,0 EB-Ⅱ.

89,4 **Tiefenort**, Ⅱ, danach ▬, X. Vor der Ⅱ ↰ und l ⏢. Eisenpfähle im Unterwasser!

84,5 Steinschüttung, X, l ⏢, l **Merkers**.

80,6 ▬, r ⏢, l **Dorndorf**.

80,0 Ⅱ, danach l ↓ Felda (s. „DKV-Gewässerführer für Ostdeutschland").

74,9 Ⅱ, l **Vacha**, alter Ort (Stadtrecht 1186), Reste der Stadtbefestigung, ★.

73,1 ▬ Philippsthal, evtl. ≋ oder l ⏢, ▲.

72,8 Ⅱ **Philippsthal**, Barockschloss, ehemaliges Benediktinerkloster aus dem 12. Jahrhundert, ★.

72,8 -69,8 NSG Werrawiesen, Durchfahrt erlaubt, landen verboten.

71,7 l ↓ Ulster (s. „DKV-Gewässerführer für Ostdeutschland"), l Kaliwerk Hattorf.

69,8 ▬, X, l ⏢, S 2; → zum ↯, hier ⏢ nicht möglich, danach Ⅱ, l **Heimboldshausen**.

65,0 Ⅱ, r ↯ und l ▬, X, l ⏢, S 2; r **Lengers**.

64,0 l **Wölfershausen**.

61,3 ϟ und ■, X, l ⏏, S 2. Bei gutem Wasserstand kann man auch kurz in den l abzweigenden Arm ⏏ und hier weiterfahren; Ⅱ, r **Heringen**, l Kaliwerk Wintershall.

58,5 Ⅱ, l **Widdershausen**.

58,2 ϟ und ■, X, r ⏏, S 3; von r kommt ein ausgemauerter Graben.

56,4 Ⅱ, l **Dankmarshausen**.

52,0 **Berka**, ■, X; ⏏ l über Wiese bis zur Kleingartenanlage, sehr weit, S 2.

48,4 Ⅱ, l **Gerstungen**, Renaissance-Schloss mit Heimatmuseum, ★.

47,4 EB-Ⅱ.

41,3 Ⅱ, l **Neustädt**, r **Sallmannshausen**.

40,9 Schräg-■ Sallmannshausen, evtl. ≋, l ⏏ oder Boote über ■-Krone heben.

39,0 l **Wommen**.

38,2 ϟ und ■ Wommen-Steinmühle, X, r ⏏, S 3, oder l eine mit primitiven Holzstegen eingerichtete ⏏-Stelle benutzen (Zur Zeit Bauarbeiten, mit Veränderungen ist zu rechnen, Stand 2002).

34,1 Wege-Ⅱ, l **Herleshausen**, r **Lauchröden**.

33,0 l 🚃 Heringen.

36,0 r Ruine Brandenburg, ★.

28,0 r **Neuenhof**.

26,0 r ⌂ und ▲ des KC Rennsteig Hörschel/Werra, *DKV-Kanustation*, ☎ 036928/91103 oder 03623/304786.

25,8 r **Hörschel**, Beginn des Rennsteigs, 🚃, r ↓ Hörsel, danach EB-Ⅱ.

25,7 Ⅱ und Autobahn-Ⅱ.

23,9 **Spichra**, ϟ und ■, l ⏏.

18,6 **Creuzburg**, Straßen-Ⅱ und die älteste Naturstein-Ⅱ nördlich des Mains, darunter Schwall mit überspülten Steinen, l gute ⬇; es beginnt ein landschaftlich schöner Teil der Werra, Bus-Verbindung nach Eschwege. Schloss, mittelalterliche Stadtbefestigung, ★.

0,1 Ⅱ, **Mihla**, ehemaliger Adelssitz.

9,0 Schräg-■ Mihla, r ⏏ oder r über ■-Krone heben.

6,0 r **Ebenshausen**.

2,0 r **Frankenroda**.

0,0 Ab hier amtliche Kilometrierung mit km-Tafeln an den Ufern. Die erste Tafel steht beim km 1.

0,3 r Forsthaus Probsteizella, 🍴 und ▲ C.

2,5 Schräg-■ und ϟ, l ⏏, bei gutem Wasserstand ≋, unterhalb wenig Wasser bis zum Zulauf aus dem ϟ. r **Falken**.

8,0 Ⅱ, **Treffurt**, ⬇ und ⬆ r vor der Ⅱ.

9,5 Auf 500 m r NSG Frankenloch, Anlegen verboten.
12,0 r **Heldra**.
14,4 Ⅱ, l Großburschla.
16,0 r **Altenburschla**, gepflegtes Dorf, Preis der Hessischen Heimatpflege, ★.
17,5 l **Völkershausen** mit altem Gutshof, Beginn des Staus Wanfried.
20,0 ■ **Wanfried**, X, l ⏏; Städtchen mit Fachwerkhäusern, r alte Speicher, Kran, ★. Bis 1850 Endpunkt der Weser-Werra Schifffahrt, von hier damals Frachtwagenverkehr nach Süden (bis Italien). Empfehlenswerte Wanderungen in die Berge, „Hohe Plesse" usw. Mögliche ⬇ bei der Ⅱ. l die Höhen des Schlierbachwaldes, Beginn des Talkessels von Eschwege.
24,0 l **Aue**, r **Frieda**, Ⅱ, r ↓ Frieda, beiderseits Kiesgruben.
26,0 r **Schwebda** mit Schloss Wolfsbrunnen am Wald, voraus der Leuchteberg, im Hintergrund der Hohe Meißner, Beginn des Staus von Eschwege.
28,0 l ✕ „Felsenkeller", Aufstieg zum Leichteberg mit Aussichtsturm, lohnend.
28,5 r ■, bei Überlauf (im Sommer selten) l ≋. l Freibad, l ▲ und ⌂ Kanu-Club Eschwege, ⛵.
29,3 Stadt **Eschwege**, hübsche Flusspartie „Klein Venedig" hinter Fußgänger-Ⅱ. Das Überwinden der folgenden ■-Anlage ist wegen eines Soges nach r nicht ganz ungefährlich; folgendes Vorgehen wird empfohlen: ganz l unter der Ⅱ hindurch an beiden ■ vorbei, dann nach r zu dem Anleger nach dem kleinen ■, hier entweder ⏏ oder in die □ mit Selbstbedienung einfahren, danach Stufe, ≋. Hier können Boote vorübergehend gelagert werden für eine Besichtigung der sehenswerten Stadt, Schloss, Rathaus usw. Unterhalb der □ Felsenstrecke, bei NW!
30,0 EB-Ⅱ.
34,0 Ⅱ, r **Jestädt**, l ↓ Wehre (Wehre und ihr Nebenfluss Sontra s. „DKV-Gewässerführer für Südwestdeutschland").
35,1 l ↓ des Hochwasserkanals der Wehre (nächste Nähe zum 🚉 Eschwege-West), danach r die Kalkfelsen des „Weinberges".
36,0 r verlassener Kiessee (NSG), Beginn einer romantischen Talstrecke, l das „Höllental", nächster Aufstieg zum „Hohen Meißner", dem höchsten Berg Nordhessens (Hollesee, Raubkammer, Schwalbental, Kasseler Kuppe).
37,8 l **Albungen**, Ⅱ, r auf der Höhe Burg Fürstenstein mit Gut. Im Dorf Albungen ✕ „Werretal", an steiler Treppe anlegen.
39,0 Stromknick mit Felsnadel, bei HW danach kleine Stromschnelle.

40,0 r Andreaskapelle. Das zur Kapelle gehörende Dorf wurde im Dreißigjährigen Krieg durch Tilly zerstört.

41,6 r **Kleinvach**, Ⅱ, Renaissance-Herrenhaus, ★. l **Höte-Heiden**. Der Fluss stößt auf die Hornekuppe (522 m), weiter unterhalb r auf halber Höhe Schloss Rothestein.

44,0 Beginn des Staus Allendorf.

46,3 l erstes ■ Allendorf, bei Überflutung ! r fahren im Fluss, l ≋, ansehen.

47,0 l zweites ■ Allendorf, bei Überflutung r fahren, r Badeanstalt.

47,5 **Bad Sooden-Allendorf**, r Ortsteil Allendorf, sehenswertes, altes Städtchen mit malerischen Fachwerkhäusern, l Ortsteil Bad Sooden, Solbad. Vor der Ⅱ drittes ■, evtl. ≋ oder l ≏, Treppe ins Unterwasser.

47,7 200 m nach der Ⅱ l Einfahrt zur □ (Selbstbedienung), l ≏-Möglichkeit. Danach ↓ der drei Wehrarme.

50,3 r neuer, gut eingerichteter ▲ C.

50,5 r **Wahlhausen**.

52,0 l **Ellershausen**.

54,0 l über Bundesstraße zum Dorf Oberrieden.

55,2 Ⅱ Lindenwerra, kleiner Schwall.

55,5 r **Lindenwerra**. Die Werraschleife von Lindenwerra heißt „Hufeisen“, überragt von der Teufelskanzel und Junkerkuppe (503 m).

57,7 Ⅱ, EB-Viadukt Oberrieden.

58,0 l **Oberrieden**, voraus der Ludwigstein.

59,7 r **Werleshausen**, Ⅱ, Aufstieg zur ⛫ Burg Ludwigstein l über dem Fluss. Werradurchbruch, r Hasenkanzel.

60,8 Ⅱ B 27, Strömung.

61,0 l Flachsbachtal mit Flachsbachmühle. Abgeschiedenes Wald-Tal, Besuch lohnt sich. Rückschau im Werratal sehenswert: Berühmter Zweiburgenblick (Burg Ludwigstein und Burg Hanstein).

62,7 l **Wendershausen**, Furten bei NW!

65,6 Fußgänger-Ⅱ, r **Unterrieden**.

66,1 EB-Ⅱ Unterrieden, dahinter l der Johannesberg.

66,9 l ⌂ und ▲ des Witzenhäuser KC, sehr freundliche Aufnahme von Wanderpaddlern, auch für Wohnwagen, gute Sanitäranlagen, am Berg Badeanstalt Witzenhausen, danach l ▲ C.

68,2 Ⅱ, danach l ⬇, **Witzenhausen**, bekannte Kirschblütenstadt, ★.

70,0 r **Bischhausen** mit Gutshof, l Kläranlage Witzenhausen. Mehrere Flussschleifen mit starker Strömung. Das ab hier breitere Tal wird l von den Ausläufern des Kaufunger Waldes begleitet. In diesem einsamen Waldgebiet lohnende Wanderungen.

71,5 r NSG Freudenthal, Anlanden auf 1 km verboten.

72,3 l **Ermschwerd**, schon 833 urkundlich erwähnt, echtes Hessendorf mit hübschem Fachwerk, Wanderung zum Haferberg und Bilstein (Kaufunger Wald), r Baggerseen (NSG) und Siedlung Freudenthal.

74,8 r **Gertenbach**, Ⅱ, r etwa 3 km entfernt im Wald Schloss Berlepsch (frühgotisch 1369, jetzt Hotel).

75,6 l **Blickershausen**.

76,8 r Hinweiszeichen, nach 400 m Schöpfbuhne, ganz l fahren.

77,2 Flussgabelung, nicht geradeaus fahren, nach 800 m ■ Hedemünden, schwieriges ≏; l den Abzweig benutzen, Schifffahrtsarm der Werra, genannt „Lache“, am Ende leichte Schwallbildung. Zum Ort Hedemünden von der Lache aus im ■-Arm flussaufwärts fahren.

78,2 **Hedemünden**, niedersächsisches nettes Städtchen, 🚂, Auffahrt zur BAB Kassel-Hannover, Besuch von Ziegenhagen mit den Höhen des Kaufunger Waldes empfehlenswert.

78,6 Ⅱ Hedemünden, Beginn des Rückstaus des ■ „Letzter Heller“.

79,5 l **Oberrode**, danach kleine Insel, r Arm benutzen.

81,7 Beginn des Durchbruchs der Werra in einem engen Tal zwischen Kaufunger- und Bramwald. l **Zella** mit Waldgaststätte und ▲ C, *DKV-Kanustation*, ☎ 05541/33369.

82,3 EB-Ⅱ, von hier bis zur Autobahn-Ⅱ Wasserskistrecke!

83,0 Ⅱ Laubach.

83,2 l ✕ „Werrahaus“. Unter der EB hindurch zum Ort **Laubach**, Sommerfrische, reizvolle Wanderungen in den Kaufunger Wald (Gr. Steinberg) und nach Hann. Münden.

83,4 Autobahn- und EB-Ⅱ Göttingen - Kassel, 65 m hoch, 420 m lang.

83,9 ■ und ϟ „Letzter Heller“, **X**; l ≏, Bootswagen vorhanden, □ außer Betrieb.

84,1 r an der Bundesstraße ✕ „Zum Letzten Heller“. Bis Hermannshagen enges, bewaldetes Wiesental, Straße und EB neben dem Fluss.

87,4 Ⅱ, l Bierlokal, kein Essen, Abbauplatz, 10 Min. zum 🚂 Hann. Münden.

87,5 **Hann. Münden**, EB-Ⅱ, Schöpfbuhne, Flussgabelung, r Arm benutzen, Achtung Seile und Ponton-Ⅱ. Am Ende des r Armes ■, bei HW evtl. ≋, sonst durch die alte Werra-Ⅱ (erbaut 1402) zur Bootsschleppe, ≏, Bootswagen vorhanden. Unterwasser = Wasserspiegel der Weser. Das Befahren des l Werraarmes ist gefährlich, da wegen starker Strömung ein Anhalten vor dem folgenden ■ kaum möglich ist.

88,8 I Doktorwerder, I ↓ der „Kleinen Weser", Mühlenarm der Fulda.

89 I ↓ der Fulda, Beginn der Weser. Auf der Fulda 500 m aufwärts zum ⛺ C an der □, ⌶ mit Gleiswagen leicht. Hann. Münden ist eine sehenswerte Stadt mit herrlichen Fachwerkhäusern, Rathaus, ★.

Stromgebiet der Elbe

12 **Elbe**

Wanderfluss - Schifffahrtsstraße
Mündung in Nordsee

Die Elbe ist mit einer Gesamtlänge von 1144 km einer der größten Ströme Mitteleuropas. Davon verlaufen 417 km auf dem Gebiet der Tschechischen Republik; sie sind beschrieben im DKV-Auslandsführer Bd. 7 „Nordosteuropa".

Die Elbe ist ein reiner Wanderfluss, bei guter bis mäßiger Strömung ohne Schwierigkeiten zu befahren. Ab Grenze bis zur Mündung bei Cuxhaven findet sich auf 727 km nur ein einziges Hindernis, die Staustufe Geesthacht.

Die Elbe ist damit der längste, praktisch hindernisfrei zu befahrende Wanderfluss Mitteleuropas.

Die lange Fahrt wird aufgelockert durch mehrere sehenswerte Städte (Pirna, Dresden, Meißen, Torgau, Wittenberg, Dessau, Magdeburg, Tangermünde, Havelberg und Hamburg), deren Besichtigung unbedingt anzuraten ist. Landschaftlich besonders reizvoll ist die Fahrt durch das Elbstandsteingebirge oberhalb Dresdens, aber auch die Weiten der Norddeutschen Tiefebene bieten ihre Reize. Die Mitnahme eines Reiseführers ist anzuraten.

Wasser: die Wasserführung der Elbe ist starken Schwankungen unterworfen, Hochwasser zur Zeit der Schneeschmelze und nach starken Regenfällen. Bei NW hat die Schifffahrt erhebliche Schwierigkeiten und muss evtl. ganz eingestellt werden.

Zeltmöglichkeit: im Elbsandsteingebirge sind die vorhandenen Campingplätze zu benutzen, unterhalb Dresden ist freies Zelten manchmal möglich, jedoch ist es zu empfehlen die Zeltmöglichkeiten an den Bootshäusern zu nutzen.

Die Berufsschifffahrt ist nur mäßig stark.

Fahrwasserkennzeichnung (= Ansteuerungszeichen für die Schifffahrt): l Ufer - gelbes Kreuz, grüne Raute auf grün-weißem Pfahl; r Ufer - gelbes Kreuz, rotes Quadrat auf rot-weißem Pfahl. Berufsschifffahrt und Fähren haben immer Vorfahrt!

Eine Besonderheit der Elbe sind die Gierfähren. Sie werden durch die Strömung angetrieben. Von der Verankerung, entweder am Ufer oder im Strom-Drittel führt ein langes, durch gelbe Tonnen gekennzeichnetes Seil zur Fähre; es darf auf keinen Fall überfahren werden! Durchfahrt am besten in der freien Fahrrinne des Stromes, notfalls im Kehrwasser zwischen den Buhnen anhalten und die Situation beobachten.

Befahrungsregeln: siehe Kilometrierung.

Gewässergüte: km 0,0 bis Riesa II (mäßig belastet), von Riesa bis Strehla II-III (kritisch belastet), Strehla bis Havelmündung II (mäßig belastet), weiter II-III (kritisch belastet).

Die Kilometrierung der Elbe beginnt an der Grenze zur Tschechischen Republik mit dem km 0.

0,0	Grenze, r Ufer Tschechische Republik, l Ufer Deutschland.
2,0	l 🚃 Schöna, r **Hrensko**, ⬇ Kamenice, Fähre.
2,6	r Kontrollstelle Hrensko für Sportboote. Bis kurz vor Dresden geht die Fahrt durch das landschaftlich hervorragend schöne Elbsandsteingebirge (Sächsische Schweiz).
3,5	Ab hier sind beide Ufer deutsch.
4,0	Personenfähre. l 🚃 Schmilka, r **Schmilka**, ✕. Übliche ⬇ für Befahrung der Elbe.
4,1	r Wassergütemessstation.
6,0	r ▲ C, nicht HW-sicher, Parken gegen Gebühr, Beginn Schrammsteingebiet, l Elbradwanderweg.
8,0	l ✕ Ziegelscheune, ▲-Möglichkeit, r **Postelwitz**.
9,1	Schiffsanleger, l **Krippen**.
9,8	r ↓ Kirnitzsch, (Befahrung verboten, Nationalpark). Wendeplatz. Oben am Berg sieht man die Eisengitterkonstruktion des Personenaufzugs zur Ostrauer Scheibe.
10,2	Frei fahrende Fähre zum km 11,1, Schiffsanleger, r **Bad Schandau**, ✕, großer Parkplatz.
11,1	l Fähranleger, l 🚃 Bad Schandau.
11,5	Straßen-Ⅱ.
11,9	EB-Ⅱ, technisches Denkmal, r **Rathmannsdorf**.
12,0	r ↓ Lachsbach (Befahrung verboten, Nationalpark).
13,2	r Hafen Prossen, Schiffsanleger. l Biberlöcher.

15,5 r Naturfreundehaus; l ▲ C.
16,5 l **Königstein**, ↓ Biela, 🚂, Schiffsanleger, Fähre, r Lilienstein, 444 m hoch, l ★: Festung Königstein, 360 m hoch.
17,2 r Hafen Königstein.
19,9 r ▲ C Ferdinandshof, ✕.
20,0 r ▲ des KV Grün-Weiß Pirna.
22,7 Gierfähre (rechts verankert), l **Oberrathen**, 🚂, ✕, r **Kurort Rathen**, Schiffsanleger, ✕. Gute Aufstiegsmöglichkeit zur Bastei, 305 m hoch, Amselgrund, Felsenbühne Rathen.
23,3 r Bastei.
24,9 ▲ VKD Dresden, *DKV-Kanustation*, ☎ 0351/3104798, ✕.
26,0 Gierfähre, r **Wehlen**, Schiffsanleger; l **Pötzscha**, 🚂 Wehlen.
26,5 l Schwimmbad.
29,8 Fähre; l **Ober-Vogelsang**, 🚂, r **Zeichen**, Schiffsanleger.
32,9 r **Pirna-Posta**, ✕.
33,6 r Hafen Copitz; l ⌂ Grün-Weiß Pirna, zu erreichen durch Unterführung unter EB.
33,9 Personen-Fähre, l **Pirna**, r **Pirna-Copitz**.
34,0 l Schiffsanleger.
34,4 Straßen- und EB-Ⅱ, 🚂, danach l ⌂ Pirnaer Ruderverein 1872, An der Elbe 11, ▲, ☎ 03501/446151 oder 447802.
35,4 l ↓ Gottleuba (s. „Gewässerführer für Ostdeutschland").
35,6 Ⅱ.
36,0 l **Groß-Sedlitz**.
37,4 r ↓ Wesenitz (s. „Gewässerführer für Ostdeutschland"), r **Pratzschwitz**.
38,5 l **Heidenau**, 🚂.
39,2 l ↓ Müglitz (s. „Gewässerführer für Ostdeutschland").
39,4 Fähre. l **Mügeln**, r **Birkwitz**, Schiffsanleger.
40,0 bis 65,0 r und l **Dresden**.
40,3 Hochspannungsleitung.
40,5 Hochspannungsleitung.
41,2 r **Söbringen**.
42,0 l ▲ C und Bad. Bis km 43 Insel Pillnitz, NSG, r Arm fahren.
42,6 r Schloss Pillnitz, ★, Fähre, ✕.
43,5 Personenfähre und freifahrende Autofähre, l **Kleinschachwitz**, Schiffsanleger.
44,1 r Kirche Maria am Wasser.
44,9 l ✕.
45,5 l ⌂ KV Laubegast, *DKV-Kanustation*, ☎ 0351/2525613. Personenfähre, l **Laubegast**, Schiffsanleger, ✕.
46,0 l ⌂ Dresdener Kanu-Club Elbe 46 und 50 m danach Laubegaster Ruderverein.
46,6 Personenfähre, **Dresden-Niederporitz**.
47,0 l ↓ Tolkewitzer Landgraben; r **Wachwitz**.

47,3 r Seglerhafen Wachwitz, danach ✕.
48,2 l ⌂ und ▲, Verein für Kanusport Dresden e.V., *DKV-Kanustation*, ☎ 0351/3108919 oder 3103114.
48,25 l Ponton mit Slalomstangen und ⌂ WSV Wiking-Schweifsterne, ▲, *DKV-Kanustation*, ☎ 0351/3400468, danach Sächsischer Seesport-Club Dresden e. V..
48,9 l ⌂ Dresdener Ruderverein.
49,1 l ⌂ TU Dresden, Abteilung Rudern.
49,3 l ⌂ Dresdner SC, Kanuabteilung, ▲, ☎ 0351/3119963.
49,6 r ⌂ WSV Am Blauen Wunder.
49,7 r Schiffsanleger Loschwitz, r und l ✕.
49,8 ♊ „Blaues Wunder", **Dresden-Loschwitz**.
50,0 r Hafen Loschwitz.
52,5 Personenfähre, r und l ✕.
53,7 r ↓ Prießnitz.
54,0 r **Dresden-Neustadt**, l **Dresden-Johannstadt**.
54,5 ♊ der Einheit (Albert-♊).
55,1 bis 55,6 mehrere Schiffsanleger (Achtung, wendende Ausflugsschiffe), ⋆: l Brühlsche Terrasse, Frauenkirche, Albertinum, Grünes Gewölbe, Schloss, Hofkirche, Semperoper, r Bellevue und Japanisches Palais. Reiseführer benutzen.
55,1 Carola-♊.
55,6 Augustus-♊, r günstiger Rastplatz zur Besichtigung der Innenstadt.
56,5 Marien-♊; danach EB-♊.
57,3 r Hafen, Liegehafen der Fahrgastschiffe.
58,6 r Hafen WSA, Personenfähre; r **Dresden-Mickten**, ✕.
58,8 r ✕.
59,0 r ✕.
59,6 ✕.
60,8 l Albert-Hafen.
61,2 Flügelweg-♊, l **Cotta**, r **Übigau**.
61,4 l ↓ Weißeritz (s. „Gewässerführer für Ostdeutschland". Quellflüsse Rote Weißeritz und Wilde Weißeritz).
61,6 l ⌂ DRC 1902 (Rudern), ▲, ☎ 0351/4210314, ✕, danach ⌂ ESV Dresden, Kanuabteilung.
63,1 Autobahn-♊.
65,4 l Gohliser Windmühle z. Zt. Ruine.
68,2 r Seglerhafen Kötzschenbroda. r ⌂ SSV Planeta Radebeul, ▲, *DKV-Kanustation*, **Radebeul**, ☎ 0351/8956070, 🚂.
68,3 r Schiffsanleger Radebeul-West.
69,8 EB-♊, l **Niederwartha**, 🚂, davor l Pumpspeicherwerk.
71,3 r ✕, Beginn Wasserski-Strecke.
72,0 r ✕ „Gärtnerwirt" mit ▲-Möglichkeit.
72,3 Hochspannungsleitung.

72,5 Hochspannungsleitung, ↓ Wilde Sau.
72,6 l ✕, Ende Wasserski-Strecke.
72,9 r Seglerhafen Coswig-Kötlitz.
73,0 Personenfähre Kötlitz, r **Coswig**.
73,0 bis 74,2 Gauernitzer Insel, NSG, l Fahrwasser benutzen.
73,8 l **Gauernitz**, Schiffsanleger.
74,2 r Altarm, Zufahrt zum ⌂ Coswiger KV hinter der Insel, *DKV-Kanustation*. ▲, ☎ 03523/75471.
76,2 Fähre, l **Scharfenberg**.
76,5 l „Scharfenberger Ecke“.
77,4 r ✕.
77,8 r **Sörnewitz**, Spaargebirge.
77,9 l ▲ C, 300 m vom Ufer entfernt.
80,7 r Steganlage des Segel-Clubs
80,8 l ⌂ Meißener RC Neptun 1882, ▲.
81,7 r hinter grünem Tor in der Mauer: ⌂ und ▲ SG Kanu Meißen, *DKV-Kanustation*, ☎ 03521/733711.
81,9 **Meißen**, Dom, Albrechtsburg und Porzellanmanufaktur, ★. Schiffsanleger, r 🚌, EB-⌶.
82,1 l ↓ Triebisch.
82,2 ⌶; Blick auf den Burgberg mit Albrechtsburg und Dom.
82,8 ⌶ B 101.
83,2 r Winterhafen Meißen, dort Yacht-Club Meißen.
87,8 r Zadel, ✕.
89,0 l ↓ Ketzerbach.
89,8 Gierfähre, in der Flussmitte verankert; r **Klein-Zadel**, l **Zehren**.
92,0 r **Nieschütz**, l Göhrisch-Felsen.
92,6 r **Diesbar**, ✕, Aussichtspunkt, Schiffsanleger.
93,8 r **Seußlitz**, Schiffsanleger, ✕.
94,7 l **Nieder-Lommatsch**, Schiffsanleger, Fähre, ✕.
95,0 Hochspannungsleitung.
95,2 Hochspannungsleitung.
96,1 l Schloss Hirschstein, heute Kindersanatorium.
97,8 r **Merschwitz**, l **Boritz**.
99,8 l **Schänitz**, r **Leckwitz**, Schwedenschanze.
100,8 Kläranlage.
102,0 r **Nünchritz**, ✕, l **Leutewitz**.
102,7 r Windmühle.
103,0 r ▲ C.
103,8 r **Grödel**, Hafen WSA, Floßkanal nach Elsterwerda.
104,6 r **Möritz**.
106,4 l Sportboothafen und ⌂ Marinekameradschaft Riesa.

107,1 Personen-Fähre. l ↓ Jahna, ⌂ WSV Riesa, *DKV-Kanustation*, ▲, ☎ 03525/633141. daneben ⌂ Kanuabteilung des Sportclub Riesa e. V., ☎ 03525/734543.

107,3 l Schiffsanleger Riesa.

108,3 Ⅱ und EB-Ⅱ; l **Riesa**, 🚉, Fußgängerzone, Park, Kloster, ★. r Promnitz, Schiffsanleger.

108,6 Hochspannungsleitung.

109,2 Hochspannungsleitung.

109,5 l Hafen Riesa, ↓ Döllnitz im Hafen, r **Bobersen**.

109,7 l ⌂ ESV Lok Riesa, ▲.

110,5 bis 111,5 Wasserskistrecke.

111,4 2 Hochspannungsleitungen.

114,8 l hinter dem Deich ⌂, ▲ des Kanusport-Vereins Strehla, *DKV-Kanustation*, ☎ 035264/92975.

115,2 Gierfähre, in Strommitte verankert, und freifahrende Fähre, l **Strehla**. ✕. r **Lorenzkirch**.

117,0 l kleine Einfahrt zum Nixstein, bei MW ≋.

117,3 l ✕.

118,0 l **Görzig**.

119,5 r **Kreinitz**.

121,0 Diese Kilometrierung erscheint in 1,04 km Abstand 2 mal, die Elbe ist entsprechend länger, die Differenz ist preußisch-sächsisch bedingt. r **Gaitzschhäuser**, Beginn der ehemaligen preußischen Elbstrecke mit Ansteuerbaken und Buhnen für die Schifffahrt (s. Einleitung).

122,0 l **Lösnig**.

124,7 r Einfahrt Baggersee und Kieswerk Borschütz, für Sportboote gesperrt.

127,2 r **Mühlberg**; → Hafeneinfahrt (alter Elbe-Arm) zum ⌂ SV Mühlberg, Abteilung Rudern, ▲, ? Werner Kohls, Breitscheidstr. 8, 04931 Mühlberg und zum ▲ C der Stadt Mühlberg. Stadtbesichtigung mit Museumsbesuch lohnend (Schlacht bei Mühlberg).

127,8 l ↓ Dahle.

127,9 Gierfähre, am linken Ufer verankert; r **Köttlitz**.

130,7 r altes Bollwerk.

133,9 r **Altbelgern**.

135,0 r **Stehla**.

137,1 l Rote Grube.

137,4 r **Tauschwitz**, Hochspannungsleitung.

139,6 l Einfahrt Hafen Belgern.

140,4 Gierfähre, am rechten Ufer verankert; l **Belgern**, 🚉, ✕. Am Markt südlichster Roland Deutschlands.

142,8 Hochspannungsleitung.

146,1 r → alter Elbearm.

147,3 l Pumpwerk.
149,5 r **Pülserda**.
153,0 r **Werda**, schöner Vorblick auf Torgau.
154,1 l ← Hafen Torgau.
154,5 ⌶, l **Torgau**, 🚂, Schloss Hartenfels, ★.
154,9 l Schiffsanleger.
155,1 l 🏠 Turn und Sportverein Blau-Weiß Torgau, Abt. Rudern, ⛺, ☎ 03421/4907 oder 4677.
155,2 l 🏠 Torgauer Kanu Club e.V., ⛺, ☎ 033421/904516.
155,4 Hochspannungsleitung.
155,5 EB-⌶.
157,5 l **Repitz**.
158,8 Hochspannungsleitung.
168,5 bis 169,5 Wasserskistrecke.
169,4 r 🏠 Wasserwanderfreunde Prettin, ⛺, *DKV-Kanustation*, ☎ 035386/22428; r **Prettin**, ✕, ⛺ C am Kiesloch, 3 km.
171,6 l ↓ Weinske (auch Schwarzer Graben genannt).
172,5 Gierfähre, in Strommitte verankert, l **Dommitsch**, Fährhaus, sehr kanufreundlich, Wasser, Dusch-Möglichkeit, ✕, 🚂. r nach Prettin.
172,8 l ↓ Grenzbach.
173,5 bis 175,0 l militärischer Sicherheitsbereich.
177,0 l **Wörblitz**.
177,6 Hochspannungsleitung.
178,8 l **Greudnitz**.
184,7 Gierfähre, verankert in Nähe des linken Ufers, l Fährhaus, ✕, ⛺-Möglichkeit. l **Bad Pretzsch**, 🚂, Schloss und Park, ★. l ↓ Pretzscher Bach. r **Mauken**.
190,2 r **Klöden**.
194,3 ↓ Klödener Riß (alter Elbearm, bei HW bis kurz vor Klöden ≋, oberhalb Klöden NSG).
198,5 r ↓ Schwarze Elster (s. „Gewässerführer für Ostdeutschland").
200,3 Gierfähre, nähe l Ufer verankert, und Personenfähre. r **Elster**, ✕, 🚂.
200,6 🏠 KV Harmonie Elster, ⛺, *DKV-Kanustation*, ☎ 035383/20475 oder 035383/21444.
202,0 bis 205,5 l Ufer NSG.
202,4 r ↓ Zugbach.
205,3 r **Gallin**, ✕.
205,5 l ↓ Wartenburger Riß (alter Elbearm), Befahrung gesperrt, NSG.
207,4 Hochspannungsleitung.
207,5 Hochspannungsleitung.
210,0 r ↓ Hohndorfer Rinne, ≋ nur bei MW und HW.

212,6 r ⌂ RG Wittenberg, ⛀, ☎ 03491/8125.
213,0 r ⌂ WSG Wittenberg 1962 e. V., ▲, *DKV-Kanustation*, ☎ 03491/661482, von hier aus günstiger Weg zum 🚉 und zur Stadt.
213,7 Ⅱ und EB-Ⅱ.
214,0 r **Lutherstadt Wittenberg**, 🚉, ⛵. Luther-Gedenkstätte, Melanchton-Haus, Cranach-Haus, Schlosskirche, Stadtkirche, Naturkundemuseum, ★.
214,3 l ▲ C Marina-Camp Wittenberg, im Aufbau befindlich.
216,4 r Hafen Wittenberg. Schiffsanlegestellen.
216,6 r Wasserschutzpolizei-Station.
216,7 r Schiffsanleger.
220,0 r Hafeneinfahrt Stickstoffwerk, für Sportboote gesperrt, **Piesteritz**.
222,8 Hochspannungsleitung.
224,0 r **Apollensdorf**; Griebower Berge.
224,0 bis 225,0 Wasserskistrecke.
229,0 r **Griebow**, 🚉.Bis km 303 Biosphärenreservat „Mittlere Elbe", Anlanden, Rasten und Einsetzen nur möglich in folgenden Flussbereichen: Griebow, Ortslage; Coswig Ortslage, Fährbereich und Bootshäuser; Vockerode Ortslage; Roßlau bis Dessau Ortslage und Bootshäuser; Brambach, Ortslage; Aken Fährbereich und Bootshäuser; Steckby nur Ortslage. Tochheim Fährbereich; Barby Fährbereich.
235,9 ⌂ Coswiger KV, ▲, *DKV-Kanustation*, ☎ 034903/64688, nur Donnerstag ab 18 Uhr.
236,1 ⌂ MC Coswig.
236,3 Gierfähre Coswig, nähe r Ufer verankert; l ✕ und Weg zum Wörlitzer Park (6 km).
236,6 r Einfahrt Seglerhafen Coswig.
237,0 **Coswig**, 🚉, ✕, Schloss, ★.
237,3 ⛵.
240,1 r Rastplatz.
243,5 bis 244,5 l Anlegeverbot (NSG).
244,0 l ↓ Fließgraben, wegen NSG von ↓ bis 2 km oberhalb gesperrt.
245,0 l **Vockerode**, ehemaliges ϟ, l Rastplatz.
245,3 Hochspannungsleitung, l Motorbootliegeplatz.
246,6 Autobahn-ⅡA 9 Berlin - Nürnberg.
248,2 Kliekener Au, Rastplatz l.
249,0 bis 254,5 l und 252,5 bis 254,5 r militärischer Sicherheitsbereich. Zeitweilige Sperrung durch Militär möglich.
249,5 Elbdurchstich.
250,4 r ↓ Alte Elbe.
250,5 = 252 Kilometersprung durch Elbbegradigung

253,0 r Hafen.

257,6 Straßen-⌶, r **Roßlau**, 🚉, Hafen.

257,8 r ↓ Rossel (s. „Gewässerführer für Ostdeutschland“). EB-⌶, Schiffsanleger; r ⌂ SV F. L. Jahn, Roßlau, Kanuabteilung; ⌂ Roßlauer Paddlerverein, danach Schiffswerft.

258,3 r Werfthafen.

259,2 l ⌂ Wassersportfreunde Rodleben, *DKV-Kanustation*, ▲, 🍴. ☎ 0340/2202574 oder 0340/215179.

259,6 l ↓ Mulde (s. AB).

260,0 l ↓ Mulde-Flutgraben

260,4 Dessau-Wallwitzhafen; darin WSC Wallwitzhafen Dessau e. V. Bis km 263 Motorboot-Rennstrecke.

261,1 Hochspannungsleitung.

261,2 l ⌂ Junkers Paddelgemeinschaft, *DKV-Kanustation*, ☎ 0340/2209247, danach Seesportverein Dessau e. V., ▲, Übernachtungsmöglichkeit.

261,4 l Zielturm und ← Leopoldshafen, **Dessau**, 🚉. ★: Bauhaus-Ausstellung, Naturkundemuseum, Parkanlagen Georgium, Luisium.

261,6 l 🍴 „Kornhaus“, Schiffsanleger.

261,9 l Schiffsanleger.

263,0 r Rastplatz. Bis km 266 l Naturschutzgebiet.

264,2 r **Rodleben**, Industriehafen.

268,2 r **Brambach**, 🍴, Rastplatz.

269,6 r **Rietzmeck**.

270,0 l und r Rastplatz.

274,8 l Hornhafen Aken, für Sportboote gesperrt, Schiffsanleger.

275,0 Gierfähre, in Strommitte verankert, l **Aken**; Nikolaikirche, Museum, ★. Von km 275,0 - 286,6 r anlegen und 278,5 - 290,7 l anlegen verboten, NSG, außer in Ortslagen.

276,0 l ⌂ RC Aken; ⌂ TSV Elbe, Aken (Kanu).

276,4 ⌂ Köthener KC, ▲, *DKV-Kanustation*. ☎ 03496/510413 oder 03493/55000.

277,3 l ← Hafen Aken.

280,0 r **Steckby**, Rastplatz, Naturschutzstation.

286,7 r Sportboothafen.

287,2 Gierfähre; Rastplatz, l **Breitenhagen**, r **Tochheim**. Von 287,2 - 289,8 r anlegen verboten, NSG, außer in Ortslagen.

287,3 l Schiffsanleger, Schiffs- 🍴.

290,7 l ↓ Saale (s. AB).

291,0 Hochspannungsleitung.

291,5 Hochspannungsleitung.

291,6 Gierfähre, r der Strommitte verankert, l ⌂ SSV Blau-Weiß Barby, ▲, *DKV-Kanustation*, ☎ 039298/3145 oder 039298/28324.

293,5 l Schiffsanleger, **Barby**, 🚂, Barock-Schloss, Marienkirche, ★.
294,2 EB-♊.
295,5 l ← Hafen Barby.
296,4 r ↓ Nuthe (s. „Gewässerführer für Ostdeutschland"), Einfahrt verboten, NSG..
300,0 r **Dornburg** (landeinwärts), Barockschloss, ★; l „Am Kuhsand".
300,7 r → Alte Elbe, 2,5 km zum Pretziner ▬. Dieses ▬ führt zu einem Umflutkanal um Magdeburg und wird bei starkem HW geöffnet. Die dann abfließende Wassermenge erreicht erst bei Lostau (km 336,7) wieder die Elbe. 3 km bis Ende Steinhafen, hier ▲ C und 🏠 SV Eintracht Gommern, ▲, *DKV-Kanustation*, ☎ 0391/6225266.
302,7 l Schiffsanleger, **Glinde**.
304,0 bis 306,0 Wasserskistrecke.
305,0 r **Ranies**.
307,0 bis 309,0 Wassermotorradstrecke.
309,8 l 🏠 Schönebecker SC (Abt. Kanu und Rudern), ▲. ☎ 03928/3921; 🏠 WSC Delfin, ▲, ☎ 039298/403061.
310,0 ✕ in altem Schiff.
311,5 l Schiffsanleger.
311,8 ♊, 50 m davor l ⬇/⬆ an alter Fährstelle, l **Schönebeck**, 🚂; Gradierwerk im Ortsteil Salzelmen, r **Grünewalde**. Schiffsanleger.
314,5 l ← Hafen Frohse, Yachthafen.
317,0 bis 334,0 r und l **Magdeburg**.
318,0 l 🏠 Segelclub Westerhüsen.
318,1 Gierfähre Magdeburg-Westerhüsen, nähe linkes Ufer verankert.
318,2 l 🏠 und ▲ SV Lok Südost Magdeburg. Abt. Kanu.
319,0 l **Magdeburg-Salbke**.
319,5 l 🏠 Segelclub Sturmvogel Magdeburg e. V.
319,8 l ↓ Sülze.
320,2 r ↓ Mönchsgraben (alter Elbe-Arm).
322,0 l Segelhafen. 🏠 WSV Buckau-Fermersleben, Kanu-Abteilung, *DKV-Kanustation*, ☎ 0172/3873874.
322,9 r → Alte Elbe, in 800 m ▬, **X.** 🏠 an der Alten Elbe: l SC Magdeburg (Rudern), l ESV Lok Magdeburg, ▲, *DKV-Kanustation*, ☎ 0391/2513874, l WSG „Alte Elbe", ▲, ☎ 0391/30436, l Magdeburger Ruder-Club, ▲, ☎ 0391/33220, r SG Empor Magdeburg, ▲, ☎ 0391/7312823, r KC Falke, ☎ 0391/8118541, r Kanu-Club Börde Magdeburg, ▲, *DKV-Kanustation*, auch für Wohnwagen, ☎ 0391/857786.
324,0 Fähre, l ✕, Hafeneinfahrt, 🏠 RVgg Alt Werder (Rudern). r 🏠 USC Magdeburg (Rudern), ▲ ☎ 0391/5592.

325,0 Stern-Ⅱ, zerstört, Wiederaufbau geplant.

325,1 Lichtsignalanlage für die Schifffahrt zur Passage des Domfelsens, Einbahnverkehr, (gilt nicht für Sportboote). Bis km 327 nicht anlegen! r Stadthalle und Museumsschiff (Radschlepper), ✕.

325,4 EB-Ⅱ (Hub-Ⅱ, technisches Denkmal, außer Betrieb), danach l Domfelsen, r fahren. **Magdeburg**: ⛟, ★: Dom, Kloster Unser lieben Frauen, Museen, Rathaus, Zoo.

326,6 Strom-Ⅱ; danach l mehrere Schiffsanleger.

327,3 r → Zollhafen; hier ⌂ SCM Magdeburg.

327,7 2 Ⅱ B 1.

328,0 r Hafen der Wasserschutzpolizei, Hochspannungsleitung.

328,2 Schiffsanleger CSPL.

329,4 EB-Ⅱ, r ↓ Alte Elbe, Möglichkeit zu einer Rundfahrt von 12 km bei MW und höher, Alte Elbe aufwärts über 2 ▬, zurück zu den ⌂ (siehe km 322,9).

329,9 l Einfahrt Handelshafen.

330,1 Fußgänger-Ⅱ, r Herrenkrugpark und Weg zum Gelände der Bundesgartenschau.

332,8 l Einfahrt Industriehafen.

333,0 Schiffswendeplatz „Elbreede“; l **Magdeburg-Rothensee**.

333,6 l ↓ Abstiegskanal vom Mittellandkanal (s. AB).

336,7 r ↓ Ehle (s. „Gewässerführer für Ostdeutschland“) und Umflutkanal (siehe km 300,7).

336,9 r **Lostau**.

337,2 l ↓ Alte Elbe.

338,0 l Weinberg, früher hier Weinanbau.

338,2 Hochspannungsleitung.

338,6 Autobahn-Ⅱ A 2 Berlin - Ruhrgebiet.

339,0 r **Hohenwarthe**, Schiffsanleger, ✕, Rastplatz am Radweg.

339,6 Ⅱ des Mittellandkanals über die Elbe.

340,0 r Rastplatz, ✕.

342,0 bis 342,8 r Naturschutzgebiet.

343,8 r → zum Elbe-Havel-Kanal über ☐ Niegripp, (s. AB).

345,7 r und l Rastplätze. l **Heinrichsberg**, ✕, r **Niegripp**, ✕.

346,1 r Hafen Niegripp, für Sportboote gesperrt.

350,1 l ↓ Ohre (s. „Gewässerführer für Ostdeutschland“), Einfahrt wegen NSG verboten.

350,6 Wagenfähre; l **Rogätz**, ✕.

351,2 l ⌂ SC Kanu Rogätz, ⛺, *DKV-Kanustation*, ☎ 039208/24634.

352,0 l Rastplatz.

354,2 l Kiesgrube, danach großes, aufgelassenes militärisches Übungsgelände.

356,0 r **Blumenthal**, Rastplatz.

362,1 l **Sandfurth**, Kobbelsche Berge.

368,1 l **Polte**.
368,2 Hochspannungsleitung.
371,5 r □ in der ↓ des Pareyer Verbindungskanals zum Elbe-Havel-Kanal. 3 km oberhalb der □ Nebengewässer in Richtung Derben und Parey. Nach 3,5 km ↓ in den Elbe-Havel-Kanal bei km 351,1. l **Bittkau**.
373,0 l ▲ C (hinter dem Deich).
374,0 r **Derben**.
374,3 r ↓ der Bagger-Elbe.
374,9 Hochspannungsleitung.
375,0 Wagenfähre, r **Ferchland**, ✕.
376,5 bis 377,5 Wassermotorradstrecke.
381,5 bis 385,0 l und r NSG Bucher Brack - Bölsdorfer Haken, anlegen verboten. Nebengewässer wegen NSG gesperrt.
382,5 r abgelegen **Jerichow**, roman. Klosterkirche, ★.
384,0 r ↓ Alte Elbe, wegen NSG gesperrt.
384,8 l ↓ Altarm „Bölsdorfer Haken“, gesperrt.
388,2 l **Tangermünde**, ✕, 🚌; Sehenswerte Kleinstadt mit gotischem Rathaus, Fachwerkbauten, Museum zur Stadtgeschichte, Burganlage, ★. ← Hafeneinfahrt, im Hafen ↓ Tanger (s. „Gewässerführer für Ostdeutschland“); 700 m aufwärts ⌂ Tangermünder WSV, ▲, ? Willi Henning, Brunnenstraße 3, 39590 Tangermünde, und ⌂ Tangermünder RC von 1906, ▲, ☎ 039322/2409.
390,8 Ⅱ B 188.
393,7 l **Hämerten**, Dorfkirche aus Feldsteinen, ★.
394,5 Hochspannungsleitung.
394,6 EB-Ⅱ der ICE-Trasse Berlin - Hannover.
395,8 bis 399,0 r Anlegeverbot, Militär.
396,1 l Pegelanlage Storkau.
396,5 l **Storkau**, r **Hohengöhren**.
398,5 l **Billberge**, NSG.
399,0 r ↓ alter Arm, teilweise verlandet.
400,0 r **Lübers**.
402,3 Gierfähre, rechts von Strommitte verankert.
403,0 l Schiffsanleger, **Arneburg**, Kleinstadt; ✕ romanische Kirche mit schönem Barockaltar, Museum, Aussicht vom Burgberg, ★.
403,6 l ← Hafen.
407,0 l **Dalchau**, ↓ Altar.
409,0 r **Schönfeld**, l Kernkraftwerk Stendal, nicht fertiggestellt.
411,1 l Betriebshafen des KKW, l **Altenzaun**.
414,4 Hochspannungsleitung.
415,2 Hochspannungsleitung.

416,0 Gierfähre, in Strommitte verankert, und freifahrende Fähre, l Fährkrug, ✕. r **Sandau**, 🚌, Kirchenruine, im Zweiten Weltkrieg zerstört.

422,2 Seilfähre, in Strommitte verankert, l **Räbel**.

422,8 r → Havelstichkanal, in 1 km □ Havelberg (s. AB Havel). Durch die □ 3 km nach **Havelberg**, hier auf Spülinsel ▲ C, r daneben Ruderverein Havelberg und Marineverein. Danach ⌂ Havelberger Wassersportverein, ▲, ☎ 039387/80091.★: sehenswerte Altstadt, Dom. Wenn man nicht bei km 422,8 auf der Elbe weiterfahren will, besteht die Möglichkeit, ab hier Havel-abwärts zu fahren. Nach 11 km ■ mit Kahn-□, nach weiteren 11 km durch den Gnevsdorfer Vorfluter, hier wieder ■ mit Kahn-□ und bei km 438,1 wieder zurück in die Elbe.

427,9 r → Alte Havel, durch ■ Quitzöbel versperrt. Am ■ r ≏ zur Alten Havel möglich.

429,3 l Weg nach **Werben**, Hansestadt mit Klosterkirche, ★. ▲ C.

430,5 l Hafen Werben.

431,0 bis 437,9 r Naturschutzgebiet.

438,1 r ↓ Havel (Gnevsdorfer Vorfluter), (s. AB), **Gnevsdorf**.

438,7 bis 445,5 r Naturschutzgebiet.

439,0 r Rühstedt, ✕. Schloss, Park, Storchenhof, ★.

441,8 bis 459,5 l Naturschutzgebiet, anlegen verboten.

444,0 l Scharpenlohe.

445,8 r kleiner Hafen, große Feriensiedlungen im Wald.

446,0 r Sandkrug, Rastplatz.

445,6 r **Bälow**, Rastplatz.

448,0 r ▲ C, Rastplatz.

448,9 r **Hinzdorf**.

449,0 bis 453,0 r Naturschutzgebiet.

451,0 l ↓ Alte Elbe, l **Steinfelde**.

453,8 EB-Ⅱ.

454,9 r → in Hafen Wittenberge; im Hafen nach l ▲ C. Nach r etwa 2 km zum ⌂ Wassersportverein Wittenberge im Ortsteil Garsedow, ▲. ☎ 03877/3096. Hier auch ↓ Stepenitz und ↓ Karthane (s. „Gewässerführer für Ostdeutschland"). **Wittenberge**: 🚌, ✕, Museum mit Nähmaschinenausstellung, ★.

456,3 Straßen-Ⅱ.

457,0 bis 463,8 r Naturschutzgebiet, anlegen verboten.

460,0 l **Wahrenberg**, ✕.

460,0 bis 464,0 l Naturschutzgebiet, anlegen verboten.

464,0 r **Müggendorf**, Rastplatz.

465,5 bis 474,5 l und r Naturschutzgebiet, anlegen verboten.

469,6 r **Cumlosen**, Hafen. r Rastplatz. ≏ etwa 300 m weit zur Löcknitz möglich.

471,3 r **Jagel**.

473,0 r **Lütkenwisch**.

474,6 Fähre, l **Schnackenburg**, ✕, Kleinstadt, ★. Hafen. l ↓ Aland (s. „Gewässerführer für Ostdeutschland").

475,0 bis 484,0 r Naturschutzgebiet, anlegen verboten.

476,0 r Übersetzmöglichkeit zur Löcknitz.

481,5 l **Elbholz**.

484,7 Fähre, r Hafen Lenzen, Rastplatz. Auf guter Straße kann in 1,5 km Entfernung die Löcknitz erreicht werden.

485,7 bis 489,3 r Naturschutzgebiet, anlegen verboten.

487,0 l 2 hohe Sendemasten.

487,2 r Bootshafen „Mödlicher Haken".

488,0 l **Vietze**, ✕; r **Mödlich**.

488,3 bis 489,5 l NSG. Anlanden und Rasten nur an gekennzeichneten Plätzen.

489,5 l ↓ Zehrengraben - Seege (s. „Gewässerführer für Ostdeutschland").

492,0 l **Gorleben**, ✕; r **Wootz**, Rastplatz.

492,0 bis 496,3 r NSG.

493,0 l Betriebshafen Gorleben.

494,0 r **Unbesandten**.

495,0 l **Laase**; r **Kietz**.

497,0 bis 502,0 r NSG.

498,0 l Gripeler Haken, r **Besandten**.

500,0 l **Langendorf**.

501,0 r **Baarz**.

502,1 r ↓ Rhinow-Kanal.

502,2 r alte ↓ der Löcknitz.

503,9 Beiderseits Reste einer zerstörten EB-Ⅱ.

504,0 r **Dömitz**, ✕, ⛺. Festung Dömitz und Stadtkern, ★. r Hafen Dömitz, □ zur Müritz-Elde-Wasserstraße (s. AB).

505,1 r ↓ Elde.

505,7 Ⅱ B 191 Uelzen - Ludwigslust.

505,9 bis 510,8 r NSG.

509,5 l **Damnatz**, ✕; Fachwerkkirche, ★.

511,0 r „Dorfrepublik" **Rüterberg** mit kleinem Hafen.

511,5 l **Landsatz**.

512,0 bis 514,5 r NSG.

513,0 r **Wehningen**; r ↓ Löcknitz (s. „Gewässerführer für Ostdeutschland").

515,0 r **Bohnenburg**.

515,5 bis 517,4 r NSG.

518,0 bis 522,8 r NSG.

519,7 l **Wussegel**.

522,9 l **Hitzacker**, reizvolles kleines Städtchen. ★; ✕, ⛺, ↓ der Jeetzel (s. AB), Fähre nach Brandstade-Herrenhof. Hier beginnt l, die Elbe begleitend, der Steilabfall der waldreichen Göhrde, schöne Wanderungen mit Aussicht auf die Elbniederung.

523,0 bis 530,5 l NSG.
523,8 bis 526,0 r NSG.
526,5 r **Rassau**.
528,1 l **Tiessau** mit Hafen. In diesem Bereich r mehrere kleine Ortschaften und große Höfe.
529,0 l **Tiemesland**, r **Privelack**.
529,5 l Aussichtsturm Kniepenberg auf dem Steilufer.
530,0 l **Drethem**.
531,7 l **Glienitz**, r **Pommau**.
532,3 l **Schutschur** mit der Gr. Lissa.
533,0 r **Vockfey**.
534,5 l ⛺ C, **Klein Kühren**.
536,4 Fähre; l **Neu-Darchau**, ✕; r **Darchau**. l Sportboothafen.
537,0 bis 540,0 r NSG.
538,0 r **Popelau**, **Konau**.
541,0 r **Viehle**.
541,0 bis 544,9 r NSG.
543,3 l ← Hafen. l **Alt-Garge**. Ende der Geest-Höhen. r **Neu-Garge**.
544,9 r **Stiepelse**, ⌂ mit ⛺.
545,7 bis 549,4 r NSG.
550,0 Fähre, l **Bleckede**, freundlicher Ort, ✕, l im Seitenkanal Hafen, Fähranleger nach Neu-Bleckede (r); 1 km aufwärts ⌂ Bleckeder Bootsklub.
550,0 bis 553,0 l NSG.
553,0 l Heisterbusch.
554,9 l **Radegast**, ein langgestrecktes Deichdorf, ⛺ C.
557,0 r ↓ Alte Sude. l hinter dem Deich **Breckede**.
557,0 bis 558,7 r NSG.
559,6 r **Boizenburg**, sehenswerte Kleinstadt, Rathaus, Wallanlage ★. Im Hafen ↓ von Sude und Boize (s. „Gewässerführer für Ostdeutschland“). Schiffswerft im Hafen. Ab hier r der Höhenzug „Vierberge“.
560,0 bis 566,2 r NSG.
562,3 l Yachthafen, l ⛺ C Wendewisch.
563,7 l **Barförde**.
567,8 l **Sassendorf**.
568,9 l **Hohnstorf**, Straßen- und EB-♖.
569,2 r ↓ des Elbe-Lübeck-Kanals, s. „Kanu-Wanderbuch für NW“, mit Werftanlagen Hitzler. 🚌 3 Min.
569,3 r **Lauenburg**, schöne alte Stadt ★. Schöner Blick von den Höhen. ★ Elbe-Schiffahrts-Museum.
569,7 l ⛺ C Hohnstorf. r Steilufer bis Geesthacht.

570,0 r ⌂ Rudergesellschaft Lauenburg.
570,5 -
578,0 r Ufer und Uferhänge Anlandeverbot (NSG) ganzjährig. Ausnahme Trittstein bei km 572.
573,0 l ← in den Elbe-Seiten-Kanal, nach 4,2 km (bei km 111), r ⩍ in Gewässer Winsener Marsch (s. AB), dann weitere 8 km nach Barum, Kanu-Wander- und Ferienheim.
573,8 l **Artlenburg**.
579,0 l **Tespe**, r **Tesperhude**, ⛺ C.
580,5 KKW Krümmel!! Querströmung durch Zufluss von Kühlwasser.
582,0 r Pumpspeicherwerk der Hamburger Elektrizitätswerke. ! Wegen Querströmungen am Werk rechtzeitig vorher entlang dem l Tonnenstrich fahren!
582,3 r ⌂ KC Geesthacht, DKV-Kanustation, ☎ 04152/79561, Internet www.kanu-club-geesthacht.de.
583,1 r **Geesthacht**, Bus nach Bergedorf - Hamburg. l Niedermarschacht - Jachthafen, ehemaliger Fährdamm.
583,6 r → des Kanals der □-Anlage Geesthacht vom Hauptstrom der Elbe. Auch Sportboote dürfen nur über diese □ ins Unterwasser.
584,5 r Hafeneinfahrt Geesthacht.
585,9 □-Anlage. Bei Benutzung der □ die Schifffahrtszeichen und Lautsprecheranweisungen der □-Aufsicht beachten. Sportfahrzeuge fahren beim Schleusen zuletzt ein. □-Zeiten von 5 bis 22 Uhr.
583,6 Elbe-Hauptstrom. Bei Tage frei für Kleinfahrzeuge mit eigener und ohne eigene Triebkraft.
585,9 l ▬-Anlage im Elbe-Hauptstrom und Straßen-⌶ B 404 Geesthacht. ▬-Anlage hat keine Bootsschleppe. ▬, **X**, Befahrung lebensgefährlich und verboten, Todesfälle!, unbedingt mindestens 900 m (Sperrschilder) entfernt bleiben! Ab hier Gezeiten.
587,0 l **Schwinde**.
588,0 r ↓ des □-Kanals in den Elbe-Hauptstrom.
588,6 l **Stove**. ⛺ C.
590,1 l **Elbstorf**.
590,6 r **Altengamme**.
591,5 l **Drennhausen**.
592,0 r ⩍-Stelle zur Dove-Elbe etwa 1 km (s. „Kanu-Wanderbuch für NW“).
593,4 l **Drage-Uhlenbusch**.
593,8 - 598,0 r Ufer NSG, nicht betreten.
595,5 l **Laßrönne**, ⛺.
596,0 r Wanderhütte Krauel d. Niederdeutschen Wanderpaddler.

598,3 r **Zollenspieker**. Pegel. Fähre nach Hoopte.
599,0 l Hoopte. ↓ Ilmenaukanal mit Hochwassersperrwerk, (s. AB). Zum Kanu-Wander- und Ferienheim Barum über ■ Fahrenholz 20,1 km, (s. AB Winsener Marsch).
604,0 **Rosenweide** ▲ M, HKC.
604,9 l ↓ Seeve (s. AB).
605,6 l **Over**, langgestrecktes Dorf.
607,0 l Auf den Sänden. ▲, ETV, Harb. KC, Overfreunde, WV Süderelbe.
607,5 r **Oortkathen** mit Hafen, dahinter Hohendeicher See, Hamburger Hafen-Grenze!
608,5 Bunthäuser Spitze, Tonne.
609,0 Bunthäuser Spitze-Stack. r → Norderelbe zum Hamburger Hafen und zur Alster-↓. l Süderelbe-Köhlbrand, Umgehung des Hamburger Hafens, ↓ bei km 624,5 in die Unterelbe.

Norderelbe
Hauptarm der Elbe

609 Bunthäuser Spitze.
610,2 r Ochsenwerder.
615,0 r ↓ Dove-Elbe mit Tatenberger □.
615,4 Autobahn-Ⅱ A 1.
618,0 r Rothenburgsort, → zum Holzhafen. Hochwassersperrwerk und Ⅱ, dahinter r ⌂ ▲ der „Niederdeutschen Wanderpaddler". Vom Holzhafen gelangt man durch die Tiefstack-□ in die untere Bille (s. „Kanuwanderbuch für NW"). Durch die Elb-Brücken (km 619) gelangt man in den Freihafen (Zoll-Ausland) und weiter zur Alster-↓ (km 622,3). !!! starker Schiffsverkehr, Wellen, Kaimauern. Beim Verlassen des Freihafens unaufgefordert an den Zollponton heranfahren. Will man den Freihafen umgehen, so steure man vor den Elbbrücken.
618,8 r in den Zollkanal, werktags viel Verkehr.
619,5 EB Ⅱ, dahinter r Brandshofer-□ zur Unteren Bille (s. „Kanuwanderbuch für NW"), nach 2,4 km r ⌂ Biller Wassersport „Schwalbe".
619,9 r Großmarkt Hamburg.
620,3 EB- und Straßen-Ⅱ.
622,3 r Schaartor-□, ↓ Alster (s. AB).

Süderelbe mit Köhlbrand

l Neben-Elbarm.

Beginn an der Bunthäuser Spitze. Sicherster Weg, den Hamburger Hafen zu umgehen, mündet bei Altona in die Unterelbe im Zuge des Köhlbrandes.

Die „Alte Süderelbe" ist seit 1962 zwischen Moorburg und dem Mühlenberger Loch eingedeicht und stehendes Gewässer geworden.

609,0 Bunthäuser Spitze, l **Bullenhausen**, Hafen.
610,0 r Landschulheim Moorwerder, Zelten und Anlegen verboten.
611,8 l Neulander Hafen.
612,0 r Moorwerder, NSG, Heuckenlock-Ur-Auwald.
613,0][A1 - E22, Hamburg - Harburg.
614,5 l Pionier-Insel, l dahinter liegend am Diamant-Graben ⌂ und ▲, Kanusport Harburg, *DKV-Kanustation*, ☎ 040/7657377 und Harburger Kanu-Club, *DKV-Kanustation*, ☎ 040/775332 und ⌂ Ruderclub Süderelbe.
614,7 EB-][. Es folgen 3 Straßen-][.
615,0 r ⌂ und ▲, WSV Süderelbe von 1921, *DKV-Kanustation*, ☎ 040/757606.
615,1 l **Harburg**, □ zum Harburger Hafen.
615,6 r Reiherstieg-□, 8 km zur Alster-□.
618,0 l Kraftwerk Moorburg (hoher Schornstein), ab hier Köhlbrand, Tonne KS.
619,2 Kattwyk-Hub-][.
620,7 l Altenwerder Hafenerweiterungsgebiet.
621,4 r Rethe-↓, führt nach 2,1 km in den Reiherstieg. → Norderelbe-Freihafen-Zollvorschriften beachten.
622,0 l Hansaport.
622,1 Köhlbrand-Hoch-][, 2 Pylone, Stahlseilkonstruktion, danach l Rugenberger-□. r Klärwerk Köhlbrandhöft.
624,5 ↓ in die Unterelbe bei km 625,3, Tonne KS 1. ! starker Schiffsverkehr, Wellen.

Unterelbe

Starker Gezeitenstrom, bei um West drehenden Winden unterhalb Schulau hoher Wellengang, am stärksten bei gegen die Tide stehendem Wind. Fahrten bei unbeständigem Wetter daher häufig für Unkundige mit Gefahr verbunden.

Gemäß Seeschifffahrtsstraßenordnung sind von See kommend das Fahrwasser Backbord (links) mit roten Tonnen mit geraden Zahlen und Steuerbord (rechts) mit grünen Tonnen mit ungeraden Zahlen durchgehend nummeriert, d. h. von Hamburg aus elbabwärts gesehen also genau umgekehrt: Steuerbord (rechts) rote Tonnen und Backbord (links) grüne Tonnen.

Bei Kreuzen des Stromes ist das Fahrwasser auf dem kürzesten Wege zu passieren. Auf jeden Fall der See- und Berufs-Schifffahrt ausweichen. Auf schnell fahrende Fähren achten! Die Fahrt durch den Freihafen ist gestattet, jedoch muss auch jedes Sportfahrzeug beim Verlassen des Zollgrenzbezirks ohne Aufforderung am Zollposten vorbeifahren.

Bei Dunkelheit ist das Befahren der Unterelbe ohne die vorgeschriebene Lichterführung nicht erlaubt; bei Paddel- und Ruderbooten aus techn. Gründen nicht möglich. Seeschifffahrtsstraßenordnung beachten.

Schallsignale: 1. Langer Ton, 4 - 6 Sek.: Achtung! 2. Ein kurzer Ton: Ich fahre Steuerbord (r). 3. Zwei kurze Töne: Ich fahre Backbord (l). 4. Drei kurze Töne: Meine Maschine geht rückwärts. 5. Lang-kurzer Ton: Halt! Polizei und Zoll.

622,3 ↓ der Alster, (s. AB), 2 □, gebührenpflichtiger Weg nach den ⌂ vieler Hamburger KV und in das Zentrum Hamburgs. Von hier zunächst hinter den Pontons fahren. Beim Überqueren der Elbe gelangt man in den Reiherstieg (Freihafen), der nach 8 km mit einer □ nach Harburg in die Süderelbe führt.

622,5 r Übersee-Ⅱ.

622,8 r St.-Pauli-Landungsbrücken. Schifffahrts-Verbindung nach allen Stationen der Unterelbe. Hinter den Ⅱ fahren !!! auf Barkassen.

624,0 r **Altona**. Landungs-Ⅱ, danach Fischereihafen, England-Fährschiff-Terminal.

625,3 l ↓ Süderelbe mit Köhlbrand.

626,7 r **Oevelgönne**, Neumühlen, Museums-Schiff-Hafen, Anleger, Landungs-Ⅱ, Schifffahrt nach Harburg und zur Unterelbe. Die Autobahn A 7 (westliche Hamburger Umgehung) führt hier als 2. Hamburger Elbtunnel unter der Elbe durch.

629,0 l ↓ Köhlfleet nach Finkenwerder. Gebäude mit Turm: Lotsenstation.

629,7 l ↓ Steendiek-Kanal.

630,0 r **Teufelsbrück**, kleiner Hafen.

630,7 r **Nienstedten**.

631,8 l Flugzeugwerk „DASA-Airbus“„.

632,2 l Beginn Mühlenberger Loch. Nur bei genügend hohem Wasserstand ≋. Bei Westwind gefährlich!! Es beginnt ein ca. 1 km langer Leitdamm parallel zum Elbefahrwasser.

632,9 r Mühlenberger Sportboothafen.

633,6 r Sportboothafen Blankeneser Segel-Club.

634,2 r Blankenese, malerisch am Abhang gelegen. Anleger, Fährverkehr nach Cranz an der Este, schwarze Tonnen. Überfahrt zur Este- ↓, 2,5 km.

Hahnöfer Nebenelbe (Südseite):

0,0 Este- ↓. An der Sperrwerk-Rampe ▮-Möglichkeit. ! Autos aus der HW-Zone entfernen.

3,8 l Hahnöfer Sand bis 7,2. Betreten streng verboten, Strafanstalt.

8,7 l Hafen Neuenschleuse.

11,0 Elbefahrwasser.

11,8 l ↓ Lühe (s. „Kanu-Wanderbuch für NRW“).

634,8 r Leuchtturm. Süllberg (87 m).

635,1 r Falkensteiner Ufer. ⌂ Ring der Einzelpaddler Hamburg und Faltbootgilde Niedersachsen.

635,8 l Elbinsel Schweinesand-Neßsand. NSG. Betreten, Lagern, ▲ verboten! Durch einen Leitdamm sind der Schweinesand und der Hanskalbsand zusammengewachsen bis km 643,5.

636,4 r Wittenbergener Hütte und ▲ ATSV.

637,0 l Radarturm Neßsand.

637,7 r Leuchtturm Wittenbergen und Landungs-Ⅱ.

638,5 r **Tinsdahl** mit 40 m hohem Leuchtturm am Steilufer.

639,3 r Leuchtturm Billerbeck.

639,5 r ϟ Wedel. Zufluss von Kühlwasser mit Querströmung, Kaimauer!

641,0 r **Schulau**, Anlege-Ⅱ, Schiffsbegrüßungsanlage „Willkommhöft“. Hafen, Fährverkehr zur Lühemündung.

641,8 r Tonnenhafen.

642,3 r Yacht- und Segelhafen Schulau mit Radarturm (Höhe über NN 55,10 m). Das Fahrwasser verläuft von Nienstedten bis Schulau hart am r Ufer. Kleinfahrzeuge nur am Tonnenstrich entlangfahren!

642,8 l Insel Hanskalbsand. Naturgerechtes Verhalten!!

642,8 r unmittelbar hinter dem Segelhafen ↓ Wedeler Au mit Hochwassersiel im Deich. Die Hetlinger Binnenelbe ist wegen NSG ganzjährig **X**. Hier beginnen r sehr lange Stacks, für Elbunkundige ist Vorsicht geboten. Man fährt am besten am Tonnenstrich entlang und wechselt auch erst etwa an der

Leuchttonne den Kurs. - Das rechte Ufer und die Süßwasser-Watten sind von km 642,8 - 657,8 NSG, nicht betreten.

645,4 l ↓ Lühe (s. „Kanuwanderbuch für NW"). Anlegebrücke.

647,1 l Insel Lühesand, SO-Spitze NSG ganzjährig gesperrt! ← der Lühesander Binnenelbe nach Twielenfleth, 4 km.

649,1 Stromleitung mit 230 m hohen Masten quer über Elbe und Lühesand.

649,2 r kleiner Bootshafen - **Hetlingen**.

649,8 l ▲ ATSV, RdE und NW. Die Insel ist im Sommerhalbjahr bewohnt: ✕ Blohm, Trinkwasser u. WC.

651,0 Etwa 200 m hohe Leitungsmasten, Radarstation im rechten Mast. r Leuchtfeuer Hetlinger Schanze. NW-Ende der Insel Lühesand. In nördl. Verlängerung der Insel Sandbank. Dampferwellen, am Hauptfahrwasser fahren.

651,3 r Juels-Sand. Einzelhof.

651,8 l Anleger-Twielenfleth.

653,1 r Leuchtturm Juels-Sand.

653,2 r Dwarsloch. → Zur Haseldorfer Binnenelbe 1,4 km, Hafen + Deichsiel Haseldorf-Scholenfleth 2,1 km (Eine Verbindung von hier nach Hetlingen durch das NSG ist nicht möglich), abwärts nach Bishorst 4,6 km, weiter zur ↓ Pinnau 5,6 km.

653,5 - 658, r Drommel, Auberg und Bishorster Sand, lang gestreckte bewachsene Insel, NSG.

654,0 l großes Korn-ϟ.

654,4 l Anleger für Tankschiffe, am Ufer (Stadersand) zahlreiche Öltanks.

654,8 l Stadersand, Anlegebrücke, ✕, l ↓ der Schwinge (s. „Kanuwanderbuch für NW") mit Hochwasser-Sperrwerk, 500 m aufwärts Bootsanleger bei ⌂ Kanuverein Stade.Bis km 659 großes Industriegelände mit hohen Elbdeichen und Anleger für große Seeschiffe.

657,8 r Kreuztonne zeigt → Pagensander Binnenelbe, zur Haseldorfer Binnenelbe und Pinnau 2,1 km, zur ↓ Krückau 6,3 km. (Pinnau und Krückau s. „Kanu-Wanderbuch für NW"). Kollmar Hafen 9,0 km (s. km 664,7).

658,4 r Pagensand, Leuchtfeuer Pagensand-Süd. Bewachsene Elbinsel, 5 km lang. NSG, kurzfristiges Anlanden nur an wenigen ausgewiesenen Stellen erlaubt, ▲ grundsätzlich verboten.

659,8 l ↓ der Bützflether Binnenelbe (Bützflether Süderelbe). Hochwasser-Sperrwerk, offen. 400 m nach Abbenfleth. ✕, ⚖.

660,6 l Grauerort, r Radarturm Pagensand.

662,3 r Pagensand, Leuchtturm Oberfeuer. Von hier ab nur noch schwer ▲ zu finden, da teilweise Schlickufer.

662,9 r Pagensand, Leuchtturm Unterfeuer.

663,0 l ← des Barnkruger Loches, nach Barnkrug 1 km, Assel 3,5 km, Ruthenstrom 6 km, geradeaus in 3,5 km ↓ in die Elbe.

664,7 l Schwarztonnensand. - km 667,0 ! auf Strömungen bei Tidenwechsel. Die Insel ist NSG.

665,2 r Leuchtfeuer Nordende Leitdamm-Pagensand, ↓ Pagensander Nebenelbe, nach Kollmar ca.1,2 km, und ⌂ Elmshorner Wanderpaddler. Bei NW verschlickte Ufer, evtl. im Hafen am Slip anlanden.

667,0 l Schwarztonnensand-Nordende.

669,1 r Bielenberg mit kleinem Hafen.

670,0 l ↓ des Ruthenstroms mit Hochwasser-Sperrwerk, offen. → der Krautsander Binnenelbe 2 km, → der Wischhafener Süderelbe 2,4 km.

671,3 r → des Kartoffelloches/Glückstädter Nebenelbe (Fahrwasser nach Glückstadt 3 km).

671,4 r Radarturm (Höhe über NN 81 m). Rhinplane - km 676,5, NSG geplant, anlanden an der Fahrwasserseite wegen Steinschüttung sehr schwierig, besser am Ufer der Glückstädter Nebenelbe, gegenüber dem Fährhafen.

672,2 l Insel Krautsand. Letzter großer Sandstrand mit großem ▲ C am l Elbufer.

674,3 r **Glückstadt**.

676,0 r Fähranleger Glückstadt (nach Wischhafen).

676,2 l ↓ der Wischhafener Süderelbe mit Hochwasser-Sperrwerk, offen, davor r Fähranleger nach Glückstadt, bei NW!! Große Sandbänke. Hamelwörden 2,3 km, Wischhafen 3,2 km, Neuland 4,2 km, Dornbusch 7,5 km,·Straße nach Drochtersen (11,5 km).Wasserscheide. → des Kanals nach Gauensiek (12,3 km), l in den Ruthenstrom (13,8 km), weitere 3,4 km bis zum Hauptfahrwasser bei km 670.

676,5 r Leuchtfeuer Nordspitze.

677,0 r ↓ des Glückstädter Fahrwassers, bis Glückstadt neuer Fähranleger am Nordende 2,7 km.

679,3 r ↓ der Stör mit Hochwasser-Sperrwerk (s. AB). 18 km bis ↓ Wilsterau-□, auf dieser 18 km bis Nord-Ostsee-Kanal.

682,6 l ↓ des Freiburger Hafenpriels, nach Freiburg 2 km, bei Ebbe trockenlaufend.

683,0 r **Brokdorf**. Großer Leuchtturm, KKW.

687,8 r **Scheelenkuhlen**. Kleiner Hafen, Leuchtturm.

689,5 r Hafenpriel nach St. Margarethen (großer Silo).

692,5 - 693,7 r große Kaimauer (Öl- und Kaliumschlag). Hafenanlage von Brunsbüttel!! Bei Wind starker Seegang.

694,0 KKW Brunsbüttel.

695,7 r → zum Nord-Ostsee-Kanal durch die alte Doppel-□, 600 m weiter neue Doppel-□.

697,0 r unmittelbar hinter dem letzten Molenfeuer des Kanals → zum alten Hafen Brunsbüttel. Gute ⬇/⬆ und ▲ M.

702,7 r **Neufeld**. Priel 2 km, gute ▲-Möglichkeit vor dem Deich. Bei NW schlickig. Hier beginnt das Neufelder Watt. Zur Weiterfahrt nach Cuxhaven muss spätestens hier die Überfahrt zur Oste angetreten werden, am besten schon von Brunsbüttel aus. Etwa 10 km. Die Elbe hat hier eine Breite von fast 5 km. Überfahrt nur bei ruhigem Wetter, sonst sehr gefährlich!!!

707,0 l ↓ Oste (s. AB). Auf der Spitze des Hellen ▲-Möglichkeit. ! Bullen! Aus der Oste geht der Strom so stark heraus, dass man kaum Gegenanpaddeln kann. Bei stärkerem Wind ist diese Strecke überhaupt unpassierbar, erst recht natürlich die Überfahrt von Brunsbüttel. In der Oste Hochwasser-Sperrwerk 3 km, nach Neuhaus 6 km, Cadenbergen-Neuhaus-Kanal 10,6 km, nach Bremervörde 71 km.

712,6 l ↓ Medem (s. „Kanuwanderbuch für NW"). Durch Pricken und Stangen mit Dreiecks-Toppzeichen gekennzeichnet. Beim Einlaufen Fahrwasser genau einhalten. Im Deich l ↓ Hadelner Kanal. Verbindung zur Weser 64 km (s. „Kanuwanderbuch für NW"). Auf der Medem r □ nach Otterndorf (Bus Hamburg-Cuxhaven) 5 km, hübscher Flusslauf.

718,0 r auf dem hohen Watt Medemsand-Insel. Nur 2 Std. vor bis 2 Std. nach HW zu erreichen.

720,5 l Grodener Hafen, 🚌 Altenbruch (Strecke Hamburg-Cuxhaven). ▲ besser als in Cuxhaven.

724,0 l **Cuxhaven**. Steubenhöft, Leuchtfeuer. 🚌 nach Hamburg und Bremerhaven.

724,4 l Seebäderbrücke Cuxhaven.

724,6 Bollwerk Alte Liebe, Landungsbrücke.

726,0 Rampe an der südl. Buhne d. Cuxh.-Badestrandes. Gute Landemöglichkeit.

727,2 l Kugelbake. Letztes Ansteuerungszeichen an Land. ↓ der Elbe in die Nordsee.

Unterlagen: Wassersport-Wanderatlas Elbe; Heft 1 bis zur Havelmündung, Heft 2 bis zur Nordsee.

Der Schifffahrtsweg Elbe-Weser oder auch Hadelner Kanal stellt eine küstennahe Verbindung von Unterelbe und Unterweser dar. Geringer Schiffsverkehr. Schleusen sind gebührenpflichtig. Keine Strömung. Die angrenzenden Seenplatten (Halemer-, Dahlemer-, Flögelner- und Bederkesaer See) sind gesperrt, NSG. Die Fahrt auf der Unterelbe bzw. der Unterweser ist stark vom Wetter abhängig. Eine genauere Beschreibung findet sich in „Kanuwanderbuch für NW".

Gewässergüte: II-III (kritisch belastet).

0,0 ← aus der Medem (1,2 km bis Medem - ↓ in Elbe - km 712,6).
0,2 □ Otterndorf.
3,0 ⌂ des TSV Otterndorf, Ruder-Abteilung.
20,0 Ɪ **Odisheim**, ✕.
28,2 r → in den Kanal zum Flögelner-, Halemer- und Dahlemer See. z. Z. NSG **X**.
32,2 r **Bederkesa**, ⋆, l ← Bederkesaer See, NSG.
32,4 l ⌂ und ▲ des WSV Bederkesa. ? U. Mügge, Schuh- und Sporthaus Mügge, 27624 Bederkesa, Am Markt 1.
32,8 Ɪ Bederkesa.
33,0 r ▲ C Bederkesa.
35,0 □ Bederkesa, ⌓ S 2.
43,6 l ↓ in Geeste (s. „Kanu-Wanderbuch für NW").
53,5 Schiffdorfer-Stau-□, ✕.
55,0 Autobahn-Ɪ A 27.
56,0 Bremerhavener Tidesperrwerk, □, r Sportbootanleger, Schleusungen gebührenpflichtig, jede volle Stunde bis 20 Uhr. Ab hier Ebbe und Flut. Außer bei den Vereinen keine Landemöglichkeit.
56,5 Ɪ Stresemannstraße, l ⌂ Bremerhavener Ruderverein.
57,5 Ɪ Autobahnzubringer.
58,5 Fußgänger-Ɪ Geestheller Damm.
59,4 r ⌂ WV Frohe Fahrt, danach WV Neptun und WV Geeste.
60,0 l vor Straßen-Ɪ ⌂ und ▲ KV Unterweser, 15 Min. bis zum Bahnhof, 2 Min. bis Innenstadt **Bremerhaven** mit Fußgängerzone, zwischen den Brücken tidenunabhängiger Schwimmsteg.
60,4 Kennedy-Ɪ mit Sturmflutsperrwerk. Vor der ↓ l Doppel-□ zum Fischereihafen, 2,5 km bis zum ⌂ des WV Wulsdorf r am Hafenbecken, von dort ⌓-Möglichkeit in Alte Lune.
61,0 ↓ in die Unterweser bei km 65,5, befeuerte Molen. Bei Ein- und Ausfahrt starker Stromzug und starker Schiffsverkehr!

Wanderfluss
Mündung in Unterelbe (l Nebenfluss)

Die Oste ist in ihrem Oberlauf ein landschaftlich reizvoller Fluss zwischen Heide- und Moorland, unterhalb Bremervörde verläuft sie als eingedeichter Schifffahrtsweg unter Tideneinfluss durch breites Marschland. Keine besonderen Schwierigkeiten.

Befahrungsregeln: von km 0 bis km 14,9 in der Zeit vom 01.03.-15.07. gesperrt. Von km 0 bis 63,3 (Bremervörde) ist die Befahrung mit Flößen verboten.
Befahrbarkeit: Ganzjährig ≋ ab Weertzen, km 19,7.
Gewässergüte: II (mäßig belastet).

0,0	**Burgsittensen**, ⬇ nur bei HW; Folgestrecke bis km 14,8 s. „Kanuwanderbuch für NW“.
14,8	Ⅱ Kuhmühlen - Volkensen, gute ⬇, Parkmöglichkeit.
19,3	Ⅱ Weertzen - Rüspel.
19,7	**Weertzen**, Ⅱ, gute r ⬇. l Badeteich.
21,0	EB-Ⅱ:, davor und dahinter mehrere Wälle prähistorischer Burgen.
22,1	r ↓ Knüllbach, es folgen 3 Wege-Ⅱ.
24,6	**Heeslingen**, Wege- und Straßen-Ⅱ. Großes altes Heidedorf, Findlingskirche ★.
27,5	Niedriger Eisensteg.
28,2	l ↓ Mede, (s. „Kanuwanderbuch für NW“).
29,7	**Brauel**, Ⅱ B 71, danach Forst Zeven.
30,3	l schön gelegener ▲ C mit ✕ „Ostetal“. Anlegestelle am Ende des ▲.
32,3	r ≏ Twiste. (s. „Kanuwanderbuch für NW“).
34,0	EB-Ⅱ.
34,5	l ↓ Bade.
35,4	Ⅱ Godenstedt - Seedorf, l Ufer nicht betreten.
38,0	Ⅱ, r Wasserrad der ehem. Mühle, r Eitze. ▲ C.
40,6	Ⅱ Rockstedt - Granstedt.
48,6	Ⅱ nach Ober-Ochtenhausen, gute ⬇.
50,7	Ⅱ Gosehus - Altenburg.
51,9	**Sandbostel**, Ⅱ, ⬇.
54,6	l ← unscheinbarer Moorkanal nach Mintenburg.
55,2	=
0,0	Ab hier neue amtliche Kilometrierung als Schifffahrtsstraße.
0,5	**Minstedt**.

3,1 l ↓ Hamme-Oste-Kanal (s. „Kanuwanderbuch für NW“).
6,0 ⌶ Minstedt - Bremervörde, gute ⬇.
6,6 r ↓ Bever (s. „Kanuwanderbuch für NW“).
7,6 EB-⌶.
8,2 **Bremervörde**, ▬ und □, X ⌂. Die Fahrt wird zumeist hier beendet. Man fährt dazu l vor dem ▬ in einen Stichkanal; an dessen Ende l gute ⬆. Unterhalb ▬ Gezeiten-Einfluss, Schiffsverkehr, Schlickufer, landen bei NW meist schwierig. Ausführliche Beschreibung der Reststrecke bis zur ↓ s. „Kanuwanderbuch für NW.
82,4 ↓ Unterelbe bei km 707.

12.3 Stör

Wanderfluss - Schifffahrtsstraße
Mündung in Unterelbe (r Nebenfluss)

Die weitgehend regulierte Stör zieht mit ruhiger Strömung von Neumünster zur Unterelbe.

Ab Pegel Rensing, km 30 ist die Stör Seeschifffahrtsstraße mit nur geringem Schiffsverkehr; sie steht hier unter dem Einfluss der Gezeiten.

Befahrbarkeit: bei gutem Wasserstand für Einer ab Neumünster, km 1,8; stets ab ↓ Aalbek, km 10,8. Für Wanderfahrer mit Zweiern oder Gepäck wird empfohlen, die Fahrt in Bad Bramstedt mit Vorfahrt auf der Bramau zu beginnen.

Gewässergüte: II (mäßig belastet).

0,0 ▬ der ehemaligen Papiermühle.
1,8 ⌶ B 205, mögliche ⬇. Folgestrecke bis km 14 s. „Kanuwanderbuch für NW“.
14,0 ⌶, vor der ⌶ ▬, l **Arpsdorf**, gute ⬇.
17,9 Kleine Stufe, ≋.
18,0 r ↓ Bünzener Au (s. „Kanuwanderbuch für NW“).
20,2 ⌶ Klein Sarlhusen - Willenscharen. Hier gute ⬇. Einige ≋ Staustufen.
24,5 ⌶ mit Stauklappe - offen.
26,7 ⌶ mit Stauklappe - offen.
27,5 ⌶, r **Rosdorf**.
30,0 =

0,0 r Pegel Rensing. Ab hier amtl. Kilometer-Einteilung mit Tafeln am Ufer; - ab hier auch Schifffahrtsstraße - der Wasserstand wird bis hier durch die Gezeiten beeinflusst.
1,5 **Kellinghausen**, EB- und Straßen-⌶, r ✕.
2,4 r Sportbootanleger der Stadt Kellinghusen, gute ⬇/⬆, Parkplätze.
4,8 l ↓ Bramau (s. AB).
5,1 Straßen-⌶ **Grönhude**, gute ⬇/⬆.
8,0 r ↓ Mühlenbarbeker Au.
11,9 l **Breitenberg**, ✕ evtl. ▲ M, fragen.
12,9 r ↓ Rantzau, (s. „Kanuwanderbuch für NW").
17,7 ⌶ Itzehoe - Jägerdorf, l ✕, ★ Schloss Breitenburg.
19,5 l ↓ Breitenburger Kanal, Sportboothafen Münsterdorf. Gute ⬇/⬆.
22,7 r ⌂ Itzehoer KC, Luftmatratzen (auch Gruppen), ▲, ☎ 04821/952020.
23,4 ⌶ B 77 „Delftor", Beginn Stadthafen.
23,8 EB-Klapp-⌶.
25,0 r ⌂ Itzehoer Wasser-Wanderer. kl. ▲, *DKV-Kanustation*, ☎ 04821/75373, ✕ Ende Hafen.
27,0 Straßenhoch-⌶ A 23/B 5.
27,7 l ★ Schloss Heiligenstedten.
28,1 **Heiligenstedten**. Klapp-⌶, Stege. r ★ älteste Kirche in Holstein.
30,0 r ↓ Bekau, (s. „Kanuwanderbuch für NW").
33,5 r ↓ Wilster Au, (s. „Kanuwanderbuch für NW"). □ geöffnet ca. 1 Stunde vor NW bis NW. Bis Wilster 2,5 km, bis zum Nord-Ostsee-Kanal (bei Burg) 18,5 km. ✕ evtl. ▲ M, ★ Klapp-⌶.
39,8 r **Beidenfleth**, !! Seilfähre, Hafen, ★ alte Kirche und Windmühle, ✕ evtl. ▲.
45,8 l ↓ Kremper Au, (s. „Kanuwanderbuch für NW").
48,0 r **Wewelsfleth** ✕, Hafen, Werft.
50,0 l Yachthafen im alten Störarm, ✕ evtl. ▲ M.
50,2 Hochwassersperrwerk, meist offen. Klapp-⌶ B 431 Glückstadt - Brokdorf.
52,6 ↓ in die Unterelbe bei km 679,3.

12.3.1 Bramau

Wanderfluss
Mündung in Stör (l Nebenfluss)

Die Bramau fließt mit guter Strömung, weitgehend begradigt zunächst durch eine hügelige, bewaldete Landschaft, später durch den Nordteil des Breitenburges Moores, keine Schwierigkeiten. Die Bramau wird häufig als Weiterfahrt ihres Quellflusses Osterau sowie als Vorfahrt zur Stör befahren.

Befahrbarkeit: ganzjährig.

- 0,1	Letzte Straßen-⌶ in **Bad Bramstedt** über die Schmalfelder Au, gute ⬇ mit Parkplatz.
0,0	Zusammenfluss von Osterau (s. AB) und Schmalfelder Au (s. „Kanuwanderbuch für NW").
0,1	l Klärwerk Bad Bramstedt.
1,7	verfallenes ▬ ≋.
2,4	⌶, r **Hitzhusen**, l Weddelbrooker Damm, ⬇.
6,9	▬, verfallen ≋, Pfahl in Flussmitte.
7,4	⌶ Föhrden - Barl, gute ⬇/⬆.
10,0	⌶ Wrist - Bokel.
10,3	EB-⌶ mit Fußgängersteg.
13,0	Etwa ab hier ist mit dem Einfluss der Gezeiten zu rechnen.
14,0	⌶ Kellinghusen/Wittenbergen.
14,8	l Schöpfwerk.
15,1	↓ in Stör bei km 4,8. r nach Kellinghusen, l nach Itzehoe.

12.3.1.1 Osterau

Kleinfluss
Mündung in Bramau (r Quellfluss)

Die Osterau ist ein landschaftlich sehr reizvoller Kleinfluss. Gelegentlich leichte Kleinfluss-Schwierigkeiten.

Befahrungsregeln: In der Brut- und Setzzeit vom 01.04. - 31.05. und in der Brunftzeit vom 10.09. bis 15.10. sowie HW (= Pegel „Rot") bitten wir alle Wassersportler erst hinter dem Park bei km 12,4 einzusetzen. Freiwillige Selbstbeschränkung, Hinweisschilder in Heidmühlen sowie vor und hinter dem Park beachten.

Befahrbarkeit: Ab Heidmühlen. Start hier bis 10:00 Uhr, damit bis 13:00 Uhr der Wildpark Eekholt durchfahren wird. Den Park zügig und leise durchfahren, nicht aussteigen!

0,0 **Heidmühlen**, Wassermühle.
0,1 r ⬇ für DKV-Mitglieder. Über Feldweg zwischen den Häusern Hartenholmerweg 7 und 9 ohne Wendemöglichkeit für Fahrzeuge.
2,4 Ⅱ. Empfohlene ⬇ Rieshornerweg. Wiese darf zum ⬇ betreten werden, bei ungemähter Wiese ganz links an der Brücke. Pkw unbedingt 50 m weiter am Waldrand abstellen. Doppeltes kleines Stufen-▬ unter der Ⅱ ≋.
6,6 ▬, meist ≋.
10,5 1. Wildgatter Wildpark Eekholt. Aussteigen verboten! Leise durchfahren! Gatter-Durchfahrt bei Hinweis-Pfeil. Gatter bestehen aus herunterhängenden Gummistreifen und dahinterliegender Klappe. Durchfahrt für Zweier und Kinder nicht ganz einfach.
10,8 niedrige Ⅱ.
10,9 2. Wildgatter Wildpark Eekholt.
11,7 3. Wildgatter Wildpark Eekholt.
12,4 4. Wildgatter Wildpark Eekholt - Ende -. Gute ⬇, Zufahrt 100 m westlich vom Haupteingang beim Schild „⚠ Nur für Projektgruppen" über Feldweg. Pkw können auf dem Sportplatz davor abgestellt werden. Diese Stelle auch für einen Parkbesuch wählen. ★. Ermäßigter Eintritt mit DKV-Ausweis.
12,9 Ⅱ Weide - Bass.
13,5 Grundschwelle eines alten ▬, ≋.
13,8 l ↓ einer kleinen Au.
14,3 zerfallenes ▬, ≋, guter Rastplatz.
15,8 ▬-Staustufe, ca. 50 cm hoch, ≋.
16,7 Wege-Ⅱ mit kleiner Grundschwelle. Es folgen 2 ▬, ≋.
19,1 Niedrige Wirtschafts-Ⅱ.
19,3 Ⅱ **Bimöhlen**, gute ⬇/⬆.
19,4 ▬ alte Wehrstufe, ≋.
19,7 Autobahn-Ⅱ A 7, dahinter r ⌂ TSV Bimöhlen - Kanu-Abt. mit Anlegesteg. Evtl. ⚠ auf Anfrage, ? Jürgen Waitz, ☎ 04192/3532.
21,0 Grundschwelle eines zerstörten ▬, ≋.
21,7 l ↓ Holmau, X.
23,1 Wege-Ⅱ.
25,1 Park-Ⅱ.
25,4 EB-Ⅱ mit Wege-Ⅱ, Unter der Ⅱ Schwall.

25,9 Fußgängerholz-Ⅱ. Darunter Steil-■, etwa 1 m hoch, be gutem Wasserstand für Einer nass ≋, sonst r ⏏; l **Bram stedt**.
26,0 Straßen-Ⅱ B 4, danach ■-Stufe und Schwall ≋, starke Strö mung.
26,2 ↓, Zusammenfluss mit der Schmalfelder Au zur Bramau (s AB).

12.4 Este

Kleinfluss - Wanderfluss
Mündung in Unterelbe (l Nebenfluss)

In ihrem Oberlauf fließt die Este als Kleinfluss durch schöne Heide und Waldlandschaft, hier geringe Schwierigkeiten durch enge Kurve und natürliche Hindernisse bei guter Strömung. Unterhalb Buxtehud wird die Este zum tidenabhängigen, eingedeichten Schifffahrtsweg.

Befahrungsregeln: von km 0,0 - 22,5 ist die Este ganzjährig gesperrt von km 22,5 - 31,5 ist das Befahren mit Booten in der Zeit von 18 Uh bis 9 Uhr sowie gegen den Strom verboten. Das Befahren mit Booter von mehr als 1 m Breite und 5,50 m Länge sowie mit Flößen ist ver boten. Sonderregelung für Himmelfahrt und Pfingsten (Sa, So, Mo) das Befahren der Este von km 22,5 - 31,5 ist ausschließlich mit Kajaks zulässig.

Gewässergüte: II (mäßig belastet).

22,7 ehemalige EB-Ⅱ.
22,9 **Hollenstedt**, Ⅱ nach Dierstorf, ab hier ganzjährig ≋, ⬇.
24,0 Ⅱ Hollenstedt-Oldendorf. Es folgen 4 Stufen, ≋.
29,2 Niedrige Beton-Ⅱ.
29,7 **Moisburg**, Mühlen-■, X und Ⅱ, l ↰, 50 m ⏏, l hinter de Mühle ⬇.
31,5 Wege-Ⅱ.
35,5 Wege-Ⅱ **Heimbruch**.
36,1 niedrige Ⅱ, ⏏.
39,1 Ⅱ B 73 (Hamburg - Cuxhaven).
39,3 Erweiterung der Este zu einem Teich.
39,5 **Altkloster**, ■, X, l über die Straße ⏏.
40,4 Ⅱ und EB-Ⅱ.
41,0 **Buxtehude**, Straßen-Ⅱ, bei Flussteilung l halten.
41,6 ■, Abfall des Fließwassers der oberen Este in das tidenab hängige Unterwasser, je nach Tidenhub entweder ≋ oder X

Auf alle Fälle besichtigen! Über die Straße und Ⅱ nach r in einen Seitenarm ≏, S 2. Ab hier Seeschifffahrtsstraße.

41,8 r ⌂ und ▲, BWV Hansa, ☎. 04161/81365.

42,7 l **Neuland**.

47,0 **Estebrügge**, Straßendreh-Ⅱ.

48,2 Ⅱ, r **Hove**, l **Königreich**.

50,0 l **Leeswig**.

52,1 Inneres Tide-Sperrwerk.

53,0 l **Cranz**, r **Hamburg-Neuenfelde** mit Schiffswerft.

53,5 Hochwassersperrwerk, meist offen, gute ⬆ an der Rampe. ↓ in Unterelbe bei km 634.Schiffsverkehr, auf Tonnen und Strömung achten!

12.5 Alster

Wanderfluss
Mündung in Elbe (r Nebenfluss)

Die Alster ist in ihrem Oberlauf ein schöner Wiesenfluss, in ihrem Unterlauf fließt sie, weitgehend reguliert, durch das Stadtgebiet von Hamburg. Die beiden Stadtseen „Außenalster“ und „Binnenalster“, letztere mitten im Stadtzentrum, machen Hamburg zu einer der schönsten Städte der Welt. Mehrere von der Alster abzweigende Stadtkanäle bieten die Möglichkeit, auch noch weitere Stadtteile von Hamburg auf dem Wasserweg zu erreichen.

Die Kilometrierung hat sich auf Grund amtlicher Angaben gegenüber allen älteren Flussführern geändert; die Alster wurde dadurch um 5 km kürzer.

Befahrbarkeit: für den Oberlauf der Alster, bis km 12,1, der nur bei sehr gutem Wasserstand fahrbar ist, gilt eine ganzjährige Selbstschränkung, ab km 12,1 meist bis Frühsommer, ab km 19,5 ganzjährig fahrbar.
Gewässergüte: II (mäßig belastet), Unterlauf II-III (kritisch belastet).

0,0 Alster-Quelle bei Henstedt-Rhen, hier **X**.

12,1 **Naherfurth**, Ⅱ B 432 Hamburg - Bad Segeberg, ⬇ bei gutem Wasserstand.

16,2 l ↓ Alte Alster, **X**.

16,5 Ⅱ, l Gut Stegen.

19,3 ehemalige □ Kayhude/Ehlersberg, ≋.

19,5 Ⅱ, l **Ehlersberg**, r **Kayhude-Heidkrug**, ⬇.

21,7 ■ Sandfeld, evtl. ≋, sonst r ≏.

23,0	▬ Rade, evtl. ≋, sonst r ⩠.
24,9	▬ Wulksfelde, l ⩠, gute ⬇/⬆.
27,7	l ↓ Wohldorfer Au/Ammersbek (s. „Kanuwanderbuch fü NW“).
27,8	▬ Wohldorf, **X**, r Bootsschleppe, ! bei Hochwasser in de Einfahrt scharf links fahren.
29,9	l ▲ C „Haselknick“.
30,8	l ↓ Bredenbek, **X**.
31,1	⌶, r **Trillup**.
33,9	▬ Mellingburg, **X**, l Bootsschleppe, ⩠.
36,7	▬ Poppenbüttel, **X**, r Bootsschleppe, ⩠. Durchfahrt weger Lebensgefahr, auch wenn offen, verboten!!
36,9	Bäcker-⌶.
39,1	Wege-⌶, l **Wellingsbüttel**, r **Hummelsbüttel**.
39,8	⌶ **Langwisch**.
40,9	Fußgänger-⌶, r Sportplätze.
42,8	Reiter-⌶.
42,9	r ⌂ Alstereck Hamburg, kleiner ▲, *DKV-Kanustation*, ☎ 040/597639, Mi ab 20 - 22 Uhr.
43,5	U-Bahn-⌶, dahinter l ⌂ Oberalster Hamburg.
43,8	Fußgänger-⌶, Beginn des Mühlenteichs.
44,1	**Hamburg-Fuhlsbüttel**, Ratsmühlendamm-⌶.
44,5	☐ Fuhlsbüttel, r Bootsschleppe. Betriebszeit siehe km 55,4 Von hier bis zur Elbe stehendes Wasser.
44,8	l ↓ Ringkanal.
45,6	Sengelmann-⌶.
45,7	r → Brabandkanal, 700 m lang.
46,2	r ↓ Brabandkanal.
46,3	Hindenburg-⌶.
46,3	l ← Skagerrakkanal, 1,2 km lang.
46,9	Alsterdorfer Damm-⌶.
47,5	l ↓ Skagerrakkanal.
47,5	r → Inselkanal, 600 m lang.
48,0	r ↓ Inselkanal. Inselkanal und Skagerrakkanal sind für Strom-auffahrt **X**.
48,1	Deelböge-⌶.
48,3	Güterumgehungsbahn-⌶.
48,5	Meenk-⌶.
48,7	r ↓ Tarpenbek/Eppendorfer Mühlenteich (s. „Kanuwander-buch für NW“).
48,9	r ⌂, ▲, Alster-Canoe-Club Hamburg, *DKV-Kanustation* ☎ 040/484605.
49,1	Winterhuder-⌶.
49,2	l ← Leinpfadkanal.

Leinpfadkanal

0,2 U-Bahn-Ⅱ.
0,5 U-Bahn-Ⅱ.
0,8 Klärchen-Ⅱ.
1,1 r → Nebenkanal, 100 m zur Alster, Marie-Louisen-Ⅱ, l halten.
1,4 Rondeelteich, r Rondeelkanal.
1,6 l ← Goldbekkanal.
1,8 Fernsicht-Ⅱ, ↓ in Außenalster.
50,2 l Ⅱ, → Nebenkanal, 100 m bis Leinpfadkanal.
50,3 r ↓ Isebekkanal

Isebekkanal

0,2 r ⌂ ✕ SV Polizei Hamburg und ⌂ Overfreunde Hamburg.
0,4 Ise-Ⅱ.
0,6 U-Bahn-Ⅱ.
0,8 Eppendorfer Baum-Ⅱ.
1,6 Hoheluft-Ⅱ.
2,1 Manstein-Ⅱ.
2,5 r ⌂ Eimsbütteler Turnverband, Hamburg.
2,9 Weidensteg, Ende des Kanals.
50,3 Streek-Ⅱ.
50,9 Krugkoppel-Ⅱ, Außenalster, nach l 300 m Fernsicht-Ⅱ, ↓ Rondeelkanal und 200 m oberhalb dann r → Goldbekkanal.

Goldbekkanal

0,0 Rondeel-Kanal/Bellevue-Ⅱ (je 200 m bis Rondeelteich und Fernsicht-Ⅱ).
0,4 r → Mühlenkamp-Kanal, 0,7 km bis Langer Zug/Osterbek-Kanal.
1,1 Ⅱ Barmbeker Straße.
1,2 l ⌂ VfL 1893.
1,8 l Stadtparksee, kleiner Rundkurs 0,5 km, großer Rundkurs (Außenrunde) 1 km.
2,5 l ⌂ USC Paloma Hamburg, ab hier Barmbeker Stichkanal.
3,4 ↓ in Osterbek-Kanal.
51,5 l ← langer Zug/Osterbek-Kanal.

0,0 Außenalster.
0,6 l ← Mühlenkamp-Kanal (0,7 km bis ↓ Goldbekkanal), r → Hofweg-Kanal (0,7 km bis m Uhlenhorster Kanal), Mühlenkamp-Ⅱ.
1,2 Bachstraßen-Ⅱ.
2,1 ⌂, ▲, Hanseat Verein für Wassersport Hamburg, *DKV-Kanustation*, ☎ 040/2797342.

2,4 l ↓ Barmbeker Stichkanal (0,9 km ⌂ USC Paloma und Goldbek-Kanal).

2,8 ⌶ Hufner-Straße.

3,1 U-Bahn-⌶.

3,2 ⌶ Bramfelder Straße.

3,6 S-Bahn-⌶.

3,7 ⌶ Krausestraße.

4,1 ■ Augustenburger Ufer/Elsässer Straße, Ende des Kanals.

51,7 r Anleger Fährdamm. Die weitere Kilometrierung der Außenalster folgt dem rechten Westufer.

51,9 l ← Feenteich/Uhlenhorster Kanal (s. „Kanuwanderbuch für NW").

52,5 r Anleger Rabenstraße. l in der Schwanenwikbucht (900 m) ↓ Mundsburger Kanal/Eilbek-Kanal, 2,4 km lang. l in der Hohenfelder Bucht (1,1 km) ⌂ Hamburger Kanu-Club.

Außenalster: linkes = Ostufer

0 Fernsicht-⌶

0,6 l ↓ Langer Zug/Osterbek-Kanal.

1,1 l ← Feenteich/Uhlenhorster Kanal.

2,1 l Schwanenwik-⌶, l Mundsburger Kanal.

2,4 l Hohenfelder-⌶, Hohenfelder Bucht. 100 m, ⌂ Hamburger Kanu-Club.

3,7 Kennedy-⌶.

53,6 Kennedy-⌶.

53,7 Lombards-⌶, danach Binnenalster.

54,3 Reesendamm-⌶ und Jungfernstieg.

54,5 Rathaus-□.

54,6 r → Neuerwall-/Bleichen-/Herrengrabenfleet.

54,9 Graskeller-⌶.

55,1 Slamatjen-⌶.

55,4 Schaartor-□, Gebühr nur bei Bergfahrt oder Jahreskarte (für alle Hamburger □ geltend). Schleusenzeiten: 01.04.-30.09. 7 - 22 Uhr,01.10. - 31.03. 6 - 18 Uhr, Lichtsignale beachten. Ein ⩳ bei den Schleusen ist mit großen Mühen verbunden.

55,5 ↓ in Elbe bei km 622,3. Eine genauere Beschreibung der Alster im Stadtgebiet von Hamburg mit Angabe sämtlicher Brücken sowie einer Kartenskizze befindet sich im „Kanu-Wanderbuch für NW".

Wanderfluss
Mündung in Norderelbe (r Nebenfluss)

r Nebenarm der Elbe, der oberhalb der Norder-Elbbrücken die Verbindung mit Bergedorf herstellt. Im Oberlauf durch Deich abgetrennt. Der Wasserweg führt durch den „Hamburger Gemüsegarten“ = die Vierlande, mit hübschen, gut erhaltenen alten Bauernhäusern. Die Tatenberger Schleuse macht das Gewässer bis auf km 1,6 an der Mündung strömungslos und unabhängig von den Gezeiten.

0,0 **Altengamme**, Straßen-Ɪ Marschenbahndamm, ⬇.
1,9 l ← Stichkanal zum ehemaligen KZ Neuengamme.
2,0 Blaue Ɪ, l **Neuengamme**, r **Curslack**.
3,4 Eggers-Mindt-Ɪ.
7,4 l ← zum Neuengammer Durchstich, führt in 2,5 km zur Gose Elbe, Befahrung in der Zeit 15.04. - 15.06. verboten.
7,8 Dove-Elbe-□ (immer offen).
7,9 r Krapphof-□ mit Bootsschleppe, l ↓ Schleusengraben (Bille nach Bergedorf, 2,5 km, Beschreibung der weitgehend gesperrten Bille s. „Kanuwanderbuch für NW“).
8,0 r ⌂ und ⛺ des Bergedorfer Kanu-Clubs, ☎ 040/7231398.
9,0 r → nach ■ Deichsiel Fleete-Labyrinth Neu-Allermöhe.
13,3 Allermöhe-Ɪ.
14,1 r ↓ Allermöher Hauptentwäserungsgraben mit Anschluss an Fleete-Labyrinth Neu-Allermöhe, ⌓ über ■ mit Schöpfwerk im Deich.
14,3 Fußgänger-Ɪ, danach Regattastrecke der Hamburger Ruderer und Kanuten mit r ⌂ Leistungszentrum Rudern/Kanu, ☎ 040/7375560 (Mo 16 - 18 Uhr).
15,1 l ↓ Gose-Elbe (s. „Kanuwanderbuch für NW“).
17,0 l **Tatenberg**, l und r große Jachthäfen.
17,4 Tatenberger-□, Gebühr ist bei der Bergfahrt zu entrichten. Schleusenzeiten für Sportboote stündlich auf voll. Vom 01.05. - 30.09. an Wochenenden und Feiertagen von 7 bis 20 Uhr, an Werktagen von 6.30 bis 18.30 Uhr. ⌓ sehr schwierig.
19,0 ↓ in Norderelbe bei km 615.

Kleinfluss - Wanderfluss/Heide- und Wiesenfluss
Mündung in Elbe (l Nebenfluss)

Die Seeve entspringt in dem berühmten Naturschutzgebiet der Lüneburger Heide am Wilseder Berg. Ein großer Teil ihres Oberlaufes bildet die Grenze dieses Gebietes. Das Wasser der Seeve ist auch im heißen Sommer sehr kalt. Wie die meisten Heideflüsse führt die Seeve auch in heißen, trockenen Sommern immer genug Wasser; unterhalb von km 29,4 Gezeitenfluss.

Befahrungsregeln: km 0 - 9,6: Befahrung mit Booten verboten; km 9,6 - 22,5: Befahren mit Booten von 18 Uhr bis 9 Uhr sowie gegen den Strom verboten. Das Befahren mit Booten von mehr als 1 m Breite und 5,50 m Länge sowie mit Flößen ist verboten; km 22,5 - 34,6: Befahrung ausschließlich mit Kajaks. Das Betreten der Ufer in dem angrenzenden NSG „Untere Seeveniederung" ist verboten. Sonderregelung für Himmelfahrt und Pfingsten (Sa, So, Mo) km 0 - 15,2: Befahrung verboten.

Gewässergüte: II (mäßig belastet).

9,7 **Lüllau** Straßen-Ⅱ, dahinter l niedriger Steg.
10,3 Fußgänger-Ⅱ, l Lüllau, r Wiedenhof.
10,4 ■, r ⌂.
10,6 Straßen-Ⅱ **Wiedenhof**, ⬇.
10,8 ■, ≋.
11,8 ■ ≋, l Fischteiche, es folgen drei Stege bis
13,6 Ⅱ **Jesteburg**.
14,0 Fußgänger-Ⅱ.
14,1 Ⅱ.
14,3 ■, ≋ und Fußgänger-Ⅱ. Es folgt eine ■-Stufe.
15,3 EB-Ⅱ, darunter sehr flach.
16,0 ■, ≋, verfallen.
16,2 r ↓ der Döhler Au (Befahrung verboten).
16,4 ■, ≋, verfallen.
18,2 l **Bendestorf** (abgelegen). ■, evtl. l ≋, sonst l ⌂.
18,4 ■-Stufe, ≋.
19,2 Ⅱ **Ramelsloh**, ehemaliges ϟ, ■-Stufe ≋.
22,1 l ■ zur alten Seeve, nicht ⌂, **X**.
22,5 **Horst**, Wege-Ⅱ, Mühlen-■, l durch den Garten ⌂. Weiterfahrt nur mit Kajaks. Uferbetretungsverbot NSG „Untere Seeveniederung".

24,0 Autobahn-Ⅱ A 7 (Flensburg-Hannover).
24,8 Autobahn-Ⅱ A 1 (Hamburg-Bremen).
24,9 ≋ Stufe.
25,5 Ⅱ, Hittfeld - Maschen.
26,4 Autobahn-Ⅱ A 250 (Hamburg - Lüneburg).
26,5 Straßen-Ⅱ, **Jehrden**, ⬆.
27,4 Autobahn-Ⅱ A 1 (Hamburg - Bremen).
29,2 Straßen-Ⅱ Meckelfeld - Maschen, Bahnhof.
29,4 Trichterartige Verbreiterung. l Schützen- und r Überfall-▬ !!! X, Lebensgefahr!! r ⩯, l ← Seeve-Kanal, ▬, 4,3 km bis Kanzlershof, Ⅱ Nähe 🚌 Harburg
29,5 **Maschen**, größter Verschiebe-Bahnhof Europas mit zwei Brücken und einem Tunnel. Der Tunnel ist nur auf der l Seite befahrbar.
30,1 Ende des Tunnels, r ⬆, 🚌 Maschen.
30,9 Straßen-Ⅱ **Hörsten**.
31,0 l ✕ Lühmann, ⬆, ab hier Gezeiten.
34,6 ↓ in Elbe, bei km 604,9, Seevesiel ▬. ! Tore schließen automatisch bei auflaufendem Wasser, evtl. ⩯ S 2.

12.8 Ilmenau

Wanderfluss
Mündung in Elbe (l Nebenfluss)

Die Ilmenau ist in ihrem Oberlauf, bis Lüneburg, ein viel befahrener landschaftlich reizvoller Fluss der Lüneburger Heide, unterhalb Lüneburg kanalisiert, mit gebührenpflichtigen Schleusen.

Für die Ilmenau sind Lenkungs- und Befahrungsmaßnahmen im Rahmen des EU-Projektes „Umweltverträgliches Kanuwandern“ durchgeführt worden. Diese sind an den ⬇/⬆ auf Informationtafeln bekannt gegeben.

Befahrbarkeit: ganzjährig.

Gewässergüte: II (mäßig belastet), unterhalb Lüneburg II-III (kritisch belastet).

0,0 Ursprung durch Zusammenfluss von Stederau und Gerdau (s. AB).
0,8 l ⌂ KC Uelzen, ⛺, sanitäre Anlagen, gut geeignet als Standort für Befahrungen von Ilmenau und ihrer Quell- und Nebenflüsse. ? E. Jübermann, ☎ 0581/78232.

1,2 **Veerßen**.

1,8 Ⅱ B 191, l ⬇/⬆, Parkplatz am Kreishaus.

2,3 **Uelzen**, ▬, X, r unter der Wege-Ⅱ in den Ratsteich fahren und dann gleich l über die Ratswiese ins UW ≏, danach Ⅱ.

3,8 Straßen-Ⅱ Uelzen-Außenmühle.

4,0 ▬ Außenmühle, X, l ≏ mit Rutsche für unbesetzte Boote.

4,5 r ↓ der Wipperau, (s. „Kanuwanderbuch für NW“). Weitere ⬇ 100 m vor der ↓ oberhalb Ⅱ Ripdorf.

5,0 Ⅱ Umgehungsstraße Uelzen.

5,5 Ⅱ, Zufahrt zum Hafen Uelzen.

7,1 EB-Ⅱ.

9,0 r Rastplatz mit Infotafeln, nur vom Wasser aus zu erreichen.

12,0 l **Emmendorf**, Rastplatz mit Info-Tafel, kleiner Schwall, danach Ⅱ.

16,1 Kanal-Ⅱ Elbe-Seiten-Kanal, sehenswert.

16,8 Ⅱ **Jastorf**.

18,5 Kanal-Ⅱ Elbe-Seiten-Kanal Klein Bünstorf, l ⬇/⬆, Rastmöglichkeit, Aufstieg zum Kanal und Aussichtlohnend, davor r ↓ Röbbelbach.

22,1 **Bad Bevensen**. Straßen-Ⅱ.

22,3 alte Straßen-Ⅱ, r Kurpark.danach Fußgänger-Ⅱ, hier l ↰ zum ≏ bis zur Königsbrücke (km 24,3), ca. 900 m, Bootswagen erforderlich, Hinweisschild beachten.

24,2 **Medingen**. ⋆ Altes Kloster. ▬, X, ≏ hier nicht möglich, siehe km 22,3.

24,3 Königs-Ⅱ (Holzbrücke), r unterhalb ⬇/⬆ mit Infotafeln, Zufahrt über Mühlenstraße, Fahrzeuge r vor dem Klärwerk abstellen.

28,4 **Bruchtorf**. Straßen-Ⅱ, vor der Ⅱ ⬇/⬆ mit Infotafel, Rastmöglichkeit.

33,4 r **Lietzberg** auf Anhöhe.

34,4 l **Wichmannsburg**, gute ⬇/⬆, Pkw an der Straße abstellen, l ▲-Möglichkeit, Infotafel,danach Ⅱ, evtl. Schwall, r Mitte ≋.

37,0 Ⅱ **Bienenbüttel**, Fußgänger-Ⅱ, l Steg, Infotafel, ⬇/⬆.

38,4 EB-Ⅱ und Fußgänger-Ⅱ.

40,0 l Grünhagen, Fußgänger-Ⅱ, ⬇/⬆ an der B 4, Rastplatz mit Infotafel.

44,5 l **Melbeck**, ▲ C.

48,0 Ⅱ Deutsch Evern - Melbeck.

52,3 Ⅱ Schnell-Straße, Stadtumgehung Lüneburg A 250, B 4, B 209.

52,5 Ⅱ „Rote Schleuse“, r gute ⬇/⬆, Infotafel, l ▲ C, ☎ 04131/791500.

58,8 Ⅱ, Lüneburg, 1000-jährige Heidestadt, ⋆: Backsteingotik, Rathaus, Kirchen.

59,0	l ⌂ Lüneburger KC, ▲, ☎ 04131/36680. Günstiger Weg zum 🚌 ca. 10 Min. Ilmenau biegt l ab, Weiterfahrt unter Ⅱ zur Mühle **X**.
59,3	Lösegraben-▬, l ⏏, evtl. flach, je nach Wasserstand. Bei der 3. Straßen-Ⅱ ↓ in Hafen und Ilmenau, ab hier immer ≋.
60,0	r Kloster Lüne, ★.
65,0	**Bardowick**. Älteste norddeutsche Stadt, ★ Dom. ☐, l ⏏, Rastplatz.
65,0	Zug-Ⅱ Bardowick.
66,0	Zug-Ⅱ Wittorf.
71,2	☐ Wittorf, r ⏏, Fluss ab hier kanalisiert.
71,5	r ↓ des Neetze-Kanals, (s. AB Neetze.)
71,8	r → Stichkanal nach Barum, Pumpwerk-▬, r ⏏, s. AB Winsener Marsch.
74,5	Straßen-Ⅱ B 404,Straßen-Ⅱ Handorf - Oldershausen.
76,5	☐ Fahrenholz, r ⏏, S 2, unterhalb Gezeiten.
77,2	r **Fahrenholz**, r ▬ Siel, r ⏏ über Deich S 2, ↓ Alte Ilmenau/Alte Neetze/Winsener Marsch s. AB (von hier 9,9 km zum DKV-Heim Barum, 2 ▬).
81,7	**Nettelberg**, EB-Ⅱ und Straßen-Ⅱ.
83,2	r Pumpstation Laßrönne, ↓ Ilau, (s. „Kanuwanderbuch für NW").
84,1	Ⅱ Stöckte - Laßrönne.
84,5	l ↓ der Luhe, (s. AB).
87,2	l Hafen Stöckte, ⌂ ▲ Kanu-Abt. Hansa SV Stöckte.
87,5	Hochwasser-Sperrwerk, meist offen.
87,6	l **Hoopte**, ↓ in die Elbe bei km 599.

12.8.1 Luhe

Wanderfluss - Heide- und Wiesenfluss
Mündung in Ilmenau (l Nebenfluss)

Der Lauf der oberen Luhe führt bis Oldendorf durch einen landschaftlich sehr reizvollen Teil der Lüneburger Heide, im Unterlauf wird sie zu einem Wiesenfluss.

Befahrungsregeln: km 6,6 - 7,8 Befahrung nur mit Einerkajaks und nur in der Zeit vom 30.06. - 15.10. erlaubt. km 7,8 - 20,3 Befahrung nur mit Einer- und Zweierkajaks (keine Canadier) erlaubt. Das Einsetzen der Boote zwischen km 6,6 und km 21 ist nur an folgenden Stellen zugelassen: km 7,8 Schwindebeck, km 11,4/11,5 Soderstorf, km 14,9 Wohlenbüttel, km 16,0 Amelinghausen, km 17,3 Oldendorf, km 20,3 Raven - Wetzen. Ab km 20,3: Befahrung in der Zeit zwischen 18 Uhr

und 9 Uhr sowie gegen den Strom verboten (Entfällt für den Bereich der Übungs- und Wettkampfstrecke unterhalb des E-Werkes Luhdorf). km 20,3 - 49: Befahrung nur mit Kajaks erlaubt. Das Betreten der Ufer im angrenzenden EU-Vogelschutzgebiet ist verboten. Sonderregelung für Himmelfahrt und Pfingsten (Sa, So, Mo): Das Befahren der Luhe mit Booten aller Art von km 20,3 - 35,5 ist verboten. Für die Übungs- und Wettkampfstrecke des MTV Luhdorf/Roydorf in Roydorf besteht ebenfalls eine Sonderregelung.
Gewässergüte: II (mäßig belastet).

6,6 ▬ Schwindebeck, verfallen, ≋.
7,8 Straßen-Ⅱ **Schwindebeck**.
10,3 r **Thansen**, typischer Heidehof. Es folgen 2 Stufen, ≋, EB-Ⅱ.
11,4 **Soderstorf**, Mühlen-▬, davor r ⌓, 300 m (Der Weg ist ausgeschildert).
11,5 Ⅱ Soderstorf - Etzen.
12,1 niedriger Steg und ▬, **X**, l ⌓.
14,9 **Wohlenbüttel**, Mühlen-▬, l ⌓. Straßen-Ⅱ, Steine!
15,3 alte steinerne Straßen-Ⅱ, danach Stromschnellen.
16,0 Ⅱ Amelinghausen - Oldendorf, Durchfahrt flach und steinig.
16,5 r ↓ Lopau (Befahrung verboten).
17,3 **Oldendorf**, Mühlen-▬, **X**, l ⌓. Hier muss bis km 17,7 umgesetzt werden. Der Weg ist ausgeschildert.
17,7 Ⅱ, ⬇. Es folgen 3 verfallene ▬, ≋.
20,3 Ⅱ Raven - Wetzen.
21,0 ▬, verfallen, ≋.
22,8 Ⅱ, l **Putensen**.
25,3 ▬ Luhmühlen, evtl. ≋ ? Die Folgestrecke bis zur Ⅱ ist kurvenreich, schnellfließend und mit niedrigen Büschen bestanden.
25,7 Ⅱ, **Luhmühlen**.
26,7 l Stein-Ⅱ, Fluss teilt sich, r und l Arm (unter Ⅱ hindurch) landschaftlich reizvoll.
28,7 herrlicher Park Lobke, nicht aussteigen.
29,4 Wege-Ⅱ **Lobke**, Ende des Parks.
30,5 ▬, **X**, l ⌓ in r Arm. l Arm führt zu Fischteichen, **X**.
32,1 Pionier-Ⅱ, r **Weddermöde**, l Gut Schnede.
34,0 Stein-Ⅱ, (Rodeo-Ⅱ) !! ≋.
35,5 Ⅱ Garstedt - Vierhöfen, ⬇/⬆, Grillplatz.
37,9 EB-Ⅱ.
39,8 **Bahlburg**, Straßen-Ⅱ.
40,9 Geradeaus fahren, l ← Luhe-Arm Befahrung verboten.
42,9 ▬ ϟ Luhdorf, **X**, Sog, 100 m vorher r ⌓.
43,0 l ↓ Garlstorfer Au (Befahrung verboten).
43,1 EB-Ⅱ.

43,4 Ⅱ **Luhdorf**.
44,2 ■ mit Steg, meist ≋.
44,8 ■ mit Steinschüttung, evtl. ≋.
44,9 ■ mit Steinschüttung, evtl. ≋.
45,1 Autobahn-Ⅱ A 250.
45,4 Ⅱ, **Roydorf**.
48,3 EB-Ⅱ.
48,5 Winsen/Luhe, Straßen-Ⅱ B 4.
49,0 Mühlen-■ Winsen, l ≏. Weiterfahrt nur mit Kajaks. Uferbetretungsverbot bis km 50,6, EU-Vogelschutzgebiet.
49,5 Straßen-Ⅱ.
49,7 Straßen-Ⅱ.
50,6 ↓ in die Ilmenau bei km 84,5.

12.8.2 Winser Marsch

Die Winser Marsch ist ein Marschengebiet, das von zahlreichen Wasserläufen durchzogen ist, die dem Kanufahrer sehr schöne und vielgestaltige Wanderfahrten ermöglichen.

Befahrbarkeit: meist ganzjährig.
Unterkunft: Wander- und Ferienheim Barum des Hamburger Kanuverbandes, gut geeignet als Standquartier.

0,0 **Hoopte**, ↓ der Ilmenau (Ilmenau-Kanal) in die Elbe. Wenn man dic Fahrt hier beginnt, fährt man zunächst Ilmenau-aufwärts, am besten mit der Flut (s. AB „Ilmenau").
0,1 Hochwasser-Sperrwerk, meist offen.
0,4 r Hafen Stöckte, ⌂ und ▲ der Kanuabteilung Hansa SV Stöckte.
3,1 r ↓ der Luhe, (s. AD).
3,5 Zug-Ⅱ bei **Stöckte**.
4,4 l Pumpstation Laßrönne, ↓ ≏ zur Ilau (s. „Kanuwanderbuch für NW").
5,9 **Nettelberg**, EB-Ⅱ und Straßen-Ⅱ.
10,2 l ■ Siel Fahrenholz, über den Deich ≏ S 2 in Alte Ilmenau/Alte Neetze, 9,9 km zum Kanu-Wanderheim nach Barum.
11,4 ■ evtl. ≋ sonst r oder l ≏.
12,3 Ⅱ **Oldershausen**.
13,3 Ⅱ B 404 Geesthacht - Lüneburg, EB-Ⅱ.
15,1 ■ evtl. ≋ sonst r oder l ≏.
17,6 ≏ r **Horburg**.
18,7 ■ evtl. ≋ sonst r oder l ≏.

19,0 Straßen-Ɪ. Beginn Barumer See, Privatgewässer! Danach r **Barum**.
19,1 r → Stichkanal, 2 km bis zum Ilmenau-Kanal.
19,7 l öffentlicher Badeplatz.l ← Alte Neetze. 400 m weiter r (nur direkte Anfahrt erlaubt). Kanu-Wanderheim Barum des Hamburger Kanu-Verbandes, 12 Schlafplätze im Heim. ▲, *DKV-Kanustation*. Verwalter: Hans Beug, Dehnhaide 6, 22081 Hamburg, ☎ 040/293161. Die örtliche Aufsicht über das Heim, sowie den Schlüssel hat Frau Beug, Heimweg 11, 21357 Barum, ☎ 04133/8905. Baden am Heim unbedingt verboten.
20,0 Wege-Ɪ.
22,0 l Forst Eickhagen, Vogelschutzgebiet.
23,0 **Lüdershausen**, Ɪ B 209, danach Reihersee, r ▲ C.
26,5 l **Fischhausen**, ✕, Ɪ.
27,3 r Rampe, ⏏ in den Elbe-Seiten-Kanal. Für Weiterfahrt Richtung Bruchwettern und Nordenwasser auf der gegenüberliegenden Seite des Kanals nochmals ⏏.
27,6 l ← Nordenwasser/Marschwetter nach Lauenburg.
28,7 Straßen-Ɪ Scharnebeck - Echem.
29,4 EB-Ɪ.
29,7 r ↓ Alte Neetze. Verbindung zum Neetze-Kanal, meistens X.
30,3 ▬ in **Bruchwettern**, l halten.
34,1 Straßen-Ɪ Hittbergen - Jürgenstorf.
35,8 Wege-Ɪ Ahrenschulter See. Eine Weiterfahrt ist meist nicht möglich. Aus Naturschutzgründen sollte auf eine Weiterfahrt verzichtet werden.

12.8.3 Neetze

Wanderfluss
Mündung in Ilmenau-Kanal (r Nebenfluss)

Die Neetze und der anschließende Neetze-Kanal verlaufen durch eine reizvolle, unberührte Landschaft.

Befahrbarkeit: bis km 13 meist zu wenig Wasser; viele Bäume und andere Hindernisse.

0,0 **Dahlenburg**, Wasser meist nicht ausreichend bis km 13.
3,5 l Marienau, Mühle, ▬, l ⏏.
7,2 l **Ellringen**, romantische Wassermühle, ▬, r ⏏, ⬇.
10,7 r **Wiecheln**, Ɪ, Mühle, ▬, X, r ⏏.
13,0 r **Thomasburg**, Ɪ, Mühle, ▬, X, l ⏏.

16,5 r **Süttorf**, Ⅱ.
19,5 **Neetze**, Ⅱ, Mühle, ■, X, r ⌓. Vor ⌓ in der Mühle fragen.
20,0 EB-Ⅱ.
26,0 **Neu-Boltersen**, Ⅱ.
26,7 **Neumühlen**. ■, X, r ⌓.
28,5 r → der Alten Neetze, X. ■ meist ≋.
28,6 Ⅱ, Rullstorf - Lüdersburg, alte Einbauten. Hinter Ⅱ Beginn des Neetze-Kanal. Es folgen drei Ⅱ.
33,7 Ⅱ Scharnebeck - Echern, gute ⬇.
34,5 ■, Düker, Kreuzung Elbe-Seiten-Kanal (km 108), darüber EB-Ⅱ, l Rampe, erleichtert das ⌓ in den Kanal. l 1,8 km bis Schiffshebewerk Scharnebeck, ★. ! Zur Weiterfahrt auf dem Neetzekanal ⌓, etwas schwierig, da keine Rampen. Empfehlenswert ist: auf dem Kanal 3 km nach rechts bis zur Rampe alte Neetze/Winser Marsch (s. AB) fahren.
38,6 Ⅱ, r **Brietlingen, ⬇/⬆**.
38,9 ■, l oder r ⌓.
40,0 ■, r → zum Barumer See unmittelbar vor dem See. r ⌓. Es folgen 2 Ⅱ.
42,0 Straßen-Ⅱ, ■, wenn geschlossen r ⌓,; l 500 m **St. Dionys**. Die Folgestrecke ist als Kleinfluss sehr mühsam zu befahren, enge Kurven, niedrig hängende Büsche in starker Strömung, nur für Einer.
43,7 ↓ in Ilmenau-Kanal km 71,5.

12.8.4 Gerdau

Kleinfluss
Mündung in Ilmenau (l Quellfluss)

Die Gerdau ist ein landschaftlich reizvoller, einsamer Kleinfluss, im Oberlauf häufig Hindernisse, später streckenweise begradigt.

Befahrbarkeit: ab Eimke für K 1, sonst ab km 5,5 bei ausreichendem Wasserstand. Zur Laich- und Brutzeit sollte von einer Befahrung, insbesondere in Gruppen, Abstand genommen werden.
Gewässergüte: II (mäßig belastet).

0,0 **Eimke**, Straßen-Ⅱ.
0,5 Ⅱ B 71.
1,5 ■, verfallen, ≋ oder l ⌓.
2,6 Wege-Ⅱ, ab hier Hindernisse durch umgestürzte Bäume.
4,3 Mühle Verhorn, ■, X, l ⌓, dahinter Ⅱ.
5,3 l ↓ Schwienau (s. „Kanuwanderbuch für NW").

5,5 Ⅱ, **Gr. Süstedt**.
5,7 Ⅱ, Dorf **Gerdau**.
10,6 **Bohlsen**, niedrige Ⅱ, **X**, l ⏏; nach 200 m ▬, **X**, l ⏏, beschildert.
12,7 **Hansen**, zwei Ⅱ.
12,8 ▬, ≋.
15,1 flache Furt, r ≋.
15,3 EB-Ⅱ.
16,8 **Holdenstedt**, Ⅱ B 4.
17,8 r ↓ Hardau (s. „Kanuwanderbuch für NW").
19,0 EB-Ⅱ.
19,6 Zusammenfluss mit Stederau, ab hier Name des Flusses „Ilmenau".

12.8.5 Stederau

Kleinfluss
Mündung in Ilmenau (r Quellfluss)

Verlauf durch schöne Wald- und Wiesenlandschaft, einige Hindernisse besonders bei NW.

Befahrbarkeit: Nur bei ausreichendem Wasserstand. Zur Laich- und Brutzeit sollte von einer Befahrung, insbesondere in Gruppen, Abstand genommen werden. Befahrung nur im K 1 (Freiwillige Selbstbeschränkung).
Gewässergüte: II (mäßig belastet).

0,0 **Bad Bodenteich**, Ortsmitte, Ⅱ, mögliche ⬇, Flussname hier „Aue".
0,2 ▬, **X**, l ⏏, verwachsene Ufer, r ↓ Seehalsbeke.
1,0 Bodenteich, Ⅱ am nördlichen Ortsende.
2,5 l **Häcklingen**, Ⅱ, ▲ C. Danach 2 ▬, verfallen, ≋.
4,3 **Kuckstorf**, EB-Ⅱ.
7,8 **Wieren**, Mühle, ▬, **X**, r ⏏, empfohlene ⬇.
8,5 EB-Ⅱ, Steine bei NW.
10,8 **Bollensen**, Mühle, ▬, evtl. ≋ oder r über Steg und Mühlengrundstück ⏏, Schutzgitter am Steg wieder schließen.
11,6 Unterquerung des Elbe-Seiten-Kanals.
13,9 r ↓ Esterau.
14,2 Ortsbeginn Stederdorf.
14,7 Ⅱ, **Stederdorf**, danach Schwall.
15,0 Ehem. ϟ, ▬ verfallen, Betonreste, ≋.
18,2 Ⅱ, **Niendorf**, danach Pegelstufe, ≋.

19,0	l ↓ Bornbach.
22,2	Zusammenfluss mit Gerdau, ab hier Flussname „Ilmenau“.

12.9 Jeetze, Jeetzel

Wanderfluss
Mündung in Elbe (l Nebenfluss)

Der Fluss heißt in Sachsen-Anhalt „Jeetze“ und in Niedersachsen „Jeetzel“. Er ist zwar weitgehend ausgebaut, trotzdem reizvoll.

Befahrbarkeit: Oberlauf bei gutem Wasserstand, ab Salzwedel ganzjährig.
Gewässergüte: II (mäßig belastet).

22,7	Ⅱ **Beetzendorf** (Park), mögliche ⬇.
22,2	Ⅱ
21,7	Ⅱ
21,3	Mühle **Audorf**, ▬, X, l ⌓.
21,1	Ⅱ.
20,9	▬ X, ⌓; weitere mögliche ⬇.
17,0	Ⅱ **Siedenlangenbeck**.
16,0	Ⅱ **Valfitz**.
14,0	Flussteilung: l ▬, X, ⌓, Ⅱ, meist wenig Wasser; r zur Mühle.
13,8	Ⅱ, ▬, X „Große Mühle“ Kuhfelde. l ca. 80 m ⌓.
10,6	Ⅱ **Amt Dambeck**, ehemaliges Benediktinerinnen-Kloster.
10,1	Ⅱ, ▬, X, Mühle Dambeck, danach Sohlschwelle, r vor Ⅱ.
9,7	▬, X, ⌓
9,3	↓ Purnitz (bei gutem Wasserstand im K 1 ≋ ab Apenburg).
5,0	Rückhalte-▬ für Hochwasser, l ⌓, Ⅱ B 248 Sienden-Krickelsdorf.
4,3	und 3,4 EB-Ⅱ.
3,0	Ⅱ, **Salzwedel**, Altstadt ★, ⛟.
2,1	Ⅱ, zeitweise Krautfang, danach ▬, ≋ oder ⌓, Flussteilung, r Arm fahren, l ↓ Dumme (s. „Gewässerführer für Ostdeutschland“).
0,9	Nach 2 Ⅱ, ▬, X, ca. 150 m ⌓.
0,0	▬, X, ⌓ Zuckerfabrik Salzwedel. Neue Kilometrierung.
5,7	und 6,1 r ↓ Lüchower Landgraben.
7,2	- 8,1 Langdorf **Blütlingen**.
8,2	▬, X, ⌓ S 1.
8,7	Straßen-Ⅱ in **Wustrow**, ⬇.
9,1	l ↓ der Bergener Dumme.
13,8	l ↓ der Drawehner Jeetzel.

14,2 1. Straßen-Ⅰ in **Lüchow**. ! rechtzeitig vorher l ⬆, und das folgende ■ etwa 400 m weit auf Fußweg ≏. S 3.
14,4 ■, 2. Straßen-Ⅰ in Lüchow (mit schönen Fachwerkhäusern).
14,7 3. Straßen-Ⅰ in Lüchow (an der 2. + 3. Brücke gute ⬇).
15,8 l ↓ des Lübelner Mühlenbaches.
16,0 EB-Ⅰ.
16,2 l ← Siel zur Alten Jeetzel (s. „Gewässerführer für Ostdeutschland").
16,6 Straßen-Ⅰ nach Lüchow.
18,5 Straßen-Ⅰ Rehbeck - Seerau.
19,6 r ↓ des Lucie-Kanals.
21.2 ■, X, l leicht zu ≏.
21,4 Straßen-Ⅰ.
24,2 Straßen-Ⅰ Langenhorst - Groß Heide.
25,4 Straßen-Ⅰ Soven - Langenhorst (kurz davor hinter dem Deich Düker der Alten Jeetzel, s. AB).
25,9 l ↓ des Breselenzer Baches.
26,6 Straßen-Ⅰ Breese - Liepehöfen.
28,8 Straßen-Ⅰ Bückau - Dannenberg.
30,1 Straßen-Ⅰ, **Dannenberg**.
30,4 EB-Ⅰ.
30,6 l ↓ des Prisserschen Baches.
31,3 Straßen-Ⅰ Dannenberg - Lüggau.
31,9 ■, X, l leicht ≏, 80 m hinter dem ■ folgt ein natürlicher Sohlabsturz, nach Besichtigung ≋.
32,2 r ↓ der Alten Jeetzel (s. „Gewässerführer für Ostdeutschland").
34,5 l **Kähmen**.
34,9 EB-Ⅰ.
35,4 Straßen-Ⅰ Seerau - Nienwedel.
35,9 l ↓ eines blinden Jeetzelarmes.
37,9 l ↓ des Harlinger Baches (und der Kläranlage von Hitzacker).
38,1 Straßen-Ⅰ, danach ■, r ≏.
38,4 r → eines Jeetzelarmes um Hitzacker herum (! unter der Brücke nach Wussegel Steine-■ X).
38,6 Straßen-Ⅰ **Hitzacker**. Reizvolles Städtchen, ★.
39,2 r ↓ der Jeetzelverzweigung um Hitzacker und Sportboothafen.
39,7 ↓ in Elbe bei km 522,9.

12.10 Müritz-Elde-Wasserstraße

Wanderfluss - Seen
Mündung in Elbe (r Nebenfluss)

Die Müritz-Elde-Wasserstraße ist ein durchgehender Wasserweg, der die Müritz mit der Elbe verbindet. Er benutzt z. T. den Flusslauf der Elde, zum Teil künstlich geschaffene Kanäle und führt über mehrere Seen.

Das Gefälle wird durch zahlreiche Schleusen abgefangen, daher nur geringe Strömung, der Schiffsverkehr ist gering. Die Befahrung kann daher leicht auch Elde-aufwärts, also gegen die Richtung der folgenden Beschreibung durchgeführt werden.

Die Müritz-Elde-Wasserstraße ist ein sehr beliebtes Kanurevier, das die Möglichkeit zu weiträumigen Wanderfahrten bietet, z. B. eine große Rundfahrt von der Elbe über die Elde zur Müritz und über die Havel wieder zurück zur Elbe und zum Ausgangspunkt der Fahrt. Auch eine Weiterfahrt nach Schwerin oder zu den Gewässern um Berlin ist möglich.

Zeltmöglichkeit: zahlreiche z C, vor allem im Bereich der Seen.

Befahrbarkeit: ganzjährig.

Besonderheiten: Auf der Müritz-Elde-Wasserstraße dürfen Charterboote verkehren. Es ist mit unerfahrenen Bootsführern zu rechnen. An Schleusenanlagen ist besondere Vorsicht geboten.

Gewässergüte: II-III (kritisch belastet).

180,0 **Buchholz**, Yachthafen mit ▲-Möglichkeit, mögliche ⬇.
176,5 → 7 km über Krümmel, Nebel und Langenhagensee nach **Sewekow**.
176,0 **Alt Gaarz** (am Müritzarm).
172,3 Ⅱ Straße B 198, danach Einfahrt in die kleine Müritz, r ↓ Müritz-Havel-Wasserstraße (s. AB), damit Verbindung zur Havel (s. Einleitung). Am Westufer **Vipperow**, östlich **Rechlin**.
169,0 See-Enge, l **Zielow**, ⛺, Ausfahrt in den großen Müritz-See. Er ist der größte See der Mecklenburger Seenplatte, Vorsicht bei Wind und Seegang. Bei der vorherrschenden West-Wetterlage geht die Fahrt am besten entlang dem Westufer nach

N. Die hier angegebene Kilometrierung ist der kürzeste Weg über die Müritz.

165,3 Am West-Ufer **Ludorf**, ▲ C, am Ostufer → Bolter Kanal (s. AB) mehrere ▲ C.

162,0 In einer nach W führenden Seitenbucht **Röbel**, ✕, ▲ C. Am Westufer mehrere ▲ C. Das Ostufer ist nordwärts auf einer Länge von 10 km NSG. Ein Befahren der durch Tonnen gekennzeichneten Wasserfläche ist verboten.

152,0 l **Klink**, ✕.

151,2 r ▲ C Ecktannen.

150,5 Einfahrt in die kleine Binnen-Müritz. Nach Ost in 2,5 km Entfernung **Waren**, 🚌, ✕. Weiterfahrt erfolgt nach W.

148,6 Ⅱ B 192.

147,0 Ausfahrt in Kölpin-See, er wird seiner ganzen Länge nach in Richtung W durchfahren.

140,5 → zum Jabelschen See, dort **Jabel** und mehrere ▲ C.

140,0 Durchfahrt zum Fleesen-See, ▲ C.

132,6 Malchow, 🚌, r Rastplatz, ✕, Ⅱ. Weiterfahrt über das Reken und den Petersdorfer See.

128,8 Autobahn-Ⅱ.

125,5 **Lenz**, Ausfahrt in den Plauer See, Ⅱ. Der See wird in Richtung SW durchquert. Eine Seerundfahrt ist ungefähr 40 km lang. Am See mehrere ▲ C.

121,0 Ausfluss der Elde aus dem Plauer See, r Plauer Seglerverein.

120,5 **Plau**, Ⅱ B 103, 🚌, ✕. Beginn der Fluss-Strecke mit zahlreichen □.

120,0 □ Plau, ☎ 038735/44364.

119,5 EB-Ⅱ.

119,2 Ⅱ.

114,0 □ Barkow, ☎ 038735/42712.

113,6 Ⅱ, l **Barkow**.

108,6 Ⅱ, r **Kuppentin**, Rastplatz mit ▲, ✕, *DKV-Kanustation*, ☎ 038732/20505.

103,9 □ Bobzin, ☎ 038731/22922.

99,0 **Lübz**, □, 038731/22114, Ⅱ, ✕, 🚌, Arzt.

98,5 Marina, ▲ möglich.

94,0 r **Gischow**.

91,3 Fußgänger-Ⅱ, Burow, alter Elde-Arm, Rastplatz, ▲-Möglichkeit.

83,4 □ Neuburg, ☎ 038724/20220.

82,1 l Rastplatz, ▲-Möglichkeit.

81,8 Ⅱ, l **Neuburg**.

77,9 Rastplatz.

76,5 l **Parchim-Slate**.

72,9 Ⅱ, Flussteilung, l fahren, r Arm zum Rastplatz, ▲-Möglichkeit.

72,2	□, ☎ 03871/442422, **Parchim**, 🛒, ✕, Arzt, Krankenhaus.
71,6	EB-Ⅱ.
68,9	Rastplatz.
64,5	Ⅱ, r **Malchow**, l **Damm**.
61,3	l Rastplatz, ▲-Möglichkeit.
60,7	□, ☎ 038722/20020, Ⅱ, r **Garwitz**.
56,3	Elde-Dreieck: l Elde-Wasserstraße, r → Störkanal zum Schweriner See (s. AB).
54,8	Ⅱ.
52,6	Ⅱ.
50,6	□ Lewitz, ☎ 038757/22684, Ⅱ.
48,9	r → Alte Elde, **Kronskamp**.
47,6	Autobahn-Ⅱ, A 24.
46,2	□, ☎ 038757/22578, **Neustadt-Glewe**, Ⅱ, r Rastplatz mit ▲-Möglichkeit, 🛒, ✕, historische Altstadt.
45,0	EB-Ⅱ.
43,0	r **Klein Laasch**.
42,7	r → Alte Elde über ▬.
37,9	Muchower Ⅱ.
34,8	□ Hechtsforth, ☎ 038756/22473, Ⅱ, l Rastplatz mit ▲-Möglichkeit.
30,8	□ Grabow, ☎ 038756/22473.
30,4	Fußgänger-Ⅱ. Danach EB-Ⅱ.
30,0	**Grabow**, Ⅱ, 🛒, ✕, ⚖, ★.
29,5	Ⅱ B 5.
27,7	Wege-Ⅱ, **Fresenbrügge**, r Rastplatz „Eldekrug", *DKV-Kanustation*, ▲-Möglichkeit, ☎ 038756/2745, ✕.
22,7	□ Güritz, ☎ 038755/20268, Ⅱ.
19,9	l ← Ausfluss Alte Elde über ein ▬ (s. „Gewässerführer für Ostdeutschland").
18,0	□ Eldena, ☎ 038755/20304.
17,7	Ⅱ, **Eldena**, Bootshafen, ▲ C.
11,6	Wege-Ⅱ, l **Neu Göhren**, ✕, ▲ C.
9,7	→ zum ▲ C Malliß, ✕.
9,5	□ Malliß, ☎ 038750/20424.
8,8	EB-Ⅱ.
6,2	l Rastplatz mit ▲-Möglichkeit.
5,8	□ Findenwirunshier, ☎ 038758/24112, Ⅱ, **Neu Kaliß**.
4,9	□ Neu Kaliß, Selbstbedienung, 🛒.
1,5	Düker der Löcknitz, ⏏ zur Löcknitz durch Uferbewuchs schwierig.
1,1	Bootshafen, ▲-Möglichkeit, ✕.
0,9	□ Dömitz, ☎ 038758/22725, Ⅱ, Dömitzer Kanu-Verein, ▲.
0,8	Ⅱ (bewegl.), **Dömitz**, 🛒. ★: Elbschifffahrtsmuseum.
0,0	↓ in Elbe bei km 504.

Schifffahrtsstraße - Seen

Der Störkanal führt von der Müritz-Elde-Wasserstraße zum Schweriner See, er stellt damit eine Verbindung von diesem See sowohl zur Mecklenburger Seenplatte als auch zur Elbe dar. Der Schiffsverkehr ist gering.

Der Schweriner See, ein eiszeitlicher Rinnensee, ist der zweitgrößte See in Mecklenburg. Seit 1842 trennt der Paulsdamm den kleineren Innen- vom größeren Außensee. Am westlichen Ufer des Innensees wurde 1160 die Stadt Schwerin gegründet. Seit mehr als 800 Jahren ist sie der administrative Mittelpunkt Mecklenburgs und heute die Hauptstadt des Bundeslandes Mecklenburg-Vorpommern.

Besonderheiten: Auf Störkanal und Schweriner See dürfen Charterboote verkehren. Es ist mit unerfahrenen Bootsführern zu rechnen. An Schleusenanlagen ist besondere Vorsicht geboten.

0,0 → aus der Müritz-Elde-Wasserstraße bei km 56,3.
6,9 Fußgänger-Ⅱ.
10,6 Bootsverleih, einfache ▲-Möglichkeit.
10,9 **Banzkow**, □, ☎ 03861/7232, Dreh-Ⅱ, Durchfahrtshöhe 0,6m.
14,6 **Plate**, Klapp-Ⅱ, 🚆.
16,7 Autobahn-Ⅱ A 241.
20,0 Ⅱ, r großes KZ-Denkmal, r **Rabensteinfeld**, Busverbindung nach Schwerin.
21,0 ↓ in Schweriner See, l **Mueß**, r ▲ C. Aus dem Kanal kommend Vorsicht bei starken östlichen oder westlichen Winden, da Seegang von der Bucht nicht erkennbar.
22,0 l Insel Ziegenwerder, NSG.
23,0 l Insel Kaninchenwerder, NSG
24,0 Am Westufer **Schwerin**, 🚆, 🍴, mehrere ⌂, ⌂ SV Mecklenburgisches Staatstheater, *DKV-Kanustation*, ☎ 03861/7869. ⌂ Kanu-Renngemeinschaft Schwerin, *DKV-Kanustation* am Faulen See, ☎ 0385/565757 oder 795020, Dom aus dem 14. Jahrhundert, Schweriner Schloss und Schlossgarten, ★.
29,8 See-Enge, Paulsdamm, Ⅱ B 104, Durchfahrt in den Außensee, den nördlichen Teil des Schweriner Sees. l ← zum Ziegelsee.
31,8 Am W-Ufer **Seehof**, ▲ C.
35,4 Am O-Ufer **Retgendorf**, ▲ C.

36,8 - 39,5 r Insel Lieps.
40,0 l **Bad Kleinen**, 🚂, ✕.
41,5 l ← Wallensteingraben, Abfluss des Schweriner Sees zur Ostsee (s. AB).
43,4 l **Hohen Viecheln**, eine Weiterfahrt bis zu dem N-Ende des Sees ist nicht möglich, NSG. Ausführlichere Beschreibung des Schweriner Sees s. „Gewässerführer für Ostdeutschland".

12.11 Havel

Wanderfluss - Seen
Mündung in Elbe (r Nebenfluss)

Die Havel beginnt als kleiner Wiesenfluss, zunächst auf 20 km leichte Schwierigkeiten. Danach wird sie zum gemächlichen Wanderfluss, zwischen Wäldern und Hügeln, nur ganz geringe Strömung, das Gefälle wird durch Schleusen aufgefangen. Die Havel durchfließt zahlreiche Seen, jeweils mit eigenen Namen. Von der Hauptroute der Havel bestehen zahlreiche Abzweigungen zu Seitengewässern und anderen Flusssystemen (z. B. zu den Mecklenburger Seen, über die Elde-Wasserstraße zum Schweriner See und zur Elbe, zu den Gewässern um Berlin sowie Querverbindungen zur Elbe).

Die Havel ist ab dem Gr. Labus-See Schifffahrtsstraße mit Schleusen, hier ist der Schiffsverkehr gering. Auf der Unteren Havel besteht reger Schiffsverkehr. Auf den Seen ist mit z. T. starkem Sportbootverkehr zu rechnen. Beim Befahren der größeren Seen ist wegen ihrer geringen Tiefe bei entsprechender Wetterlage mit erheblicher Wellenbildung zu rechnen.

Befahrbarkeit: ab Pieverstorf nur bei gutem Wasserstand, nur für Einer, ab Kratzeburg meist ganzjährig, auch für Zweier.

Besonderheiten: Auf der Oberen Havel dürfen zwischen Neustrelitz und Schleuse Zehdenick Charterboote verkehren. Es ist mit unerfahrenen Bootsführern zu rechnen. An Schleusenanlagen ist besondere Vorsicht geboten.
Gewässergüte: Fürstenberg bis Stadtgrenze Berlin zu Potsdam, II-III (kritisch belastet), dann bis Ketzin III (stark verschmutzt), weiter bis zur Mündung in die Elbe II-III (kritisch belastet).

Obere Havel

118,8 Havelquellen Middel-See am Flötenberg.

117,3 **Pieverstorf**, ⬇, nur mit Einer bei gutem Wasserstand ≋.

116,0 **Dambeck**.

115,3 Röthsee, Havelseen bis Useriner See für Motorboote gesperrt.

114,0 **Kratzeburg**, 🚌, Ⅱ und EB-Ⅱ; ab hier ständig auch für Zweier ≋.

112,5 ▲ C.

110,9 Havelausfluss aus NO-Ende des Käbelick-Sees.

109,4 ↓ in Granziner See.

109,0 **Granzin**, ✕, See-Ausfluss.

108,0 ■ Granziner Mühle, **X**. Das Flussbett ist zugeschüttet, ⏏ etwa 750 m bis zum Pagelsee, Lorenbahn ist vorhanden.

107,5 ↓ in den Pagel-See, r **Krienke**, gute ⬇.

104,7 ↓ in den Zotzen-See.

103,8 Ausfluss aus dem Zotzen-See.

102,6 ■ Babke, **X**, ⏏, Bootsschleppe vorhanden.

101,9 **Babke**, Ⅱ. Von hier aus Übersetzmöglichkeit zur „Alten Fahrt" in den Leppiner- oder Woterfitz-See, Entfernung ca. 5,0 km.

100,4 Havelausfluss aus dem Jähten-See.

100,0 → in den Jamelsee, ▲ C „Hexenwäldchen", Wegweiser!

99,5 Ⅱ, r **Kakeldütt**, l **Blankenförde**, ✕.

98,2 ↓ in den Görtow-See.

96,8 ↓ in den Zierz-See.

96,0 ↓ in Useriner See. Weiterfahrt nach S; am N-Ende des Sees NSG, Durchfahrt zum Krams-See gesperrt.

93,5 ▲ C (FKK).

92,6 □ mit Bootsschleppe zwischen Useriner und Gr. Labus-See. ↓ in den Gr. Labus-See; im N Zwenzow, ▲ C.

90,6 Ausfluss aus dem Gr. Labus-See.

87,9 EB-Ⅱ, zum 🚌 vor Ⅱ l ⬆, ca. 150 m; danach Straßen-Ⅱ, **Groß Quassow** 1 km.

87,2 ↓ in Woblitz-See, ▲ C, ✕. Am NO-Ende des Sees, in etwa 2 km Entfernung von der Einfahrt, ← Kammerkanal. Er führt über die □ Voßwinkel zum Zierker See und nach insgesamt 8 km nach **Neustrelitz**, ⌂, *DKV-Kanustation*, WSV Einheit Neustrelitz, ☎ 03981/204338; ✕, 🚌. Die Weiterfahrt auf der Havel folgt dem W-Ufer nach S.

83,2 **Wesenberg**, 🚌, ✕, Arzt, ⌂ des SV Wesenberg, Sektion Kanu, ▲ auch für Wohnwagen; bei längerem Aufenthalt Anmeldung erforderlich bei Ralf Nerger, 039832/21131 oder 20234.

82,7 Ⅱ, Ausfluss der Havel aus dem Woblitz-See.

82,2 r Ziegelsteinmauer, ▬, hier evt. kurzes ≏ in die Alte Havel, die nach etwa 3 km in die Schwaan-Havel mündet, 100 m nach deren Abzweigung aus der Havel.
81,8 □ Wesenberg, ☎ 039832/20214, r Bootsschleppe.
81,0 r ↓ Schwaan-Havel, zum Plätlin-See 3 km (s. „Gewässerführer für Ostdeutschland“).
78,6 Ⅱ, **Ahrensberg**.
78,1 Nach Osten Einfahrt in den 6 km langen Drewen-See, hier 2 ▲ C. Die Weiterfahrt auf der Havel geht nach Süden.
75,5 Wagnitz-See.
75,2 N-Ende Priepert-See.
73,0 S-Ende Priepert-See, Ⅱ, **Priepert**, ✕.
72,8 ↓ in Ellenbogen-See. Nach W Abzweigung Müritz-Havel-Wasserstraße (s. AB). Sie führt zur Müritz und bildet damit den Anschluss an die Müritz-Elde-Wasserstraße (s. AB). Die Weiterfahrt auf der Havel geht nach SO.
70,0 **Groß Menow**, ▲ C.
69,0 ↓ in Ziern-See, nach 2 km ▲ C.
67,0 Ausfluss aus Ziern-See, Ⅱ, **Klein Menow**.
66,4 Menow-See.
65,6 Ⅱ, **Steinförde**.
64,3 □ Steinhavel, ☎ 033093/32095.
63,0 ↓ in Röblin-See, Badeanstalt, ▲ C.
61,2 Ausfluss aus Röblin-See, EB-Ⅱ.
60,7 Ⅱ B 96, **Fürstenberg**, [symbol], ✕, Arzt, Krankenhaus, □ Fürstenberg, ☎ 033093/32244, ↓ in Bahlen-See.
60,0 Ⅱ, l ← zum Schwedt-See, im N des Sees l ↓ Thymenbach (NSG, ganzjährig gesperrt).
57,5 ↓ in Stolp-See.
55,0 l **Himmelpfort**, l ← zu den Lychener Gewässern (s. AB).
54,0 Ausfluss der Havel, davor l ▲ C.
53,0 r **Zootzen**, ▲ C.
48,0 Ⅱ, □ Bredereiche, ☎ 033087/52223, **Bredereiche**, am Freibad Rastplatz mit ▲-Möglichkeit.
42,2 □ Regow, ☎ 033087/52318, ab hier l ehemaliger Truppenübungsplatz bis km 35,3, Fluss- und Uferbereich nicht verlassen.
36,1 □ Zaaren, Selbstbedienung.
32,6 □ Schorfheide, ☎ 0173/2030742, l ← zu den Templiner Gewässer, (s. AB).
26,4 r ↓ Tornow-Fließ, bei Tornow ▬ (nur im Frühjahr evtl. ♒), Verbindung zu den Wentow-Gewässern, (s. AB).
25,0 r → Wentow-Gewässer (s. AB).
24,9 l ✕ und ▲ C.
24,6 Ⅱ, l **Burgwall**.

21,9 ★: Ziegeleipark Mildenberg, ✕ mit ▲-Möglichkeit.
18,9 r ↓ Welsengraben, evtl. befahrbar ab Gransee, mehrere ▬.
15,9 □, **Zehdenick**, 🚆, ✕, Arzt.
14,9 Beginn des Voßkanals, r → Schnelle Havel (NSG, ganzjährig gesperrt).
10,6 Ⅱ, l **Krewelin**.
4,5 □ Bischofswerder, Ⅱ.
0,8 Ⅱ, l **Liebenwalde**.
0,0 weiter als Malzer Kanal, l ← Langer Trödel.
1,6 □ Liebenwalde.
3,0 ↓ in den Oder-Havel-Kanal bei km 40,5 (s. AB).
40,5 = 3,0 des Malzer Kanal, Weiterfahrt nach W.
32,4 r → Malzer Kanal (außer Betrieb).
28,6 □ Lehnitz mit Bootsschleppe, anschließend Lehnitz-See, r **Oranienburg**, 🚆, ✕.
24,9 r ↓ Oranienburger Havel, ca. 2,5 km befahrbar, mehrere ⌂, ★: Oranienburger Schloss.
23,0 Ⅱ B 96.
20,8 Ⅱ, **Pinnow**, r → Oranienburger Kanal (s. „Gewässerführer für Ostdeutschland").
20,2 Autobahn-Ⅱ.
16,9 Autobahn-Ⅱ.
15,6 EB-Ⅱ.
15,2 r → Veltener Stichkanal (3 km bis Velten).
12,5 Ⅱ, **Hennigsdorf**.
12,0 EB-Ⅱ.
10,5 r → des Havelkanals (dieser 33 km lange, landschaftlich uninteressante Kanal umgeht Berlin und stellt die kürzeste Verbindung zwischen Oberer Havel bzw. Oder-Havel-Kanal und Unterer Havel bei km 32,6 dar.). ↓ in den Niederneuendorfer See. Beginn **Berlin**. In etwa 1,5 km Entfernung in nördlicher Richtung auf der anderen Uferseite 3 Kanuvereine, jeweils *DKV-Kanustation*, und zwar: Heiligenseer KC, ☎ 030/4318781; Wassersport-Club Havel, ☎ 030/4955406 und Wassersportgemeinschaft Heiligensee, ☎ 030/8153717 oder 030/4363783.
8,2 l ⌂ Wander-Paddler Havel, *DKV-Kanustation*, ▲-Möglichkeit sehr beschränkt, keine Wohnwagen oder Wohnmobile, ☎ 030/4313122.
8,1 l ← des Heiligensees, privat.
6,1 r geschützte Badestelle „Bürgerablage", daneben ⬇/⬆ Berlin-Spandau, Niederneuendorfer Allee, Strand, ✕.
5,8 r ▲ C.
5,5 r ϟ; l ⬇/⬆ Berlin-Konradshöhe, Bärbelweg / Buntspechtstraße, Strand.

4,6 Autofähre, r Aalemannkanal.
4,0 l Tegelort, ← in den Tegeler See (s. „Gewässerführer für Ostdeutschland“).
3,5 Insel Großer Wall, ← des Hohenzollernkanals (s. AB); er stellt eine Verbindung zur Spree dar.
3,0 Wasserstadt-Ⅱ, danach l Sportbootliegestelle, ⬇/⬆, Stege.
2,5 Spandauer See-Ⅱ.
2,0 l Insel Eiswerder, ⌂ Kanusportvereinigung Havelbrüderl durch die kleine Eiswerder-Ⅱ: l ⌂ Turnerschaft in Berlin, Ski- und Kanuabteilung, l ⌂ Kanu-Club Haselhorst, und am Pulvermühlengraben (Einfahrt durch eine ca. 1 m breite Lücke im Schilfgürtel links neben einer Marina für Motor- und Segelboote) ⌂ Ruder- und Kanu-Verein 1928, *DKV-Kanustation*, ? Babette Weber, Zobelitzstr. 106, 13403 Berlin; ⌂ Kanu-Club Naturfreunde.
1,5 Eiswerder-Ⅱ.
0,6 □ Spandau, Bootsschleppe mit Wagen, l Spandauer Zitadelle mit Juliusturm, Festungswerk aus dem 16. Jahrhundert, ★.
0,3 Juliusturm-Ⅱ, l Zitadellengraben, Slalomstrecke (Einfahrt verboten).
0 l ↓ Spree (s. AB).Ab hier neue Kilometrierung.

Untere Havel

Die Untere Havel ist ein Flachlandfluss mit geringer Strömung. Sie fließt weitgehend durch eine Wiesen- und Auenlandschaft mit vielen reizvollen Seen, die Ufer sind streckenweise reguliert. Alle Staustufen haben Schleusen, starker Schiffsverkehr.

Befahrbarkeit: ganzjährig in beiden Richtungen.

0,0 l ↓ Spree; ab hier neue, aufsteigende Kilometrierung.
2,1 l Südhafen, Tiefwerder, r ⌂ Wassersport-Club Kurmark und Vereinigung Märkischer Wasserwanderer, dahinter Abzweig Kleiner Jürgengraben, l Bootshaus Wassersport-Club Kurmark, und weiter nach ca. 0,5 km. l Wassersportverein Helios, r nach 0,5 km Postsportverein, Kanuabteilung, r nach 0,7 Kajak-Club Albatros, *DKV-Kanustation*, ☎ 030/3325152, r nach 1,0 km Wassersportverein Helios.
3,0 r ⌂ Paddel-Club Wiking, *DKV-Kanustation*, ☎ 030/8253685. Frey-Ⅱ, ⌂ Havel-Möwen Wassersportclub.
4,0 Pichelsdorfer Gemünd, Blinkfeuer, ab hier wieder seenartig erweitert, r Scharfe Lanke, nach 1,2 km ⌂ Kanuklub Charlottenburg, *DKV-Kanustation*, ☎ 030/3616379. l Richtung Stößensee, ⬇/⬆ Berlin-Grunewald, Havelchaussee / Straße Am Postfenn, neben dem Restaurantschiff „Alte Liebe“, Strand

und Versehrten-Wassersport-Gemeinschaft Berlin, *DKV-Kanustation*, ☎ 030/7758516.

4,8 l Schildhorn.

6,0 r Regattastrecke Berlin-Gatow, Sattelplatz.

6,5 r Kleine Badewiese, ⬇/⬆ Berlin-Gatow, Parkplatz Alt-Gatow (auch für größere Gruppen), Strand.

7,0 l Grunewaldturm.

7,5 - 8,0, r Große Badewiese, ⬇/⬆ Berlin-Gatow, Hellebergeweg, Strand, Treppe, Ufermauer.

8,3 l Lieper Buch, Insel Lindwerder.

8,8 r ⛺ C.

9,0 r Breitehorn.

9,5 l Ufer, ⬇/⬆ Berlin-Nikolassee, Havelchaussee, Parkplätze Große Steinlanke und Großes Fenster, Strände.

10,6 l Nordspitze Insel Schwanenwerder, l ← nach 0,8 km Schwanenwerder-Ⅱ, Durchfahrt zu den Wannseer Gewässern.

11,4 r Insel Imchen, NSG, l Abzweig zum Großen Wannsee.

12,5 l kleine Insel Kälberwerder.

13,2 - 14,9 l Pfaueninsel, NSG, Schloss und weitere historische Gebäude, ★.

16,0 l ✕ Moorlake.

16,3 Sacrower Enge, r Heilandskirche, ★. Teilung der Havel. Nach West über den Jungfernsee zum Sacrow-Paretzer Kanal und nach Paretz. Dieser kurze Weg zur unteren Havel wird von den Frachtschiffen benutzt. Die folgende Beschreibung und Kilometrierung folgt diesem Weg. Nach Süd ← Abzweigung der Potsdamer Havel (s. AB). Es ist dies der alte Lauf der Havel, der sehr reizvoll über Potsdam und mehrere Seen ebenfalls nach Paretz führt.

17,0 ⬇/⬆ nahe Glienicker Brücke, Potsdam, Schwanenallee, ehemalige Matrosenstation Kongsnæs, Treppe, alternativ Strand nahe dem Eingang zum Neuen Garten.

17,5 - 18,5 l **Potsdam**, ★: Schloss Caecilienhof, Tagungsort der Potsdamer Konferenz von 1945; Neuer Garten mit Marmorpalais; Belvedere auf dem Pfingstberg.

20,0 l Sacrow-Paretzer Kanal, Fortsetzung der unteren Havel; geradeaus in Lehnitzsee, rund 3 km bis **Krampnitz**.

20,3 Nedlitzer Süd-Ⅱ, r **Neu Fahrland**, l **Nedlitz**, Weißer See.

22,3 r → Fahrlander See, Befahren verboten.

25,5 Ⅱ, danach EB-Ⅱ.

27,5 ↓ in Schlänitzsee, r ↓ und l ← Wublitz (s. „Gewässerführer für Ostdeutschland".)

28,5 Autobahn-Ⅱ.

32,6 r ↓ Havel-Kanal (er stellt eine 33 km lange Verbindung zwischen Oberer und Unterer Havel dar, s. „Gewässerführer für Ostdeutschland"), l ↓ Potsdamer Havel (s. AB), l **Paretz**.
34,3 Fähre Ketzin, r ⬇/⬆, Strand.
35,5 r **Ketzin**, 2 ▲ C, ▲-Möglichkeit für 1 Nacht beim Schwimmbad, ⬇/⬆ Friedrichstraße, Steg und Albrechtstraße, Slip.
36,0 - 41,0 Trebelsee, Vorsicht bei Westwinden!
50,0 r ▲ C.
51,7 r **Klein Kreutz**, ✕, l ← Emster Kanal (s. „Gewässerführer für Ostdeutschland") nach Lehnin.
54,3 Havelteilung, r zur Vorstadt-□. l zum Brandenburger Stadtkanal

---

0,0 l Brandenburger Stadtkanal.
4,0 Sport-□ Brandenburg, von September - Mai geschlossen. **Brandenburg**, 🚂, ✕,
4,3 ↓ in, r → zum Silo-Kanal (km 56,2) und zum Beetzsee; l Weiterfahrt havelabwärts.
5,0 ⌂ BKV „Freie Wasserfahrer 1925", ▲, *DKV-Kanustation*, ☎ 03381/302080.
5,2 ⌶ B 1, EB-⌶.
10,0 ↓ in den Breitling-See, l ↓ Plane (s. „Gewässerführer für Ostdeutschland"), ▲ C an der Malge und auf Kienwerder. Am S-Ufer ↓ Buckau (s. „Gewässerführer für Ostdeutschland"). Hinter der Insel Kienwerder Möserscher See, **Kirchmöser**, ⌂.
12,0 Vereinigung mit Havel im Plauer See bei km 63,4; Insel Buhnenwerder, NSG.

55,5 Brandenburger Vorstadt-□, im Sommer für Sportboote gesperrt.
56,2 geradeaus Silokanal, für Sportboote gesperrt. r → Beetzsee, 21 km lange Seenkette, Regattastrecke. ⌂ WSV Stahl Beetzsee, l ← Brandenburger Niederhavel, dort Brandenburgischer SC Süd 05, *DKV-Kanustation*, ☎ 03381/522977.
61,5 ↓ des Silokanals in den Quenzsee, Quenz-⌶, mehrere ⌂.
63,0 Insel Buhnenwerder, NSG. Insel Kienwerder, ▲ C.
66,0 r Margaretenhof, ▲ C.
68,0 ⌶ B 1, **Plaue**, l ← zum Wendsee, Elbe-Havel-Kanal (s. AB).
72,0 r **Briest**.
74,4 r **Krahnepuhl**.
76,5 r **Tieckow**.
78,5 r **Pritzerbe**, 🚂, ✕, r → zum Pritzerber See, l **Kützkow**, ▲ C.
81,9 l zur □ Bahnitz, r zur Kahn-□ und ■.
90,0 Premnitz, 🚂, ✕.

93,0 Ⅱ, l Milow, ⛵, ✕, r ⌂ TSV Chemie Premnitz, ▲, l ↓ Stremme (s. „Gewässerführer für Ostdeutschland").

96,3 r → Mögeliner Havel, lohnend.

97,4 l ↓ Königsgraben (NSG, ganzjährig gesperrt).

99,0 r ↓ Mögeliner Havel.

101,5 EB-Ⅱ.

103,2 l Rathenower Hauptschleusenkanal, □ Rathenow, im Juli und August für Sportboote gesperrt, r Arm Stadtdurchfahrt **Rathenow**, 2,3 km länger als Hauptschleusenkanal, ⌂ mit ▲, Rathenower WSV Kanu, *DKV-Kanustation*, ☎ 03385/541920 oder 511058. Stadt-□, ⛵, ✕, → zur Rathenower Stremme.

104,6 l Havel in Rathenower Hauptschleusenkanal.

108,0 r ↓ Rathenower Stremme (s. „Gewässerführer für Ostdeutschland").

109,5 r **Albertsheim**.

111,8 r → Hohennauener Kanal (s. „Gewässerführer für Ostdeutschland" Havelländischer Hauptkanal), zum Hohennauener See, dort nach 2 km l **Hohennauen**, ✕, ▲ C, nach 5 km l Rastplatz Wassersuppe und in 10 km **Ferchesar**, ▲ C.

112,0 - 144,0 vom 15.03. bis 15.06. Anlegeverbot außer in Ortslagen und an den Schleusen!

115,0 l **Grütz**, 2 kleine ▲ C.

117,0 r □ Grütz, l ■.

120,0 l **Schollene**.

123,5 r → Gülper Havel mit ■ und Kahn-□, Gülper Havel verläuft parallel zur Havel, l **Molkenberg**.

129,0 □ Garz, r über ■ zur Gülper Havel.

132,0 r ↓ Gülper Havel, **Strodehne**, Rastplatz.

132,6 Ⅱ Strodehne - Garz.

135,4 r ↓ Neue Dosse (s. AB).

141,0 r ↓ Neue Jäglitz.

145,4 l ← zur Havelberger □, 2,5 km zur Elbe.

147,0 **Havelberg**, ✕, ▲ C, ⌂, SV 90 Havelberg, Kanuabteilung, ▲, Dom, Altstadt, ★.

149,0 r **Toppel**.

152,5 r **Nitzow**.

157,0 ■-Gruppe Quitzöbel, l Havelmündung, keine Durchfahrt, r ■ mit Kahn-□ zum Gnevsdorfer Vorfluter.

168,0 ■ und Kahn-□, **Gnevsdorf**, ↓ in die Elbe bei km 438,1.

Wanderfluss
Mündung in Havel (r Nebenfluss)

Die Dosse ist ein Wiesenfließ, jedoch im unteren Teil begradigt und durch Wehre reguliert. Das Umtragen der Wehre ist teilweise etwas mühselig bei steilen, verwachsenen oder schlammigen Uferpartien.

Befahrbarkeit: bei gutem Wasserstand im Einer ab Wulfersdorf, immer ab Wittstock. Im Sommer Verkrautungen.

Gewässergüte: oberhalb Wittstock II-III (kritisch belastet), dann II (mäßig belastet).

84,6	⌶ Below - Wulfersdorf, unterhalb Autobahn-⌶.
	⌶, **Heinrichsdorf**
	⌶, **Biesen**.
74,1	▬, ⌓, ⌶, **Wittstock**, ⛺, ✕. ⬇ an der Stadtmauer in der Nähe des Bahnhofes in die Glinze (r Nebenfluss), gute Parkmöglichkeit.
73,5	EB-⌶ Wittstock - Neustrelitz.
72,2	⌶ **Scharfenberg**, Mühle, ▬, ⌓
69,5	⌶ **Goldbeck**, ▬, ⌓.
67,7	⌶ **Dossow**, ⛺, ✕, ▬, ⌓.
64,2	▬, ⌓.
61,7	▬, ⌓, ⌶.
59,0	⌶ **Fretzdorf**, ▬, X, ⌓, ⛺; zwischen km 59,0 und 26,8 10 ▬, X, ⌓.
58,2	EB-⌶.
50,9	⌶ **Teetz**.
45,1	⌶, r **Wulkow**.
38,8	l **Tramnitz**, r **Tornow**.
27,0	Fußgänger-⌶, danach l gute ⬇/⬆.
26,8	⌶ und EB-⌶, **Wusterhausen**, ⛺ ✕. Übersetzen zur Kyritzer Seenkette (1,8 km weit) möglich.
22,4	EB-⌶.
22,0	▬. Das erforderliche ⌓ führt über ein Privatgrundstück, nach Anfrage gestattet. Wenn die Tore des Grundstückes verschlossen sind und niemand im Hause anwesend ist, muss etwa 800 m weit ⌓ werden. **Neustadt**, ⛺, ✕.
20,6	⌶ zum Gestüt.
17,4	**Hohenofen**, ⌶, EB-⌶, ▬, ⌓.
17,2	EB-⌶.

13,5	𝕀, Friedrichsbruch.
11,2	𝕀 B 102, **Großderschau**.
11	EB-𝕀.
7,7	l ↓ Bültgraben. (Wenn man vom Rhin zur Havel fahren möchte, ist dies nur über den Bültgraben und die anschließende Dosse möglich).
7,6	■.
7,4	𝕀.
4,6	r ↓ Alte Jäglitz.
3,4	■.
3,3	r ↓ Alte Dosse (Teil des Niederstechgrabens).
2,6	r ↓ eines Altarmes.
2	𝕀.
0	↓ in Untere Havel bei km 135,4.

12.11.2 Rhin

Kleinfluss, Wanderfluss
Mündung in Havel (r Nebenfluss)

Der Oberlauf des Rhins, vom Grienerick-See bis Zippelsförde wird als Rheinsberger Rhin bezeichnet. Dieser Abschnitt ist ein sehr reizvoller Wald- und Wiesenfluss mit vielen Kehren und Schlingen. Der weitere Flusslauf ist schiffbar und besteht aus einer Kette von Seen. Der Wasserstand ist durch Staustufen geregelt. Diese Staustufen werden durch Schleusen umgangen. Über den Alten oder den Neuen Rhin wird Fehrbellin erreicht (Ende des schiffbaren Teils). Der nun folgende Rhinkanal (viele Wehre) mündet, nachdem er den aus Naturschutzgründen gesperrten Gülper See durchflossen hat, in die Havel.

Gewässergüte: oberhalb Altruppin II (mäßig belastet), dann II-III (kritisch belastet).

I. Rheinsberger Rhin

Befahrungsregeln: Vom 1.11. - 15.6. gesperrt. In der übrigen Zeit sind nur 1er- und 2er-Kajaks (keine Canadier) erlaubt von 09.00 - 19.00 Uhr bei einem Pegelstand über 65 cm beim Pegel am km 0,4 (Pegeltelefon 033931/344816). Aufwärtsfahren ist verboten. Uferbetretungsverbot außerhalb der gekennzeichneten Stellen. Verbot des Betretens des Flussbettes.

Befahrbarkeit: Schwierigkeiten bei NW; günstig sind >65 cm beim Pegel km 0,4.

0,0 Ausfluss aus dem Grienerick-See, **Rheinsberg**, 🚉, ✕, ★: Rheinsberger Schloss und Schlosspark.
0,1 Ⅱ Schlosspark.
0,3 Mühle Rheinsberg, ■, X, r ⌓ über die Straße. Gute ⬆ zur Schlossbesichtigung.
0,4 Ⅱ Mühlenstraße, übliche ⬇, Pegel.
2,0 Ⅱ mit Schwall, meist ≋.
6,2 Ⅱ, l Zechow.
8,6 Röhren-Ⅱ, X, r ⌓! **Rheinshagen**.
14,4 Niedrige Ⅱ, evtl. ⌓.
15,9 ✕ Jägerhütte.
16,5 Ⅱ, ■, l ⌓ und ⬆, Parkplatz, **Zippelsförde**.
18,0 ↓ in Rhin bei km 56,7.

II. Rhin (Lindower Gewässer), Alter Rhin.

71,3 **Seebeck**.
66,0 Ⅱ, EB-Ⅱ, **Lindow**, 🚉, ✕.
65,3 ↓ in Gudelack-See, ▲ C.
61,4 Ausfluss aus Gudelack-See, Ⅱ.
60,0 l Möllen-See.
58,5 Ⅱ, **Zippelsförde**.
56,7 r ↓ des Rheinsberger Rhins (s. o.).
53,1 ↓ in Zermützelsee, ▲ C.
51,5 r → nach Boltenmühle (für Motorboote gesperrt).
0,0 Abzweig nach Boltenmühle.
1,4 Tornowsee, mehrere ▲ C.
3,6 Boltenmühle.
50,5 Ausfluss aus Zermützelsee, r **Stendenitz**, l **Zermützel**.
49,8 ↓ in Teetzensee.
48,5 Ausfluss aus Teetzensee.
47,4 Ⅱ, l Molchow, Beginn Molchowsee.
45,4 □ Altruppin und Bootsschleppe.
44,0 2 Ⅱ, **Altruppin**, ✕.
43,5 ↓ in Ruppiner See
41,2 EB-Ⅱ und Ⅱ, r **Neuruppin**, 🚉, ✕.
39,6 ⌂ Post-SV, ▲.
37,5 r **Treskow**.
35,5 l **Gnewikow**.
32,2 l **Karwe**.
30,7 r **Wustrau**, → Neuer Rhin (Wustrauer Rhin). 5 km bis Fehrbelliner Kanal, ein ■.
29,7 Ausfluss aus Ruppiner See.
29,0 Ⅱ, □, **Alt Friesack**, ✕, ↓ in Bützsee.
25,8 Ausfluss aus Bützsee.

22,0 Gabelung, geradeaus Oranienburger Kanal (s. „Gewässerführer für Ostdeutschland“). r Beginn Alter Rhin.
22,0 = 0,0.
0,0 ehemalige Rhinschleuse.
3,0 Ⅱ.
8,8 □ Hakenberg.
13,8 l **Tarnow**, Weiterfahrt rechts über Fehrbelliner Kanal.
14,2 r ↓ Neuer Rhin (Wustrauer Rhin).
17,5 ▬, ⏏, **Fehrbellin**, ✕, weiter r auf:

III. Rhinkanal, Mühlenrhin

17,8 Ⅱ, darunter Steine und kleine Stufe.
21,3 Sohlschwelle, 20 m vor Ⅱ.
23,0 Ⅱ, l **Lentzke**.
24,7 ▬, ⏏.
27,3 ▬, ⏏.
30,5 Ⅱ **Zotzen**.
31,2 Ⅱ.
31,5 ▬, ⏏.
33,0 EB-Ⅱ Neustadt - Nauen.
33,5 Ⅱ B 5.
36,2 ▬, ⏏.
37,2 ▬, ⏏.
39,0 ↓ in Dreetzer See.
40,4 Ausfluss aus Dreetzer See.
41,3 ▬, ⏏.
41,9 Ⅱ.
47,3 Flussgabelung ▬, **X**, Ⅱ B 102.→ Bültgraben. Dieser mündet nach 3,8 km in die Dosse km 7,7 (s. AB). Da der Mühlenrhin nicht durchgängig zur Havel befahren werden kann (NSG), wird empfohlen, über Bültgraben und Dosse die Havel zu erreichen.
0,0 Beginn des Mühlenrhins.
2,2 ▬, ⏏, Ⅱ, l **Rhinow**.
3,2 Ⅱ, r **Kietz**, die Fahrt muss hier beendet werden (NSG).
6,7 Beginn des Gülper Sees, Befahren verboten (NSG).
11,1 □ am Ausfluss Gülper See (außer Betrieb).
11,3 ↓ in Gülper Havel, geradeaus ▬ und ↓ in Havel bei km 129,0.

Wanderfluss - Seen

Die Potsdamer Havel ist der alte Lauf der Havel; da die Frachtschiffe den wesentlich kürzeren Weg zur unteren Havel über den Sacrow-Paretzer-Kanal benutzen, fahren auf der Potsdamer Havel überwiegend Sportboote und Ausflugsschiffe. Die Potsdamer Havel verläuft sehr reizvoll durch mehrere Seen. Wenn man es nicht sehr eilig hat zur unteren Havel zu gelangen, sollte man den Sacrow-Paretzer-Kanal meiden und den um 14 km weiteren Weg über die Potsdamer Havel wählen.

Gewässergüte: III (stark verschmutzt).

30,0 ← Abzweig aus der Unteren Havel am O-Ende des Jungfernsees bei km 16,3.
29,0 l Schlosspark Kleinglienicke, ★.
28,6 Glienicker ⌶, l Berlin, r Potsdam.
28,4 l ↓ Teltowkanal/Glienicker Lake (s. „Gewässerführer für Ostdeutschland"), ★: Schloss Babelsberg, Schlosspark von km 28 bis 27.
26,8 Humboldt-⌶.
26,0 l ↓ Nuthe (s. „Gewässerführer für Ostdeutschland").
26,1 - 25,4 Freundschaftsinsel. Rechts Alte Fahrt. Nichtmotorisierte Fahrzeuge müssen diesen Weg benutzen. Mehrere ⬇/⬆-Möglichkeiten, Mauer, Treppe; r Nikolaikirche, ★.
25,5 Lange Brücke, **Potsdam**, 🚉 Potsdam-Hauptbahnhof, ✕, ★: Schloss und Park Sanssouci, Orangerie, Neues Palais, Filmmuseum.
25,3 EB-⌶
25,0 r Fortsetzung der Potsdamer Havel, man kann jedoch auch geradeaus durch den Judengraben fahren und kommt auch hier wieder auf die Potsdamer Havel.
24,5 - 22,5 l Insel Hermannswerder, r mehrere 🏠.
22,5 ↓ in Templiner See, r 🏠 OSC Potsdam, ⛺, ☎ 0331/9512386.
21,0 EB-⌶, 🚉 Potsdam-Pirschheide, danach r 🏠 Wassersportfreunde Pirschheide, ⛺, ☎ 0331/815036, ⬇/⬆ am Strand.
19,8 r ⛺ C.
19,5 r → durch EB-⌶ in den Petzinsee. Weiter über Wentorfgraben zur Potsdamer Havel bei km 15,8. Dieser Weg ist 1 km kürzer.
18,4 r ⛺ C.

16,9 EB-Ⅱ, l **Caputh**, ✕, 🚆 Schwielowsee, mehrere ✕. Durchfahrt zum Schwielowsee, l nach Ferch 4,6 km. Weiterfahrt nach NW.

14,7 Baumgarten-Ⅱ, N-Ende Schwielow-See. r **Geltow**, mehrere ✕.

13,5 l ← zum Glindowsee durch Ⅱ, ▲ C, 4,5 km bis **Glindow**.

12,5 - 11,5 Insel Werder, **Werder**, 🚆, ✕, ⬇/⬆ an der Westseite der Insel, Uferstraße an der Maria-Meeresstern-Kirche, Stege.

10,2 EB-Ⅱ, Beginn Gr. Zernsee.

9,0 r nach N → zur Wublitz (s. „Gewässerführer für Ostdeutschland"), Weiterfahrt nach NW.

7,0 Autobahn-Ⅱ.

5,5 r **Töplitz**.

4,0 l **Phöben**, r ⬇/⬆, zu erreichen von Töplitz.

0 l ↓ in Havel bei km 32,6, l Havel, r Sacrow-Paretzer Kanal, N Havelkanal.

12.11.4 Spree-Oder-Wasserstraße

Schifffahrtskanal
Verbindet Oder und Havel

Die Wasserstraße verbindet die Havel von der Spreemündung in Berlin-Spandau über die Spree mit der Oder und erreicht diese bei Eisenhüttenstadt. Über die Spree-Oder-Wasserstraße sind nahezu alle Berliner Gewässer, der Spreewald auf zwei verschiedenen Wegen (über Dahme und Spree-Dahme-Umflutkanal sowie über die Spree über Beeskow), die Boddengewässer und die Ostsee über Szczecin erreichbar. Unter Einbeziehung der Oder und des Oder-Havel-Kanals ermöglicht sie eine große Rundfahrt Berlin - Eisenhüttenstadt - Hohensaaten - Eberswalde - Oranienburg - Berlin. Der Kanalverlauf bietet neben einigen eintönigen Strecken auch abwechslungsreiche Abschnitte, besonders im Berliner Bereich.

Die Spree-Oder-Wasserstraße, deren Kilometrierung in Berlin-Spandau beginnt, führt streckenweise auch andere Namen.

Befahrungsregeln: km 20,7 - 14,5 ganzjährig gesperrt.
Gewässergüte: II-III (kritisch belastet).

Untere Spree

0,0 Spandau, ↓ der Spree in die Untere Havel bei km 0. r ↓ Ruhlebener Altarm. l ↓ Grützmacher Graben. l ↓ Unterspree (Alte Spree), Industriehafen.

2,9 l ϟ Ernst Reuter. Ⅱ Industriebahn. l Hafen. Rohrdamm-Ⅱ. l Stichkanal. EB-Ⅱ.

5,8 Rudolf-Wissel-Ⅱ (Stadtautobahn).

6,3 □ Charlottenburg, r Wehrgraben, ≏ mühsam, etwa 400 m. l ← Westhafenkanal, Verbindung zum Hohenzollern Kanal und Berlin - Spandauer Schifffahrtskanal. EB-Ⅱ, l 🚆 Jungfernheide.

7,6 r Schloss Charlottenburg mit Schlossgarten, ★; Schloss-Ⅱ. Ⅱ Siemenssteig.

8,9 Röntgen-Ⅱ.

9,1 l ← Charlottenburger Verbindungskanal (Verbindung zum Westhafenkanal). r → Landwehrkanal. Die Spree ist zwischen km 13,9 und 20,7 für nicht motorisierte Sportboote gesperrt. Für die Weiterfahrt nach Osten müssen Sportboote daher den Landwehrkanal benutzen, der bei km 21,1 wieder in die Spree mündet. Die Fahrt durch den Kanal ist touristisch durchaus interessant; an seinen Ufern liegen zahlreiche historische Gebäude.

Landwehrkanal

0,0 ↓ Landwehrkanal in die Spree bei km 9,1.

1,7 Unter-□, Paddelboote werden meist geschleust, sonst vor der □ l in den Flutgraben einfahren und ≏.

7,5 Ehemaliger Urbanhafen, ✕-Schiffe, l ⬇/⬆.

9,5 Weiterfahrt l; geradeaus geht es durch die Lohmühlen-Ⅱ in den Neuköllner Schifffahrtskanal.

9,8 und 9,9 l ⬇/⬆ Reichenberger Str. und Wiener Str.

10,1 r ↓ Flutgraben.

10,6 Ober-□, an der □ Signalanlage (Klingel) r benutzen. Abzweig aus der Spree-Oder-Wasserstraße bei km 21,2.

Berliner Spree

10,3 Gotzkowski-Ⅱ.

11,4 Hansa-Ⅱ.

12,0 Lessing-Ⅱ.

12,5 Moabiter Ⅱ, r 🚆 Bellevue.

12,7 EB-Ⅱ. Schloss Bellevue, ★.

13,1 Luther-Ⅱ.

13,9 r Kongresshalle. Die Spree ist von km 13,9 - 20,7 für nicht-motorisierte Boote gesperrt.
14,2 Moltke-Ⅱ.
14,5 l Humboldt-Hafen, → Berlin-Spandauer Schifffahrtskanal. r Reichstag, ★. Marschall-Ⅱ.
15,7 EB-Ⅱ, r 🚉 Friedrichstraße.
15,9 Weidendammer Ⅱ.
16,3 r → Spreekanal (Sperre zwischen Schleusen-Ⅱ und ehemaliger Sportboot-□), Beginn Museumsinsel. Monbijou-Ⅱ. EB-Ⅱ Friedrich-Ⅱ. r Dom, ★.
17,0 Liebknecht-Ⅱ.
17,2 Rathaus-Ⅱ.
17,8 □ Mühlendamm, Mühlendamm-Ⅱ. Sportboote werden nicht geschleust, ≏ nicht möglich.
17,9 r ↓ Spreekanal. Jannowitz-Ⅱ. l 🚉 Jannowitz-Ⅱ. Michael-Ⅱ.
20,7 Oberbaum-Ⅱ.
21,2 r ↓ des Landwehrkanals.
22,0 EB-Ⅱ, r 🚉 Treptower Park. Fußgänger-Ⅱ. r Liegeplätze der Weißen Flotte. r Treptower Park.
23,4 r Insel der Jugend. Rummelsburger See.

Treptower Spree

24,4 l ϟ Rummelsburg und ϟ Klingenberg. r Vergnügungspark.
26,0 Fähre.
26,4 r → Britzer Verbindungskanal (Länge 3,4 km), Durchfahrt zum Teltowkanal und über Neuköllner-□ (an Wochenenden und Feiertagen nicht in Betrieb, ≏ unmöglich) zum Neuköllner Kanal und Landwehrkanal.
27,4 Stubenrauch-Ⅱ.
28,0 Treskow-Ⅱ, r 🚉 Schöneweide, l ⌂ TJB. EB-Ⅱ.
30,3 r ⌂ Köpenicker KC, ▲, *DKV-Kanustation*, Übernachtung im Clubhaus, auch für Gruppen; ☎ 030/5350103.
32,9 l ↓ Müggelspree (s. AB), ↓ Dahme in die Spree.

Dahme

33,2 Lange Ⅱ, l Schlossinsel Köpenick, ★. Rohrwallinsel, r ⌂ Märkischer Kanu-Verein 53.
35,2 r → Teltow-Kanal. r ⌂ Post SV, *DKV-Kanustation*, ☎ 030/65880711. Fähre.
37,4 Regattastrecke Grünau, mehrere ▲ C. r Schmöckwitz, ⌂.SC Berlin-Grünau, Grünauer Kanu-Verein. r Strandband Grünau, ✕.
39,6 Große Rohrwallinsel. Kleine Rohrwallinsel.

43,3 ← Große Krampe, ▲ C, in 3 km Köpenicker Sport-Club, Abt. Kanu. r **Schmöckwitz**, ⌂ Verein Schmöckwitzer Wassersportler.

43,9 r ↓ Dahme (s. AB). l Seddin-See, 5,9 km lange Verbindung über Gosener Graben, Gosener Kanal zum Dämeritz-See und zur Müggelspree bei km 11,9. Auf diesem Streckenabschnitt dürfen Charterboote verkehren. Es ist mit unerfahrenen Bootsführern zu rechnen.

,8 Kanalbeginn am O-Ufer des Seddinsees.

47,2 → Krossinsee (Wernsdorfer Seenkette, s. „Gewässerführer für Ostdeutschland"), **Wernsdorf**, ✕, ▲ C am Krossinsee.

47,5 Ⅱ Wernsdorf.

47,6 □ Wernsdorf.

51,8 Autobahn-Ⅱ.

56,0 l **Hartmannsdorf**.

59,9 Ⅱ, r **Spreenhagen**.

66,0 Fähre, r **Braunsdorf**, 🏨, ✕.

68,7 Ⅱ Große Tränke.

68,8 □ Große Tränke (immer geöffnet mit freier Durchfahrt)

68,9 l ← Müggelspree (s. AB).

74,5 Ⅱ, **Fürstenwalde**, 🚉, ✕, ⌂ Ruderklub.

74,7 □ Fürstenwalde, Bootsschleppe.

77,0 EB-Ⅱ.

80,3 r **Berkenbrück**, 🚉, ✕, 🏨.

81,8 Autobahn-Ⅱ.

82,0 l ← Dehmsee; es folgen mehrere Altarme l und r.

88,6 r ↓ Drahendorfer Spree (s. „Gewässerführer für Ostdeutschland").

89,7 Ⅱ und □ Kersdorf.

96,2 r ↓ Speisekanal (s. AB „Spree" km 0,0) 2,8 km lang, über □ Neuhaus zum Wergensee, Verbindung zur Drahendorfer Spree und zur Oberen Spree.

99,0 r **Biegenbrück**.

104,0 r Einfahrt Kleiner Müllroser See, ↓ Schlaube (s. AB).

104,2 Ⅱ, **Müllrose**, 🚉, ✕.

104,8 r ↓ Fließ vom Katharinen-See (s. „Schlaube").

105,4 EB-Ⅱ.

106,6 Fähre, **Kaisermühl**, ✕.

107,5 l ← Brieskower Kanal (s. AB).

108,3 Rohr-Ⅱ.

109,3 ⌓-Möglichkeit zum Brieskow-Kanal (ca. 300 m).

111,9 Blockweg-Ⅱ, l **Groß Lindow**.

114,6 Ⅱ, **Rautenkranz**.

118,8 Ⅱ, l **Zittendorf**, r Gr. und Kl. Pohlitzer See.

120,1 EB-Ⅱ, Beginn Industriegelände (Stahlwerke).

122,6 Ⅱ Bandbrücken.
125,1 Schönfließer Ⅱ.
125,2 EB-Ⅱ.
125,5 ⌂ und ▲ Aufbau Eisenhüttenstadt, ☎ 03364/411824.
125,7 Ⅱ, **Eisenhüttenstadt**.
127,4 Zwillingsschacht-□ Eisenhüttenstadt.
127,5 Ⅱ und EB-Ⅱ.
128,0 r Sportbootliegeplatz.
129,2 Ⅱ, l Altstadt Eisenhüttenstadt (früher Fürstenberg an de Oder).
130,0 ↓ des Kanals in Oder bei km 553,4.

12.11.4.1 Müggelspree

Wanderfluss
Mündung in die Spree-Oder-Wasserstraße

Die Müggelspree fließt ab Schleuse Große Tränke aus der Spree-Oder-Wasserstraße bei km 68,9 im alten Flussbett der Spree übe Dämeritz- und Müggelsee nach Berlin-Köpenick und mündet dort ir die Treptower Spree (Teil der Spree-Oder-Wasserstraße) bei km 32,9 Die Kilometrierung beginnt an der Mündung. Die Müggelspree ist eir schöner Wanderfluss. Die Überquerung des Müggelsees ist auf Grunc starker Wellenbildung schon bei mäßigen Windstärken recht problematisch.

Gewässergüte: II (mäßig belastet), in Berlin II-III (kritisch belastet).
43,1 Abzweigung der Müggelspree von der Spree-Oder-Wasserstraße, ■, **X**, l Bootsschleppe.
38,1 r **Hangelsberg**, ✕.
34,2 r 🚉 Hangelsberg.
31,5 r **Mönchswinkel**.
25,5 Ⅱ, r **Spreeau**, ✕, l **Hartmannsdorf**.
22,5 l Stäbchen.
18,5 Autobahn-Ⅱ.
15,6 Ⅱ **Neu Zittau**, ✕.
11,9 ↓ in Dämeritzsee, ⌂ KC Erkner, ⌂ Köpenicker SV Erdgas, ir NO **Erkner**, 🚉, und weiter über Flakenfließ zum Flakensee Hier ↓ Löcknitz (s. „Gewässerführer für Ostdeutschland" und zu den Rüdersdorfer Gewässern (s. „Gewässerführer fü Ostdeutschland"). Am SW-Ufer des Dämeritzsees ← Gosene Kanal bzw. Gosener Graben, Verbindung über Seddinsee zu Dahme. Paddler müssen den Gosener Graben benutzen. (s

Spree-Oder-Wasserstraße km 43,9). Ausfluss der Müggelspree westlich gegenüber der Einmündung.

11,4 Ende Dämeritzsee.

11,3 Triglaw-Ⅱ.

11,1 l ← Alter Spreearm, ⌂ Kanuvereinigung Köpenick; r **Rahnsdorf** mit mehreren Altarmen und hübschen Kanälen mit Wassergrundstücken (Neu Venedig, Hessenwinkel). ⌂ VSG Rahnsdorf.

8,0 l Kleiner Müggelsee.

7,4 Beginn Müggelsee, starke Wellenbildung bei Wind! r ↓ Fredersdorfer Mühlenfließ (s. „Gewässerführer für Ostdeutschland"), N-Ufer Strandbad Müggelsee, l am S-Ufer Groß- 🍴 „Müggelseeperle". „Rübezahl" mit Wandermöglichkeiten zum Müggelturm, l am W-Ufer 🍴 „Mecklenburger Dorf". Fahrt quer über den See Richtung WNW.

4,0 Ausfluss aus Müggelsee, Spreetunnel.

1,6 Ⅱ, ↓ Neuenhagener Mühlenfließ (Erpe).

0,5 r Kruse-Knick, l ↓ Kietzgraben (Verbindung zur Dahme), sehr flach!

0,2 r Baumgarten-Insel, dahinter Alte Spree. ⌂ BKC Rotation.

0,0 Damm-Ⅱ, **Köpenick**-Altstadt, ↓ der Müggelspree in die Treptower Spree bei km 32,9.

12.11.4.2 Dahme

Kleinfluss - Wanderfluss - Seen
Mündung in Spree (Spree Oder-Wasserstraße) (r Nebenfluss)

Die Dahme ist ein abwechslungsreicher Fluss: in ihrem Oberlauf ein Kleinfluss mit mäßigen Schwierigkeiten. Ab Mühle Staakow verläuft sie mit schneller Strömung und vielen Windungen durch eine Waldlandschaft; im Unterlauf durch mehrere Seen.

Befahrungsregeln: km 48,1 - 41,9 Befahrung ganzjährig verboten (NSG).
Befahrbarkeit: bei günstigem Wasserstand ab Drahnsdorf. Ab Märkisch Buchholz ganzjährig, ab hier mit Schleusen voll ausgebaut.

Besonderheiten: Auf der Dahme dürfen zwischen km 10,3 und km 26,04 Charterboote verkehren. Es ist mit unerfahrenen Bootsführern zu rechnen. An Schleusenanlagen ist besondere Vorsicht geboten.
Gewässergüte: II-III (kritisch belastet).

100,0 Dahme-Quelle südl. Dahme.

90,2 **Dahme**, ✕, ab hier soll eine Befahrung bei sehr gutem Wasserstand möglich sein, Einzelheiten sind nicht bekannt.

72,5 Ⅱ, l **Drahnsdorf**, 🚉 r **Krossen**, übliche ⬇.

71,0 Mühle Krossen, ▬, X, davor umgestürzter Baum, beides zusammen r ⌓ bis zum Zusammenfluss mit Mühlengraben.

67,5 Mühle Sagritz, Mühlenmuseum ★; ▬, X, von l nach r ⌓.

66,2 Ⅱ B 96, darunter ▬, treideln oder l über die Straße ⌓. Unmittelbar daneben Freibad Golssen, ✕, 🚉 3,5 km entfernt.

64,6 Ⅱ B 115.

63,5 Meß-▬, ≋ oder treideln, danach ↓ von Kläranlage. Bei NW Wasser stark verschmutzt. Im folgenden Waldstück sehr flach, evtl. treideln.

57,8 3 Ⅱ, **Rietzneuendorf**, ▬, X, r ⌓; l Mühle.

55,8 ▬, ≋, wenn offen oder r ⌓.

55,7 Autobahn-Ⅱ, danach Stufe, ≋.

55,2 **Staakow**, ▬, treideln oder ⌓, ⬇ sehr schwierig, steiles Ufer.

53,1 **Staakmühle**, ▬, X, ⬇ schwierig, steiles Ufer.

48,1 Ⅱ, l **Freidorf**, Weiterfahrt bis km 41,9 nicht möglich, NSG.

41,9 Ⅱ Halbe - Märkisch-Buchholz, Schwall mit Steinen.

40,8 Fußgänger-Ⅱ mit Holz-▬, ≋ oder Boot darüber ziehen. Danach r ↓ des Spree-Dahme-Umflutkanals in **Märkisch-Buchholz**, (s. AB), Ⅱ, Parkplatz an der Ⅱ. 500 m weiter r Rastplatz mit ▲-Möglichkeit.

33,5 □ Hermsdorfer Mühle.

29,5 r Streganzer Pechhütte, danach Streganzer See, stark verkrautet!

27,9 → Tiefer See, nur frei für Anlieger.

26,9 □ Prieros, l Bootsschleppe.

26,0 l ↓ der Teupitzer Gewässer (s. „Gewässerführer für Ostdeutschland").

25,8 Ⅱ B 246, r **Prieros**.

24,9 r ↓ Storkower Gewässer (s. AB).

23,7 Fähre, r **Dolgenbrodt**, ✕, ↓ in Dolgensee.

20,8 l **Gussow**, ✕, Beginn Bindower Fließ.

17,6 Ⅱ, **Bindow**, ✕.

14,5 r **Kablow**, l ▲ C; ↓ in Krüpelsee.

13,5 → zur Zernsdorfer Lanke, Uklei, 4,7 km.

12,0 l **Senzig**, ✕, r **Zernsdorf**, ⌂.

10,5 Krimnicksee.

9,5 Ⅱ, □ Neue Mühle mit ⌓-Möglichkeit, 🚉 Niederlehme, ✕, ⌂.r Verbindung zum Zeesener See.

8,6 EB-Ⅱ.

8,2 ← Nottekanal (auf dem Nottekanal kann nach 25 km und drei □ der Mellensee erreicht werden; s. „Gewässerführer für Ostdeutschland“).

8,0 Autobahn-Ⅱ.

7,0 l **Wildau**, 🚂, ✕, r **Niederlehme**, ✕.

4,5 Zeuthener See, → zur Wernsdorfer Seenkette (s. „Gewässerführer für Ostdeutschland“).

3,7 Rauchfangswerder, ▲ C, ⌂.

3,2 l **Zeuthen**, 🚂, ✕, ⌂.

1,0 **Eichwalde**.

0,2 Ⅱ.

0,0 **Berlin-Schmöckwitz**, ✕, ⌂.↓ in Spree-Oder-Wasserstraße, km 43,9.

12.11.4.2.1 **Storkower Gewässer**

Wanderfluss - Seen
Mündung in Dahme (r Nebenfluss)

34,0 **Bad Saarow**, 🚂, ✕, Scharmützelsee N-Ende, ⬇. l **Pieskow**, 🚂 Bad Saarow-Pieskow, r ▲ C.

27,8 l **Radiow** und **Diensdorf**.

23,2 ← Nebenroute: Fahrt unter Ⅱ, □ (vollautomatisch, aufwärts 9:00, 12:00, 15:00 und 19:00 Uhr, abwärts 10:00, 13:00, 16:00 und 20:00 Uhr), nach S zur Glubig-Seen-Kette 8 km. Die Weiterfahrt auf der Hauptroute geht nach W.

23,0 Ende des Scharmützelsees, □, r **Wendisch-Rietz**, 🚂 Scharmützelsee.

21,2 Ausfahrt in Storkower See.

20,0 r **Dahmsdorf**, ▲ C.

17,8 r Wolfswinkel.

15,6 Ende des Storkower See, Ⅱ, □, **Storkow**, 🚂, ✕.

10,2 □ Kummersdorf, l Bootsschleppe, Ⅱ, r **Kummersdorf**.

9,4 → Stahnsdorfer Fließ, zum Stahnsdorfer See.

7,2 Ⅱ, l **Wolzig**, ✕, ↓ in Wolziger See.

3,2 Ⅱ, Steine! r **Blossin**.

2,5 Beginn Langer See.

0,0 Ausfluss aus Langer See, ↓ in die Dahme bei km 24,9.

12.11.4.2.2 Spree - Dahme - Umflut-Kanal

Nicht schiffbarer Kanal
Verbindet Spree und Dahme

Der Kanal ermöglicht eine von Berlin ausgehende Rundfahrt. Dabei wird die Dahme stromauf und die Spree stromab gefahren. Eine Weiterfahrt zum Spreewald ist über den vom Köthener See abzweigenden Randkanal möglich.

9,5	← von der Spree bei Leipsch, km 160,9. Doppel-■ mit Sportboot-□, Selbstbedienung, Parkplatz zwischen den Wehren, gute ⬆ oder ⬇.
8,8	Ⅱ B 179, **Leibsch**.
6,5	Ⅱ nach Klein Wasserburg.
5,9	↓ in Köthener See; nach der Insel l ⛺, **Köthen**.
5,3	Abfluss aus Köthener See.
1,1	■, X , l Bootsschleppe.
0,4	■, X, l Bootsschleppe, Ⅱ, r **Märkisch Buchholz**.
0,0	↓ in Dahme bei km 40,8.

12.11.4.3 Obere Spree Spreewald

Kleinfluss - Wanderfluss
Mündung in die Spree-Oder-Wasserstraße, die in die Havel mündet.

Die Spree ist in ihrem Oberlauf ein ohne besondere Schwierigkeiten zu befahrender Kleinfluss, im weiteren ein Wanderfluss, der zu den schönsten in den neuen Bundesländern zählt, wobei der Oberspreewald als ein Kanuparadies weithin bekannt ist. Jedoch ist der Unterspreewald nicht minder schön, nicht überlaufen. Die Spree ist auch unterhalb des Spreewaldes weiterhin ein lohnendes Wasserwandergebiet. Auf der gesamten Strecke von Burg bis zum Oder-Spree-Kanal brauchen keine Wehre umtragen werden. Es gibt durchgehend Schleusen (teilweise in Selbstbedienung).

Die Kilometrierung ab Wehr Burg entspricht der Spreevermessung von 1968 und hat ihren Nullpunkt an der Spreemündung in die Havel in Berlin-Spandau. Sie ist z. Z. leider nur unvollständig am Ufer vorhanden.

Der gesamte Spreewald ist Biosphärenreservat und erfordert von allen Wassersportlern die gewissenhafte Einhaltung der 10 goldenen Regeln für das Verhalten von Wassersportlern in der Natur sowie die Einhaltung der bestehenden Befahrungsverbote für zahlreiche Nebenfließe und Altarme, die teilweise zeitlich begrenzt sind. Die Vielzahl der Flussläufe im Unter- und Oberspreewald macht es notwendig, zur Orientierung eine Karte mitzunehmen. Ohne Karte ist das Verirren vorprogrammiert. Eine durchgehende Befahrung der Spree und der Hauptfließe ist jedoch jederzeit möglich.

Befahrungsregeln: km 151 - 133,5 LSG Krumme Spree, Befahrungsverbot für alle Altarme; erlaubt bleibt das Befahren des Hauptlaufes sowie des Altarmes in Höhe der Ortslage Werder und des Altarmes an der Brieschter Straßen-Ɪ bis zum Rastplatz. ⬇/⬆ von Booten nur an Stegen, Rastplätzen und innerhalb von Ortslagen erlaubt. 28 kleinere Spreewaldfließe im Oberspreewald (keine Hauptwanderstrecken) und 10 im Unterspreewald ganzjährig, teilweise bis 15.06., gesperrt, Sperrschilder vor Ort.

Besonderheiten: Auf der Drahendorfer Spree und dem Neuhäuser Speisekanal dürfen Charterboote verkehren. Es ist mit unerfahrenen Bootsführern zu rechnen. An Schleusenanlagen ist besondere Vorsicht geboten.

Zeltmöglichkeiten: Gibt es im Oberspreewald nur auf den Campingplätzen in Lübbenau und Burg sowie im Unterspreewald nur am Anglerheim Petkamsberg. Unterhalb des Spreewaldes gibt es zahlreiche Campingplätze.

Gewässergüte: von Bautzen bis Mündung in den Neuendorfer See II (mäßig belastet), dann II-III (kritisch belastet).

275,0	Ursprung im Oberlausitzer Gebirge in etwa 480 m Höhe bei Neugersdorf. Über die Möglichkeit einer Befahrung bis km 228,1 existieren keine gesicherten Unterlagen.
228,1	Vorsperre der Talsperre Bautzen.
226,6	Urlauberdorf **Bautzen - Burk**, ✕, Stadtbus nach Bautzen, ▲ C, mögliche ⬇, jedoch nur lohnend für eine Befahrung des Stausees.
225,3	Beginn der Stauzone vor dem Staudamm, ↱ und für die Weiterfahrt über die B 156 etwa 2 km weit ⌓.
224,4	Ɪ B 156, gute ⬇.
223,6	▬, **Niederguhrig**, r ⌓, weitere mögliche ⬇ am Sportplatz unterhalb des ▬.
223,2	l ↓ eines Grabens.

222,2 ⌶.
221,2 ⌶, **Briesing**.
221,0 Schräg-▬, evtl. ≋ oder r ⏏.
220,9 ⌶.
217,9 EB-⌶.
217,6 ▬, r ⏏, Abzweig der Spree nach →.
217,4 r ↓.
217,1 ⌶.
217,0 ⌶, ▬, Sohlabsturz. Vor der ⌶ ↱ und ⏏.
216,4 ▬, Abzweig Kleine Spree geradeaus, Hauptspree biegt nach rechts ab; ↱ und ⏏.
215,7 ⌶.
214,1 r ↓.
212,1 r ↓.
211,6 ▬, r ⏏.
209,6 Sohlschwelle, ≋.Auf den nächsten 5 km mehrere Stromschnellen.
207,6 Große Sohlschwelle, nach Besichtigung ≋.
206,6 **Halbendorf**.
205,0 ← Alte Spree, nicht befahrbar.
204,1 Stufen-▬, **X**, r in das Altwasser ⏏; nicht geradeaus weiterfahren, hier ⏏ bei der folgenden Papierfabrik sehr mühsam.
203,8 l ↓ Alte Spree.
203,6 r ↓.
203,1 ⌶, darunter 3 Betonstufen.
202,6 r ↓ Mühlenfließ.
201,6 ⌶, **Lieske**.
196,1 EB-⌶.
195,9 ⌶ Uhyst.
195,7 l ←, Weiterfahrt auf Hauptspree zum ▬.
195,6 ▬, l ⏏, r Tagebau, l **Uhyst**, ⛺, 🍴. Die folgenden 8 km sind kanalisiert.
195,1 r ↓ Tagebauwasser.
189,6 ⌶.
189,5 Umsetzer-⌶ für Tagebaugroßgeräte.
188,6 EB-⌶.
187,7 r → zum Tagebau Boxberg, nicht befahrbar.
187,6 ▬ **Bärwalde**, r ⏏.
182,6 l ↓, r ↓ Schöps (s. „Gewässerführer für Ostdeutschland"); die nächsten 4 km sind kanalisiert.
180,6 ⌶.
178,6 ▬, 3,5 m hoch, **X**, starke Strömung zum ▬, schlecht zu erkennen. r ⏏, Achtung Lebensgefahr! Rechtzeitig ⬆, Hinweisschilder beachten. Vorsicht beim ⬇, sehr glatter Beton!
174,6 ▬ Ruhlmühle, r ⏏.

172,6	Ⅱ **Neustadt**. Bis Spremberg viele Schwellen, aber alle bei NW ≋.
171,1	Ⅱ.
170,1	EB-Ⅱ.
169,3	Ⅱ mit Gasleitung.
168,5	EB-Ⅱ.
167,1	l ↓ Kleine Spree.
166,1	Ⅱ.
165,6	■, evtl. ≋ oder r ≏, ansehen.
165,1	■ **Trattendorf**, l ≏.
164,9	Ⅱ, weitere Ⅱ bei km 164,6; 163,1 und 160,8.
160,6	**Spremberg**, ⌂ , 🚐, ✕, Arzt.
160,5	■, r ≏, S 3. l ≏ Hauptspree, Weiterfahrt wenn möglich geradeaus auf der Kleinen Spree.
158,6	Zusammenfluss Große und Kleine Spree.
157,1	■ **Wilhelmstal** (Gabelung), l ≏.
156,1	■, l ≏, Vorstau.
155,6	Ⅱ, **Bühlow**, Staubecken Spremberg.
147,6	■, Staumauer, l ≏.
146,6	Ⅱ mit anschließendem ≋ Schwall, **Bräsinchen**.
144,6	r → Mühlgraben (≋ mit einem ■ und 2 Sohlschwellen).
144,5	■ **Neuhausen**, l ≏.
144,1	r ↓ Mühlgraben.
139,6	l ← zur Kutzeburger Mühle; Weiterfahrt r auf der Hauptspree.
139,5	■ **Frauendorf**, zerstört, evtl. ≋ oder r ≏.
137,5	l ↓ Kutzeburger Fließ.
137,0	l ← Mühlenfließ.
136,9	Autobahn-Ⅱ.
136,8	Autobahn-Ⅱ.
136,3	Ⅱ.
135,6	l ↓ Mühlgraben.
134,8	EB-Ⅱ.
134,5	l ← zur Markgrafmühle; Kiekebuscher oder Madlower ■, r ≏.
133,5	↓ Markgrafenfließ, **Cottbus**, 🚐, ✕.
130,6	EB-Ⅱ.
130,5	r ⌂ , ▲ auch für Wohnwagen, ESV Cottbus, *DKV-Kanustation*, ☎ 0355/714661 oder 470111.
129,8	Kleines Spree-■, r ≏, l ← Mühlgraben.
129,4	Ⅱ, weitere Ⅱ bei km 129,0.
128,9	r ↓ Mühlgraben.
128,8	Sandower Ⅱ, Straßenbahn.
127,6	Sanzeberg-Ⅱ.
126,5	→ Hammerstrom; bei NW der Spree ist es zweckmäßig, auf dem Hammerstrom weiterzufahren (s. AB). Man kann dann über verschiedene Querverbindungen wieder zur Spree

zurückkommen. Großes Spree-▬, auf Insel vor dem ▬ aussetzen, l ⏏. Auf den nächsten 15 km etwa 11 Sohlschwellen!

125,1 Sohlschwelle.
125,0 Rohr-Ⅱ.
124,6 Sohlschwelle.
124,1 Sohlschwelle.
123,6 Sohlschwelle.
123,0 Ⅱ.
122,5 Sohlschwelle, bei Befahrung !
122,0 Ⅱ.
120,0 Sohlschwelle, eventuell r ⏏.
119,5 Ⅱ.
118,0 Sohlschwelle.
116,5 Sohlschwelle.
115,0 Sohlschwelle.
114,0 Ⅱ.
113,5 Sohlschwelle.
112,0 Zerstörtes ▬ und Sohlschwelle, vor Befahrung besichtigen!
111,0 Ⅱ, **Fehrow**.
109,5 Ⅱ.
107,5 r → Nordumfluter mit ▬; Spree zweigt nach l ab, ▬, **X**, Lebensgefahr, r ⏏.
105,5 l ← Leineweberfließ über ▬, Ⅱ.
104,4 Ⅱ.
103,7 l ← mit ▬.
102,7 r ↓, l ←.
102,6 Ⅱ.
102,0 = 205,85 Neue Kilometrierung.
205,85 Mühlen-▬ Burg mit Ⅱ, l ⏏. l Ortsmitte **Burg**, Kahnfährhafen, mehrere ✕.
205,5 EB-Ⅱ, ehemalige Spreewaldbahn.
205,0 Fußgänger-Ⅱ „Bank Lehmann“, l Sportplatz, l Jugendherberge.
203,9 Straßen-Ⅱ, 200 m l ✕ „Zur Bleiche“, ← Scheidungsfließ.
203,24 Neue □ und ▬.
202,95 Fußgänger-Ⅱ „Bank Lubbau“.
202,6 Fußgänger-Ⅱ „Bank Kurhaus“, r Ferienhotel „ZumSpreewald“.
202,5 l ✕ „Kolonieschränke“.
202,4 Ⅱ **Burg-Kolonie**, r Bootsverleih.
202,0 Fußgänger-Ⅱ.
201,8 → Verbindungsfließ.
201,67 Ⅱ.
201,58 → Ostgraben.
201,5 Fußgänger-Ⅱ „Jedro“.

201,33	Jedro-□, ▬.
201,24	Ⅱ.
200,57	← Rohrfließ.
200,48	← Untere Stradower Kahnfahrt.
200,2	Ⅱ.
199,25	→ Stauenfließ.
199,14	→ Neues Buschfließ.
198,87	← Untere Radduscher Kahnfahrt.
198,11	□ Dubkow-Mühle, ▬, r ✕ Dubkow-Mühle.
191,1	→ Fließ, gesperrt (Neue Spree)!
196,88	← Mingoa.
196,55	→ Verbindungsfließ, Zufahrt nach Leipe, Spreewaldhotel.
196,31	← Untere Boblitzer Kahnfahrt → Dlugy, Buschfließ/Neue Spree.
196,0	Ⅱ, **Leipe**.
195,93	→ Leiper Graben.
195,89	□ und ▬.
195,8	→ Zschapek-Kanal.
195,55	← E-Kanal (von Unterer Boblitzer Kahnfahrt).
195,29	← Semischkanal.
195,28	Geradeaus Durchstichkanal, Hauptspree biegt rechts ab.
195,11	← Eschenfließ (Tschummifließ).
194,46	l ↓ Durchstichkanal.
193,5	← Fließ, → Fließ Quadda
192,6	← Wuskaluck, → Giglitza (nach Lehde, Spreewaldmuseum, ✕ „Zum fröhlichen Hecht“, ✕ Cafe Venedig. Holz-Ⅱ.
191,6	← Fließ. → Lehder Graben. ← Plaß. ← Fließ nach Kaupen. ← Leineweberfließ (Südumfluter), geradeaus zum Kahnfährhafen (für Sportboote gesperrt).
191,23	→ Lübbenauer Schneidemühlfließ, □ **Lübbenau**, ▬, X !, r Bootsschleppe. Ⅱ,→ Dolzkefließ.
190,7	l ▲ C Lübbenau, beliebter Ausgangspunkt für Wanderfahrten im Oberspreewald. Hier beginnen drei ausgeschilderte Rundfahrten: Blaues Dreieck auf weißem Grund: Hochwaldtour, Fahrzeit ca. 5,5 Stunden, 28 km; rotes Viereck auf weißem Grund: Große Leiper Tour, ca. 4 Stunden, 20 km; schwarzer Kreis auf gelbem Grund: Kleine Leiper Tour, ca. 3,5 Stunden, 17 km. In Lübbenau ★: Schloss, 🚂 (ca. 2 km), zahlreiche ✕, mehrere Bootsverleihe für Paddelboote. Holz-Ⅱ.
190,2	← und → Bürgerfließ
190,0	← und → Lehder Fließ
189,0	→ nach Lübben benutzen (bei Weiterfahrt auf Hauptspree bei km 188,73 Spreeze-▬ ohne Schleuse).Nach ca. 700 m wird Buschmühlspree erreicht und l zur □ gefahren. Hier andere Kilometrierung:

14,4 □, ▬, evtl. ≋.
15,0 ← Fließ.
16,0 geradeaus ▬, evtl. ≋, r Zufahrt zur Schleuse im Mittelkanal, ← Ragower Kahnfahrt.
18,0 Beginn NSG.
19,0 → Nordumfluter.
19,4 l empfohlene Verbindung zur Hauptspree, Altzaucher Spree, nach 500 m wird die Hauptspree bei km 182,8 erreicht.

182,8 Weiterfahrt auf der Hauptspree, ← Fließ, l 🏨.
180,9 → Kreuzspree, Verbindung zum Nordumfluter (Burg-Lübbener-Kanal), l Badeanstalt, dahinter ▲ C Lübben.
180,5 ← Stadtgraben, Weiterfahrt über diesen interessanter als Hauptspree, führt über eine □ zur Berste, kurz vor deren ↓ in Hauptspree noch mal Schleuse, ca. 2 km Fahrstrecke. l 20 m nach Stadtgraben Einfahrt zum Paddelboothafen (Gute Liegeplätze für Gaststätten- und Stadtbesuch in **Lübben**, ca. 150 m zum ▲ C, 1 km zum 🚉). l nach Paddelboothafen Bootsverleih und Kiosk. r Kahnfährhafen, Kiosk, ✕ „Strandcafé".
180,4 Ⅱ, darunter □ und ▬, X! → zum Nordumfluter.
179 l ↓ Berste (s. „Gewässerführer für Ostdeutschland").
178,5 EB-Ⅱ der ehemaligen Spreewaldbahn. ← Altarm. l Pumpstation.
178,4 r ↓ Nordumfluter. r Altarm, bildet Insel. l Kahnanlegestelle. Rohr-Ⅱ.
175,7 EB-Ⅱ Lübben - Beeskow, l 200 m 🚉 **Hartmannsdorf**. r und l mehrere Altarme und Fischteiche. l Kahnanlegestelle. ← Südumfluter über ▬.
172,9 Neue □ und ▬, X! l Angler-Schutzhütte.
171 r ✕ Anglerheim Petkamsberg. DAV-▲, für Wasserwanderer erlaubt. Beginn des Unterspreewaldes. Es wird empfohlen, sich hier an der Informationstafel oder beim Gastwirt über die Möglichkeiten der Befahrung des reizvollen Unterspreewaldes und Befahrungsverbote zu informieren.
170,5 ← Wasserburger Spree, gesperrt für jeglichen Verkehr. ← Puhlstrom, mögliche Variante der Weiterfahrt ohne Schlepzig zu berühren, jedoch vom 1.1. bis 14.6. gesperrt.
168,5 Ⅱ.
168,4 l Durchstich zur Quaasspree (ca. 300 m lang) und zum Zerniasfließ mit Kahn-□, kürzeste Variante der Weiterfahrt nach Leibsch.
168 → Dorfspree, Beginn **Schlepzig**, ✕, ⛲. Naturschutzstation mit interessanter Ausstellung, Museum.

167,9 Hauptspree fließt über ■ ab, □ Schlepzig ist außer Betrieb, l ⌂ möglich. Weiterfahrt l über Quaasstrom zum Puhlstrom (Vorzugsvariante, jedoch vom 1.1. bis 14.6. gesperrt) oder Zerniasfließ (ganzjährig befahrbar, mündet wieder in Hauptspree, dort eine □). Hier andere Kilometrierung:

0,0 ← Quaasspree.
0,6 → Zerniasfließ über Kahnschleuse (neu) und ■.
1,3 ↓ Puhlstrom.
1,5 → Schiwanstrom (ganzjährig gesperrt).
1,8 Ⅱ, dahinter □ (mit Hubtoren) und Fall-■.
3,0 ← Dreßlerstrom, Verbindung zur Wasserburger Spree und Langen Horstgraben ganzjährig gesperrt. Puhlstrom weiterfahren
5,8 □ (mit Hubtoren), ■, X.
5,9 Ende des Spreewaldes, Beginn Wiesenlandschaft. → kleines Fließ mit ■ zur Hauptspree.
7,5 ↓ in die Hauptspree.

161,7 Fortsetzung in der Hauptspree.
161,5 Ⅱ, **Leibsch**, ✕.
160,9 Neue ■- und □-Anlage Leibsch, l □ und ■ zum Dahme-Umflutkanal (s. AB.), Verbindung über die Dahme nach Berlin. r ■ und □ der Hauptspree (nach Beeskow).
160,5 r Beginn Amphibienschutzgebiet.
159,5 NSG, l Artenschutzzone.
158 Fußgänger-Ⅱ, l **Neuendorf**, ✕ „Uferparadies".
157,8 Beginn Neuendorfer See, r Feuchtgebiet von nationaler Bedeutung. r ▲ C. Inseln, sind NSG und Amphibienschutzgebiet. r und l ▲ C. Ausfahrt bei Alt Schadow in östlicher Richtung, auf mittleren der drei Hügel im Hintergrund halten.
151,0 - 133,5 LSG Krumme Spree, Befahrungsverbot für alle Altarme; erlaubt bleibt das Befahren des Hauptlaufs sowie des Altarms in Höhe der Ortslage Werder und des Altarmes an der Brieschter Straßen-Ⅱ bis zum Rastplatz. Ein- und Aussetzen von Booten nur an Stegen, Rastplätzen und innerhalb von Ortslagen erlaubt.
153,9 Ausfahrt.
153,4 Ⅱ, **Alt Schadow**, r ✕. Von Alt Schadow ca. 6 km Bootstransport (mit Fuhrunternehmen möglich) zum Springsee und Weiterfahrt auf Storkower Gewässern nach Berlin möglich.
153,2 l □ Alt Schadow, r Nadel-■, wenn mehrere Nadeln gezogen, ≈.
148,1 r ↓ Pretschener Spree.
146,6 Ⅱ, l **Werder**, ✕ „Am Spreeufer".

145,0	← Fließ zum Drobschsee.
144,0	☐ Kossenblatt (defekt), l zur Bootsschleppe, r Nadel-▬, wenn Nadeln gezogen, ≋.
143,3	⌶, l **Kossenblatt**, ✕.
141,0	⌶ (Schafbrücke).
138,2	⌶, Briescht, Rastplatz, 🚌, ✕ „Zur Spree“.
137,8	EB-⌶.
134,85	☐ Trebatsch, Nadel-▬, meist frei ≋.
139,5	⌶, **Trebatsch**, ✕.
133	→ Savaller Altarm zum Schwielochsee. Beginn Glower See, r N-Ende Schwielochsee, ca. 9 km zum S-Ende bei **Goyatz**, mehrere ▲ C und ✕. Weiterfahrt l über Glower See, r ▲ C. r **Glowe**.
128,4	Leißnitzsee, r **Leißnitz**, ✕.
125	r **Kummerow**, ✕.
121	l ⌂ Kanusportverein Beeskow/Spree,? Dr. H.-J. Zippler, Kiefernweg 33, 15848 Beeskow. l Einfahrt Stadtgraben mit ☐ Walkmühlengraben (Selbstbedienung), mündet bei 119,7 wieder in die Spree.
120,4	l ⌂ Rudern.
120,2	l ✕ „Spreebrücke“.
120,2	⌶, danach ☐ (vollautomatische Schleusung), **Beeskow**, 🚌, ★: Biologisches Heimatmuseum.
119,7	l ↓ Stadtgraben.
119,0	EB-⌶, dahinter r ↓ Oegelfließ.
117,5	Oegelner See.
114,8	l **Radinkendorf**, ✕, zahlreiche Altarme, teilweise gesperrt.
108,5	⌶, l **Raßmannsdorf**.
106,4	Beginn Wergensee. ← Drahendorfer Spree (s. „Gewässerführer für Ostdeutschland“). Weiterfahrt über Drahendorfer Spree ist lohnender als über Speisekanal.
105,8 = 2,74	(Kilometrierung des Speisekanals), ☐ Neuhaus. Über Speisekanal Weiterfahrt zur Spree-Oder-Wasserstraße und zur Oder möglich.
2,7	Klapp-⌶ Neuhaus.
0,0	↓ des Speisekanals in Spree-Oder-Wasserstraße bei km 96,3.

Wanderfluss
Mündung in Spree (r Nebenfluss)

Der Hammerstrom wird insbesondere dann benutzt, wenn die Spree ab km 126,5 keinen ausreichenden Wasserstand aufweist.

23,0 r → von der Spree bei km 126,5 (Großes Spreewehr in **Cottbus**); ▬, über Wehr-Ⅱ ≏ und l an der Treppe ⬇.
22,2 EB-Ⅱ.
20,7 Ⅱ.
20,0 geradeaus Neuer Hammerstrom, ← Alter Hammerstrom. Der Alte Hammerstrom ist landschaftlich interessanter und 1 km länger als der Neue Hammerstrom, 2 ▬, Baumhindernisse.
19,0 ▬, X, l ≏, Ⅱ, r **Lakoma**.
17,5 Ⅱ, l **Wilmersdorf**, ⛺.
15,7 Ⅱ, EB-Ⅱ, r **Neuendorf**.
15,3 ↓ Alter Hammerstrom.
14,4 Maustmühle, ▬, evtl. ≋ oder von l nach r etwa 100 m weit ≏; 🍴.
10,8 Ⅱ, danach Mühle, ▬, nach l um Mühlengebaude herum ≏.
10,3 Ⅱ, davor r ⌂ KV Peitz, ☎ 035601/30090, **Peitz**, ⛺, 🍴.
9,8 EB-Ⅱ.
6,3 ▬, X, l ≏.
5,4 Ⅱ.
3,8 Ⅱ, r ≏.
3,0 Ⅱ, l **Dissen**; kurz danach ▬, ≋ wenn Schütz gezogen oder r ≏.
0,0 r ↓ Malxe (s. „Gewässerführer für Ostdeutschland"), ab hier aufsteigende Kilometrierung.
0,6 ↓ des Großen Fließes, Ⅱ, **Fehrow**.
3,4 r → Nordfließ, r **Schmogrow**.
3,5 ▬, X, r ≏.
4,6 Kreuzung mit Nordumfluter; das Gr. Fließ unterquert den Nordumfluter im Düker, das überschüssige Wasser fließt über ein ▬ in den Umfluter. Es ist bei gutem Wasserstand ≋, dann am Südufer des Umfluters kurzes ≏ in das Gr. Fließ. Sonst ≏ über die ▬-Ⅱ des Umfluters, schwierig.
6,6 r Kleines Fließ.
9,6 ▬ und □.
11,6 l ← zum Mittelkanal.
11,9 ▬ und □, danach Ⅱ, Buschmühle.
14,0 ▬ und □.

14,3 r → Nordfließ, l ✕ „Eiche".
15,6 l ← Leiper Graben, Polenz-Schänke, Verbindung zur Spree.
16,9 ■ und □.
18,4 l ← zum Mittelkanal.
18,8 r → zur Polenzoa.
19,7 ■ und □.
21,3 r Irrtumkanal.
22,4 l Westgraben.
25,1 ■ und □, Vereinigung von Mittelkanal, Burg-Lübbener-Kanal und Großes Fließ.
27,8 l ← Untere Ragower Kahnfahrt, Verbindung zur Spree.
30,8 r ↓ Nordumfluter, kurz danach ← Verbindungsfließ zur Spree.
31,0 ↓ in Spree.

12.11.5 Hohenzollernkanal

Schifffahrtskanal
Verbindet Havel und Spree im Stadtgebiet von Berlin

0,0 Großer Wall, Abzweigung aus Oberer Havel bei km 3,5.
1,2 l ⌂ Kajakclub Nordwest. ⌂ Verein für Kanusport Berlin. r → Alter Berlin-Spandauer-Schifffahrtskanal.
0,5 r ⌂ Kanu-Club Zugvogel, *DKV-Kanustation*, ☎ 030/66509243.
2,6 ↓ in den Hohenzollernkanal.
2,1 Tegeler ⌶.
2,9 r ↓ Alter Berlin-Spandauer-Schifffahrtskanal.
3,6 Mäckeritz-⌶.
5,5 General-Ganeval-⌶. l Flughafen Berlin-Tegel.
5,7 Hinckeldey-⌶.
7,5 □ Plötzensee.
7,9 Gabelung: l ← Berlin-Spandauer Schifffahrtskanal, 3,8 km bis zur Spree. r → nach 0,3 km Westhafen, Berlins größter Hafen. r Westhafenkanal, Länge 2,9 km bis □ Charlottenburg, nach 1,3 km l ↓ des Charlottenburger Verbindungskanals, Länge 1,7 km bis ↓ in die Spree.

12.11.6.1 Werbellin-Kanal Werbellin-See

Der Werbellin-Kanal führt vom Oder-Havel-Kanal zum Werbellin-See, einem der schönsten Seen im Norden von Berlin. Die Kilometrierung begann früher am Finowkanal. Zwischen Finowkanal und Oder-Havel-Kanal ist der Werbellinkanal weitgehend zugeschüttet.

Besonderheiten: Auf den Werbelliner Gewässern dürfen Charterboote verkehren. Es ist mit unerfahrenen Bootsführern zu rechnen. An Schleusenanlagen ist besondere Vorsicht geboten.

3,5 Abzweig vom Oder-Havel-Kanal bei km 54,8, **Marienwerder**, ✕, NO Försterei Pechteich.
3,6 Bierweg-Ⅱ.
6,1 Ⅱ, ☐ Rosenbeck.
8,6 Eichhorster Ⅱ.
8,7 ☐ Eichhorst, ✕.
10,7 Beginn Werbellin-See, l Kanu-Stützpunkt SV Stahl Finow.
11,4 r ▲ C „Süßer Winkel“.
13,0 l ▲ C „Am Spring“.
13,9 r **Altenhof**, ✕.
14,9 - 15,9 r Feriensiedlung „Kinderland“.
19,8 Ende Werbellin-See, **Joachimsthal**, ✕, 🚂, r ▲ C. Der im N des Werbellin-Sees gelegene Grimnitzsee kann auf dem Wasserweg nicht erreicht werden, da der Neue Graben, die Verbindung zwischen den beiden Seen, nicht befahrbar ist; evtl. Bootstransport zum Grimnitz-See.

12.11.6.2 Finow-Kanal

Schifffahrtskanal
Verläuft parallel zum Oder-Havel-Kanal

Der Finow-Kanal ist einer der ältesten Kanäle Deutschlands (erstes Kanalstück 1620 in Betrieb) und verläuft parallel zum Oder-Havel-Kanal. Für den nicht so eiligen Wasserwanderer bietet er eine interessante und lohnenswerte Alternative zum Oder-Havel-Kanal, da er landschaftlich schöner und durch 12 Schleusen (die im Oder-Havel-Kanal durch das Schiffshebewerk ersetzt werden) abwechslungsreicher ist. Schleusenzeiten: Mai bis September täglich 9.00 bis 17.00 Uhr. Die Kanaldurchfahrt ist an einem Tag nicht zu schaffen, zumal auch Verzögerungen beim Schleusen durch die Bedienung mehrerer

Schleusen von einem Schleusenmeister entstehen können. Alle Schleusen haben Schwimmstege im Ober- und Unterwasser, wo Boote zum Umtragen der Schleuse ein- und ausgesetzt werden können.

Der Kanalteil zwischen Liebenwalde und Zerpenschleuse (Langer Trödel) ist an mehreren Stellen zugeschüttet und nicht mehr in Betrieb.

Die Kilometrierung beginnt in Spandau, ist jedoch von der des Oder-Havel-Kanals an der Kreuzungsstelle Zerpenschleuse unterschiedlich, da der frühere Umweg über Liebenwalde enthalten ist.

Besonderheiten: Auf dem Finowkanal dürfen Charterboote verkehren. Es ist mit unerfahrenen Bootsführern zu rechnen. An Schleusenanlagen ist besondere Vorsicht geboten.

57,3 Abzweig vom Oder-Havel-Kanal bei **Zerpenschleuse**, km 50,4; ✕, r 🚆 Ruhlsdorf-Zerpenschleuse.
57,5 EB-Ⅱ, r 🚆.
59,2 ☐ Ruhlsdorf, r ⌓.
61,1 ☐ Leesenbrück, l ⌓.
61,6 Krug-Ⅱ, l **Marienwerder**.
63,3 ☐ Grafenbrück, ↱ und über Ⅱ ⌓, r ↓ Pregnitzfließ (s. „Gewässerführer für Ostdeutschland“).
65,0 r ↓ der Alten Finow (Finowfließ) (s. „Gewässerführer für Ostdeutschland“).
66,1 Autobahn-Ⅱ, l in 800 m ✕ „Raststätte Finowfurt“.
67,0 r im Seitenarm Wasserwanderrastplatz Finowfurt mit ▲, Sanitäranlagen (Betreiber: Triangeltour, ☎ 0174/9411462).
67,5 ☐ Schöpfurt, r ⌓.
67,6 Ⅱ, **Finowfurt**, ✕.
68,0 Ⅱ B 167.
69,6 l Fließ zum Mäckersee, ⌓ zum Oder-Havel-Kanal möglich.
70,4 ⌂ SV Stahl Finow, begrenzte ▲-Möglichkeit, ☎ 03334/32186.
71,0 ☐ Heegermühle, r ⌓.
71,2 Ⅱ, **Finow**, ✕.
72,9 ☐ Wolfswinkel, l ⌓.
73,5 Hub-Ⅱ Eisenspalterei, Selbstbedienung von 10.00 bis 16.00 Uhr alle 2 Std. möglich, Durchfahrt für Kanu immer möglich, r Beginn Gelände der Landesgartenschau.
73,9 ☐ Drahthammer, l ⌓.
75,9 ☐ Kupferhammer, l ⌓, r 🚆 Eberswalde.
76,4 EB-Ⅱ.
77,4 Rohr- und Fußgänger-Ⅱ.

77,8 Ⲓ B 2, **Eberswalde**, ✕.
77,9 □ Eberswalde, l ⩡.
79,4 EB-Ⲓ.
81,0 □ Ragöse, über Schleuseninsel ⩡, l hinter der Schleuse Wasserwanderrastplatz, ✕ in der Forellenzucht.
81,2 l ↓ Ragöse (ganzjährig gesperrt, NSG).
84,0 l ▲ C Triangeltour, direkt hinter dem Kanaldeich, ☎ 033362/70437.
84,4 Stecher-□, ▲ C.
86,3 Zug-Ⲓ, **Niederfinow**, 🚂, ✕.
88,9 □ Liepe, l ⩡.
90,0 Ende Finow-Kanal, ↓ in Oder-Havel-Kanal, km 78,9.

12.11.7 Wentow-Gewässer

Wanderfluss - Seen

Die landschaftlich reizvollen Wentower Gewässer werden nur wenig befahren.

Besonderheiten: Auf den Wentower Gewässern dürfen Charterboote verkehren. Es ist mit unerfahrenen Bootsführern zu rechnen. An Schleusenanlagen ist besondere Vorsicht geboten.

0,0 ← zu den Wentow-Gewässern, s. Obere Havel, km 25,0.
0,2 □ Marienthal, ☎ 033080/60239.
1,2 Ⲓ, **Marienthal**.
2,0 Beginn Gr. Wentow-See.
3,5 r **Zabelsdorf**
5,0 r **Ringsleben**, l **Wentow**.
8,9 Ende Gr. Wentow-See.
10,2 Ⲓ und EB-Ⲓ, Dannenwalde, 🚂, Beginn Kleiner Wentow-See.
11,0 **Seilershof**, ▲ C.
12,0 W-Ende Kleiner Wentow-See, ↓ Roofenbach, ≋ Verbindung vom Stechlin-See, jedoch ganzjährige Sperrung zwischen Gr. Stechlinsee und Roofensee (NSG Stechlinsee).

Kleinfluss - Wanderfluss - Seen
Mündung in Obere Havel (l Nebenfluss)

Die Templiner Gewässer sind sehr abwechslungsreich; sie bieten geruhsame Fahrten über mehrere Seen und kurze Kanäle, mehrere sehr lohnende Nebenrouten und in ihren obersten Strecken mühsam zu befahrende Kleinflüsse.

Besonderheiten: Auf den Templiner Gewässern dürfen Charterboote verkehren. Es ist mit unerfahrenen Bootsführern zu rechnen. An Schleusenanlagen ist besondere Vorsicht geboten.

0,0 ← von der Oberen Havel bei km 32,4; 0,5 km nach der □ Schorfheide. Die folgende Strecke bis kurz hinter Röddelin ist Sperrgebiet, auf dieser Strecke ist der Kanal ohne Anhalten zu durchfahren. l ↓ Templiner Wasser.
2,2 r ↓ Schulzenfließ (Befahrung ganzjährig verboten, Biosphärenreservat Schorfheide), Beginn Gr. Kuhwallsee.
3,6 Ende Gr. Kuhwallsee, □ Kannenburg, ☎ 0171/6742196, Lankensee.
5,5 ↓ in Röddelinsee.
8,0 l ▲ C, l **Röddelin**.
10,0 ↓ Templiner Kanal.
10,8 EB-⌶.
13,3 □ Templin, außer Betrieb, r ⌂, **Templin**, 🚂, ✕, Arzt, Krankenhaus.
14,0 Beginn Templiner See, ⌂.
17,0 Ende Templiner See, hier mehrere Abzweigungen zu Nebenrouten.

Nach Norden:
18,0 Beginn Gleuensee.
19,4 r ▲ C.
19,8 Ende Gleuensee, Netzowgraben.
20,1 Brückentrümmer! Evtl. Treideln.
20,3 ⌶, r **Knehden**.
21,0 Beginn Netzowsee.
24,0 r **Netzow**.
25,0 Ende Netzowsee.

Nach Osten:
17,6 EB-⌶, ⌶, Beginn Fährsee.

20,4 l ↓ Labüske-Kanal (ganzjährig gesperrt).
21,0 Beginn Zaarsee, r **Seehof**.
21,5 ↓ Alter Kanal zum 8 km langen Lübbe-See, nur im Frühjahr ≋, im Sommer total zugewachsen. Die Weiterfahrt vom Lübbe-See über das Hammerfließ ist ganzjährig gesperrt (Biosphärenreservat Schorfheide).

12.11.9 Lychener Gewässer

Wanderfluss - Seen
Mündung in Obere Havel (l Nebenfluss)

Interessantes Wandergebiet mit einem Seenkreuz um die Stadt Lychen.

Besonderheiten: Auf den Lychener Gewässern dürfen Charterboote verkehren. Es ist mit unerfahrenen Bootsführern zu rechnen. An Schleusenanlagen ist besondere Vorsicht geboten.

0,0 ← aus dem Stolpsee (Obere Havel, km 55,0).
0,3 □ (Selbstbedienung), **Himmelpfort**, ✕, ★: Kirche und Kloster aus dem 13. Jh.; Beginn Haussee, ⩍ zum Modderfitzsee möglich.
2,0 ↓ Woblitz-Kanal.
4,0 Beginn Gr. Lychensee, Insel Langes Werder und Hohes Werder.
7,2 EB-Ɪ, sofort danach ← zum Nesselpfuhlsee mit Weiterfahrt zum Wurlsee; hier ▲ C.
7,3 Fußgänger-Ɪ, Einfahrt in den Stadtsee.
8,5 Ɪ, **Lychen**, ✕; ⩍ zum Oberpfuhlsee, Abzweig nach r zum Zenssee und Platkowsee, 6,7 km.
10,0 NO-Ende Oberpfuhlsee, dort ↓ Küstrinchenbach (s. AB Feldberger Seen).

Seen - Kleinfluss
Mündung in die Lychener Gewässer

Die Feldberger Seen gehören zu den schönsten Seen Mecklenburgs, reizvoll zu allen Jahreszeiten. Auf relativ kleinem Raum treffen hier innere und äußere baltische Endmoränen aufeinander und bilden in einer vielgestaltigen Landschaft eine Reihe herrlicher Seen. Über den Küstrinchener Bach besteht Anschluss an die Lychener Gewässer. Die Kilometrierung setzt sich aus den Lychener Gewässern fort.

39,0 Lütter See, **Tornowhof**, mögliche ⬇.
38,0 Beginn Breiter Luzin
35,6 ♊, r ▲ C. Ende Breiter Luzin. Westlich Durchfahrt über Luzin-Kanal zum Haussee; im S Feldberg, ▬, ✕, weitere ⬇. Man fährt dann meist in umgekehrter Richtung, also über den Luzin-Kanal zum Breiten Luzin. Beginn Schmaler Luzin.
35,2 r ↓ Seerosenkanal, Verbindung vom Haussee mit Bootsrutsche unter ♊.
33,0 r Luzin-Halle, Fähre nach Hullersbusch.
32,7 Das Schmal, Engstelle, am W-Ufer fahren, östliche Bucht ist Sackgasse.
29,4 Ausfluss der Bäk aus Schmalem Luzin, Hinweisschild.
29,0 **Carwitz**, Stufe nach Straßen-♊, evt. ≋; ★: Fallada-Museum, im N Hauptmannsberg.
28,8 Ausfahrt in den Carwitzer See. Nebenroute: Fahrt nach O und dann nach N, entweder unter niedriger ♊ oder östlich um Insel Bohnenwerder in den langgestreckten Zansen-See. Nach 6,5 km Durchfahrt „Die Floot" zum Wootzen-See. See-Ende nach insgesamt etwa 8 km bei **Fürstenhagen**.
28,4 ▲ C am Carwitzer See. Die Weiterfahrt auf der Hauptroute geht nach W durch die Verbindung „Hals" zum Dreetzsee.
26,3 S - Ende des Dreetzsees, ▲ C, hier sickert das Wasser unterirdisch zum Krüselin-See durch, ⏏ über ▲ C etwa 400 m.
25,9 ⬇ in Krüselin-See, Fahrt nach S.
24,2 S-Ende des Krüselin-Sees, ▬ Krüseliner Mühle, **X**, I 150 m ⏏, Pegel. Die Folgestrecke ist sehr flach, unbedingt Bootswagen mitnehmen. Vorsichtig und langsam paddeln, Wasser nicht aufwühlen, ruhig verhalten, NSG! Es folgen der Kleine und nach kurzer Durchfahrt, der Große Mechow-See.
22,5 S-Ende des Gr. Mechow-Sees, östliche Bucht fahren. Auf der Folgestrecke Baumhindernisse möglich.

20,6 Neuhaus-Mückenfang, ■, X, r 150 m ⩯. Der folgende Flusslauf ist eng und flach, evtl. treideln.
19,4 Schreibermühle, ■, X, ↰, r über Ⅱ 50 m ⩯.
19,0 ↓ in Gr. Küstrin-See. Fahrt Richtung SW.
17,7 Ausfluss Küstrinchener-Bach aus dem See, Ⅱ, Pegel, ■, X, l ⩯, **Küstrinchen**. Hier Rastplatz. Bis zum Oberpfuhlsee NSG, Befahrung nur bei Pegelständen über 30 cm zulässig und nur Stromab! Pegel an der Straßen-Ⅱ Küstrinchen, Pegeltelefon: 039888/64542, Baumhindernisse, zügig durchfahren, nicht anlegen.
14,5 Floßgasse, zerstört, X, r ⩯.
12,0 Wasserwanderrastplatz Fegefeuer.
11,7 ■, evt. ≋ oder l ⩯.
10,0 ↓ in den Oberpfuhlsee der Lychener Gewässer. Ende des NSG.

12.11.10 Müritz-Havel-Wasserstraße

Wanderfluss - Seen
Verbindet Havel mit Rheinsberger Gewässern und Müritz.

Zahlreiche Seen, die meist ineinander übergehen bilden die Wasserstraße. Die Höhenunterschiede werden durch Schleusen ausgeglichen. Dadurch gibt es praktisch keine Strömung.

Besonderheiten: Auf der Müritz-Havel-Wasserstraße dürfen Charterboote verkehren. Es ist mit unerfahrenen Bootsführern zu rechnen. An Schleusenanlagen ist besondere Vorsicht geboten.

0,0 ← von der Oberen Havel bei km 72,8 Ellenbogensee.
2,7 □, **Strasen**, ☎ 039828/20484, ↓ in Gr. Pälitzsee, dort mehrere ▲ C.
4,2 ← zum Kl. Pälitzsee.
4,5 r Pälitzhof.
7,5 ← zu den Rheinsberger Gewässern (s. „Gewässerführer für Ostdeutschland"), r ▲ C.
8,0 O-Ende Canower See.
9,5 □ Canow, ☎ 039828/20255, Ⅱ, **Canow**, ✕, Ausfahrt in Labussee.
10,2 Labussee, ▲ C.→ über Dollbeck zum Gobenowsee (s. AB Schwaanhavel - Plätlinsee - Fleeth im „Gewässerführer für Ostdeutschland").

13,2 ☐ Diemitz, ☎ 039827/30450.
14,0 Ausfahrt in Vilzsee, O-Ende. Nebenrouten: → nach NO Fleeth, Weiterfahrt über Rätzsee (s. AB Schwaanhavel - Plätlinsee - Fleeth im „Gewässerführer für Ostdeutschland“) ← nach W über Vilzsee und Zethner See, hier mehrere ▲ C, weiter nach N zum Schwarzen See. Die Hauptroute geht weiter nach NNW.
15,1 Diemitzer Ablage, S-Ende Mössensee, weiter nach N.
16,0 r ▲ C.
18,0 ↓ in Zotzensee, r ▲ C.
20,0 N-Ende Zotzensee.
22,0 EB-♊, Teilung der Wasserwege, beide Wege führen zur Müritz. 1. Alte Fahrt: landschaftlich lohnend, über mehrere Seen, jedoch weiter als 2. über Müritz-Havel-Kanal zur Müritz, kürzerer Kanalweg zur Müritz.

1. Alte Fahrt:

0,0 Bei der Teilung geradeaus unter ♊ nach N in den Mirower See. **Mirow**, Ruderverein, ⌂ , ▲ nach Anmeldung im ⌂, ▲ C, 🚌, ✕, ★: Schlossinsel.
2,5 l in Seitenbucht ▲ C.
3,4 ↓ Granzower Möschen, r **Granzow**, ▲ C.
5,6 Großer Kotzower See, Schillersdorfer Teerofen.
7,5 ↓ in Leppinsee, r ▲ C, r **Zietlitz**, von hier aus Busverbindung nach Babke an der Havel.
10,5 ↓ in Woterfitzsee, Durchfahrt nur entlang der Bojen, anlanden verboten.
12,0 Ausfluss aus Woterfitz-See im W als Bolter Kanal.
12,7 ↓ in Carp-See, Durchfahrt nur entlang der Bojen, anlanden verboten.
14,0 Bolter Mühle, l ⩍ 150 m.
16,0 ↓ in die Müritz (s. AB Müritz-Elde-Wasserstraße), bei Ausfahrt! Bei W-Winden stehen hohe Wellen vor der ↓.

2. Müritz-Havel-Kanal

22,0 Bei der Teilung l einfahren in Kanal.
22,6 ☐ Mirow, ☎ 039833/20259, Bootsschleppe.
24,2 ↓ in Ragunsee.
27,8 ♊, EB-♊, l **Lärz**.
29,3 ↓ in Sumpfsee.
30,8 ♊, r **Vietzen**.
31,6 ↓ in die Kleine Müritz, Anschluss an die Müritz-Elde-Wasserstraße (s. AB)

Wanderfluss
Mündung in Elbe (I Nebenfluss)

Die Quelle der Saale befindet sich im Fichtelgebirge. Zunächst als Kleinfluss durch einsame Täler, aber auch durch die Stadt Hof fließend wird auf thüringischem Gebiet die Saale zunächst in der Bleiloch- und der Hohewarthe-Talsperre gestaut. Unterhalb der Talsperren beginnt eine schöne Wanderstrecke mit Wehren und Schnellen. Ab Mündung der Unstrut ist die Saale reguliert und schiffbar. Die etwa 50 km lange auf bayrischem Gebiet verlaufende Strecke der Saale ist beschrieben in „Kanuwanderführer für Bayern"

Befahrungsregeln: km 0 - 29,5, Hof - Selbitzmündung, Befahrungsverbot 15.02. - 30.06. Die Ausgleichsbecken der Talsperren (km 336,5 - 330,2 und km 296,7 - 292,0) dürfen nicht befahren werden. km 102 - 97, Bereich Halle, Anlegeverbot. Wasserfläche und Insel im Bereich des Unterwassers des Wehres in Halle/Trotha, gesperrt vom 15.09. - 31.03., übrige Zeit Durchfahrt erlaubt, aber Anlegeverbot rechte Sandbank. km 3,5 - ↓ rechtsseitiges Anlegeverbot.

Befahrbarkeit: Die Saaletalsperren sind als Zahmwasser mit Seencharakter ganzjährig befahrbar. Im dazwischenliegenden Flussabschnitt von km 330,2 bis 318,0 ist die Befahrung von der Wasserabgabe der Kraftwerke abhängig. Unterhalb der Talsperren ist die Saale ganzjährig fahrbar.

Besonderheiten: Auf der Saale dürfen zwischen der Rischmühlenschleuse (km 115,2) und der Schleuse Trotha (km 89,2) Charterboote verkehren. Es ist mit unerfahrenen Bootsführern zu rechnen. An Schleusenanlagen ist besondere Vorsicht geboten.

Gewässergüte: Oberlauf bis Hof II (mäßig belastet), dann bis Eichicht II-III (kritisch belastet), von Eichicht bis Rudolstadt II (mäßig belastet), Rudolstadt bis Orlamünde II-III (kritisch belastet), von Orlamünde bis zur Mündung Weiße Elster II (mäßig belastet), weiter bis zur Mündung in die Elbe II-III (kritisch belastet).

365,3 **Blankenstein**, I ↓ Selbitz (s. „Kanuwanderführer für Bayern"), Ⅱ, ▬, evtl. ≋ oder r ⌓, 🚌.
361,9 **Harra**, 🚌.
356,0 Ⅱ, **Saaldorf**, ⌂ SG Rosenthal.
344,5 Ⅱ, **Saalburg**, Marmorwerk, ▲ C.

342,0 r **Kloster**, im Wetteratal **Gräfenwahrt**; ▲ C.

336,5 l **Remptendorf**, ▲ C, Bleilochtalsperre, ▬, **X**. Eine Befahrung der folgenden 2 Ausgleichsbecken ist verboten! Deshalb wird empfohlen, die Fahrt in Kloster zu beenden.

336,5 Ⅱ, r **Burgk**, ★: Schloss.

335,0 ▬, **X**, l ⌓, **Burghammer**, Ende des Ausgleichsbeckens.

330,2 ▬, **X**, l ⌓, Wisenta-Kraftwerk, Ende des zweiten Ausgleichsbeckens. Die Strecke vom Wisenta-Kraftwerk (km 330,2) bis zum Ludwigshüttenwehr (km 318,0) ist nur bei entsprechender Wasserabgabe des Wisentakraftwerkes befahrbar und ist dann eine sportlich interessante Strecke.

326,9 ▬, r ♒ oder r ⌓, Steine, Schnellen! l **Walsburg**. r ↓ Wisenta (s. „Gewässerführer für Ostdeutschland“).

322,0 ▬, **X**, r ⌓; Pappenwerk Ziegenrück.

320,6 ▬, Fernmühlenwehr Ziegenrück, bei MW und HW in der Mitte evtl. ♒ oder über Ⅱ des Mühlgrabens r ⌓. ★: Wasserkraftmuseum.

319,3 ▬, Nähermühlenwehr, bei MW evtl. ♒ oder r ⌓. **Ziegenrück**, 🚉.

318,0 ▬, Ludwigshüttenwehr, bei Höchststau geflutet. Beginn des Rückstaus der Hohenwarthe-Talsperre. Der Hohenwarthe-Stausee ist landschaftlich sehr schön, zwischen 100 m hoch aus dem Wasser aufragenden Bergen, Straßenzufahrt nur an wenigen Stellen möglich. Der Stausee ist ein sehr beliebtes Wassersport und Erholungsgebiet mit mehreren ▲ C und 2 ⌂.

311,0 r ▲ C.

310,0 r Linkenmühle, ✕, Personenfähre.

305,0 l ▲ C, r Doppelbucht mit ▲ C.

303,0 l auf Anhöhe Ort **Neidenberga**.

300,3 Totenfelsen, r Bucht „Am Alter“ mit ▲ C und ⌂ KC Saalthal, ☎ 036733/21452.

298,5 l Bucht Lothramühle, ⌂ SVgg Hohenwarthe e. V., Abt. Kanu mit ▲, ☎ 036733/22251.

296,7 **Hohenwarthe**, ▬, Staumauer 75 m hoch, ↰ bei Schiffsanleger oder Bootsverleih. Mit Bootswagen oder Auto ⌓ bis unterhalb der Staumauer Eichicht (4,8 km), ein Befahren des Ausgleichsbeckens Eichicht ist verboten.

292,0 ▬ Staumauer Ausgleichsbecken Eichicht, beim ⬇ steile Böschung, ca. 300 m unterhalb besseres ⬇.

291,0 Ⅱ, l **Eichicht**, 🚉 Kaulsdorf und ↓ Loquitz, r **Kaulsdorf**.

286,4 ▬, **X**, l ⌓, r **Fischersdorf**, l **Breternitz**.

283,3 ▬, **X**, r ⌓, **Rechwitz**.

281,6 ▬, **X**, r ⌓, r **Obernitz**.

279,3 ▬, zerstört, **X**, l ⌓.

278,5 Ⅱ, danach ▬, r ≋. **Saalfeld**, 🚉, ★: Feengrotten.
277,0 Ⅱ, EB-Ⅱ, ▬ Göritzmühle, l ≙.
272,2 l ↓ Schwarza (s. „Gewässerführer für Ostdeutschland").
270,8 ▬ Unterpreilipp mit langem Kraftwerksgraben, **X**, r ≙ ca. 300 m bis zu einer Fußgänger-Ⅱ, Bootswagen erforderlich.
268,0 ▬, **X**, r ≙. Davor l ⌂ Rudolstädter Kanu-Verein e. V. mit ▲. ☎ 03672/352833 oder 350550.
265,3 **Rudolstadt**, 🚉, ★: Heydecksburg, Museum Thüringer Bauernhäuser.
261,0 Ⅱ, r **Catharinenau**.
255,7 Ⅱ, r **Weissen**.
253,9 ▬, r ≙, **l Uhlstädt**, 🚉, l 75 m nach Wehr ▲-Möglichkeit, ? Touristinfo-Uhlstaedt@t-online.de oder ☎ 036742/63534.
254,0 Ⅱ, r **Oberkrossen**.
248,0 Ⅱ, l **Zeutsch**, 🚉, r **Niederkrossen**.
243,0 Ⅱ, EB-Ⅱ, **Orlamünde**, ✕, 🚉, ★: Burg (Kemenate).
242,3 r ↓ Orla (s. „Gewässerführer für Ostdeutschland").
239,8 Ⅱ, l **Groß Eutersdorf**.
237,2 ▬ Kahla, **X**, r ≙ (angeschwemmtes Holz !), Floßgasse meist geschlossen, dann kann man auch über das Schütz ≙ . Floßgasse ≋, aber Walze, ansehen.
236,3 Ⅱ, l Joch benutzen! Stufe ≋. **Kahla,** 🚉, ★:, Leuchtenburg, Heimatmuseum.
235,4 Fußgänger-Ⅱ, günstiger Weg zum 🚉 Kahla
231,8 ▬, **X**, l ≙, danach Ⅱ, l **Schöps**, r **Jägersdorf**.
229,4 Ⅱ, l **Rothenstein**, r **Ölknitz**, es folgen mehrere Schnellen.
225,5 Ⅱ, l **Maua**.
224,7 Autobahn-Ⅱ.
223,8 EB-Ⅱ, **Jena-Göschwitz**, l 🚉.
221,8 ▬ **Jena-Burgau**; bei NW l ≙ über Betonkante, bei HW r ≙, danach alte Stein-Ⅱ mit Stufe.
218,3 l mehrere ⌂ mit ▲: SV Jenaer Kanu- und Ruder-Verein e. V., Burgauer Weg 13, Jena, *DKV-Kanustation*, ☎ 03641/445676. SV Jenapharm e. V., Abt. Kanu, Burgauer Weg, Jena, *DKV-Kanustation*, ☎ 03641/603048. SV Jenaer Glaswerke e. V., Sektion Kanu, Burgauer Weg 8, Jena, ☎ 03641/442519. USV Jena e.V., Sektion Kanu, ☎ 03641/394890.
218,0 ▬, **X**, r ≙.
217,0 ▬, **X**, r oder l ≙, danach Ⅱ; **Jena**, 🚉 Paradiesbahnhof, Westbahnhof und Saalbahnhof, Universitätsstadt, ★: Planetarium, Botanischer Garten, Museen, Lobdeburg, Kunitzburg, Fuchsturm, Jenzig.
215,2 Fußgänger-Ⅱ, günstiger Weg zum 🚉 Saalbahnhof.
211,0 Ⅱ, r **Kunitz**.

209,5 ▬ Porstendorf, r ⏏ und Weiterfahrt auf der Alten Saale, bei NW besser l ← in Mühlgraben, ein zusätzliches ▬, r ca. 100 m ⏏.
201,0 ▬ Dorndorf, **X**, l ⏏ oder r in Mühlgraben einfahren und am ↯ l ⏏.
200,0 Ⅱ, **Dorndorf**, 🚉, l auf dem Berg Dornburg mit den Dornburger Schlössern, ★.
194,5 ▬ Döbritzschen, **X**, l ⏏.
190,6 l ⌂ mit ▲.
190,4 ▬ Camburg, l ⏏, von hier kurzer Weg zum 🚉.
189,9 Ⅱ, **Camburg**, 🍴, ★ Cyriaksburg.
189,4 Fußgänger-Ⅱ, r günstige ⬇ und Parkplatz.
186,5 Ⅱ, l **Stöben**.
182,4 Ⅱ, r **Weichau**.
180,1 EB-Ⅱ.
179,9 l ↓ Ilm (s. „Gewässerführer für Ostdeutschland").
179,8 l ⬇/⬆.
179,6 EB-Ⅱ, Ⅱ, l **Großheringen**, 🚉, r **Kleinheringen**.
177,7 EB-Ⅱ.
177,3 Straßen-Ⅱ Saaleck - Kleinheringen.
176,6 EB-Ⅱ.
176,5 Ⅱ, r **Saaleck**, Aufstieg zur Burg Saaleck und Rudelsburg, ★, Aufstieg zur 🍴 Himmelreich.
175,8 l auf der Höhe 🍴 Himmelreich.
175,2 Straßen-Ⅱ Bad Kösen - Saaleck, 🍴.
175,3 EB-Ⅱ.
175,0 r Schiffsanleger, r Kiosk, weitere Aufstiegsmöglichkeit zur Burg Saaleck und zur Rudelsburg, ★. Von hier bis Bad Kösen Schiffsverkehr.
173,2 r ▲ C, l Ortsbeginn Bad Kösen.
172,5 Fußgänger-Ⅱ.
171,8 Seilfähre, l Schiffsanleger und Wendeplatz. Ab Fähre bis zum Wehr am rechten Ufer fahren.
171,5 ▬, **X**, r in Mühlgraben einfahren, l ⏏ an Treppe, geradeaus Mühlgraben mit Gitter versperrt, Befahren des Wehres verboten (Hindernisse im Unterwasser)!
171,3 Ⅱ, EB-Ⅱ, **Bad Kösen**, 🚉, Kurbetrieb, ★: Gradierwerk einschließlich alter Pumpstation mit Gestänge, Museum.
169,2 l Saalhäuser, ab hier Weinanbaugebiet.
167,9 Ⅱ, r 🍴 Fischhaus.
166,6 Ⅱ.
165,1 r ↓ Kleine Saale.
164,9 Altenburg, Steinwurf-▬, **X**, r ⏏.
163,9 EB-Ⅱ.
163,8 Ⅱ B180, kurzer Weg zum 🚉 Naumburg; l **Roßbach**.

162,3 Fähre Wasserschlösschen, l ✕, Fährseil!

161,8 l ↓ Unstrut (s. AB), Fähre Blütengrund, Fährseil! Schiffsanleger, ✕. r Δ C mit Strandbad, 🚏, im Sommer Busverbindung nach Naumburg vom Parkplatz des Freibades. r **Naumburg**, ✕, 🚌, ★: Altstadt, Dom.

161,7 r ⌂ mit Δ Naumburger Kanu Club e. V., *DKV-Kanustation*, ☎ 03445/700692.

161,6 öffentlicher Anleger zum Δ C.

159,9 Ⅱ, l **Naumburg-Henne**.

159,4 EB-Ⅱ.

158,7 Hallescher Anger, ✕, Schiffsanleger.

158,2 ⌂ RV Rot-Weiß 08 Naumburg e. V.

158,0 OT **Naumburg-Grochlitz**, Pegel.

157,2 r ✕ „Alter Felsenkeller", Schiffsanleger, Fähre, Fährseil! l **Schellsitz**.

155,5 r ↓ Wethau.

155,2 r **Schönburg**, ⌂ mit Δ KC Schönburg e. V., *DKV-Kanustation*, ☎ 03445/770533, www.kanu-club-schoenburg.de. ★: Burg.

153,4 EB-Ⅱ.

151,5 ▬ und ☐ Öblitz, außerhalb der Schleusenzeiten r ≏, Imbiss.

148,8 Fähre, r **Leißling**, 🚌, ✕.

147,0 l **Uichteritz**, danach ⌂.

144,5 r Einfahrt zur Beuditz-☐, man umgeht mit dieser und der folgende Brückenmühl-☐ die beiden folgenden ▬.

144,4 ▬, l Bootsgasse ≋.

143,7 ▬, evtl. r ≋; vor dem ▬ r ein Stichkanal zum ☐-Kanal, hier auch die ≏-Stelle. Nach dem ▬ ein weiterer Stichkanal zum ☐-Kanal.

143,3 r ↓ des ☐-Kanals.EB-Ⅱ, Ⅱ, **Weißenfels**, 🚌, ★: Schuhmuseum.

141,8 l ← des Kanals zur Herrenmühlen-☐, außerhalb der Schleusenzeiten l ≏.

141,5 ▬, hier keine ≏- Möglichkeit. Sofort nach dem ▬ Aufteilung in 3 Arme, alle ≋.

141,0 Zusammenfluss der 3 Arme, Ende der Stadtdurchfahrt von Weißenfels.

137,0 Neue Ⅱ.

135,5 Autobahn-Ⅱ.

132,9 Ⅱ, **Klein Korbetha**.

126,3 ☐ **Bad Dürrenberg**, 🚌; l ⌂ mit Δ, *DKV-Kanustation*, Kanu-Club Bad Dürrenberg e. V., ☎ 03462/87370. Gradierwerk, ★. Danach r ↓ Wehrarm.

122,3 **Dapsig**, starke Strömung.

120,5 l **Leuna**, r **Kreypau**.

119,1 EB-Ⅱ.

118,8 → des Kanals zur Umgehung von Merseburg, 4 km lang, bei km 3,39 zerstörte □! Rechtzeitig anlegen und ≏. Ende des Kanals hinter □ Meuschau.
116,0 ⌂ mit ▲ ESV Merseburg.
115,2 □ Merseburg-Rischmühle.
113,8 l ↓ Geisel, Neumarkt-Ⅱ. l **Merseburg**, 🚉, ★: Dom, Schloss.
113,5 □ Meuschau, Ⅱ.
113,1 r ↓ Umgehungskanal.
111,2 l ⌂ Merseburger RG mit ▲.
109,9 r ↓ Luppe.
109,1 EB-Ⅱ, Mitteljoch befahren, **Schkopau**, 🚉.
108,5 l ↓ Laucha.
107,5 3 Ⅱ.
106,0 **Korbetha**.
104,5 l ← Wehrarm.
104,4 □ Planena, Ⅱ.
102,5 r ↓ Weiße Elster (s. AB).
101,9 Ⅱ, l **Röpzig**.
99,1 l ↓ Mühlgraben.
97,9 EB-Ⅱ, Beginn von **Halle** (97,9 - 86,5), 🚉, mehrere ⌂ . ★ Markt-, Moritzkirche, Dom, Roter Turm, Moritzburg, Giebichenstein, Bergzoo.
96,8 l ← Wilde Saale (Befahrung verboten, NSG), l Rabeninsel bis km 95,6.
95,9 □ Böllberg, l Rabeninsel.
95,6 ↓ Wilde Saale (Befahrung verboten, NSG).
95,1 Rohr-Ⅱ.
95,0 ⌂, ▲, Böllberger SV Halle, *DKV-Kanustation* ☎ 0345/1200243.
94,7 l ← Wilde Saale (Befahrung verboten), Hafenbahn-Ⅱ.
94,0 Grezmer-Ⅱ.
93,6 □ Halle-Stadt, 3 Ⅱ, außerhalb der Schleusenzeiten 700 m oberhalb l zum Ⅱ abbiegen und dort l ≏ (schwierig).
93,5 Schiefer-Ⅱ.
92,7 ← Wehrarm, r Verbindung zum Mühlgraben.
92,6 □ Halle-Gimmritz, l bis km 90,8 Peissnitzinsel.
91,5 r ↓ Mühlgraben, Ⅱ.
90,8 l ↓ Wilde Saale (Befahrung verboten).
90,5 Ⅱ Giebichenstein.
90,0 Jahn-Höhle.
89,3 r → Mühlgraben.
89,2 □ Trotha.
87,5 Rohr-Ⅱ.
86,5 r Hafen Halle-Trotha.
85,0 l **Lettin**.

82,8 Schiffsanleger.
82,1 Fähre, r **Brachwitz**.
79,2 l ↓ Salzke, **Salzmünde**.
77,9 Rohr-Ⅱ.
77,4 l **Pfützthal**.
75,0 r **Döblitz**.
73,0 r **Mücheln**.
71,7 Fähre, r **Wettin**, 🚉.
71,5 l ← Kraftwerkskanal, Schiffsanleger.
70,9 r → 2. Wehrgraben.
70,4 □ Wettin.
68,6 l **Trebitz**, r alter Saalearm.
67,5 l **Kloschwitz**, Schiffsanleger. ▲ C.
62,9 l ↓ Schlenzke, l **Friedeburg**, r alter Saalearm.
60,5 Fähre, r **Rothenburg**, Schiffsanleger.
59,7 r → Wehrarm, l ← Schleusenkanal.
58,7 □ Rothenburg.
57,1 Ⅱ, l **Nelben**, r **Könnern**, 🚉 Schiffsanleger.
56,6 EB-Ⅱ.
56,0 l **Gnölbzig**.
55,1 r **Trebnitz**.
51,5 ✕.
51,0 Ⅱ, l **Alsleben**, r **Mukrena**.
50,7 l ← Wehrarm, Schiffsanleger, r → Schleusenkanal; EB-Ⅱ.
50,3 Ⅱ, □ Alsleben.
50,0 l ↓ Wehrarm; danach EB-Ⅱ.
47,3 Autobahn-Ⅱ.
46,5 **Großwirschleben**.
44,5 l alter Saalearm.
43,2 l Rastplatz.
41,5 r **Gröna**.
39,5 l **Aderstedt**.
38,5 r **Neuborna**, Schiffsanleger.
38,0 r ⌂ mit ▲ Wassersportverein Bernburg, ☎ 03471/21576.
37,7 l ↓ Wipper (s. „Gewässerführer für Ostdeutschland").
36,6 ⌂ Bernburger RC.
36,6 Fähre, Schiffsanleger.
36,4 l ▬.
36,1 r □ Bernburg, Ⅱ.
36,0 l ↓ Wehrarm.
35,9 Markt-Ⅱ, **Bernburg**, 🚉, Schloss, ★.
35,4 Ⅱ B 71.
35,1 EB-Ⅱ.
33,7 r ↓ Fuhne.
31,2 Rohr-Ⅱ.

27,9 Ⅱ, l **Nienburg**.
27,6 l ↓ Bode (s. AB).
21,9 Ⅱ, l Beginn **Calbe/Saale**.
20,8 ← Wehrarm, dort l ⌂ mit ▲ Turn- und Sportgemeinschaft Calbe/Saale e. V., ☎ 039291/77159.
20,0 □ Calbe, Ⅱ; ab hier fließt die Saale bis zur ↓ frei zwischen hohen Dämmen.
19,6 Ⅱ; l auf □-Insel **Gottesgnaden**; von hier Fähre nach Calbe.
17,6 EB-Ⅱ, l 🚆 Calbe-Ost.
15,0 r **Trabitz**.
9,5 Fähre, r **Gr. Rosenburg**.
7,0 l **Werkleitz**.
4,5 **Kl. Rosenburg**, hier neue Staustufe geplant.
3,5 NSG, ab hier r Ufer Anlande- und Betretungsverbot.
0,5 r ↓ Alte Elbe, Einfahrt gesperrt, Saalhorn.
0,2 r ↓ Taube (s. „Gewässerführer für Ostdeutschland“).
0,0 ↓ in die Elbe bei km 290,7.

12.13.1 Bode

Wildfluss - Wanderfluss
Mündung in Saale (l Nebenfluss)

Die Bode entsteht im Harz aus mehreren Quellflüssen; sie sind zur Trinkwasserversorgung und zum Hochwasserschutz durch ein System von Talsperren abgefangen.

Ab Thale wird die Bode zum Wanderfluss des Harzvorlandes, unverbaute Ufer mit Auwaldstreifen mit reicher Tierwelt, viele Kiesbänke und kleine Kiesbankschwälle, mehrere Wehre.

Befahrungsregeln: der Oberlauf bis km 98, Thale, ist aus Naturschutzgründen ganzjährig gesperrt.

Befahrbarkeit: ab km 98,0, bei gutem Wasserstand für K 1, ab km 74,0, Wegeleben, bei gutem Wasserstand auch für Zweier, ab km 53,6, Oscherleben, ganzjährig.

Pegel: Mittelpfeiler der Ⅱ Hadmersleben, km 47,5; 70 cm gestatten eine Befahrung ab Wegeleben auch für Zweier.

Gewässergüte: oberhalb Staßfurt II (mäßig belastet), dann II-III (kritisch belastet).

153,0 Ursprung mit mehreren Quellbächen im Grenzgebiet zu Niedersachsen. Folgestrecke gesperrt.

98,0 Eisenhüttenwerk **Thale**, ■ mit Wasserableitung.

96,0 Ⅱ Neinstedt - Weddersleben, gute ⬇, Parkplatz, Wanderfluss ohne besondere Schwierigkeiten.

95,0 Schräg-■, 1 m hoch, ≋ oder r ≏.

94,0 Steil-■, 1,5 m hoch, ≋ nur unter Materialeinsatz oder r ≏.

92,0 Schräg-■, 1,5 m hoch, ≋ oder r ≏.

91,5 r ■, meist kein Wasserüberlauf; dann im Mühlgraben geradeaus weiterfahren, Ortsanfang von **Quedlinburg**.

91,0 r Schräg-■, 1,5 m hoch, evtl. ≋, Steine im Unterwasser. Besser l ≏. Von hier aus Besichtigung von Quedlinburg mit Dom, ★.

90,5 Ⅱ, danach Schräg-Stufe, etwa 1 m hoch, gut ≋; kurz danach weitere Stufe, ≋. Einige Ⅱ.

86,5 EB-Ⅱ.

83,5 Ⅱ, l **Ditfurt**.

80,5 EB-Ⅱ, danach Schwall nach aufgelassenem ■, zahlreiche Mäander.

78,3 r ↓ Selke (s. „Gewässerführer für Ostdeutschland").

77,0 Schräg-■, etwa 1,5 m hoch, ≋ oder r ≏.

74,5 Mühle Wegeleben mit Schräg-■, etwa 1,5 m hoch, ≋ oder r ≏.

74,0 Ⅱ **Wegeleben**, l davor gute ⬆ oder ⬇.

69,0 Zerstörtes ■, ≋, r **Deesdorf**.

67,6 Ⅱ B 81 mit kleiner Sohlschwelle, bei gutem Wasserstand ist 2. Joch von r ≋, sonst treideln, **Gröningen**, ✕.

67,0 l ■, **X**, r oder l ≏, geradeaus Mühlgraben.

60,0 ■, **X**, l ≏; Ⅱ **Krottdorf**, 🚆, ✕.

57,0 l **Hordorf**.

53,6 r ⌂, ▲, *DKV-Kanustation*, SV Lokomotive Oschersleben, ☎ 03949/96188 oder 80284, ■, **X**; am ⌂ ↱ und ca. 150 m in Richtung Ⅱ ≏ und je nach Wasserstand davor oder dahinter ⬇. **Oschersleben**, 🚆, ✕.

49,6 ■, **X**, r ≏, ↓ Großer Graben (s. „Gewässerführer für Ostdeutschland").

47,5 Ⅱ, Pegel am Mittelpfeiler, **Hadmersleben**, 🚆, ✕.

39,0 Ⅱ, **Etgersleben**, 🚆.

36,5 EB-Ⅱ.

36,0 ■ Egeln-Nord, **X**, l ≏. r Privatgrundstück.

35,0 Ⅱ B 81/180.

32,0 l **Wolmirsleben**.

29,0 Ⅱ **Unseburg**, r ✕.

26,0 ■, r ≏. l **Rothenförde**.

25,0 Ⅱ, **Athensleben**.

22,0 ♊ **Löderburg**.
18,0 ▬, **X**, l oder r ⩯.
17,0 **Staßfurt**, 2 ♊ und EB-♊, ⛟, ✕.
11,0 r **Hohenerxleben**.
9,5 EB-♊.
8,0 r Abzweig wählen.
7,0 ♊ B 71, l **Neugattersleben**.
3,5 EB-♊.
1,5 ▬, l ⩯, ♊, **Nienburg**, ⛟, ✕.
0,0 l in Saale bei km 27,6.

12.13.2 Weiße Elster

Wildfluss - Wanderfluss
Mündung in Saale (r Nebenfluss)

Die Weiße Elster ist in ihrem Oberlauf bis Elsterberg ein leichter Wild-fluss, anschließend Wanderfluss mit sehr vielen Wehren.

Befahrungsregeln: Plauen - Elsterberg, Befahrung verboten; km 12 - 0 ganzjährige Sperrung.

Befahrbarkeit: Oberlauf nur für Einer, ab Greiz auch für Zweier.

Gewässergüte: Oberlauf bis Elsterberg II (mäßig belastet), dann bis unterhalb Greiz III (stark verschmutzt), weiter bis Zeitz II-III (kritisch belastet), dann bis Beginn Leipzig II (mäßig belastet), weiter durch Leipzig II-III (kritisch belastet), Unterlauf III (stark verschmutzt).

250,0 Ursprung am Kapellenberg (Elstergebirge) in etwa 700 m Höhe. Über die Möglichkeit einer Befahrung bis km 188,4 existieren keine Unterlagen.
188,4 Plauen - Chrieschnitz, ✕, ⛟, Sohlschwelle, EB-♊, ⬇ oberhalb der Sohlschwelle.
186,9 EB-♊; weitere EB-♊ bei km 188,4, Beginn der Sperrstrecke ab hier z. T. erhebliche Verblockung.
178,3 Elstertal-♊, r **Jocketa**, r ↓ Trieb kurz vor ♊; Barthmühle, ▬ evt. ≋ oder l ⩯; ⛟. Folgestrecke verblockt, bei MW WW II.
176,2 EB-♊.
175,3 Rentschmühle, ⛟, ✕; ▬, evtl. ≋ oder l ⩯. Beginn der „Steinicht", verblockte Strecke, je nach Wasserstand WW II-III Die gesamte Steinichtstrecke kann auf einem Wanderweg besichtigt und ⩯ werden.

169,9 ▬ **Gippe**, X , Beton im Unterwasser, l ⌓, ✕. Ende der sehr schönen Elster-Strecke, gute ⬆.
168,1 ▬, X, l Ɪ.
167,7 **Elsterberg**, ⛺, ✕.
165,8 ▬ **Notwitz**, r ⌓ über Privatgrundstück.
163,7 ▬ **Dölau**, bei gutem Wasserstand ≋ oder r ⌓.
160,4 Zerstörtes ▬, ≋, Trümmer!
159,4 ▬, l ⌓, bei offenen Schützen l ≋; Greiz, ⛺, ✕, r ↓ Göltzsch (s. „Gewässerführer für Ostdeutschland").
154,9 ▬ Park Neumühle, r ⌓, 2 ▬ kurz hintereinander, bei gutem Wasserstand und geöffneten Floßgassen ≋, Neumühle ⛺.
152,9 Lehnsmühle ▬, r ⌓, bei HW ≋.
151,4 ▬, r oder l ⌓, bei NW wegen Wasserabzug für Fabrik unterhalb nicht befahrbar bis ↓ Werkkanal.
150,6 ▬, l oder r ⌓, **Rüßdorf**.
148,9 ▬, l oder r ⌓, Rüßdorf.
146,8 Eulamühle, ▬, verfallen, evt. ≋.
144,6 Berga, ▬, X, ϟ, r ⌓ durch ϟ-Gelände, Privatgrundstück. Wegen Wasserableitung etwa 200 m treideln.
142,4 Berga, ▬, evt. ≋ oder l ⌓.
141,9 Ɪ, **Berga**, Pegel, Parkplatz, ✕, l gute ⬇ und ⬆.
138,4 r ✕ Hammermichelbaude, sehr paddlerfreundlich.
137,9 ▬ Clodramühle, meist ≋, ✕.
132,4 **Wünschendorf**, ▬, evtl. ≋ oder l ⌓. ⛺, ✕.
131,9 Historische Holz-Ɪ.
131,8 l ↓ Weida (s. „Gewässerführer für Ostdeutschland").
126,4 **Liebschwitz**, ▬, l ≋.
122,9 ⌂ TSV Gera, gute ⬇/⬆, Slalomstrecke.
122,4 **Gera**, ▬, X, starker Rücklauf!, l ⌓.
116,4 Autobahn-Ɪ, Schwallstrecke. Danach 2 Sohlschwellen.
111,4 Ɪ, **Bad Köstritz**. !!▬ unter der Ɪ, X , r ⌓, bei geöffneten ▬ (meist freitags) schwierig.
104,4 **Krossen**, ▬ , evt. ≋ , starker Rücklauf! oder r ⌓.
99,4 **Wetterzeube**, ▬, X , r ⌓. ⛺.
95,4 **Haynsburg**, ▬, meist ≋; Slalomstrecke des KC Zeitz, ✕.
91,4 ▬ Zeitz, X, l ⌓. r Mühlgraben, bei offenem Schieber Zufahrt zum ⌂ des KC Zeitz am Mühlgraben möglich.
90,4 Ɪ, **Zeitz**, ✕, ⛺, Parkplatz, gute ⬇/⬆.
89,4 ▬, ≋ wenn offen.
85,4 EB-Ɪ, danach ▬, X, l ⌓, S 2.
82,4 EB-Ɪ.
81,4 Ɪ, **Ostrau**; ab hier sehr schöne Auenlandschaft bis Profen.
81,0 ▬ **Bornitz**, X, l ⌓.

73,4 ■ Profen (Steinwurf-Wehr), l ⏏. Vorsicht, starke Strömung in den Mühlgraben. Zur Befahrbarkeit des Mühlgrabens liegen leider keine näheren Angaben vor.

72,8 **Profen**, Gefällestufe, **X**, Tosbecken, extremer Rücklauf, r umtragen; kein Hinweisschild vorhanden. Warnung! Vor allem bei höheren Wasserständen unbedingt rechtzeitig wenden und anlegen!!! Das Wehr hat keinerlei Rückstau, sondern schon bei normalen Wasserstand kräftigen Sog, es gab schon tödliche Unfälle!

69,8 Trautschener Ⅱ.

67,6 Bogen-Ⅱ im Alberthain Pegau.

67,5 Ⅱ B 2.

67,0 Ⅱ B 176, kleine Stufe unter Ⅱ, ≋, **Pegau,** ✕, 🚃.

66,5 EB-Ⅱ.

64,0 r ↓ der Schnauder.

62,0 Ⅱ Löbschütz - Wiederau, gute ⬇.

60,7 Geschiebefalle Klein Dalzig (Erweiterung des Flussbettes, flach) ab hier 7,5 km Betonrinne zur Umleitung der Weißen Elster um den ehemaligen Tagebau Zwenkau.

59,6 l ↓ Profener Elstermühlgraben.

59,6 Ⅱ **Kleindalzig**, l Pegel.

57,6 Ⅱ **Zitzschen.**

54,0 Ⅱ B 168, **Leipzig-Knautnaundorf**, am Pfeiler einzige und letzte Hinweistafel auf die 1 km unterhalb liegende **X** Gefällestufe.

52,8 Gefällestufe **Leipzig-Hartmannsdorf**, absolut **X**, vorher rechtzeitig anlegen, schräge Betonufer, Anlegen lange vorher gut möglich; Hinweisschild an Brücke ca. 1 km oberhalb; ⏏ rechts und links möglich.

50,8 Verteilerbauwerk **Leipzig-Knauthain**, nur bei Hochwasser geschlossen, sonst ohne Stufe frei ≋.

54,9 Ⅱ, bei Hochwasser Vorsicht!

49,5 Ⅱ Parkstraße.

46,8 ■ **Leipzig-Großzschocher**, Bootsgasse in Wehrmitte, gefährlich bei Hochwasser, vor Befahren unbedingt ansehen! Sonst r ⏏ (Treppen).

45,7 Ⅱ Brückenstraße.

44,73 EB-Ⅱ Großzschocher.

44,2 Teilungs-■ Großzschocher, ⏏, l freie Durchfahrt, r Abzweig Elsterflutbett.

Alternativ:

0,0 am Teilungs-■ Großzschocher r in das Elsterflutbett ⏏.

2,0 Ⅱ, r ⌂ LVB.

2,1 ↓ der Pleiße (s. „Gewässerführer für Ostdeutschland“).

3,8 Palmgarten-■, von l wieder Zusammenschluss mit Weißer Elster (Stadtelster), r → Elstermühlgraben, mehrere ⌂.

Weiterfahrt links:

44,0 r ⌂ LKC, Slalomstrecke.
43,6 Pistorissteg.
42,5 Ⅱ, l Kanushop und Bootsverleih Herold. Ab hier viel Bootsverkehr! Auf dem Abschnitt bis zum Palmgarten mehrere ✕ l und r mit Steg zum Wasser.
42,0 Fußgänger-Ⅱ.
41,5 Karl-Ⅱ
41,3 l ← Karl-Heine-Kanal, ⌂ Kanu- und Freizeitzentrum Leipzig-Südwest, Karl-Heine-Kanal 3 km bis Luisen-Ⅱ ≋, lohnend, es folgen einige Ⅱ.
40,9 Könneritz-Ⅱ.
40,4 r ⌂ Sportclub DHfK Leipzig, Abt. Kanu, ▲, *DKV-Kanustation*, ☎ 0341/4011233.
40,3 l ← Kleine Luppe, nach ca. 500 m ■, ≏ schwierig, danach ca. 5 km Kleinflusscharakter und noch ein Blockwurfwehr (meist ≋), ↓ in Nahle und diese mündet danach in die Große Luppe.
40,0 Palmengarten-■, l ≏ in das Elsterflutbecken; Achtung, bei Mittelwasser flach, sehr verschlammt.
39,5 Zeppelin-Ⅱ.
38,3 Landauer-Ⅱ.
37,6 Teilungs-■, Ablauf Elsterflutbecken: rechts Weiße Elster, geradeaus Luppe, links Nahle; Umtragen des Elsterwehres beschwerlich, da Zaun um Kläranlage; am besten an der vorhergehenden Brücke km 38,3 aussetzen (rechts) und ca. 500 m zum Elstermühlgraben umtragen, Einsetzen neben Olympiastützpunkt; Weiterfahrt auch auf Luppe möglich (11,5 km), schneller, aber nicht so schön.
36,9 r ↓ Parthe (s. „Gewässerführer für Ostdeutschland").
35,0 Eisenbahnviadukt.
34,0 **Leipzig-Wahren**, 🚉, ■, l ≏, ⌂.
33,0 **Leipzig-Stahmeln**, Wehr, links um zwei Gärten umtragen
31,0 **Leipzig-Lützschena**, Wehr, links ca. 300 m umtragen
29,5 **Hänichen**, ■ Quasnitzer Mühle, l ≏.
26,5 **Altscherbitz**, ■, l ≏.
26,1 Fußgänger-Ⅱ.
24,6 **Schkeuditz**, an der Mühle ■, l ≏, 🚉, ✕.
22,3 **Wehlitz**, ■, l ≏.
20,7 Ⅱ A 9, danach mündet die kanalisierte Luppe in die Elster, Weiterführung kanalisiert bis Döllnitz.
12,0 Ab hier ganzjährige Sperrung bis zur ↓, Ausnahmeregelung beim LKV Sachsen-Anhalt erfragen.

8,0 **Döllnitz**, ▬, l ≏.
3,0 **Ammendorf**, ▬, l ≏.
1,0 **Beesen**, Schiffs-Ɪ.
0,0 ↓ in Saale bei km 102,5.

12.13.3 Unstrut

Kleinfluss - Wanderfluss
Mündung in Saale (l Nebenfluss)

Die Unstrut entspringt westlich von Dingelstädt im Eichsfeld, durchfließt das Thüringer Vorland, um bei Sachsenburg die Hainleite zu durchbrechen. Die Landschaft ist sehr abwechslungsreich. Breite Täler wechseln mit dicht an den Fluss herantretenden Kalk- und Buntsandsteinfelsen, auf denen zahlreiche Burgen und Schlösser stehen.

Befahrbarkeit: der Oberlauf zwischen Mühlhausen und Herbsleben nur bei HW oder gutem MW, am besten im Einer. Ab Herbsleben ganzjährig, auch im Zweier. Betriebszeit für sämtliche Schleusen: April - September jeweils Donnerstag - Montag von 9 - 12 und 13- 18 Uhr.

Gewässergüte: im allgemeinen II (mäßig belastet), zwischen Artern und Nebra II-III (kritisch belastet).

153,9 Ɪ, **Mühlhausen**, mögliche ⬇ nur bei HW.
153,2 ▬, r ≏.
152,1 ▬, r ≏, schwierig, hohes Kaskadenwehr, **Görmar**.
150,4 ▬, r ≏, Grundschwelle.
149,2 ▬, **Bollstedt**.
149,0 Ɪ.
147,3 - 146,2 mehrere Gefällestufen.
145,2 r ↓ Seebach.
144,1 ▬, l ≏, Ringmühle Großgottern.
142,2 Ɪ, **Altengottern**.
138,0 ▬, l oder r ≏, danach sehr flach, Hindernisse, Pfähle!
137,8 Ɪ, danach Pfähle!
137,0 Ɪ, l **Thamsbrück**, ⛺, ✕.
136,5 l Mühlgraben, 2 Mühlen im Ort, danach einige Stufen.
135,1 EB-Ɪ.
133,7 Ɪ, **Merxleben**, ⛺.
130,6 Ɪ, **Nägelstedt**, ⛺ 2 km, danach Pfähle und Steine!
129,2 ▬, r ≏, Lohmühle.
124,5 Gefällestufe!
123,7 Ɪ.

118,6 ▬ Obermühle Herbsleben, l ⌓, flach!
117,4 Ⅱ, r **Herbsleben**, 🚉.
116,8 EB-Ⅱ.
110,8 r ↓ Gera (s. AB).
105,8 ▬, Durchlassbauwerk vom Staudamm, **X**, über Treppe ⌓. Nach 50 m EB- und Straßen-Ⅱ, hier gute ⬇; dazu in **Straußfurt** B4 Richtung Erfurt fahren und etwa 100 m vor der Ⅱ l in Feldweg einbiegen. 🚉 Straußfurt 1 km, es folgen Hindernisse (Steine).
102,7 r ↓ Gramme.
101,7 Ⅱ, l **Wundersleben**.
98,3 Ⅱ, r **Schallenburg**.
95,2 Gabelung, r fahren.
92,2 Sehr niedrige Ⅱ, **Sömmerda**, ▬, **X**, r ⌓ oder vorher r in Mühlgraben einfahren und vor dem ⌂ nach l ⌓. ⌂ des KC SV Sömmerda, *DKV-Kanustation*, ☎ 03634/622482; r → künstliche WW-Strecke.
94,2 Ⅱ, Steine! ↓ WW-Kanal.
93,0 EB-Ⅱ, danach Schwall, gut ≋; ab hier kanalisiert, einsam.
88,8 **Leubingen**, Ⅱ.
85,9 l ↓ Lache (s. „Gewässerführer für Ostdeutschland“), r → Lossa, r **Griefstädt**.
84,7 Ⅱ, l ↓ Helbe (s. „Gewässerführer für Ostdeutschland“).
83,8 Ⅱ, Schwall **X** (Stahlstangen unter der Wasseroberfläche), ⌓; r **Riethgen**.
76,3 r ↓ Lossa, **Gorsleben**.
74,9 l ↓ Wipper (s. „Gewässerführer für Ostdeutschland“).
74,8 Ⅱ, l **Sachsenburg**, ✕; Durchbruch durch die Hainleite, ★: Burgruinen.
73,7 ▬ Oldisleben, **X**, r ⌓; danach sehr flach.
72,9 r 🚉 Heldrungen.
72,3 Ⅱ, l **Oldisleben**, r **Heldrungen**.
67,3 Ⅱ, Bretleben.
64,9 → Flutgraben über ▬; geradeaus weiterfahren.
63,0 l **Schönfeld**.
61,4 ▬, **X**, □ außer Betrieb, dort r ⌓, ⌂, ▲. KWV Artern; ☎ 03466/319944, Ⅱ, **Artern**.
59,5 EB-Ⅱ, l 🚉 300 m.
58,2 l ↓ Kleine Helme.
57,5 □ Ritteburg, ▬, **X**, ⌓, ✕.
57,1 Straßen-Ⅱ mit Schwall, l **Ritteburg**.
56,5 l ↓ Helme (s. AB.).
47,4 l ⌂ Ruderklub Roßleben, ▲.
47,0 Ⅱ, l **Roßleben**, 🚉, ✕.

43,9 Ⅱ, □ Wendelstein und ■. l **Wendelstein**, ★: Burgruine Wendelstein.
42,0 r **Memleben**, Rastplatz, ✕. ★: alte Kaiserpfalz. Durchbruchstal vor Wangen.
36,7 Ⅱ, **Gr.**- und **Kl. Wangen**, Rastplatz, ✕.
34,2 l 🚉.
34,0 Ⅱ, **Nebra**, ✕, 🚉, ⛺, ★: Burgruine.
33,7 r Rastplatz, ▲-Möglichkeit.
32,5 **Vitzenburg**, ★: Neorenaissanceschloss 18./19. Jh., Weinberghaus.
32,3 l ehemalige Grabenmühlenschleuse.
30,5 l **Reinsdorf**, ★: Klosterkirche.
30,4 Fußgänger- und Radfahr-Ⅱ (Unstrut-Radwanderweg).
30,3 Rastplatz.
25,6 Ⅱ, l oberhalb ⬇ und Rastplatz am Dorfanger, **Karsdorf**, ✕, 🚉, Zementwerk.
24,0 r **Wennungen**.
21,2 r □ Tröbsdorf, außerhalb der Schleusenzeiten r ≏, l ■ und Mühlgraben.
20,6 Ⅱ; l **Burgscheidingen**, r **Tröbsdorf**, r ↓ Biberbach.
20,0 l ↓ Mühlgraben.
19,3 r **Kirchscheidungen**, 🚉, Rastplatz.
18,9 EB-Ⅱ.
15,1 l **Dorndorf**.
13,4 □, ■, X, außerhalb der Schleusenzeiten l über Straße 200 m weit ≏. Ⅱ, **Laucha**, 🚉, ✕, ★: Glockenmuseum.
12,5 r Pegel.
11,1 Wege-Ⅱ, l **Weischütz**, Rastplatz.
7,8 r **Balgstädt**, Rastplatz, 🚉.
7,2 □ Zeddenbach, außerhalb der Schleusenzeiten r ≏, und ■.
7,1 Ⅱ, l Zeddenbachmühle.
5,2 □ Freyburg und ■, X, außerhalb der Schleusenzeiten r ≏. Ⅱ, **Freyburg**, Zentrum des Weinbaus Saale - Unstrut, 🚉, ✕, ★: Dom, Neuenburg, Jahn-Gedenkstätte.
4,3 Ⅱ B176/180.
3,8 r **Nißmitz**, Rastplatz.
1,8 Ⅱ, **Groß-** und **Klein-Jena**, r 🚉.
1,2 l Reliefs in der Steilwand des Weinbergs, ★.
0,0 ↓ in Saale bei km 161,8, sofort danach an der Saale r ⌂ und ▲ Naumburger Kanu Club.

Kleinfluss
Mündung in Unstrut (l Nebenfluss)

Die Helme ist als Kleinfluss ohne besondere Schwierigkeiten zu befahren.

Befahrbarkeit: ab km 40,3 wahrscheinlich ganzjährig, auch für Zweier.

Gewässergüte: II (mäßig belastet).

82,0	Ursprung im Eichsfeld.
52,0	Ⅱ, Heringen, mögliche ⬇, Helme ist bis zum Stausee melioriert.
50,5	l ↓ Zorge mit guter Wasserzufuhr (s. „Gewässerführer für Ostdeutschland“).
44,0	Beginn des Stausees. Vogelschutz- und Fischzuchtgebiet.
43,5	Ende des Stausees, Staumauer.
42,4	l ↓ Thyra.
41,6	EB-Ⅱ.
40,3	Ⅱ, sehr steinig! treideln, gute ⬇, r Kelbra, l 🚉 Berga Kelbra, ✕, im Süden der Kyffhäuser, ★.
37,5	▬, evtl. ≋ oder r ⏜, bei NW Weiterfahrt im Mühlgraben, bei Felsenmühle nach 1300 m ⏜.
35,4	▬, ≋, l halten, l **Roßla**, 🚉, Ⅱ.
33,8	▬, ≋
33,2	Ⅱ **Bennungen**, 🚉, Pegel.
29,9	▬, X, r ⏜.
27,7	▬, l ⏜ mehrere Ⅱ, r ↓ Kleine Helme, Strauchhindernisse.
26,5	l **Wallhausen**.
20,6	Ⅱ, r **Martinsrieth**.
19,0	l Mühlgraben Martinsrieth.
17,9	▬, dreistufig, evt. ≋.
15,9	EB-Ⅱ.
15,5	Ⅱ, ▬, l oder r ⏜; l **Oberröblingen**, 🚉, zwei Ⅱ, ✕.
11,4	Ⅱ, l **Niederröblingen**.
7,0	▬, l ≋, treideln oder ⏜; **Nicolausrieth**.
5,4	Ⅱ Nicolausrieth.
3,0	l **Heygendorf**.
0,7	←, l Arm fahren, → Abzweig des Umflutkanals über ▬.
0,5	**Kalbsrieth**, drei Ⅱ, ✕.
0,2	r ↓ Flutgraben.
0,0	↓ in Unstrut bei km 56,5.

Wildfluss - Kleinfluss
Mündung in Unstrut (r Nebenfluss)

Die Gera (die in ihrem Oberlauf „Wilde Gera" heißt) fließt zunächst als munterer Wildbach durch ein landschaftlich reizvolles Tal des Thüringer Waldes. Nach Verlassen von dessen Vorbergen läuft sie durch das hügelige Vorland nach Erfurt und schließlich im flachen Talbecken zur Unstrut. Eine Befahrung der Gera bietet eine reizvolle, abwechslungsreiche Tour. Besonders sehenswert sind Arnstadt und Erfurt.

Schwierigkeiten des Oberlaufs: starkes Gefälle und reißende Strömung bei erheblicher Verblockung, niedrige Brücken, quer im Fluss liegende Bäume, Wehre, nur teilweise fahrbar, umtragen oft mühsam.

Befahrbarkeit: Oberlauf nur bei gutem Wasserstand, ab Arnstadt wahrscheinlich ganzjährig.

Gewässergüte: oberhalb Erfurt II (mäßig belastet), dann II-III (kritisch belastet).

75,0	Ursprung am Nordabhang des Gr. Beer-Berges.
57,2	Ⅱ unterhalb **Gräfenroda**, 🚆, ✕, ⬇ in die Wilde Gera.
56,5	Ⅱ, Steine!
56,2	Grundschwelle, Mühle Liebenstein.
54,2	Ⅱ, Felsen, große Steine.
52,0	EB-Ⅱ, danach r ↓ Zahme Gera, ab hier Flussname Gera. Grundschwelle vor Ortsbeginn Plaue, Vorsicht!
51,2	**Plaue**, ✕, r 🚆, l Ort, Ⅱ.
51,0	■, r ⏏, Strömung.
50,4	■ Massenmühle, ⏏.
49,7	Dosdorf, ■, ≋, Felsen.
48,6	Ⅱ, l **Dosdorf**, ↓ Mühlgraben.
48,3	■, ≋, Triglismühle, Felsen.
47,4	Ⅱ, l Mühle, r **Siegelbach**.
46,8	l ↓ Mühlgraben.
45,9	■.
44,1	■, schwieriges ⏏, Beginn Arnstadt, mehrere Ⅱ., Steine, Staustufe, ≋ bei HW.
42,5	Ⅱ, danach Grundschwelle, **Arnstadt**, ★, 🚆.
42,1	■, r ⏏, l ↓ Wilde Weisse.
39,9	Ⅱ, **Rudisleben**.
38,9	■, ≋ oder l ⏏, Steine!

38,1 ■ **Ichtershausen**, r ≏, Stau verschlammt.

37,3 ■ Ichtershausen, ≏ schwierig, Stau verschlammt.

33,9 r **Molsdorf**, ■, r ≏, danach Steine, Felsen.

32,1 l ↓ Apfelstädt (s. „Gewässerführer für Ostdeutschland").

30,4 ≏, **Möbisburg**, flach.

30,2 ■, r ≏, Steine, Felsen, sehr flach! Nach 700 m Zulauf und Strömung.

28,3 Ⅱ **Bischleben**. ⛟.

27,8 ■, r ≏, Bischleben, starke Strömung.

27,5 Ⅱ, Querströmung. Nach 200 m Ⅱ.

26,0 EB-Ⅱ, Steine, Grundschwelle, **X**, r ≏, Steine.

24,6 EB-Ⅱ, Steine, Ⅱ, sehr flach, Steinbank.

24,4 ■, l ≏ zum Flutgraben r, Beginn **Erfurt**, ★; nun viele Verzweigungen, Flutgraben je nach Wasserstand befahrbar, viele Ⅱ, unbenutztes Walzen-■ und zwei Schwellen.

17,8 ■, l ≏, davor Strömung, unterhalb flach.

16,6 Steg, r ⌂, ▲.

14,7 ■, r ≏, Schwelle, Teichmannshof, bei NW Schlamm, Ⅱ, Treibholz, r ↓ Mühlgera.

13,4 Ⅱ, ■, r ≏, ↯ **Gispersleben**, Steinbänke.

11,7 ■ r ≏, **Kühnhausen**, Ⅱ, ⛟.

10,5 Ⅱ, Einengung und verwachsen.

9,1 Ⅱ, l **Elxleben**.

7,1 Ⅱ, l **Walschleben**, ⛟.

3,0 Ⅱ, **Ringleben**, ⛟.

0,3 Ⅱ, Steinbank.

0,0 ↓ in Unstrut bei km 110,8.

12.14 Mulde

Wanderfluss - Flachlandfluss
Mündung in Elbe (l Nebenfluss)

Die Mulde fließt mit mäßiger Strömung durch Wiesen und Auwälder. Bei Bitterfeld durchquert sie den Bitterfelder Stausee, der durch das Fluten eines ehemaligen Braunkohlen-Tageabbaus entstanden ist.

Befahrungsregeln: Eilenburg - Hainichen, Befahrungsverbot 31.10 - 15.07. 26,9 – ↓, ganzjährig gesperrt einschl. Nebengewässer.

Befahrbarkeit: ganzjährig, auch mit F 2.

Gewässergüte: II (mäßig belastet).

142,6 Ursprung der Mulde durch Zusammenfluss ihrer beiden Quellflüsse Zwickauer Mulde und Freiberger Mulde (Beide Flüsse s. „Gewässerführer für Ostdeutschland"). Fortsetzung der Kilometrierung der Zwickauer Mulde. Die Befahrung der Mulde wird an geeigneter Stelle einer der beiden Quellflüsse oder bei km 139,5 begonnen.

140,6 EB-Ⅱ, Stromschnellen!

139,5 r **Kössern**, hinter Ⅱ Schnellen! l **Großbothen**, 🚉 ✕.

134,8 Personen-Fähre, r **Höfgen**, l **Kloster Nimbschen**.

133,5 r ✕, Stromschnellen, Reste eines ■.

131,8 Großmühlen-■ Grimma; bei HW r ⌓, bei NW an Inselspitze l ⌓.

131,6 Hänge-Ⅱ, l dahinter Steg des Grimmaer RV, gute ⬆ mit Parkplatz.

130,5 **Grimma**, 🚉, ✕.

128,4 ■, verfallen, r ≋, l **Böhlen**.

126,5 r **Dorna**, 🚉, ✕.

125,6 ■, l ⌓, dahinter Felsbrocken; evtl. erst vor Ⅱ einsetzen, r **Golzern**.

123,6 **Nerchau**, 🚉, ✕.

121,1 ■, r ⌓.

120,6 Ⅱ, seicht, **Neichen**, 🚉.

120,0 l **Trebsen**, 🚉, ✕.

117,7 ■ **Nitzschka**, danach Untiefen.

111,6 l **Schmölen**, r **Dehnitz**.

110,2 ■ **Wurzen**, r ⌓, 🚉, ✕, ⌂.

98,0 r **Kollau**, ✕, Steinufer.

96,8 ■ Kollau-Bobritzer Damm, l oder r ⌓, ← Mühlgraben (geht durch Eilenburg), nach rund 7 km Ⅱ-Trümmer, bis ↓ in die Mulde insgesamt 10,3 km. l Groitzscher See, ✕.

91,5 EB-Ⅱ, Steine in beiden äußeren Durchfahrten, treideln, Mitte je nach Wasserstand ≋, Schwallstrecke!

92,0 2 Ⅱ, bei NW unter 2. Ⅱ Sohlabsturz, Befahrbarkeit prüfen! **Eilenburg**.

91,8 Zusammenfluss mit Mühlgraben.

84,8 l **Hainichen**.

62,5 Ⅱ, Pfähle im Fluss! **Bad Düben**, 🚉, ✕, ★: Burg, Schiffsmühle.

77,3 Personen-Fähre, r **Gruna**, ✕ „Fährhaus Gruna".

45,8 Beton-Ⅱ, darunter Einlassbauwerk des Bitterfelder Stausees !! Im Zulaufbauwerk gibt es eine nicht sichtbare Grundschwelle aus Beton. Sie ist meist umkompliziert befahrbar, aber in Einzelfällen kommt es durch unterschiedliche Wasserstände zwischen Mulde und Stausee (Hochwasser, Absenken des Stauspiegels) zu einem stärkeren Gefälle mit starken Verwirbelungen bis Schwall. Vorher ansehen, es gab schon tödliche Unfälle !! Beginn des Stausees.

39,8 Ende des Stausees, l **Friedersdorf**, ⌂ Wassersportclub Friedersdorf, ⛺, *DKV-Kanustation*, ☎ 034953/38374. r 🚉 Muldenstein, Ⅱ und ▬ Auslaufwerk Muldenstein, l ⏏.

39,1 EB-Ⅱ.

36,0 ▬, X, r oder ⏏, schwierig.

33,7 **Roßdorf**.

33,0 r ⌂ Kanuclub Jeßnitz, ⛺, *DKV-Kanustation*, ☎ 03494/77576 oder 77322.

32,5 ▬ **Jeßnitz**, l oder r ⏏.

26,9 ▬ **Raguhn**, r ↱, 🚉, ✕, Fahrt hier beenden, da bis zur ↓ Naturschutzgebiet.

7,5 Mulden-▬ Dessau-Gestänge, **Dessa**u, ⌂ .

0,0 ↓ in Elbe bei km 259,5.

Gewässer in Schleswig-Holstein und Einzugsbereich der Ostsee

13 Eider

Wanderfluss
Mündung in Nordsee

Die Eider wird durch den Nord-Ostseekanal in zwei Abschnitte getrennt, die Ober- und Untereider.

1. Obereider

Sie durchfließt mit guter Strömung das östliche Hügelland Schleswig-Holsteins mit seinen reizvollen Seen.

Befahrungsregeln: km 29,5 - 30,8 Schulensee, Durchfahrt frei, rechter Seeteil gesperrt.

Befahrbarkeit: ab Brügge meist ganzjährig.

Gewässergüte: II (mäßig belastet).

0,0 **Kirchbarkau**.

10,3 Ⅱ, gute ⬇, Parkplatz.

10,9 Ⅱ, **Brügge**.

12,3 Ⅱ nach Reesdorf.

13,4 r **Reesdorf**. Alte Stein-Ⅱ Eiderkate. Bis 14,8 bei NW steinig und flach.

14,0 Tunnel-Ⅱ unter EB, flach und steinig.

14,8 l Ausfluss des Bordesholmer Sees, jetzt hügeliges Tal.

15,9 Ⅱ, **Schmalstede**. Es folgen niedrige Feldwegstege.

24,0 Straßen-Ⅱ, **Flintbek**. Davor im Spätsommer evtl. Krautfang, hinter der Straßen-Ⅱ r Pegel, gute ⬇/⬆, Parkmöglichkeit.

24,3 Fußgänger-Ⅱ.

24,8 Straßen-Ⅱ, leichter Schwall über Steine folgt. Bei gutem Wasserstand ≋. r ⬇/⬆-Möglichkeit.

25,0 r Klärwerk Flintbek.

28,0 Fußgänger-Ⅱ, l Molfsee.

29,5 Ⅱ B 4. Hinter der Straßen-Ⅱ im Spätsommer evtl. Krautfang, danach durch Buschwerk und Bäume verengtes Fahrwasser mit evtl. aufgestautem Kraut und Unrat, dadurch schwierige Weiterfahrt. ≏ umständlich, da morastig. l Rammsee, Schleswig-Holsteinisches Freilichtmuseum. Beginn des NSG „Schulensee“. Durchfahrt frei zum Ausfluss aus dem See l vom weißen Gebäude; r Seeteil ist gesperrt.

30,8 Ⅱ mit Aalfang, Bus nach Kiel.

32,5 Beton-Treppen-▬, r ≏, evtl. ≋.

32,6 Wanderweg-Ⅱ, r **Hammer**, Freibad.

34,5 Autobahn-Ⅱ, A 215.

35,4 Ⅱ **Blockshagen.** ! Eisenpfähle zum Befestigen von Fischreusen. Ab hier Eiderbegradigung bis Mühle Steinfurth.

38,1 **Steinfurth**, Mühlen-▬, **X**, r Rampe zum ⬆, ≏ ca. 100 m bis r hinter der Staßen-Ⅱ am l Ufer unterhalb ⬇. Hier beginnt NSG „Nordöstlicher Westensee/Ahrensee“.

40,0 l **Hohenhude**.

40,4 ↓ der Eider in den Westensee. Privatbesitz. Der Westensee und die Uferbereiche sind NSG. Es ist nur die direkte Durchfahrt von Steinfurt bis Achterwehr erlaubt, wobei zu den Ufern bzw. zum Schilfrand 50 m Abstand einzuhalten sind. Das Befahren der Buchten oder anderer Seeteile ist lt. NSG-VO nicht gestattet. Die direkte Durchfahrt ist kostenfrei; ungesperrte Restfläche ≋ gegen Gebühr an Privatbesitzer. Bei Westwind starke Wellenbildung auf dem See.

44,4 Ausfluss aus dem Westensee bei den Fischfangnetzen im nördlichen Seeteil.

45,1 Fußgänger-Ⅱ.

45,2 EB-Ⅱ.

46,2 Ⅱ B 202, darunter Aalfanggatter mit Reusen.

46,4 r Getreidespeicher, davor r günstige ⬇/⬆, Parkplatz. Ab hier bis km 48,5 heißt die Eider jetzt Achterwehr-Kanal. Er ist bis auf ca. 7 m über dem Wasserspiegel des Nord-Ostsee-Kanal aufgestaut.

47,0 Autobahn-⌶ A210.

47,3 r **Flemhude**, ✕.

48,5 ☐ Strohbrink, Schleusung in Gruppen kostenlos, Einzelboote gebührenpflichtig, l ⌂ mit Bootswagen durch Wald zum Flemhuder See, 150 m.

49,2 ↓ in Nord-Ostseekanal bei Kanal-km 85,7.

2. Untereider

Die Eider nördlich des Nord-Ostsee Kanals ist wesentlich weniger interessant als die obere Eider. Sie verläuft zwischen hohen Dämmen mit geringer Strömung durch Geest- und Marschenlandschaft. Falls nach dem Erreichen des NOK eine direkte Weiterfahrt zur Untereider geplant ist, muss zunächst der Kanal nach Westen (l) befahren werden; er ist gebührenpflichtig. Nach 19,5 km Kanalfahrt wird die Abzweigung der Untereider aus dem Kanal bei km 66,1 erreicht. Wegen der nach 3,8 km folgenden langen ⌂-Stelle und - oder - wenn man die Stadt Rendsburg umfahren will, ist es besser auf dem NOK weiterzufahren bis zur Weiche Schülp r bei km 56,7 und Dalben Nr. 24, nur 35 m über belebte Straße zur Untereider bei km 6 t.

Befahrungsregeln: km 91 - 99,2 Uferbetretungsverbot. km 99,2 - 110 Dithmarscher Vorland, Befahrungs- und Betretungsverbot, Ausnahme Schülper Außensiel. km 101,4 - 106,5 Katinger Vorland und Grüne Insel, Fahrverbot auf Prielen, Ausnahme: Norderlochgraben.

Gewässergüte: unterhalb Rendsburg III (stark verschmutzt), dann II-III (kritisch belastet), unterhalb II (mäßig belastet).

0,0 Ausfluss der Eider aus dem NOK bei km 66,1.

1,8 r ⌂, ▲, Kanu-Verein WV Büdelsdorf.

2,3 Beginn „Obereider-See“

2,4 r vor Seglerbrücke ⌂ des TV Naturfreunde Büdelsdorf.

3,0 l ⌂ des Kanuvereins RKC Rendsburg, ▲.

3,2 l gute ⬇/⬆ vor Segelboot-Anleger. 10 Min. bis 🚆.

3,5 **Rendsburg** - Obereiderhafen.

3,8 r ⌂ ca. 400 m, Fußweg mit 2 Ampelanlagen. Flusslauf unterbrochen.

0,0 Ab hier ist die Eider bis ↓ durchgehend ≋, amtliche Kilometrierung. ⬇ an der Spundwand oder ca. 250 m weiter r an flacher Böschung, Parkplatz.

0,9 Straßen-⌶ B 77.

4,4 Fußgänger-Ɪ, r **Nübbel**, l frühere Lotsenstation, ✕. Die Eider fließt hier nur 100 m entfernt parallel zum Kanal bis km 7,0.

6,0 l günstige ≏-Stelle in den NOK.

11,0 l **Hörsten**.

13,4 l **Lohklint**.

15,3 Ɪ, r nach Hamdorf, l nach Breiholz.

18,5 l **Bastenberg**.

22,7 l ↓ Gieselau-Kanal.

26,0 Lexfähre-□ mit Ɪ der B 203, r **Prinzenmoor**, Schleusung gebührenpflichtig, r Arm endet beim Schöpfwerk, ≏ ca. 50 m über B 203.

36,5 r **Hohnerfähre**, ✕, ▲.

36,8 r ↓ Sorge (s. „Kanu-Wanderbuch für NW").

42,4 l ↓ Tiele-Au.

43,0 r **Tielen**.

46,0 Ɪ, l **Pahlhude** und **Pahlen**.

50,4 r **Bargen**, r ▲ C „Bargener Fähre".

51,9 l **Delve**, ▲ C „Eidertal".

57,6 r Stein-□, ↓ Große Schlote, Verbindung zur „Alte Sorge", **X**, NSG.

61,3 r **Süderstapel**, Wollenberg 29 m hoch; ▲ C.

68,0 l **Horst** mit ▲ C „Horst".

74,0 l ↓ Broklandsau (hinter dem Deich) (s. „Kanuwanderbuch für NW").

78,1 Nordfeld-□ mit Wege-Ɪ, Schleusung gebührenpflichtig. Ab hier Einfluss der Gezeiten. Bei NW wegen der Schlickufer Anlandung schwierig oder sogar unmöglich. ≏ l S 2.

78,3 l **Nordfeld**.

83,0 Ɪ B 5 Heide - Husum.

83,1 r **Friedrichstadt**, ⛫, ★, Grachtenfahrt durch die Stadt empfehlenswert.

83,3 r Spül-□, → Ostersielzug führt zur Treene (s. AB).

83,5 Vorhafen mit Schifffahrts- und Entwässerungs-□. r ≏ S 2, r → Westersielzug führt ebenfalls zur Treene (s. AB).

85,2 EB-Ɪ.

90,0 r **Reimersbude**.

93,0 r **Rothenspieker**.

94,0 - 99,2 Oldensworter Vorland, ganzjähriges Betretungsverbot.

99,0 **Tönning**, ★, r der Eider gelegen, Bade- und Luftkurort. Beheiztes Meerwasser-Schwimmbad, ⛫, Museum für Stadtgeschichte.

99,2 Klapp-Ɪ B 5.

99,2 - 110,0 l Dithmarscher Vorland (außer Schülper Außensiel). Ganzjähriges Befahrungs- und Betretungsverbot.

100,0 r ⌂ der Kanugemeinschaft Eiderstedt. ▲- u. Übernachtungsmöglichkeit mit sanitären Anlagen. Ausgangspunkt für Wattfahrten.

101,4 - 106,5 r Katinger Vorland und Grüne Insel. Ganzjähriges Betretungs- und Fahrverbot auf den Prielen (Ausnahme Norderlochgraben).

100,0 r ⌂ der Kanugemeinschaft Eiderstedt, ▲ und Übernachtungsmöglichkeit.

102,0 Die Eider erweitert sich zwischen Dithmarscher Watt und dem Katinger Watt.

110,0 Eider-Sperrwerk mit □ und Klapp-⌶ Wesselburen/St. Peter-Ording. r □, Schleusungen kostenlos. Durchfahren der Sielöffnungen ist verboten und lebensgefährlich!!! Das durch Tonnen bezeichnete Sperrgebiet vor und hinter dem Sperrwerk darf nicht befahren werden. ⬆ am r Ufer vor dem Schleusenvorhafen. Von hier aus auch ⏏-Möglichkeit ins Katinger Watt mit Kanu-Rundwanderweg durch das Erholungsgebiet.

13.1 Treene

Wanderfluss
Mündung in Eider (r Nebenfluss)

Die oft befahrene Treene verläuft in Nord-Südrichtung zunächst im Bereich der Geest durch Äcker, Wiesen und kleine Wälder, in ihrem Unterlauf wird sie zum reinen Marschfluss; sie ist streckenweise eingedeicht.

Befahrungsregeln: Vom 15.04. bis 15.06. zwischen Augaard, km 0 und Langstedt, km 17,2 freiwillige Selbstbeschränkungsmaßnahme. Von km 0 bis km 17,2 außerdem Befahrungsverbot bei Pegel Rot (6 Pegel im Oberlauf) und für Boote über 5,5 m Länge und 1 m Breite. Diese dürfen erst ab Troia fahren. Einsetzen, Rasten und Zelten nur an den ausgewiesenen Stellen.

Zur Zeit hat der Landes-Kanu-Verband Schleswig Holstein mit den Gemeinden und dem Umweltministerium eine freiwillige Vereinbarung mit acht Regeln und „Rot-Grün-Pegeln“ getroffen, die unbedingt beachtet werden müssen.

Die Vereinbarung:
Um die Tier- und Pflanzenwelt im und am Fluss zu schonen, bitten wir Sie, sich an folgende Regeln zu halten:

1. In der Brut- und Setzzeit vom 15. April bis 15. Juni setzen Sie bitte erst ab Tarp oder Langstedt ein.
2. Zeigt der Pegel an Ihrer Einsetzstelle „Rot“, so fahren Sie bitte nicht ab hier. Sie zerstören Laichbetten, Wasserpflanzen, aber auch das eigene Boot!
3. Boote über 5,5 m Länge und/oder 1 m Breite dürfen erst ab Treia fahren.
4. Ein- und Aussetzen, Rasten und Zelten nur an den ausgewiesenen Stellen!
5. Vermeiden Sie das Einfahren in Röhricht, Schilf und bewachsene Uferpartien. Halten Sie sich in Flussmitte!
6. Helfen Sie mit, das Gewässer sauber zuhalten, denn Abfälle gehören nicht ins Wasser oder in die Landschaft! Nehmen Sie Ihre Abfälle wieder mit. Wo möglich, entsorgen Sie sie in Abfallbehälter!
7. Nehmen Sie Rücksicht auf andere Nutzer der Treene und des Talraumes: Angler, Landwirte, Jäger und andere Bootsfahrer.
8. Vermeiden Sie jede Art von Lärm im Boot und am Land!

Es wünschen Ihnen einen angenehmen Aufenthalt auf und an der Treene: Ihre „Gemeinden im Treenetal“ und die „Gemeinschaft für Natur- und Umweltschutz im Sport“ (Ge-NUSS) im Landessportverband Schleswig-Holstein.

Gewässergüte: II (mäßig belastet).

0,0	**Augaard**, Straßen-Ⅱ.
1,8	Ⅱ B76, hinter der Ⅱ r Oeversee.
2,3	Ⅱ.
3,3	Mühlen-■ Frörup, r ⏏; Wege-Ⅱ.
3,6	Straßen-Ⅱ.
5,1	Wege-Ⅱ, r **Fröruphof**. Es folgt eine schön bewaldete Strecke.
6,9	Autobahn-Ⅱ A 7.
8,4	Straßen-Ⅱ (Tarp - A 7 + B 76).
8,6	Fußgänger-Ⅱ.
8,7	r gute ⬇. Für das Tor kann man beim LKV S-H einen Schlüssel erwerben
9,3	Ⅱ (Tarp - Keelbek). Der Fluss verlässt hier das hügelige Moränengebiet und mäandriert in großen Schleifen durch ein weites Wiesental.
13,3	Wege-Ⅱ.
13,9	r ▲ Tydal (dän. Pfadfinder), Rastplatz, Erlaubnis nur bei vorheriger Anfrage ☎ 0162/10288150 oder 0162/1028816, ☎ 04609/263.

17,2 Ⅱ, r **Eggebek**, l **Langstedt**. ⬇/⬆ nur gegen Gebühr in der ✗, dort auch ▲-Möglichkeit. Es folgen bis kurz hinter der Eisenbahnbrücke mehrere flache Stellen.

17,8 EB-Ⅱ.

24,2 Rastplatz

26,8 Ⅱ, r **Sollerup**, l **Hünning**; r ↓ Jerrisbek (Wiesenfluss, ≋ auf 17 km ab Wanderup oder ab Kleinjörl 6 km mit einem Mühlen-■ bei Sollerup), Rastplatz, ▲, ✗, ⬇/⬆.

28,2 l ↓ Bollingstedter Au (≋ ab Stenderupau Ⅱ, 19 km).

29,2 **Sollbrück**. Ⅱ und EB-Ⅱ, ✗.

30,2 **Esperstoft**, beim Feuerwehrgerätehaus gute ⬇/⬆, ✗.

34,4 **Ipland**, Ⅱ. l **Grüft**, Rastplatz.

36,3 ■, ≋,! große Steine.

36,5 **Treia**, Ⅱ, Pegel, ⬇/⬆, ▲ möglich r hinter Feuerwehrhaus.

36,9 ■, l ⌂ oder über Rutsche ≋.

38,4 ■, r ⌂ oder über Rutsche ≋.

38,6 l **Holm**. Ab hier ist die Geest vorbei und es beginnt das Moor- und Marschland.

41,3 l ↓ Silberstedter Au.

44,0 **Hollingstedt**, Ⅱ, ⬇/⬆. Bis hierher macht sich der Siel-Stau von Friedrichstadt bemerkbar, Rastplatz, ✗, ▲. Bis hierher macht sich der Siel-Stau von Friedrichsstadt bemerkbar.

52,1 l **Wohlde** 1,3 km.

55,0 ▲-Möglichkeit, privat.

55,6 Fresendelfer Fähre.

57,8 Ⅱ, r nach Süderhöft, Rastplatz Nato-Ⅱ.

58,8 l **Norderstapel** 1,3 km.

61,5 ehem. EB-Ⅱ.

64,5 **Schwabstedt**, Straßen-Ⅱ. Reizender Ort. Auf der Höhe Forst Lehmsiek, neben dem Schwimmbad ▲-Möglichkeit. Bis hier fährt ein Boot von Friedrichsstadt, Rastplatz, ✗.

71,1 **Friedrichstadt**, ★, Befahrung der Grachten lohnend, gute ⬇/⬆ beim dänischen Kanu-Club, l der Ostersielzug, dann der Westersielzug mit □. Ⅱ B 5. ▲ C DKV-Kanustation, 🚉 der Strecke Hamburg- Westerland.

72,4 ↓ In die Untereider bei km 83,5.

Fjordartige Ostseebucht

Die Schlei reicht als 38,5 km langer Nebenarm der Ostsee von Schleimünde bis Schleswig. Seeartige Breiten wechseln mit schmalen Durchfahrten. Die Schlei führt Brackwasser, gegen die Ostsee hin nimmt der Salzgehalt zu. Sie ist sehr gut geeignet für Ferienfahrten. Bei dem vorherrschenden Westwind wird die Fahrt im Allgemeinen von West nach Ost durchgeführt, bei Ostwind ist die Gegenrichtung sinnvoller. Recht unangenehme kurze und hohe Wellen entstehen insbesondere bei Ostwind. Zeltmöglichkeit: die gesamte Landschaft ist Landschaftsschutzgebiet; am Südufer der Schlei ist daher Zelten grundsätzlich verboten. Am Nordufer ist zumeist das Zelten in kleinen Gruppen (maximal fünf Zelte) mit Genehmigung des Grundstückseigner möglich.

Auskunft: Otto Kaufhold, 24837 Schleswig, Husumer Str. 15, ☎ 04621/27260, E-Mail: otto.kaufhold@foni.net

In Schleswig besteht am ⌂ des Schleswiger Kanu Clubs eine Zeltmöglichkeit für zwei bis drei Zelte. Anschrift: Am Luisenbad 1a, 24837 Schleswig, ☎ 04621/22980 Internet: www.skc-haithabu.de

Mehrere ▲ C.

0,0	Beginn der Schlei, keine ⬇.
0,7	l Louisenbad, Badeanstalt, ⌂ des Schleswiger Kanu Clubs „Haithabu“, *DKV-Kanustation*, günstige ⬇ und ⬆, für Einzelfahrer ▲-Möglichkeit für ca. drei Zelte; weitere ⌂ der Segler und Ruderer. Auch günstig für Stadtbesichtigung. Falls beim SKC geschlossen, anlegen in der Bucht beim „Strandhotel“ möglich. An der Slippanlage bei der Strandhalle gute ⬇ und ⬆. Hier können auch Autos unbewacht abgestellt werden. Allerdings Hochwasser gefährdet.★: Schloss Gottorf, Museum Stadtzentrum, 🚌 zu Fuß ca. 30 Min, 🚉
1,4	l Fischersiedlung Holm und Stadt **Schleswig**, ★: Dom.
1,9	r ▲ C, ☎ 04621/32450, Fax 04621 33122, → zum Haddebyer Noor mit Museum Haithabu, nach 1,6 km → zum Selker Noor.
2,2	r auf kleiner Anhöhe Gedenkstätte für die Gefallenen des Zweiten Weltkrieges. Gute ⬇/⬆ am Haddebyer Noor, Parkplatz.
2,8	l „Freiheit“. Erweiterung zur „Kleinen Breite“, l Bucht von Winning.

3,0 r **Fahrdorf**.

5,5 l ↓ Füsinger Au (s. „Kanuwanderbuch für NW“).

6,0 Stexwiger Enge, l Halbinsel Reesholm, NSG, Betretungsverbot und 50 m Abstand vom Ufer halten. Erweiterung zur „Großen Breite“, nach Schleimünde in Richtung der Tonnen fahren, nach Borgwedel und Louisenlund am r Ufer fahren.

7,5 r Borgwedel, 🏠 ☎ 04354 219, evtl. ▲ in der Jugendherberge fragen.

9,0 r Louisenlund, Segler Ⅱ, schöner Ort Schloss als Internat

11,0 r Fleckeby,↓ der Osterbek (s. Kanuwanderbuch für NW“).

7,0 l Insel Heestholm, NSG, Betretungsverbot und 50 m Abstand halten.

9,0 r Halbinsel Kielfot, Einfahrt in Missunder Enge.

10,4 r und l **Missunde**, Fähre, Vorsicht beim gelben Blinklicht der Fähre, Seil im Wasser als Hindernis, l ✕ „Missunder Fährhaus“ r ✕ „Missunder Cafe“, Segler-Ⅱ.

10,5 l ▲ Schleswiger Kanu-Club e. V. *DKV-Kanustation*, ☎ 04621/27260 und ▲ C, ☎ 04622/626.

11,2 l Brodersbyer Noor.

11,5 nach Schleimünde in Richtung der Tonnen fahren, r Erweiterung zur Missunder Bucht, ▲ C, ☎ 04354/98430, am r Ufer ins Missunder Noor und ins Ornumer Noor mit Einmündung der Koseler Au (s. „Kanuwanderbuch für NW“). Ornumer Noor Befahrung verboten.

12,3 r Königsburg.

12,5 l ▲ C Goltoft, ☎ 04622/533, Fax 04622/1024.

13,0 Insel Kieholm (Privatbesitz), r oder l fahren, nach Schleimünde in Richtung der EB-Ⅱ fahren.

13,5 r ▲ C Bohnert / Hülsen, P. Heuer, 24354 Bohnert, ☎ 04355/385.

16,0 l **Ulsnis**, Segler-Ⅱ.

16,1 l Gunnebyer Noor.

18,5 r **Stubbe**.

19,2 l Einfahrt zum Lindauer Noor, r ▲ C Lindaunis, ☎ 04641/7317. Hier steht am Noor das Haus des Landarztes.

19,3 EB- und Straßen-Ⅱ (Hub-Ⅱ) **Lindaunis**, l hinter der Ⅱ Anleger, gute ⬇/⬆.

20,9 Verengung, l Halbinsel Norderhaken und r Halbinsel Süderhaken, Erweiterung zur „Langen Breite“, nach Schleimünde in Richtung der Tonnen fahren.

22,5 r **Sieseby** mit alter Wehrkirche, ★.

24,4 r Gut-Bienebek.

25,8 l ▲ C Karschau, ☎ 04642/920820, Fax 04642/920821, vom Wasser entfernt.

26,8 r ▲ C Winnemark, ☎ 04644/374.

28,0 r Halbinsel Schwonsburg, Verengung zur „Arniser Enge“.
28,5 l **Arnis**, kleinste deutsche Stadt, alte Fischerhäuser und Schifferkirche aus dem Jahre 1669, ★. Segler-Ⅱ, Fähre, noch Werftbetrieb
28,8 l Arnisser „Marina“, hier bekommt man auch Ersatzteile für den Wassersport.
29,0 r **Kopperby** mit Sport-Motorboothafen „Marina“.
30,7 l **Kappeln**, Straßenklapp-Ⅱ, Bus nach Schleswig, r ⛺. Gute ⬇/⬆ hinter der Klappbrücke.
Zwischen Pfählen und Reisig sind Fischernetze gespannt. Einziger noch bestehender europäischer Heringszaun.
30,9 r **Ellenberg**.
33,5 l **Rabelsund**, Erweiterung zur Außenschlei, die stark versandet ist, in Nähe der Betonnung fahren, auch für Paddler zu flach.
35,5 l Wormshöfter Noor.
36,0 l **Maasholm**, idyllischer Fischerort, ★.
36,5 r Halbinsel Olperör-Fischerhütte.
37,5 r Halbinsel Olpenitzdorf mit ▲ C, ☎ 04642/81498, gute ⬇/⬆.
38,5 **Schleimünde**, l Lotseninsel mit Sportboothafen, Leuchtturm und ✕, ▲ bis zu 5 Zelte, Anmeldung in der ✕ „Giftbude“, ☎ 04642/4972. Das Hinterland der Lotseninsel ist Vogelschutzgebiet und darf nicht betreten werden (Vogelwärter!); r flache Halbinsel, keine Verbindung zum Hinterland (teilweise Militärgebiet), es darf hier nicht gezeltet werden. ↓ in die Ostsee bei km 65, !! in der Molendurchfahrt starke Strömung und Dünung möglich.

15 Schwentine Holsteinische Seen

Die landschaftlich sehr reizvollen Holsteinischen Seen stellen das westliche Ende der großen Seenkette späteiszeitlicher Herkunft dar, die sich von Holstein über Mecklenburg, Pommern, Polen bis zu den „1000 Seen“ Finnlands erstreckt.

Die Schwentine stellt in ihrem Oberlauf die Verbindung zwischen mehreren dieser Seen dar. In der Praxis bedeutet dies, dass man in diesem Bereich fast ausschließlich über langgestreckte Seen paddelt; auch auf den dazwischen liegenden kurzen Schwentine-Strecken ist die Strömung so gering, dass man den Fluss ohne weiteres auch aufwärts befahren kann. Bei einer Befahrung der Schwentine von Eutin bis Kiel sind insgesamt sechs Umtragestellen zu überwinden; in

Malente und Raisdorf ist dies am besten mit Bootswagen zu bewerkstelligen.

Achtung auf Stellnetze der Fischer; sie befinden sich vor allem unter Brücken und bei den Einfahrten zu den Seen.

Befahrungsregeln: km 42,4 - 43 NSG Altarm der Schwentine, ⬇/⬆ nur am Steg bei km 42,7. westliche Buchten und Halbinsel im Lanker See, Sonneninsel anlegen verboten.
Gewässergüte: II (mäßig belastet).

0,0	⬇-Möglichkeit in den Eutiner See beim Ruder-Verein „Germania“ oder Segelverein. Parkplatz. **Eutin**, mit Schloss und Schlosspark am See, ★.
0,9	Ausfluss der Schwentine aus dem Eutiner See.
1,3	Ⅱ Neumühle - Fissaubrück.
2,3	▬, X, Fissauer Mühle, r ≏.
2,7	Straßen-Ⅱ, r Fissauer Fährhaus und l ▲ C.
2,8	↓ in Kellersee. Bei Weiterfahrt zum abseits gelegenen Ukleisee r halten und in Sielbek ca. 800 m ≏. Weiterfahrt zum Dieksee am l Ufer fahren.
3,8	l Halbinsel Rothengrund.
4,5	l Halbinsel Prinzenholz.
6,0	2 Ausflüsse der Schwentine aus dem Kellersee, durch Schilf teilweise verdeckt, den rechten Ausfluss fahren.
6,4	l ▲ C „An der Schwentine“.
7,2	Ⅱ.
7,8	Ⅱ.
8,0	EB-Ⅱ.
8,2	▬, X, l vor der Mühle aussetzen, ca. 300 m ≏ bis zum Bootsverleih am Dieksee, 🚌 ca. 400 m. **Malente-Gremsmühlen**, Luftkurort, Mittelpunkt der „Holsteinischen Schweiz“.
8,4	Dieksee, NSG, ▲ verboten.
9,1	**Gremswarder**.
9,6	**Langenwarder**.
12,1	Ⅱ Timmdorf - Trollholm/Niederklevenz, Durchfahrt unter Ⅱ zum Behler See. ! Anlegestelle Fahrgastschifffahrt.
13,0	Insel Großer Warder, Fahrtroute l von der Insel nach Plön, r nach Timmdorf und zum Grebiner Graben.
13,2	l Halbinsel mit Jugenderholungsplatz „Adlerhorst“.
14,6	Höftsee. Bei Fahrt dem l Ufer entlang findet man nach ca. 300 m die → zum Großen und Kleinen Madebröken See, nach ca. 600 m die → in den Edebergsee. Station der „Fünf-Seen-Fahrt“.

15,2 ▬, X, ⌓ zum Großen Plöner See mit Schienenwagen. ⌂ des WSV Plön-Fegetasche. ▲ auf Anfrage.
15,5 Ⅱ B 76.
15,6 ↓ der Schwentine in den Großen Plöner See. Bei Fahrt nach l nach 500 m ▲ C.

Großer Plöner See

Teile des Sees, wie Westteil bei Dersau und Ascheberger Seeabschnitt sind Privateigentum und auch Vogelschutzgebiet, daher befahren verboten, durch Bojen gekennzeichnet. Betreten der Inseln - Warder - (außer Langeswarder) ist nicht erlaubt. Die Uferschilfzonen dürfen zum Schutz der Wasservögel weder betreten noch befahren werden.

Plöner-See-Rundfahrt = 18 km

Die nachfolgenden Angaben gelten für die Weiterfahrt zur Schwentine.

16,8 Warder Olsborg, l vorbeifahren, r ca. 900 m liegt die Stadt **Plön**. 🚉 direkt am See. Anlegemöglichkeiten beim Segelbootshafen, Seecafé und Schloss Plön.
17,7 Warder Hankenburg, r vorbei in die Uferbucht fahren. Am r Ende der Bucht befindet sich im Schilf, hinter einem Privatbootssteg, der Schwentine-Durchstich Prinzeninsel. Die Umfahrt um die Prinzeninsel, an der Spitze mit Schiffsanleger und „Niedersächsisches Bauernhaus“ beträgt ca. 2,5 km.
18,4 Wege-Ⅱ.
18,6 ▲ C Spitzenort.
19,0 ▬, ⌓ zum Kleinen Plöner See. Schienenbootswagen. Sog zum Wehr schon ab Ⅱ B 430 möglich, ⚠.
19,2 Nach ▬ r halten, kleiner Kanal zur EB-Ⅱ, danach l Kirche Koppelsberg.
19,7 Kleiner Plöner See, Weiterfahrt nahe l Ufer, dabei Inseln r liegen lassen - NO unter Straßen-Ⅱ B 76 Zufahrt zum Trammersee über Trentsee.
21,8 r auf Halbinsel Gut zu Wittmoldt.
22,5 l **Dörnick**.
23,8 r **Wittmoldt**.
25,0 Große Breite, Verengung der Schwentine! Sandbänke, Findlinge.
26,0 Kronsee.
26,6 Durchfahrt zum Fuhlensee.
27,1 Fuhlensee, l halten.

28,1 Ⅱ, Aalwehr, l offen, dahinter gute ⬇, Rastplatz.
28,2 Holz-Ⅱ, r Gut Wahlsdorf, erbaut 1613.
28,4 Lankersee, westlicher Uferbereich NSG, Befahren und Betreten der Ufer verboten.
28,9 Sonneninsel, nicht anlegen, Vogelschutzgebiet. Rastmöglichkeit 200 m nördlich, von hier auf westl. Schilfspitze halten, in diesem Gebiet ist eine gute Karte sehr hilfreich.
29,2 Verengung des Lankersees.
30,0 Lankersee wird breit, ostw. ▲ C „Glaserkoppel". Geradeaus Freudenholm. l „Möweninsel", die Insel bleibt r liegen, Vogelschutzgebiet.
30,6 r Probstenwerder.
30,8 l Freibad der Stadt Preetz, Café, gute ⬆.
31,2 ⌂ der Kanuvereine GWW und PTSV - ▲, ✕, Kanuheim empfehlenswert.
31,9 Holz-Ⅱ - Wehrberganlagen - Verengung der Durchfahrt durch Fischernetze! Danach Kirchsee - r am See ▲ C „Am Kirchsee", l Zentrum **Preetz**, 🚆. ★: Kloster Preetz.
33,0 2 Straßen-Ⅱ B 76 nach Auslauf Kirchsee. Bei niedrigem Wasserstand Steine im Flussbett.
33,2 l ↓ Postau (s. „Kanuwanderbuch für NW").
33,6 Kloster Preetz.
34,1 Klärwerk Preetz.
34,2 Holz-Ⅱ, ab hier einige Sandbänke in Flussmitte bis Gut Rastorf.
37,0 r ↓ Spolsau.
37,3 r Gut Rastorf. Ab hier bis km 38,3 bei NW einige Steine im Flussbett.
37,6 Gabelung der Schwentine, l fahren.
38,8 l Halbinsel, Rastplatz.
39,2 Beginn Rosensee. Aufgestautes ehem. Wiesen- und Waldgebiet, Baumstümpfe!
40,0 Ⅱ B 202, gute ⬇/⬆.
40,1 Bogen-Ⅱ, r **Rosenfeld**.
41,0 l **Raisdorf**, Schul-Kultur- und Sport-Zentrum mit Freibadeanstalt am Schwentinepark.
41,2 l ehemaliger Bootsschuppen des Raisdorfer Kanu-Clubs und ⌓-Stelle. ⌓ auf gekennzeichneten Wegen durch den Raisdorfer Park zur ⬇ in Schwentine (ca. 1,5 km, Bootswagen erforderlich).
42,7 ⬇ bei Holzsteg.
43,1 Straßenholz-Ⅱ, r ✕. Ab hier bis Kiel Linien-Bootsverkehr.
44,8 Gabelung der Schwentine. l Arm führt zum ⌂ in Klausdorf. r umgeht den Ort.

45,4 **Klausdorf/Schwentine**, ⌂ des TSV Klausdorf. ▲-Möglichkeit.
48,0 EB-Ⅱ.
48,3 r ⌂ der Kanuvereine TuS Gaarden.
49,0 Straßenhoch-Ⅱ der B 502, Kiel - Neumühlen, gute ⬇/⬆. Bus zur Stadtmitte. Danach ⌂ Ellebeker TV, ▲.
49,2 Ⅱ mit Stau-■, l ⩤ und Fischtreppe. ! geringe Kopfhöhe beim ⩤ beachten. ! auf regen Schiffsverkehr, r fahren.
49,4 l ehem. Fischereihafen.
49,8 ↓ in den Kieler Hafen. l Militärgelände, r Schiffswerft HDW. Befahrung des Hafens vor Sonnenaufgang und nach Sonnenuntergang sowie bei unsichtigem Wetter für Kleinfahrzeuge verboten.
51,9 **Kiel**, Hauptstadt von Schleswig-Holstein. l ⌂ der Kanuvereine KVK und KKK. Geringe ▲-Möglichkeit.

16 Trave

Wanderfluss - Schifffahrtsstraße
Mündung in Ostsee

Die Trave ist ein recht abwechslungsreicher Fluss. Sie verläuft zunächst durch die reizvolle, hügelige Landschaft der Holsteinischen Seenplatte, ab Oldesloe weitet sich das Tal. Nach Durchquerung der sehenswerten alten Hansestadt Lübeck wird die Trave zum fjordartig erweiterten, strömungslosen Seeschifffahrtsweg.

Befahrungsregeln: km 41,6 - 47 Dummersdorfer See, Uferbetretungsverbot außer Trittstein bei km 45. km 44 - 49 südl. Priwall-Ufer, Uferbetretungsverbot, Anlanden an Südspitze des südl. Priwall möglich.

Befahrbarkeit: ab Warder See meist ganzjährig.

Gewässergüte: II (mäßig belastet).

Die 10,2 km lange Strecke der Trave oberhalb des Warder Sees sowie der in Privatbesitz befindliche See sind beschrieben im „Kanuwanderbuch für NW“.
0,0 Ausfluss der Trave aus dem Warder See.
0,3 Ⅱ Krems - Warderbrück, gute ⬇.
5,3 Ⅱ Groß-Rönnau - Klein-Rönnau, gute ⬇.
10,8 Ⅱ B206.
11,9 **Segeberg**. Vorsicht unter 2. und 3. Ⅱ, Steine.
18,1 r ↓ Mözener Au, **X**.

18,9 Herrenmühle, ▬, **X**, r oder evtl. l ⏏, S 2.
22,6 Durchbruch durch Höhenzug, Auwaldgebiet.
24,5 100 m hinter Rechtskurve ▬ der ehemaligen Kupfermühle Zettler, **X**. 10 m vor dem stark verfallenen ▬ r am Steg anlegen und ca. 20 m weit ⏏. Bei HW rechtzeitig r halten, starke Strömung zum ▬ (Keine langen Pausen machen).
25,4 Überlauf-▬, r ⏏.
31,4 Ⅱ **Nütschau**, gute ⬆.
34,4 r ⌂ des Bootsvereins Obertrave Bad Oldesloe, ▲, 2 Ⅱ bis
35,0 r ⛺ direkt an der Trave.
35,3 **Bad Oldesloe**. Bei Flussgabelung l fahren bis ▬. Auf ▬-Balken aussteigen und überheben, sonst l ⏏, S. 3.
35,4 Ⅱ B 75, keine Landemöglichkeit.
35,7 r ↓ Beste (die Beste mit ihren Nebenflüssen Norderbeste und Barnitz ist beschrieben im „Kanuwanderbuch für NW").
0,0 Ab hier amtliche Kilometrierung mit km-Steinen am Ufer.
0,3 Straßen-Ⅱ, ⬇ und ⬆, 5 Minuten zum 🚌, l Pegel.
0,7 EB-Ⅱ.
1,2 Überlauf-▬, Lebensgefahr - Rücklauf! **X**, ⏏ S 2.
8,1 Autobahn-Ⅱ A 1, l Raststätte an der Trave.
11,1 Ⅱ Barnitz - Lokfeld.
14,7 Ⅱ **Gr. Wesenberg**, r **Kl. Wesenberg**.
16,5 EB-Ⅱ.
17,2 l ⌂ SV Hamberge, ▲, ☎ 04533/0229.
19,5 Autobahn-Ⅱ A 20.
22,0 Ⅱ Moisling - Bunte Kuh.
23,8 r ↓ Elbe-Lübeck-Kanal (s. AB).
25,6 **Lübeck**, ⌂ Lachswehr Wasserfahrer Lübeck im l Arm (unter eiserner Fußgänger-Ⅱ hindurchfahren); dahinter gabelt sich die Trave. Stadtdurchfahrt r und l durch die Häfen möglich. Stadtbesichtigung sehr lohnend, ⛺ Nähe Burgtor.
28,4 ⏏-Stelle zur Wakenitz (s. AB). Nach 100 m r ⌂ VfK Lübeck mit ▲. 1 km Wakenitz aufwärts r vor der Moltke-Ⅱ ⌂ und ▲ des Lübecker Kanu- und Segelvereins.
28,8 Hub-Ⅱ. Ab Lübeck Schiffsverkehr.
33,3 l ↓ Schwartau (s. „Kanuwanderbuch für NW").
34,0 r ↓ Medebeck. Das Befahren der Lagune ist verboten. NSG.
35,7 r **Gothmund**, altes Fischerdorf.
37,1 Herren-Ⅱ, größte Klapp-Ⅱ Europas. Vor und hinter der Ⅱ r Segelvereine und Bootsanlagen. Hinter der Ⅱ weite Bucht (Breitling), bei Westwinden (bes. SW) schwere Kreuzsee! Fahrwasser Mitte halten!
39,0 Schlutuper Enge, r **Schlutup**. Fischereihafen, Fischräuchereien.

41,6 - km 47,0 besteht ein Betretungsverbot für das l Ufer außer Trittstein bei km 45,0.
44,6 Stülper Huk. Einfahrt in Pötenitzer Wiek. Pötenitzer Wiek vom 15.02. - 15.06. gesperrt, ausgenommen die Zeit von 11 Uhr des Tages vor Sonn- und gesetzlichen Feiertagen bis 9 Uhr des nächsten Werktages. Zufahrt zum Dassower See mit Stepenitz (s. AB); Einfahrt gesperrt, NSG.
47,0 Skandinavien-Kai, größter Fährhafen Europas.
47,5 - 48,5 r südl. Priwallufer, Uferbetretungsverbot, NSG.
49,0 Priwall-Wagenfähre.
49,6 l **Travemünde**, r Priwall. ▲ des VKL im Passathafen.
50,3 ↓ in die Ostsee.

16.1 Stepenitz (Trave)

Kleinfluss
Mündung in Dassower See (Trave)

Die Stepenitz ist ein ohne besondere Schwierigkeiten zu befahrender Kleinfluss. Ständig befahrbar ab Börzow, km 36, stark mäandrierend, lange Fahrzeiten einplanen.

Gewässergüte: Oberlauf II - III (kritisch belastet), dann II (mäßig belastet).

0,0 Seenspeicher Mühlen Eichsen, Ⅱ, übliche ⬇.
1,6 ↓ in Rehmsee.
1,8 Auslauf Rehmsee.
2,6 ↓ Gadebuscher Bach.
3,2 ▬ Faulmühle, Ⅱ.
4,2 ↓ in Cramoner See.
6,5 Auslauf Cramoner See, Ⅱ, ▬ **Cramon**, Ⅱ.
7,4 ↓ in Dahlberger Kuhle.
7,7 Auslauf Dahlberger Kuhle.
8,7 ↓ in Wendelsdorfer See.
10,0 Auslauf Wendelsdorfer See, Ⅱ.
10,5 ↓ in Groß Eichsener See.
11,1 Auslauf Groß Eichsener See, ▬, X, l ⌓, es folgt eine flache Strecke.
11,3 Straßen-Ⅱ B 208, **Mühlen Eichsen**, nach 50 m Fischtreppe und Fußgänger-Ⅱ.
15,3 Ⅱ.
17,8 ▬ am Mühlenteich in **Rüting**.
20,5 Ⅱ **Diedrichshagen**.

23,5 Ⅱ, **Kastan**.
23,8 Ⅱ, **Kastan**.
25,3 Autobahn-Ⅱ A 20.
26,3 Ⅱ **Büttlingen**.
27,5 r ↓ Bolscher Mühlenbach.
30,8 Ⅱ vor **Questin**.
35,3 l ↓ Radegast (s. „Kanuwanderbuch für NW“), EB-Ⅱ, danach Schwallstrecke.
36,0 Straßen-Ⅱ Börzow, ⬇.
40,5 Ⅱ **Roxin**.
45,2 Ⅱ **Kirch** - **Mummendorf**.
47,0 Ⅱ **Rodenberg**.
52,4 l ↓ Maurine (s. „Kanuwanderbuch für NW“), Beginn NSG, ab hier ganzjährig gesperrt.
56,5 Ⅱ, r **Dassow**.
57,0 ↓ in Dassower See. Weiterfahrt nicht möglich, der Dassower See ist NSG. Durchfahrt möglich auf gebührenpflichtigen Antrag bei der Wasser- und Schifffahrtsdirektion Nord, Abt. 5, Postfach 4467, 24043 Kiel.
63,0 ↓ in Untertrave bei km 44,6.

16.2 Wakenitz Ratzeburger See

Schaalsee
Wanderfluss - Seen
Mündung in Trave (r Nebenfluss)

Die Wakenitz entwässert über den Schaalseekanal zunächst den Schaalsee und die anschließenden Seen (Küchensee Ratzeburger See). Die Befahrung der Wakenitz wird zumeist in Lübeck begonnen, sie erfolgt also flussaufwärts. Die Strömung ist jedoch so gering, dass sie kaum zu bemerken ist.

Die Wakenitz ist landschaftlich sehr reizvoll, Bruchlandschaft mit Wiesen, Hecken und Weiden, seeartigen Erweiterungen und Seitenkanälen. Veränderungen möglich durch Bau der Ostsee-Autobahn.

Der Abfluss der Wakenitz zur Trave erfolgt durch einen Düker, man muss daher, wenn man von der Trave her kommt, bei km 28,4 zur Wakenitz umtragen. Meist wird jedoch die Fahrt direkt an der Wakenitz begonnen.

Befahrungsregeln: Lübeck-Eichholz bis Ratzeburger See. Ganzjähriges Uferbetretungsverbot (Ausnahmen sind gekennzeichnet), Befahrung erlaubt von Sonnenaufgang bis 30 Min. nach Sonnenuntergang.

14,5	**Lübeck**, ⏏-Stelle zur Trave km 28,4, ⬇.
14,4	r Verein für Kanusport Lübeck, ⛺, 🏠.
13,5	r Lübecker Kanu- und Segel-Sportverein, ⛺, 🏠.
13,3	Moltke-Ⅱ.
12,3	Wakenitz-Ⅱ.
9,3	r Erster Fischbuden.
9,1	EB-Ⅱ.
6,9	r Müggenbusch, ✕.
6,6	l ↓ Landgraben.
5,4	r Absalonshorst, ✕.
5,1	r Haberhorst.
2,3	Autobahn-Ⅱ A 20 (geplant).
2,0	r Nädlershorst, ✕.
1,2	r Ziegelhorst.
0,1	r **Rothenhusen**, ⛺ beim Jugendheim des Turn- und Sportbundes der Hansestadt Lübeck e. V., ☎ 04509/8315, oder Meldung an H. Metzkow, Fehrsweg 7, 2077 Trittau, ☎ 04151/4486.
0,0	Ausfahrt in den Ratzeburger See. Er liegt, landschaftlich sehr schön, zwischen beträchtlichen Hügeln und Wäldern. Es muss mit böigen Winden gerechnet werden, bei ungünstiger Wetterlage in Ufernähe fahren. r ✕ Fährhaus mit Anleger. Östliches Ufer von Rothenhusen bis Römnitz NSG. Muskelbetriebene Boote müssen mindestens 50 m Abstand von der Röhrichtvorderkante bzw. Uferlinie halten. Kurzfristiges Anlanden nur zulässig bei den vier besonders gekennzeichneten Stellen, Utecher Bucht Befahrungsverbot.
1,0	l **Utecht**, Badestelle.
1,8	r **Gr. Sarau**.
2,5	l **Campow**, Badestelle.
3,5	r **Pogeez**, Anleger.
4,8	r ⛺ C Buchholz.
5,5	r **Buchholz**, Anleger, gute ⬇/⬆.
5,8	l **Kalkhütte**.
8,5	l **Römnitz**, ⛺ C.
9,5	Inselstadt **Ratzeburg**, ★, östliche Umfahrt durch den Domsee und Stadtsee, 2 Ⅱ, 2 km zum Küchensee.
11,0	Westliche Durchfahrt zum Küchensee, r Ruder-Akademie.
11,6	r Ratzeburger Ruder-Club und Ratzeburger Kanu-Club. 🏠.
14,0	Farchauer Mühle. Man kann hier theoretisch etwa 1000 m weit zum Schaalseekanal ⏏ und auf dem Kanal 5 km weit

aufwärts bis zum Schaalsee fahren. Dieser See ist jedoch NSG, weite Teile völlig gesperrt, die übrigen Abschnitte nur mit Sondergenehmigung und zusätzlich gebührenpflichtig zu befahren, d. h. praktisch kommt eine Befahrung des Sees kaum mehr in Frage. Auf eine Beschreibung des Schaalseekanals sowie des Schaalsees wird daher verzichtet.

17 Warnow

Kleinfluss - Wanderfluss - Seeschifffahrtsstraße
Mündung in Ostsee

Die Warnow beginnt ihren Lauf als kleiner Wiesenfluss bei Grebbin und endet als die Seeschifffahrtsstraße Unterwarnow nördlich von Rostock in der Ostsee. Im Oberlauf Kleinfluss-Schwierigkeiten mit Wehren, Baumhindernissen und Verkrautung. Im Unterlauf keine besonderen Schwierigkeiten.

Befahrbarkeit: Bei gutem Wasserstand für Einer ab Bülow, für Zweier ab Barniner See. Zwischen km 54 (Langenbrütz) und km 48 (Zaschendorf) ist mit extremen Schwierigkeiten durch Baumhindernisse in einem völlig naturbelassenen NSG zu rechnen. Ab Weitendorf ist eine Befahrung immer möglich, auch für Zweier.

Gewässergüte: bis oberhalb Bützow allgemein II (mäßig belastet), jedoch zwischen Langenbrütz und Gustävel II-III (kritisch belastet), von Bützow bis Rostock II-III (kritisch belastet).

Ursprung bei Grebbin; die Folgestrecke bis Nutteln s. „Gewässerführer für Ostdeutschland".

43,3 Ɪ, l **Nutteln**, r **Gustävel,** gute ⬇. Kurz danach ▬, X, ⩯.

38,6 Ɪ, ⬇, r **Schönlage**.

35,3 Holz-Ɪ, r **Kaarz** - Hüthof. Davor Krautfangbalken, ≋ wenn geräumt oder r ⩯.

33,3 **Weitendorf**, ▬, X, r ⩯, (▲-Möglichkeit vor dem ▬). Ɪ B 104/192, Schwall, vor Befahrung besichtigen. Danach l ↓ Brüeler Bach (s. „Gewässerführer für Ostdeutschland").

28,0 Ɪ, l **Sagsdorf**. ⬇ (evtl. ▲ möglich).

24,5 Straßen-Ɪ. Danach Krautfangbalken, überfahrbar, wenn geräumt, sonst ⩯. Kurz danach r ↓ Mildenitz (s. „Gewässerführer für Ostdeutschland"). 1 km Mildenitz-aufwärts Kanu-Kamp.

23,2 Warnow-Durchbruch, Baum- und Steinhindernisse bis km 22,2.

20,1 Niedrige Ⅱ, ≏, S 1. r **Klein Raden.**

18,6 Kleine Insel, r umfahren immer möglich. Ende des NSG; EB-Ⅱ, Steine!

18,0 **Eickhof**, Sohlabsturz, **X** Befahrung verboten, l ≏, r Wasserwander-Rastplatz, gute ⬇/⬆, ▲-Möglichkeit.

15,3 Ⅱ, ⬇/⬆ nur geringe Parkmöglichkeit, r **Warnow**.

7,1 Ⅱ, l **Rühn,** dahinter im l Altarm Wasserwander-Rastplatz mit ⬇/⬆ und ▲ Möglichkeit.

1,3 Flussteilung, l Arm fahren.

0,8 Wasserkreuz, l Arm fahren; der Arm geradeaus führt zu einem ▬ , **X** und nicht zu ≏.

0,1 Erneute Flussteilung; r fahren, ▬ von r nach l ≏. Der l Arm führt zum Bützower See, wenn ▬ im Graben offen ist. ≏ ist nicht möglich.

0,0 Ab hier neue Kilometrierung, **Bützow**, 🚉; ✕, ★: frühgotische Pfarrkirche, Heimatmuseum.

0,8 r ↓ Nebel (s. „Gewässerführer für Ostdeutschland") und des r Seitenarmes der Warnow.

1,8 Flussteilung; die Warnow geht r weiter, der l Arm führt zum Bützower-See. Wenn man auf dem See nach l fährt, gelangt man nach ca. 800 m zum Wasserwanderrastplatz und ▲ C. Kurz danach ⌂ KC Bützow, ▲, *DKV-Kanustation* ☎ 038461/3129.

7,6 Ⅱ, l **Kambs**, r **Kassow.**

10,8 r **Werle.**

14,4 r ▲ C.

17,2 Ⅱ, interessante Hubbrücke (technisches Denkmal),·**Schwaan**, 🚉, Pegel, Stadtkirche St. Paul, ★.

17,6 l ↓ Beke, ≋ im Frühjahr ab Neukirchen, im Sommer zugewachsen, ab Bröbberow etliche Baumhindernisse.

19,3 r ▲ der Rostocker Kanuten.

21,6 EB-Ⅱ.

23,5 r, später auch l NSG bis EB-Ⅱ bei km 38,5.

29,4 Autobahn-Ⅱ.

32,9 und 35,2 EB-Ⅱ.

35,9 r **Kessin,** dann Ruder-⌂ ORC Rostock, ▲, ☎ 038208/82945.

38,6 EB-Ⅱ.

39,0 □ Rostock-Mühlendamm, ≏ S 2, Schleusungen zur vollen Stunde. ⌂ Rostocker KC, ▲, *DKV-Kanustation*, ☎ 0381/4907640. Straßen-Ⅱ, **Rostock,** 🚉, ✕, Petrikirche, Nikolaikirche, Marienkirche, Steintor, Blücherdenkmal, Universität, Kröpeliner Tor, Bürgerhäuser, Museen, ★. Hafen.

39,9 l Ruder-⌂ HSG Uni Rostock, ▲, ☎ 0381/4907600.

40,0 Straßen-Ⅱ Petridamm B105.

40,7 l ⌂ Kanufr. Rostocker Greif, ▲, ☎ 0381/4905114. Beginn der Unterwarnow, starker Boots- und Schiffsverkehr, betonntes Fahrwasser meiden. Befahren der Hafengebiete verboten!
42,0 r ⌂ Rostocker RC.
43,1 Personenfähre Eschenufer - Gehlsdorf.
48,5 l ★: Traditionsschiff.
50,2 - 52,0, l Kvaerner-Warnow-Werft.
52,0 l **Warnemünde**, Seebad.
52,4 Fähre, l 🚉 Warnemünde.
53,0 ↓ in Ostsee (s. Gewässerführer für Ostdeutschland).

18 Peene

Wanderfluss - Seen - Schifffahrtsstraße
Mündung in Peenestrom (Ostsee)

Nachfolgend wird ein praktisch hindernisfreier, ganzjährig befahrbarer Flusslauf vom Malchiner See bis zur Mündung in die Ostsee beschrieben.
Die Peene hat sehr geringe, oft gar keine Strömung. Sie durchfließt zum Teil Niederungsgebiete mit vielen ehemaligen Torfstichen.

Kilometrierung: Ab Malchin ist die Peene Bundeswasserstrasse. Hier beginnt die amtliche Kilometrierung mit „0“. Wenn die Entfernung auf dem Fluss durch Begradigungen kleiner ist, als es die Beschilderung ausweist, wird im Text darauf hingewiesen.

Besonderheiten: Auf der Peene dürfen Charterboote verkehren. Es ist mit unerfahrenen Bootsführern zu rechnen.

Gewässergüte: II-III (kritisch belastet).

-16,5 **Dahmen** am O-Ufer des Malchiner Sees, ✕, ▲ C, ☎ 039933/70379, gute ⬇. 🏛; von hier lohnt Wanderung zum Schloss Ulrichshusen (7 km), ★
-14,5 W-Ufer **Bülow.**
-13,5 O-Ufer ▲, ✕, gute ⬇, Badestelle Seedorf.
-12,0 O-Ufer **Seedorf**
- 8,0 Ausfluss aus dem Malchiner See; die Folgestrecke heißt Dahmer Kanal.
- 1,8 Straßen-Ⅱ.
- 0,5 **Malchin,** 🚉**,** ★: Stadttor, Rathaus; ⌂, Malchiner KC, ▲, *DKV-Kanustation*, ☎ 03994/631270 oder 03975/20887; Wasserwanderrastplatz ⬇, ▲, ☎ 03994/223665.

0,0 Beginn der amtlichen Kilometrierung; r ↓ Ostpeene (s. „Gewässerführer für Ostdeutschland“), ab hier bis km 4,5 „Peenekanal“.

4,5 ↓ in Kummerower See. Auf diesem großen See Achtung auf Wind und Wellengang; Fahrt nach N.

7,0 O-Ufer **Kummerow,** Wasserwanderrastplatz ▲. W-Ufer **Salem,** ✕.

10,0 O-Ufer ↓ Teterower oder Neukahlener-Peene (s. „Gewässerführer für Ostdeutschland“). W-Ufer **Sommersdorf,** ▲ C.

15,0 Ausfluss der Peene aus dem See. r 1 km entfernt **Verchen**, Klosterkirche, ★.

15,3 l **Aalbude**, ✕, r Wasserwanderrastplatz ▲.

17,2 ← Darguhner Kanal (4 km bis **Darguhn**, ✕, 🚌, Kloster, Schlossruine, ★. ■ zum Klostersee).

21,5 l **Upost**.

23,0 Düker.

24,8 r **Trittelwitz**. Wasserwanderrastplatz ▲.

26,3 r **Demmin-Vorwerk**.

31,8 r ↓ Tollense (s. AB).

32,5 ← Peene-Altarm mit Wasserwanderrastplatz Demmin, Bootshafen und ⌂ Demminer Segelclub Blau-Weiß, ▲, ☎ 03998/223551, gut geeignet als Stützpunkt für die Befahrung von Trebel und Tollense; Bootslager-Möglichkeit, ⬇, ⬆, guter Zugang zur Stadt

33,1 Klapp-Ⅱ danach r Hafen, **Demmin**, ✕, 🚉, 🚌, ⛺; ★: Stadtbefestigung, Marktplatz, Stadtkirche.

34,2 l ↓ Trebel (s. AB).

35,0 Straßen-Ⅱ Demmin.

36,8 r ↓ Demminer Mühlgraben. Danach EB-Ⅱ.

40,2 r **Pensin**.

40,0 bis 44,0 Infolge einer Flussbegradigung beträgt die Entfernung zwischen Fluss-km 40 und 44 nicht 4 sondern nur 1,5 km.

45,0 l **Rustow**.

46,5 r **Zeitlow**.

47,9 l Anglerhafen Loitz, Bootslagerung möglich.

48,8 l **Loitz,** 🚉, r Flussbadeanstalt, l ⬇, danach Dreh-Ⅱ.

49,1 l Hafen Loitz, r ↓ Kuckucksgraben (≋ ab **Kruckow**).

52,1 l ↓ Schwinge.

53,0 r **Sophienhof**, ▲ möglich, Rastplatz.

57,3 r **Alt-Plestlin**, Wasserwanderrastplatz, ▲ möglich.

59,8 l ▲ möglich; **Görmin**, etwa 2 km vom Fluss entfernt.

64 l **Alt-Jargenow**.

67,0 r Sportboothafen des WSV Peenemoor.

68,0 r **Jarmen,** 🚉, ✕.

68,3 Straßen-Ⅱ, danach Autobahn- Ⅱ.
74,4 r Baggersee.
74,7 l ↓ Swinow-Bach, dort nach 1,5 km ⌂ KV **Gützkow**, *DKV-Kanustation*, ▲ ☎ 038353/277 oder /5032. r Baggersee
77,3 l **Pentin**.
78,3 r **Priemen**.
79,5 r Stichkanal, **Liepen.**
81,8 → Peene-Südkanal (Bewässerungskanal).
85,8 r **Stolpe**, Schiffsanleger, Wasserwanderrastplatz, gute ▮ und ▲-Möglichkeit, ✕, ★: Klosterruine von 1153, wahrscheinlich das älteste Bauwerk Vorpommerns.
89,9 l ↓ verlandender Stichkanal nach **Menzlin**; ★: auf bewaldeter Höhe Bootsgräber einer Wikinger-Siedlung.
90,9 r ↓ Stegenbach.
94,0 r Angelverein Anklam, dahinter Caravanclub Anklam, ▲ C.
94,4 Ⅱ, dahinter ↱ für Zugang zur Stadt **Anklam:** 🚃, ✕, ★: Kirchen, Pulverturm, Lilienthal-Museum.
94,9 Fußgänger Ⅱ, l ⌂ Anklamer RC, geringe ▲, ☎ 03971/291517 oder /240458. r Beginn des Hafengebietes.
95,4 EB-Klapp-Ⅱ, dahinter r YC Peene Anklam, ▲-Möglichkeit, ☎ 0170/3101867, guter Zugang zur Stadt und zum 🚃.
96,2 r ↓ Arado-Kanal. Danach r ↓ Stichkanal zur Zuckerfabrik.
97,2 r Steg- und Slipanlage DSV Anklam-Schanzenberg.
103,2 ← Peene-Altarm, stark verkrautet. r auf 800 m Flussdurchstich „Richtgraben“.
104,6 ↓ in Peenestrom (s. „Gewässerführer für Ostdeutschland“), ab hier Seeschifffahrtsstraße. Nach r zum Kleinen Haff, nach l in Richtung Achterwasser.

18.1 Trebel

Wanderfluss
Mündung in Peene (l Nebenfluss)

Die Trebel bietet bei geringer Strömung kaum Schwierigkeiten, Achtung, Schilfsperren.

Befahrbarkeit: bei gutem Wasserstand ab Grimmen für Einer; ganzjährig ab Tribsees, auch für Zweier. Im Frühjahr ab Kirch-Baggendorf (später verkrautet).

Gewässergüte: unterhalb Grimmen II-III (kritisch belastet), allgemein II (mäßig belastet).

63,0 **Grimmen**, Ⅱ, 🚆, ✕, ⛟, mögliche ⬇.
51,3 Ⅱ, l **Kirch-Baggendorf,** ⬇ (siehe Befahrbarkeit).
44,1 Ⅱ, r **Rekentin,** l **Siemersdorf**.
38,3 EB-Ⅱ.
37,4 Wasserwanderrastplatz Tribsees, ▲, ⬇.
37,3 Ⅱ, ■, r oder l ⏏, **Tribsees**, ✕, ⛟.
34,5 Ⅱ, r **Langsdorf** (Von hier Übersetzen zur Recknitz, s. „Gewässerführer für Ostdeutschland“, möglich, ca. 5 km).
34,0 Teilung: r Trebel und l Trebelkanal. ■ zum Trebelkanal. Rückverlegung der Trebel ins ursprüngliche Flussbett, stark mäandrierend mit Schilfufer, ca. 5-15 m breit, geringe Strömung, auf 11 km keine Rast möglich (Mai 2001). Außer bei Hochwasser zieht die Strömung vollständig in die Alte Trebel. Der Trebelkanal ist 4 km kürzer als die Trebel.
22,9 r ↓ der Warbel (s. „Gewässerführer für Ostdeutschland“), Vereinigung mit Trebelkanal, l **Bassendorf**, ⬇. Ab Bassendorf ist eine Rundfahrt über Trebel und Trebelkanal möglich.
18,4 Historische, restaurierte Kettenzug-Ⅱ, ★, l **Nehringen**.
17,4 l ↓ Roter Brücken-Graben.
13,8 l ↓ Neuer Burggraben. Ab hier gibt es bis zur ↓ viele Altarme.
2,5 Ⅱ.
0,0 ↓ in Peene bei km 34,5, (s. AB), **Demmin**.

18.2 Tollense

Wanderfluss
Mündung in Peene in Demmin (r Nebenfluss)

Die Tollense kann ohne besondere Schwierigkeiten anscheinend ganzjährig befahren werden. Im Spätsommer ist mit Entkrautungsarbeiten und Krautfängern vor Wehren und an einigen Stellen im Fluss zu rechnen.

Gewässergüte: II (mäßig belastet).

Die Tollense entspringt aus dem Tollense-See. Der Tollense-See mit seinen Wäldern in einer hügeligen Endmoränenlandschaft ist sehr reizvoll. Er kann bei einer durchschnittlichen Breite von 2 km etwa 10 km weit nach S befahren werden. Im N am Ausfluss Neubrandenburg, 🚆, ✕, ⛟, mittelalterliche Stadtbefestigung mit 4 erhalten Stadttoren, ★. Am W-Ufer ▲ C am Gatsch-Eck, im SW ✕ Nonnenhof, im NO m Linde/Gätenbach (von Burg-Stargard kommend) und am O-Ufer ca. 1,5 km vor Ausfluss der Tollense aus dem See ⌂ SV Motor Süd Neubrandenburg, Abt. Wasserwandern, DKV-Kanustation,

☎ 0395/3699566, ⬇. Die in den See mündenden Fließe können nicht befahren werden.

68,4 Ausfluss aus Tollense-See, geradeaus Oberbach, dort nach 500m r ⌂ SC Neubrandenburg, Abt. Kanu, ⬇, *DKV-Kanustation*, ☎ 0395/5665660. Nach 1 km ▬ Vierradenmühle, ≏ kaum möglich. Meist auch kein Wasser.

68,3 l Einfahrt in Ölmühlenbach. Wer die Tollense fahren will, sollte hier einfahren und das ▬ an der Einfahrt r ≏. Nach 1,8 km erreicht man wieder die Tollense.

65,8 l ↓ Ölmühlenbach, danach EB-Ⅱ, Schnelle bei NW evtl. treideln.

64,3 r Kläranlage, danach flacher Sumpfsee, bei Kenterung !

63,0 EB-Ⅱ.

61,5 r ↓ Datze.

61,4 l ↓ Aalbach.

52,1 EB-Ⅱ, danach Flussteilung, r ▬ zum alten Flusslauf, stark mäandrierender Wiesenfluss, r ≏, l Randkanal (etwas eintönig). Die Kilometrierung folgt hier dem alten Flusslauf, der Randkanal ist ca. 2 km kürzer als der alte Flusslauf.

47,0 r Kleiner Landgraben.

44,4 ▬ in Tollense, r ≏, ▬ in Randkanal, l ≏, danach nur noch ein Fluss.

44,3 Ⅱ, **Altentreptow,** dahinter l ⬇/⬆, ⛟, 🚌, ✂. Von Altentreptow bis Klempenow durchfließt die Tollense als stark mäandrierender Wiesenfluss mit 10-15 m Breite ein schönes, relativ enges Tal mit vielen Aussichtsmöglichkeiten.

42,4 Ⅱ, l Rastmöglichkeit.

41,5 l **Klatzow**.

37,0 Ⅱ, l Steg, Schutzhütte, **Mühlenhagen**.

33,0 l **Weltzin.**

27,0 l Burg **Klempenow,** ★, ⬆, ▬ l oder r ≏. An Wochentagen Busverbindung nach Altentreptow und Jarmen.

26,9 r ↓ Großer Landgraben, dahinter Ⅱ B96. Ab hier regulierter Verlauf, ca. 20 m breit.

22,6 ▬, l ≏, l **Tückude**.

18,5 Ⅱ, l **Broock**, r **Alt Tellin**.

13,8 ▬ Osten/Vanselow, l ≏.

11,2 r **Vanselow**, Wasserwanderrastplatz, ▲, Badestelle.

8,3 r **Siedenbrünzow**.

6,8 Ⅱ, l **Sanzkow,** Wasserwanderrastplatz, ▲, ⬆.

2,5 EB-Ⅱ, danach Rohrbrücke.

0,8 Ⅱ, r **Demmin,** ✂, ⛟, 🚌, ⛪; Stadtbefestigung, Marktplatz, Stadtkirche, ★

0,1 l alter Tollense-Arm. Der offizielle km 0,0 liegt an der ↓ dieses Altarms.

0,0	↓ in Peene bei km 32 dort nach r ca. 1 km zum Wasserwanderrastplatz mit gutem Zugang zur Stadt, ⬆, ▲ (siehe AB Peene).

19 **Uecker**

Seen - Wanderfluss - Schifffahrtsweg
Mündung in Kleines Haff (Ostsee)

In der Uckermark (bis km 17,6) unterhalb Prenzlau bei der Straßenbrücke Nieden-Nechlin heißt der Fluss Ucker, die Seen heißen Uckerseen, ab dort heißt der Fluss Uecker.

Die Ucker (Uecker) ist ein langsam fließender Wiesenfluss. Sie ist ab Ober-Uckersee bis zum kleinen Haff auch im Zweier befahrbar. Hinter Pasewalk beginnt der landschaftlich schönste Teil des Flusses.

Kilometrierung: Die Kilometrierung der Uckerseen ist ab Prenzlau mit 0 beginnend gewählt worden. Ab Ausfluss aus dem Unter-Uckersee wird die am Fluss erkennbare amtliche Kilometrierung benutzt.

Gewässergüte: Prenzlau bis Nieden II-III (kritisch belastet),dann II (mäßig belastet).

19,5	Ober-Uckersee, See-Ende Badestelle, Rastmöglichkeit, ⬇.
18,0	W-Ufer **Suckow**
16,0	O-Ufer ▲ C Warnitz, ⬇.
15,5	O-Ufer **Warnitz**, Steg, Badestelle, ⬇, ⚖, ✕, 🚐, ca. 0,5 km.
15,5	Seemitte Insel.
15,0	W-Ufer **Fergitz**, Badestelle, Rastmöglichkeit.
14,0	W-Ufer Einfahrt zum Großen Potzlowsee-See gesperrt.
12,5	O-Ufer **Quast**, Badestelle, ✕.
12,1	W-Ufer Ende Ober-Uckersee, Einfahrt Uckerkanal.
11,9	II, l **Potzlow,** r **Seehausen.**
9,0	Möllensee.
6,9	Beginn Unter-Uckersee, an beiden Ufern Schilf mit wenigen Anlegemöglichkeiten.
5,8	W-Ufer **Zollchow.**
4,8	O-Ufer Rastmöglichkeit.
3,0	W-Ufer **Röpersdorf**, Badestelle, Rastmöglichkeit, ✕.
2,8	O-Ufer Rastmöglichkeit.
2,2	O-Ufer Prenzlau „Kap“, Badestelle, Rastmöglichkeit, ✕.
1,8	W-Ufer Rastmöglichkeit.

1,0 O-Ufer ✕ 300m, ⌂ SV Uckermark Prenzlau, Kanu /Rudern, ▲, ☎ 03984/806868. **Prenzlau,** 🚉, 🛒, ✕, ★: Museum, gotische Marienkirche.
0,8 W-Ufer Prenzlauer Segelclub, ▲, ☎ 03984/4741, 🛒 500 m
0,0 Ucker-Abfluss aus Unter-Uckersee, ▬, l ⌓, ca. 400 m.
0,4 r ⬇ für Start in **Prenzlau**.
0,8 Ⅱ, Steine, letzte Möglichkeit um im Ort auf öffentlichem Weg an den Fluss zu kommen.
1,0 Straßen-Ⅱ, Steine.
1,8 EB-Ⅱ, Steine.
2,1 l ↓ Quillow.
4,1 EB-Ⅱ, Steine.
9,9 r ↓ Dauergraben.
14,4 EB-Ⅱ, Einengung, Steine.
17,0 l ↓ Schiefe Möhne.
17,3 ▬, X, r ⌓, zeitweise mit Krautsperre.
17,5 Straßen-Ⅱ, Steine, r **Nieden**, l **Nechlin**, 🚉 1 km. Ab hier heißt der Fluss Uecker.
18,1 l ↓ Mühlgraben, zeitweise Krautsperre.
23,1 Autobahn-Ⅱ.
24,3 Sohlschwelle, meist r ≋, sonst r ⌓. l **Papendorf,** r **Rollwitz**.
26,3 Rohr-Ⅱ.
27,2 Straßen-Ⅱ, B 109.
28,1 ▬, X, r ⌓, zeitweise mit Krautsperre. **Pasewalk**, ⬆ bei Fahtende, 🚉 1km, ✕, 🛒.
28,4 Straßen-Ⅱ, dahinter Steine.
28,6 EB-Ⅱ,
29,2 ▬, Sohlabsturz!, r ⌓, ⬇ für Start in **Pasewalk**.
33,4 ▬, X, l ⌓, zeitweise mit Krautsperre, l **Belling**.
35,6 Ⅱ, l **Liepe**.
37,5 ▬, X, r ⌓, zeitweise mit Krautsperre, r **Stallberg**.
43,0 l **Hammer**.
44,3 l Museum Ukranendorf Torgelow, ★.
46,3 Ⅱ, r ⌂ Torgelower Paddlergilde, ▲, ☎ 03976/432389 oder 03976/202780. **Torgelow**, 🛒, ✕, 🚉 ca.1,5 km.
46,6 Straßen- Ⅱ.
46,9 Teilung, r nach ca. 100 m ehemalige □, X, r ⌓. l nach ca. 100 m l eingezäunter Wasserwanderastplatz, dann ▬, X, danach Fischtreppe, X.
47,9 Straßen-Ⅱ, r **Spechtberg**.
48,8 EB-Ⅱ.
53,2 Straßen-Ⅱ,
55,0 r ↓ Randow, dort nach 1km Wasserwanderrastplatz **Eggesin**, ▲, ⬆, ⬇, ☎ 039779/2640. 🚉, 🛒, ✕.
60,9 Straßen-Ⅱ, l ⬆.

61,2 Straßen-Ⅱ, **Ueckermünde,** davor l ⬆, Hafen, 🚂, 1.5 km ⛱, ✕, ★: Museum, Tierpark.
62,0 l ⌂, Segelvereine, ▲-Möglichkeit.
63,8 l Zentrum für Erlebnispädagogik, ▲, ☎ 039771/22725.
64,0 ↓ in Kleines Haff, nach l 5 km ▲ C **Grambin,** ☎ 039774/20420, nach r 3 km ▲ C **Bellin,** ☎ 039771/23126.

20 Oder

Wanderfluss - Schifffahrtsstraße
Mündung in Ostsee

Die Oder ist ein mäßig schnell fließender Strom (4 km/h) mit nur geringem Schiffsverkehr. Der Fluss wirkt sehr naturbelassen. Es gibt nur wenige Ortschaften direkt am Fluss und keine Straßen oder Bahnen parallel zum Ufer. Die Oder ist im überwiegenden Teil ein landschaftlich reizvoller Wanderfluss ohne jegliche Hindernisse, als Flachlandfluss jedoch etwas windanfällig. Als Grenzfluss zwischen Polen und Deutschland sind hierbei besondere Festlegungen zu beachten, die auch nach dem Beitritt Polens zur EU noch gültig bleiben. Regelungen hierzu sind dem Merkblatt für Wassersportler „Sportschifffahrt von, nach und durch Polen", herausgegeben vom Bundesministerium für Verkehr, Bau- und Wohnungswesen (Internet www.elwis.de) zu entnehmen. Nachtfahrten sind verboten. Das Anlegen und Stillliegen ist nur auf den auf deutscher Seite liegenden Sportbootliegeplätzen gestattet. Das deutsche Oderufer ist mit Ausnahme der Ortslagen durchgehend mit NSG und FFH-Gebieten belegt, nördlich Hohensaaten liegt der Nationalpark „Unteres Odertal". Die Befahrung der Gewässer im Zwischenstromland zwischen Oder und Hohensaaten-Friedrichsthaler-Wasserstraße (Poldergebiet) ist nicht gestattet (Nationalpark).

Gewässergüte: II-III (kritisch belastet).

542,4 l ↓ Lausitzer Neiße (s. Gewässerführer für Ostdeutschland), ab hier ist die Oder Grenzfluss zwischen Polen und Deutschland, l **Ratzdorf** , Pegel, ✕.
542,7 l Anlegestelle Fahrgastschifffahrt.
542,8 l **Ratzdorf**, Sportbootliegeplatz.
553,4 l ↓ Spree-Oder-Wasserstraße (s. AB). Im Kanal auf der N-Seite kurz vor seiner ↓ liegt die Grenzübergangsstelle Wasser. Aus Polen kommende Sportboote haben hier zur Abfertigung anzulegen. Über den Kanal werden die Berliner Gewässer erreicht. 5 km Kanal aufwärts nach der □ l ⌂ und

▲ Aufbau Eisenhüttenstadt, ☎ 03364/411824. **Eisenhüttenstadt**, 🚉, ✕.

565,8 l **Aurith**, ✕ 200 m hinter dem Deich.

567,0 r ↓ Pliszka (Pleiske).

570,3 l **Kunitzer Loose.**

576,8 l ↓ Brieskower See, früher Brieskowkanal (s. Gewässerführer für Ostdeutschland), Sportbootliegeplatz, l **Lossow**.

578,6 r ↓ Ilanka (Eilang).

580,0 Autobahn-II, Grenzübergang.

580,6 EB-II.

582,8 l Sportbootliegeplatz Ziegenwerder.

583,0 l ↓ Altarm, 500 m aufwärts ⌂ Frankfurter Ruderclub 1882 e.V. mit ▲, ☎ 0335/520431, l **Frankfurt/Oder**, ✕, 🚉. ★: Rathaus 15. Jh., Marienkirche 15. Jh., Heinrich-v.-Kleist-Gedenkstätte, Konzerthalle = ehem. Franziskanerkirche 14./15. Jh.

584,2 II, Grenzübergang, r **Slubice**.

593,8 l **Lebus**, Sportbootliegeplatz, ✕.

612,0 l ← Alter Oderarm mit ■, nicht befahrbar!

615,0 II, Grenzübergang, r Festung **Kostrzyn** (Küstrin).

615,1 EB-II.

617,1 l Sportbootliegeplatz **Bleyen**, ✕.

617,6 r ↓ Warta (Warthe).

632,8 l **Kienitz**, Sportbootliegeplatz, ✕, Marina, ▲, ☎ 033478/38836.

635,5 l **Groß-Neuendorf**, ✕.

640,0 r **Czelin** (Zellin).

645,0 r **Gozdowice** (Güstebiese).

650,7 l Zollbrücke, ✕, Oderbruch-Ausstellung im Dammmeisterhaus.

651,0 l Sportbootliegeplatz Zollbrücke.

653,9 EB-II.

662,3 II, Grenzübergang, l **Hohenwutzen**, ✕.

664,8 l Sportbootliegeplatz **Hohensaaten**, ✕.

667,2 l ↓ Oder-Havel-Kanal, Einfahrt zur Ost-□ Hohensaaten (s. AB), von dort aus kann die Havel und Berlin erreicht werden oder über die Westschleuse die Hohensaaten-Friedrichsthaler-Wasserstraße, die parallel zur Oder über Schwedt und Mescherin ebenfalls nach Stettin führt (landschaftlich schöner und weniger windanfällig).

681,4 am l Ufer Stützkower ■ (Flut-■ für Criewener Polder).

687,0 am l Ufer Saatener ■ (Flutwehr für Schwedter Polder).

690,6 II Schwedt (Grenzübergangsstelle), kein Parkplatz für Begleitfahrzeuge. Schwedt liegt 3 km westlich, Busverbindung.

697,0 l ↓ Schwedter Querfahrt, schiffbare Verbindung zur Hohensaaten-Friedrichsthaler-Wasserstraße (über □ Schwedt 5 km bis **Schwedt**, ✕, mehrere ⌂, SV Rotation Schwedt, DKV-Kanustation, ☎ 03332/251330, ⛟).

702,5 Grenzkontrollstelle Gartz (l) bzw. Widuchowa (r). Eine Weiterfahrt ist möglich, siehe Merkblatt für Wassersportler „Sportschifffahrt von, nach und durch Polen“, herausgegeben vom Bundesministerium für Verkehr, Bau- und Wohnungswesen (Internet www.elwis.de).

704,1 Am l Ufer Marienhofer-■, Abzweigung der Westoder, gesperrt bis zur Einmündung der Hohensaaten-Friedrichsthaler-Wasserstraße. Ab dem ■ ist auch das l Oderufer wieder polnisch.

718,0 Ⅱ, r **Gryfino**.

728,0 Autobahn-Ⅱ.

731,0 ↓ der Klützer Querfahrt, schiffbare Verbindung von der Westoder (Hohensaaten-Friedrichsthaler-Wasserstraße).

733,5 EB-Klapp-Ⅱ.

734,5 EB-Ⅱ.

737,0 Ⅱ.

737,7 Ⅱ.

738,0 r Abzweig zum Jachthafen Stettin (ca. 1 km) und zum Internationalen ▲ C am Kleinen Damm'schen See (ca. 2 km).

739,5 l ↓ der Parnica (Hafengewässer, Verbindung zur Westoder und Stadtzentrum **Stettin**).

741,5 ↓ der Oder in den Damm'schen See.

20.1 Hohensaaten-Friedrichsthaler-Wasserstraße und Westoder

Wanderfluss - Schifffahrtsstraße
Mündung in Stettiner Haff

Die Wasserstraße verläuft ab Hohensaaten nahezu parallel zur Oder als ständig voll schiffbare Wasserstraße und mündet bei Friedrichstal in die Westoder. Sie dient wasserwirtschaftlich der Entwässerung des Oderbruchs über die Wriezener Alte Oder. Das zwischen der Oder und der Hohensaaten-Friedrichsthaler-Wasserstraße liegende eingedeichte Poldergebiet ist Bestandteil des Nationalparks Unteres Odertal. Für das gesamte Zwischenstromland zwischen Oder und Hohensaaten-Friedrichstaler-Wasserstraße (132 Einzelgewässer, davon ca. 2/3 für Befahrung geeignet) besteht ganzjähriges Befahrungsverbot. Nur geführte Fahrten werden genehmigt.

Gewässergüte: II-III (kritisch belastet).

92,9 l ▬ **Hohensaaten**, l ⌂ oder West-□ benutzen (s. Oder, km 667).
95,5 l Stichkanal der Kiesgrube.
95,7 l Kieshafen Lunow.
98,9 Ⅱ, l **Lunow**, ✕.
102,3 Ⅱ, l **Stolzenhagen**, nach Ⅱ l Sportboothafen/Wasserwanderrastplatz.
105,5 Ⅱ, l **Stolpe**, ✕, Stolper Turm (dickster Bergfried in Mitteleuropa) ★.
108,8 Altgalower Ⅱ.
110,0 Ⅱ, l **Stützkow**, r Altarm.
114,0 l, ✕, Schloss Criewen, Besucherzentrum des Nationalparks, Lené-Park mit alter Kirche ★.
114,2 Ⅱ **Criewen**.
116,3 Ⅱ, **Zützen**.
117,8 Landgraben-Ⅱ.
120,6 Ⅱ, l **Schwedt**, 🚆, ✕.
121,4 l 2 ⌂ mit ▲, DKV-Kanustation SV Rotation Schwedt, ☎ 03332/251330, danach SSV PCK 90, ☎ 03332/23962.
123,4 r → Schwedter Querfahrt mit ⊓ Schwedt, Verbindung (3 km) zur Oder bei km 697.
124,5 - 125,5 l Papierfabriken Schwedt.
125,9 l ↓ Welse (s. AB), Einfahrt Industriehafen Schwedt.
128,2 Neue Gatower Ⅱ, l **Gatow**, ✕.
130,9 Teerofen-Ⅱ.
131,0 l Wildnisschule Teerofenbrücke, ▲.
133,4 l **Friedrichsthal**, ✕.
135,3 ↓ in die Westoder bei km 3,0. Die Westoder ist bis km 17,4 am Ostufer polnisch, danach gänzlich polnisch. Das Westufer ist mit Ausnahme der Ortslagen Nationalparkgebiet. Auch nach dem EU-Beitritt Polens gelten weiterhin die Regeln für das Befahren der Grenzgewässer (nur tags, kein Anlegen am polnischen Ufer, Staatsflagge am Boot, s. a. Hinweise zur Oder).

Westoder

3,0 ↓ der Hohensaaten-Friedrichsthaler-Wasserstraße.
7,5 l **Gartz**, Hafen der Fahrgastschifffahrt, ✕, ★: Stephanskirche (13. Jh.), Stadtmauer.
7,7 l Sportbootliegeplatz für Kanu.
8,0 l Bollwerk mit Liegeplätzen für größere Sportboote.

13,6 l ← in Mescheriner See, dort nach 2 km ↓ in die Oder bei km 731.
14,0 l Grenzabfertigung (deutsch).
14,3 r Grenzabfertigung (polnisch).
14,7 Ⅱ, Grenzübergang (z. Zt. nur für Fußgänger und Radfahrer aus grenznahem Gebiet).
17,4 l Ufer nun auch polnisch.
23,0 l **Moczyly**.
25,3 Autobahn-Ⅱ.
27,0 l **Siadlo Dolny**, ⛺.
27,8 l **Kurow**, Teilung der Westoder, r Arm fahren.
29,7 r zweigt Klützer Querfahrt ab, nach 2 km ↓ in die Oder bei km 731.
31,0 Straßen-Ⅱ und 2 EB-Ⅱ, Beginn des Stadtgebietes Stettin.
33,8 r → der Parnica, Verbindung über Hafengewässer zur Oder.
35,5 l Haupt-🚉 Stettin, auf Insel Ruderclub.
35,7 EB-Ⅱ.
36,0 Ⅱ (Lange Brücke), l Stadtzentrum von Stettin mit zahlreichen ★ (Hakesche Terrassen, Burg der Pommernherzöge, Marien-Kathedrale, Altstadt mit ehem. Rathaus u. a.).
36,6 mehrere Ⅱ, es folgt Werft- und Hafengelände.
44,0 r ↓ des Fahrwassers aus dem Damm'schen See.
50,0 l Fahrwasser nach Police (Pöhlitz) mit Chemiefabrik.
64,0 l **Trzebiez** (Ziegenort), ↓ der Westoder in das Stettiner Haff, Grenzabfertigung für Sportboote, die über das Haff nach Deutschland ausreisen. Segler-⌂ hinter der Grenzabfertigungsstelle mit Übernachtungsmöglichkeit.

Die deutschen Kanäle

Nachstehend werden nur die überregionalen Kanäle aufgeführt; sie dienen vorwiegend der Binnenschifffahrt mit großen Lastschiffen. Für den Kanusportler sind sie zumeist nur interessant als Zu- oder Abfahrt zu Bootshäusern sowie zu Umtragestellen in kleinere Seitengewässer. Fern-Wanderfahrten werden auf ihnen nur ausnahmsweise durchgeführt. Man muss sich bei ihrer Befahrung darüber im klaren sein, dass es sich um künstliche Wasserstraßen handelt, mit befestigten Ufern, z. T. mit Spundwänden.

Von der Umgebung ist vom Wasser aus wenig zu sehen. Es herrscht vielfach reger Schiffsverkehr mit entsprechender Wellenbildung, im Falle einer Kenterung kann das Anlanden schwierig werden. Die nachfolgenden Beschreibungen beschränken sich daher auf wenige markante Merkmale. Einzelheiten über Brücken, Ortschaften usw. können den Landkarten entnommen werden.

Auf den Kanälen gilt die Binnenschifffahrtsstraßenordnung. Für die Schleusung von Kleinfahrzeugen ist festgelegt: Kleinfahrzeuge werden, soweit sie nicht Bootsschleusen, Bootsgassen oder Bootsumsetzanlagen benutzen können, nur in größeren Gruppen oder zusammen mit anderen Fahrzeugen geschleust. Ausnahmsweise können Kleinfahrzeuge auch einzeln nach bestimmten Wartezeiten geschleust werden. Bei gemeinsamer Schleusung von Kleinfahrzeugen mit anderen Fahrzeugen dürfen Kleinfahrzeuge erst nach den anderen Fahrzeugen in die Schleuse einfahren.

Grundsätzlich muss damit gerechnet werden, dass die Boote an den meisten Schleusen umgetragen werden müssen. Schleusungen werden aufgrund der Verkehrsdichte eher eine Ausnahme bleiben. Vor allem bei Fahrten mit größeren Gruppen sollte vorher eine Mitteilung an das zuständige Wasser- und Schifffahrtsamt (WSA) erfolgen. Aber auch für Einzelfahrer, die eine längere Kanalstrecke befahren möchten, ist es angebracht, sich vorher mit dem WSA in Verbindung zu setzen. Ein Mobiltelefon zur Verständigung mit dem Schleusenpersonal ist sehr nützlich.

Die für den Kanusport wesentlich interessanteren kleineren Kanäle, die vielfach nur für kleinere Schiffe und die Sportschifffahrt freigegeben sind, sind bei den Gewässern beschrieben, mit denen sie zusammenhängen. Derartig kleinere Kanäle gibt es sehr zahlreich vor allem in Ostdeutschland.

Übersicht:

1. **Rhein-Herne-Kanal**
   Von Duisburg-Ruhrort zum Dortmund-Ems-Kanal, 45,6 km

2. **Wesel-Datteln-Kanal**
   Vom Rhein, km 813,2 zum Dortmund-Ems-Kanal bei Datteln, 60,2 km

3. **Datteln-Hamm-Kanal**
   Vom Dortmund-Ems-Kanal nach Hamm, 47,2 km

4. **Mittellandkanal**
   Vom Dortmund-Ems-Kanal zur Elbe, 233,6 km

5. **Elbe-Havel-Kanal**
   Fortsetzung des Mittellandkanals zur Havel, 56 km

6. **Oder-Havel-Kanal**
   Von der Havel zur Oder, 92,9 km

7. **Dortmund-Ems-Kanal**
   Von Dortmund nach Papenburg (Ems), 225,8 km

8. **Küstenkanal**
   Von Dörpen nach Oldenburg, 69,6 km

9. **Elbe-Seitenkanal**
   Von der Elbe zum Mittellandkanal, 115,2 km

10. **Nord-Ostsee-Kanal**
    Von Brunsbüttel nach Kiel, 98,7 km

11. **Elbe-Lübeck-Kanal**
    Von Lauenburg nach Lübeck, 61,6 km

12. **Donau-Main-Kanal**
    Von Bamberg nach Kehlheim, 170,8 km

Die Spree-Oder-Wasserstraße ist als 2. Querverbindung von den Berliner Gewässern zur Oder beschrieben als Fortsetzung der Unteren Spree (s. AB).

Eine genauere Beschreibung der westdeutschen Kanäle findet sich auch im „Gewässerführer für NRW“. Darin wird auch ausführlich auf die etwas schwierigen Verhältnisse bei der Schleusung von Sportbooten eingegangen. Meist muss umtragen werden.

1. Rhein-Herne-Kanal

Der Rhein-Herne Kanal verbindet den Rhein von Duisburg-Ruhrort aus mit dem Ruhrgebiet und schließt im Osten an den Dortmund-Ems-Kanal an.

0,0 Abzweig des Hafenkanals Duisburg-Ruhrort aus dem Rhein bei km 780,4.
0,5 Museumsschiff, ★ sehenswert.
2,8 ⌂ Grün-Weiß Oberhausen
3,6 Ende des Hafenkanals = km 0 des RHK.
0,7 ☐ Duisburg-Meiderich. Autobahn-Ⅱ A 59.
2,4 ⌂ und ▲ 1. Meidericher KC, Straßen-Ⅱ B 8.
5,0 Autobahn-Ⅱ A 3.
5,6 Doppel-☐ **Oberhausen**, Südufer 500 m ⌓.
8,0 EB-Ⅱ.
8,2 ⌂ und ▲ Oberhausener KV und TC Sterkrade KA.
8,9 Ⅱ B 223, **Sterkrade**.
9,0 ⌂ RV Oberhausen.
12,5 ⌂ Bottroper Kanu-Team 2000.
13,8 ⌂ Bottroper KC.
13,9 ⌂ KG Essen-Bottrop.
14,0 ⌂ Rasen- und WSV Essen-Dellwig, kleiner ▲.
14,2 ⌂ Rudergemeinschaft Bottrop.
17,0 Autobahn Ⅱ A 42.
23,2 Doppel-☐ Gelsenkirchen-Hessler, Südufer 500 m ⌓.
24,2 Stadthafen **Gelsenkirchen**, dort ⌂ RV Gelsenkirchen.
24,5 Ⅱ, dahinter EB-Ⅱ.
27,3 ⌂ und ▲ Gelsenkirchener KC.
29,3 ⌂ Wanner KV.
29,4 ⌂ und kleiner ▲ WG Wanne-Eickel.
31,0 Doppel-☐ **Wanne-Eickel**, Nordufer 600 m ⌓.
32,2 ⌂ und ▲ Canu-Touring-Wanne, *DKV-Kanustation*, 02325/52932.
32,5 ⌂ und ▲ KC Recklinghausen.
33,7 Autobahn-Ⅱ A 43.
34,7 Straßen-Ⅱ B 51.
36,5 ⌂ TuW Recklinghausen.
37,0 Doppel-☐ Herne-Ost.
37,2 ⌂ und ▲ KSC Herne.

37,7 r Liegehafen **Herne**, am Ende des Hafens ⌂ und ▲ Wassersportverein Herne.
41,2 ⌂ und ▲ KC Erin Castrop-Rauxel.
43,2 ⌂ RV Rauxel, ⌂ und ▲ Castroper TV KA.
43,8 Autobahn-Ⅱ A2.
44,0 ⌂ Freie Kanufahrer Rauxel.
44,8 Ⅱ B 235.
45,6 Einmündung in den Dortmund-Ems-Kanal bei km 15,5.

2. Wesel-Datteln-Kanal

Der Wesel-Datteln-Kanal verbindet das östliche und nördliche Ruhrgebiet mit dem Rhein. Als Durchgangswasserstraße übernimmt er den Verkehr von den nord- und ostdeutschen Kanalgebieten zu den Seehäfen im Mündungsgebiet des Rheins.

Der WDK ist fast durchgehend einseitig mit einem Spundwandufer ausgebaut.

Ein besonderer Reiz des WDK liegt in den 8 Rundtour-Möglichkeiten in Verbindung mit der Lippe (s. Gewässerführer für NRW).

0,0 Abzweig des Wesel-Datteln-Kanals aus dem Rhein bei km 813,2.
1,8 □-Gruppe Friedrichsfeld.
3,5 ⌂ und ▲ KC Friedrichsfeld, ⛟.
3,8 EB-Ⅱ.
4,4 Ⅱ B 8.
10,9 Autobahn-Ⅱ A 3.
12,2 Ⅱ **Krudenburg**.
13,2 □-Gruppe Hünxe.
19,1 ▲ mit Anlegestelle für Boote des Kanu- und Rudersports, ✕.
22,0 ⌂ und ▲ KC Wiking Gladbeck.
23,9 ⌂ und ▲ KF Gladbeck.
24,7 Autobahn-Ⅱ A 31.
25,0 ⌂ RV Dorsten.
26,0 Feldweg-Ⅱ, ⌂ und ▲ KC Gladbeck.
27,1 ⌂ und ▲ KF Dorsten.
27,7 Doppel-Ⅱ, B 224, **Dorsten**.
30,4 □-Gruppe Dorsten.
32,0 ⌂ und ▲ Marler KC.
33,5 ⌂ und ▲ FK Marl.
39,5 ⌂ und ▲ TSV Marl-Hüls, Kanuabteilung.

39,7 ⌂ RC Marl im VfB Hüls.
39,8 ⌂ und ▲ VfL Hüls.
39,9 ⌂ WuK Marl.
42,0 Feldweg-Ⅱ, ⌂ und ▲ FC Marl.
42,2 Autobahn-Ⅱ A 43.
45,2 Ⅱ B 51, **Haltern**.
45,5 ⌂ und ▲ KF Hamm-Marl.
45,7 Feldweg-Ⅱ, ⌂ und ▲ KC Hamm Marl, *DKV-Kanustation*, ☎ 0160/92633907, für mehrtägigen Aufenthalt geeignet.
45,8 ⌂ und ▲ PG Haltern, „Nasse Brüder“.
49,3 □-Gruppe Flaesheim.
50,8 ▲ und Baggersee (Strandbad) mit Kiosk.
53,1 Wege-Ⅱ, danach ▲ mit Anlegesteg.
55,8 □-Gruppe Ahsen.
58,7 Ⅱ B 235.
59,2 □-Gruppe Datteln.
60,2 ↓ in den Dortmund-Ems-Kanal bei km 21,3.

3. Datteln-Hamm-Kanal

Der Datteln-Hamm-Kanal erschließt das östliche Ruhrgebiet. Darüber hinaus ist er für die Wassereinspeisung aus der Lippe in das westdeutsche Kanalnetz von großer Bedeutung.

Von Datteln bis Hamm sind an beiden Ufern fast durchgehend hohe Spundwände und Uferdämme. In Verbindung mit der Lippe sind Rundtouren möglich (s. „Gewässerführer für NRW“).

0,0 Abzweig des Datteln-Hamm-Kanals aus dem Dortmund-Ems-Kanal bei km 19.5.
1,7 Ⅱ Waltrop - Datteln.
2,0 ⌂ und ▲ KC Waltrop.
3,7 ⌂ RV Waltrop.
7,3 Ⅱ, danach EB-Ⅱ.
11,1 Ⅱ B 54/B 236.
12,2 ⌂ und ▲ KSC Lünen.
14,2 Ⅱ, danach EB-Ⅱ Lünen.
16,5 Ⅱ B 61.
17,3 Wege-Ⅱ, ⩯-Möglichkeit zur Lippe.
23,6 ⌂ KV Rünthe, danach Ⅱ B 233.
26,9 Autobahn-Ⅱ A 1.
27,2 ⩯-Möglichkeit zur Lippe.
31,3 ⌂ KV Herringen, Schwimmsteg in der Spundwand.
33,8 Ⅱ, ⌂ KC Hamm, Stadthafen Hamm.

35,9 EB-Ⅱ **Hamm** Zentrum.
36,4 Ⅱ B 61/B 63, danach ⌂ ⌂ PK Hamm, DJK Hamm und KV Hamm, ⏏-Möglichkeit zur Lippe.
37,0 □ Hamm.
37,2 Steg des RC Hamm, ⏏-Möglichkeit von der Lippe. ⌂ ⌂ KSG Hamm, TuS Hamm und WSV Hamm.
38,3 Kanalüberführung (Düker) über die Ahse.
38,6 Ⅱ, danach ⌂ KC Heessen.
40,3 Ⅱ, □ Werries.
46,0 Ⅱ, Hafen Uentrop.
46,7 Autobahn-Ⅱ A 2.
47,2 VEW-ϟ Schmehausen, Kanalende.

4. Mittellandkanal

5 Elbe-Havel-Kanal

Der Mittellandkanal ist die wichtigste Querverbindung zwischen den deutschen, zur Nordsee ziehenden Strömen Ems, Weser und Elbe. Er hat über den Dortmund-Ems-Kanal Anschluss an den Rhein.

Der anschließende Elbe-Havel-Kanal stellt die Verbindung zum Kanalsystem Ostdeutschlands und damit auch zur Oder dar. Die direkte Verbindung der beiden Kanäle, eine große Brücke über die Elbe, ist seit Oktober 2003 fertiggestellt. Sie ist jedoch für den Sportbootverkehr gesperrt und wird umgangen durch den Abstieg zur Elbe über das Schiffshebewerk Rothensee, eine kurze Fahrt auf der Elbe und den Wiederaufstieg durch den Niegripper Verbindungskanal und die Schleuse Niegripp.

Die beiden Kanäle sind durchgehend kilometriert.

0,0 → des Mittellandkanals aus dem Dortmund-Ems-Kanal bei km 108,3.
1,1 Autobahn-Ⅱ.
2,0 ⏏ zur Ibbenbürener Aa möglich (s. „Gewässerführer für NRW").
3,2 EB-Ⅱ.
7,5 r Bootsclub Pusselburen.
15,5 r ⏏ in die Hopstener Au möglich (s. „Gewässerführer für NRW").
25,0 l Bramsche, ⌂.
30,0 Kanal-Ⅱ über die Hase, l ⏏ zur Hase möglich.
33,5 l ⌂ TuS Bramsche.

35,9	Autobahn-Ⅱ Hansa-Linie.
58,5	**Wehrendorf**, l auf Straße 2 km zur Hunte (s. AB).
61,8	Bogen-Ⅱ, danach l ← zum MYCM Bad Essen, ▲.
63,5	Kanal-Ⅱ über die Hunte, l ⌓ zur Hunte. Anfahrtsweg zum Dümmer 30 km, ▲ des Osnabrücker KC mit sanitären Anlagen. l Yachthafen (zu erreichen durch □), ✕.
70,6	r WSV Pr. Oldendorf, keine ▲.
80,3	r MYC Lübbecke, Yachthafen mit Anleger, ▲.
89,0	Straßen- und EB-Ⅱ **Hille**, danach r Hafen Hille.
99,0	Hafen **Minden**, beiderseits Spundwände, starker Schiffsverkehr, evtl. hohe Wellenbildung.
100,6	⌂ WSpV Minden-Oberstadt, Regattastrecke.
101,6	□ Minden, Nord-Abstieg zur Weser, 14 m Höhenunterschied, günstige ⌓-Stelle außerhalb der Schleusenzeiten.
102,0	Kanal-Ⅱ über die Weser bei km 204,9.
129,7	Ⅱ, l ✕.
134,0	Ⅱ **Niengragen**, 5 km Bootstransport nach Hageburg am Steinhuder Meer.
135,1	l Yachthafen Iddensee, ✕.
141,7	Ⅱ, r **Kohlenfeld**.
146,0	Autobahn-Ⅱ Dedensen, Spundwände bis → Hildesheim.
149,4	**Lohnde**, → des Lindener Stichkanals, 8,5 km bis ⌂ KC Limmer; 10,8 km bis Hafen Hannover Linden.
149,8	Straßen- und EB-Ⅱ.
151,5	r **Seelze**, Kanal-Ⅱ über die Leine (Haupt-Ⅱ) und 500 m weiter Flut-Ⅱ. Von Haupt Ⅱ r ⌓ zur Leine bei km 39,5.
155,0	⌂, ▲ PC Stöcken.
160,3	EB-Ⅱ Vinnhorst.
164,3	⌂ Lister KG, ▲.
174,0	□ Anderten, 15 m Höhenunterschied, lange ⌓-Strecke.
175,5	2 Autobahn-Ⅱ.
183,2	→ Kanal nach Hildesheim, 14,7 km.
183,4	Ⅱ **Sehnde**.
195,0	l gute ▲ bei Schwichelt.
196,1	**Schwichelt**. EB-Ⅱ.
201,2	l ⌂, ▲ KG Peine, *DKV-Kanustation*, ☎ 05171/56474.
201,9	l Anlegesteg, l ⌓ in die Fuhse (s. AB), von hier 400 m zum ⌂ FA MTV Vater Jahn Peine; Düker.
213,5	r → nach Bleckenstedt-Hallendorf (18 km). Nach 12 km ⌂, ▲ KC Salzgitter an der Straßen-Ⅱ Üfingen.
218,2	⌓ in die Oker (s. AB), r ⌂ Ruderclub **Braunschweig**.
220,4	2 Autobahn-Ⅱ Hannover - Braunschweig.
222,5	l ⌂ KG NO Braunschweig, ▲ M.
233,5	l ← Elbe-Seiten Kanal.
237,0	□ Sülfeld, l ⌓, S 3.

247,5 ⌂, ▲ Wolfsburger Kanu-Club.

251,8 l ≏ in die Aller.

263,8 EB-Ⅱ.

268,2 EB-Ⅱ.

299,7 Ⅱ, **Haldensleben**, 🚂, ✕.

300,3 r ⌂ WSV Haldensleben.

302,4 EB-Ⅱ.

309,0 EB-Ⅱ.

310,2 Ⅱ, **Gr. Ammensleben**, 🚂, ✕.

319,9 Geradeaus überquert der Mittellandkanal auf einer Brücke die Elbe Diese neue Strecke ist jedoch für Sportboote gesperrt. Diese haben, wie bisher, den Weg über den Abstiegskanal Rothensee zur Elbe zu benutzen.

Abstiegskanal Rothensee

5,2 r → des Abstiegkanals

4,7 □ Schiffshebewerk Rothensee für Sportboote, daneben □ nur für Berufsschifffahrt.

3,8 Autobahn-Ⅱ.

3,6 Ⅱ Glindenberg - Magdeburg.

0,0 ↓ in Elbe bei km 333,4. Zur Fortsetzung der Kanalfahrt wird die Elbe abwärts befahren. r → aus der Elbe bei km 343,8 in den Niegripper Verbindungskanal. Nach 1 km □ Niegripp. Kurz danach ↓ in Elbe-Havel-Kanal.

326,0 Ab hier „Elbe-Havel-Kanal“.

329,7 l ← in Niegripper See, ▲ C. Über den See nach etwa 600 m l ← in den Niegripper Altkanal. Am Ende des hier zugeschütteten Kanals ⌂**,** ▲**,** *DKV-Kanustation*, SG Blau-Weiß Niegripp, ☎ 03921/994349.

331,3 l ↓ Ihlekanal.

331,8 ⌂ eines Kanuvereins.

333,7 r ⌂, Ⅱ, **Burg**, 🚂, ✕.

334,0 Ⅱ, l ⌂

345,4 □ Zerben, r ⌂, **Güsen**, 🚂, ✕.

351,1 l ← zur □ Parey, 3 km bis zur Elbe bei km 371,5; im Kanal l ← nach Parey, r → nach Derben.

361,2 r ↓ Gloine (s. „DKV-Gewässerführer für Ostdeutschland“).

363,0 **Genthin**, 🚂 ✕, ⌂ SV Chemie Genthin, ▲, *DKV-Kanustation*, ☎ 03933/805580.

363,5 ← Roßdorfer Altkanal, 6 km lang, im Altkanal Einlass-■ zur Stremme und zur Schlagenthiner Stremme (s. „Gewässerführer für Ostdeutschland“).

367,7 l ↓ Roßdorfer Altkanal.

371,0 **Kade**.
377,0 □ Wusterwitz, **Wusterwitz**, 🚆, 🍴.
379,3 ↓ in Wendsee. → zum Wusterwitzer See, ⛺ C, ⌂.
382,0 ↓ in die Untere Havel bei km 66,7.

6. Oder-Havel-Kanal

Schifffahrtskanal
Verbindet Oder und Havel

Der Oder-Havel-Kanal beginnt am Zusammenfluss von Spree und Havel in Berlin-Spandau und bildet die Fortsetzung des Mittellandkanals nach NO zur Oder und schafft damit eine Verbindung des deutschen Binnenwasserstraßennetzes zur Ostsee und nach Osteuropa. Nach Norden verbindet der Oder-Havel-Kanal Berlin mit der Müritz-Havel-Wasserstraße. Landschaftlich schön ist er dort, wo Seen in seinen Verlauf einbezogen sind wie in Berlin, bei Oranienburg und ab dem Schiffshebewerk Niederfinow.

0,0 □ Spandau. Die Folgestrecke bis km 40,5 ist in der Beschreibung der Havel enthalten.
40,5 l ← Malzer Kanal nach Liebenwalde, Weiterfahrt über die Havel zur Mecklenburger Seenplatte.
41,4 EB-Ⅱ.
49,1 Lottscher-Ⅱ, l **Zerpenschleuse**, 🍴.
50,4 → Finowkanal (s. AB), r 🍴.
54,8 ← Werbellinkanal, r **Marienwerder**, 🍴.
55,0 Ⅱ, Pechteicher Wassertor, Beginn der Dichtstrecke (Kanal liegt überwiegend über dem Gelände).
58,5 l ⛺ C, Üdersee.
59,3 Autobahn-Ⅱ.
60,0 r Strommeisterei Finow, ⛺.
65,6 Lichterfelder Ⅱ und Wassertor.
66,4 Pipeline-Ⅱ, r anlegen verboten, Sperrgebiet.
67,5 Ende Sperrgebiet.
68,5 Eisenbahntunnel unter dem Kanal.
70,5 ⌂ Kanu Eberswalde, ⛺.
71,5 Ragöser Tunnel (Ragöse fließt 28 m unter dem Kanal in 157 m langem Tunnel).
77,5 Ⅱ und Sicherheitstor Niederfinow, l davor Schwimmbalken zum Anlegen für Sportboote, Aufruf erfolgt über Lautsprecheranlage zum Schleusen.
77,9 □ Schiffshebewerk Niederfinow, überwindet 36 m Höhenunterschied zur Oderniederung.

78,9 r ↓ Finowkanal.
79,7 Lieper See.
80,2 Lieper ⌶.
83,0 l Teufelsberg, ✕, r Altarm zum Schöpfwerk.
84,5 l Wriezener Alte Oder (s. „Gewässerführer für Ostdeutschland“).
85,3 ⌶, **Oderberg**, ✕, ⛟. ★ Heimat- und Schifffahrtsmuseum, Museumsdampfer „Riesa“.
86,0 l Wasserwanderrastplatz Oderberg, ⛺.
86,4 EB-⌶.
87,5 r Yachthafen (Marina) Oderberg, ⛺, ✕.
91,5 Beginn Hafengelände Binnenhafen Hohensaaten.
92,0 ⌶, l **Hohensaaten**, ✕.
92,7 r Ost-□ Hohensaaten, Verbindung zur Oder bei km 667.
92,9 l West-□ Hohensaaten, Verbindung zur Hohensaaten-Friedrichstaler-Wasserstraße.

7. Dortmund-Ems-Kanal

Der Dortmund-Ems-Kanal stellt die einzige im Binnenland verlaufende Verbindung vom Ruhrgebiet und Niederrhein zu sämtlichen deutschen Überseehäfen dar (direkt nach Emden; über die erwähnten Querverbindungen auch nach Bremen, Hamburg, Kiel und Lübeck). Er wird daher sehr viel befahren. Der stärkste Schiffsverkehr, und auch die stärkste Verschmutzung des Wassers, findet sich zwischen Dortmund und Datteln. Hinter Datteln gewinnt der Kanal jedoch mehr und mehr, was nicht zuletzt auf die Bemühungen um naturgemäße Bepflanzung der Ufer zurückzuführen ist. Später führen zahlreiche Abzweigungen der alten Ems den Wasserwanderer in typisch münsterländische Landschaften mit Wasserburgen und Windmühlen.

Als störend sind die zahlreichen Schleusen zu betrachten, die entweder mühsam umtragen werden müssen oder beim Schleusen längere Zwangspausen bedingen.

Auf mehreren Abschnitten des Kanals sind die Ufer mit Spundwänden versehen, ausbooten in diesen Bereichen kaum möglich. Bei dem starken Schiffsverkehr kommt es zu gefährlichen Kreuzwellen, eine Kenterung kann lebensgefährlich sein! Nachfolgend werden nur die wichtigsten Merkmale des Kanals angegeben, eine ausführliche Beschreibung findet sich im „Gewässerführer für NRW“. Dort sind auch 3 Rundtouren beschrieben, die sich mit dem DEK und seinen Nebengewässern durchführen lassen.

0,0 Stadthafen **Dortmund**, größter Binnenhafen Europas, ⬇ hier kaum möglich.

1,6 r ⌂ Ruderclub Germania Dortmund, danach ⌂ FS 98 Dortmund, zeitweise bewirtschaftet, empfohlene ⬇/⬆.

1,8 r ⌂ Ruderclub Hansa Dortmund.

2,6 r ⌂ 1. Dortmunder KV, zeitweise bewirtschaftet.

2,8 r Hafen **Hardenberg**, ab hier Schiffsverkehr auch mit Schubverbänden.

7,5 Autobahn-Ⅱ A 2.

7,8 Ⅱ, r Steg im Hafenbereich **Groppenbruch**.

14,8 Schiffshebewerk Henrichenburg und □, Hubhöhe 13,50 m, l ⏏ durch stillgelegte Schacht-□, Schlüssel für Bootswagen beim Personal.

15,5 l ← des Rhein-Herne-Kanals (s. AB).

15,7 l ⌂ KK Meckinghoven.

16,2 Beginn der sog. „Dattelner Wanne" (bis km 20,0), Spundung auf beiden Seiten, z. T. über 1 m hoch, gefährliche Wellenbildung, ⬆ nur über Leitern, alle 50 m wechselseitig.

19,5 r → des Datteln-Hamm-Kanals (s. AB).

20,8 l **Datteln**, l ⌂ KK Datteln und ⌂ RV Datteln.

21,0 r ⌂ und ▲ KEL Datteln, *DKV-Kanustation*, ☎ 02363/8420.

21,0 l ← des Wesel-Datteln-Kanals (s. AB).

21,6 r Beginn der Neuen Fahrt. Die Alte Fahrt nach Olfen ist durch mehrere Dämme unterbrochen. Eine Befahrung ist sehr mühsam und nicht lohnend.

23,2 Kanalüberführung über die Lippe (s. AB), Fluss-km 77,8, mit ⏏-Möglichkeit.

26,8 Kanalüberführung Olfen/Selm, l Steg, ✕.

27,7 Kanalüberführung über die Stever.

33,1 Ⅱ B 235.

34,8 Ⅱ B 58.

36,2 l Beginn Alte Fahrt, mit l ▲ und ✕ sowie ⌂ RV Lüdinghausen, nach ca. 800 m Querdamm, danach weitere ca. 1000 m Alte Fahrt mit ⌂ der KA des TSC Eintracht Dortmund.

39,7 r Beginn Alte Fahrt, eine Befahrung ist nicht lohnend

46,2 Kanalüberführung (Düker) über die Stever, Fluss-km 41,5.

48,0 r Historisches Schifffahrtsmuseum Senden, ★.

48,4 Ⅱ B 235, **Senden**.

55,2 Autobahn-Ⅱ A 1.

57,1 EB-Ⅱ u. Straßen-Ⅱ, r **Amelsbüren**.

59,0 l Alte Fahrt Hiltrup. Befahrung der Alten Fahrt ist nicht mehr möglich.

59,8 Alte Fahrt, l ⌂ Akademischer Ruderclub Münster.

60,5 Neue Fahrt, Ⅱ B 54, dahinter r Hotel mit Anleger.

61,6 EB-Ⅱ.

62,0 Ende der Alten Fahrt.

62,4 Ⅱ, ab hier bis km 72,3 r und l meist 50 cm hohe Spundwände.

64,7 EB-Ⅱ, danach l DLRG-Heim. Ortsbeginn Münster.

66,4 Ⅱ B 51.

68,0 r ⌂ Akademischer RV Westfalen, danach Ⅱ.

68,4 l ⌂ RV Münster (bewirtschaftet).

71,5 □ **Münster**. ≏ r auf der Straße, Bootswagen hilfreich.

76,0 r Ölhafen Gelmer, davor l NSG Huronensee.

77,9 Ⅱ, r → ehemalige Alte Fahrt.

78,7 Kanalüberführung über die Ems.

79,8 r → ehemalige Alte Fahrt (Sportboothafen).

85,6 Ⅱ Ostbeverner Str., dahinter Hafen **Schmedehausen**, ⬇ und Parkmöglichkeit.

88,0 Autobahn-Ⅱ A 1.

89,8 Kanalüberführung über die Glane.

90,9 Ⅱ B 475, danach l Wendeplatz.

99,4 Ⅱ B 219, r **Dörenthe**, danach kleiner Hafen.

106,0 Ⅱ, l **Riesenbeck**, keine ⬆-Möglichkeit.

107,4 Ⅱ **Bergeshövede**, 100 m davor l Parkmöglichkeit.

107,9 r Schiffstankstelle Shell (Bunkerstation), davor ✕.

108,3 „Nasses Dreieck“, r → des Mittelland-Kanals. Hafeneinfahrt der Wasserschutzpolizei. In diesem Bereich sind r und l 30 cm hohe Spundwände.

108,6 □ Bergeshövede im Nebenkanal r, l halten, dort freie Fahrt bis

109,7 □ Bevergern.

112,5 □ Rodde.

117,9 □ Altenrhein, ✕ 100 m l.

118,9 Autobahn-Ⅱ A 30.

120,7 EB-Ⅱ.

126,7 □ Venhaus, ✕ r.

134,5 □ Hesselte.

137,9 □ Gleesen.

138,3 l ↓ der oberen Ems.

139,8 l ← des Ems-Vechte-Kanals.

139,9 l ← Ems über ■.

143,0 Ⅱ B 213.

145,5 r **Lingen** mit ⌂ der Rudervereine, drei Straßen-Ⅱ.

158,2 □ Varloh.

163,9 □ Meppen.

166 r ↓ der kanalisierten Hase (s. AB), ⌂ WSV Meppen (Ruderverein), ▲, ✕, 5 Minuten bis 🚌. Ⅱ, beiderseits **Meppen**.

166,6 l ↓ Ems.Ab hier folgt der DEK weitgehend dem Flusslauf der Ems, weitere Beschreibung daher unter „Ems“.

8. Küstenkanal

Der Küstenkanal verläuft von Oldenburg nach Dörpen und stellt damit eine Querverbindung zwischen den Stromgebieten von Weser und Ems dar.

0,0	**Oldenburg**, → aus Untere Hunte.
1,8	□ Oldenburg.
2,2	l ← zur (Oberen) Hunte.
2,8	l Anleger Oldenburger Ruderverein, daneben Oldenburger Yacht-Club, Kanu-Abteilung.
14,0	Ⅱ Langendamm, l Vehnemoor auf 10 km. l ↓ Vehne (s. „Kanuwanderbuch für NW“).
21,5	Ⅱ Edewechterdamm.
28,8	Ⅱ **Kampe**.
29,1	Soeste Düker, von l Obere Soeste, nach r Untere Soeste.
29,3	→ Elisabethfehn-Kanal.
32,9	l ← Friesoyther Kanal (s. „Kanuwanderbuch für NW“).
36,3	Ⅱ B 72 Cloppenburg - Aurich. Von l ↓ der Marka (s. „Kanuwanderbuch für NW“). Nach r → Sagter Ems.
44,6	Ⅱ, l Esterwegen, Mineralboden-Erhebung 40 m über Meeresspiegel (2 km).
48,9	Ⅱ, r **Neu-Burlage** (3 km).
55,2	Ⅱ, r Börgermoor, r → eines Kanals nach Papenburg.
63,5	Kreuzung Dortmund - Ems Seitenkanal.
64,9	□ Dörpen, ⚖, ▲ M, 🚌 **Dörpen** 2 km, EB-Ⅱ, Ⅱ B 70.
69,9	↓ Dortmund-Ems Kanal bei km 202,6.

9. Elbe-Seitenkanal

Der Elbe-Seitenkanal (ESK) führt vom Mittellandkanal, km 233,5, mit einer Länge von 115,2 km zur Elbe bei km 573 unterhalb Lauenburg. Der ESK gestattet eine von den wechselnden Wasserständen der Elbe unabhängige Schifffahrt von Hamburg nach Berlin und Westdeutschland. Der Höhenunterschied zum Mittellandkanal wird durch das Schiffshebewerk Lüneburg/Scharnebeck (Hubhöhe 38 m) und die Schleuse Uelzen ausgeglichen. „Kleinfahrzeuge, die von Hand ins Wasser gesetzt und herausgehoben werden können, müssen an den Umsetzanlagen umtragen werden.“ Es ergeben sich durch diese Bestimmung 2 Umtragestellen von je etwa 1,5 km Länge, eine durchgehende Befahrung des ESK mit Kanus wird daher kaum je durchgeführt. Eine ausführliche Beschreibung des ESK findet sich im „Kanuwanderbuch für NW“.

10. Nord-Ostsee-Kanal

Der Nord-Ostsee-Kanal (früher „Kaiser-Wilhelm-Kanal") führt von Brunsbüttel nach Kiel, hier jeweils eine große □. Der Kanal stellt die von Seeschiffen am häufigsten befahrene Binnenwasserstraße der Welt dar; Länge: 98,7 km. Die Durchfahrt ist, auch für Sportboote, gebührenpflichtig.

Eine ausführliche Beschreibung des Kanals sowie seiner Nebenflüsse (Schirnau, Wehrau, Jevenau, Gielau-Kanal und Burger Au) findet sich im „Kanuwanderbuch für NW".

11. Elbe-Lübeck-Kanal

Der Elbe-Lübeck-Kanal stellt neben dem Nord-Ostsee-Kanal die zweite Wasserstraße von der Nordsee zur Ostsee dar. Er ist landschaftlich reizvoll, häufig ist mit stärkerem Wind zu rechnen. 7 Schleusen, einzelne Sportboote werden nicht geschleust. Umtragen ist, abgesehen von der Lauenburger Schleuse, gut möglich. Gute ▲.

0,0 Kanalbeginn, ↓ in die Trave bei km 23,8 in der Nähe Lübecks. **Lübeck** als alte Hansestadt ★.
2,4 r ↓ Grinau (s. „Kanuwanderbuch für NW").
3,4 □ Büssau, Straßen-Ⅱ.
4,8 Autobahn-Ⅱ A 20.
8,5 □ Krummesse.
13,3 □ Berkenthin. Bus Bad Oldeslohe-Ratzeburg, Ⅱ.
16,5 □ Behlendorf.
20,6 □ Donnerschleuse, ✕.
26,4 l **Mölln**, am Möllner See gelegen. Stadt des Till Eulenspiegel ★. ⌂, ▲, ⛵⌂.
31,7 EB-Ⅱ **Grambeck** (Lübeck-Lüneburg).
37,3 r → große Einfahrt in Binnensee (ehem. Kiesgruben) mit schönem ▲ C.
47,4 Straßen-Ⅱ, l Dorf **Büchen**, r 🚉 Büchen.
48,3 EB-Ⅱ Büchen.
48,6 r ↓ Steinau (s. „Kanuwanderbuch für NW").
50,4 □ Witzeeze, Straßen-Ⅱ.
50,8 r ↓ Linau (s. „Kanuwanderbuch für NW").
54,1 EB-Ⅱ **Dalldorf** (Lübeck-Lüneburg).
59,6 □ Lauenburg, ≏ mühsam. Neue □ im Bau.
61,0 Straßen-Ⅱ nach Hohnstorf-Lüneburg. r Stadt **Lauenburg**, schöne alte Stadt. l 🚉 Lauenburg (Lübeck-Lüneburg).
61,6 ↓ in Elbe bei km 569,2.

Dieser Kanal verbindet den Main mit der Donau. Er stellt über den Rhein eine Verbindung von den Ländern Mittel- und Westeuropas zu den Ländern des Donauraumes dar. Diesem großen politischen Anspruch wird der wirtschaftliche Nutzen kaum gerecht, der Schiffsverkehr ist nur mäßig stark. Der 171 km lange Kanal überwindet die Wasserscheide Main-Donau mit 12 Stufen vom Main bis zur Scheitelstrecke und mit weiteren 5 Stufen hinunter ins Donautal. Die Befahrung mit Kleinbooten ist sehr mühsam, da sie nicht geschleust werden, auch nicht als Mitschleuser der Berufsschifffahrt. Auf der Strecke Bamberg - Nürnberg sind an den Stufen Bootstreppen zum Umtragen angelegt, etwas schwierig ist das Umtragen an den beiden nördlichen Stufen Bamberg und Strullendorf; es empfiehlt sich, hier die Regnitz zu befahren. Auf der Kanalstrecke Nürnberg - Altmühltal sind zum Umtragen geeignete Rampen vorhanden, spezielle Bootswagen sollen hier demnächst zur Verfügung stehen; die Bootsumsetzanlagen an den Wehren von Bamberg, Neuses, Forchheim und Hausen dürfen bei einem Pegel Bamberg von mehr als 260 cm nicht benutzt werden, ? über den Pegelstand ☎ 0951/17718. Eine ausführliche Beschreibung findet sich im „Kanuwanderbuch für Bayern“.

Verzeichnis der Mitarbeiter

Ein großer Personenkreis hat durch Ergänzungen und Berichtigungen an der Gestaltung der 25. Auflage des Deutschen Flusswanderbuches mitgearbeitet, ihnen gilt unser aller Dank. Ein Teil dieser Mitarbeiter ist leider nicht bekannt geworden. Die vorliegenden Namen werden nachstehend aufgeführt. Es sei jedoch ausdrücklich darauf hingewiesen, dass die Namen der Mitarbeiter älterer Auflagen sowie der einzelnen Regionalführer hier nicht wiederholt werden.

Besonderer Dank gilt Gert Burghart, Ingeborg und Hans-Eugen Kloock und Randolf Wojdowski, die mich mit aktuellem Material ihrer regionalen Führer unterstützten.

Andreas Bank, Wickede
Ernst Peter Bauer, Konstanz
Wolfgang Bernhard, Mombach
Arno Bingel, Bad Hersfeld
Carola Bloy, Leipzig
Gerd Bode, Göttingen
Frank Bolte, Hille
Heinz Borth, Neckarsulm
Bundesvereinigung Kanutouristik e.V., Roth
Gerd Burghart, Wolfertschwenden
Campingplatz Sigmaringen
Ulrich Clausing, Duisburg
Siegfried Czada, Peine
Jochen Eck, Oldenburg
Dr. Albert Emmerich, Cremlingen
Paul Engster, Philippsburg
Reinhard Ewerszumrode, Blochingen
Günter Gauls, Grevenbroich
Rainer Goebel, Speyer
Dietmar Grabner
Werner Grams, Tönisvorst
Egon Gravert, Lüdersring
Ernst A. Hanrath, Bruch/Eifel
Gerhard Hagemeier, Berlin
Fritz Haselmeyer, Braunschweig
Wolfgang Heinz, Losheim
Thomas Herzog, Hannover
Hessischer Kanu-Verband
Ulrich Hestermann, Celle
Günter Hohmut, Berlin
Dietmar Jaenisch, Adenstedt

Peter Jarmer, Neustadt
Bernd Jaschek, Adliswil
Thomas Jebens, Hannover
Kanuclub Schönburg
F. Keller, Saarbrücken
Otto Kaufhold, Schleswig
Ingeborg und Hans-Eugen Kloock, Hamburg
Walter Klös, Frankfurt/Main
Sylvia Koch, Dessau
Wolfgang König, Köngernheim
Alexander Krebs-Gehlen
Jürgen Krell, Suhl
Harald Krengel, Nordenham
Heiko Krüger, Oldenburg
Hartmut Krumme, Göttingen
Dr. Matthias Licht, Wiesbaden
Lippeverband, Essen
Jörg Ludwig, Essen
Gemeinde Ludwigsau
Joachim Mader
Regina Mäder, Lindlar
Horst Massie, Bad Hersfeld
Andreas Matzner, Bremen
Ralf Müller, Weiterstadt
Wilhelm Müller-Zimmermann, Diez
Peter Nolden
Ralf Notz, Kleve
Wolfgang Oertel, Kerpen
Stadt Petershagen
Lothar Posdziech, Lindlar
Wolfgang Prause, Unna
Hans-Jürgen Prigge, Hamburg
Michael Ress, Hattingen
Uwe Rohde, Buchholz
Jürgen Rohland, Unna
Sächsischer Kanu-Verband
Martin Schels, Vohburg
Lieselotte Schindler, Berlin
Hilmar Schmidt, Criewen
Wolfgang Schönemann
Fritz-Henning Schrader, Rieden/Oberpfalz
Karl-Heinz Schröder, Siegburg
Felix Schroedter, Bonn
Dietrich Schumacher, Warburg
Manfred Schweizer, Friedrichshafen

Marco Szelk
Sabine Stahl
Lutz Stenken, Bremen
Dieter Staußberg, Bendorf
Elisabeth Thielbörger, Sarstedt
Eberhard Wahl, Stuttgart
Günter Werner, Frankenberg/Eder
Paul Wörner, Bonn
Randolf Wojdowski, Oberhausen
Friedhelm Wollner, Potsdam
WSV Rheintreue, Schwörstadt
Wolfgang Zschoch, Mainz

Literatur und Kartenmaterial

Als Vorlage und Leitfaden für die vorliegende 25. Aufl. des Deutschen Flusswanderbuches diente dessen 24. Aufl. Die zahllosen Änderungen der Neuauflage ergaben sich weitgehend aus Mitteilungen der vorstehend aufgeführten Mitarbeiter. Zur Kontrolle und zu Vergleichszwecken wurden auch die folgenden Unterlagen verwandt:

Die Regionalführer des DKV:

Ihre Beschreibungen sind durchweg etwas ausführlicher als im Deutschen Flusswanderbuch, mit Angaben über darin nicht beschriebenen Teilstrecken und Nebenflüssen.
* Kanuführer für Bayern
* Gewässerführer für Nordrhein-Westfalen
* Kanuwanderbuch für Nordwestdeutschland
* Gewässerführer für Ostdeutschland
* Kanuführer für Südwestdeutschland

Zeitschriften:

* Kanu-Sport, Deutscher Kanu-Verband, Wirtschaft- und Verlags GmbH
* Kanu-Magazin, Rotpunkt-Verlag

Wassersport-Karten:

* Nr. 1 Deutschland-Nordwest
* Nr. 2 Deutschland-West
* Nr. 3 Deutschland-Südwest
* Nr. 4 Deutschland-Südost
* Nr. 6 Deutschland-Nordost
* Nr. 7 Deutschland-Ost
* E 1 Obere Elbe
* E 2 Untere Elbe
* E 3 Südl. Nebenflüsse der unteren Elbe
* E 4 Nördl. Nebenflüsse der unteren Elbe
* W 1 + 2 Weser mit Nebenflüssen
* TA 5 Tourenatlas Berlin-Brandenburg
* TA 6 Tourenatlas Deutschland-Nordost

Alle erschienen im Jübermann-Verlag

Gewässergüteatlas der Bundesrepublik Deutschland 2000, erschienen bei Kulturbuch-Verlag GmbH, Berlin

Für die Planung sind, neben den Übersichtskarten in diesem Buch, die „Deutschen Generalkarten" im Maßstab 1 : 200 000 fast immer ausreichend. Empfehlenswert sind daneben spezielle Gewässer-Karten und Kanuführer. Sie geben Beschreibungen von ausgewählten Gewässern des jeweiligen Gebietes.

* Deutschland Ost, Reisehandbuch zum Kanuwandern, Kettler/Hillmann Kettler-Verlag 2000
* Berlin rund, Zwischen Unterhavel und Krossinsee, Norbert Gisder, Sport-Verlag Berlin 2001
* Kanuwandern in der Mark Brandenburg, Angela Jankowski, Pollner-Verlag 1999
* Wasserwandern Mecklenburg Brandenburg, Horst H. Herm / Rainer Höh, Reise Know-how 2001
* Kanuwandern in Schleswig-Holstein und Hamburg, Horst Teigeler, Pollner Verlag 1998
* Kanuwandern im Weser-Ems-Gebiet, Horst Teigeler, Pollner Verlag 2000
* Der Spreewald, Roland Buchwald, Sportverlag Berlin, 2001
* Kanuwandern in Süddeutschland, Jürgen Gerlach / Heinrich Nejedly, BLV-Verlag 2002
* Kanuwandern in Bayern, Alfons Zaunhuber, Pollner Verlag 2000
* Kanuwandern in Nord- und Westdeutschland, Jürgen Gerlach / Heinrich Nejedly, BLV Verlag 2002
* Kanuwandern in Deutschland, Heinrich Nejedly, BLV-Verlag 2003
* Mecklenburgische Seenplatte, Manfred Schröder, Pollner Verlag 2002
* Mecklenburgische Seenplatte, Leif & Ulf Krägenau, Konrad Stein Verlag 2002
* Die Lahn - Flussführer von Marburg bis zur Mündung, Ulrich Meckel, Verlag Buchhandlung Meckel, 2002
* Die Lahn - Bootswandern auf der Lahn, Martin Schulze, Pollner Verlag

Beschreibungen auf regionaler Basis

Es handelt sich dabei um Karten und Kurzführer eines regionales Gebietes. Man besorgt sich diese Unterlagen am besten an Ort und Stelle, z. B. bei Fremdenverkehrsvereinen, Campingplätzen usw.

Genauere Unterlagen zum Gesamtthema „Kanufahren" finden sich in der „Kanu-Info-Bank". Der Berichtsstand ist in Form von Listen („Info-Blättern") greifbar, gegliedert nach Revieren (Fluss- und Gewässersystemen, Regionen und Ländern) und nach Sachthemen (Ausbildung, Ausrüstung, Boote, Naturschutz usw.).

Man kann die Infobank benutzen, um im eigenen Literaturbestand rasch fündig zu werden; außerdem kann man von allen archivierten Berichten Kopien beziehen. Das Inhaltsverzeichnis und die Spielregeln gibt es kostenlos, ebenso Rat und Auskunft am Telefon. Schriftliche Auskünfte und Kopien werden gegen Kostenerstattung abgegeben.

Anschrift: Kanu-Info Joachim Hermann
Egmatinger Straße 11
D-85653 Aying
☎ (9-22 Uhr): +49 81 02 74 86 29;
☎ innerhalb D: 0 81 02/74 86 29
Telefax: +49 81 02 74 86 30;
Telefax: innerhalb D: 0 81 02/74 86 30.

Die mit „*" versehen Titel können über die DKV-Wirtschafts- und Verlags GmbH bezogen werden.

Alphabetisches Gesamtverzeichnis der Gewässer Deutschlands

Blattschnitt

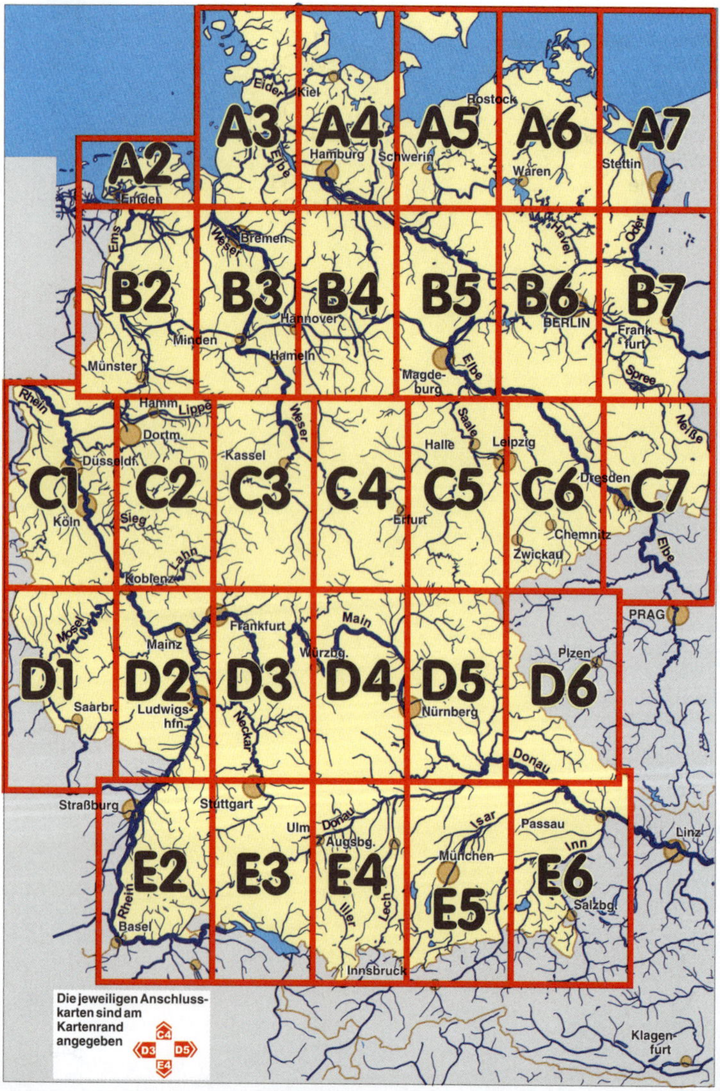

Zeichenerklärung:

Maßstab = 1: 1.100 000

- nur bei Hochwasser befahrbar (1-3 Mon./J)
- nur ab Mittelwasser befahrbar (4-8 Monate)
- häufig befahrbar (9-11 Monate/Jahr)
- ganzjährig befahrbar
- Rudergewässer
- Motorsportgewässer
- unbefahrbare Gräben
- Gewässer mit weitgehenden Sperrungen
- Gewässer mit zeitweisen Sperrungen
- Gewässer mit Reglementierungen (ohne komplette Sperrungen)
- 33 - 310 Gewässername: Seitenverweis auf die Textbeschreibung hier im Flussführer.
- A1 BAY Gewässername: Gewässer, die nur in den entsprechenden Regionalführern beschrieben sind:

A1 DKV-Auslandsführer Bd.1
A6 DKV-Auslandsführer Bd.6
A7 DKV-Auslandsführer Bd.7

Kartographie:
Erhard Jübermann, Uelzen
Kartenbasis:
Übersichtskarte -Wasserwandern
(ISBN: 3-929540-00-2)
und -Befahrungsregelungen 2003
(ISBN: 3-929540-30-4)

Der Jübermann-Verlag hat für uns die folgenden Karten erstellt auf der Basis seines Kartenmaterials. Erhard Jübermann arbeitet seit langem an Gewässerkarten insbesondere für den Kanusport. Seinem Grundsatz: "Keine Information kommt ungesehen in die Karte" verdanken wir viele von ihm kanufahrend zusammengetragene Kartenwerke.
Wollen Sie sich genauer informieren über seine Produkte, schauen Sie ins Internet:

www.juebermann.de

oder fordern Sie einen Verlagsprospekt an:

Jübermann-Verlag,
Krempelweg 2, 29525 Uelzen

Tel.: 0581-78232,
Fax : 0581-77516
E-Mail: info@juebermann.de

NW Wanderführer Nordwest
NRW Wanderführer Nordrhein-W.
SW Wanderführer Südwest
BAY Wanderführer Bayern
OST Wanderführer Ostdeutschl

A3
Sylt
Föhr
Wyk
Amrum
Schüttsiel
Langeness
Hooge
Pell-
worm
Nord-
strand
NIEBÜLL
Leck
Lecker Au
Gottes-
koog
Gottesk.-
strom
Dreinh.-
Neuer S.
Schafflunder
M.-strom
Wallsbüll
Rodau
FLENSBURG
Glücks-
burg
Flensburger F.
Sörup
Langb.Au
Bongsieler
Kanal
Linnau
Tarp
495-
496
Angeln
Bredstedt
Ostenau
Löwenstedt
Arlau
Jerrisbek
Treene
Sieverstedt
Bollingst.Au
Wellsp.Au
Füsinger Au
Loiter Au
Lang-
see
Schlei
497
Treija
Schleswig
498
Osterbek
HUSUM
Hollingstedt
Friedrich-
stadt
497
Owschlag
Witten-
see
Sorge
Eider
St.Peter-
Ording
Tönning
495
Broklandsau
Alte S.
Delve
Schirnau
RENDS-
BURG
493
Eider
494
Jevenau
Brammer
Luhnau
HEIDE
Gieselau-
Kanal
Büsum
(537)
Nord-Ostsee-Kan.
A4
Hohen-
westedt
Haaler Au
Meldorf
Schenefeld
Bünzener Au
Trischen
Friedrichs-
koog
Marne
Burg
Burger
Aue
Kuden-
see
Stegau
Silzen
Rantzau
Bekau
Wilster
ITZE-
HOE
Stör
408
Scharhörn
Neuwerk
Wilsterau
Bramau
Hörner Au
CUXHAVEN
403
BRUNS-
BÜTTEL
403
Elbe
Stör
407
Breitenb.K.
Otterndorf
Neuhaus
Wischhafen
Kremper Aue
Barmstedt
Glückstadt
Medem
Emmelke
Hadelner Kan.
Aue
Neuhaus.
Bülk.K.
Oste
Wischhafener
Süderelbe
Krückau
Elms-
horn
Dorum
Ihlien-
worth
Hemmoor
402
Pinnau
Dahlemer
See
Flögelner
See
404
Balksee
Pinne-
bg.
Hechthsn.
STADE
Jade
Beder-
kesa
Bederkesa-
Geeste-K.
Mehe
401
Burharfe
404
Butjardinger
Tief
322
Geeste
Schwinge
Horneburg
Norden-
ham
BREMER-
HAVEN
Hipstedt
Bremer-
vörde
Mulsum
Lühe
BUXTE-
HUDE
Jade-
busen
323
Kirch-
wistedt
Bever
Farven
Harse-
feld
410
Este
322
Lune
Drepte
Hamme-Oste-K.
406
Moisbg.
Oste
Sandbostel
Oersdf.
Jade
Sand-
stedt
Alte
Hamme
Twiste
Wense
Staersb.
Este
Brake
Wuls-
büttel
327
Voller-
sode
Rummeldeis-
beck
Rhade
Bade
Ramme
405
Sittensen
303
Tostedt
Weser
Rast.
B.
Elsfleth
Beek
B3
Zeven
Oste
NW
Nordfriesland
Nordsee

A4
Flensburger Förde
NW
Aerö
Marstal
Langeland
Langelands Bælt
Glücksburg
FLENSBURG
Angeln
Langb.-Au
Gelting
Sörup
Maasholm
Ostsee
Fehmarn-Belt
Treene
Sieverst.
Kappeln
Schlei
500
Bollingst. Au
Wellsp.Au
Loiter Au
Füsinger Au
Langsee
499
Koseler Au
498
Schleswig
Osterbek
Eckernförder Bucht
Kieler Förde
Fehmarn
Fehmarnsund
Kronsbek
ECKERNFÖRDE
Owschlag
(537)
Wittensee
Schönberg
Sorge
Hagener Au
Passader See
Hohenf.
M.-aue
Hohwacht
Heiligenhafen
Schirnau
Nord-Ostsee-Kan.
KIEL
RENDSBURG
Westensee
504
Lütjenburg
Oldenburg
Wehrau
Schwentine
Selenter See
Kossau
Oldenburger Graben
493
492
Preetz
Eider
Jevenau
Brahmsee
Bothkamper See
Postsee
503
Lensahn
Dahme
Brammer
Lanker See
Malente
Luhnau
Kührener Aue
PLÖN
Kellersee
Grömitz
Nortorf
Bordesholm
Dieksee
Eutiner See
Timmaspe
491
Hohenwestedt
NEUMÜNSTER
Gr. Plöner See
Eutin
501
Neustadt
Haaler Au
Hollenau
Aalbeck
502
A3
Schenefeld
Bornhöveder Seenplatte
Gleschendorf
Haffkrug
Lübecker Bucht
Bünzener Au
Schwale
Stör
A6
Stegau
Timmendorfer Strand
Silzen
406
Rickling
Rantzau
Wardersee
Trave
Schwartau
Bekau
Brokst. Au
504
TRAVEMÜNDE
ITZEHOE
Osterau
Heidmühlen
Bad Segeberg
LÜBECK
Dassow
408
409
507
Bramau
Bad Bramstedt
Stepenitz
407
Breitenb.K.
Hörner Au
Ohlau
Schmalf.Au
505
Bad Oldesloe
Heilsau
Wakenitz
506
Schönberg
Kremper Aue
Kaltenkchn.
Struvenhütten
507
OST
Radegast
Barmstedt
Norderbeste
Maurine
Rehna
Henstedt
411
Barnitz
Grinau
Elbe-Lübeck-kanal
Ratzeburger See
Carlow
Krückau
Elmshorn
Bargteheide
Süderbeste
536
Quickborn
Ammersbek
Berkenthin
508
Gadebusch
402
Pinnau
Alster
Ratzeburg
Rellau
412
Mölln
Pinneberg
Schaalsee
STADE
Elbe
401
HAMBURG
Bille
Hellb.
Köthel
Schwinge
400
399
413
415
Grande
Zarrentin
Steinau
Horneburg
Untere Bille
Gallin
Schilde
Lühe
Köhlbr.
Süderelbe
Dove Elbe
Bergedorf
Geestacht
Büchen
536
Boize
Bennin
Wittenburg
Motel
BUXTEHUDE
Este
398
Seeve-Kan.
Gose E.
396
Linau
Schaale
Harsefeld
410
HARBURG
Moisbg.
Maschen
Lauenburg
Boizenburg
417
397
Ilmenau
421
Staersb.
Ashsn.-Mühlgr.
Buchholz
Seeve
Garlst. Aue
DKV-Heim 15
Elbe
Krainke
Ramme
Sittensen
Jesteburg
Winsen
Neetze
422
Bleckede
Tostedt
416
Döhler
420
Neetzekanal
Oste
Buchholz
Luhe
B4
419
Rögnitz
Sude

A5
DK
Lolland
Maribo
Nakskov
Rödby
Nysted
Guldborg-Sund
Nyköbing
Falster
Gedser
Fehmarn-Belt
Ostsee
Puttgarden
Fehmarn
BURG
NW
Fehmarn-Sund
Heiligenhafen
Oldenburg
Oldenburger Graben
Dahme
Grömitz
Neustadt
Lübecker Bucht
A4
NW OST
TRAVEMÜNDE
Dassow
Klütz
507
Poel
Wismar-Bucht
WISMAR
Stepenitz
Grevesmühlen
Maurine
Rehna
Radegast
Carlow
Gadebusch
Mühlen
506
431
Wallensteingraben
Schweriner See
SCHWERIN
Renzow
Schaal-See
Schilde
Kraft
Wittenburg
Hagenow
Motel
Sude
Warsow
Banzkow
430
Störkanal
Strohkirchener Bach
Neuer Kan.
Ludwigslust
Ludwigsluster Kan.
Rögnitz
Redefin
OST NW
Müritz-Elde-Wasserstraße
429
Balow
B5
Kühlungsborn
Salzhaff
Bad Doberan
Kröpelin
Neubuckow
Neukloster
Neukloster-See
Gr. Wariner See
Warin
Brüeler B.
Sternberg
509
510
Mildenitz
Warnow
Pinn.-See
Crivitz
Barniner See
Bülow
Dobbertiner See
Dobbertin
Goldberg
Goldberger See
Alt-Schwerin
Fleesensee
Malchow
Plau
Plauer See
428
Elde
Lübz
Parchim
Meyenburg
Stepenitz
Putlitz
Grabow
439
Dosse
Warnemünde
ROSTOCK
511
Beke
Schwaan
BÜTZOW
Bützow-Gü. Kanal
GÜSTROW
Lößnitz
Nebel
Inselsee
Woseriner S.
Bresenitz
Krakow
Krakower See
Warinsee
Laage
Recknitz
Tessin
Marlow
A6
Ribnitz-Damgarten
Graal-Müritz
Wustrow
Saaler Bodden
Saal
Born
Wieck
Prerow

A6
Ostsee
Kap Arkona
Dranske
Tromper Wiek
OST
Hiddensee
Gr. Jasmunder Bodden
Saßnitz
Rügen
Kl. Jasmunder Bodden
Prorer Wiek
Gingst
Prerow
Zingst
Kubitzer Bodden
BERGEN
Binz
Sellin
Wieck
Born
Grabow
Prohn
Putbus
Göhren
Wustrow
Saaler Bodden
Barth
STRALSUND
Satems
Garz
Saal
Velgast
Borgwall-See
Strelasund
Rügischer Bodden
Graal-Müritz
Greifswalder Bodden
Recknitz
Barthe
Reinberg
Ribnitz-Damgarten
Richtenbg.
Franzburg
Dänische Wiek
Lubmin
Peene
Peenemünde
A7
Marlow
Trebel
513
Ryck
Ziese
A5
Bad Sülze
Grimmen
Tribsees
GREIFSWALD
Wolgast
514
Tessin
Roter Br.-Graben
Loitz
Gnoien
Neuer Burggr.
Gützkow
Lassan
Warbel
Kuckucksgr.
Laage
Dargun
Demmin
Jarmen
512
515
Anklam
GÜSTROW
Kl. Peene
Klempenow
Peene-Süd-Kan.
Lößnitz
Teterower See
Neukalen
Kummerower See
Tollense
Gr. Landgr.
Nebel
Warinsee
Teterow
Malchin
Putzarer See
Dahmer Kan.
Ost-Peene
Landgr.
Malchiner See
Altentreptow
Kl. Landgr.
Datze
Ferdinandshof
Stavenhgn.
Friedland
Galenbecker See
Krakow
Krakower See
511
Kittendf. Peene
NEU-BRANDENBURG
Aalbach
Torgelower See
Malliner See
Alt-Schwerin
Kölpinsee
Fleesensee
Waren
Penzlin
Tollensesee
Linde
Burg-Stargard
Strasburg
Plau
Käbelicksee
431
Kratzeburg
Malchow
Camminer See
Plauer See
428
Müritz
Havel
Useriner See
Zierker See
Fürstenwerder
Alte Fahrt
Neustrelitz
Feldberger Seen
468
Prenzlau
Röbel
Meyenburg
Kl. Müritz
470
432
Feldberg
Boitzenburg
Strom
517
Elde
427
Wesenberg
Woblitzsee
433
Unteruckersee
Grabow
Dosse
439
Nebel
Müritz-Havel-K.
Mirow
B6
467
Küstrin-chener B.

Ostsee
OST
Saßnitz
Prorer Wiek
Binz
Sellin
Göhren
Greifswalder Bodden
OST
Peenemünde
Peene
Lubmin
Usedom
Zinnowitz
Koserow
Oderbucht
A6
Ziese
Wolgast
Achter-wasser
Herings dorf
SWINOUJSCIE (SWINEMÜNDE)
Cammin
Gryfice
Peene-strom
Lassan
Dziwna
Peene
513
Usedom
Wollin
PL
OST
Anklam
Oderhaff
Peene-Süd-Kan.
Altwarp
OST
Zarow
Neuwarp
Putzarer See
Uecker münde
518
Landgr.
Friedland
Ferdinands-hof
Eggesin
Trzebiez (Ziegenort)
Goleniów (Gollnow)
Galen-becker See
Torgelow
522
Randow
Police (Pölitz)
Ina
Jez. Dabie
SZCZECIN (Stettin)
(Dammscher See)
Strasburg
Uecker
Parsewalk
Löcknitz
Uckermark
Stargard Szcz.
Plonia
Brüssow
520
Fürstenwerder
Quillow
Westoder
Prenzlau
Penkun
Ost-oder
517
Unter-ückersee
Gryfino (Greifenhgn.)
Strom
522
Gartz
Ober-ückersee
516
B7

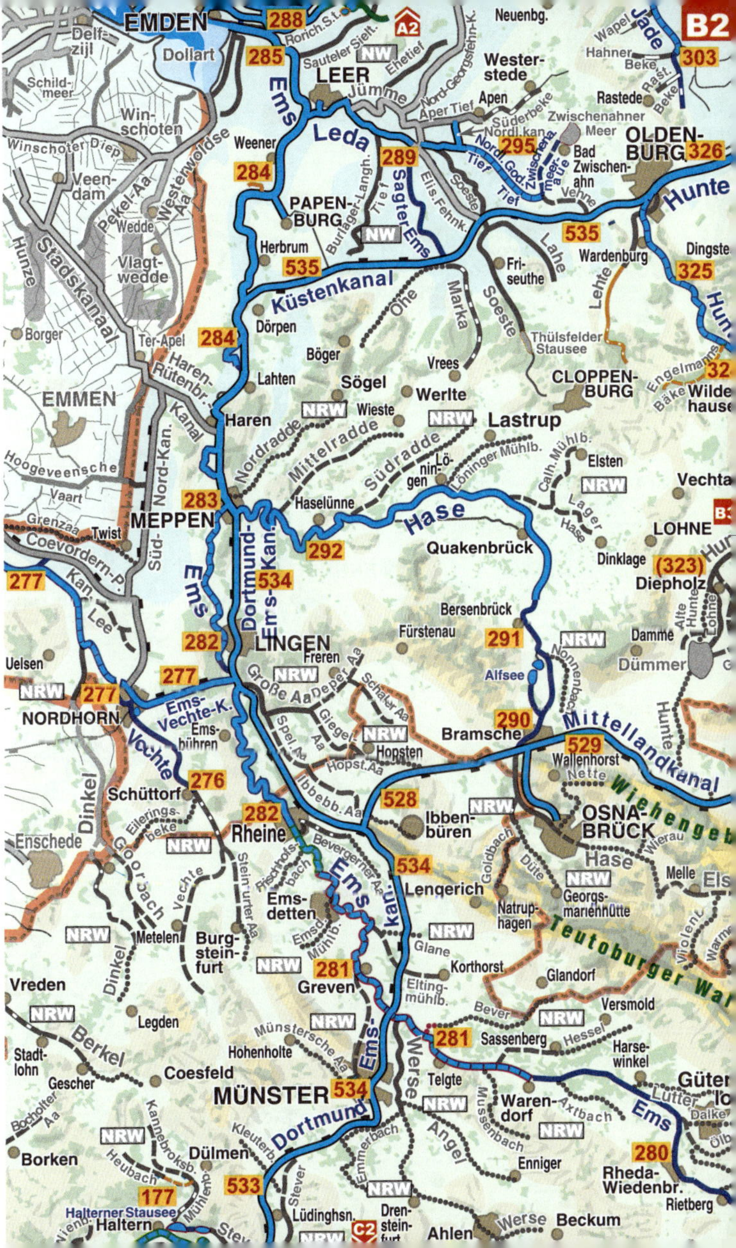
B2
EMDEN
288
Delfzijl
Dollart
285
Rorich.S.t.
Sauteler Sielt.
NW
A2
Ehetief
Nord-Georgsfehn-K.
Neuenbg.
Wapel
Jade
Hahner
Beke
303
Rast.
Beke
Westerstede
LEER
Jümme
Apen
Aper Tief
Rastede
Schildmeer
Ems
Winschoten
Winschoter Diep
Westerwoldse Aa
Weener
Leda
284
289
Süderbeke
Nordl.kan.
295
Zwischenahner Meer
OLDENBURG
326
Bad Zwischenahn
Nord. God. Tief
Zwischenahner Meer Aue
Tief
Vehne
Hunte
Veendam
Pekel-Aa
Wedde
Vlagtwedde
PAPENBURG
Burlager-Langh. Tief
Sagter Ems
Elis.Fehnk.
Soeste
NW
Herbrum
535
535
Lahe
Wardenburg
Dingste
325
Hunze
Stadskanaal
Küstenkanal
Ohe
Marka
Friseuthe
Soeste
Lehte
Hunte
Borger
Ter-Apel
284
Dörpen
Thülsfelder Stausee
Haren-Rütenbr.-Kanal
Böger
Vrees
Lahten
Sögel
Werlte
CLOPPENBURG
Engelmanns Bäke
32
Wilde hause
EMMEN
Haren
NRW
Wieste
NRW
Lastrup
Nordradde
Mittelradde
Südradde
Löninger Mühlb.
Löningen
Calh. Mühlb.
Elsten
Hoogeveensche Vaart
Nord-Kan.
283
Haselünne
Hase
NRW
Vechta
Lager Hase
B3
Grenzaa
Twist
MEPPEN
LOHNE
Coevordern-P.
Süd-Kan.
292
Quakenbrück
Dinklage
(323)
Diepholz
Hun
277
Kan.
Ems
534
Dortmund-Ems-Kan.
Lee
Bersenbrück
Fürstenau
291
Alte Hunte
Lohne
Damme
NRW
282
LINGEN
Freren
Nonnenbach
Dümmer
Uelsen
277
Große Aa
Deper Aa
NRW
Schaler Aa
Alfsee
NRW
277
Ems-Vechte-K.
Hunte
NORDHORN
Emsbühren
Spel Aa
Giegel Aa
NRW
Hopsten
Bramsche
290
Mittellandkanal
529
Wallenhorst
Vechte
Hopst.Aa
Nette
Dinkel
276
Schüttorf
Ibbebb.Aa
528
NRW
Wiehengeb
Eilerings-beke
282
Rheine
Ibbenbüren
OSNABRÜCK
Enschede
NRW
Goorbach
Bevergerner Aa
Goldbach
Düte
Wierau
Hase
Fischofs-bach
Steinfurter Aa
534
NRW
Melle
Els
Vechte
Ems
Lengerich
Georgsmarienhütte
Emsdetten
Natruphagen
NRW
Metelen
Emsd. Mühlb.
kan.
NRW
Teutoburger Wa
Violenb.
Warme
Burgsteinfurt
Glane
Dinkel
NRW
281
Korthorst
Glandorf
Vreden
Greven
Eltingmühlb.
Versmold
NRW
Bever
NRW
Legden
NRW
281
Sassenberg
Hessel
Münstersche Aa
Ems-
Harsewinkel
Stadtlohn
Hohenholte
Werse
Berkel
Gescher
Coesfeld
Telgte
Güter lo
MÜNSTER
534
Lutter
Bocholter Aa
Kannebroksb.
Waren-dorf
Axtbach
Ems
Dalke
Kleuterb.
Dortmund
NRW
Mussenbach
NRW
Ölb
NRW
Angel
280
Borken
Dülmen
Heubach
Emmerbach
Enniger
Rheda-Wiedenbr.
Mühlenb.
533
Stever
NRW
177
Rietberg
Halterner Stausee
Haltern
Lüdinghsn.
C2
Drensteinfurt
Ahlen
Werse
Beckum

B3
Brake
303
Jade
Elsfleth
OLDEN-
BURG 326
Hunte
Weser
Lesum
326
321
Sand-
stedt
Drepte
Wuls-
büttel
327
Alte Hamme
A3
Voller-
sode
Rummeldeis-
beck
Rhade
Osterholz-
Scharmb.
Hamme
Beek
DKV-Zeltplatz 15
Worpswede
328
Wümme
Wörpe
Fischer-
hude
330
331
320
BREMEN
Oste
Twiste
Wense
405
Ramme
Sittensen
Tostedt
Staersb.
Este
Bade
Zeven
Mede
328
Fintau
Scheeßel
Veerse
Wieste
Roten-
burg
329
Wiedau
Rodau
Lünzen
Ahe
Rose-
bruch
SOLTAU
Berne
Ollen
332
Ochtum
Dingstede
DELMEN-
HORST
325
Delme
Varreler Bäke
Homb.
331
Kirch-
weyhe
Achim
319
Alte Aller
Süstedter Bach
Eiter
Hache
Syke
Klosterb.
Harp-
stedt
324
Engelmanns Bäke
Wildes-
hausen
Bassum
Neu-
bruch-
hausen
Bruchhsn.-
Vilsen
Hoya
318
Weser
Aller
338
Gohbach
VERDEN
Stellichte
338
Dorfmark
339
Lehrde
Wals-
rode
Böhme
Falling-
bostel
Dör-
verden
Rethem
Hodenhgn.
Vechta
Barnstorf
LOHNE
Hunte
(323)
B2
Diepholz
Wagenfelder Aue
Sulingen
Siede
317
NIENBURG
Wölpe
Alpe
Heemsen
337
Meiße
Aller
Schwarm-
stedt
Wietze
Führse
Laderholz
Alte Hunte
Lohne
Grawiede
Damme
Dümmer
Wagen-
feld
Große Aue
Gr. Aue
Sarningh.-Mühlb.
316
Stol-
zenau
Uchte
Steinhuder Meerbach
DKV-Heim
16
Linsburg
Neu-
stadt
353
Stein-
hude
Steinhuder Meer
Leine
345
B4
Auter
Reese
Wietze
Hunte
Rahden
313-315
Weser
Petershgn.
Gehle
Wunstorf
West-Aue
HANNOVER
Süd-Aue
529
Mittellandkanal
MINDEN
529
529
345
Rodenberger Aue
Roden-
berg
Ihme
Leine
Wiehengebirge
Wierau
Melle
Else
Bünde
Hasebeke
Bastau
Bad
Oeynhsn.
Porta
Bückeburger Aue
312
311
Hess.-
Oldendf.
Springe
Werre
Löhne
Rinteln
Bad
Münder
Haller
Warmenau
NRW
Brandb.
Violenb.
Kalle
Exter
Herford
NRW
Vallentrup
310
Hamel
Elze
Dirk'sche Saale
344
355
Aa-Bach
Bega
NRW
HAMELN
Salz-
hemmen-
dorf
Gronau
BIELEFELD
Teutoburger Wald
Issel-
horst
Sennestadt
Lage
Lemgo
Bad
Pyrmont
356
309
Werre
354
Alfeld
Lutter
Gütersloh
Ems
Dalke
NRW
DETMOLD
NRW
Werre
355
Emmer
Bodenwerder
Lenne
SW
Wispe
Ölbach
Verl
Kaunitz
Wapel
Furlb.
Wiembeke
Steinhm.
Schieder
Weser
Escherhausen
280
Senneb.
Ems
Horn
Heub.
Niese
Krummes Wasser
Rietberg
278
Boker
Kanal
Delbrück
Thune
Bad
Lippspringe
C3
Emmer
SW
308
Höxter
Holzminden
NW
Dassel
Ilme

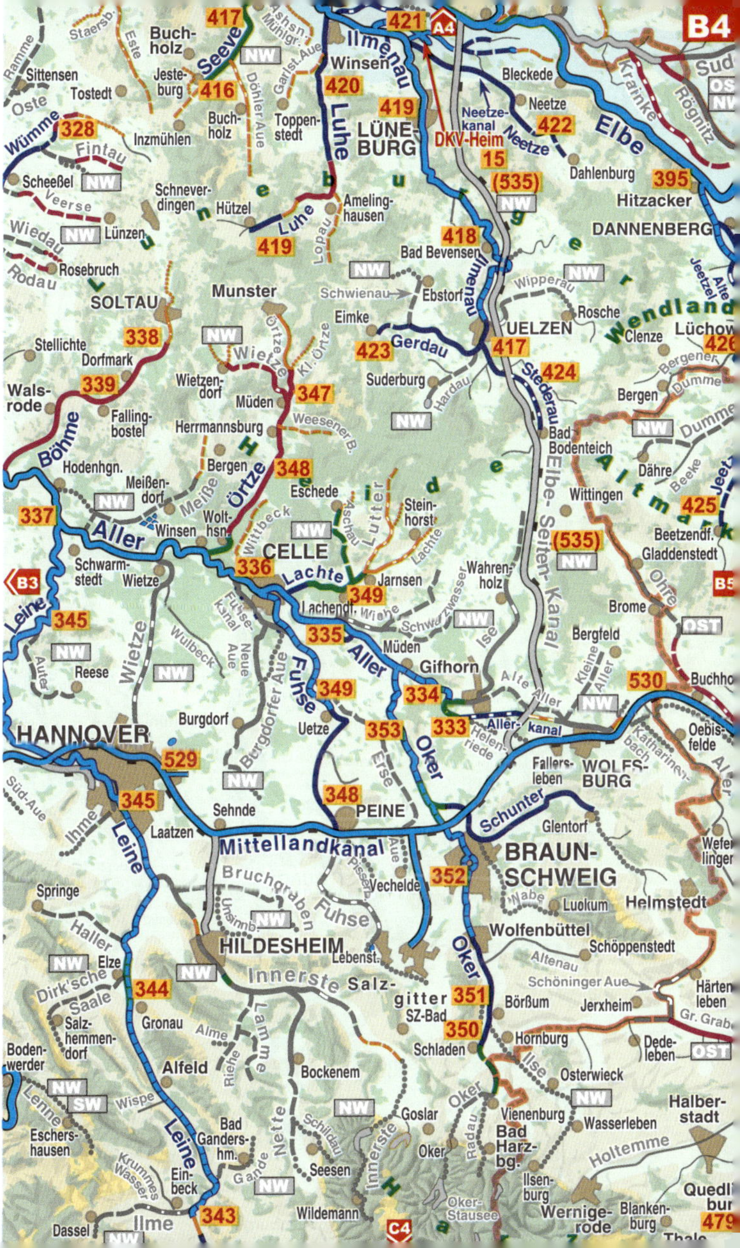
B4
Staersb.
Este
Buch-
holz
Seeve
417
Ilmenau
421
A4
Ramme
Sittensen
Oste
Tostedt
Jeste-
burg
416
Buch-
holz
Döhler Aue
Garlst. Aue
Toppen-
stedt
Winsen
420
Luhe
419
LÜNE-
BURG
Bleckede
Neetze
Neetze-
kanal
DKV-Heim
Neetze
422
Elbe
Krainke
Rögnitz
15
(535)
Dahlenburg
395
Hitzacker
DANNENBERG
Wümme
328
Inzmühlen
Fintau
Scheeßel
NW
Veerse
Schnever-
dingen
Hützel
Luhe
Ameling-
hausen
Lopau
419
418
Bad Bevensen
Ilmenau
Wiedau
Lünzen
Rodau
Rosebruch
SOLTAU
Munster
Schwienau
Ebstorf
Wipperau
Rosche
Jeetzel
Wendland
Lüchow
Eimke
Gerdau
423
UELZEN
417
Clenze
426
Stederau
424
Bergener
Dumme
Bergen
Örtze
Kl. Örtze
Wietze
338
Stellichte
Dorfmark
Wals-
rode
339
Wietzen-
dorf
Müden
347
Suderburg
Hardau
Weesener B.
Falling-
bostel
Herrmannsburg
Böhme
Hodenhgn.
Bergen
348
Bad
Bodenteich
Dähre
Beeke
Altmark
Meißen-
dorf
Meiße
Örtze
Eschede
Aschau
Lutter
Stein-
horst
Lachte
Wittingen
425
Elbe-Seiten-Kanal
337
Aller
Winsen
Wolt-
hsn.
Wittbeck
CELLE
(535)
Beetzendf.
Gladdenstedt
Schwarm-
stedt
Wietze
336
Lachte
Jarnsen
Wahren-
holz
B3
B5
Ohre
Leine
345
Fuhse-
kanal
Lachendf.
Wiehe
349
Schwarzwasser
Ise
Brome
OST
Neue
Aue
Wulbeck
335
Müden
Bergfeld
Reese
Auter
Wietze
Aller
Fuhse
349
Gifhorn
Alte
Aller
Kleine
Aller
530
Buchho
334
Burgdorf
Uetze
353
333
Aller-
kanal
Helen-
riede
Katharinen-
bach
Oebis-
felde
HANNOVER
Burgdorfer Aue
Erse
Oker
Fallers-
leben
WOLFS-
BURG
529
Aller
Süd-Aue
Ihme
345
Sehnde
348
PEINE
Schunter
Glentorf
Laatzen
Mittellandkanal
Aue
Pisser
BRAUN-
SCHWEIG
Wefer
linger
Leine
Bruchgraben
Vecholde
352
Springe
Wabe
Lucklum
Helmstedt
Fuhse
Unsinnb.
Wolfenbüttel
Haller
HILDESHEIM
Oker
Schöppenstedt
Elze
Lebenst.
Altenau
Innerste
Salz-
gitter
351
Schöninger Aue
Härten
leben
Dirk'sche
Saale
344
Börßum
Jerxheim
Gr. Grabe
Salz-
hemmen-
dorf
Gronau
Alme
Lamme
SZ-Bad
350
Hornburg
Dede-
leben
Boden-
werder
Alfeld
Riehe
Bockenem
Schladen
Ilse
Osterwieck
SW
Wispe
Lenne
Oker
Halber-
stadt
Nette
Schildau
Goslar
Vienenburg
Wasserleben
Eschers-
hausen
Leine
Bad
Ganders-
hm.
Radau
Bad
Harz-
bg.
Holtemme
Krummes
Wasser
Ein-
beck
Gande
Seesen
Innerste
Oker
Ilsen-
burg
Quedl
bur
Oker-
Stausee
Harz
Wernige-
rode
Blanken-
burg
479
Dassel
Ilme
343
Wildemann
C4
Thale

B5
A5
Ludwigs-
lust
Redefin
Sude
Ludwigsluster Kan.
Rögnitz
Müritz-
Elde-Wasserstraße
Meyen-
burg
Stepenitz
Elde
Grabow
Dosse
Balow
Putlitz
439
Wittstock
Eldena
Alte Elde
Elbe
395
429
Dömitz
NW
OST
Lenzen
Löcknitz
Perleberg
Stepenitz
Dömitz
Pritzwalk
Prignitz
itzacker
ANNENBERG
Jeetzel
Alte Jeetzel
Laascher S.
Gartow
Seege
394
WITTEN-
BERGE
Karthane
Cederb.
Dosse-
speicher
Kyritz
Bantikower
See
Königsfl.
Kyritz
Wendland
Lüchow
426
Zehr engr.
Aland
Bad
Wilsnack
Wusterhsn.
Bergener
Dumme
Arendsee
Arendsee
See-
hausen
Havel-
berg
Neue Jäglitz
Alte Jäglitz
Neu-
stadt
440
SALZWEDEL
Dumme
Jeetze
Beeke
Purnitz
Biese
Oster-
burg
Elbe
393
438
Sandau
Havel
Dosse
442
Rhinow
Gülper
See
Altmark
425
Beetzendf.
Apenburg
Milde
Bismark
Kläden
Uchte
Arne-
burg
Gladdenstedt
Kalbe
Hohenauer
See
B4
Ohre
Klötze
Secantsgraben
STENDAL
RATHENOW
B6
Brome
Tanger-
münde
438
Königsgr.
Premnitz
Pritzerbe
Gardelegen
Lüderitz
Jerichow
Stremme
Havel
530
Buchhorst
Tanger
Oebis-
felde
Katharinen-
bach
Calförde
Tangerhütte
392
Genthin
Derben
Plaue
Plauer
See
Aller
Mittellandkanal
Mahlwinkel
530
Kanal
Elbe-Havel
Wuster-
witz
Haldens-
leben
Rogätz
Gloine
Buckau
Weferlingen
Ohre
Wolmir-
stedt
Nie-
gripp
Grabow
Ziesar
Verlorenw.
Ihle
BURG
Aller
530
Helmstedt
Dörnitz
Rottstock
Wefens-
leben
Möckern
MAGDEBURG
Härtens-
leben
391
Ehle
Schöninger Aue
Gommern
Gr. Graben
Oschersleben
Dede-
leben
Schöne-
beck
Hundeluft
390
Zerbst
Nuthe
Rossel
479
Bode
Barby
Halber-
stadt
Gröningen
Elbe
Roßlau
389
Coswig
Calbe
Egeln
480
Staß-
furt
Taube
Landgr.
Hedersleben
Nien-
bg.
Derenburg
Aken
Wörlitz
Blankenburg
Selke
Bode
Aschers-
leben
478
DESSAU
Mulde
Sollnitz
479
Quedlin-
burg
Wipper
Bernburg
C5
Thale
Köthen

B6
A6
B5
B7
C6
Röbel
Meyenburg
Kl. Müritz
Müritz-Havel-K.
Neustrelitz
Feldberg
Feldberger Seen
Boitzenburg
Woblitzsee
Wesenberg
Mirow
Grabow
Nebel
Schwarzer See
Wittstock
Zechlin
Gr. Zechliner See
Gr. Pälitz-see
Fürstenberg
Stolpsee
Himmelpfort
Lychener Gewässer
Templiner Gewässer
Templin
Uckermark
Strom
Pritzwalk
Prignitz
Dosse
Rheinsberger See
Rheinsberg
Rhein
Gr. Wentowsee
Gransee
Zehdenick
Havel
Voß-K.
Schorfheide
Joachimsthal
Werbellinsee
Grimnitz-See
Dossespeicher Kyritz
Bantikower See
Königsfl.
Kyritz
Tornowsee
Zermützelsee
Teetzensee
Gudelacksee
Neu-Ruppin
Alt-
Wusterhsn.
Ruppiner See
Wustrau
Bützsee
Bütz-Rhin
Kremmener Rhin
Neustadt
Neue Jäglitz
Alte Jäglitz
Rhinkanal
Alter Rhin
Fehrbellin
Kremmen
Ruppiner Kanal
Oder-Havel-K.
Finowkanal
Wandlitz
Liepnitzsee
Bernau
Dosse
Rhinow
Friesack
Gülper See
Hörstegraben
ORANIENBURG
Oranienb.-Kanal
Havelländischer Gr. Hauptkanal
Paulinenaue
Hennigsdorf
Hohenauer See
Nauen
RATHENOW
BERLIN
Tegeler Fließ
Panke
Wachow
Riewendsee
Premnitz
Pritzerbe
Trebelsee
Ketzin
Sacrow-Paretzer Kanal
Spree
Landwehrkanal
Gr. Müggelsee
Betzsee
Teltowkanal
Dahme
Genthin
Plaue
Plauer See
Werder
POTSDAM
Königs Wusterhsn.
BRANDENBURG
Emster K.
Glindower See
Templiner See
Schwielowsee
Ludwigsfelde
Rangsdf. See
Wusterwitz
Klostersee
Ferch
Lehnin
Grössinsee
Zülowgr.
Prieros
Buckau
Plane
Temnitz
Beelitz
Blankensee
Nuthe
Nottekan.
Zossen
Ziesar
Brück
Neuer Gr.
Nieplitz
Trebbin
Mellensee
Teupitzer Gew.
Dörnitz
Rottstock
Belzig
Fläming
Pfefferfließ
Hammerfließ
Dahnsdf.
Treuenbrietzen
Luckenwalde
Baruth
Jüterbog
Hundeluft
Golßen
WITTENBERG
Roßlau
Rossel
Coswig
Zahna
Seyda
Dahme
Luckau
Elster
Schweinitzer Fl.
Elbe
Schwarze Elster
DESSAU
Wörlitz
Fließgraben
Mulde
Neugraben
Schlieben
OST
470
432
468
427
433
467
439
470
469
466
440
465
434
441
463
438
440
442
442
531
464
462
435
446
449
445
436
437
443
530
444
447
451
449-450
389
388
45
51

Prenzlau
Unter-ückersee
Ober-ückersee
Uckermark
Penkun
A7
West-oder
Gryfino (Greifenhgn.)
Gartz
Tywa
Ostoder
Wasserstr.
Welse
Passow
SCHWEDT
Banie
Greifenberg
Templiner Gewässer
Wolletz-see
Grimnitz-See
Joachimsthal
Angermünde
Parsteiner See
Werbellin-See
Werbellin-kan.
Nettelgr.
Oderberg
Hohensaaten-Friedrichsthaler-
Oder / Odra
Chojna (Königsbg.)
Trzcinsko Zdrój (Bad Schönfl.)
Mysliborz
PL
Oder-Havel-Kan.
Alte Oder
Finowkanal
Schwärze
Eberswalde
Finow
Biesenthal
Landgraben
Bad Freienwalde
Wriezen
Güsteb. Alte Oder
Volzine
Letschiner Hauptgr.
Kienitz
Oder
Debno
Kostrzyn (Küstrin)
Wartha (Warthe)
Bernau
Werneuchen
Bötz-see
B6
BERLIN
Erpe
Strausberg
Stobberow
Gusower Alte Oder
Alte Oder
Buckow
Seelow
Gr.Müggel-see
Hennickendorf
Stienitzsee
Möllensee
Müncheberg
Os no Lubus
Spree
Fredersd.M.-fl.
Löcknitz
FÜRSTENWALDE
FRANKFURT
Slubice
Rzepin
Müggel-spree
Dahme
Königs Wusterhsn.
Krüpelsee
Oder-Spree-Kanal
Storkow
Bad Saarow
Brieskow-Kan.
Pliszka
Prieros
Storkower K.
Wolziger See
Scharmützelsee
Spree
Oder-Spree-Kan.
Müllrose
Schlaube
Cybinka
Teupitzer Gewässer
Gallluner Kan.
Beeskow
Ölse
Märkisch-Buchholz
Spree
Eisenhüttenstadt
Oder
Neiße
Dahme
Baruth
Schwielochsee
Schlepzig
Unterspreewald
Granoer Mühlenfl.
Golßen
LÜBBEN
Lieberose
Guben
Berste
Oberspreewald
Schwarzes Fl.
Malxe
Gr.Gastrose
Lubsza
Dahme
Peitz
Wudritz
Luckau
Lübbenau
Hammerstrom
Spree
Malxe
Lubsko
Vetschau
Luckaitz
Calau
COTTBUS
C7
Forst
Niederlausitz
Schorfheide
OST
517
516
466
522
520
521
463
532
464
519
449
448
447
447
451
451
460
460
448
519
518
452
459
449-450
458
462
461
457
456

C1
158
EMMERICH
Bocholter Aa
Borken
Bocholt
Dülmen
B2
KLEVE
Rees
Issel
NRW
Heubach
177
533
Niers
Kalkar
LKV-Sportschule
16
Halterner Stausee
Haltern
Stever
Mühlenb.
Dortm.-Ems-K.
Lüdi hsn.
109
Goch
WESEL
Lippe
164
DORSTEN
MARL
527
DATTELN
XANTEN
Wesel-
526
Datteln-
Kanal
RECKLING-HSN.
Datteln-Hamm
Kevelar
Issumer Fleuth
Dinslaken
157
BOTTROP
533
532
A6
Maas
Geldern
Issum
Rhein
DUIS-BG.
Rhein-Herne-
Kanal
525
ESSEN
HERNE
Kamp-Lintfort
Landwehrb.
Geldern'sche Fl.
OBERHSN.
BOCHUM
Witten
MOERS
Ruhr
MÜL-HM.
170
169
Hengsteysee
VENLO
156
Kemnader See
Nette
Kempen
172
171
Velbert
HAGEN
Lobberich
Niers
Dickelsb.
Anger
Deil.
Felderb.
Hardenb.B.
-bach
Gevelsbg.
Ennepe
KREFELD
Brüggen
108
Schwarzb.
WUPPER-
Wupper
Rhein.-
Viersen
Schalks-mühle
Schwalm
Roermond
NEUSS
D.-DORF
TAL
155
Düssel
Morsb.
Wupper-Talsperre
Roer
MÖNCHEN-
GLADBACH
180
SOLINGEN
Remscheid
113
Erft
Norf
Wupper
Bever-stausee
Vlootbeek
Erkelenz
GREVEN-BROICH
Gillbach
181
Eifgenbach
Wermels-kchn.
Wipper
C2
Klüppe berg
Hückelhv.
DOR-MAGEN
Dhünn
Dhünn talsp.
Sülzbach
112
Sülz
Leppe
Geilen-kchn.
Linnich
KÖLN
Lennefe
Berg-heim
Jülich
154
Sülz
Agger
Wiehl
Würm
179
Frechen
Erft
Rösrath
Naafb.
Much
Heerlen
Esch-wlr.
Inde
Rur
112
Hürth
Wahnbach
Bröl
Würselen
Düren
Neffelbach
SIEG-BURG
Waldbröl
Inde
Wehe
Brühl
Sieg
184
AACHEN
Vichtb.
Rothbach
Weiler-swist
153
Pleisb.
Hanfb.
Eitorf
Forst-mehren
178
Kall
Zülpich
BONN
Eupen
Roetgen
Rur-tal-sperre
Eus-kchn.
Swistbach
152
Rhein
Ober-pleis
Mehrb.
Heimbach
Vesdre
110
111
Erft
Mecken-hm.
Neustadt
Monschau
Gemünd
Helle
177
Einruhr
Bad Münstereifel
-Ahrwlr.
Linz
Wied
Rur
Perlb.
Olef
Urft
Altenahr
186
151
Bad Neuen-ahr
Bad Breisig
Hellenthal
Ahr
185
Neu-wied
Warche
SW
Bullange
Schuld
Andernach
Ahr
Laacher See
150
Ambleve
Hallschlag
Müsch
Andler
Ahrbach
Trierbach
Nitzbach
Virne-burg
Mayen
KOBLENZ
Stadtkyll
Kyll
Monreal
Nette
Our
Mosel
Braun.
Olzhm.
Kelberg
Elzbach
194
Prüm
D1
Reuland

C2
B2
Dortmund-Ems-Kanal
Lüdinghsn.
Drensteinfurt
Ahlen
Werse
Beckum
Rheda-Wiedenbr.
Rietberg
Ems
Kaunitz
Delbrück
Boker Kanal
Paderborn
Stever
Selm
Werne
Lippe
Datteln
Datteln-Hamm-Kan.
HAMM
Ahse
LIPPSTADT
Heder
Alme
Borchen
Kamen
Unna
Werl
Soest
Erwitte
Büren
Herne
DORTMUND
Wickede
SOEST
Möhnetalsperre
Möhne
Heidbg.
Wünnenbg.
Bochum
Witten
Schwerte
Ruhr
Hengsteysee
Menden
Neh.-Hü.
Arnsberg
Warstein
Alme
Kemnader See
Iserlohn
Lenne
HAGEN
ALTENA
Hönne
Sundern
Sorpetalsperre
Ruhr (166)
Meschede
Hennestausee
Olsberg
Brilon
Diemelstausee
Brilon-Wald
Balve
Werdohl
Lüdenscheid
Schalksmühle
Ennepe
Wupper
Wuppertalsperre
Plettenberg
Esloh
Valme
Siedlinghsn.
Nd.-schleidern
Schmallenberg
Finnentrop
Attendorn
Kierspe
Bever-stausee
Volme
Medelon
Züschen
Girkhsn.
C1
C3
Listertalsp.
Bigge
Biggetalsperre
Klüppelsberg
Wipper
Aggerstausee
Olpe
Heinsbg.
Hilchenb.
Hallenberg
Frankenberg
Nuhne
Eder
Erndtebrück
Ernsthsn.
Wiehl
Much
Agger
Offingen
Freudenberg
Feudingen
Bad Laasphe
Biedenkopf
Lahn
SIEGEN
Sieg
Deuz
Eitorf
Wissen
Daaden
Haiger
Dillenburg
Nd.-eisenhsn.
Bad Endb.
Gadenbach
MARBURG
Neustadt
Herborn
Dill
Lollar
Höhn
Beilstn.
Linz
Dierdf.
Guckhm.
Wetzlar
GIESSEN
Lich
Neuwied
Weilburg
Montabaur
Andernach
Vallendar
Oberkleen
Rockenberg
KOBLENZ
Brandoberndf.
Ziegenberg
LIMBURG
Diez
Usingen
Friedberg
Bad Camberg
Lahnstn.
Mosel
Rhein
D2
Westerwald
Sauerland
Rothaargebirge
NRW
SW
77
533
527
163
528
533
532
525
162
280
278
158
160
161
165
164
168
169
175
167
174
173
176
358
176
176
367-368
369
184
183
182
203-206
207
208
209
151
150
211
210
194
212
149
224

C3
B3
C2
D3
Kaunitz
Wapel
Furlb.
Wiem-beke
Steinhm.
Niese
Horn
Heub.
Einbeck
Krummes Wasser
Senneb.
278
Ems
Boker Kanal
Bad Lippspringe
Emmer
SW
Holzminden
308
343
Ems
Thune
Höxter
Dassel
Ilme
Delbrück
Lippe
Teutoburger Wald
Driburger Aa
NW
Rhur
160
158
PADER-BORN
Brakel
357
Solling
Leine
Heder
Alme
Pader
Bad Driburg
Nethe
Borchen
Siddesen
Beverungen
307
Uslar
Espolde
Sauerbach
Ahle
NRW
Lichtenau
Bever
Bad Karlshfn.
Adelebsen
Nörten-Hardenberg
Osterschledde
Altenau
Atteln
Trendelburg
Schwülme
342
165
Büren
Weser
Wester
Afte
Wünnenberg
GÖTTINGEN
164
Alme
Heidbg.
Warburg
Diemel
Esse
Hofgeismar
359
Twiste
Friedland
Alme
Marsberg
304-306
380
Hedemünden
341
Glenne
Brilon
Volkmarsen
Grebenstn.
Fulda
Hoppecke
Diemel
Arolsen
Hann.-Münden
Werra
Olsberg
Diemelstausee
Twistestausee
KASSEL
366
Witzenhsn.
Brilon-Wald
358
Wolfhgn.
Nieste
Losse
Neger
Elpe
Korbach
Nd.-schleidern
Bad Sooden-Allendorf
Siedlinghsn.
DKV-Zeltplatz 14
365
Rothaargeb.
Merxhsn.
Bauna
Aar
Itter
Waldeck
Eschwege
Medelon
371
Züschen
Ems
Waldkappel
Wehre
Eder-Stausee
Fritzlar
372
Melsungen
Pfieffe
Orke
Eder
Sontra
Bad Wildungen
Nuhne
364
Hallenberg
Elsoff
370
Homberg
Frankenberg
Borken
Rotenburg
Bischhsn.
Efze
Eder
369
Ernsthsn.
Gemünden
374
Bebra
377
Hessische Schwalm
Knüll
Wetschaft
Wohra
Ulfe
Biedenkopf
Bad Hersfeld
Wohra
Treysa
Lahn
363
Heringen
Werra
Nd.-eisenhsn.
203-206
Kirchhain
Ohm
Ulster
Allna
Bad Endb.
MARBURG
Gleenbach
Kirtorf
Gadenbach
373
Alsfeld
Haune
Salzböde
Fulda
Geisa
Homberg
Nd.-Gemünden
Lahn
Londorf
Felda
Schlitz
Hünfeld
207
Lollar
Großfelda
Lumda
Ohm
Lauter
Nüste
Tann
Schlitz
Lauterbach
362
Reiskchn.
208
Obernüst
Rupperten-rod
Wieseck
Haune
GIESSEN
Laubach
Blankenau
Vogelsberg
Lüder
Wetzlar
Kleebach
Lich
Schotten
FULDA
359-361
Wüstensachsen
Hungen
Fulda
Schmalnau
Oberkleen
Rhön
Neuhof
Brandoberndf.
Rockenberg
Fliede
Horloff
Nidda
Gedern
Flieden
Wetter
Ziegenberg
Nidda
223
Usingen
Usa
Ortenberg
Taunus
Nidder
Salz
Kinzig
Premich
Steinau
Friedberg
Hanauer Kinzig
Bad Brückenau
Lindhm.
Kl. Sinn
BAY
Florstadt
Salmünster
SW
NRW
NW

C4
Einbeck
Gande
Nette
Seesen
Innerste
Oker
B4
Bad Harzbg.
Holtemme
Hedersleben
Ilme
343
NW
Wildemann
Oker-Stausee
Ilsenburg
Wernigerode
Derenburg
Blankenburg
Selke
Solling
Northeim
Söse
Osterode
Sieber
Braunlage
Kalte Bode
Thale
479
478
Quedlinburg
OST
Bode
Leine
Kaltenburg
Espolde
Sorge
Warme Bode
Rappbodetalsperre
Güntersberge
Meisdf.
Herzberg
Rhume
346
Nörten-Hardenberg
Adelebsen
342
Gieboldehsn.
Oder
Bad Lauterbg.
Bad Sachsa
Ellrich
Behre
Harzgerode
Stolberg
GÖTTINGEN
Garte
Duderstadt
Zorge
NORDHSN.
Thyra
Sangershausen
Friedland
Rittmarshsn.
487
Helme
Berga
Worbis
341
Hedemünden
340
Niedergebra
Wipper
Artern
Werra
Bad Heiligenstadt
Sondershsn.
379
Witzenhsn.
-Allendorf
Oldisleben
Bad Sooden-
Ebeleben
Helbe
Unstrut
Kindelbrück
Frieda
378
Mühlhsn.
484
Kölleda
Waldkappel
Wehre
Eschwege
Wanfried
Treffurt
Thamsbrück
C3
SW
485
SÖMMERDA
Sontra
Creuzburg
Mihla
Bad Langensalza
C5
Gera
Rotenburg
Wommen
ERFURT
EISENACH
Bebra
377
Hörsel
GOTHA
489
WEIMAR
Ulfe
Bad Hersfeld
Bad Berka
363
Waltershsn.
Apfelstädt
Wipfra
Kranichfeld
Heringen
Thüringer Wald
Arnstadt
Tambach-Dieth.
Ohrdruf
Ohra
Ohra-talsperre
Plaue
Stadtilm
Ilm
Ulster
Felda
Bad Salzungen
488
Breitungen
Wilde Gera
Rudolstadt
Geisa
Dermbach
376
Schmalkalden
Hünfeld
Zella-mehlis
Ilmenau
Schwarzburg
Schönau
Schwarza
Nüste
Tann
Katz
Gehren
Bad Blankenburg
Obernüst
Herpf
SUHL
Lichte
FULDA
Hasel
MEININGEN
Themar
Schleusingen
Talsperre Schönbrunn
Katzhütte
Wüstensachsen
374-375
Rhön
Neuhaus
Streu
Schleuse
Unterelsbach
Schmalnau
Wegfurt
Els
Mellrichstadt
Eisfeld
Steinach
Hildburghausen
Schalkau
Sonnenberg
Rothenkchn.
Brend
Milz
Rodach
BAY
Bad Neustadt
Bad Königshfn.
Lauter-tal
Lauterb.
Itz
Bad Brückenau
Premich
238
Fränk. Saale
D4
Heldburg
Kreck
COBURG
Röden

C5
480
Staßfurt
Nien-
bg.
B4
Landgr.
Taube
389
Elbe
Aken
Wörlitz
Fließg.
Hedersleben
OST
DESSAU
Mulde
Sollnitzb.
479
Thale
Quedlin-
burg
OST
Bode
Selke
Aschers-
leben
Wipper
478
Bernburg
Köthen
Möhlau
Meisdf.
Erms-
leben
Eine
OST
Raguhn
Wolfen
491
Mulde-
Stausee
Harzgerode
Saale
Rothenburg
Fuhne
Zörbig
Bitterfeld
Pouch
Harz
Wipper
Hettstedt
Wettin
Mulde
Stolberg
477
Landsberg
Delitzsch
Thyra
Salzmünde
Eisleben
Halle-
Neu-
stadt
HALLE
Salza
Berga
Helme
Sangers-
hausen
Schkeuditz
LEIPZIG
487
Weiße
Elster
Schkopau
Luppe
Tauc
Artern
Querfurt
476
483
MERSEBURG
Wipper
Oldisleben
Roßleben
Bad
Dürren-
berg
Par
Kindel-
brück
Unstrut
Pleiße
Nebra
486
Helbe
Freyburg
Zwenkau
OST
Bad
Bibra
Laucha
486
475
C6
C4
Pegau
Böhlen
Unstrut
Kölleda
WEISSEN-
FELS
Eula
Bor
SÖMMERDA
Buttstädt
Bad Kösen
NAUM-
BURG
Wathau
485
482
Wyhr
Ilm
Cam-
burg
Gera
ERFURT
OST
Apolda
ZEITZ
Alten-
burg
489
474
Krossen
WEIMAR
JENA
Saale
Pleiße
Bad Berka
Hermsdf.
Bad
Köstritz
GERA
Schmölln
OST
Wipfra
Kranich-
feld
Roda
Stadtroda
481
Meera
Ilm
Crimmitschau
Kahla
Weiße
Zwickauer Mulde
488
Stadtilm
Orlamünde
Weida
Pleiße
OST
Triptis
OST
Weida
Elster
Rudolstadt
Orla
Werdau
Neustadt
ZWICKAU
Saale
Talsp.
Zeulen-
roda
Schwarz-
burg
Pößneck
Greiz
473
Crinitzer
Wasser
Ilm
OST
Bad
Blanken-
burg
Saalfeld
Zeulen-
roda
Gehren
Hohenwarte-
Ziegenrück
Reichen-
bach
Schwarza
Lichte
OST
481
talsperre
Wisenta
Göltzsch
OST
Loquitz
Sormitz
OST
Schleiz
Talsp.
Pöhl
Katzhütte
472
PLAUEN
Falken-
stn.
Probst-
zella
Bleiloch-
talsperre
Saalburg
Neuhaus
Thüringer
Lobenstn.
480
Zwickau
Teuschnitz
Kremnitz
Oelsnitz
Mul
Steinach
BAY
471
Sächsische Saale
Hirschberg
Muldenberger
Talsperre
Schalkau
Wald
Dober-
bach
Blanken-
stn.
Steinach
Sonnen-
berg
Rothen-
kchn.
Weiße Elster
Klingenthal
Nord-
halben
BAY
Netschau
BAY
Selbitz
Zwotab.
Selbitz
(471)
Adorf
Erzgebirg
Lauterb.
Itz
Röden
BAY
Haßlach
Kronach
Grümpelb.
Rodach
BAY
D5
HOF
BAY
Regnitz
Sva
COBURG
Schauenst.
Rehau

C6
Wittenberg
388
B6
Dahme
Luckau
Wörlitz
Fließgraben
Elbe
Elster
Jessen
Schweinitzer Fl.
DESSAU
Schweinitz
OST
Kremnitz
Sollnitzb.
Schlieben
Neugraben
Pretzsch
Annaburg
Herz-berg
Schwarze Elster
Wolfen
491
Prettin
Doberlug-Kirchhain
Elster
Finster-walde
Mulde-Stausee
Dommitzsch
Bad Düben
Pouch
Weinske
387
Kleine
Laussig
TORGAU
Lauchhammer
Delitzsch
Bad Liebenwerda
Elster-werda
Schildau
Belgern
Eilenburg
Mühl-berg
Kl. Röder
Gröditz
Pulsnitz
LEIPZIG
Weiße Elster
Taucha
Dahle
Dahlen
Gr. Röder
Brandis
Wurzen
Strehla
386
Großenhain
483
Parthe
Oschatz
Naunhof
Grimma
Horstsee
Döllnitz
Riesa
Pleiße
Jahna
Radeburg
Zwenkau
Mulde
Mügeln
Ostrau
Ketzerb.
MEISSEN
Böhlen
Cos-wig
Rade-beul
Eula
489/490
Freiberger Mulde
Döbeln
Borna
Bad Lausick
Leisnig
482
Colditz
Roßwein
385
C7
Wyhra
Triebisch
C5
Wald-hm.
Talsperre Kriebstein
Striegis
DRESDEN
384
Köhren-sahlis
Tharandt
Alten-burg
Wechsel-burg
Mitt-weida
Zschopau
Bobritzsch
Dippoldis-walde
Zwickauer Mulde
Chemnitz
Franken-berg
Frei-berg
Wilde Weißeritz
Rote Weißeritz
Glas-hütte
Burgstädt
Schmölln
Meerane
Flöha
CHEMNITZ
Grimmlitz
Schmiede-berg
Bärenstn.
Lößnitz
Freiberger Mulde
Meerane
Glau-chau
Lungwitz
Mulda
Altenberg
Würschnitz
Zschopau
Bienen-mühle
Werdau
Lugau
Zwönitz
Pockau
Olbern-hau
Talsperre Rauschenberg
ZWICKAU
Talhm.
Flöha
Greiz
Wolkenstein
Litvinov
Crinitzer Wasser
Schweinitz
Reichen-bach
Rödelb.
Aue
Zschopau
Anna-bg.
Preßnitz
Natschung
Schwarze Pockau
Göltzsch
Schwarzwasser
Schlettau
Bilina
Talsperre Pöhl
Talsperre Eibenstock
Sehma
Pöhlbach
Most
Jirkov
Falken-stn.
Zwickauer Mulde
Pöhlw.
Gr. Mittweida
Schwarzw.
Chomutov
Breiten-brunn
Ober-wiesen-thal
Chomutovka
Postoloprty
Muldenberger Talsperre
Klasterec
Kadan
Talsperre Nechranice
Zatec
Klingen-thal
Weiße Elster
Zwotab.
Kraslice
Neydek
Bystrice
Ohre (Eger)
A7
Liboc
Rotava
Svatava
Rolava
Ostrov
Olovi
D6
Podborany
Blsanka

C7
PL
CR
Luckau
Lübbenau
457
Oberspreewald
B7
Spree
461
Hammerstrom
Tranitz
Wudritz
456
Calau
Luckaitz
Greifenhainer Fl.
Koselmühlenfl.
COTTBUS
Forst
Malxe
Fließ
Speichersee Spremberg
Niederlausitz
Lausitzer Neiße
Doberlug-Kirchhain
Elster
Finsterwalde
Gr.-Räschen
Döbern
Förrenfl.
Kleine
Spremberg
Senftenberg
Bad Muskau
455
Legnitza
OST
Lauchhammer
Weiß-wasser
Elster-werda
Schwarze Elster
Hoyers-werda
Senften-berger See
Schöps
Weißer Schöps
Ruhland
Lauta
Lohsa
Gröditz
Pulsnitz
Schwarze Elster
Kleine Spree
Uhyst
Spree
Gr. Röder
Schwarzer Schöps
Niesky
Rothen-burg
Großenhain
Königs-brück
Oberlausitz
Talsp. Quitzdorf
Kamenz
454
Gr. Röder
Talsperre Bautzen
Radeburg
452/453
Bautzen
Görlitz
MEISSEN
Cos-wig
Rade-beul
Bischofs-werda
Radeberg
Löbau
C6
385
DRESDEN
Wesenitz
Schirgis-walde
Herrn-hut
Pließnitz
Elbe
Ditters-bach
Neustadt
Spree
Ebers-bach
Lausitzer Neiße
384
Rumburk
Tharandt
Pirna
Polenz
Sebnitz
Sebnitz
Kirnitzsch
Bobritzsch
Wilde Weißeritz
Rote Weißeritz
Dippoldis-walde
Müglitz
Seidewitz
Bahre
Gottleuba
383
Varnsdorf
Mandau
Königstein
Schmilka
Gr.-schönau
Zittau
Hradek
Glas-hütte
Biela
Chribska
381-382
Kamenice
Kamenice
Ces. Kamenice
Nisa Luzicka
Grimmlitz
Schmiede-berg
Erzgebirge
DECIN
Hrenska
Svitava
Freib. Mulde
Bienen-mühle
Bärenstn.
Benesov
CES.-LIPA
Straz
A7
Zandov
Altenberg
Ploucnice
Talsperre Rauschenberg
USTI
Labe (Elbe)
Mimon
Flöha
TEPLICE
Robecsky p.
Ploucnice
Litvinov
Schweinitz
Ustec
Bilina
Litomerice
Belá
Bilina
Lovosice
Terezin
Bilina
Most
Steti
Jirkov
A7
Chomutov
Libochovice
Roudnice
Chomutovka
Melnik
Postoloprty
Louny
Jizera
Talsperre Nechranice
Vranany
Zatec
Ohre (Eger)
(Elbe) Labe
Benátky
A7
Vlatva
(Moldau)
Liboc
Neratovice
Kostelec
Slany
Kralupy
Brandys-
Lysa
Blsanka
Podborany
Libcice
A7

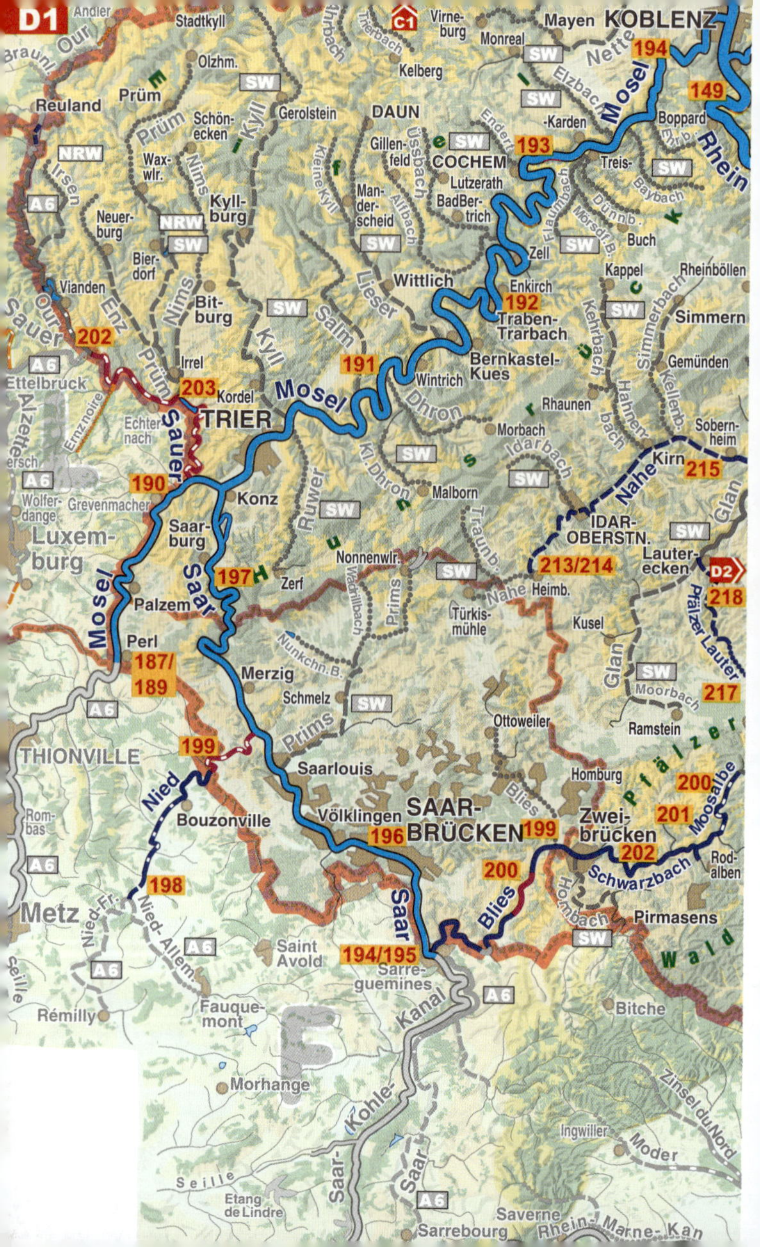
D1
C1
D2
Andler
Stadtkyll
Virne-
burg
Mayen
KOBLENZ
Monreal
Kelberg
Nette
194
149
Olzhm.
Prüm
Reuland
Gerolstein
DAUN
-Karden
Boppard
Rhein
Mosel
Elzbach
Endert
Schön-
ecken
Gillen-
feld
COCHEM
193
Treis-
Lutzerath
BadBer-
trich
Baybach
Wax-
wlr.
Man-
der-
scheid
Neuer-
burg
Kyll-
burg
Zell
Buch
Kappel
Rheinböllen
Bier-
dorf
Wittlich
Enkirch
192
Traben-
Trarbach
Vianden
Bit-
burg
Simmern
Gemünden
202
Irrel
191
Bernkastel-
Kues
Wintrich
203
Kordel
TRIER
Ettelbruck
Echter-
nach
Rhaunen
Morbach
Sobern-
heim
Kirn
215
190
Konz
Malborn
IDAR-
OBERSTN.
Wolfer-
dange
Grevenmacher
Luxem-
burg
Saar-
burg
197
Zerf
Nonnenwlr.
213/214
Lauter-
ecken
218
Palzem
Heimb.
Türkis-
mühle
Kusel
Perl
187/
189
Merzig
Schmelz
217
Ottoweiler
Ramstein
THIONVILLE
199
Saarlouis
Homburg
200
201
Rom-
bas
Bouzonville
Völklingen
SAAR-
BRÜCKEN
196
199
Zwei-
brücken
202
Rod-
alben
198
200
Metz
Pirmasens
Saint
Avold
194/195
Sarre-
guemines
Rémilly
Fauque-
mont
Bitche
Morhange
Ingwiller
Moder
Etang
de Lindre
Saverne
Sarrebourg
Rhein-Marne-Kan
Zinsel du Nord
Saar-
Kohle-
Kanal
Saar
Seille
Nied
Nied-Fr.
Nied-Allem.
Blies
Schwarzbach
Hornbach
Moosalbe
Pfälzer
Wald
Pfälzer Lauter
Glan
Nahe
Moorbach
Prims
Nunkchn.B.
Wadrillbach
Traunb.
Idarbach
Kl. Dhron
Dhron
Ruwer
Lieser
Salm
Kyll
Kleine Kyll
Nims
Prüm
Enz
Irsen
Our
Sauer
Alzette
Enz noire
Üssbach
Alfbach
Flaumbach
Mörsdf.B.
Dünnb.
Ehrb.
Kehrbach
Simmerbach
Kellenb.
Hahnen-
bach
Tierbach
Ihrbach
Eifel
Hunsrück
A 6
SW
NRW

D2
Mayen
KOBLENZ
150
Lahn
LIMBURG
C2
Ziegenberg
Usingen
Friedberg
Nette
Mosel
212
Diez
211
Bad Camberg
Emsbach
Usa
Elzbach
194
Lahnstn.
Dörsbach
Aar
Esch
149
Mühlbach
Katzenellenbgn.
-Karden
Boppard
Rhein
Nastetten
Idstein
234
Nidda
Treis-
St.Goar
Bad Schwalbach
Eppstn.
Baybach
148
FRANKFURT
Oberwesel
Wisper
WIES-BADEN
Schwarzbach
Mörsdf. B.
Dünnb.
Buch
Bacharach
Lorch
232
Kappel
Rheinböllen
146
145
Main
RÜSSELS-HEIM
Neu-Isenburg
147
Dreieich
Langen
Kehrbach
Simmerbach
Simmern
Strom-berg
MAINZ
141-144
Heegbach
Bingen
Schwarzbach
Apfelb.
Erzhsn.
Gemünden
Guldenb.
Selz
141
DARM-STADT
Gräfenbach
Wiesbach
Wörr-stadt
Erfelder Altrhein
Ober-Ramsta
Rhaunen
Hahnenbach
Kellenb.
216
Bad Kreuznach
Oppen-heim
Sandb.
Sobern-heim
Nahe
Pfungstadt
Kirn
215
Alzey
Modau
Idarbach
Glan
Alsenz
140
Winkelbach
Reichelshn
IDAR-OBERSTN.
Benshm.
Fürth
213/214
Lauter-ecken
Pfrimm
Lorsch
D1
218
Marnhm.
WORMS
Lampert-heim
D3
Weschnitz
Kusel
Alsenz
Imswlr.
Pfälzer Lauter
Frankenthal
MANN-HEIM
Wein-heim
Glan
217
Isenach
Moorbach
Bad Dürkheim
139
Neckar
Steinach
Ramstein
KAISERS-LAUTERN
LUDWIGSHFN.
265
Homburg
Rehbach
138
Ketsch
HEIDEL-BERG
Moosalbe
200
NEUSTADT
SPEYER
Woogb.
Zwei-brücken
201
Speyerbach
Kraichbach
Elsenz
202
Rodalben
Phillips-burg
Schwarzbach
Queich
Saalbach
Östringe
Hornbach
Germershm.
Pirmasens
274
Landau
Michelsbach
Pfinz
Ubstadt
275
Bad Bergzabern
Wieslauter
Erlenbach
Bruch-sal
Gochs
Kandel
137
Pfinz-Entlast.-kan.
Bitche
Otterbach
Bretten
Rheinische Lauter
Kraichgau
Wissembourg
Alb
Karls-ruhe
Pfinz
Zinsel du Nord
Soultz
Lauterbourg
Mühlack
Seltzbach
136
PFORZ-HEIM
Federb.
Ingwiller
Sauer
Seltz
273
Enz
Moder
Eberbach
Halbmühlb.
Schwarzwald
Würm
135
Rastatt
Neuen-bürg
Alb
Nagold
Oos
Murg
Haguenau
Drusen-heim
Baden-Baden
Enz
Rhein-Marne-Kan.
Brumath
A 6
E2
Bad Herrenalb
Bad Liebenzell
Hausc
SW

D3
C3
D2
D4
E3
Taunus
Vogelsberg
Rhön
Spessart
Odenwald
Kraichgau
Usa
Wetter
Horloff
Nidda
Nidder
Kinzig
Salz
Jossa
Kl.-Sinn
Sinn
Schondra
Thulba
Premich
Fränkische Saale
Main
Kahl
Lohr
Haferlohr
Wern
Gersprenz
Mümling
Mud
Erfa
Tauber
Gabelb.
Morre
Marb.
Ulfenbach
Finkenb.
Steinach
Itter
Elz
Triezb.
Seckach
Kessach
Schefflenz
Jagst
Kocher
Sall
Kupfer
Ohrn
Brettach
Bühler
Bibers
Fichtenberger Rot
Blinde Rot
Lein
Rems
Murr
Metter
Enz
Glems
Würm
Nagold
Pfinz
Neckar
Elsenz
Kraichbach
Saalbach
Heegbach
Apfelb.
Sandb.
Modau
Winkelb.
Weschnitz
Gollach
Hanauer
Usingen
Friedberg
Ortenberg
Florstadt
Lindhm.
Nidderau
Steinau
Salmünster
Bad Brückenau
Premich
Wegfurt
Zeitlofs
Oberthulba
Gelnhsn.
Mernes
Jossa
Obersinn
Bad Orb
Burgsinn
FRANKFURT
HANAU
Michelbach
Schöllkrippen
OFFENBACH
Neu-Isenburg
Seligenstadt
Dreieich
Langen
Gemünden
ASCHAFFENBURG
Lohr
Arnstein
Erzhsn.
DARMSTADT
Ober-Ramstadt
Diedburg
Pfungstadt
Reinhm.
Zellingen
Mühlhsn.
Markt-Heidenfeld
WÜRZBURG
Erlenbach
Reichelshm.
Werthm.
Benshm.
Michelstadt
Hüttenthal
Fürth
Amorbach
Miltenberg
Hardheim
Ochsenfurt
Grünsfeld
Waldmichelbach
Tauberbischofsheim
MANNHEIM
Weinheim
Finkenbach
Buchen
Königshfn.
Langenelz
Aub
Creglingen
Eberbach
Seckach
Rosenberg
Bad Mergenthm.
Weikersheim
Schwetzingen
Merchingen
Krauthm.
HEIDELBERG
Neckar-Gemünd
Möckmühl
Mulfingen
Mosbach
Sindringen
Künzelsau
Sinsheim
Beimbach
Ulrichsberg
Östringen
Bad Wimpfen
Öhringen
Kirchberg
Neckarsulm
Bretzfeld
Geislingen
Ubstadt
Eppingen
HEILBRONN
Schwäbisch-Hall
Bruchsal
Gochshm.
Michelfeld
Crailsheim
Lauffen
Wielandswlr.
Vellberg
Bretten
Gaildorf
Bietighm.
Mühlacker
Murrhardt
PFORZHEIM
Marbach
Backnang
Ludwigsburg
Abtsgmünd
STUTTGART
Waiblingen
Täferrot
Bad Liebenz.
Hausen
Rankbach
Schwäbisch Gmünd
AALEN
Schorndf.
BAY
SW
223
234
234/235
241
240
242
231
232
230
228
227
229
226
238
265
264
269
272
268
263
271
270
266/267
262
273
274

D4
C4
D3
D5
E4
Rhön
Wegfurt
Els
Brend
Milz
Schalkau
Rodach
BAY
Bad Neustadt
238
Bad Brückenau
Premich
Fränk. Saale
Bad Königshfn.
Heldburg
Lauter-tal
Lauterb.
Itz
Röden
Kreck
COBURG
Haßlach
Steinach
Ober-thulba
240
Bad Kissingen
Lauer
Dieters-dorf
Schondra
Thulba
Maßbach
221
Burgkunstadt
Fränkische Saale
Burg-preppach
Ebern
Lichten-fels
218-220
241
SCHWEINFURT
Hassfurt
Baunach
Itz
Main
Gemünden
Geldershm.
Zapfendf.
Fränk. Schweiz
Main
Arnstein
242
Knetzgau
223
Baunach
222
Wern
224
Eltmann
227
Mühlhsn.
Gerolzhofen
Heiligen-stadt
Auf-seß
Zellingen
WÜRZ-BURG
Volkach
BAMBERG
246
Leinleiter
Aufseß
Main
Aurach
249
Rauhe Ebrach
Ebermann-stadt
225
Steppach
Reuth
Reiche Ebrach
Wiesent
Kitzingen
Höchstadt
Trubach
226
Steigerwald
Forchheim
BAY
Ochsenfurt
Aisch
245
ERLANGEN
Grünsfeld
Neustadt
Herzogen-aurach
Ober-niederndf.
Regnitz
Schwabach
Königshfn.
Gollach
SW
Aub
Aurach
Tauber
Langenzenn
Zenn
244
Pegnitz
Creglingen
Fürth
Bad Mergenthm.
Weikers-heim
Zirndorf
NÜRNBERG
Gr.-Habersdf.
Bibert
237
Tauber
Rothenburg
236
Heilsbronn
255
Mulfingen
Schwabach
Rednitz
Main-Donau-K.
Jagst
Leuters-hsn.
Wollersdf.
Aurach
Kocher
ANSBACH
Windsbach
Brettach
90/91
Herrieden
Georgs-gmünd
Roth
Beimbach
268
Fränk. Rezat
92
266/267
254
(537
271
Geislingen
Kirch-berg
Feuchtwangen
Ornbau
Rötten-bach
Bühler
Crailsheim
Bromb.-see
Schw.-Hall
Altmühlsee
Gunzen-hsn.
Pleinfeld
Schwäb. Rezat
Vellberg
Dinkelsbühl
Wittelshfn.
93
Jagst
98
Wasser-trüdingen
Altmühl
99
Gaildorf
Ellwangen
Treucht-lingen
100
Oettingen
Möhren
Pappenhm.
Eichstätt
Blinde Rot
Kocher
Abtsgmünd
Schwäbische Alb
Ries
Möhren-bach
Fränkische Alb
Täferrot
Lein
AALEN
94
Bobfingen
Wörnitz
Schwäbisch Gmünd
Nördlingen
Eger
Meilenhfn.
Neresheim
Harburg
Ussel

D5
C5
D4
D6
E5
Sonnenberg
Rothenkchn.
Doberbach
Blankenstn.
Nordhalben
Sächsische Saale
Netschau
Klingenthal
Weiße Elster
Erzgebirge
Svatava
Lauterb.
Itz
Röden
Haßlach
Kronach
Grümpelb.
Rodach
Wilde Rodach
Selbitz
Selbitz
(471)
HOF
Schauenstein
Regnitz
Rehau
Adorf
Asch
Selb
COBURG
Steinach
Rodach
Steinach
Helmbrechts
Saale
Schwesnitz
Lamitz
221
Burgkunstadt
Kulmbach
Mainleus
Fichtel
gebirge
Marktleuthen
Schwarzenhammer
CHEB (EGER)
Ohre (Eger)
Main
Lichtenfels
Weißmain
Main
218-220
Schorgast
Marktschorg.
Ölschnitz
Weißenstadt
Eger
Gefrees
Wunsiedel
Schirnding
Arzberg
Seußen
Rösla
Roter Main
Weißer Main
Bischofsgrün
Warmensteinach
Brand
Marktredwitz
Waldsassen
Wondreb
Wondreb
Zapfendf.
Mitterteich
Fränkische Schweiz
Hollfeld
BAYREUTH
Aufseß
Heiligenstadt
Aufseß
Wiesent
247/248
Steinach
Roter Main
Wirbitz
Trevesen
Fichtelnaab
Waldnaab
Titschenreuth
Oberpfälzer Wald
246
Leinleiter
249
Waischenfeld
Creußen
Erbendf.
Ebermannstadt
Reuth
Wiesent
Pottenstn.
Püttlach
Pressath
Creußen
Haide
Windischeschenb.
Neustadt
Floß
Floß
Trubach
Tremmersdf.
Albhoch
Grafenwöhr
Brünst
Forchheim
Egloffstein
250/251
WEIDEN
Hütten
Naab
Waldnaab
Zottb.
245
ERLANGEN
Regnitz
Neuhaus
Simmelsdf.
Schnaittach
86/87
Vilseck
Pleystein
83
84
Luhe
Pfreimd
Schwabach
Pegnitz
252
Hersbruck
Lauf
Vils
Wernberg-Köblitz
Trausnit
244
Pegnitz
253
Högenb.
Röthenb.
Förrenb.
Röthenb.
88
AMBERG
Pfreimd
NÜRNBERG
Schwarzenbruck
Gnadenberg
Lauterach
Schwarzenfeld
Naab
Schwarzach
255
Schwabach
Rednitz
Schwarzach
89
84
Neuenburg
Stausee Eixendf.
Rieden
Lauterach
SCHWANDORF
Main-Donau-Kanal
Neumarkt
Schmidmühlen
85
Georgsmünd
Roth
Lengenfeld
Burglengenfeld
82
Maxhütte
Nittenau
254
(537)
Mühlhausen
Vils
90
Röttenbach
Obermäßig
Berching
Parsberg
Kallmünz
Regen
Regenstauf
Schwäb. Rezat
Schwarzach
Sulz
Dietfurt
85
Laaber
82
Naab
Schwarze Laaber
(537)
44
Donau
Beilngries
Altdf.
Anlauter
96
Riedenburg
REGENSBURG
43
Pappenhm.
Eichstätt
Kipfenbg.
M.-D.-Kan. (Altmühl)
Kehlhm.
Bad Abbach
Laaber
Sünching
94
Altmühl
95
42
Weltenburg
Schierling
Kl. Laaber
Hartlaaber
Meilenhfn.
Abensberg
INGOLSTADT
Donau
Ussel
Schutter
Neustadt
Geiselhöring
BAY

D6
C6
A7
D5
E6
Weiße Elster
Klingen-
thal
Zwotab.
Erzgebirge
Adorf
Kraslice
Rotava
Neydek
Bystrice
Ostrov
Rolava
Ohre (Eger)
Kadan
Talsperre
Nechranice
Zatec
Liboc
Podborany
Bisanka
Rotava
Olovi
Svatava
Asch
Karlovy-VARY
Kryry
Sokolov
Ohre
(Eger)
CHEB
(EGER)
Tepla
Zlutice
Pramensky p.
Rösla
Wald-
sassen
Wondreb
Kralovice
Javornic
Tepla
Plasy
BAY
Marianske
Lazne
Mitterteich
Wondreb
Strela
Berounka
Plana
Kosovy p.
Bela
Waldnaab
Titschen-
reuth
Oberpfälzer Wald
Hamersky p.
Mze
Windisch-
eschenb.
Rockycany
Neustadt
Floß
Tachov
Mze
Stribo
PLZEN
Klabava
Floß
Uslava
Waldnaab
Brünst
Uhlavka
CR
WEIDEN
Zottb.
Waldhaus
Radbuza
Uhlava
Luhe
Pley-
stein
Blovice
Pfreimd
Piestice
Ctankov
Schönsee
Wernberg-
Köblitz
Horsovsky Tyn
Pfreimd
Nepomuk
Domalice
Zubrina
Naab
Klatovy
Kdyne
Schwarzach
Drnovp.
Uhlava
84
Schwarzach
Wald-
münchen
Neuenburg
Stausee
Eixendf.
Furth
i.Wald
Nyrsko
SCHWANDORF
Velhartice
Chamb
Ostruzna
Talsperre
Nyrsko
CHAM
Susice
Otava
82
Lam
Regen
81
Kötzting
Weißer Regen
Lohberg
Kremelna
Nittenau
Regen
Blaibachstausee
Höllensteinstausee
Schwarzer
Bayr.-
Eisenstn.
Losenice
76/78
Bodenmais
80
Regenhütte
Vydra
Regenstauf
Viechtach
Bayerischer Wald
Warme
Moldau
Teisnach
Rothb.
Zwiesel
Rattiszell
Regen
44
Donau
Unter-
mühlb.
Regen
Rinchnacher
REGENS-
BURG
Kinsach
Teisnach
79
Ohe
Bogenb.
Gotteszell.
Schlossauer
Ohe
Große Ohe
Grafenau
Laaber
45
Bogen
Mitternacher
Ohe
Reschbach
Wolfsteiner Ohe
Sünching
STRAUBING
46
Schierling
Kl. Laaber
Deggendorf
Eberhards-
reuth
Ilz
Freyung
Hartlaaber
Geisel-
höring
Plattling
Isar
Reißing
Reißinger B.
Hengersberg

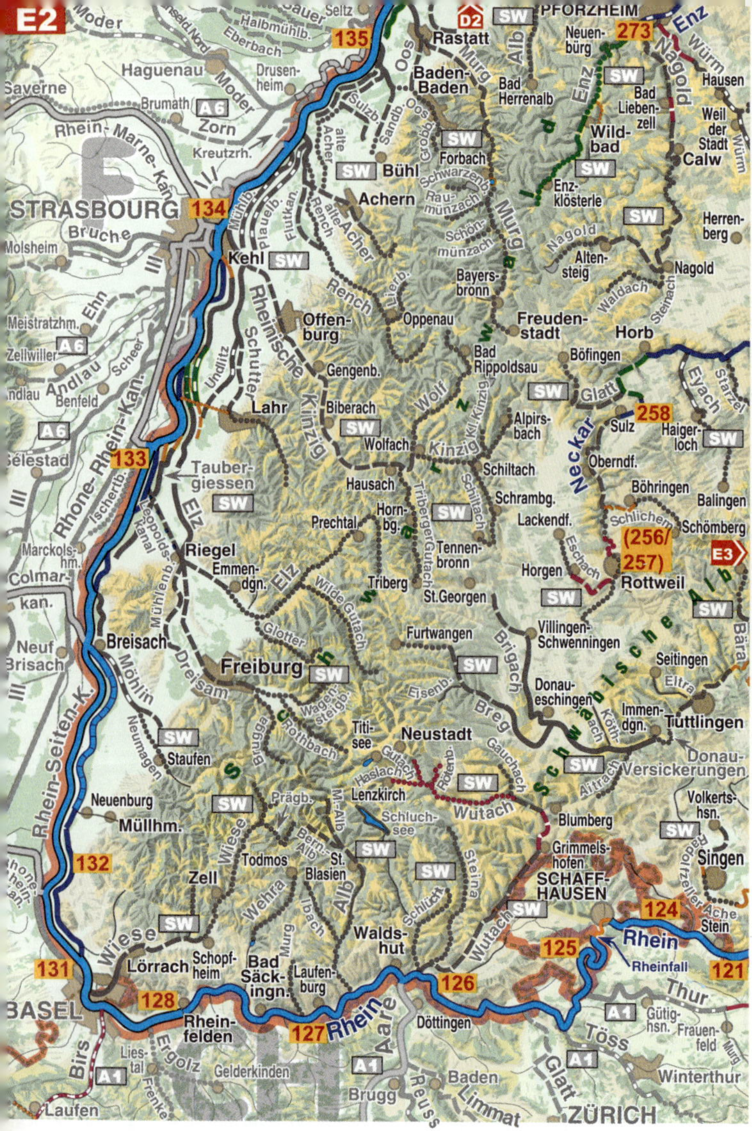

E2
D2
E3
PFORZHEIM
STRASBOURG
Saverne
Haguenau
Brumath
Drusenheim
Kreutzrh.
Molsheim
Meistratzhm.
Zellwiller
Andlau
Benfeld
Sélestad
Marckolsheim
Colmar-kan.
Neuf Brisach
Breisach
BASEL
Laufen
Liestal
Gelderkinden
Brugg
Baden
Döttingen
ZÜRICH
Winterthur
Frauenfeld
Gütighsn.
SCHAFFHAUSEN
Rheinfall
Stein
Singen
Volkertshsn.
Blumberg
Grimmelshofen
Rastatt
Baden-Baden
Bühl
Achern
Kehl
Offenburg
Gengenb.
Lahr
Biberach
Wolfach
Hausach
Prechtal
Hornbg.
Triberg
St.Georgen
Tennenbronn
Schiltach
Schrambg.
Lackendf.
Alpirsbach
Bad Rippoldsau
Oppenau
Freudenstadt
Bayersbronn
Forbach
Bad Herrenalb
Neuenbürg
Wildbad
Enzklösterle
Bad Liebenzell
Calw
Weil der Stadt
Hausen
Herrenberg
Altensteig
Nagold
Horb
Böfingen
Sulz
Haigerloch
Oberndf.
Böhringen
Balingen
Schömberg
Rottweil
Horgen
Villingen-Schwenningen
Donaueschingen
Immendgn.
Tuttlingen
Seitingen
Donau-Versickerungen
Furtwangen
Riegel
Emmendgn.
Freiburg
Titisee
Neustadt
Lenzkirch
Schluchsee
St. Blasien
Todmos
Staufen
Neuenburg
Müllhm.
Zell
Lörrach
Schopfheim
Bad Säckingn.
Laufenburg
Waldshut
Rheinfelden
Taubergiessen
Rhein
Rhein-Marne-Kan.
Rhone-Rhein-Kan.
Rhein-Seiten-K.
Neckar
Schwäbische Alb
Schwarzwald
135
134
133
132
131
128
127
126
125
124
121
273
258
(256/257)
SW
A 6
A 1

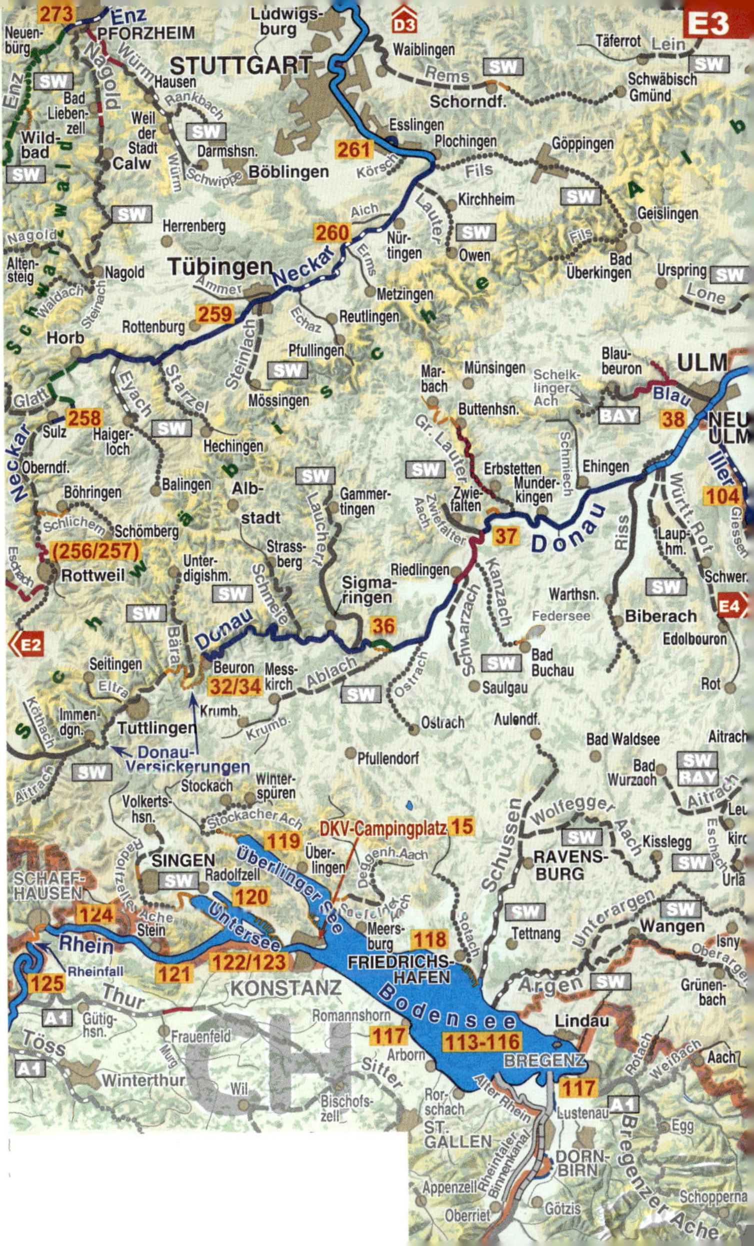
E3
273
Enz
Neuenbürg
PFORZHEIM
Ludwigsburg
D3
Waiblingen
Täferrot
Lein
STUTTGART
Würm
Nagold
Hausen
Rems
SW
Schorndf.
Schwäbisch Gmünd
Enz
Bad Liebenzell
Rankbach
Weil der Stadt
Esslingen
Plochingen
Wildbad
Calw
Darmshsn.
261
Göppingen
Würm
Schwippe
Böblingen
Körsch
Fils
Kirchheim
Lauter
Aich
Herrenberg
260
Nürtingen
Owen
Geislingen
Nagold
Altensteig
Nagold
Tübingen
Neckar
Erms
Fils
Bad Überkingen
Urspring
Ammer
Metzingen
Lone
Waldach
Steinach
259
Echaz
Reutlingen
Rottenburg
Horb
Steinlach
Pfullingen
Blaubeuron
ULM
Schwarzwald
Münsingen
Schelklinger Ach
Glatt
Starzel
Eyach
Mössingen
Marbach
Blau
258
Buttenhsn.
BAY
38
NEU ULM
Sulz
Haigerloch
Hechingen
Gr. Lauter
Schmiech
Neckar
Oberndf.
Erbstetten
Munderkingen
Ehingen
Iller
Balingen
Albstadt
Lauchert
Gammertingen
Zwiefalten
Württ. Rot
104
Böhringen
Zwiefalter Aach
Giessen
Schlichem
Schömberg
37
Donau
Riss
Lauphm.
(256/257)
Strassberg
Eschach
Rottweil
Unterdigishm.
Schmeie
Sigmaringen
Riedlingen
Kanzach
Schwarzach
Warthsn.
Schwer.
Federsee
Biberach
E4
E2
Donau
36
Edolbouron
Bära
Bad Buchau
Seitingen
Beuron
Messkirch
Ablach
Eltra
32/34
Ostrach
Saulgau
Rot
Immendgn.
Krumb.
Krumb.
Tuttlingen
Ostrach
Aulendf.
Köthach
Aitrach
Schwäbische Alb
Donau-Versickerungen
Pfullendorf
Bad Waldsee
Aitrach
Aitrach
Stockach
Winterspüren
Bad Wurzach
Volkertshsn.
Stockacher Ach
DKV-Campingplatz 15
Wolfegger Aach
Leu
Eschach
119
Überlingen
Schussen
Radolfzeller Aach
SINGEN
Überlinger See
Deggenh.Aach
RAVENSBURG
Kisslegg
Urla
SCHAFFHAUSEN
Radolfzell
120
Seefelder Aach
Rotach
124
Ache
Untersee
Meersburg
118
Tettnang
Unterargen
Wangen
Stein
Isny
Rhein
FRIEDRICHSHAFEN
Oberargen
Rheinfall
121
122/123
125
KONSTANZ
Argen
Grünenbach
Thur
Bodensee
Romanshorn
Lindau
A1
Gütighsn.
Frauenfeld
117
113-116
Rotach
Weißach
Aach
Töss
Murg
CH
Arbon
BREGENZ
A1
Sitter
Winterthur
Wil
Alter Rhein
117
Bischofszell
Rorschach
A1
Lustenau
Egg
ST. GALLEN
Rheintaler Binnenkanal
DORNBIRN
Bregenzer Ache
Appenzell
Schopperna
Oberriet
Götzis

E4
D4
E3
E5
Kocher
Abtsgmünd
Täferrot
Lein
AALEN
Bobfingen
Nördlingen
Eger
Wörnitz
Altmühl
Eich-
stätt
Meilenhfn.
Schwäbisch
Gmünd
Schwäbische Alb
Ries
Königsbronn
Neresheim
Harburg
Bissingen
DONAU-
WÖRTH
Ussel
Neuburg
Kessel
Egau
HEIDENHEIM
Giengen
Fils
Geislingen
Herbrechtingen
Brenz
Wittis-
lingen
Höch-
städt
Rain
Kl. Paar
Weichering
Bayerdilling
Friedberger A.
Lech
Schmutter
Bad
Überkingen
Urspring
Hürbe
Lone
Donau
Wertingen
Schrobenhsn.
Gundelfgn.
Langenau
Nau
Meiting
Langweid
Zusam
Blau-
beuren
ULM
Blau
NEU-
ULM
Günz-
burg
Burgau
Zusmars-
hsn.
Gersthfn.
AUGS-
BURG
Aichach
Paar
Kamel
Mindel
Dinkel-
scherben
Biber
Günz
Weißen-
horn
Roggen-
burg
Iller
Roth
Krum-
bach
Fischbach
Wertach
Bo-
bgn.
Mering
Nannhfn.
Riss
Laup-
hm.
Württ. Rot
Giessen
Schwendi
Ober-
roth
Baben-
hsn.
Schwab-
münchen
Singold
FÜRSTEN-
FELDBRUCK
Warthsn.
Biberach
Edelbeuren
Östliche Günz
Schwaben
Mindel-
heim
Gennach
Amper
Lands-
berg
Windach
Ammersee
Rot
MEMMINGEN
Buchloe
Finning
Westl. Günz
Dießen
Bad Waldsee
Aitrach
Otto-
beuren
Bad
Wurzach
Aitrach
KAUF-
BEUREN
Ammer
Wolfegger
Aach
Leut-
kirch
Ober-
günzburg
Schongau
Weil-
heim
Peißen-
berg
Kisslegg
Eschach
Urlau
Leubas
Lech
Peiting
Markt-
Oberndorf
Rotten-
buch
Uffing
Uffinger A.
Argen
Wangen
KEMPTEN
Görisried
Lechbruck
Illach
Saul-
grub
Staffel-
see
Isny
Oberargen
Wertach
Nessel-
wang
Lindenb.
Ramsach
Murnau
Grünen-
bach
Rottach
Grünten-
see
Halbammer
Alpsee
Füssen
Forggen-
see
Immen-
stadt
Hindelang
Pfronten
Vils
Farchant
Rotach
Weißach
Aach
Sonthofen
Ostrach
Reutte
GARMISCH-
PARTENKCHN.
Krün
A1
Iller
Lech
Mitten-
wald
Egg
Bregenzer Ache
Oberstorf
Rotlech
Loisach
Part-
nach
Leutasch
Namloser B.
Ehrwald
Hirschegg
Hornb.
Schar-
nitz
Schoppernau
Breitach
Stillach
Stanzach
Leutasch
Telfs
Häselgehr
Mötz
Inn
Seefeld
SW
BAY
100
94
95
101
41
40
39
38
(97)
104
65/66
72
71
69/70
106
103
101/102
72/73
74

E5
D5
E4
E6
Donau
Weltenburg
Schierling
Abensberg
Geisel-
höring
Neustadt
Siegenburg
Neufahrn
Rottenburg
Pfeffenhsn.
Mainburg
95
94
42
97
41
96
69
65
64
68
67
65/66
63
51
105
72
76
106
107
71
62
75
69/
70
60/61
49
50
59
74
72/
73
Eich-
stätt
Altmühl
Meilenhfn.
Schutter
INGOLSTADT
Ussel
Neuburg
Vohburg
Ilm
Abens
Paar
Rain
Kl. Paar
Weichering
Sandrach
Man-
ching
Geisenfeld
Friedberger A.
Bayerdilling
Reicherts-
hofen
Schrobenhsn.
Hohen-
wart
Pfaffenhofen
Au
LANDSHUT
Isar
Gr. Mühlenb.
Moosburg
Amper
Reichertshsn.
Allers-
hsn.
Aichach
AUGS-
BURG
FREI-
SING
Moosb.
Sempt
Wartenberg
Vilsbiburg
Taufkchn.
Velden
Markt-
Indersdf.
Petershausener Glonn
Erdweg
Ottershsn.
Schwebel-
bach
Goldach
Dorfen
Strogen
Erding
Dorfen
Isen
Lengdorf
Lech
Mering
Nannhfn.
DACHAU
Maisach
Kalten-
bach
Würmk.
Lüß
Isarkanal
FÜRSTEN-
FELDBRUCK
MÜNCHEN
Gars
Inn
Windach
Gauting
Pullach
Grünwald
Wasser-
burg
Grafing
Moosach
Glonn
Attel
Amerang
Murn
Finning
Ammersee
STARN-
BERG
Würm
Icking
Dießen
Starnberger See
Wolf-
raths-
hsn.
Holzkchn.
Aiblinger
Bad
Endorf
Chiem-
see
ROSEN-
HEIM
Sims-
see
Prien
Weil-
heim
Ammer
Loisach
Weyarn
Mangfall
Kalten
Peißenbg.
Seeshaupt
Peiting
Rotten-
buch
Penzberg
Bad
Tölz
Schliersach
Mies-
bach
Leitzach
Nußdorf
Sach-
rang
Tiroler A.
Uffinger A.
Uffing
Staffelsee
Saul-
grub
Murnau
Tegernsee
Tegern-
see
Schlier-
see
Bayrischzell
Lindenb.
Ramsach
Lenggries
Kochel
Kochel-
see
Weissach
Brandenberger Ache
Kiefersfelden
Weißenb.
Valepp
Jachen
Thiersee Ache
Griesenau
Halbammer
Walchen-
see
Sylvenst.
Stausee
Walchen
KUFSTEIN
GARMISCH-
PARTEN-
KCHN.
Farchant
Krün
Krottenb.
Dürrach
Achen-
kirch
Steinb. Ache
Ellmau
A1
Weißach
Brixentaler Ache
Kirch-
berg
Reither Ach
Mitten-
wald
Partnach
Fermersb.
Rißbach
Achen-
see
Kramsach
Wörgl
Hinterriß
Hagel-
hütte
Jenbach
Wildschönauer Ache
Kelchsauer
Windauer Ache
Kitz-
bühel
Ehrwald
Leutasch
Schar-
nitz
Seefeld
Telfs
Mötz
Schwaz
Ziller
Lange Grundache
Aschau
INNS-
BRUCK
BAY

E6
D6
E5
STRAUBING
45
46
Donau
Deggendorf
Kl. Laaber
Geisel-
höring
Reißing
Plattling
Reißinger
Bach
Plattlinger
Mühlb.
Hengers-
berg
BAY
Isar
Osterhofen
DINGOLFING
Landau
Vilshofen
Vils
Eichendf.
Frontenhsn.
Arnstorf
Ortenburg
PASSAU
47
48
Inn
Donau
Grafenau
Mittermacher Ohe
Gr. Ohe
Reschb.
Saußbach
Eberhards-
reuth
Ilz
Freyung
Wolfsteiner Ohe
Große Ohe
Aicha
Gaißa
Fürsteneck
Breitenbg.
Büchlbg.
Erlau
Wegscheid
Obernzell
A1
Vils-
biburg
Dirnaich
Pfarr-
kchn.
Birnbach
Neuhaus
Schärding
Bina
Aich
Eggen-
felden
Rott
Rott
Kößlarner B.
53
Taufkchn.
Pram
Neumarkt-
St.Veit
Unter-
dietfurt
Bad Füssing
Zell
Velden
Rott
Ering
Egglfing
Antiesen
St.
Martin
Erharting
Simbach
Isen
MÜHLDORF
52
Inn
Marktl
Pram
Trattnach
Neu-
ötting
BRAUNAU
Waldzeller Ache
RIED
Mörnb.
Alz
Mattig
Mauerkchn.
Gars
Grün-
bach
Pollinger
Bach
57
Halsb.
BURG-
HAUSEN
A
Eber-
schwang
Hirten
54
Mattighfn.
Schwemmbach
51
Tacherting
Salzach
Schnee-
gattern
Vöckla-
bruck
Tittmoning
Franken-
markt
Vöckla
Ager
56
Graben-
see
Amerang
Alz
Altenmarkt
Tachinger
See
Oichten
Mattsee
Mattsee
Traunreut
Zeller
See
Attersee
Obertrumer
See
Ischler Ache
105
See-
bruck
55
Traun
Waginger
See
Laufen
Zell
Attersee
104
Bad
Endorf
Chiem-
see
Traun-
stein
Seekirchen
Waller-
see
Sims-
see
Sur
Fischach
Zeller
Ache
Fuschler A.
53/54
Mond-
see
Unter-
ach
107
Prien
Rote Traun
Teisen-
df.
Freilassing
SALZ-
BURG
Außerer
Weiße
Achen
Angerache
Weißenb.
See-
ache
Traun
Marquart-
stein
Ruhpolding
Weiße
Glasenb.
St.Gilgen
St.Wolfgang
Ischler Ache
Prien
Tiroler
Achen
60
Urschlau
Saalach
Bad
Reichen-
hall
Wolfgang-
see
Retten-
Sach-
rang
Ache
Seetraun
Fischb.
Weißb.
Almb.
Mörtlb.
Reit i.W.
Berchtes-
gaden
HALLEIN
Zinkenb.
Weißenb.
Bad
Ischl
Weißenb.
Schwarzlofer
Schwarz-
bach
Ramsau
Königsseer Ache
Taugl
Golling
Aubach
Traun
Kößener Ache
Unkenbach
Lofer
Ramsauer Ache
Berchtesgadener Ache
Torrenb.
Rußbach
Gosaubach
Griesenau
Kohlenb.
Loferb.
Hallstadt
Schwarzenb.
Hall-
stadter
See
Königssee
59
Salzach
Lammer
Ellmau
Reither Ache
(105)
Lungötz
Kirch-
berg
St.
Johann
Pillersee Ache
Leoganger Ache
Werfen
Saalfeld
Hüttau
Kitzbüheler Ache
57/58
Leogang
Bischofs-
hofen
Radstadt
Kitz-
bühel
Saalbach
Fritzbach
Schlad-
ming
Urslau
bach
Taurach
Forstaub.
Aschau
Jochberger
Ache
Maishfn.
Schwarzach
Flachau
Saalach
Zeller
See
Wagrainer B.
Enns
Obertalb.
Zell
Bruck
Salzach
Unter-
tauern